GUIDE

DES VOIES D'EXÉCUTION

GUIDE

DES VOIES D'EXÉCUTION

2019/2020

LexisNexis®

LexisNexis SA
141, rue de Javel – 75015 Paris

Siège social : 141, rue de Javel – 75015 Paris

ISBN 978-2-7110-2984-6

Liste des auteurs

Sylvie BENOLIEL-CLAUX
Avocate, spécialiste en droit de la propriété intellectuelle

Julie BOISARD-PETRISSANS
Docteur en droit
Titulaire du CAPA
Maître de conférences associé, City University London

Nicolas BOUCHE
Maître de conférences à l'Université Jean Moulin – Lyon 3

Gwénaëlle BOUILLÉ
Avocat au barreau de Paris
Cabinet Arabesque Avocat

Eva CALVEYRA
Avocat au barreau de Paris
Solicitor of England and Wales
Docteur en droit

Nathalie CASAL
Conseil en management – Cabinet Casal

Pauline CASANOVA
Avocate au barreau de Paris

Fanny DESCLOZEAUX
Avocat au barreau de Paris
Cabinet Carbonnier Lamaze Rasle

Arnaud FOLLIARD-MONGUIRAL
Juriste à l'EUIPO, département « Coopération internationale et affaires juridiques »

Emmanuelle GAROT
Avocat au barreau de Paris

Ariane de GUILLENCHMIDT-GUIGNOT
Docteur en droit
Avocat au barreau de Paris
Chargée de cours à l'Université de Paris Sud et de Paris X Nanterre (IEJ)

Christian LAPORTE
Avocat honoraire

Ludovic LAUVERGNAT
Huissier de justice associé à Tours au sein d'Office-Alliance

Éric LE BELLOUR
Conseil européen en marques, dessins et modèles

Gaëlle LE QUILLEC
Avocat associé
Cabinet Betto Seraglini, Paris

Laurence LLAHI
Avocat au barreau d'Aix-en-Provence

Marien MALET
Huissier de justice

Aude du PARC
Avocat au barreau de Paris
Cabinet Bessard du Parc

Thierry TOMASI
Avocat associé
Herbert Smith Freehills Paris LLP

Fabien TOMMASONE
Huissier de justice associé (SCP Leroi et associés – Nanterre)
Chargé d'enseignement (Université Aix-Marseille)

Pierre VÉRON
Avocat à la Cour – Véron & Associés
Président d'honneur de l'EPLAW (European Patent Lawyers Association)

Coline WARIN
Avocat au barreau de Paris
Cabinet Haroche Warin Avocats

Liste des abréviations

A.	Arrêté
Actes prat. ing. sociétaire	*Actes pratiques et ingénierie sociétaire*
Act. proc. coll.	*Actualité des procédures collectives (Lettre d')*
AGS	Assurance de garantie des salaires
ARIPA	Agence de recouvrement des impayés de pensions alimentaires
ASF	Allocation de soutien familial
BO	*Bulletin officiel* (des différents ministères)
BRA	Bureau des règlements administratifs
Bull. civ.	*Bulletin des arrêts des chambres civiles de la Cour de cassation*
Bull. inf. C. cass.	*Bulletin d'information de la Cour de cassation*
CA	Cour d'appel
CAA	Cour administrative d'appel
C. action soc. et fam.	Code de l'action sociale et des familles
CAF	Caisse d'allocations familiales
CARPA	Caisse autonome des règlements pécuniaires des avocats
Cass. 1re, 2e, 3e civ.	Cour de cassation (1re, 2e ou 3e chambre civile)
Cass. com.	Cour de cassation, chambre commerciale
Cass. crim.	Cour de cassation, chambre criminelle
Cass. soc.	Cour de cassation, chambre sociale
C. aviation	Code de l'aviation civile
CCAPEX	Commission de coordination des actions de prévention des expulsions locatives
CCH	Code de la construction et de l'habitation
C. civ.	Code civil
C. com.	Code de commerce
C. consom.	Code de la consommation
CE	Conseil d'État
CEDH	Cour européenne des droits de l'homme
C. env.	Code de l'environnement
CGCT	Code général des collectivités territoriales
CGI	Code général des impôts
CGPPP	Code général de la propriété des personnes publiques
Circ.	Circulaire
CJA	Code de justice administrative
CJCE	Cour de justice des Communautés européennes
CJUE	Cour de justice de l'Union européenne
C. monét. fin.	Code monétaire et financier
COJ	Code de l'organisation judiciaire
Comm. com. électr.	*Communication Commerce électronique*
Cons. CE	Conseil des Communautés européennes
Cons. UE	Conseil de l'Union européenne
Contrats, conc. consom.	*Contrats, concurrence, consommation*

Contrats-Marchés publ.	*Contrats et Marchés publics*
Conv.	Convention
CPC	Code de procédure civile
CPC ex	Code des procédures civiles d'exécution
C. pén.	Code pénal
CPI	Code de la propriété intellectuelle
CPP	Code de procédure pénale
C. route	Code de la route
CRPA	Code des relations entre le public et l'administration
C. rur. pêche marit.	Code rural et de la pêche maritime
C. santé publ.	Code de la santé publique
CSS	Code de la sécurité sociale
C. transports	Code des transports
C. trav.	Code du travail
D.	*Recueil Dalloz*
D.	Décret
Dir.	Directive
DMCE	Dessin ou modèle communautaire enregistré
DMCNE	Dessin ou modèle communautaire non enregistré
DMF	*Droit maritime français*
Doc. fr.	La Documentation française
Dr. adm.	*Droit administratif*
Dr. et proc.	*Droit et procédures*
Dr. famille	*Droit de la famille*
Dr. fisc.	*Droit fiscal*
Dr. sociétés	*Droit des sociétés*
EPA	Établissement public administratif
EPIC	Établissement public à caractère industriel et commercial
EUIPO	*European Union Intellectual Property Office* (voir *OHMI*)
FICOBA	Fichier des comptes bancaires
Gaz. Pal.	*Gazette du Palais*
infra	ci-dessous
INPI	Institut national de la propriété industrielle
JCl.	*JurisClasseur Encyclopédie*
JCP A	*JurisClasseur périodique*, édition Administration et collectivités territoriales
JCP E	*JurisClasseur périodique*, édition Entreprise et affaires
JCP G	*JurisClasseur périodique*, édition Générale
JCP N	*JurisClasseur périodique*, édition Notariale et immobilière
JCP S	*JurisClasseur périodique*, édition Sociale
JEX	Juge de l'exécution
JLD	Juge des libertés et de la détention
JME	Juge de la mise en état
JO	*Journal officiel* de la République française
JOCE	*Journal officiel des Communautés européennes*
JOUE	*Journal officiel de l'Union européenne*
L.	Loi
L. org.	Loi organique
Loyers et copr.	*Loyers et copropriété*
LPF	Livre des procédures fiscales
LRAR	Lettre recommandée avec demande d'avis de réception
MSA	Mutualité sociale agricole

OHMI	Office de l'Union européenne pour la propriété intellectuelle
OMPI	Organisation mondiale de la propriété intellectuelle
Ord.	Ordonnance
PE et Cons. CE	Parlement européen et Conseil des Communautés européennes
PE et Cons. UE	Parlement européen et Conseil de l'Union européenne
PIBD	*Propriété industrielle – Bulletin documentaire*
Préc.	Précité
Propr. industr.	*Propriété industrielle*
Propr. intell.	*Propriétés intellectuelles*
Prot.	Protocole
RCS	Registre du commerce et des sociétés
RD bancaire et fin.	*Revue de droit bancaire et financier*
RDC	*Revue des contrats*
RDMC	Règlement (CE) n° 6/2002 du 12 décembre 2001, sur les dessins ou modèles communautaires
Rec. CE	*Recueil des décisions du Conseil d'État*
Règl.	Règlement
Rép. min.	Réponse ministérielle
Rev. dr. transp.	*Revue de droit des transports*
Rev. huissiers	*Revue des huissiers de justice*
Rev. proc. coll.	*Revue des procédures collectives, civiles et commerciales*
RIN	Règlement intérieur national de la profession d'avocat
RLDI	*Revue Lamy Droit de l'immatériel*
RMUE	Règlement (UE) n° 2017/1001 du Parlement et du Conseil européen du 14 juin 2017
RSA	Revenu de solidarité active
RTD civ.	*Revue trimestrielle de droit civil*
SIV	Système d'immatriculation des véhicules
ss dir.	sous la direction de
supra	ci-dessus
T. confl.	Tribunal des conflits
TGI	Tribunal de grande instance
URSSAF	Union de recouvrement des cotisations de sécurité sociale et d'allocations familiales
V.	Voir
V°	Verbo

Sommaire

Liste des auteurs VII

Liste des abréviations IX

Titre 1

RÈGLES DE PROCÉDURE

Fiche 1 Saisir le juge de l'exécution 3

Fiche 2 Mettre en œuvre une procédure sur difficultés d'exécution devant le juge de l'exécution 19

Fiche 3 Mettre en œuvre une procédure d'ordonnance sur requête devant le juge de l'exécution 25

Titre 2

INCITATION À L'EXÉCUTION

Fiche 4 Contraindre à exécuter 37

Fiche 5 Obtenir une injonction de faire 47

Fiche 6 S'opposer à une injonction de faire 53

Fiche 7 Obtenir une injonction de payer 59

Fiche 8 S'opposer à une injonction de payer 69

Fiche 9 Obtenir et liquider une astreinte 77

Fiche 10 Obtenir une injonction de délivrer ou de restituer 85

Fiche 11 Inscrire une hypothèque judiciaire 93

Titre 3

MESURES CONSERVATOIRES

Fiche 12 Savoir quelle mesure conservatoire prendre 103

Fiche 13 Saisir les meubles à titre conservatoire 115

Titre 4

SAISIE DES IMMEUBLES

Fiche 14 Mettre en œuvre une saisie immobilière 127

Fiche 15 Contester une saisie immobilière 145

Titre 5

SAISIE DES CRÉANCES

Fiche 16 Saisir les créances 159

Fiche 17 Mettre en œuvre une saisie-attribution 171

Fiche 18 Contester une saisie-attribution 179

Fiche 19 Saisir les comptes bancaires 187

Fiche 20 Saisir les rémunérations du débiteur 195

Fiche 21 Agir en paiement direct 203

Titre 6

SAISIE DES MEUBLES CORPORELS

Fiche 22 Mettre en œuvre une saisie-revendication 211

Fiche 23 Mettre en œuvre une saisie-appréhension 217

Fiche 24 Mettre en œuvre une saisie-vente de meubles corporels 223

Fiche 25 Contester une saisie-vente de meubles corporels 233

Fiche 26 Saisir les navires et bateaux 239

Fiche 27 Saisir le véhicule automobile 251

Titre 7

SAISIE DES MEUBLES INCORPORELS

Fiche 28 Mettre en œuvre une saisie de droits d'associés et de valeurs mobilières 261

Fiche 29 Mettre en œuvre une saisie de droits incorporels 269

Fiche 30 Procéder à une saisie-contrefaçon en matière de dessins et modèles 275

Fiche 31 Procéder à une saisie-contrefaçon en matière de droit d'auteur 289

Fiche 32 Procéder à une saisie-contrefaçon en matière de marque 301

Fiche 33 Procéder à une saisie-contrefaçon en matière de propriété industrielle 313

Titre 8

EXÉCUTION FORCÉE DES DÉCISIONS DE JUSTICE

Fiche 34 Obtenir un délai de grâce 327

Fiche 35 Mettre en œuvre une procédure d'expulsion 335

Fiche 36 Exécuter une décision de justice prud'homale 345

Fiche 37 Faire exécuter une sentence arbitrale 355

Fiche 38 Poursuivre l'exécution contre une personne morale de droit public 361

Fiche 39 Réagir en cas d'immunité d'exécution 371

Titre 9
MODÈLES D'ACTES

Modèle 1 Requête en injonction de faire devant le tribunal d'instance 381

Modèle 2 Requête en relevé de caducité de la procédure d'injonction de faire devant le tribunal d'instance 383

Modèle 3 Demande à fin d'apposition de la formule exécutoire sur l'ordonnance portant injonction de payer du tribunal d'instance en matière civile 385

Modèle 4 Requête en injonction de payer devant le tribunal d'instance 387

Modèle 5 Opposition à injonction de payer (LRAR) 389

Modèle 6 Demande de liquidation d'astreinte par voie de conclusions (TGI) 391

Modèle 7 Requête en injonction de délivrer ou de restituer 393

Modèle 8 Inscription d'hypothèque judiciaire définitive 395

Modèle 9 Inscription d'hypothèque judiciaire provisoire 397

Modèle 10 Acte de saisie conservatoire de biens meubles corporels 399

Modèle 11 Requête aux fins de saisie conservatoire de biens meubles corporels 401

Modèle 12 Dénonciation de déclaration de créance par acte d'avocat 405

Modèle 13 Assignation devant le juge de l'exécution (constatation de la péremption du commandement de payer) 407

Modèle 14 Lettre – Procédure simplifiée de recouvrement des petites créances 409

Modèle 15 Assignation en mainlevée d'une saisie conservatoire 413

Modèle 16 Demande de convocation pour saisie des rémunérations 417

Modèle 17 Assignation en mainlevée de saisie-revendication 419

Modèle 18 Requête aux fins de désignation d'un séquestre d'un bien faisant l'objet d'une saisie-revendication 423

Modèle 19 Requête au juge de l'exécution aux fins d'appréhender entre les mains d'un tiers détenteur 425

Modèle 20 Commandement de payer avant saisie-vente 427

Modèle 21 Requête aux fins de saisie-vente 429

Modèle 22 Acte de saisie d'une autorisation fiscale et administrative d'exploitation de débit de boissons (licence IV) 431

Modèle 23 Requête à fin de saisie-contrefaçon (dessins et modèles) 433

Modèle 24 Requête en saisie-revendication dans le cas où le débiteur bénéficie d'un délai de grâce 437

Modèle 25 Assignation au fond en expulsion et paiement (clause résolutoire) 439

Modèle 26 Assignation en référé-expulsion (clause résolutoire) 443

Titre 1
Règles de procédure

Sommaire

Fiche 1 Saisir le juge de l'exécution 3
Fiche 2 Mettre en œuvre une procédure sur difficultés d'exécution devant le juge de l'exécution 19
Fiche 3 Mettre en œuvre une procédure d'ordonnance sur requête devant le juge de l'exécution 25

Fiche 1
Saisir le juge de l'exécution

Laurence LLAHI

Actualisée par Christian LAPORTE

Sommaire

I Aperçu rapide ... 4
- A Caractéristiques générales ... 4
  - 1 Procédure devant le juge de l'exécution statuant en matière mobilière ... 4
  - 2 Procédure devant le juge de l'exécution statuant en matière immobilière ... 4
- B Conditions d'utilisation ... 4
- C Avis du professionnel ... 5
- D Textes ... 5
- E Schéma procédural ... 5

II Préparation ... 5
- A Information du client ... 5
  - 1 Procédure devant le juge de l'exécution statuant en matière mobilière ... 5
  - 2 Procédure devant le juge de l'exécution statuant en matière immobilière ... 6
- B Contrôles préalables ... 6
- C Pièces nécessaires ... 7
- D Phase pré-judiciaire ... 7
- E Coût de la procédure ... 7
  - 1 Procédure devant le juge de l'exécution statuant en matière mobilière ... 7
  - 2 Procédure devant le juge de l'exécution statuant en matière immobilière ... 7

III Procédure ... 8
- A Assistance et représentation ... 8
  - 1 Procédure devant le juge de l'exécution statuant en matière mobilière ... 8
  - 2 Procédure devant le juge de l'exécution statuant en matière immobilière ... 9
- B Matière ... 9
- C Compétence ... 9
  - 1 Compétence matérielle ... 9
  - 2 Compétence territoriale ... 10
- D Parties ... 12
  - 1 Procédure devant le juge de l'exécution statuant en matière mobilière ... 12
  - 2 Procédure devant le juge de l'exécution statuant en matière immobilière ... 12
- E Rédaction de l'acte de saisine ... 12
  - 1 Procédure devant le juge de l'exécution statuant en matière mobilière ... 12
  - 2 Procédure devant le juge de l'exécution statuant en matière immobilière ... 14
- F Instruction du dossier ... 14
  - 1 Procédure devant le juge de l'exécution statuant en matière mobilière ... 14
  - 2 Procédure devant le juge de l'exécution statuant en matière immobilière ... 14
- G Audience ... 14
  - 1 Procédure devant le juge de l'exécution statuant en matière mobilière ... 14
  - 2 Procédure devant le juge de l'exécution statuant en matière immobilière ... 15
- H Décision ... 15
  - 1 Procédure devant le juge de l'exécution statuant en matière mobilière ... 15
  - 2 Procédure devant le juge de l'exécution statuant en matière immobilière ... 16
- I Fin de la procédure ... 16
  - 1 Procédure sur difficultés d'exécution ... 16
  - 2 Procédure devant le juge de l'exécution statuant en matière immobilière ... 16
- J Recours ou contestation ... 16
  - 1 Procédure devant le juge de l'exécution statuant en matière mobilière ... 16
  - 2 Procédure devant le juge de l'exécution statuant en matière immobilière ... 17
- K Actions en nullité ou en résolution ... 17
- L Modifications de la décision ... 17

I

Aperçu rapide

A Caractéristiques générales

1 Les **fonctions de juge de l'exécution** sont exercées par le président du tribunal de grande instance.

Le juge de l'exécution constitue une juridiction autonome, indépendante du tribunal lui-même (COJ, art. L. 213-5). Le président du tribunal de grande instance peut déléguer ces fonctions :

– à un ou plusieurs juges du tribunal de grande instance (COJ, art. L. 213-5, R. 213-6 et R. 213-10) ;

– à un juge du tribunal d'instance, tout juge d'instance étant statutairement un membre du tribunal de grande instance dans le ressort duquel il exerce ses fonctions.

> ATTENTION **En matière de saisie des rémunérations, ce magistrat exerce – de droit – les pouvoirs de juge de l'exécution (COJ, art. L. 221-8. – CPC ex., art. L. 121-1, al. 2).**

Lorsqu'il délègue les fonctions de juge de l'exécution, le président du tribunal de grande instance :

– fixe la durée et l'étendue territoriale de cette délégation (COJ, art. L. 213-5, al. 2) ;

– tranche les incidents relatifs à la répartition des affaires entre les juges auxquels il a délégué ces fonctions ; sa décision constitue une mesure d'administration judiciaire (COJ, art. R. 231-11), donc insusceptible de recours.

Le juge de l'exécution siège en principe à juge unique ; mais il peut aussi renvoyer à la formation collégiale du tribunal de grande instance – qui comprend obligatoirement le juge ayant ordonné le renvoi –, laquelle formation statue alors comme juge de l'exécution (COJ, art. L. 213-7) ; cette décision constitue une mesure d'administration judiciaire (CPC ex., art. R. 213-12), donc non susceptible de recours.

La **procédure à suivre devant le juge de l'exécution** diffère selon qu'il statue en matière mobilière ou en matière immobilière.

1 Procédure devant le juge de l'exécution statuant en matière mobilière

2 Le Code des procédures civiles d'exécution fixe les règles de procédure applicables devant le juge de l'exécution mais ces règles ne sont pas uniformes.

S'il existe un socle commun procédural, le code prévoit, en réalité, trois types de procédure devant le juge de l'exécution en matière mobilière, chacune avec ses subtilités et différences :

– la procédure ordinaire contentieuse (CPC ex., art. R. 121-11 à R. 121-22) ;

– la procédure des ordonnances sur requête (CPC ex., art. R. 121-23 et R. 121-24. – V. Fiche 3 : Mettre en œuvre une procédure d'ordonnance sur requête devant le juge de l'exécution) ;

– la procédure sur difficultés d'exécution (CPC ex., art. R. 151-1 à R. 151-4. – V. Fiche 2 : Mettre en œuvre une procédure sur difficultés d'exécution devant le juge de l'exécution).

2 Procédure devant le juge de l'exécution statuant en matière immobilière

3 Le Code des procédures civiles d'exécution fixe des règles spécifiques de procédure lorsque l'exécution a lieu en matière immobilière (CPC ex., art. L. 311-1 à L. 341-1 et R. 311-1 à R. 334-3. – V. Fiche 14 : Mettre en œuvre une saisie immobilière. – V. Fiche 15 : Contester une saisie immobilière).

B Conditions d'utilisation

4 Le juge de l'exécution (COJ, art. L. 213-6) :

– connaît, de manière exclusive, des difficultés relatives aux titres exécutoires et des contestations qui s'élèvent à l'occasion de l'exécution forcée, même si elles portent sur le fond du droit à moins qu'elles n'échappent à la compétence des juridictions de l'ordre judiciaire ;

> EXEMPLE Il appartient au juge de l'exécution de vérifier le montant de la créance (Cass. 2e civ., 18 févr. 2016, n° 14-29.893 : *JurisData* n° 2016-002833 ; *Procédures* 2016, comm. 124, C. Laporte).

– dans les mêmes conditions [comprendre : compétence des juridictions de l'ordre judiciaire], autorise les mesures conservatoires et connaît des contestations relatives à leur mise en œuvre ;

– connaît, sous la même réserve [comprendre : compétence des juridictions de l'ordre judiciaire], de la procédure de saisie immobilière, des contestations qui s'élèvent à l'occasion de celle-ci et des demandes nées de cette procédure ou s'y rapportant directement, même si elles portent sur le fond du droit ainsi que de la procédure de distribution qui en découle ;

EXEMPLE Afin de fixer la créance du poursuivant, il appartient au juge de l'exécution de déterminer le montant de celle-ci en faisant le compte entre les parties si nécessaire et sans pouvoir s'y refuser en se fondant sur une insuffisance de preuves fournies (Cass. 2e civ., 11 mai 2017, n° 16-16.106 : *JurisData* n° 2017-008844 ; *Procédures* 2017, comm. 189, C. Laporte).

– connaît, sous la même réserve [comprendre toujours : compétence des juridictions de l'ordre judiciaire], des demandes en réparation fondées sur l'exécution ou l'inexécution dommageable des mesures d'exécution forcée ou des mesures conservatoires ;
– exerce également les compétences particulières qui lui sont dévolues par le Code des procédures civiles d'exécution.

C Avis du professionnel

5 • S'assurer que la demande apparaît à l'occasion d'une mesure d'exécution forcée ressort bien de la compétence du juge de l'exécution et n'échappe pas à la compétence des juridictions de l'ordre judiciaire.
• Veiller au respect du principe du contradictoire.
• Veiller aux règles de représentation (obligatoire ou non selon la procédure concernée).

D Textes

• COJ, art. L. 121-3, L. 211-3 et L. 213-5 à L. 213-7.
• COJ, art. R. 212-17, R. 213-10 à R. 213-12 et R. 222-8.
• CPC, art. 56, 58, 127 et 493 à 498.
• CPC ex., art. L. 111-1 à L. 651-1 (toute la partie législative du Code des procédures civiles d'exécution).
• CPC ex., art. R. 111-1 à R. 651-1 (toute la partie réglementaire du Code des procédures civiles d'exécution).

E Schéma procédural

6 • **Procédure ordinaire :**
– assignation ;
– remise de l'assignation au greffe de la juridiction (enrôlement) ;
– échange des pièces et de l'argumentation (éventuellement, des conclusions écrites) ;
– appel du dossier au cours de plusieurs audiences successives jusqu'à ce que le dossier soit prêt à être plaidé (sauf à ce que le dossier soit prêt dès la première audience ou que le juge organise les échanges entre les parties comparantes et dispense une partie de se présenter à l'audience ultérieure) ;
– audience de plaidoiries ;
– jugement ;
– notification (et/ou signification).
• **Procédure d'ordonnance sur requête** (V. Fiche 3 : Mettre en œuvre une procédure d'ordonnance sur requête devant le juge de l'exécution).
• **Procédure sur difficultés d'exécution** (V. Fiche 2 : Mettre en œuvre une procédure sur difficultés d'exécution devant le juge de l'exécution).
• **Procédure de saisie immobilière et distribution du prix de vente de l'immeuble** (V. Fiche 14 : Mettre en œuvre une saisie immobilière. – V. Fiche 15 : Contester une saisie immobilière).

II Préparation

A Information du client

1 Procédure devant le juge de l'exécution statuant en matière mobilière

a) Procédure ordinaire

7 L'information du client doit porter sur les risques inhérents à la procédure à engager et ses chances de succès (coût et délais).

b) Procédure d'ordonnance sur requête

8 V. Fiche 3 : Mettre en œuvre une procédure d'ordonnance sur requête devant le juge de l'exécution.

c) Procédure sur difficultés d'exécution

9 V. Fiche 2 : Mettre en œuvre une procédure sur difficultés d'exécution devant le juge de l'exécution.

2 Procédure devant le juge de l'exécution statuant en matière immobilière

10 V. Fiche 14 : Mettre en œuvre une saisie immobilière.

B Contrôles préalables

11 • S'assurer qu'une mesure d'exécution forcée est en cours (ce qui n'est plus le cas si le créancier s'est désisté de la procédure, Cass. 2e civ., 11 janv. 2018, n° 16-22.829 : *JurisData* n° 2018-000033 ; *Procédures* 2018, comm. 77, C. Laporte).
• Vérifier que la demande entre bien dans le champ de compétence (territoriale et matérielle) du juge de l'exécution et n'est pas prescrite.
• Prendre contact avec un avocat inscrit dans le ressort du tribunal de grande instance devant lequel la procédure doit être engagée en matière immobilière (L. n° 71-1130, 31 déc. 1971, art. 5, al. 3, et art. 5-1, al. 2).
• Veiller à connaître les nom et adresse des personnes à qui devront être dénoncés les actes afin de respecter le délai dans lequel doivent avoir lieu les dénonciations.
• Veiller particulièrement à la rédaction des actes, notamment les conditions de forme (de nombreuses mentions sont obligatoires à peine de nullité).
• Faire attention aux règles de représentation devant le juge de l'exécution qui ne sont pas les mêmes selon que le juge statue en matière mobilière ou en matière immobilière.
• Lorsque la saisine du juge de l'exécution doit être effectuée dans un délai particulier, vérifier que celui-ci pourra être respecté.

REMARQUE Les délais varient selon le stade d'avancement de la procédure et la mesure d'exécution :
– **aucun délai** pour :
• une demande de mainlevée d'une saisie-revendication (CPC ex., art. R. 222-18),
• la demande de mainlevée d'une mesure conservatoire si les conditions prévues aux articles R. 511-1 à R. 511-8 du Code des procédures civiles d'exécution (conditions et mise en œuvre de la mesure conservatoire : autorisation de la mesure, compétence du juge, caducité de l'autorisation en cas d'inexécution de la mesure dans les trois mois, caducité de la mesure en cas de non-accomplissement, dans le mois suivant l'exécution de celle-ci, des formalités nécessaires à l'obtention d'un titre exécutoire, etc.) ne sont pas réunies (CPC ex., art. R. 512-1) ;
– **quinze jours** à compter de la dénonciation ou notification au débiteur pour contester la conversion de la saisie conservatoire en saisie-attribution (CPC ex., art. R. 523-9. – Cass. 2e civ., 8 sept. 2011, n° 10-23.003 : *JurisData* n° 2011-018112 ; *Procédures* 2011, comm. 335, R. Perrot) ;
– **un mois** à compter de la dénonciation de la saisie au débiteur pour les contestations relatives :
• à une saisie-attribution (CPC ex., art. R. 211-11),
• à une saisie-vente (CPC ex., art. R. 221-20 et R. 221-53),
• à une saisie des droits d'associés et valeurs mobilières (CPC ex., art. R. 232-6).
Faute de dénonciation, le délai de contestation ne court pas (CA Colmar, 3e ch. civ., sect. A, 20 avr. 2015, n° 14/04531 : *JurisData* n° 2015-009084). Il en serait sans doute de même en cas de dénonciation irrégulière ;
– **un mois** à compter de la déclaration du tiers d'un droit de rétention sur le bien pour la contestation par le créancier saisissant du droit dont se prévaut le tiers (CPC ex., art. R. 221-29) ;
– **un mois** à compter de l'information de l'huissier de justice par le détenteur se prévalant d'un droit propre sur le bien saisi – dans le cadre d'une saisie-revendication initiée par le saisissant – pour la contestation par ce dernier de l'existence du droit propre dont se prévaut le tiers détenteur ; à défaut, l'indisponibilité cesse (CPC ex., art. R. 222-24) ;
– **deux mois** à compter du commandement de quitter les lieux – en matière d'expulsion – pour demander des délais (CPC ex., art. L. 412-1 à L. 412-4 et art. R. 412-4) ;
– **avant la vente** des biens saisis pour :
• une action en distraction en matière de saisie-vente car, ensuite, seule l'action en revendication est possible (CPC ex., art. R. 221-52),
• la demande de nullité de la saisie-vente, pour motif autre que l'insaisissabilité (CPC ex., art. R. 221-54) ;
– **jusqu'à la publicité définitive** pour solliciter la mainlevée de l'inscription d'hypothèque judiciaire provisoire (CPC ex., art. R. 532-6. – Cass. 2e civ., 25 juin 2015, n° 14-18.924 : *JurisData* n° 2015-015385 ; *Procédures* 2015, comm. 295, C. Laporte).

C Pièces nécessaires

12 Le praticien doit disposer de l'ensemble des pièces justificatives de la demande, de son bien-fondé (titre exécutoire, acte d'exécution, et/ou mesure d'exécution forcée, et/ou mesure conservatoire).

CONSEIL Lorsque le juge de l'exécution statue en matière mobilière, les pièces peuvent être :
– dénoncées en même temps que l'assignation ;
– adressées au conseil constitué ou connu du défendeur ;
– adressées directement au défendeur non représenté par lettre recommandée avec demande d'avis de réception.

D Phase pré-judiciaire

13 Une phase gracieuse préalable est parfois imposée, notamment en cas d'opposition à poursuites en matière de procédures fiscales d'exécution (LPF, art. L. 281, art. R. 281-1 à R. 281-5).

EXEMPLE Ainsi, le contribuable n'est pas recevable à se prévaloir devant le juge de l'exécution de faits non invoqués dans une demande préalable au chef de service (Cass. com., 14 avr. 2015, n° 13-28.797 : *JurisData* n° 2015-008088 ; *RD bancaire et fin.* 2015, comm. 129, S. Piedelièvre).

En revanche, le juge de l'exécution est seul compétent pour connaître de la contestation portant sur la régularité en la forme d'un acte de poursuite (Cass. 2e civ., 19 oct. 2017, n° 16-21.939, inédit : *Procédures* 2017, comm. 302, C. Laporte).

E Coût de la procédure

1 Procédure devant le juge de l'exécution statuant en matière mobilière

14 • Coût des actes d'huissier de justice (C. com., art. R. 444-3, tableaux 3-1, 3-2 et 3-3 de l'annexe 4-7).
• Coût d'affranchissement postal (notifications par lettre recommandée avec demande d'accusé de réception).
• Droit de plaidoirie.
• Tarif de la postulation (C. com., art. R. 444-3, tableau 6 de l'annexe 4-7).
• Honoraires libres des avocats (une convention d'honoraires doit être conclue avec le client : C. com., art. L. 444-1, al. 3).

CONSEIL Pour connaître la liste des prestations des professions réglementées, rémunérées par un tarif, il faut consulter l'annexe 4-7 de la partie réglementaire du Code de commerce (plus spécialement sur les tarifs des avocats : *Procédures* 2017, alerte 19 ; *Procédures* 2018, comm. 9 ; *Procédures* 2018, alerte 6).

2 Procédure devant le juge de l'exécution statuant en matière immobilière

15 • Tarif des huissiers de justice (C. com., art. R. 444-3, tableaux 3-1, 3-2 et 3-3).
• Tarif de postulation des avocats (C. com., art. R. 444-3, tableau 6 de l'annexe 4-7. – C. com., art. A. 444-191 à A. 444-193),

REMARQUE Application dans le temps des tarifs des avocats :
– **jusqu'au 1er septembre 2017** : décret n° 60-323 du 2 avril 1960, pour les instances en cours à cette date, dans les matières de saisie immobilière, de partage, de licitation et de sûretés judiciaires ;
– **à compter du 1er septembre 2017** : tableau 6 de l'annexe 4-7 de la partie réglementaire du Code de commerce.
L'ancien tarif de postulation (principalement D. n° 60-323, 2 avr. 1960) reste applicable – pour les prestations concernées, définies à l'article R. 444-71 du Code de commerce – aux instances en cours avant son entrée en vigueur, soit en pratique le 1er septembre 2017 (D. n° 2017-862, 9 mai 2017, art. 7, al. 2), ce que confirme l'arrêté du 6 juillet 2017 (A. n° ECOC1701976A, 6 juill. 2017, art. 3, al. 2 : *JO* 14 juill. 2017, texte n° 39).
A contrario, les nouveaux tarifs doivent recevoir application pour les nouvelles instances à compter de cette même date. Or, cette notion d'« instances en cours » est source d'interrogations (*Procédures* 2018, comm. 9). La question est délicate en matière de saisie immobilière ; en effet, cette saisie est bien définie comme procédure d'exécution (CPC ex., art. R. 321-1), même si l'on glisse ensuite vers une instance dans le cadre des assignations délivrées au débiteur et aux créanciers inscrits

à comparaître devant le juge de l'exécution. La circulaire ministérielle du 20 mars 2009 (Circ. n° JUSC0906659C, 20 mars 2009 : *BO Justice* n° 2009-02, 30 avr. 2009) avait précisé qu'il s'agit d'éviter toute confusion avec l'instance judiciaire dès lors que la saisie est engagée (c'est précisément le terme employé dans CPC ex., art. R. 321-1) par la signification du commandement valant saisie, alors que l'instance judiciaire ne sera introduite que par la saisine ultérieure du juge de l'exécution. On comprend donc qu'il y ait matière à s'interroger sur la notion d'« instance en cours » s'agissant d'apprécier l'application du tarif régissant la saisie immobilière. Dès lors et sous réserve de l'appréciation des juridictions, il est permis de penser qu'il faut prendre en compte, ici, non la date de délivrance des assignations, mais celle de la délivrance du commandement de payer valant saisie car c'est elle qui engage la procédure ; en conséquence, le tarif devrait être déclaré applicable pour toutes les procédures dont le commandement a été délivré postérieurement au 1er septembre 2017.

• Honoraires libres des avocats (une convention d'honoraires doit être conclue avec le client : C. com., art. L. 444-1, al. 3).
• Coût de la publicité foncière.
• Tarif des notaires pour les émoluments (C. com., art. R. 444-3, tableaux 5 et 5-1 de l'annexe 4-7).

EXEMPLE La demande d'inscription d'hypothèque judiciaire provisoire sur requête du juge de l'exécution donne lieu à établissement d'un état de frais incluant, notamment, un émolument proportionnel sur le montant des sommes garanties par l'inscription (C. com., art. A. 444-197 à A. 444-199).
La procédure de saisie immobilière donne lieu à établissement d'un état de frais incluant des émoluments fixes de formalités et d'actes, et des émoluments proportionnels.

III Procédure

A Assistance et représentation

1 Procédure devant le juge de l'exécution statuant en matière mobilière

16 Devant le juge de l'exécution, **les parties se défendent elles-mêmes**.
Elles ont la faculté de se faire assister ou représenter par (CPC ex., art. R. 121-6 et R. 121-7) :
– un avocat ;
– leur conjoint ;
– leur concubin ou la personne avec laquelle elles ont conclu un pacte civil de solidarité ;
– leurs parents ou alliés en ligne directe ;
– leurs parents ou alliés en ligne collatérale jusqu'au troisième degré inclus ;
– les personnes exclusivement attachées à leur service personnel ou à leur entreprise.
L'État, les régions, les départements, les communes et leurs établissements publics peuvent se faire assister ou représenter par un fonctionnaire ou un agent de leur administration (CPC ex., art. R. 121-7, al. 8).
Seul l'avocat – titulaire d'un mandat *ad litem* – est dispensé de justifier d'un pouvoir spécial (CPC ex., art. R. 121-7, al. 9).

CONSEIL **Le rédacteur doit vérifier la qualité de la personne représentant l'adversaire et contrôler, s'il n'est avocat, qu'il est bien titulaire d'un pouvoir spécial régulier.**

ATTENTION **Ne figurant pas expressément dans la liste établie par le Code de procédure civile des personnes habilitées à représenter ou assister les parties devant le tribunal d'instance, l'huissier de justice n'a, sur le principe, pas la qualité pour représenter une partie devant le juge de l'exécution (CPC, art. 416 et 828).**

2 Procédure devant le juge de l'exécution statuant en matière immobilière

a) Représentation obligatoire

17 Les parties sont, sauf disposition contraire, tenues de constituer avocat (CPC ex., art. R. 311-4). La postulation est donc ici obligatoire (avec une exception notoire : le débiteur peut solliciter lui-même la vente amiable du bien saisi, V. *infra*, n° 18, « Dispense d'avocat »).

ATTENTION **Seul un avocat inscrit au barreau du tribunal de grande instance dans le ressort duquel il a établi sa résidence professionnelle peut postuler, en cette matière, devant ce tribunal (CPC ex., art. R. 311-4 et R. 321-3. – Circ. n° CIV/17/06, 14 nov. 2006, § 1.3.2. – Cass. 2e civ., 5 mai 2011, n° 10-14.066 : *JurisData* n° 2011-007723. – L. n° 71-1130, 31 déc. 1971, art. 5, al. 3 et 5-1, al. 2).**

Il a été jugé que l'irrégularité affectant le commandement de payer valant saisie immobilière, résultant de la constitution d'un avocat qui n'a pas le pouvoir de représenter le créancier poursuivant, peut être régularisée par la constitution, dans l'assignation délivrée en vue de l'audience d'orientation, de la société civile professionnelle inter-barreaux qui comporte, en son sein, deux avocats inscrits au barreau du tribunal compétent (Cass. 2e civ., 18 oct. 2012, n° 11-18.730, inédit : *Procédures* 2013, comm. 12, R. Perrot).

b) Dispense d'avocat

18 La demande du débiteur aux fins d'autorisation de la vente amiable de l'immeuble saisi ainsi que les actes consécutifs à cette vente sont dispensés du ministère d'avocat.
Cette demande peut être formée verbalement à l'audience d'orientation (CPC ex., art. R. 322-17), mais pas postérieurement (Cass. 2e civ., 19 mars 2015, n° 14-13.720, inédit).

REMARQUE L'avocat du saisi bénéficie aussi de cette dérogation et peut ainsi formuler verbalement la demande de vente amiable (Cass. 2e civ., 7 avr. 2016, n° 15-14.856 : *JurisData* n° 2016-006433 ; *Procédures* 2016, comm. 198, C. Laporte).

La demande de report de l'adjudication, à l'initiative de la commission de surendettement, est également dispensée du ministère d'avocat (C. consom., art. R. 721-7).

B Matière

19 Matière gracieuse lorsque le juge statue dans le cadre de la procédure des ordonnances sur requête.
Matière contentieuse pour toutes les autres demandes.

C Compétence

1 Compétence matérielle

a) Compétence exclusive

20 • Difficultés relatives aux titres exécutoires lorsqu'il est question de contestation portant sur les mesures d'exécution forcée engagées sur le fondement du titre (Cass. 1re civ., 9 avr. 2015, n° 14-13.261 : *JurisData* n° 2015-007752).
• Contestations qui s'élèvent à l'occasion de l'exécution forcée même si elles portent sur le fond du droit (Cass. 2e civ., 24 sept. 2015, n° 13-27.364 : *JurisData* n° 2015-021132).

REMARQUE La jurisprudence la plus récente de la Cour de cassation marque une volonté très claire de regroupement du contentieux devant le juge de l'exécution, même si un autre juge avait été saisi antérieurement (Cass. 2e civ., 17 mai 2018, n° 16-25.917 : *JurisData* n° 2018-008313 ; *JCP* G 2018, 635, L. Lauvergnat ; *Procédures* 2018, comm. 213, C. Laporte).

• Contestations portant sur les mesures conservatoires et leur mise en œuvre (CPC ex., art. L. 512-1).
• Demandes en réparation portant sur :
– l'exécution ou l'inexécution dommageable des mesures d'exécution forcée et des mesures conservatoires (Cass. com., 22 mars 2017, n° 15-15.742 : *JurisData* n° 2017-005030) ; la compétence exclusive instituée au profit du juge de l'exécution par l'article L. 213-6, alinéa 2, du Code de l'organisation judiciaire n'interdit pas au juge saisi de l'instance au fond, qui a ordonné la mainlevée de la saisie conservatoire, de connaître de la demande en réparation fondée sur l'exécution ou l'inexécution dommageable de cette saisie (Cass. com., 5 janv. 2016, n° 14-11.126 : *JurisData* n° 2016-000074) ;
– le caractère abusif ou inutile d'une mesure, avec possibilité de condamner le créancier à des dommages-intérêts en cas d'abus de saisie (CPC ex., art. L. 121-2) ;

– les actions des parties (engagement de la responsabilité civile à l'encontre des : huissier de justice, saisi, tiers saisi, tiers détenteur, tiers, créancier, V. Cass. 2e civ., 13 nov. 2014, n° 13-15.599 : *JurisData* n° 2014-027608 ; *Procédures* 2015, comm. 10, C. Laporte).

> ATTENTION **La demande fondée sur la responsabilité des notaires, recherchée du fait de l'inaccomplissement de formalités dans la rédaction de l'acte de vente, étrangère aux conditions d'exécution de la saisie, n'entre pas dans le champ des attributions du juge de l'exécution et rend l'action irrecevable (Cass. 2e civ., 8 janv. 2015, n° 13-21.044 : *JurisData* n° 2015-000015 ; *Procédures* 2015, comm. 72, C. Laporte) ; en revanche, rien ne devrait empêcher d'appeler le notaire en déclaration de jugement commun, ce qui pourrait être utile ensuite pour une recherche ultérieure de sa responsabilité.**

• Autorisation de procéder à l'exécution en dehors des jours et heures légaux en cas de nécessité (CPC ex., art. L. 141-1).
• Autorisation pour assister aux opérations d'exécution lorsque les circonstances l'exigent (CPC ex., art. R. 141-3).
• Autorisation pour pratiquer une saisie-vente dans un local servant à l'habitation du débiteur (CPC ex., art. L. 221-2).
• Difficultés d'exécution entravant le cours des opérations menées par l'huissier de justice (CPC ex., art. R. 151-1 à R. 151-4).
• Procédure de saisie immobilière et la distribution du prix de vente de l'immeuble (CPC ex., art. L. 311-1 et R. 311-2).
• Contestations relatives à la procédure de paiement direct (CPC ex., art. R. 213-6).
• Demandes en matière de contentieux fiscal, s'agissant de la régularité en la forme de l'acte de poursuite (LPF, art. L. 281, L. 283. – Cass. 2e civ., 19 oct. 2017, n° 16-21.939, inédit : *Procédures* 2017, comm. 302, C. Laporte).
• Demandes en matière d'oppositions (V., en matière de sécurité sociale pour les contestations formées par le débiteur : CSS, art. L. 133-4-9).

b) Compétence partagée

21 • Compétence alternative, successive ou optionnelle avec le président du tribunal de commerce pour les mesures conservatoires, mais seulement lorsque la demande est formée avant tout procès (CPC ex., art. L. 511-3 et R. 511-2. – C. com., art. L. 721-7).
• Radiation de la publicité provisoire d'une sûreté judiciaire : compétence partagée avec le tribunal en cas d'extinction de l'instance introduite par le créancier ou de rejet de sa demande (CPC ex., art. R. 533-6).
• Mainlevée des sûretés.
• Liquidation de l'astreinte, provisoire ou définitive : compétence partagée avec le juge qui l'a prononcée, plus précisément selon que ce dernier s'est réservé ou non le pouvoir de la liquider (CPC ex., art. L. 131-3. – Cass. 2e civ., 29 janv. 2015, n° 14-10.544 : *JurisData* n° 2015-001454 ; *JCP* G 2015, 319, T. Fossier).
• Délais de grâce : compétence partagée avec le juge des référés selon qu'un commandement ou un acte de saisie a été délivré ou non, le juge de l'exécution étant seul compétent si un tel acte a été délivré (CPC, art. 510. – C. civ., art. 1343-5. – CPC ex., art. R. 121-1) ;
• Délais de relogement : compétence partagée avec le juge qui a prononcé l'expulsion et le juge des référés, mais – à compter de la signification du commandement d'avoir à libérer les locaux – seul le juge de l'exécution du lieu de situation de l'immeuble est compétent pour en connaître (CPC ex., art. L. 412-1 à L. 412-4 et art. R. 412-2 à R. 412-4).

2 Compétence territoriale

a) Procédure devant le juge de l'exécution statuant en matière mobilière

22 Principe

Le juge de l'exécution territorialement compétent, **au choix du demandeur**, est, sauf s'il en est disposé autrement, celui (CPC ex., art. R. 121-2, al. 1) :
– du lieu où demeure le débiteur (Cass. 1re civ., 28 mai 2015, n° 13-27.750, inédit) ;
– du lieu d'exécution de la mesure (lieu d'exécution des travaux pour une liquidation d'astreinte : CA Versailles, 16e ch., 12 févr. 2015, n° 14/03714 : *JurisData* n° 2015-003953).

> ATTENTION **Lorsqu'une demande a été portée devant l'un de ces juges, elle ne peut l'être devant un autre (CPC ex., art. R. 121-2, al. 1er *in fine*).**
> **Le juge compétent est obligatoirement celui du lieu d'exécution de la mesure (CPC ex., art. R. 121-2, al. 2) :**
> **– si le débiteur demeure à l'étranger (Cass. 2e civ., 13 oct. 2016, n° 15-13.302 : *JurisData* n° 2016-021139) ;**
> **– si le lieu où il demeure est inconnu.**

Dérogations

• **Le juge du lieu où demeure le débiteur est compétent pour :**

– les mesures conservatoires et les sûretés judiciaires :

• autorisation (CPC ex., art. R. 511-2),

• lorsque le juge qui a autorisé la mesure s'est réservé de réexaminer sa décision ou ses modalités d'exécution au vu d'un débat contradictoire (CPC ex., art. R. 511-5),

• demande de mainlevée de la mesure prise sans autorisation préalable du juge (CPC ex., art. R. 512-2) ;

– la saisie-attribution : toutes contestations (CPC ex., art. R. 211-10) ;

– la saisie d'un véhicule terrestre à moteur par déclaration à la préfecture : contestation de la saisie (CPC ex., art. R. 223-3) ;

– la saisie des droits d'associés et valeurs mobilières : toutes contestations (CPC ex., art. R. 232-6, al. 5) ;

– la saisie conservatoire :

• mainlevée (CPC ex., art. R. 522-1, al. 8 et art. R. 524-2, al. 5),

• nullité de la saisie pratiquée entre les mains d'un tiers (CPC ex., art. R. 522-5, al. 4),

• contestation de l'acte de conversion en saisie-attribution (CPC ex., art. R. 523-9, al. 1) ;

– la saisie conservatoire des biens placés dans un coffre-fort : mainlevée (CPC ex., art. R. 525-2, al. 6) ;

– la saisie d'un véhicule terrestre à moteur par immobilisation pour obtenir le paiement d'une somme d'argent : toutes contestations (CPC ex., art. R. 223-10, al. 5), mais le débiteur peut aussi saisir le juge du lieu d'immobilisation du véhicule.

• **Le juge qui a autorisé la mesure est compétent pour :**

– les mesures conservatoires (saisies conservatoires et sûretés judiciaires) : mainlevée de la mesure prise avec autorisation préalable (CPC ex., art. R. 512-2) ;

– la saisie-revendication : mainlevée (CPC ex., art. R. 222-18, al. 3).

• **Le juge du lieu où sont situés les biens saisis ou immobilisés est compétent pour :**

– les mesures conservatoires (saisies conservatoires et sûretés judiciaires) : contestations autres que la mainlevée (CPC ex., art. R. 512-3, art. R. 523-3, al. 6 pour la saisie conservatoire des créances, CPC ex., art. R. 524-2, al. 6 pour la saisie conservatoire des droits d'associé et des valeurs mobilières) ;

– la saisie-vente :

• contestations nées de la saisie des sommes en espèces entre les mains du débiteur (CPC ex., art. R. 221-20, al. 2),

• contestations en général et incidents (CPC ex., art. R. 221-40, R. 224-8),

– la saisie-revendication : contestations autres que la mainlevée (CPC ex., art. R. 222-18, al. 3) ;

– la saisie d'un véhicule terrestre à moteur par immobilisation en l'absence du débiteur : contestation de la mesure (CPC ex., art. R. 223-9, al. 5) ;

– la saisie d'un véhicule terrestre à moteur par immobilisation pour obtenir le paiement d'une somme d'argent : toutes contestations, mais le débiteur peut aussi saisir le juge du lieu où il demeure (CPC ex., art. R. 223-10, al. 5) ;

– la saisie d'un véhicule terrestre à moteur par immobilisation pour être remis à son propriétaire : toutes contestations, mais la personne tenue de la remise peut aussi saisir le juge du lieu où elle demeure (CPC ex., art. R. 223-12, al. 4) ;

– la saisie d'un véhicule terrestre à moteur par immobilisation pour être remis à un créancier gagiste : toutes contestations, mais la personne tenue de la remise peut aussi saisir le juge du lieu où elle demeure (CPC ex., art. R. 223-13, al. 6) ;

– la saisie-vente des biens placés dans un coffre-fort : toutes contestations, incidents (CPC ex., art. R. 224-3, al. 8) ;

– la saisie-appréhension des biens placés dans un coffre-fort : toutes contestations (CPC ex., art. R. 224-10, al. 8) ;

– la saisie conservatoire des biens placés dans un coffre-fort : contestations relatives aux opérations de saisie (CPC ex., art. R. 525-3, al. 3).

• **Le juge du lieu où demeure le destinataire du commandement de délivrer ou de restituer est compétent pour :**

– la saisie-appréhension : difficultés portant sur la saisie-appréhension (CPC ex., art. R. 222-2, al. 5 et R. 222-7, al. 5) ;

– la saisie-revendication pratiquée sans autorisation préalable du juge : mainlevée (CPC ex., art. R. 222-18, al. 3) ;

– la saisie d'un véhicule terrestre à moteur par immobilisation pour être remis à son propriétaire : toutes contestations (CPC ex., art. R. 223-12, al. 4) ;

– la saisie d'un véhicule terrestre à moteur par immobilisation pour être remis à un créancier gagiste : toutes contestations (CPC ex., art. R. 223-13, al. 6).

ATTENTION **Dans les deux derniers cas, la personne tenue de la remise peut aussi saisir le juge du lieu d'immobilisation du véhicule (CPC ex., art. R. 223-12, al. 4 et art. R. 223-13, al. 6).**

• **Le juge du lieu où demeure le tiers est compétent pour :**

– la saisie-vente : contestation par le créancier saisissant du droit de rétention dont un tiers se prévaut sur le bien saisi (CPC ex., art. R. 221-29, al. 2) ;

– la saisie-revendication effectuée sans autorisation préalable : mainlevée (CPC ex., art. R. 222-18, al. 3) ;
– la saisie-revendication : contestation portant sur la prétention du détenteur à un droit propre sur le bien saisi (CPC ex., art. R. 222-24, al. 1) ;
– la saisie-appréhension : en l'absence de remise volontaire dans le délai imparti par le tiers entre les mains duquel le bien est appréhendé (CPC ex., art. R. 222-8, al. 1) ;
– la saisie d'un véhicule terrestre à moteur par immobilisation pour être remis à son propriétaire : toutes contestations (CPC ex., art. R. 223-12, al. 4) ;
– la saisie d'un véhicule terrestre à moteur par immobilisation pour être remis à un créancier gagiste : toutes contestations (CPC ex., art. R. 223-13, al. 6).

> ATTENTION **Dans les deux derniers cas, la personne tenue de la remise peut aussi saisir le juge du lieu d'immobilisation du véhicule (CPC ex., art. R. 223-12, al. 4, et art. R. 223-13, al. 6).**

• **Le juge du lieu de situation de l'immeuble est compétent pour** l'expulsion :
– toutes contestations des mesures d'expulsion (CPC ex., art. R. 442-1) ;
– autorisation de vendre les meubles qui se trouvaient dans les lieux (CPC ex., art. R. 432-1, al. 3) ;
– après délivrance du commandement de quitter les lieux : demande de délais pour quitter les lieux, demande de délais pour s'acquitter de la dette (CPC ex., art. L. 412-3 et R. 412-4. – C. civ., art. 1343-5).
• **Le juge du lieu de la vente est compétent pour** la distribution judiciaire des deniers (CPC ex., art. R. 251-8).
• **Le juge du tribunal de grande instance de Paris est compétent pour** la demande d'autorisation préalable – prévue à l'article L. 111-1-1 du Code des procédures civiles d'exécution pour les mesures conservatoires et les mesures d'exécution forcée sur des biens appartenant à un État étranger – et les contestations relatives aux mesures conservatoires et d'exécution forcée mobilières qu'il autorise, ainsi que les procédures de saisie immobilière qu'il autorise, à l'exception des procédures d'exécution forcée sur les immeubles situés dans les départements du Bas-Rhin, du Haut-Rhin et de la Moselle (CPC ex., art. R. 111-1).

b) Procédure devant le juge de l'exécution statuant en matière immobilière

23 La saisie immobilière est poursuivie devant le juge de l'exécution du tribunal de grande instance dans le ressort duquel est situé l'immeuble saisi.

Il existe des règles spécifiques en cas de pluralité de saisies (CPC ex., art. R. 311-2 et R. 311-3. – V. Fiche 14 : Mettre en œuvre une saisie immobilière).

D Parties

1 Procédure devant le juge de l'exécution statuant en matière mobilière

24 En matière mobilière, on trouve au moins un demandeur :
– le créancier ;
– le débiteur ou ;
– l'huissier de justice.
Dans le cadre de la procédure ordinaire, on trouve au moins un demandeur et un défendeur, voire plusieurs :
– le débiteur ;
– le créancier saisissant ;
– les autres créanciers (opposants) ;
– le tiers (saisi, détenteur).

2 Procédure devant le juge de l'exécution statuant en matière immobilière

25 En matière immobilière, on trouve :
– le créancier poursuivant ;
– le saisi ;
– les créanciers inscrits ;
– les créanciers privilégiés ;
– le notaire chargé de la vente amiable, lequel est un acteur de la procédure en cas de vente amiable autorisée par le juge de l'exécution ;
– l'huissier de justice, auxiliaire de justice intervenant à divers stades de la procédure (délivrance du commandement de payer valant saisie immobilière, établissement du procès-verbal descriptif de l'immeuble saisi, visite des lieux en cas de vente forcée, etc.).

E Rédaction de l'acte de saisine

1 Procédure devant le juge de l'exécution statuant en matière mobilière

a) Procédure ordinaire

26 • **Assignation**
Sauf dispositions contraires, le juge de l'exécution est saisi par assignation à la première audience utile du juge (CPC ex., art. R. 121-11, al. 1er).

REMARQUE **En cas d'urgence**, le juge de l'exécution peut permettre d'assigner à l'heure qu'il indique, même d'heure à heure et les jours fériés ou chômés, soit au tribunal, soit à son domicile, portes ouvertes (CPC ex., art. R. 121-12). L'ordonnance sur requête qui ferait droit à la demande devra être jointe à l'assignation.

Le praticien doit veiller à ce que l'assignation contienne, outre les mentions prescrites pour tous les actes d'huissier de justice (CPC, art. 648) et celles de toute assignation (CPC, art. 56) :
– l'indication de la juridiction devant laquelle la demande est portée ;
– l'objet de la demande avec un exposé des moyens en fait et en droit ;
– l'indication des modalités de comparution devant la juridiction et que, faute pour le défendeur de comparaître, il s'expose à ce qu'un jugement soit rendu contre lui sur les seuls éléments fournis par son adversaire ;
– le cas échéant, les mentions relatives à la désignation des immeubles exigées pour la publication au fichier immobilier ;
– l'indication des pièces sur lesquelles la demande est fondée ;
– la reproduction – à peine de nullité – des dispositions des articles R. 121-6 à R. 121-10 du Code des procédures civiles d'exécution dans leur version en vigueur (CPC ex., art. R. 121-11, al. 2, art. R. 121-6 à R. 121-10).
À défaut de ces indications, l'assignation peut être déclarée nulle. La nullité est, en général, subordonnée à la preuve d'un grief (CPC, art. 114).

CONSEIL **Les dispositions de l'article 56, alinéa 7 du CPC (D. n° 2015-282, 11 mars 2015, art. 18 et 19), entrées en vigueur le 1er avril 2015, selon lesquelles l'acte introductif d'instance doit, en principe (la seule « sanction », à ce jour, est la possibilité donnée au juge de proposer aux parties une mesure de conciliation ou de médiation : CPC, art. 127) mentionner « les diligences entreprises en vue de parvenir à une résolution amiable du litige » (CPC, art. 56, al. 7) – étant rappelé que la seule limite relève du motif légitime tenant à l'urgence ou à la matière en cause, notamment si cette dernière intéresse l'ordre public – doivent-elles recevoir application dans cette assignation ? Il est permis d'en douter. En effet, le but poursuivi par le législateur semblant être d'éviter la prise d'un titre exécutoire par jugement ; ces dispositions particulières, s'agissant de la recherche d'une solution amiable, n'ont pas vocation à s'appliquer dans le cadre des procédures liées à l'exécution, lesquelles ne peuvent se concevoir sans existence d'un titre exécutoire. Dès lors, la matière de l'exécution paraît bien étrangère à toute idée de résolution amiable du litige.**

L'assignation délivrée est ensuite remise, avant l'audience, au greffe aux fins d'enrôlement.

ATTENTION **Lorsque le juge chargé de l'instance est désigné pour exercer les fonctions de juge de l'exécution (principalement en matière de saisie des rémunérations), le greffe compétent sera celui du tribunal d'instance (COJ, art. R. 222-8, al. 1).**
En cas de dépôt d'une demande auprès du greffe du tribunal de grande instance, lorsque le juge de l'exécution exerce les fonctions de juge d'instance, celle-ci sera réputée valable (CPC ex., art. R. 442-2, al. 2). Dans ce cas, le greffe du tribunal de grande instance incompétent doit transmettre au greffe du juge délégué et aviser le demandeur par lettre simple de ce transfert (CPC ex., art. R. 442-2, al. 2, *in fine*).

• **Lettre recommandée ou déclaration**
En matière d'expulsion – par dérogation à la règle de saisine du juge de l'exécution par assignation –, la demande peut être formée au greffe par :
– lettre recommandée avec demande d'avis de réception ;
– par déclaration faite ou remise contre récépissé (CPC ex., art. R. 442-2, al. 1).
À peine de nullité, le praticien doit veiller à ce que la demande (CPC, art. 58. – CPC ex., art. R. 442-3) :
– précise son objet ;
– indique les noms, prénoms, profession et adresse du demandeur ou s'il s'agit d'une personne morale, sa dénomination et son siège social ;
– indique le nom et l'adresse du défendeur ou, s'il s'agit d'une personne morale, sa dénomination et son siège social ;
– contienne un exposé sommaire des motifs.

ATTENTION **Sur la question de la mention des « diligences entreprises en vue de parvenir à une résolution amiable du litige » (V. *supra*, « Assignation »).**

Le greffe avise par tous moyens le demandeur des lieu, jour et heure de l'audience (CPC ex., art. R. 442-4, al. 1er. – Le cas échéant, sur la communication électronique : CPC, art. 748-8 et 748-9). Le défendeur est convoqué par lettre recommandée avec demande d'avis de réception. En cas de retour au greffe de la lettre recommandée, le greffier en informe le demandeur qui doit alors procéder par voie de signification (CPC ex., art. R. 442-4, al. 3).

> CONSEIL **Le praticien doit vérifier que :**
> **– le défendeur a été convoqué par lettre recommandée avec demande d'avis de réception ou verbalement contre émargement ;**
> **– qu'il a été bien informé que faute de se présenter ou de faire connaître ses moyens, il s'expose à être jugé sur les seuls éléments fournis par le demandeur (CPC ex., art. R. 442-4).**

b) Procédure d'ordonnance sur requête

27 V. Fiche 3 : Mettre en œuvre une procédure d'ordonnance sur requête devant le juge de l'exécution.

c) Procédure sur difficultés d'exécution

28 V. Fiche 2 : Mettre en œuvre une procédure sur difficultés d'exécution devant le juge de l'exécution.

2 Procédure devant le juge de l'exécution statuant en matière immobilière

29 V. Fiche 14 : Mettre en œuvre une saisie immobilière.

F Instruction du dossier

1 Procédure devant le juge de l'exécution statuant en matière mobilière

a) Procédure d'ordonnance sur requête

30 V. Fiche 3 : Mettre en œuvre une procédure d'ordonnance sur requête devant le juge de l'exécution.

b) Procédure sur difficultés d'exécution

31 V. Fiche 2 : Mettre en œuvre une procédure sur difficultés d'exécution devant le juge de l'exécution.

2 Procédure devant le juge de l'exécution statuant en matière immobilière

32 V. Fiche 14 : Mettre en œuvre une saisie immobilière.

G Audience

1 Procédure devant le juge de l'exécution statuant en matière mobilière

a) Procédure ordinaire

33 La procédure est orale (CPC ex., art. R. 121-8).
Les parties doivent comparaître.

> ATTENTION **Il est impératif de réitérer oralement à l'audience les conclusions écrites prises antérieurement et notifiées au défendeur.**

> CONSEIL **Après avoir évoqué oralement ses prétentions à l'audience, l'avocat peut faire noter au dossier ou faire consigner dans un procès-verbal les prétentions formulées par écrit.**

L'affaire peut être évoquée lors de la première audience ou faire l'objet d'un (ou plusieurs) renvoi(s) à une audience ultérieure.
Le juge qui organise les échanges entre les parties comparantes peut dispenser la partie qui en fait la demande de comparaître à l'audience ultérieure. Dans ce cas, la communication entre les parties est faite par lettre recommandée avec demande d'avis de réception ou par notification entre avocats et il en est justifié auprès de la juridiction dans les délais qu'elle impartit (CPC ex., art. R. 121-9).
En cours d'instance, toute partie peut aussi exposer ses moyens par lettre adressée au juge de l'exécution, à condition de justifier que l'adversaire en a eu connaissance avant l'audience par lettre recommandée avec demande d'avis de réception (CPC ex., art. R. 121-10, al. 1).
La partie qui use de cette faculté peut ne pas se présenter à l'audience. Le jugement rendu dans ces conditions est contradictoire (CPC ex., art. R. 121-10, al. 2. – CPC, art. 446-1).
À l'issue des plaidoiries, le juge annonce la date de son délibéré et les modalités de remise de la décision aux parties (par ex., par mise à disposition).

b) Procédure d'ordonnance sur requête

34 Aucune audience n'est tenue (CPC ex., art. R. 121-23).
Le juge de l'exécution, en autorisant la mesure conservatoire, peut décider de réexaminer sa décision, ou les modalités de son exécution, au vu d'un débat contradictoire.
Dans ce cas, le juge fixe la date de l'audience, sans préjudice du droit pour le débiteur de le saisir à une date plus rapprochée (CPC ex., art. R. 511-5. – V. Fiche 3 : Mettre en œuvre une procédure d'ordonnance sur requête devant le juge de l'exécution).

c) Procédure sur difficultés d'exécution

35 V. Fiche 2 : Mettre en œuvre une procédure sur difficultés d'exécution devant le juge de l'exécution.

2 Procédure devant le juge de l'exécution statuant en matière immobilière

36 Plusieurs audiences sont tenues (audience d'orientation, de rappel, d'adjudication, audience sur contestation de surenchère, de réitération des enchères, etc. – V. Fiche 14 : Mettre en œuvre une saisie immobilière).

H Décision

1 Procédure devant le juge de l'exécution statuant en matière mobilière

a) Procédure ordinaire

37 Le jugement doit être motivé. Il est soumis au régime des nullités (CPC, art. 458 à 460, applicables à tous jugements).
Le juge tranche les contestations. Il peut :
- ordonner la mainlevée de la mesure irrégulière, inutile ou abusive, le créancier ayant toutefois le choix des mesures propres à assurer l'exécution du recouvrement de sa créance (Cass. 2e civ., 15 mai 2014, n° 13-16.016 : *JurisData* n° 2014-009918 ; *JCP* G 2014, 782, L. Lauvergnat) ;
- prononcer la nullité d'un acte de saisie ;
- accorder des délais de paiement ;
- statuer sur les dépens et l'article 700 du CPC.

Il ne peut **remettre en cause le titre exécutoire** (CPC ex., art. R. 121-1. – Cass. 2e civ., 5 janv. 2017, n° 15-28.770, inédit).
La décision du juge de l'exécution est notifiée aux parties par le greffe du tribunal de grande instance par lettre recommandée avec demande d'avis de réception (CPC ex., art. R. 121-15, al. 1er).
Une copie de la décision est envoyée le même jour par lettre simple aux parties et à l'huissier de justice (CPC ex., art. R. 121-15, al. 1er).
En cas de retour au greffe du tribunal de grande instance de la lettre de notification qui n'a pas pu être remise à son destinataire, le greffier en informe les parties qui procèdent par voie de signification (CPC ex., art. R. 121-15, al. 2).

> CONSEIL **Le praticien doit se rapprocher du greffe pour vérifier que la lettre de notification a été remise à son destinataire, et même en obtenir copie afin de rédiger utilement la demande de certificat de non-appel.**
> **Il est conseillé au praticien de faire signifier la décision par huissier de justice s'il a intérêt à faire produire des effets à la décision plus rapidement. Les parties peuvent, d'ailleurs, toujours faire signifier la décision (CPC ex., art. R. 121-15, al. 3).**

Bien que cela soit extrêmement rare, signalons, enfin, que chacune des parties peut faire connaître au greffe qu'elle renonce à ce que la décision lui soit notifiée. Dans ce cas, la décision est réputée notifiée à la date de son prononcé (CPC ex., art. R. 121-15, al. 4).
Sauf dispositions contraires, le juge de l'exécution statue comme juge du principal (CPC ex., art. R. 121-14).
Sa décision a alors autorité de chose jugée au principal ; elle est exécutoire immédiatement, le délai d'appel et l'appel lui-même n'ayant pas d'effet suspensif (CPC ex., art. R. 121-21).
En cas de nécessité, le juge peut déclarer la décision exécutoire au seul vu de la minute (CPC ex., art. R. 121-17).

> REMARQUE **Particularité :** la décision de **mainlevée des mesures d'exécution forcée ou des mesures conservatoires** emporte, dans la limite de son objet, suspension des poursuites dès son prononcé et suppression de tout effet d'indisponibilité dès sa notification (CPC ex., art. R. 121-18).

b) Procédure d'ordonnance sur requête

38 V. Fiche 3 : Mettre en œuvre une procédure d'ordonnance sur requête devant le juge de l'exécution.

c) Procédure sur difficultés d'exécution

39 V. Fiche 2 : Mettre en œuvre une procédure sur difficultés d'exécution devant le juge de l'exécution.

2 Procédure devant le juge de l'exécution statuant en matière immobilière

40 Le juge de l'exécution statue par (V. Fiche 14 : Mettre en œuvre une saisie immobilière. – V. Fiche 15 : Contester une saisie immobilière) :
– ordonnance sur requête lorsqu'il est saisi d'une demande :
• de relevé de forclusion (CPC ex., art. R. 322-12),
• de fixation de la date d'adjudication, soit en raison d'une suspension des poursuites prononcée par ordonnance rendue par le premier président de la cour d'appel (CPC ex., art. R. 121-22), soit parce que celle mentionnée dans le jugement d'orientation, confirmé en appel, doit être modifiée (CPC ex., art. R. 322-19),
• d'aménagement judiciaire de la publicité (CPC ex., art. R. 322-37),
• de difficulté d'exécution en cas de renseignements d'identité incomplets concernant l'adjudicataire (CPC ex., art. R. 322-61),
• de radiation des inscriptions après l'adjudication (CPC ex., art. R. 322-65),
• d'homologation du projet de distribution (CPC ex., art. R. 332-6),
• d'attribution de la force exécutoire au procès-verbal d'accord (CPC ex., art. R. 332-8),
• de désignation éventuelle d'un expert en matière de distribution judiciaire (CPC ex., art. R. 333-2) ;
– jugement dans les autres cas, notamment :
• demande de caducité (CPC ex., art. R. 311-11),
• demande de cantonnement (CPC ex., art. R. 321-12),
• contestations ou demandes incidentes (CPC ex., art. R. 311-5 à R. 311-7).

I Fin de la procédure

1 Procédure sur difficultés d'exécution

41 Une fois la difficulté tranchée et levée, l'huissier de justice reprend ses opérations d'exécution ou y met fin (V. Fiche 2 : Mettre en œuvre une procédure sur difficultés d'exécution devant le juge de l'exécution).

2 Procédure devant le juge de l'exécution statuant en matière immobilière

42 Extinction des effets du commandement de payer valant saisie immobilière par :
– le prononcé de la caducité du commandement de payer valant saisie (CPC ex., art. R. 311-11) ;
– la constatation de la péremption du même commandement (CPC ex., art. R. 321-20).
Ces modes d'extinction des poursuites, sanctionnant un manque de diligence du créancier poursuivant, traduisent le souci d'éviter un allongement inutile de la procédure de saisie immobilière.
La procédure se termine avec la distribution du prix de vente de l'immeuble (CPC ex., art. R. 331-1 et s.).

J Recours ou contestation

1 Procédure devant le juge de l'exécution statuant en matière mobilière

a) Procédure ordinaire

43 **Sauf dispositions contraires**, les décisions du juge de l'exécution peuvent être frappées d'appel, sauf s'il s'agit d'une mesure d'administration judiciaire (CPC ex., art. R. 121-19).

EXEMPLE Constituent des mesures d'administration judiciaire :
– la décision du président du tribunal de grande instance sur les incidents relatifs à la répartition des affaires entre les juges délégués aux fonctions de juge de l'exécution (COJ, art. R. 213-11) ;
– le renvoi à la formation collégiale (COJ, art. R. 213-12) ;
– la mesure de radiation du rôle ;
– les décisions de jonction ou de disjonction d'instance.

Le délai d'appel est de **quinze jours** à compter de notification de la décision (CPC ex., art. R. 121-20, al. 1er), soit en pratique :
– la date de la réception de la lettre recommandée avec demande d'avis de réception ;
– la date de la signification de la décision par huissier de justice ;
– la date du prononcé du jugement lorsque chacune des parties a déclaré renoncer à la notification (ce qui est très rare en pratique).

REMARQUE L'absence de mention ou la mention erronée, dans l'acte de notification d'un jugement, de la voie de recours ouverte, de son délai ou de ses modalités, a pour effet de ne pas faire courir le délai de recours (Cass. 2e civ., 9 avr. 2015, n° 14-18.772 : *JurisData* n° 2015-007579).

L'appel est formé, instruit et jugé selon les règles applicables à la procédure prévue à l'article 905 du CPC ou à la procédure à jour fixe (CPC ex., art. R. 121-20, al. 2).

ATTENTION **Le délai d'appel et l'appel lui-même n'ont pas d'effet suspensif (CPC ex., art. R. 121-21).**

Un sursis à l'exécution des mesures ordonnées par le juge de l'exécution peut être demandé au premier président de la cour d'appel, ce qui ne se conçoit que si un appel a été interjeté (CPC ex., art. R. 121-22, al. 1er).

ATTENTION **Il faut invoquer des moyens sérieux d'annulation ou de réformation de la décision déférée à la cour (CPC ex., art. R. 121-22, al. 3).**
Dès lors, le praticien doit, avant de demander le sursis, vérifier l'existence de moyens sérieux d'annulation ou de réformation de la décision déférée (Cass. 2e civ., 5 avr. 2001, n° 99-13.975 : *JurisData* n° 2001-009019. – CA Bordeaux, Prem. prés., 6 avr. 2017, n° 17/00036 : *JurisData* n° 2017-007195).

La décision du premier président n'est pas susceptible de pourvoi, sauf excès de pouvoir (CPC ex., art. R. 121-22, al. 5. – Cass. 2e civ., 15 oct. 2015, n° 14-27.147, inédit).

b) Procédure d'ordonnance sur requête

44 V. Fiche 3 : Mettre en œuvre une procédure d'ordonnance sur requête devant le juge de l'exécution.

c) Procédure sur difficultés d'exécution

45 V. Fiche 2 : Mettre en œuvre une procédure sur difficultés d'exécution devant le juge de l'exécution.

2 Procédure devant le juge de l'exécution statuant en matière immobilière

46 V. Fiche 15 : Contester une saisie immobilière.

K Actions en nullité ou en résolution

47 Le jugement d'adjudication peut faire l'objet d'une action en nullité par voie d'action et d'exception (pour vice du consentement, fraude). Dans tous les cas où il y a lieu à annulation de la vente, les droits d'enregistrement ou la taxe de publicité foncière, perçus sur l'acte annulé, sont restituables si l'annulation a été prononcée par un jugement ou un arrêt passé en force de chose jugée (Cass. 2e civ., 4 sept. 2014, n° 10-10.929 : *JurisData* n° 2014-019801).

L Modifications de la décision

48 V. Fiche 3 : Mettre en œuvre une procédure d'ordonnance sur requête devant le juge de l'exécution.

CHECK-LIST **• Informer le client :**
– des risques inhérents à la procédure à engager ;
– de ses chances de succès (aléa judiciaire) ;
– des délais ;
– du coût à prévoir pour une telle procédure.
• Vérifier que la demande entre bien dans le champ de compétence (territoriale et matérielle) du juge de l'exécution.

POUR ALLER PLUS LOIN…

Fiches pratiques
- V. Fiche 3 : Mettre en œuvre une procédure d'ordonnance sur requête devant le juge de l'exécution.
- V. Fiche 2 : Mettre en œuvre une procédure sur difficultés d'exécution devant le juge de l'exécution.
- V. Fiche 14 : Mettre en œuvre une saisie immobilière.
- V. Fiche 15 : Contester une saisie immobilière.

Fascicules JurisClasseur
- *JCl. Procédure civile*, Fasc. 1500-10.
- *JCl. Procédure civile*, Fasc. 1500-20.
- *JCl. Procédure civile*, Fasc. 1500-25.
- *JCl. Procédure civile*, Fasc. 1500-30.
- *JCl. Procédure civile*, Fasc. 1500-40.

Fiche 2

Mettre en œuvre une procédure sur difficultés d'exécution devant le juge de l'exécution

Laurence LLAHI

Actualisée par Christian LAPORTE

Sommaire

I Aperçu rapide 19
A Caractéristiques générales 19
B Conditions d'utilisation 20
C Avis du professionnel 20
D Textes 20
E Schéma procédural 20
II Préparation 21
A Informations préalables 21
B Contrôles préalables 21
C Pièces nécessaires 21
D Coût de la procédure 21
III Procédure 21
A Assistance et représentation 21
B Matière 21
C Compétence 21
1 Compétence d'attribution 21
2 Compétence territoriale 21
D Parties 21
E Rédaction de l'acte de saisine 22
F Audience 22
1 Convocation des parties intéressées 22
2 Information des parties 22
G Décision 23
H Fin de la procédure 23
I Recours ou contestation 23

I Aperçu rapide

A Caractéristiques générales

49 L'huissier de justice a le monopole de l'exécution forcée et des saisies conservatoires, sous réserve de l'habilitation d'autres personnes en certains domaines (CPC ex., art. L. 122-3).
Il est tenu de prêter son ministère ou son concours à l'exécution d'une décision de

justice ou d'un autre titre exécutoire (CPC ex., art. L. 122-1).

Lorsque l'huissier de justice chargé de l'exécution d'un titre exécutoire se heurte à une difficulté qui entrave le cours de ses opérations, il en dresse procès-verbal et peut, à son initiative, saisir le juge de l'exécution (CPC ex., art. R. 151-1, al. 1). Ces difficultés qui légitiment l'usage de la procédure sur difficultés d'exécution sont essentiellement des obstacles de fait ou des obstacles matériels qui empêchent l'exécution de la mission de l'huissier de justice.

> EXEMPLE L'huissier de justice peut utiliser la procédure sur difficultés d'exécution lorsque le débiteur lui-même ou des tiers font obstacle aux procédures engagées en s'opposant physiquement à une saisie ou à une expulsion.

Cette procédure, réservée à l'huissier de justice, n'interdit pas aux parties, si elles le souhaitent, de saisir le juge de l'exécution selon les règles de la procédure ordinaire.

B Conditions d'utilisation

50 L'huissier de justice chargé de l'exécution peut se heurter à :
- une difficulté d'ordre matériel ;
- une difficulté d'ordre juridique.

> ATTENTION **Il doit s'agir d'un obstacle ou d'un empêchement qui, s'il n'était pas levé, mettrait l'huissier de justice dans l'impossibilité de remplir sa mission.**

Il peut s'agir d'une difficulté relative :
- à la résistance à l'expulsion pour cause de maladie (CA Angers, ch. 1, sect. A, 4 mars 2002, n° 00/02520 : *JurisData* n° 2002-187473) ;
- à l'incidence d'une plainte au pénal sur la procédure d'exécution en cours (CA Aix-en-Provence, ch. 15, sect. A, 21 déc. 2007, n° 06/12055 : *JurisData* n° 2007-356446 ; *Dr. et proc.* 2008, p. 220, A. Leborgne) ;
- à la saisissabilité des biens compris dans la saisie-vente à l'exclusion de la saisie des droits d'associés et valeurs mobilières (CPC ex., art. R. 221-53) ;
- à la distribution des deniers dans les procédures d'exécution mobilière (CPC ex., art. R. 251-8) ;
- au sort des meubles laissés sur place dans le cadre d'une opération d'expulsion (CPC ex., art. L. 433-1, art. R. 433-3 et R. 433-4) ;
- à l'établissement du procès-verbal de description dans la saisie immobilière (CA Lyon, ch. 6, 31 janv. 2008, n° 07/07387 : *JurisData* n° 2008-353038 ; *Procédures* 2008, prat. 4, C. Laporte) ;
- au refus d'une banque de vendre les titres saisis, au motif qu'ils auraient été nantis (CA Rennes, 1re ch., 20 oct. 1995 : *JurisData* n° 1995-053597) ;
- à une incertitude sur la portée rétroactive d'une décision de justice en vertu de laquelle l'huissier de justice doit poursuivre l'exécution forcée (Cass. 1re civ., 22 mars 2012, n° 10-25.811 : *JurisData* n° 2012-004882) ;
- à la restitution des lieux et donc des clés (TGI Bourg-en-Bresse, JEX, 17 oct. 2013, n° 13/02632, inédit) ;
- à la désignation de l'huissier de justice instrumentaire comme séquestre des fonds versés jusqu'à intervention d'un accord ou d'une décision de justice sur la destination des fonds (CA Dijon, 1re ch. civ., 25 août 2015, n° 14/01713, inédit).

C Avis du professionnel

51 L'huissier de justice ne doit pas hésiter à saisir le juge de l'exécution, sous peine d'encourir sa responsabilité professionnelle, une partie pouvant lui reprocher son inertie ou son inexécution dommageable (Cass. 2e civ., 2 déc. 2010, n° 09-65.951 : *JurisData* n° 2010-022728. – Cass. 2e civ., 27 févr. 2014, n° 13-11.788 : *JurisData* n° 2014-003268 ; *Procédures* 2014, comm. 140, R. Perrot).

D Textes

- CPC ex., art. R. 151-1 à R. 151-4.

E Schéma procédural

52
- Déclaration écrite au greffe.
- Mise en cause des parties intéressées valant assignation.
- Audience sur difficulté d'exécution.
- Décision.
- Notification.

II Préparation

A Informations préalables

53 L'huissier de justice informe son mandant de la difficulté d'exécution à laquelle il se heurte.

B Contrôles préalables

54 La saisine du juge de l'exécution n'est qu'une possibilité offerte à l'huissier de justice, non une obligation.
L'huissier de justice peut demander des instructions à son mandant et saisir le juge, si cela ne suffit pas pour lui permettre d'exécuter.
Toute insuffisance de réaction de sa part pourrait relever du domaine de sa responsabilité civile professionnelle.

C Pièces nécessaires

55 • Le titre exécutoire (CPC ex., art. L. 111-3).
• Les éléments justificatifs de la difficulté qui a entravé l'exécution.
• Les pièces qui ont été communiquées à l'huissier de justice.

D Coût de la procédure

56 Tarif des actes d'huissier de justice (C. com., art. R. 444-3, tableaux 3-1, 3-2 et 3-3 de l'annexe 4-7).

REMARQUE Le décret n° 2016-230 du 26 février 2016 est relatif aux tarifs de certains professionnels du droit et au fonds interprofessionnel de l'accès au droit et à la justice ; des arrêtés du même jour fixent les différents tarifs réglementés, dont ceux des huissiers de justice ; toutes ces dispositions se trouvent aujourd'hui dans la partie réglementaire du Code de commerce. Les anciens tarifs s'appliquent aux prestations effectuées avant le 1er mai 2016, ou dont la réalisation a donné lieu, avant son entrée en vigueur, au versement par le client d'un acompte, d'une provision ou à l'engagement de frais ou débours par le professionnel.

III Procédure

A Assistance et représentation

57 L'huissier de justice agit, en ce cas, en son nom propre, en qualité de mandataire de l'autorité publique.
Il n'y a pas de ministère d'avocat, ni de postulation obligatoires.

B Matière

58 Matière contentieuse.

C Compétence

1 Compétence d'attribution

59 Le juge de l'exécution est seul compétent (CPC ex., art. R. 151-1).

2 Compétence territoriale

60 Compétence du juge de l'exécution dans le ressort duquel l'huissier de justice, ou l'agent chargé de la vente, exerce son ministère.

ATTENTION **En matière de distribution judiciaire des deniers dans les procédures d'exécution mobilière, est compétent le juge de l'exécution du lieu de la vente (CPC ex., art. R. 251-8).**

D Parties

61 • L'huissier de justice.
• Les parties intéressées à la procédure d'exécution : créancier, débiteur, tiers, tiers saisi, etc.

E Rédaction de l'acte de saisine

62 Le juge est saisi par déclaration écrite de l'huissier de justice au greffe (CPC ex., art. R. 151-2).

La demande doit, à peine de nullité (CPC, art. 58) :
- préciser son objet ;
- indiquer les nom, prénoms, profession, domicile, nationalité, date et lieu de naissance du demandeur ou, s'il s'agit d'une personne morale, sa forme, sa dénomination, son siège social et l'organe qui la représente légalement ;
- indiquer les nom, prénoms et le domicile du défendeur ou, s'il s'agit d'une personne morale, sa dénomination et son siège social ;
- être datée et signée.

Cette déclaration est accompagnée (CPC ex., art. R. 151-2) :
- de la présentation du titre ;
- d'un exposé de la difficulté qui a entravé l'opération d'exécution ;
- s'il y a lieu, des pièces qui ont été communiquées à l'huissier de justice.

REMARQUE Les dispositions de l'article 58, alinéa 7, du Code de procédure civile (D. n° 2015-282, 11 mars 2015, art. 19), entrées en vigueur le 1er avril 2015, selon lesquelles la requête ou la déclaration doit, en principe (la seule « sanction », à ce jour, est la possibilité donnée au juge de proposer aux parties une mesure de conciliation ou de médiation : CPC, art. 127) mentionner « les diligences entreprises en vue de parvenir à une résolution amiable du litige » (CPC, art. 58, al. 7) – étant rappelé que la seule limite relève du motif légitime tenant à l'urgence ou à la matière en cause, notamment si cette dernière intéresse l'ordre public – doivent-elles recevoir application dans cet acte ?

Il est permis d'en douter. En effet, le but poursuivi par le législateur semblant être d'éviter la prise d'un titre exécutoire par jugement, ces dispositions particulières, s'agissant de la recherche d'une solution amiable, n'ont pas vocation à s'appliquer dans le cadre des procédures liées à l'exécution, lesquelles ne peuvent se concevoir sans existence d'un titre exécutoire. Dès lors, la matière de l'exécution paraît bien étrangère à toute idée de résolution amiable du litige.

CONSEIL S'agissant d'une matière contentieuse, l'huissier de justice peut préciser dans sa déclaration que la difficulté d'exécution constitue un motif légitime tenant à l'urgence et/ou à la matière considérée le dispensant de préciser les diligences entreprises en vue de parvenir à une résolution amiable du litige (CPC, art. 58).

F Audience

1 Convocation des parties intéressées

63 L'huissier de justice doit mettre immédiatement en cause les parties intéressées. Ce sont tous les protagonistes de l'opération de saisie et de la difficulté à laquelle il y a lieu de porter remède :
- le saisissant ;
- le saisi ;
- le tiers qui se trouve éventuellement à l'origine de l'entrave dénoncée.

Les parties reçoivent les informations relatives à l'instance soit (CPC ex., art. R. 151-3, al. 2) :
- par déclaration verbale consignée au procès-verbal ;
- par lettre recommandée avec demande d'avis de réception.

La délivrance de ces informations **vaut assignation à comparaître** (CPC ex., art. R. 151-3, al. 2, *in fine*) ; c'est la raison pour laquelle le même article R. 151-3 du Code des procédures civiles d'exécution impose de donner aussi connaissance aux parties des articles R. 121-6 à R. 121-10 du même code (textes régissant la procédure devant le juge de l'exécution : assistance et représentation, oralité de la procédure, etc.) et du fait qu'une décision pourra être rendue même en leur absence.

2 Information des parties

64 Il doit, en effet, être donné ainsi connaissance aux parties (CPC ex., art. R. 121-6 à R. 121-10, R. 151-3) :
- de la difficulté rencontrée ;
- des lieu, jour et heure de l'audience au cours de laquelle cette difficulté sera examinée ;
- de l'oralité de la procédure ;
- des règles de comparution ;
- des règles d'assistance et de représentation ;
- du fait qu'une décision peut être rendue en leur absence ;
- de la possibilité pour le juge d'organiser les échanges entre les parties ;
- de la dispense de se présenter à l'audience si la partie décide d'exposer ses moyens par lettre

adressée au juge, sous réserve de justifier du respect du principe du contradictoire.

65 **Tenue de l'audience.** L'huissier de justice est entendu en ses observations par le juge (CPC ex., art. R. 151-3, al. 4).

G Décision

66 La décision est rendue sur-le-champ ou dans un bref délai.
Le juge ne peut remettre en cause le titre exécutoire.
Il ne peut pas apprécier les dommages et intérêts dus à la suite de l'inexécution d'un jugement.
Le juge prend des mesures ; il :
- autorise ou interdit ;
- enjoint de faire ou de ne pas faire, au besoin sous peine d'astreinte ;
- suspend provisoirement une exécution pour une cause extérieure au titre (insaisissabilité, procédure irrégulière).

La décision n'a pas autorité de chose jugée au principal (CPC ex., art. R. 151-4).

REMARQUE Lorsqu'il statue sur la saisissabilité des biens, le juge statue sur le fond, avec autorité de chose jugée au principal conformément aux dispositions de l'article R. 121-14 du Code des procédures civiles d'exécution. L'article R. 221-53 du même code – applicable aux contestations sur la saisissabilité des biens compris dans la saisie – conduit bien à une décision du juge de l'exécution assortie de l'autorité de chose jugée au principal ; en plus de l'initiative du débiteur, ce texte prévoit bien aussi la saisine du juge de l'exécution par l'huissier de justice « agissant comme en matière de difficulté d'exécution » (CPC ex., art. R. 221-53).

H Fin de la procédure

67 Une fois la difficulté tranchée et levée, l'huissier de justice reprend ses opérations d'exécution ou y met fin.

I Recours ou contestation

68 La décision est susceptible d'appel dans un délai de **quinze jours** à compter de la notification de la décision du juge de l'exécution (CPC ex., art. R. 151-1, al. 2, et R. 121-20).
En cas d'appel, il peut être sollicité le sursis à exécution de la décision du juge de l'exécution ayant statué sur la difficulté d'exécution (CPC ex., art. R. 121-22. – CA Dijon, réf., 18 nov. 2014, n° 14/00047, inédit).

CHECK-LIST • **Vérifier l'existence d'une vraie difficulté d'exécution.**
• **Informer les parties des difficultés rencontrées.**
• **Ne pas oublier que la décision n'a pas, en principe, autorité de chose jugée au principal.**

Fiche 3

Mettre en œuvre une procédure d'ordonnance sur requête devant le juge de l'exécution

Laurence LLAHI

Actualisée par Christian LAPORTE

Sommaire

I Aperçu rapide ... 26
A Caractéristiques générales ... 26
B Conditions d'utilisation ... 26
C Avis du professionnel ... 27
D Textes ... 27
E Schéma procédural ... 27
II Préparation ... 27
A Informations préalables ... 27
B Contrôles préalables ... 27
C Pièces nécessaires ... 28
D Coût de la procédure ... 28
III Procédure ... 28
A Assistance et représentation ... 28
B Matière ... 29
C Compétence ... 29
1 Compétence d'attribution ... 29
2 Compétence territoriale ... 29
D Parties ... 30
E Rédaction de l'acte de saisine ... 30
F Instruction du dossier ... 30
G Audience ... 30
H Décision ... 30
1 Forme, caractères, effets ... 30
2 Suites de la décision ... 31
I Recours ou contestation ... 32
1 Rejet de la requête ... 32
2 Admission de la requête et conséquences ... 32
J Modifications de la décision ... 33
1 Modification – Rétractation ... 33
2 Réexamen de la décision ... 33
3 Pouvoirs du juge ... 33

I
Aperçu rapide

A Caractéristiques générales

69 Le juge de l'exécution peut statuer par ordonnance sur requête dans les cas spécifiés par la loi ou lorsque les circonstances exigent qu'une mesure urgente ne soit pas prise contradictoirement (CPC ex., art. R. 121-23, al. 1).

L'ordonnance permet d'intervenir sans débat contradictoire, dans la mesure où le requérant est fondé à ne pas appeler la partie adverse (CPC, art. 493).

Il incombe au requérant d'expliciter dans sa demande les circonstances justifiant une dérogation au principe de la contradiction et ces mêmes circonstances doivent également résulter de l'ordonnance du juge (CA Lyon, ch. 8, 14 févr. 2017, n° 16/01944 : *JurisData* n° 2017-003055).

Le juge de l'exécution saisi doit rechercher si la dérogation à la règle du contradictoire est réellement justifiée (Cass. 2e civ., 23 juin 2016, n° 15-19.671 : *JurisData* n° 2016-012226. – Cass. 3e civ., 22 sept. 2016, n° 14-24.277 : *JurisData* n° 2016-018958). Il peut procéder d'office à toutes les investigations utiles et entendre toutes les personnes susceptibles de l'éclairer.

L'ordonnance sur requête a un caractère provisoire (CPC, art. 493). Elle est exécutoire sur minute (CPC, art. 495, al. 2).

B Conditions d'utilisation

70 Le juge de l'exécution statue par ordonnance sur requête en matière de :

- délivrance ou de restitution d'un meuble dans le cadre d'une saisie-revendication (CPC ex., art. L. 222-2, art. R. 222-17, R. 222-20, R. 222-23) ;
- demande de versement des sommes saisies entre les mains d'un séquestre (CPC ex., art. R. 211-2, art. R. 523-2) ;
- versement des créances échues entre les mains d'un séquestre dans le cadre d'une saisie-attribution de créances à exécution successive (CPC ex., art. R. 211-16) ;
- saisie-vente dans le local d'habitation du débiteur lorsqu'il s'agit d'une créance autre qu'alimentaire n'excédant pas la somme de 535 € (CPC ex., art. L. 221-2 et R. 221-2) ;
- remise d'un ou plusieurs biens à un séquestre dans le cadre d'une saisie (ou d'une saisie conservatoire de biens meubles corporels) entre les mains du débiteur ou d'un tiers (CPC ex., art. R. 221-19, al. 2, art. R. 221-28, al. 1, et art. R. 522-4) ;
- autorisation de pratiquer une mesure conservatoire (CPC ex., art. R. 511-1) lorsqu'une autorisation préalable du juge est nécessaire (CPC ex., art. L. 511-2) ;

> ATTENTION **Une autorisation du juge de l'exécution n'est pas nécessaire :**
> **– lorsque le créancier se prévaut d'un titre exécutoire ou d'une décision de justice qui n'a pas encore force exécutoire ;**
> **– en cas de défaut de paiement d'une lettre de change acceptée, d'un billet à ordre, d'un chèque ou d'un loyer resté impayé résultant d'un contrat écrit de louage d'immeubles (CPC ex., art. L. 511-2. – Cette dispense d'autorisation du juge s'applique tant contre l'avaliste du billet à ordre que contre le souscripteur : Cass. com., 19 mai 2015, n° 14-17.401 : *JurisData* n° 2015-011830).**

- enlèvement des biens pour être placés sous la garde de l'huissier de justice ou d'un séquestre désigné en cas de saisie-vente ou de saisie-appréhension de biens placés dans un coffre-fort (CPC ex., art. R. 224-5 et R. 224-11) ;
- désignation d'un gérant à l'exploitation en cas de saisie des récoltes sur pied (CPC ex., art. R. 221-59) ;
- saisie-revendication dans un local servant à l'habitation du tiers détenteur du bien (CPC ex., art. R. 222-20, al. 2) ;
- appréhension d'un bien entre les mains d'un tiers (CPC ex., art. R. 222-9 et R. 222-10) ;
- injonction d'avoir à délivrer ou restituer un bien meuble déterminé (CPC ex., art. R. 222-11, al. 2) ;
- mesure d'exécution un dimanche ou un jour férié, ou bien en dehors des heures légales (CPC ex., art. L. 141-1) ;
- autorisation d'assister aux mesures d'exécution (CPC ex., art. R. 141-3) ;
- autorisation d'assigner d'heure à heure, y compris les jours fériés ou chômés (CPC ex., art. R. 121-12) ;
- prorogation des délais dans le cadre d'une distribution des deniers – dans les procédures d'exécution mobilière – pour procéder à la distribution

du prix en cas de créancier unique ou établir le projet de répartition en cas de pluralité de créanciers (CPC ex., art. R. 251-9).
Dans tous les cas où – pour exécuter l'opération dont il est chargé – l'huissier de justice doit obtenir l'autorisation du juge, il est habilité à le saisir directement par voie de requête (CPC ex., art. R. 121-24).

ATTENTION La procédure d'ordonnance sur requête ne peut servir à l'obtention d'un titre exécutoire à l'encontre du tiers détenteur. Cette demande doit être présentée selon les formes ordinaires de l'introduction de l'instance sauf dispositions contraires (Cass., avis, 9 févr. 1998, n° 98-20.004 : *JurisData* n° 1998-000633. – CPC ex., art. R. 121-11).

C Avis du professionnel

71 La procédure sur requête permet au créancier :
– d'agir, sur autorisation du juge de l'exécution, sans que le débiteur en soit informé préalablement ;
– d'assurer une mainmise provisoire sur les biens de son débiteur, l'effet de surprise privant ce dernier de la possibilité de mettre ses biens à l'abri.
Le débiteur avisé pourra contester la mesure s'il l'estime utile.
Le justiciable qui s'adresse au juge de l'exécution doit faire la preuve, en sa requête, et par la présentation de ses pièces, qu'il y a nécessité de ne pas appeler la partie adverse.
L'ordonnance du juge ayant un caractère provisoire, le créancier doit poursuivre ses démarches s'il entend être payé.

EXEMPLE Le créancier qui ne détient pas encore de titre exécutoire à l'encontre de son débiteur peut se faire autoriser par le juge de l'exécution à inscrire une hypothèque judiciaire provisoire sur l'immeuble (sûreté judiciaire) appartenant à son débiteur. L'ordonnance d'autorisation n'aura qu'une durée limitée de trois mois pendant lesquels le créancier devra prendre l'inscription et aussi agir pour :
– informer le débiteur (dans les huit jours du dépôt du bordereau d'inscription) ;
– obtenir un titre exécutoire (dans le mois d'exécution de la mesure).

D Textes

- COJ, art. L. 213-6.
- CPC, art. 493 à 498.
- CPC ex., art. L. 122-1, L. 141-1, L. 211-5, L. 221-1 et L. 511-1 à L. 511-4.
- CPC ex., art. R. 121-1 à R. 121-5.
- CPC ex., art. R. 211-2.

E Schéma procédural

72 • Requête et projet d'ordonnance.
• Ordonnance.
• Recours éventuel contre l'ordonnance :
– appel de l'ordonnance rejetant la requête ;
– assignation en rétractation ou modification de l'ordonnance qui a fait droit à la requête ;
– décision sur recours ;
– recours éventuel contre la décision rendue.

II Préparation

A Informations préalables

73 Le praticien doit attirer l'attention du client sur :
– le caractère gracieux de la procédure ;
– la nécessité éventuelle de justifier l'urgence de la mesure sollicitée ;
– les voies de recours ouvertes ;
– les diligences à effectuer après obtention de l'autorisation ;
– le caractère provisoire de l'ordonnance.

B Contrôles préalables

74 Les pièces à l'appui de la demande devant être déposées en annexe de la requête, le praticien doit s'assurer qu'il détient toutes les pièces qui lui sont nécessaires. Il vérifiera la liste des pièces nécessaires pour chacune des mesures à solliciter.

**ATTENTION Le praticien doit veiller à ce que la requête (CPC, art. 494, al. 1) :
– soit rédigée de manière minutieuse ;**

– soit présentée en double exemplaire ;
– soit motivée ;
– comporte l'indication précise des pièces invoquées.
Les pièces doivent être listées et jointes à la requête, la copie de l'ordonnance sur requête avec indication des pièces invoquées devant être remise à celui auquel on oppose l'ordonnance (Cass. 2e civ., 18 nov. 2004, n° 02-20.713 : *JurisData* n° 2004-025643 ; *Procédures* 2005, comm. 5, R. Perrot).
À défaut d'indication des pièces invoquées, la requête est nulle (CA Paris, ch. 1, sect. G, 2 mai 2001 : *JurisData* n° 2001-147709. – CA Douai, 1re ch., sect. 2, 1er déc. 2004, n° 04/03520 : *JurisData* n° 2004-276202).
Il est d'usage que le rédacteur joigne à la requête un projet d'ordonnance que le juge complétera.

C Pièces nécessaires

75 Elles vont dépendre de la mesure à solliciter, selon le cas :
– éléments justificatifs de l'éventuelle urgence de la mesure à solliciter ;
– éléments justificatifs de la nécessité d'obtenir une décision sans débat préalable (par ex., recherche de l'effet de surprise, de la rapidité) ;
– éléments justificatifs de la créance paraissant fondée en son principe, c'est-à-dire seulement apparente (Cass. 2e civ., 3 sept. 2015, n° 14-22.182, inédit : *Procédures* 2015, comm. 324, L. Raschel. – Cass. 2e civ., 24 sept. 2015, n° 14-19.601 : *JurisData* n° 2015-021545, inédit. – CA Paris, pôle 4, ch. 8, 29 sept. 2016, n° 16/00015 : *JurisData* n° 2016-020553). À défaut de créance fondée en son principe, il n'y a pas lieu d'examiner le critère des menaces dans son recouvrement (CA Grenoble, ch. com., 29 sept. 2016, n° 14/05378 : *JurisData* n° 2016-020475) ;
– éléments justificatifs des circonstances susceptibles de menacer le recouvrement de la créance, ce qui se distingue de l'urgence et du péril (CA Agen, ch. civ. 1, 30 nov. 2016, n° 16/00941 : *JurisData* n° 2016-025994) ; il a été jugé que le recouvrement de la créance n'est pas menacé par la seule résistance du débiteur au paiement, sa situation de retraité ou sa domiciliation chez un tiers ou le seul refus de régler la créance en raison de la contestation que le débiteur y oppose (CA Douai, 8e ch., sect. 3, 12 mai 2016, n° 15/05063 : *JurisData* n° 2016-012468. – Prise en compte de la seule situation de la caution solidaire concernée pour apprécier ces circonstances : Cass. 2e civ., 23 juin 2016, n° 15-18.638 : *JurisData* n° 2016-012124 ; *Procédures* 2016, comm. 256, L. Raschel) ;
– éléments contenant la désignation du bien (saisie-appréhension) ;
– éléments permettant de connaître l'identité de la personne tenue de délivrer ou restituer le bien (saisie-revendication) ;
– éléments permettant d'évaluer le montant de la créance à garantir ;
– éléments permettant de justifier de l'absence de règlement du créancier unique ou du retard dans l'élaboration du projet de distribution des deniers en cas de pluralité de créanciers.

D Coût de la procédure

76 Honoraires libres des avocats ; une convention d'honoraires doit être convenue avec le client (C. com., art. L. 444-1, al. 3).
Tarif de la postulation (C. com., art. R. 444-3, tableau 6 de l'annexe 4-7), en vigueur depuis le 1er septembre 2017.

CONSEIL **Pour connaître la liste des prestations des professions réglementées, rémunérées par un tarif, il faut consulter l'annexe 4-7 de la partie réglementaire du Code de commerce.**

III
Procédure

A Assistance et représentation

77 Il n'y a pas de ministère d'avocat, ni de postulation obligatoires.
Sous réserve des dispositions particulières applicables à la vente forcée des immeubles, devant le juge de l'exécution, les parties peuvent se faire assister ou représenter par (CPC ex., art. R. 121-6 et R. 121-7) :
– un avocat ;
– leur conjoint ;

– leur concubin ou la personne avec laquelle elles ont conclu un pacte civil de solidarité ;
– leurs parents ou alliés en ligne directe ;
– leurs parents ou alliés en ligne collatérale jusqu'au troisième degré inclus ;
– les personnes exclusivement attachées à leur service personnel ou à leur entreprise.

L'État, les régions, les départements, les communes et leurs établissements publics peuvent se faire assister ou représenter par un fonctionnaire ou un agent de leur administration.

Le représentant, s'il n'est avocat, doit justifier d'un pouvoir spécial.

ATTENTION En matière de saisie immobilière, l'obligation de constituer avocat ne s'applique pas à l'huissier de justice qui n'est pas « partie » mais organe de la procédure lorsqu'il demande à être autorisé à pénétrer dans les lieux occupés pour procéder à leur description (CPC ex., art. R. 121-24).

B Matière

78 Matière gracieuse.

C Compétence

1 Compétence d'attribution

79 Compétence du seul juge de l'exécution (CPC ex., art. R. 121-23).

Tout autre juge que le juge de l'exécution doit relever d'office son incompétence (CPC ex., art. R. 121-1, al. 1).

ATTENTION Le président du tribunal de commerce peut être compétent, avant tout procès, lorsque la créance relève de la compétence de la juridiction commerciale pour :
– autoriser une mesure conservatoire (C. com., art. L. 721-7) ;
– autoriser une saisie-revendication ou en ordonner la mainlevée (CPC ex., art. R. 222-18, al. 3).

2 Compétence territoriale

a) Principe

80 Le juge de l'exécution territorialement compétent est – au choix du demandeur et sauf s'il n'en est disposé autrement – celui :
– du lieu où demeure le débiteur ;
– du lieu d'exécution de la mesure (CPC ex., art. R. 121-2, al. 1).

Lorsqu'une demande a été portée devant l'un de ces juges, elle ne peut l'être devant l'autre (CPC ex., art. R. 121-2, al. 1, *in fine*).

ATTENTION Le juge de l'exécution territorialement compétent est celui du lieu d'exécution de la mesure :
– si le débiteur demeure à l'étranger ;
– si le lieu où il demeure est inconnu (CPC ex., art. R. 121-2, al. 2).
Le juge de l'exécution dans le ressort duquel est situé l'un des immeubles du débiteur demeurant à l'étranger est compétent pour autoriser des inscriptions d'hypothèque sur les biens immobiliers du débiteur situés en dehors de son ressort (Cass. 2e civ., 9 nov. 2006, n° 04-19.138 : *JurisData* n° 2006-035768 ; *Procédures* 2007, comm. 40, R. Perrot).
Le juge de l'exécution dans le ressort duquel est situé l'un des biens saisis appartenant au débiteur demeurant à l'étranger est compétent pour autoriser des mesures conservatoires sur les biens du débiteur situés en dehors de son ressort (Cass. 2e civ., 13 oct. 2016, n° 15-13.302 : *JurisData* n° 2016-021139). Attention : un transfert de résidence ne signifie pas nécessairement un transfert du domicile (CA Caen, 1re ch. civ., 8 avr. 2014, n° 12/00335 : *JurisData* n° 2014-008412).
Le juge français n'est pas compétent pour autoriser une mesure conservatoire portant sur un compte bancaire à exécuter en Espagne (Cass. 2e civ., 21 janv. 2016, n° 15-10.193 : *JurisData* n° 2016-000615 ; *RD bancaire et fin.* 2016, comm. 79, S. Piedelièvre).

b) Dérogations

81 Des dispositions spéciales fixent la compétence territoriale du juge. Le requérant n'a dans ces cas pas d'autre alternative que de saisir le juge de l'exécution territorialement compétent indiqué ci-dessous.

• **Le juge du lieu où demeure le débiteur est compétent pour :**
– la demande de mainlevée de la saisie-revendication, prise sans autorisation préalable du juge (CPC ex., art. R. 222-18, al. 3) ;
– l'autorisation d'une mesure conservatoire (CPC ex., art. R. 511-2) ;

– les contestations en matière de saisie-attribution (CPC ex., art. R. 211-10) ;
– la requête à fin d'injonction d'avoir à délivrer ou restituer un bien meuble corporel déterminé ; toute clause contraire est réputée non avenue ; le juge saisi est tenu de relever d'office son incompétence (CPC ex., art. R. 222-11, al. 2).

• **Le juge qui a autorisé la saisie est compétent pour :**
– la demande de mainlevée de la saisie-revendication, pratiquée avec autorisation du juge (CPC ex., art. R. 222-18, al. 3).

• **Le juge du lieu de la saisie est compétent pour :**
– les contestations relatives à la saisie-vente (CPC ex., art. R. 221-40) ;
– les contestations – autres que les demandes de mainlevée (contestations relatives à l'exécution de la saisie, etc.) – de la saisie-revendication (CPC ex., art. R. 222-19).

• **Le juge dans le ressort duquel l'huissier de justice exerce son ministère est compétent pour :**
– l'autorisation sollicitée par l'huissier de justice pour instrumenter (mesure d'exécution effectuée un dimanche ou un jour férié ; mesure d'exécution commencée avant 6 heures et après 20 heures) (CPC ex., art. L. 141-1) ;
– la saisie-vente dans un local d'habitation pour le recouvrement d'une créance autre qu'alimentaire dont le montant n'excède pas la somme de 535 € en principal (CPC ex., art. L. 221-2 et art. R. 221-2).

• **Le juge du TGI de Paris est compétent pour :**
– la demande d'autorisation prévue à l'article L. 111-1-1 du Code des procédures civiles d'exécution et sur les contestations relatives aux mesures conservatoires et d'exécution forcée mobilières qu'il autorise, ainsi que pour connaître des procédures de saisie immobilière qu'il autorise, à l'exception des procédures d'exécution forcée sur les immeubles situés dans les départements du Bas-Rhin, du Haut-Rhin et de la Moselle (CPC ex., art. R. 111-1).

D Parties

82 Requérant (demandeur à la mesure) :
– huissier de justice ;
– créancier.

E Rédaction de l'acte de saisine

83 La requête doit :
– contenir, à peine de nullité, les mentions prescrites pour toute requête (CPC, art. 58 et 494) :
• nom, prénoms, profession, domicile, nationalité, date et lieu de naissance du demandeur ou, s'il s'agit d'une personne morale, sa forme, sa dénomination, son siège social et l'organe qui la représente légalement,
• nom, prénom et domicile du défendeur ou, s'il s'agit d'une personne morale, sa dénomination et son siège social,
• objet de la demande,
• date et signature ;
– être présentée en double exemplaire ;
– être motivée ;
– comporter l'indication précise des pièces invoquées ;
– indiquer la juridiction saisie, si elle est présentée à l'occasion d'une instance ;
– contenir, en annexes, les pièces justificatives.

Il est d'usage de préparer le projet d'ordonnance qui sera complété par le juge.

La requête est adressée au greffe (CPC ex., art. R. 121-23, al. 2) par le requérant ou son mandataire (le mandataire, s'il n'est avocat ou huissier de justice, devra justifier de son mandat spécial). En cas d'urgence, la requête peut être présentée au domicile du juge (CPC, art. 494, al. 3).

F Instruction du dossier

84 Le juge de l'exécution saisi vérifie sa compétence, les conditions justifiant de sa saisine par voie de requête, les pièces annexées et les motifs de la requête, et rend une ordonnance motivée.

G Audience

85 Aucune audience n'est tenue.
Le juge de l'exécution, en autorisant la mesure conservatoire, peut décider de réexaminer sa décision ou les modalités de son exécution au vu d'un débat contradictoire ; il fixe alors la date de l'audience, sans préjudice du droit pour le débiteur de le saisir à une date plus rapprochée (CPC ex., art. R. 511-5, al. 1 et 2).
Le débiteur doit être assigné par le créancier dans l'acte qui dénonce la mesure (CPC ex., art. R. 511-5, al. 3).

H Décision

1 Forme, caractères, effets

86 L'ordonnance sur requête est motivée (CPC, art. 495, al. 1). Le double de l'ordonnance est conservé au greffe (CPC, art. 498).

Elle est exécutoire au seul vu de la minute (CPC, art. 495, al. 2. – Cass. 2e civ., 7 nov. 2002, n° 00-22.189 : *JurisData* n° 2002-016229 ; *Procédures* 2003, comm. 4, R. Perrot).

L'ordonnance sur requête est dépourvue de l'autorité de la chose jugée (Cass. 2e civ., 17 mars 2016, n° 14-29.458, inédit).

Les ordonnances sur requête régies par les articles 493 à 498 du Code de procédure civile (CPC) n'ont pas pour leur validité à être signées par le greffier eu égard aux circonstances dans lesquelles elles sont rendues (Cass. 2e civ., 17 mars 2005, n° 02-14.514 : *JurisData* n° 2005-027590. – CA Lyon, 6e ch., 4 juill. 2014, n° 14/01065 : *JurisData* n° 2014-018788).

ATTENTION **L'ordonnance du juge de l'exécution autorisant à procéder à une saisie conservatoire ne constitue pas le titre exécutoire constatant une créance liquide et exigible dont doit se prévaloir l'huissier de justice à l'occasion de la mise en œuvre d'une mesure d'exécution forcée ou d'une mesure conservatoire pour obtenir l'adresse des organismes auprès desquels un compte est ouvert au nom du débiteur (Cass. 2e civ., 16 mars 2017, n° 16-11.314 : *JurisData* n° 2017-004641 ; *Procédures* 2017, comm. 88, C. Laporte ; *Procédures* 2017, comm. 124, L. Raschel).**

Copie de la requête comportant l'indication précise des pièces invoquées et de l'ordonnance est laissée à la personne à laquelle elle est opposée (CPC, art. 495, al. 3. – Cass. 2e civ., 1er sept. 2016, n° 15-23.326 : *JurisData* n° 2016-016025. – Cass. 2e civ., 30 nov. 2016, n° 15-15.035 : *JurisData* n° 2016-025414. – Cass. 2e civ., 1er déc. 2016, n° 15-28.803 : *JurisData* n° 2016-025793). L'article 495, alinéa 3, du Code de procédure civile (CPC) ne s'applique qu'à la personne qui supporte l'exécution de la mesure, qu'elle soit ou non défendeur potentiel au procès envisagé (Cass. 2e civ., 4 juin 2015, n° 14-14.233 : *JurisData* n° 2015-013028. – Cass. 2e civ., 4 juin 2015, n° 14-16.647 : *JurisData* n° 2015-013023 ; *JCP* G 2015, 947, M. Foulon et Y. Strickler. – Cass. 2e civ., 13 nov. 2015, n° 13-27.563 : *JurisData* n° 2015-027515). La première chambre civile de la Cour de cassation distingue l'ordonnance qui s'oppose à une personne, impliquant une remise, de celle qui ne s'y oppose pas, pour laquelle la remise préalable n'est pas nécessaire (Cass. 1re civ., 29 nov. 2017, n° 17-11.973 : *JurisData* n° 2017-024242 ; *JCP* G 2018, 74, L. Mauger-Vielpeau).

CONSEIL **L'huissier de justice instrumentaire doit nécessairement remettre aux détenteurs des objets saisis une copie de l'ordonnance sur requête avant le déroulement des opérations de saisie-contrefaçon. Il doit exister un délai raisonnable entre la prise de connaissance de la mesure et le début des opérations afin que la partie saisie puisse vérifier avant tout début d'exécution la régularité de la mission donnée à l'huissier de justice, être informée des motifs justifiant cette mesure et de l'étendue des investigations autorisées afin d'en contrôler le respect en cours d'exécution (CA Paris, pôle 5, ch. 2, 5 juin 2015, n° 14/17304 : *JurisData* n° 2015-020830).**

L'article R. 511-4 du Code des procédures civiles d'exécution pose des règles précises que l'ordonnance doit respecter.

C'est ainsi que le juge qui autorise une mesure conservatoire par l'adoption des motifs de la requête qui le saisit, doit déterminer le montant des sommes pour la garantie desquelles la mesure conservatoire est autorisée et préciser les biens sur lesquels elle porte (CPC ex., art. R. 511-4. – Cass. 2e civ., 16 mars 2017, n° 16-11.314 : *JurisData* n° 2017-004641).

Il a été jugé que la simple référence à la requête n'est pas suffisante à satisfaire aux exigences légales posées par l'article R. 511-4 du Code des procédures civiles d'exécution (Cass. 2e civ., 10 juill. 2003, n° 01-15.874 : *JurisData* n° 2003-019925. – Cass. 2e civ., 23 juin 2016, n° 15-19.671 : *JurisData* n° 2016-012226).

2 Suites de la décision

87 L'ordonnance du juge de l'exécution constitue parfois un simple préalable et nécessite de la part du requérant de nouvelles démarches, en matière :

– d'appréhension sur injonction du juge : en cas d'opposition à l'ordonnance portant injonction de délivrer ou restituer (CPC ex., art. R. 222-13), le juge du fond doit être saisi – à peine de caducité de l'autorisation et des mesures conservatoires – dans un délai de **deux mois** à compter de la signification de l'ordonnance (CPC ex., art. R. 222-14, al. 2) ; l'apposition de la formule exécutoire doit être sollicitée en l'absence d'opposition (CPC ex., art. R. 222-15) ;

– de saisie-revendication : il convient de solliciter une autorisation spéciale du juge de l'exécution

pour pratiquer la saisie-revendication dans un local servant à l'habitation d'un tiers détenteur du bien (CPC ex., art. R. 222-20, al. 2) ;
– de saisie conservatoire des biens placés dans un coffre-fort : l'acte de saisie et l'autorisation du juge doivent être dénoncés au débiteur le premier jour ouvrable suivant l'acte de saisie (CPC ex., art. R. 525-2 et R. 224-1) ;
– de distribution des deniers en matière d'exécution mobilière : le paiement du créancier unique doit intervenir dans le délai prorogé par ordonnance, le projet de répartition doit être élaboré dans le délai prorogé par ordonnance (CPC ex., art. R. 251-9).

I Recours ou contestation

1 Rejet de la requête

88 En l'absence de disposition spécifique, les dispositions de droit commun s'appliquent (CPC, art. 496 et art. 950. – CA Colmar, 3e ch. civ., 10 mai 1993 : *JurisData* n° 1993-043802).
Les modalités de l'appel sont régies par les dispositions de l'article 496 du CPC, qui dispose qu'en ce qui concerne les ordonnances sur requête, l'appel est formé, instruit et jugé comme en matière gracieuse.

a) Forme du recours

89 L'appel contre une décision gracieuse est formé (CPC, art. 950) :
– par une déclaration faite ou adressée par pli recommandé au greffe de la juridiction qui a rendu la décision ;
– par un avocat ;
– par un officier public ou ministériel dans les cas où ce dernier y est habilité par les dispositions légales.

EXEMPLE Irrecevabilité de l'appel formé par déclaration au greffe de la cour (CA Colmar, 3e ch. civ., sect. A, 27 mai 2002, n° 01/04985 : *JurisData* n° 2002-188267).

La déclaration d'appel est faite par acte contenant, et à peine de nullité (CPC, art. 58 et art. 901) :
– pour les personnes physiques : l'indication des nom, prénoms, profession, domicile, nationalité, date et lieu de naissance du demandeur ;
– pour les personnes morales : l'indication de leur forme, leur dénomination, leur siège social et de l'organe qui les représente légalement ;
– l'indication des nom, prénoms et domicile de la personne contre laquelle la demande est formée, ou, s'il s'agit d'une personne morale, celle de sa dénomination et de son siège social ;
– l'objet de la demande ;
– la date ;
– la constitution de l'avocat de l'appelant ;
– l'indication de la décision attaquée ;
– l'indication de la cour devant laquelle l'appel est porté ;
– l'indication des chefs du jugement expressément critiqués auxquels l'appel est limité, sauf si l'appel tend à l'annulation du jugement ou si l'objet du litige est indivisible ;
– la signature de l'avocat constitué.
Elle est accompagnée d'une copie de la décision (CPC, art. 901, al. 6).
Remise au greffe, elle vaut demande d'inscription au rôle (CPC, art. 901, al. 6).
À peine d'irrecevabilité relevée d'office, les actes de procédure sont remis à la juridiction par voie électronique (CPC, art. 930-1, al. 1).

b) Délai d'action

90 Le délai d'appel est de **quinze jours** (CPC, art. 496).
Il court à compter du prononcé de l'ordonnance ou de la date à laquelle le requérant en a connaissance, peu important que la notification de la décision ait été ordonnée (Cass. 2e civ., 22 févr. 2007, n° 05-21.314 : *JurisData* n° 2007-037475).

2 Admission de la requête et conséquences

91 S'il est fait droit à la requête, tout intéressé peut en référer au juge qui a rendu l'ordonnance (CPC, art. 496, al. 2).
Sauf dispositions contraires, le juge est saisi par assignation suivant les règles de la procédure ordinaire contradictoire (CPC ex., art. R. 121-11).
L'appel immédiat contre une ordonnance autorisant une mesure conservatoire est irrecevable (CA Basse-Terre, 1re ch., 4 janv. 1999, n° 9701351 : *JurisData* n° 1999-040820). Il faut utiliser la voie spécifique du référé rétractation prévue par la loi (V. *infra*, n° 92, « Modification – Rétractation »).
Par ailleurs, il n'entre pas dans les pouvoirs du premier président de la cour d'appel de suspendre l'exécution des mesures de sûreté judiciaire, autorisées, sur requête, par un juge de l'exécution. La procédure de sursis à exécution de l'article R. 121-22 du Code des procédures civiles d'exécution – en cas d'appel – n'est pas applicable aux décisions du juge de l'exécution qui autorisent (Cass. 2e civ., 8 juill. 2004,

n° 02-14.573 : *JurisData* n° 2004-024545) ou rétractent (Cass. 2e civ., 11 avr. 2013, n° 12-18.255 : *JurisData* n° 2013-006744 ; *Procédures* 2013, comm. 181, R. Perrot) des mesures de sûretés judiciaires (CPC ex., art. R. 121-22).

J Modifications de la décision

1 Modification – Rétractation

92 Le juge a la faculté de modifier ou de rétracter son ordonnance, même si le juge du fond est saisi de l'affaire (CPC, art. 497. – Cass. 2e civ., 23 juin 2016, n° 15-15.186 : *JurisData* n° 2016-012225).
L'ensemble de la procédure sur requête est effacé par la rétractation – en raison de l'effet rétroactif de celle-ci – et, notamment, tous les éléments qui découlaient de l'ordonnance (Cass. 2e civ., 4 juin 2015, n° 14-17.699 : *JurisData* n° 2015-013032 ; *Procédures* 2015, comm. 256, Y. Strickler).
Le recours en rétractation relève de la compétence exclusive du juge qui a rendu l'ordonnance (Cass. 2e civ., 23 juin 2011, n° 10-23.189 : *JurisData* n° 2011-012961).

ATTENTION **La compétence exclusive du juge qui a rendu l'ordonnance sur requête pour connaître du recours en rétractation, même si le juge du fond est saisi de l'affaire, ne fait pas obstacle à ce que celui-ci, appréciant la régularité des éléments de preuve qui lui sont soumis, puisse annuler un procès-verbal de saisie-contrefaçon pour des motifs tirés des conditions de délivrance de l'ordonnance ayant autorisé la saisie-contrefaçon (Cass. com., 17 mars 2015, n° 13-15.862 : *JurisData* n° 2015-006046).**

Le seul recours ouvert aux tiers auxquels l'ordonnance sur requête à fin d'autorisation de mesure conservatoire fait grief est bien le recours en rétractation institué par l'article 496 du Code de procédure civile ; pas la tierce opposition (CA Paris, pôle 4, ch. 8, 22 sept. 2016, n° 15/10566 : *JurisData* n° 2016-020497).
Dans quel délai ?
Les articles 496 et 497 du CPC ne prévoient aucun délai pour en référer au juge qui a rendu l'ordonnance, peu important par ailleurs que le juge de la rétractation ne soit pas la même personne physique que celle qui a ordonné la mesure critiquée. Le juge saisi d'une demande de rétractation d'une ordonnance sur requête est investi des attributions du juge qui l'a rendue et doit – après débats contradictoires – statuer sur les mérites de la requête. Le juge de la rétractation doit se placer au jour où il statue, en considérant la situation qui existe à cet instant et non à la date où le juge des requêtes s'est prononcé (CA Aix-en-Provence, ch. 3 A, 3 nov. 2016, n° 16/02502 : *JurisData* n° 2016-026743).
Sur la procédure :
La procédure de référé est utilisée pour obtenir la rétractation ou la modification d'une ordonnance sur requête (CA Paris, pôle 1, ch. 3, 23 juin 2015, n° 14/12148 : *JurisData* n° 2015-015518).
Le référé aux fins de rétractation s'inscrit bien dans le respect de la contradiction commandant qu'une partie à l'insu de laquelle une mesure urgente a été ordonnée, puisse disposer du recours approprié conféré par l'article 497 du CPC contre la décision qui lui fait grief (CA Riom, 1re ch. civ., 30 mars 2015, n° 14/01801 : *JurisData* n° 2015-007269).

REMARQUE Aucun texte n'exige que le juge de la rétractation soit la même personne physique que celle qui a rendu la mesure critiquée (Cass. 2e civ., 11 mars 2010, n° 09-66.338 : *JurisData* n° 2010-001602. – CA Paris, pôle 1, ch. 3, 23 juin 2015, n° 14/12148 : *JurisData* n° 2015-015518).

2 Réexamen de la décision

93 En autorisant la mesure conservatoire, le juge peut décider de réexaminer sa décision ou les modalités de son exécution au vu d'un débat contradictoire (CPC ex., art. R. 511-5, al. 1).
Dans ce cas, il fixe la date de l'audience, sans préjudice du droit pour le débiteur de le saisir à une date plus rapprochée (CPC ex., art. R. 511-5, al. 2).
Le débiteur est assigné par le créancier, le cas échéant, dans l'acte qui dénonce la mesure (CPC ex., art. R. 511-5, al. 3).

3 Pouvoirs du juge

94 Le juge a les mêmes pouvoirs que le juge saisi de la requête initiale.
Le juge, saisi d'une demande de rétractation d'une ordonnance sur requête et tenu d'apprécier au jour où il statue les mérites de la requête, doit s'assurer de l'existence d'un motif légitime à ordonner la mesure probatoire et des circonstances justifiant de ne pas y procéder contradictoirement (CA Versailles, 14e ch., 7 mai 2015, n° 14/04038 : *JurisData* n° 2015-017474).

Il peut ordonner la mainlevée de la mesure, condamner le créancier téméraire au titre de l'article 700 du Code de procédure civile, pour avoir contraint le débiteur à l'assigner en rétractation de l'ordonnance sur requête (CA Paris, ch. 14, sect. B, 7 nov. 2008 : *JurisData* n° 2008-372382).

REMARQUE Le défaut d'information des débiteurs sur l'existence de l'inscription d'hypothèque lors de la dénonce de l'ordonnance autorisant ladite inscription est sanctionné par la caducité de l'inscription et il y a lieu dès lors d'ordonner la mainlevée de la mesure conservatoire (Cass. 2e civ., 2 févr. 2012, n° 11-12.308 : *JurisData* n° 2012-001485).
La constatation d'une faute n'est pas exigée pour l'indemnisation du préjudice causé par une mesure conservatoire dont le juge a ordonné la mainlevée (Cass. 3e civ., 21 oct. 2009, n° 08-12.687 : *JurisData* n° 2009-050153).

CHECK-LIST **• Conseiller au créancier non détenteur d'un titre exécutoire de se faire autoriser par le juge de l'exécution à prendre une mesure conservatoire : sûreté judiciaire (hypothèque judiciaire provisoire sur l'immeuble appartenant à son débiteur, etc.) ou saisie conservatoire (sur biens meubles corporels, des créances, etc.).**
• Attirer l'attention du client sur la nécessité de justifier de circonstances susceptibles de menacer le recouvrement de la créance pour obtenir l'autorisation du juge.
• Vérifier que le client dispose des pièces nécessaires pour étayer sa demande.
• Veiller à ce que la requête soit rédigée de manière minutieuse.

POUR ALLER PLUS LOIN...

Fascicules JurisClasseur

- *JCl. Procédure civile*, Fasc. 1500-40.
- *JCl. Procédures Formulaire*, V° *Juge de l'exécution*, Fasc. 30.

Titre 2
Incitation à l'exécution

Sommaire

Fiche 4 Contraindre à exécuter 37

Fiche 5 Obtenir une injonction de faire 47

Fiche 6 S'opposer à une injonction de faire 53

Fiche 7 Obtenir une injonction de payer 59

Fiche 8 S'opposer à une injonction de payer 69

Fiche 9 Obtenir et liquider une astreinte 77

Fiche 10 Obtenir une injonction de délivrer ou de restituer 85

Fiche 11 Inscrire une hypothèque judiciaire 93

Fiche 4
Contraindre à exécuter

Eva CALVEYRA

Actualisée par Fabien TOMMASONE

Sommaire

I Aperçu rapide 37
A Éléments clés 37
B Textes 38
1 Textes codifiés 38
2 Textes non codifiés 38
3 Règlements communautaires 38
II Préparation 39
A Informations préalables 39
B Inventaire des solutions et éléments de décisions 39
III Mise en œuvre 40
A Existence d'un titre exécutoire 40
1 Saisie-attribution 40
2 Saisie de meubles corporels 41
3 Saisie de droits incorporels 41
4 Autres saisies spécifiques 41
B Absence de titre exécutoire 42
1 Injonction de faire 42
2 Injonction de payer 42
3 Les mesures conservatoires 43

I Aperçu rapide

A Éléments clés

95 Il faut distinguer selon que le créancier dispose, ou non, d'un titre exécutoire.

Existence d'un titre exécutoire :

Le créancier peut, à titre comminatoire :
– mettre en demeure le débiteur ;
– ou lui signifier un commandement de payer.

À défaut d'exécution spontanée, il faudra envisager de pratiquer des mesures d'exécution forcée.

Le créancier qui dispose d'un titre exécutoire peut :
– pratiquer une saisie-attribution ;
– saisir un véhicule terrestre à moteur ;
– pratiquer une saisie immobilière ;
– saisir les rémunérations du débiteur ;
– saisir les créances d'aliments ;
– pratiquer une saisie-vente ;
– saisir des droits incorporels ;
– saisir un navire, un bateau ou encore un aéronef.

Le créancier qui agit en vertu d'une décision de justice, doit être porteur :
– soit d'une décision exécutoire sur minute ;

EXEMPLE Par exemple, ordonnance sur requête.

– soit d'une expédition revêtue de la formule exécutoire d'un jugement, d'une ordonnance de référé ou d'un arrêt ou « grosse » à moins que la loi n'en décide autrement (CPC, art. 502).

ATTENTION Le greffier peut refuser de délivrer une grosse en cas de non-paiement des frais de la minute ou de la grosse.
Le motif légitime pour demander une seconde grosse peut consister en la perte de la première ou encore dans la nécessité d'exécuter contre deux parties qui ne sont pas domiciliées dans un même ressort.
La seconde grosse ainsi délivrée est revêtue de la même force exécutoire que la première (TGI Blois, 13 oct. 1995 : *JurisData* n° 1995-600484).

Lorsque la décision dont est porteur le créancier est revêtue de l'exécution provisoire, elle peut être exécutée à ses risques et périls.

ATTENTION Lorsque le débiteur bénéficie de délais de grâce, le créancier doit suspendre l'exécution forcée (CPC, art. 510). Rien ne fait obstacle à ce qu'il mette en œuvre toute mesure conservatoire permettant de sauvegarder ses droits (CPC, art. 513).

Absence de titre exécutoire :
Le créancier qui ne dispose pas d'un titre exécutoire n'est pas dépourvu de tout moyen d'action contre son débiteur.
Il peut diligenter :
– une procédure d'injonction de payer ;
– une procédure d'injonction de faire ;
– une mesure conservatoire (saisie conservatoire de créances, saisie conservatoire de meubles corporels, saisie conservatoire de droits d'associé et de valeurs mobilières, ou sûreté judiciaire : inscription d'hypothèque judiciaire provisoire sur un immeuble, ou inscription de nantissement judiciaire provisoire).
La saisie des rémunérations ne pouvant être exécutée sans titre exécutoire, il est donc impossible de pratiquer une saisie conservatoire en la matière.
Le créancier peut également faire signifier une sommation de payer ou une sommation interpellative afin de connaître les intentions du débiteur.

B Textes

1 Textes codifiés

- C. aviation, art. R. 123-1 et s.
- C. civ., art. 276, 342, 1153, 1154, 1155, 1244, 1907, 2412, 2426.
- C. com., art. L. 143-3, L. 143-17, L. 622-7, L. 622-21, L. 624-3, L. 624-5, L. 625-8, L. 632-1.
- C. consom., art. L. 331-5 et L. 332-6.
- C. monét. fin., art. L. 131-73, L. 313-2 et L. 313-3.
- CPC, art. 465, 664, 673.
- CPC, art. 493 à 498.
- CPC, art. 501 à 526.
- CPC, art. 1405 à 1425-9.
- CPC ex., art. L. 211-1, L. 211-2 et L. 231-1.
- CPC ex., art. L. 221-1 à L. 221-6.
- CPC ex., art. R. 224-1 et s.
- CPC ex., art. L. 233-1, L. 311-4, L. 511-2, L. 511-4.
- CPI, art. L. 613-21 et R. 714-4.
- CSS, art. R. 142-26.
- C. transports, art. L. 4123-1, art. L. 5114-20 à L. 5114-29, art. R. 4123-1 à R. 4123-27.
- C. trav., art. R. 1454-28, R. 1454-14, R. 1454-15 et R. 1454-16, R. 3252-1.

2 Textes non codifiés

- D. n° 47-1047, 12 juin 1947, relatif à la formule exécutoire.
- D. n° 55-22, 4 janv. 1955, portant réforme de la publicité foncière.
- D. n° 55-1350, 14 oct. 1955, pris pour l'application du décret n° 55-22 du 4 janv. 1955, portant réforme de la publicité foncière.
- L. n° 67-5, 3 janv. 1967, relative au statut des navires et autres bâtiments de mer.
- D. n° 67-967, 27 oct. 1967, portant statut des navires et autres bâtiments de mer.
- D. n° 74-37, 18 janv. 1974, relatif à la saisie-arrêt à la cession des salaires et traitements des fonctionnaires civils.
- L. n° 75-618, 11 juill. 1975, relative au recouvrement public des pensions alimentaires.
- D. n° 75-1339, 31 déc. 1975, relatif aux modalités d'application de la loi n° 75-618, 11 juill. 1975, relative au recouvrement public des pensions alimentaires.
- D. n° 2014-1609, 24 déc. 2014, révisant le barème des saisies et cessions des rémunérations.

3 Règlements communautaires

- Règl. (CE) n° 44/2001, 22 déc. 2000, concernant la compétence judiciaire, la reconnaissance et l'exécution des décisions en matière civile et commerciale (Bruxelles I).
- Règl. (CE) n° 2201/2003, 27 nov. 2003, relatif à la compétence, la reconnaissance et l'exécution des décisions en matière matrimoniale et en matière de responsabilité parentale abrogeant le règlement (CE) n° 1347/2000 (Bruxelles II bis).
- Règl. (CE) n° 805/2004, 21 avr. 2004, portant création d'un titre exécutoire européen pour les créances incontestées.

• Règl. (CE) n° 1896/2006, 12 déc. 2006, instituant une procédure européenne d'injonction de payer.
• Règl. (UE) n° 1215/2012, 12 déc. 2012, concernant la compétence judiciaire, la reconnaissance et l'exécution des décisions en matière civile et commerciale.
• Règl. (UE) n° 606/2013, 12 juin 2013, relatif à la reconnaissance mutuelle des mesures de protection en matière civile.

II Préparation

A Informations préalables

96 Pour choisir, dans l'ensemble des dispositifs existants, celui qui conviendra le mieux, il faudra au préalable, systématiquement, s'interroger et, en tant que de besoin, recueillir les informations suivantes auprès du client :
– est-il titulaire d'un titre exécutoire ?
– quelle est l'origine de la créance à récupérer ? S'agit-il de dettes d'aliments ?
– de quels types de biens dispose le débiteur ? Dispose-t-il d'un bien immobilier, d'un véhicule terrestre à moteur, de valeurs mobilières, de rémunérations, de créances, de biens placés dans un coffre-fort, de comptes bancaires, de droits d'associés et de valeurs mobilières, de fonds de commerce, de rentes constituées sur particuliers ? etc.
– les biens sont-ils saisissables ?
– le débiteur est-il une personne morale de droit public ?
– entre-t-on dans le cadre d'une immunité d'exécution ?

B Inventaire des solutions et éléments de décisions

97 **Existence d'un titre exécutoire :**
– en matière d'exécution forcée, on privilégiera toujours la saisie-attribution de droit commun en raison de son effet de surprise et de son effet attributif immédiat, dès lors qu'il existe effectivement une créance à saisir ;
– en matière d'aliments, il faut toujours songer à la procédure de recouvrement des pensions alimentaires, très efficace et sans frais pour le créancier (V. Fiche 16 : Saisir les créances) ;
– en matière de biens placés dans un coffre-fort ou de véhicules terrestres à moteur, la saisie-vente, qui permet de saisir les biens meubles corporels du débiteur avec des procédures spécifiques, présente l'intérêt d'inciter le débiteur à s'exécuter volontairement mais, si elle est poursuivie jusqu'à son terme, peut aboutir à un résultat inégal qui dépendra également de la valeur des meubles, étant précisé que ce type de saisie engendre souvent d'importants frais dus à la multiplication possible d'incidents juridiques à la manipulation inévitable des biens en vue de leur vente aux enchères publiques ;
– la saisie des droits incorporels tels que le fonds de commerce, les droits d'associé ou les valeurs mobilières, ou éventuellement les brevets d'invention ou les marques, peut également s'avérer intéressante pour le créancier (étant précisé que deux difficultés peuvent alors surgir concernant la saisissabilité et la détermination du mode opératoire et que l'on préférera, au dernier type de saisie cité, la saisie des redevances entre les mains du concessionnaire de licence si cela est possible, car elle est plus efficace) ;
– la saisie des rémunérations, procédure efficace, dès lors qu'on est en présence d'un titre exécutoire constatant une créance liquide et exigible, notamment parce qu'elle est susceptible de déranger le débiteur (puisque l'employeur sera nécessairement informé) et de l'inciter à s'exécuter spontanément lors de l'audience de conciliation ;
– dès lors que le jugement est définitif en dernier ressort et passé en force de chose jugée, il peut être extrêmement efficace pour inciter le débiteur à s'exécuter de procéder à une saisie immobilière, qui touche à l'essence même de son patrimoine, sous réserve de respecter le principe de proportionnalité entre la mesure engagée et le montant de la créance à recouvrer ;
– dès lors que cela est possible, et dans la mesure, toujours, où cela ne constitue pas un abus de droit, les possibilités offertes par les procédures de saisies d'aéronefs ou de navires, qui peuvent être extrêmement efficaces car elles sont spectaculaires.
Absence de titre exécutoire :
– l'injonction de payer, ou l'injonction de faire, sont des procédures simples dont la finalité est l'obtention d'un titre exécutoire (V. Fiche 7 : Obtenir une injonction de payer. – V. Fiche 5 : Obtenir une injonction de faire. – V. Fiche 8 : S'opposer à une injonction de payer) ;

– en matière de mesures conservatoires, il faut distinguer les saisies conservatoires des sûretés judiciaires ;

> **CONSEIL** **La prise d'une mesure conservatoire doit s'envisager dès lors qu'il y a un certain montant en jeu, que le patrimoine saisissable est en rapport avec la créance et qu'il y a un risque de non-recouvrement de la créance tel que : déménagement du débiteur, vente des biens ou donation de son patrimoine par le débiteur.**

– au sein des saisies conservatoires, il faut distinguer les saisies conservatoires sur les biens meubles corporels et incorporels et les **saisies conservatoires des droits d'associé et des valeurs mobilières**, qui sont converties en **saisie-vente** dès l'obtention d'un titre exécutoire, des **saisies conservatoires de créances**, converties en **saisie-attribution** dès l'obtention d'un titre exécutoire ;
– les saisies conservatoires sont soumises à de fortes contraintes en termes de délais et de forme étant précisé également que les contestations sont possibles et que le juge peut toujours décider de réexaminer sa décision ou les conditions de son exécution à l'aune d'un débat contradictoire ;
– le principal avantage des saisies conservatoires est de rendre les biens indisponibles (cette mesure perdant de son efficacité en cas de procédure collective) ;
– les sûretés judiciaires (inscription d'hypothèque judiciaire provisoire sur un immeuble, inscription de nantissement judiciaire provisoire) sont, quant à elles, soumises à des contraintes de publicité, prises en deux temps : une publicité provisoire suivie d'une publicité définitive à mettre impérativement en place dans les délais prescrits ;
– outre leur effet comminatoire, les sûretés judiciaires présentent le principal avantage de faire prendre rang au privilège au jour de la publicité provisoire (sous réserve de suivre la procédure correctement, notamment en ce qui concerne la publicité définitive), permettant ainsi de gagner un temps précieux sur l'obtention d'un jugement définitif.

> **CONSEIL** **Quand il s'agit de savoir quelle mesure conservatoire prendre, il faut parfois envisager un cumul de mesures conservatoires en gardant à l'esprit que si la saisie conservatoire rend les biens saisis indisponibles (il n'y a donc ni droit de suite, ni droit de préférence), cette mesure perd de son efficacité en cas de procédure collective alors que la sûreté judiciaire ne rend pas les biens inaliénables mais est maintenue en cas de procédure collective et donne un droit de suite et de préférence au créancier.**
>
> **(Pour un exemple de cumul de saisie conservatoire et de nantissement de valeurs mobilières, Cass. 2e civ., 30 mai 2002, n° 99-21.597 : *JurisData* n° 2002-014712 ; *Procédures* 2002, comm. 160, R. Perrot).**

III

Mise en œuvre

A Existence d'un titre exécutoire

1 Saisie-attribution

98 Un créancier muni d'un titre exécutoire constatant une créance liquide et exigible et confronté à un débiteur qui refuse de procéder spontanément au paiement de sa dette peut pratiquer une saisie-attribution (CPC ex., art. L. 211-1). La saisie-attribution emporte attribution immédiate des sommes saisies dans le patrimoine du créancier (CPC ex., art. L. 211-2), et est pratiquée sans commandement de payer préalable.

Cette procédure est notamment utile lorsque le praticien est confronté à un débiteur solvable, mais réticent à exécuter spontanément une décision de justice, dès lors qu'elle a été valablement signifiée et a force exécutoire.
Le contrôle du praticien devra porter sur la solvabilité du débiteur. Il est inutile d'entraîner le client dans une procédure coûteuse, qui n'aboutirait pas, en cas de fonds insuffisants ou lorsque le débiteur est en cessation des paiements. Ce contrôle est cependant rendu difficile par le secret bancaire, lequel ne peut être levé que par la signification, à l'établissement teneur de compte,

de l'acte de saisie-attribution. L'étendue de la solvabilité du débiteur est plus aisée à constater lorsque l'huissier de justice pratique une saisie-attribution de loyers par exemple (pour plus de détails, V. Fiche 17 : Mettre en œuvre une saisie-attribution. – V. Fiche 18 : Contester une saisie-attribution).

REMARQUE En cas de saisie-attribution infructueuse, lorsque le compte bancaire de l'intéressé est débiteur ou clos, le tarif réglementé des huissiers de justice prévoit une minoration du coût de l'acte de saisie-attribution (C. com., art. A. 444-16).

2 Saisie de meubles corporels

99 Un créancier muni d'un titre exécutoire constatant une créance liquide et exigible, peut procéder, après un commandement de payer ouvrant un délai de huit jours au débiteur pour s'acquitter de sa dette volontairement, à la saisie-vente des meubles corporels du débiteur, même si ceux-ci sont détenus par un tiers (CPC ex., art. L. 221-1 à L. 221-6).

ATTENTION **La saisie de biens détenus par un tiers dans ses locaux d'habitation doit être autorisée par le juge de l'exécution du lieu d'exécution de la mesure.**

La procédure a pour effet de rendre les biens meubles corporels saisis indisponibles jusqu'à leur vente (V. Fiche 13 : Saisir les meubles à titre conservatoire). Il peut y avoir concours entre plusieurs créanciers, auquel cas, la solution consistera, à défaut de répartition amiable du prix de vente, à saisir le juge de l'exécution compétent (CPC ex., art. L. 221-6).

Les principales étapes des saisies de meubles corporels sont les suivantes :

– saisie-vente de droit commun : titre exécutoire, signification du titre au débiteur, délivrance d'un commandement de payer préalable, puis acte de saisie-vente, et enfin vente aux enchères publiques des biens saisis (V. Fiche 24 : Mettre en œuvre une saisie-vente de meubles corporels) ;

– saisie-vente de biens placés dans un coffre-fort : titre exécutoire, signification du titre, acte de saisie, commandement de payer signifié le premier jour ouvrable suivant la saisie au débiteur, puis vente aux enchères publiques (CPC ex., art. R. 224-1 et s.) ;

– saisie-vente des véhicules terrestres à moteur (saisie par immobilisation du véhicule) : titre exécutoire, signification du titre exécutoire, immobilisation ou enlèvement du véhicule, signification d'un commandement de payer dans un délai de huit jours, et enfin vente aux enchères publiques du véhicule (V. Fiche 27 : Saisir le véhicule automobile).

Cette procédure a un fort effet comminatoire, du fait qu'elle est souvent pratiquée au domicile du débiteur.

Mais, pour cette même raison, il n'est utile de la mener jusqu'à son terme que si les meubles saisis ont une certaine valeur car ce type de saisie déclenche souvent des incidents de procédure de la part du débiteur, incidents qui peuvent s'avérer coûteux et rendre la saisie peu intéressante.

Le praticien sera donc très attentif à l'évaluation des biens meubles.

3 Saisie de droits incorporels

100 V. Fiche 29 : Mettre en œuvre une saisie de droits incorporels.

La saisie des droits incorporels est ouverte à tout créancier muni d'un titre exécutoire constatant une créance liquide et exigible (CPC ex., art. L. 231-1 et L. 233-1).

Elle a pour effet de rendre les droits indisponibles. Sous certaines conditions, il est possible d'échapper à cet effet par la consignation.

Les principales étapes des saisies de droits d'associé et de valeurs mobilières sont les suivantes : titre exécutoire, signification du titre, saisie et vente aux enchères publiques (concernant la saisie du fonds de commerce : C. com., art. L. 143-3. – Concernant la saisie de titres de propriété intellectuelle : CPI, art. L. 613-21 et R. 714-4).

Le praticien sera attentif aux spécificités propres à chaque procédure (contraintes de délais et de forme) ainsi qu'à la valeur des droits saisis.

4 Autres saisies spécifiques

a) Pensions alimentaires

101 Dès que le créancier d'une pension alimentaire est muni d'un titre exécutoire, et qu'une échéance est due, il peut déclencher la procédure de paiement direct de la pension alimentaire par les tiers débiteurs, notamment les employeurs et, s'il est en mesure d'établir qu'il n'a pu obtenir le recouvrement de la pension alimentaire, celle de recouvrement public des pensions alimentaires en s'adressant au procureur de la République du tribunal de grande instance compétent (pour plus de détails, V. Fiche 16 : Saisir les créances).

Il s'agit d'une procédure extrêmement efficace que le praticien ne doit pas hésiter à mettre en œuvre dès lors qu'une créance d'aliments est en jeu.

ATTENTION Cette procédure ne peut être mise en œuvre que pour les termes à échoir de la pension alimentaire et/ ou les six derniers mois échus. Le cas échéant, l'huissier de justice devra pratiquer une mesure d'exécution forcée de droit commun (saisie-attribution, saisie des rémunérations).

b) Saisie des rémunérations

102 La procédure de saisie des rémunérations entre les mains de l'employeur est ouverte à tout créancier muni d'un titre exécutoire constatant une créance liquide et exigible (C. trav., art. R. 3252-1).
La procédure diffère suivant qu'il y a un saisissant unique ou pluralité de saisissants.

ATTENTION La saisie des rémunérations ne peut être exécutée sans titre exécutoire, il est donc impossible de pratiquer une saisie conservatoire des rémunérations.

C'est une procédure qui a un effet comminatoire important dès lors que l'employeur sera automatiquement informé du problème judiciaire de son employé. Ce point peut inciter le débiteur à se concilier lors de l'audience. En cas de conciliation, ce n'est qu'à défaut d'en respecter les termes, que la saisie sera notifiée à l'employeur (pour plus de détails, V. Fiche 20 : Saisir les rémunérations du débiteur).

c) Saisie immobilière

103 La saisie immobilière est une procédure d'exécution qui permet au créancier muni d'un titre exécutoire constatant une créance liquide et exigible de procéder à la saisie de l'immeuble du débiteur, étant précisé que la vente forcée ne peut intervenir qu'après une décision définitive passée en force de chose jugée (CPC ex., art. L. 311-4).
La saisie rend les immeubles indisponibles et restreint les droits de jouissance et d'administration du débiteur.
Le praticien doit être très attentif au risque de mise en œuvre de sa responsabilité lorsqu'il engage cette procédure lourde aux spécificités procédurales très précises qui a cependant un effet comminatoire certain (pour plus de détails, V. Fiche 14 : Mettre en œuvre une saisie immobilière. – V. Fiche 15 : Contester une saisie immobilière).

d) Navires et aéronefs

104 La saisie des navires est soumise à la procédure décrite dans le Code des transports (C. transports, art. L. 5114-20 à L. 5114-29 pour la saisie des navires. – C. transports, art. L. 4123-1 et R. 4123-1 à R. 4123-27 pour la saisie des bateaux).
V. Fiche 26 : Saisir les navires et bateaux.
La saisie des aéronefs permet à un créancier de placer l'appareil sous main de la justice et de le faire vendre (C. aviation, art. R. 123-1 et s.).

B Absence de titre exécutoire

1 Injonction de faire

105 S'agissant de l'exécution d'une obligation de faire, la procédure d'injonction de faire paraît particulièrement adaptée (V. Fiche 5 : Obtenir une injonction de faire).
Cette procédure concerne les petits litiges d'un montant inférieur à 10 000 € (CPC, art. 1425-1).
La demande doit être évaluée en valeur.
Il doit s'agir d'une demande en nature née de l'exécution d'un contrat.

ATTENTION L'injonction de faire s'applique aux contrats conclus entre les personnes n'ayant pas toutes la qualité de commerçant (CPC, art. 1425-1).

Cette procédure ne présente que peu d'intérêt du fait de son champ d'application restreint.
La procédure est gratuite. Elle n'entraîne, en principe, pas de frais d'huissier, dans la mesure où c'est le greffe qui notifie l'ordonnance d'injonction de faire aux parties par lettre recommandée avec demande d'avis de réception (CPC, art. 1425-5).
La procédure d'appréhension sur injonction du juge demeure plus efficace (CPC ex., art. R. 222-11 et s.).

ATTENTION Afin d'inciter le débiteur à s'exécuter rapidement, le praticien doit chercher à obtenir que sa condamnation soit assortie d'une astreinte (sur cette question, V. Fiche 9 : Obtenir et liquider une astreinte).

2 Injonction de payer

106 La procédure d'injonction de payer est notamment possible dès lors que la créance, de nature civile ou commerciale, a une cause contractuelle ou résulte d'un caractère statutaire et que le

montant de la créance est déterminé (V. Fiche 7 : Obtenir une injonction de payer).

> **ATTENTION Sont exclus du périmètre de l'injonction de payer :**
> **– le recouvrement des chèques impayés (régi par une procédure spéciale prévue à l'article L. 131-73 du Code monétaire et financier) ;**
> **– les créances qui ont pour fondement un délit, un quasi-contrat (enrichissement sans cause, actions en répétition de l'indu) ou une disposition légale.**

Cette procédure est intéressante car rapide et peu coûteuse, dès lors qu'aucune opposition n'est soulevée.
En revanche, le délai de prescription n'étant pas interrompu par la délivrance de l'ordonnance d'injonction de payer mais seulement par la signification de celle-ci, il convient d'être prudent et d'envisager en parallèle d'assigner au fond quand le délai de prescription est très rapproché.
La procédure est gracieuse jusqu'à l'éventuelle opposition du débiteur.
La compétence est partagée entre le tribunal de commerce, le tribunal d'instance, et le président du tribunal de grande instance.
Pour plus de détails (V. Fiche 7 : Obtenir une injonction de payer. – V. Fiche 8 : S'opposer à une injonction de payer).

3 Les mesures conservatoires

107 Pour susciter la réaction du débiteur et le faire céder, le créancier peut mettre en œuvre une mesure conservatoire sur les biens du débiteur.
L'intérêt d'une mesure conservatoire tient notamment à son effet de surprise. La gêne peut, en outre, être considérable pour le débiteur.

a) Autorisation de la mesure conservatoire

108 Tout créancier, dont la créance paraît fondée en son principe, peut solliciter du juge l'autorisation de pratiquer une mesure conservatoire (que ce soit une **saisie conservatoire** ou une **sûreté judiciaire**) s'il justifie de circonstances susceptibles d'en menacer le recouvrement, étant précisé que l'autorisation du juge n'est pas nécessaire dans un certain nombre de cas, notamment lorsque le créancier se prévaut d'un titre exécutoire ou d'une décision de justice qui n'a pas encore force exécutoire (CPC ex., art. L. 511-2).
Le juge compétent pour autoriser la mesure est :
– soit le juge de l'exécution du lieu où demeure le débiteur ;
– soit le président du tribunal de commerce lorsque, demandée avant tout procès, elle tend à la conservation d'une créance relevant de la compétence de la juridiction commerciale.
Le même juge est compétent pour connaître des demandes de mainlevées ou de substitutions formulées par les débiteurs.
La saisie conservatoire peut être pratiquée tant sur les biens meubles corporels qu'incorporels du débiteur même s'ils sont détenus par un tiers et même si une saisie conservatoire a déjà été pratiquée par un autre créancier.
Il est possible de prendre une sûreté judiciaire sur présentation de l'autorisation du juge ou du titre en vertu duquel la loi permet de pratiquer une telle mesure conservatoire sur un immeuble (inscription d'une hypothèque judiciaire provisoire), un fonds de commerce (inscription de nantissement judiciaire provisoire), des valeurs mobilières ou des parts sociales (inscription de nantissement provisoire de valeurs mobilières ou de parts sociales).

> **ATTENTION Il est interdit de prendre des mesures conservatoires après le jugement d'ouverture, de redressement ou de liquidation judiciaire (C. com., art. L. 622-7).**
> **Sont nulles les mesures conservatoires intervenues après la date de cessation des paiements (à moins que l'inscription ou l'acte de saisie ne soit antérieur à la date de cessation des paiements. – C. com., art. L. 632-1).**

À peine de nullité, l'ordonnance du magistrat doit contenir les éléments suivants :
– l'objet de la mesure ;
– le montant des sommes sur lesquelles porte la mesure autorisée ;
– la nature des biens sur laquelle porte la mesure.

> **ATTENTION À peine de caducité :**
> **– la mesure conservatoire doit être exécutée dans les trois mois du prononcé de l'ordonnance ;**
> **– dans tous les cas où la mesure conservatoire est pratiquée sans titre exécutoire, le créancier a un mois après l'exécution de la mesure pour introduire la procédure ou effectuer les formalités nécessaires à l'obtention d'un titre exécutoire (CPC ex., art. L. 511-4) ;**
> **– la mesure conservatoire pratiquée entre les mains d'un tiers doit être dénoncée dans les huit jours au débiteur (délai qui court à compter de différents points de départ suivant les dispositifs) ;**

– si la mesure conservatoire est pratiquée entre les mains d'un tiers, le créancier doit signifier au tiers saisi dans les huit jours des diligences exécutées pour l'obtention d'un titre exécutoire, copie des justificatifs de ces diligences.

b) Saisie conservatoire sur biens meubles corporels

109 Cette saisie est susceptible de porter sur tous biens meubles corporels et a vocation à être convertie en saisie-vente pour ainsi garantir le recouvrement des créances monétaires.

• L'acte de saisie rend les biens indisponibles.

• Les étapes de la procédure sont les suivantes (V. Fiche 13 : Saisir les meubles à titre conservatoire) :

– requête afin de saisie conservatoire de biens meubles corporels ;
– saisie (avec des spécificités suivant que le débiteur est présent ou non, suivant ce qui est saisi (bien consomptible, véhicule terrestre à moteur), suivant que la saisie est pratiquée entre les mains d'un tiers) ;
– obtention du titre exécutoire ;
– conversion en saisie-vente.

c) Saisie conservatoire de créance

110 S'agissant d'une saisie conservatoire de créance de sommes d'argent, l'acte de saisie :
– rend indisponibles les sommes à concurrence du montant pour lequel la saisie est pratiquée,
– emporte de plein droit consignation des sommes indisponibles.

ATTENTION Lorsque la mainlevée de la saisie est ordonnée par le juge, le créancier peut être condamné à réparer le préjudice causé par l'exécution de la mesure.

Les étapes de ce type de saisie sont les suivantes :
– requête afin de saisie conservatoire de créances ;
– déclaration du tiers saisi relative aux renseignements prévus à l'article L. 211-3 du Code des procédures civiles d'exécution ;
– signification au débiteur dans les huit jours à peine de caducité ;
– accomplissement des formalités tendant à l'obtention d'un titre exécutoire ;
– dénonce de l'accomplissement de ces formalités aux tiers saisi dans un délai de huit jours ;
– obtention du titre exécutoire et signification au débiteur ;
– conversion de la saisie conservatoire en saisie-attribution.

CONSEIL Si le débiteur ne s'exécute pas, le praticien peut envisager la vente forcée de ses biens, ce qui permettra de payer le créancier avec l'argent ainsi obtenu.
Le débiteur solvable, attaché à ses biens, peut être motivé pour s'exécuter et éviter l'enlèvement de ceux-ci.
Pour aboutir au résultat recherché (conversion de la saisie en saisie-attribution), le créancier doit être muni d'un titre exécutoire.

d) Saisie conservatoire des droits d'associé et des valeurs mobilières

111 La saisie conservatoire des droits d'associé et des valeurs mobilières rend indisponibles les biens saisis ainsi que les droits pécuniaires nés ou à naître jusqu'à l'obtention d'un titre exécutoire qui permet au saisissant de convertir la saisie conservatoire en saisie-vente (V. Fiche 28 : Mettre en œuvre une saisie de droits d'associés et de valeurs mobilières).

Les étapes de cette procédure sont les suivantes :
– requête afin de saisie conservatoire de valeurs mobilières ;
– signification dans les huit jours au débiteur à peine de caducité ;
– obtention du titre exécutoire et signification ;
– conversion de la saisie conservatoire en saisie-vente.

CONSEIL Le conseil du débiteur peut toujours faire consigner une somme suffisante pour désintéresser le saisissant, ce qui emporte, sous certaines conditions, mainlevée de la saisie (CPC ex., art. R. 232-8).

e) Inscription d'hypothèque judiciaire provisoire sur un immeuble

112 Sur présentation de l'autorisation du juge ou du titre en vertu duquel l'inscription est pratiquée, une inscription peut être prise sur les immeubles du débiteur (V. Fiche 11 : Inscrire une hypothèque judiciaire).

Les formalités de publicité rendent cette sûreté opposable aux tiers dès lors que la publicité pro-

visoire est confirmée, dans les délais, par une publicité définitive.
La sûreté prise sur le bien n'a pas pour effet de rendre le bien inaliénable. En cas de vente avant publicité définitive, le créancier sera payé sur le prix de vente après la publicité définitive (celui-ci sera donc consigné dans l'intervalle).

CONSEIL Le conseil du débiteur peut demander au juge de cantonner les effets de la sûreté provisoire dès lors qu'il est démontré que la valeur du bien est supérieure au montant de la créance (par ex., deux fois supérieure).

Les étapes de cette procédure sont les suivantes :
- requête afin d'inscription provisoire d'hypothèque (à défaut de titre exécutoire, et avec des spécificités propres en Alsace-Moselle) ;

ATTENTION En application de l'article 2412 du Code civil, il est rarement nécessaire de demander une autorisation judiciaire puisque toute décision juridictionnelle telle qu'une ordonnance de référé peut emporter de plein droit hypothèque judiciaire.

- dépôt de deux bordereaux d'inscription provisoire d'hypothèque à la conservation des hypothèques ;
- acceptation ou rejet (dans ce dernier cas, recours dans les huit jours de la notification du rejet devant le président du tribunal de grande instance statuant comme en matière de référé) ;
- signification au débiteur dans les huit jours du dépôt des bordereaux à peine de caducité ;

ATTENTION Il faut renouveler l'inscription qui n'est valable que trois ans à compter du dépôt des bordereaux si le stade de la publicité définitive n'a pas été atteint, et ce pour une nouvelle période de trois ans. En cas d'inscription sur le fondement de l'article 2412 du Code civil, la sûreté est valable dix ans à compter du dépôt des bordereaux.
La responsabilité de l'avocat ou de l'huissier de justice peut être engagée à défaut car il y a un risque de perte de rang sur le bien immobilier.
Dès lors qu'il y a caducité de la mesure, l'avocat du débiteur peut demander la mainlevée de la mesure au juge de l'exécution.

- exécution de la mesure dans les trois mois ;
- un mois pour assigner au fond (à défaut de titre exécutoire) ;
- vente du bien (éventuellement) ;
- publicité définitive (dans les deux mois à compter de différentes dates selon les cas) ;
- si le prix est régulièrement consigné, la publicité définitive est remplacée par la signification du titre exécutoire du créancier à la personne chargée de répartir le prix, dans un délai de deux mois.

f) Inscription de nantissement judiciaire provisoire

113 Sur présentation de l'autorisation du juge ou du titre en vertu duquel l'inscription est pratiquée, une inscription peut être prise sur les fonds de commerce, sur des parts sociales et sur des valeurs mobilières appartenant au débiteur.
La sûreté prise sur le bien n'a pas pour effet de rendre le bien inaliénable. En cas de vente avant publicité définitive, le créancier sera payé sur le prix de vente après la publicité définitive (celui-ci sera donc consigné dans l'intervalle).
Les étapes de la procédure sont les suivantes :
- acte d'inscription (qui diffère suivant qu'il s'agit d'un fonds de commerce, de parts sociales ou de valeurs mobilières) ;
- signification au débiteur dans les huit jours de l'acte d'inscription à peine de caducité ;
- un mois pour assigner au fond (à défaut de titre exécutoire) et dénonciation aux tiers dans les huit jours si la mesure est pratiquée entre les mains d'un tiers ;
- vente du bien (éventuellement) ;
- publicité définitive (dans les deux mois à compter de différentes dates selon les cas) et éventuelle consignation du prix dans l'intervalle (avec des dispositions particulières pour les valeurs mobilières cotées).

CHECK-LIST • Déterminer :
- l'existence ou non d'un titre exécutoire ;
- si l'on est dans le domaine des mesures conservatoires ou de l'exécution forcée ;
- la nature du bien objet de la mesure ;
- la juridiction territorialement compétente ;
- le but recherché par le client.
• Être vigilant quant aux mentions devant apparaître dans les différents actes et faire signifier lesdits actes.
• Être attentif aux délais.

Contraindre à exécuter

POUR ALLER PLUS LOIN...

Ouvrage

– M. Donnier et J.-B. Donnier, *Voies d'exécution et procédures de distribution*, LexisNexis, 9e éd. 2017.

Fiche 5
Obtenir une injonction de faire

Aude du PARC

Sommaire

I Aperçu rapide ... 47
A Caractéristiques générales ... 47
B Conditions d'utilisation ... 48
C Avis du professionnel ... 48
D Textes ... 48
E Schéma procédural ... 49
II Préparation ... 49
A Informations préalables ... 49
B Contrôles préalables ... 49
C Pièces nécessaires ... 49
D Coût de la procédure ... 49
III Procédure ... 50
A Assistance et représentation ... 50
B Compétence ... 50
1 Compétence d'attribution ... 50
2 Compétence territoriale ... 50
C Parties ... 50
D Rédaction de l'acte de saisine ... 50
E Audience ... 51
F Décision ... 51
1 Contenu de la décision ... 51
2 Notification de la décision ... 51
G Fin de la procédure ... 52
H Recours ou contestation ... 52

I Aperçu rapide

A Caractéristiques générales

114 La procédure d'injonction de faire n'est ouverte que pour les **obligations de faire**.
La demande doit porter exclusivement sur une obligation en nature.

EXEMPLE Cette procédure est fréquemment utilisée pour l'obtention d'une copie de l'offre préalable de crédit à la consommation ou pour la remise des quittances des loyers payés par le preneur d'un bail d'habitation.

L'injonction de faire s'applique aux contrats conclus entre les personnes n'ayant pas toutes la qualité de commerçant (CPC, art. 1425-1).
Elle peut être demandée au **tribunal d'instance** lorsque la valeur de la prestation dont l'exécution est réclamée n'excède pas le taux de compétence de cette juridiction, soit jusqu'à 10 000 € (CPC, art. 1425-1. – COJ, art. L. 221-4). Si la valeur de la prestation est supérieure à 10 000 €, la procédure spécifique d'injonction de faire ne peut pas être utilisée. Ce qui n'empêche pas de formuler des demandes de faire dans le cadre des procédures de droit commun.

La demande est formée par **requête** (CPC, art. 1425-3).
Si la demande lui paraît fondée, le juge rend une **ordonnance** portant injonction de faire non susceptible de recours (CPC, art. 1425-4, al. 1er).
Sauf justification d'un motif légitime tenant à l'urgence ou à la matière considérée, en particulier lorsqu'elle intéresse l'ordre public, la requête ou la déclaration qui saisit la juridiction de première instance précise également les diligences entreprises en vue de parvenir à une résolution amiable du litige (CPC, art. 58).
Le juge fixe l'objet de l'obligation, ainsi que le délai et les conditions dans lesquelles l'ordonnance doit être exécutée (CPC, art. 1425-4, al. 2).
Le greffe notifie l'ordonnance aux parties, par lettre recommandée avec demande d'avis de réception. La lettre de notification mentionne les dispositions des articles 1425-7 et 1425-8 du Code de procédure civile (CPC, art. 1425-5).
L'ordonnance mentionne, en outre, les lieu, jour et heure de l'audience à laquelle l'affaire sera examinée (CPC, art. 1425-4, al. 3).
Lorsque l'injonction de faire a été exécutée dans les délais impartis, le demandeur en informe le greffe et l'affaire est retirée du rôle (CPC, art. 1425-7).
Le tribunal, en cas d'inexécution totale ou partielle de l'injonction de faire qu'il a délivrée, statue sur la demande, après avoir tenté de concilier les parties (CPC, art. 1425-8).

B Conditions d'utilisation

115 La procédure d'injonction de faire concerne les petits litiges d'un **montant inférieur à 10 000 €**.
La **valeur de l'obligation** dont l'exécution est demandée doit être déterminée.

> ATTENTION **Le défaut d'indication de la valeur de la prestation de service est l'une des causes les plus fréquentes de rejet de la demande d'injonction de faire.**

Il doit s'agir d'une **demande en nature** et non en valeur.
Le requérant doit donc s'abstenir de présenter toute demande chiffrée (à l'exception des dommages et intérêts qui peuvent être demandés et prévus en cas d'inexécution de l'injonction : CPC, art. 1425-3, 2°).
Elle peut être utilisée par toute personne ayant un litige d'origine contractuelle, à l'exception d'un litige entre deux commerçants.

> EXEMPLE Non-exécution de travaux, refus de garantie, problème de livraison d'un objet commandé par correspondance, restitution d'une chose prêtée.

Le litige doit être exclusivement de **nature contractuelle**. Il ne peut avoir de fondement légal, quasi contractuel, délictuel ou quasi délictuel.

> REMARQUE Devant le tribunal de commerce, l'injonction de faire existe aussi pour certaines demandes spécifiques :
> - communication de documents ;
> - dépôt des comptes annuels d'une société (C. com., art. L. 611-2, II. – Cass. com., 15 janv. 2013, n° 12-40.086 : *JurisData* n° 2013-000443) ;
> - en matière de procédures collectives.
>
> Il est également possible d'engager un référé-injonction de faire devant :
> - le tribunal d'instance (CPC, art. 849) ;
> - le tribunal de commerce (CPC, art. 873) ;
> - le tribunal de grande instance (CPC, art. 809).
>
> Ces procédures spécifiques ne sont pas traitées dans le cadre de la présente fiche.

C Avis du professionnel

116 Cette procédure est intéressante parce qu'elle est rapide.
Bien que peu utilisée, elle permet au créancier d'obtenir un **titre exécutoire** contre son débiteur par voie d'ordonnance sur requête. En pratique, dans plus de la moitié des cas, les débiteurs s'exécutent à la suite de l'injonction.
La procédure n'entraîne, en principe, pas de frais d'huissier, dans la mesure où c'est le greffe qui notifie l'ordonnance d'injonction de faire aux parties par lettre recommandée avec accusé de réception (CPC, art. 1425-5).

> CONSEIL **Le praticien s'assurera que le greffe a bien reçu l'accusé de réception de la lettre recommandée adressée au défendeur.**
> **À défaut, il conviendra pour le praticien de faire signifier au défendeur l'ordonnance obtenue.**

D Textes

- CPC, art. 1425-1 à 1425-9.

E Schéma procédural

117 • Dépôt d'une requête en injonction de faire devant le tribunal d'instance précisant les diligences entreprises en vue de parvenir à une résolution amiable du litige.
• Ordonnance.
• Notification de l'ordonnance aux parties par le greffe.
• Audience :
– en cas de non-présentation du demandeur à l'audience sans motif légitime, et sans information au greffe :
 . déclaration de caducité par le tribunal de la procédure d'injonction de faire,
 . rapport de déclaration de caducité possible en cas de motif légitime rapporté par le requérant dans un délai de quinze jours,
 . le cas échéant, convocation par les parties à une audience ultérieure ;
– en cas d'exécution de l'injonction de faire : information au greffe par le demandeur pour que l'affaire soit retirée du rôle ;
– en cas d'inexécution totale ou partielle de l'injonction de faire délivrée par le tribunal :
 . tentative de conciliation des parties,
 . jugement sur la demande initiale et toutes demandes.

II Préparation

A Informations préalables

118 Le praticien indiquera au client que :
– la demande en injonction de faire n'est pas susceptible de recours, ni par le demandeur, ni par le défendeur (CPC, art. 1425-4 et 1425-9) ; si le juge rejette la requête d'injonction, le requérant peut procéder selon les voies de droit commun en exécution contractuelle ;
– il est possible pour le défendeur de contester l'injonction de faire prise à son encontre à l'audience prévue dans l'ordonnance (V. Fiche 6 : S'opposer à une injonction de faire).

B Contrôles préalables

119 Le praticien vérifiera que :
– l'obligation litigieuse est bien née d'un **contrat**. Par exemple, la procédure d'injonction de payer ne peut être utilisée pour le recouvrement des créances de nature délictuelle ou quasi délictuelle ;
– la **valeur de la prestation non effectuée** ne dépasse pas le taux de compétence du tribunal d'instance : 10 000 € ;
– la demande n'est pas prescrite, celle-ci n'étant interrompue qu'à compter de l'enregistrement de la demande au greffe (CPC, art. 1425-3).
Lorsque le défendeur est une personne morale, le praticien pourra :
– consulter l'extrait K-bis, afin de vérifier qu'aucune procédure collective n'a été ouverte à son encontre ;
– vérifier avec précision la dénomination réelle de la personne morale, afin d'éviter tout risque de confusion avec une enseigne qui est dépourvue de toute personnalité juridique. Ces vérifications peuvent être effectuées en ligne sur le site www.infogreffe.fr/societes/.

C Pièces nécessaires

120 • Factures.
• Bons de commandes.
• Devis.
• Échanges de correspondances.
• Toutes autres pièces pouvant justifier la demande.

> **CONSEIL** **Il est fortement recommandé au praticien d'envoyer par LRAR, dans un premier temps, une mise en demeure de faire à la partie adverse. Ainsi, il pourra justifier dans sa requête que des demandes amiables ont été effectuées, sans succès (C. civ., art. 1344 à 1344-2).**

D Coût de la procédure

121 Aucuns frais d'huissier ne sont nécessaires pour obtenir une injonction de faire.
En cas d'inexécution de l'injonction de faire par le défendeur, et si celui-ci n'a pas été touché par la lettre recommandée avec demande d'accusé de réception adressée par le greffe, le demandeur

devra signifier l'ordonnance d'injonction de faire par huissier. Les frais d'huissier d'une telle signification s'élèvent à 60 € environ.

Les honoraires d'avocat sont libres (sauf demande d'aide juridictionnelle qui peut être totale ou partielle).

III Procédure

A Assistance et représentation

122 Le demandeur peut déposer sa demande d'injonction de faire seul mais peut également se faire assister ou représenter par (CPC, art. 828) :
- un avocat ;
- son conjoint ;
- son concubin ou la personne avec laquelle il a conclu un pacte civil de solidarité ;
- ses parents ou alliés en ligne directe ;
- ses parents ou alliés en ligne collatérale sous le troisième degré inclus ;
- les personnes exclusivement attachées à son service personnel ou à son entreprise ;
- l'État, les départements, les communes et les établissements publics peuvent se faire représenter ou assister par un fonctionnaire ou un agent de leur administration.

Le représentant, s'il n'est avocat, doit justifier d'un pouvoir spécial.

> ATTENTION **Cette liste est limitative et les personnes qui ne sont pas comprises dans cette énumération ne peuvent pas représenter ou assister une partie devant le tribunal d'instance ou la juridiction de proximité.**

B Compétence

1 Compétence d'attribution

123 L'injonction de faire peut être demandée devant le tribunal d'instance lorsque la valeur de la demande n'excède pas 10 000 € (COJ, art. L. 221-4).

Si la demande initiale et les demandes incidentes excèdent la somme totale de 10 000 €, le défendeur pourra soulever l'exception d'incompétence du tribunal d'instance. L'affaire n'étant plus de son ressort, le tribunal d'instance se déclarera incompétent. Ainsi, le demandeur devra suivre la procédure de droit commun et assigner le défendeur soit devant le TGI, soit devant le tribunal de commerce. Si le TGI est saisi, les parties devront alors être représentées par un avocat (COJ, art. L. 211-3. – CPC, art. 751).

> REMARQUE Le taux du ressort est calculé en additionnant la valeur de la prestation aux demandes accessoires, notamment les dommages-intérêts, mais hors les demandes au titre de l'article 700 du Code de procédure civile.

2 Compétence territoriale

124 La demande est portée au choix du demandeur devant la juridiction soit (CPC, art. 1425-2) :
- du lieu où demeure le défendeur ;
- du lieu d'exécution de l'obligation.

C Parties

125 Le demandeur ou le défendeur peuvent être des personnes physiques ou morales.

Ils ne doivent pas être tous les deux commerçants.

D Rédaction de l'acte de saisine

126 La demande est formée par requête déposée ou adressée au greffe du tribunal d'instance (CPC, art. 1425-3).

La requête peut être présentée sous deux formes :
- un acte entièrement rédigé ;
- un formulaire préétabli à retirer au tribunal d'instance ou disponible sur internet (CERFA n° 11723*09).

La requête doit contenir (CPC, art. 58 et 1425-3) :
- pour les personnes physiques : l'indication des nom, prénoms, profession, domicile, nationalité, date et lieu de naissance du demandeur ;
- pour les personnes morales : l'indication de leur forme, leur dénomination, leur siège social et de l'organe qui les représente légalement ;
- l'indication des nom, prénoms et domicile de la personne contre laquelle la demande est formée,

ou s'il s'agit d'une personne morale, de sa dénomination et de son siège social ;
– l'objet de la demande ;
– l'indication précise de la nature de l'obligation dont l'exécution est poursuivie ainsi que son fondement ;
– éventuellement, les dommages et intérêts qui seront réclamés en cas d'inexécution de l'injonction de faire.
La requête doit être datée et signée.

CONSEIL Si le défendeur ne se présente pas à l'audience, les demandes additionnelles du demandeur, non visées dans la requête, seront irrecevables, à moins qu'elles lui aient été signifiées par huissier avant l'audience.
Veiller donc à solliciter au sein de la requête toutes les mesures utiles, à savoir :
– une astreinte journalière (V. **Fiche 9 : Obtenir et liquider une astreinte****) ;**
– le bénéfice des dépens et frais irrépétibles ;
– des dommages et intérêts dans l'hypothèse où l'obligation ne serait pas exécutée.

ATTENTION La requête doit être accompagnée des documents justificatifs (CPC, art. 1425-3, al. 5).
Le requérant doit fournir les éléments précis d'évaluation de la prestation de services dont l'exécution est demandée, tant dans son principal que les frais éventuellement afférents (contrat, devis détaillé et chiffré, etc.).
Le requérant doit décrire, de la façon la plus précise possible, l'objet de sa demande. Il est fréquent que la requête en injonction de faire soit rejetée à cause de l'objet de la demande, soit trop imprécis, soit trop large.

E Audience

127 La phase gracieuse (CPC, art. 1425-4 et 1425-7, al. 1er) :
– si la demande paraît fondée au juge, celui-ci rend une ordonnance portant injonction de faire non susceptible de recours ;
– cependant, l'ordonnance mentionne les lieu, jour et heure de l'audience à laquelle l'affaire sera examinée en cas de non-exécution de l'injonction dans les délais imposés ;
– lorsque l'injonction de faire a été exécutée dans les délais impartis, le demandeur en informe le greffe. L'affaire est retirée du rôle.
La phase contentieuse :
– si le demandeur ne se présente pas à l'audience, sans motif légitime, le tribunal déclare caduque la procédure d'injonction de faire (CPC, art. 1425-7, al. 2) ;
– la déclaration de caducité peut être rapportée si le demandeur fait connaître au greffe dans un délai de quinze jours le motif légitime qu'il n'aurait pas été en mesure d'invoquer en temps utile. Dans ce cas, les parties sont convoquées à une audience ultérieure (CPC, art. 1425-7, al. 3) ;
– en cas d'inexécution de l'injonction de faire dans les délais impartis par l'ordonnance, l'affaire est examinée à l'audience prévue.

F Décision

1 Contenu de la décision

128 Le tribunal, en cas d'inexécution totale ou partielle de l'injonction de faire qu'il a délivrée, statue sur la demande, après avoir tenté de concilier les parties (CPC, art. 1425-8).
Il connaît, dans les limites de sa compétence d'attribution, de la demande initiale et de toutes les demandes incidentes et défenses au fond.
En cas de décision d'incompétence, l'affaire est renvoyée devant la juridiction compétente. Dans cette hypothèse, les parties sont invitées par lettre recommandée avec demande d'avis de réception du greffe de la juridiction désignée à poursuivre l'instance et, s'il y a lieu, à constituer avocat.
Lorsque les parties sont tenues de se faire représenter, l'affaire est d'office radiée si aucune d'elles n'a constitué avocat dans le mois de l'avis qui leur a été donné (CPC, art. 97).

2 Notification de la décision

129 L'ordonnance d'injonction de faire est notifiée aux parties par le greffe du tribunal d'instance.
La notification est faite par lettre recommandée avec demande d'avis de réception (CPC, art. 1425-5).
En cas de retour au greffe d'une notification qui n'a pas pu être remise au destinataire ou à son mandataire, le greffe doit inviter le requérant à procéder par voie de signification par huissier de justice (CPC, art. 670-1).

CONSEIL **Le praticien doit se rapprocher du greffe pour vérifier que la lettre de notification a été remise à son destinataire.**
Il lui sera conseillé de faire signifier la décision par huissier de justice s'il a intérêt à faire produire des effets à la décision dans les meilleurs délais.

G Fin de la procédure

130 La procédure peut se terminer par :
– une ordonnance de rejet de la requête en injonction de faire ;
– le retrait de l'affaire si l'injonction de faire a été exécutée dans les délais impartis par le défendeur et que le demandeur en a informé le tribunal ;
– une déclaration de caducité si le demandeur ne se présente pas à l'audience sans motif légitime ;
– un jugement rendu par le tribunal qui statue sur la demande initiale, ainsi que sur toutes les demandes incidentes et défenses au fond.

H Recours ou contestation

131 La demande en injonction de faire n'est pas, en tant que telle, susceptible de recours, en cas de rejet (CPC, art. 1425-4, al. 1er, et art. 1425-9). Le requérant pourra recourir aux voies de droit commun. Une nouvelle demande pourrait être réintroduite, après avoir pris soin de corriger les erreurs ayant justifié le rejet de la requête (précision de la valeur de l'obligation par exemple).
Si l'affaire est présentée à une audience de plaidoirie, la décision que le tribunal rend est une décision sur les contestations soulevées par les défendeurs.

Cette décision est susceptible de recours dans les conditions de droit commun :
– le jugement du tribunal d'instance est rendu en dernier ressort lorsque la demande est inférieure à 4 000 €, et n'est donc susceptible que d'un **pourvoi en cassation** dans le délai de **deux mois** à compter de la signification ou de la notification de la décision attaquée (COJ, art. R. 221-4. – CPC, art. 612) ;
– le jugement du tribunal d'instance, dont l'enjeu est de plus de 4 000 €, est rendu en premier ressort, et est susceptible d'appel devant la cour d'appel (COJ, art. R. 221-3 et R. 221-4). Le **délai d'appel est d'un mois** à compter de sa notification par le greffe ou de la signification par la partie qui y a intérêt.

CHECK-LIST **• Vérifier :**
– la nature contractuelle de la créance (obligation de faire) ;
– les pièces justificatives ;
– la valeur de l'obligation dont l'exécution est demandée ;
– les mentions obligatoires prescrites à peine de nullité dans la requête (CPC, art. 58 et 1425-3).
• Être vigilant sur :
– l'identification du défendeur ;
– la prescription, celle-ci n'étant interrompue qu'à compter de l'enregistrement de la demande au greffe (CPC, art. 1425-3) ;
– la remise de la lettre de notification de l'ordonnance à son destinataire.

VOIR AUSSI Modèle 1 : Requête en injonction de faire devant le Tribunal d'instance.

POUR ALLER PLUS LOIN...

Fiches pratiques
• V. Fiche 4 : Contraindre à exécuter.
• V. Fiche 6 : S'opposer à une injonction de faire.
• V. Fiche 8 : S'opposer à une injonction de payer.
• V. Fiche 7 : Obtenir une injonction de payer.
• V. Fiche 10 : Obtenir une injonction de délivrer ou restituer.
• V. Fiche 34 : Obtenir un délai de grâce.

Encyclopédies JurisClasseur
• *JCl. Procédure civile*, Fasc. 1400-95.
• *JCl. Procédures Formulaire*, V° *Injonction de faire*, Fasc. 10.
• *JCl. Procédures Formulaire*, V° *Injonction de faire*, Fasc. 15 (formules).

Fiche 6
S'opposer à une injonction de faire

Aude du PARC

Sommaire

I Aperçu rapide ... 53
A Caractéristiques générales ... 53
B Conditions d'utilisation ... 53
C Avis du professionnel ... 54
D Textes ... 54
E Schéma procédural ... 54
II Préparation ... 54
A Information du client ... 54
B Contrôles préalables ... 55
C Pièces nécessaires ... 55
D Coût de la procédure ... 55
III Procédure ... 55
A Assistance et représentation ... 55
B Matières ... 55
C Compétence ... 55
1 Compétence d'attribution ... 56
2 Compétence territoriale ... 56
D Parties ... 56
E Rédaction de l'acte de saisine ... 56
F Audience ... 56
G Décision ... 56
H Fin de la procédure ... 57
I Recours ou contestation ... 57

I
Aperçu rapide

A Caractéristiques générales

132 La procédure d'injonction de faire, applicable aux **créances contractuelles** entre des parties qui ne sont pas toutes commerçantes (V. Fiche 5 : Obtenir une injonction de faire), vise à régler rapidement et simplement les petits litiges de la consommation, notamment lorsqu'est réclamé non pas le paiement d'une somme d'argent, mais la livraison d'une chose, la restitution d'un bien ou la fourniture d'un service.

La partie contre laquelle une ordonnance d'injonction de faire a été rendue pourra s'y opposer en exposant ses arguments à l'audience au fond prévue dans l'ordonnance d'injonction de faire.

Il n'existe pas à proprement parler d'opposition à injonction de faire comme il peut exister la procédure d'opposition à injonction de payer.

On parlera donc plutôt de **contestation de l'injonction de faire**, afin d'éviter toute confusion.

B Conditions d'utilisation

133 Contester une injonction de faire implique qu'une **ordonnance** d'injonction de faire ait été rendue par le tribunal (V. Fiche 5 : Obtenir une injonction de faire).

Seul le défendeur à l'injonction de faire peut la contester.

Le demandeur et le défendeur devront se présenter à l'audience au fond fixée dans l'ordonnance d'injonction de faire pour que le défendeur puisse contester l'injonction de faire.
À défaut de présence du demandeur à l'audience au fond, le tribunal déclarera l'injonction de faire caduque.

ATTENTION **Pour pouvoir être contestée lors de l'audience, l'injonction de faire ne doit pas avoir été exécutée.**

CONSEIL **Avant de contester une injonction de faire, il convient de consulter auprès du greffe la requête et les pièces du demandeur afin d'en vérifier le bien-fondé et de prendre position sur l'opportunité de contester l'injonction accordée.**

C Avis du professionnel

134 Contester une injonction de faire est possible lors de l'audience au fond.
Le lieu, la date et l'heure de cette audience sont fixés par l'ordonnance portant injonction de payer, que le défendeur a reçue, soit par lettre recommandée avec avis de réception du greffe de la juridiction compétente, soit par signification d'huissier (CPC, art. 1425-4 et 1425-5).
En principe, il s'agit d'une audience de plaidoirie. Des renvois peuvent cependant être ordonnés sur demande motivée des parties.
Le défendeur doit avoir conscience des risques pécuniaires encourus en n'exécutant pas l'injonction de faire. Après avoir entendu les parties en audience de plaidoirie, le tribunal peut en effet condamner le défendeur à :
– des dommages et intérêts en cas d'inexécution de l'injonction de faire (CPC, art. 1425-3, 3°) ;
– des sommes au titre de l'article 700 du Code de procédure civile (CPC) ;
– une astreinte journalière.
Il est donc fortement déconseillé de contester une injonction de faire sans motif valable ou à des fins purement dilatoires.

REMARQUE La liquidation de l'astreinte provisoire ne sera pas prononcée si l'exécution tardive de l'injonction de faire provient d'une cause étrangère au comportement du défendeur (CA Douai, 11 févr. 2016, n° 15/02875 : *JurisData* n° 2016-007543).

D Textes

- CPC, art. 1425-1 à 1425-9.

E Schéma procédural

135 V. Fiche 5 : Obtenir une injonction de faire.
- Réception de l'ordonnance d'injonction de faire.
- Consultation de la requête en injonction au greffe du tribunal compétent.
- Rédaction de conclusions.
- Audience :
  - tentative de conciliation des parties ;
  - plaidoiries.
- Jugement sur la demande initiale et toutes demandes incidentes et défenses au fond.
- Recours.

II Préparation

A Information du client

136 Le praticien indiquera au client que la requête et les pièces sont disponibles au greffe et qu'il est utile d'en prendre connaissance avant de prendre position sur les contestations de l'injonction de faire.
Il convient d'informer le client, s'il souhaite contester une injonction de faire, que son dossier doit être complet pour l'audience de plaidoirie fixée dans l'ordonnance.
Le praticien indiquera au client que contester une injonction de faire peut être lourd financièrement si cette contestation n'est pas justifiée (V. *supra*, n° 134, « Avis du professionnel »).
Pour ce type de litige, le tribunal peut être sévère par rapport à l'enjeu si une injonction de faire n'a pas été exécutée sans motif valable.

B Contrôles préalables

137 La procédure d'injonction de faire étant très peu formelle, les contrôles préalables pour contester l'injonction de faire sont limités.
Pour contester valablement l'injonction de faire, il suffit de ne pas l'avoir exécutée avant l'audience.
Le praticien veillera à contrôler que la contestation est un minimum fondée au fond ou en droit.
Plusieurs fondements peuvent être retenus :
– au fond, le client dispose d'un motif valable pour ne pas avoir exécuté l'ordonnance ;
– en droit :
- irrecevabilité de la requête lorsque :
  - le litige n'est pas né d'un contrat,
  - les deux parties sont commerçantes,
  - la valeur de la prestation qui a donné lieu à l'injonction de faire dépasse 10 000 € devant le tribunal d'instance ;
- nullité de la requête, en l'absence de l'une des mentions obligatoires suivantes :
  - pour les personnes physiques : l'indication des nom, prénoms, profession, domicile, nationalité, date et lieu de naissance du demandeur,
  - pour les personnes morales : l'indication de leur forme, leur dénomination, leur siège social et de l'organe qui les représente légalement,
  - l'indication des nom, prénoms et domicile de la personne contre laquelle la demande est formée, ou s'il s'agit d'une personne morale, de sa dénomination et de son siège social,
  - l'objet de la demande,
  - l'indication précise de la nature de l'obligation dont l'exécution est poursuivie ainsi que le fondement de celle-ci (CPC, art. 1425-3).

C Pièces nécessaires

138 Pour contester une injonction de faire, le défendeur doit apporter la preuve de ce que l'injonction de faire n'aurait pas dû être ordonnée.
Il convient donc de recueillir tous les éléments de preuve allant en ce sens (factures, échanges de correspondances, etc.).

D Coût de la procédure

139 Les honoraires (libres) d'avocat seront les seuls coûts de la procédure.

ATTENTION **Lorsque le tribunal de grande instance est saisi de l'affaire à la suite de l'incompétence du tribunal d'instance, le praticien rappellera à son client qu'un avocat postulant est obligatoire si le TGI compétent n'est pas établi dans le ressort du barreau de l'avocat choisi, entraînant ainsi des coûts supplémentaires.**

III Procédure

A Assistance et représentation

140 En principe, le défendeur qui conteste une injonction de faire peut se défendre seul, mais également se faire assister ou représenter par (CPC, art. 828) :
– un avocat ;
– son conjoint ;
– son concubin ou la personne avec laquelle il a conclu un pacte civil de solidarité ;
– ses parents ou alliés en ligne directe ;
– ses parents ou alliés en ligne collatérale sous le troisième degré inclus ;
– les personnes exclusivement attachées à son service personnel ou à son entreprise ;
– l'État, les départements, les communes et les établissements publics peuvent se faire représenter ou assister par un fonctionnaire ou un agent de leur administration.
Le représentant, s'il n'est avocat, doit justifier d'un pouvoir spécial.

B Matières

141 Gracieuse dans sa phase initiale, l'injonction de faire devient contentieuse dans sa phase de contestation.

C Compétence

142 C'est le tribunal d'instance qui connaît de la procédure d'injonction de faire – et donc de sa contestation –, mais seulement dans les limites de sa compétence en tant que juridiction d'exception.

1 Compétence d'attribution

143 La contestation à une injonction de faire est portée devant la juridiction qui a été choisie par le demandeur à l'injonction de faire.
La compétence d'attribution, lorsque le défendeur conteste une injonction de faire, dépend du montant global des demandes initiales, incidentes et défenses au fond, hors demandes au titre de l'article 700 du Code de procédure civile.
Lorsque les demandes initiales, incidentes et défenses au fond n'excèdent pas 10 000 €, hors demande de l'article 700 du Code de procédure civile, le tribunal d'instance est compétent (COJ, art. L. 221-4).
Pour déterminer la juridiction compétente, il faut ajouter le montant de la demande principale du requérant à celui reconventionnellement demandé par le défendeur. Si le total de ces demandes excède 10 000 €, alors il appartiendra au TGI, ou au tribunal de commerce sous certaines conditions, de connaître de l'affaire.
Si la demande initiale et les demandes incidentes excèdent la somme totale de 10 000 €, hors les demandes au titre de l'article 700 du Code de procédure civile, le défendeur pourra soulever l'exception d'incompétence du tribunal d'instance. L'affaire n'étant plus de son ressort, le tribunal d'instance se déclarera incompétent. Ainsi, le demandeur devra suivre la procédure de droit commun et assigner le défendeur soit devant le TGI, soit devant le tribunal de commerce. Si c'est le TGI qui est saisi, les parties devront alors être représentées par un avocat (COJ, art. L. 211-3. – CPC, art. 751).

2 Compétence territoriale

144 La contestation à une injonction de faire est portée devant la juridiction qui a été choisie par le demandeur à l'injonction de faire (CPC, art. 1425-2) :
– soit devant la juridiction du lieu où demeure le défendeur ;
– soit devant la juridiction du lieu d'exécution de l'obligation.
Dans le cas où le TGI devient compétent lors de la phase contentieuse, du fait par exemple de demandes reconventionnelles, l'affaire est alors traitée par le TGI dans le ressort duquel le tribunal d'instance ou le juge de proximité a été saisi initialement.

D Parties

145 Le demandeur ou le défendeur peuvent être des personnes physiques ou morales.
Ils ne doivent pas être tous les deux commerçants sous peine d'irrecevabilité.

E Rédaction de l'acte de saisine

146 Il n'y a, au stade de la contestation à injonction de faire, pas d'acte de saisine.
L'acte de saisine initial est la requête en injonction de faire déposée ou adressée au greffe par le demandeur à l'injonction de faire (V. Fiche 5 : Obtenir une injonction de faire). C'est la phase non contradictoire de la procédure d'injonction de faire.
Si le tribunal fait droit à la requête, une ordonnance en injonction de faire est rendue, qui constitue une citation en justice, laquelle mentionne les lieu, jour et heure de l'audience à laquelle l'affaire sera examinée sous peine de nullité (CPC, art. 1425-4. – CA Bourges, ch. civ., 15 sept. 2011, n° 11/00831 : *JurisData* n° 2011-028465).
Le défendeur qui conteste l'injonction ordonnée à son encontre n'a pas à saisir le tribunal, lequel a d'ores et déjà été saisi par le demandeur à l'injonction de faire, et il fera valoir ses contestations à l'audience fixée dans l'ordonnance d'injonction.

> ATTENTION **Si l'ordonnance d'injonction de faire ne donne que partiellement satisfaction au demandeur, celui-ci ne peut pas la contester.**
> **Sa seule possibilité est alors de provoquer la caducité de l'ordonnance en ne se présentant pas à l'audience au fond (CPC, art. 1425-7) et de suivre les voies de droit commun.**

F Audience

147 En cas d'inexécution de l'injonction de faire, l'affaire est examinée à l'audience prévue dans l'ordonnance d'injonction de faire.
Les demandes reconventionnelles sont admises, dans la mesure où le débiteur doit pouvoir faire valoir tous les moyens de défense dont il dispose pour faire échec aux prétentions de son adversaire.

G Décision

148 Le tribunal, en cas d'inexécution totale ou partielle de l'injonction de faire qu'il a délivrée, statue sur la demande, après avoir tenté de concilier les parties (CPC, art. 1425-8).

Il connaît, dans les limites de sa compétence d'attribution, de la demande initiale et de toutes les demandes incidentes et défenses au fond.
En fonction notamment du montant des demandes incidentes et défenses au fond, le tribunal prononcera son incompétence et l'affaire sera renvoyée devant la juridiction compétente (CPC, art. 82).
Dans cette hypothèse, les parties sont invitées par lettre recommandée avec demande d'avis de réception du greffe de la juridiction désignée à poursuivre l'instance et, s'il y a lieu, à constituer avocat.
Lorsque les parties sont tenues de se faire représenter, l'affaire est d'office radiée si aucune d'elles n'a constitué avocat dans le mois de l'avis qui leur a été donné.

EXEMPLE Si la demande initiale et les demandes incidentes et/ou reconventionnelles excèdent la somme totale de 10 000 € hors les demandes au titre de l'article 700 du Code de procédure civile, alors le TGI est compétent, et les parties doivent être représentées par un avocat (COJ, art. L. 211-3. – CPC, art. 751).

H Fin de la procédure

149 En cas de contestation de l'injonction de faire, la procédure se termine par un jugement rendu par le tribunal qui statue sur la demande initiale, ainsi que sur toutes les demandes incidentes et les défenses au fond.

I Recours ou contestation

150 Le jugement est susceptible de recours dans les conditions de droit commun :
– le jugement rendu par le tribunal d'instance est rendu en dernier ressort si la demande est inférieure à 4 000 €, et n'est donc susceptible que d'un **pourvoi en cassation** dans le délai de **deux mois** à compter de la signification ou de la notification de la décision (COJ, art. R. 221-4. – CPC, art. 612) ;
– le jugement du tribunal d'instance, dont l'enjeu est de plus de 4 000 €, est rendu en premier ressort, et est susceptible d'**appel** devant la cour d'appel (COJ, art. R. 221-3 et R. 221-4). Le délai d'appel est d'un mois à compter de sa notification par le greffe ou la signification par la partie qui y a intérêt.

CHECK-LIST **Vérifier que :**
– l'injonction n'a pas été exécutée avant l'audience ;
– l'ordonnance portant injonction de faire est entachée d'un vice de forme emportant son irrecevabilité ou sa nullité ;
– ou que le client dispose d'un motif valable pour ne pas avoir exécuté l'ordonnance.

VOIR AUSSI Modèle 2 : Requête en relevé de caducité de la procédure d'injonction de faire devant le Tribunal d'instance.

POUR ALLER PLUS LOIN...

Fiches pratiques
- V. Fiche 4 : Contraindre à exécuter.
- V. Fiche 6 : S'opposer à une injonction de faire.
- V. Fiche 8 : S'opposer à une injonction de payer.
- V. Fiche 7 : Obtenir une injonction de payer.
- V. Fiche 10 : Obtenir une injonction de délivrer ou restituer.
- V. Fiche 34 : Obtenir un délai de grâce.

Fascicules JurisClasseur
– *JCl. Procédure civile*, Fasc. 1400-95.
– *JCl. Procédures Formulaire*, V° *Injonction de faire*, Fasc. 10.
– *JCl. Procédures Formulaire*, V° *Injonction de faire*, Fasc. 15 (formules).

S'opposer à une injonction de faire

Fiche 7
Obtenir une injonction de payer

Eva CALVEYRA

Actualisée par Fabien TOMMASONE

Sommaire

I Aperçu rapide 59
A Caractéristiques générales 59
B Conditions d'utilisation 60
C Avis du professionnel 60
D Textes 60
1 Textes codifiés 60
2 Textes non codifiés 60
E Schéma procédural 61
II Préparation 61
A Informations préalables 61
B Contrôles préalables 61
C Pièces nécessaires 62
D Phase pré-contentieuse 62
E Coût de la procédure 62
III Procédure 63
A Assistance et représentation 63
B Matières 63
C Compétence 63
1 Compétence matérielle 63
2 Compétence territoriale 63
D Rédaction de l'acte de saisine 64
E Instruction du dossier 64
F Audience 64
G Décision 64
1 Forme de la décision 64
2 Contenu de la décision 65
3 Caractères et effets de la décision 65
H Recours ou contestation 66
1 Créancier 66
2 Débiteur 66
3 Tiers 66
I Modifications de la décision 66

I
Aperçu rapide

A Caractéristiques générales

151 Cette procédure non contradictoire permet au créancier, sauf cas d'opposition du défendeur, d'obtenir un titre exécutoire très rapidement et à moindres frais.
Le tribunal d'instance est compétent pour les créances civiles dont le montant n'excède pas 10 000 € ; au-delà, le président du tribunal de grande instance devient compétent, pour les matières ne relevant pas de sa compétence exclusive (CPC, art. 1406. – COJ, art. L. 221-4).
Dès lors que le défendeur n'est plus considéré comme un consommateur agissant hors de son cadre professionnel et que l'acte au soutien de sa demande est de nature commerciale, c'est le tribunal de commerce qui est compétent.

S'il est fait droit à la requête :
– la voie de l'opposition seule est ouverte au défendeur qui souhaite contester l'ordonnance portant injonction de payer ;
– si l'ordonnance portant injonction de payer est devenue exécutoire, à la suite de l'inaction du défendeur, ce dernier pourra seulement alors se pourvoir en cassation.

Si la requête est rejetée, le requérant ne dispose d'autre recours que le droit commun (assignation ou déclaration au greffe) ; en l'absence d'autorité de la chose jugée, il pourra toujours déposer une nouvelle requête et éventuellement y joindre de nouvelles pièces.

B Conditions d'utilisation

152 La procédure d'injonction de payer est ouverte si les conditions suivantes sont réunies :
– la créance doit être de nature civile ou commerciale, résulter d'un contrat ou d'une obligation statutaire ;
– le montant de la créance doit être déterminé.

La procédure d'injonction de payer est ouverte également dans d'autres cas expressément prévus par le législateur :
– le recouvrement des charges de copropriété (D. n° 67-223, 17 mars 1967, art. 60) ;
– le recouvrement de l'acompte devant être versé par les débits de boissons aux producteurs au moment de la commande (C. rur. pêche marit., art. L. 665-3) ;
– le recouvrement des allocations de chômage au profit de l'organisme ayant versé à tort des allocations (C. trav., art. R. 1235-1 à R. 1235-17) ;
– le paiement des prestations de transport du transporteur routier (C. com., art. L. 132-8) ;
– le recouvrement des dommages et intérêts que l'auteur d'une infraction pénale s'est engagé à verser à la victime, dans le cadre de la médiation pénale ou de la composition pénale ; il suffit pour cela de soumettre au juge civil le procès-verbal d'accord de médiation ou l'ordonnance de validation (CPP, art. 41-1 et 41-2).

ATTENTION **Sont exclus du périmètre de l'injonction de payer :**
– le recouvrement des chèques impayés (régi par une procédure spéciale prévue à l'article L. 131-73 du Code monétaire et financier) ;
– les créances délictuelles ou quasi délictuelles (enrichissement sans cause, action en répétition de l'indu) ou issues d'une disposition légale.

C Avis du professionnel

153 La procédure d'injonction de payer ne présente un intérêt incontestable en termes de gain de temps que dans le cas où le débiteur ne s'oppose pas à l'ordonnance.

Étant donné la brièveté de certains délais de prescription (par ex., deux ans à compter du premier incident non régularisé en matière de prêts à la consommation, C. consom., art. R. 312-35), et la prescription n'étant pas interrompue par la délivrance de l'ordonnance d'injonction de payer mais seulement par la signification de celle-ci, il conviendra dans tous les cas où le délai est proche de l'expiration, de suivre les procédures de droit commun en parallèle. On rappellera ici que l'acte d'assignation (au fond ou en référé), même entaché d'une cause de nullité, interrompt la prescription (Cass. 1re civ., 25 nov. 2010, n° 09-69.124 : *JurisData* n° 2010-022125 ; *Procédures* 2011, comm. 50, R. Perrot).

D Textes

1 Textes codifiés

- CPC, art. 17, 46, 58, 81, 82, 612 et 1405 à 1425.
- COJ, art. L. 221-4 et L. 221-7.
- C. com., art. L. 132-8, A. 444-43, A. 444-46.
- C. consom., art. R. 312-35.
- C. rur. pêche marit., art. L. 665-3, D. 632-8, R. 632-8-2, R. 632-8-6.
- C. trav., art. R. 1235-1 à R. 1235-17.
- CPP, art. 41-1 et 41-2.
- C. monét. fin., art. L. 131-73.

2 Textes non codifiés

- PE et Cons. UE, règl. (CE) n° 1896/2006, 12 déc. 2006, instituant une procédure européenne d'injonction de payer.
- PE et Cons. UE, règl. (CE) n° 1215/2012, 12 déc. 2012, concernant la compétence judiciaire, la reconnaissance et l'exécution des décisions en matière civile et commerciale.
- PE et Cons. UE, dir. 2011/7/UE, 16 févr. 2011, concernant la lutte contre le retard de paiement dans les transactions commerciales.
- PE et Cons. UE, règl. (UE) n° 655/2014, 15 mai 2014, portant création d'une procédure d'ordonnance européenne de saisie conservatoire des comptes bancaires, destinée à faciliter le recouvrement transfrontière des créances en matière civile et commerciale.
- PE et Cons. UE, règl. (UE) n° 2015/2421, 16 déc. 2015, modifiant le règlement (CE) n° 861/2007 instituant une procédure européenne de règlement des petits litiges et le règlement (CE) n° 1896/2006 ins-

tituant une procédure européenne d'injonction de payer.

E Schéma procédural

154 • Remise ou envoi au greffe du tribunal d'instance, du tribunal de commerce ou du président du tribunal de grande instance de la requête et des pièces au soutien de la demande.
• Si ordonnance de rejet : aucun recours possible (pas même le pourvoi en cassation) sauf si exceptionnellement, par exemple, l'ordonnance vise le fait qu'une pièce manque et qu'il est possible au créancier de la verser, auquel cas, il pourra alors très probablement représenter sa requête. De façon générale, cependant, seules restent ouvertes les voies de droit commun.
• Si ordonnance portant injonction de payer, elle doit être signifiée dans les six mois de sa date, à peine de caducité (CPC, art. 1411).
• Si ordonnance n'autorisant l'injonction de payer que sur une partie de la somme demandée, le créancier dispose d'une option : accepter l'ordonnance telle que sans autre recours ou renoncer à son bénéfice et poursuivre selon les voies de droit commun (ou déposer une nouvelle requête accompagnée de nouveaux éléments).
• Si signification faite à personne, et qu'aucune opposition n'intervient dans le délai d'un mois à compter de la signification à personne, le créancier peut demander au greffe à l'expiration de ce délai (ou du désistement de l'opposition), soit par déclaration, soit par lettre simple, l'apposition sur l'ordonnance de la formule exécutoire : l'ordonnance devient exécutoire de plein droit et produit tous les effets d'un jugement contradictoire avec autorité de la chose jugée.
• Si signification non faite à personne, la demande tendant à l'apposition de la formule exécutoire est toujours faite à l'expiration du délai d'un mois après la signification. Cependant, l'opposition demeure recevable malgré le caractère exécutoire de l'ordonnance rendue, jusqu'à l'expiration du délai d'un mois suivant le premier acte signifié à personne ou, à défaut, suivant la première mesure d'exécution ayant pour effet de rendre indisponibles en tout ou partie les biens du débiteur.
• L'ordonnance déclarée exécutoire et non frappée d'opposition peut alors être frappée d'un pourvoi en cassation par le défendeur.
• L'ordonnance peut être exécutée à compter de la délivrance de l'exécutoire sachant, qu'en cas de signification faite à domicile et d'opposition ultérieure, l'exécution sera suspendue dans l'attente du jugement statuant sur l'opposition ;
Pour une étude approfondie de l'hypothèse d'une opposition, V. Fiche 8 : S'opposer à une injonction de payer.

II Préparation

A Informations préalables

155 • Attirer l'attention sur le fait que l'ordonnance :
– n'a pas à être motivée ;
– peut rejeter ou faire droit partiellement à la demande ;
– peut accorder des délais de paiement au débiteur ; auquel cas, il faudra peut-être revenir à la procédure de droit commun (assignation ou déclaration au greffe).
• Suivant la situation, expliquer au client pourquoi il est préférable de tenter plusieurs procédures en même temps (injonction de payer et assignation au fond par exemple) pour être sûr de respecter un délai de prescription tout en tentant de gagner du temps quant au recouvrement.

B Contrôles préalables

156 • Quel que soit le tribunal compétent, s'assurer (outre le fait que l'on est bien dans un cas où la procédure d'injonction est applicable) que :
– l'on est toujours dans le délai pour déposer la requête ;
– le caractère déterminé ou déterminable de la créance résultant du contrat en vertu duquel elle est demandée permet le calcul de celle-ci ;
– le consommateur, personne physique, n'est pas par ailleurs commerçant, artisan, agriculteur et en cette qualité, soumis au redressement et à la liquidation judiciaires. Dans un tel cas, en effet, l'effet universel de la procédure collective sur les biens interromprait la procédure d'injonction de payer ;
– le débiteur est bien domicilié en France (si tel n'est pas le cas, et que le demandeur est

domicilié dans un autre pays européen, il faudra appliquer la procédure d'injonction de payer européenne).

• Il convient également de savoir ce qu'il en est :
– de l'éventuelle situation de surendettement du défendeur, personne physique, susceptible de faire obstacle au recouvrement des créances ;
– des éventuelles difficultés financières d'un syndicat de copropriétaires doté d'un administrateur provisoire (L. n° 65-557, 10 juill. 1965, art. 29-2, mod. par L. n° 2014-366, dite loi « ALUR », 24 mars 2014, art. 64).

ATTENTION Être vigilant quant à l'identification du défendeur personne morale pour éviter tout risque de confusion (solliciter du créancier le numéro d'inscription au registre du commerce et des sociétés de la personne morale faisant l'objet de la procédure).
Quant au défendeur personne physique, vérifier qu'il a bien la capacité d'agir en justice car la nullité de fond qui en résulterait ne saurait être régularisée (Cass. com., 7 déc. 1993, n° 91-19.339 : *JurisData* n° 1993002703 ; *JCP* G 1994, II, 22285, E. Putman).

C Pièces nécessaires

157 • Copie du contrat en vertu duquel la créance est établie.
• Copie de l'offre préalable.
• Copie de factures, bons de commande, bons de livraison.
• Copie de la mise en demeure ou de la sommation de payer délivrée au débiteur de l'obligation.
• Tous documents établissant les incidents de paiement et le montant de la créance (relevés de comptes, historique de compte complet, décompte de la créance).
• Tous éléments établissant que l'on est dans l'un des cas d'ouverture visés expressément par les textes.

EXEMPLE En cas de composition pénale, vérifier la composition pénale telle que validée par le président du tribunal).

• Si les parties, défendeur ou demandeur, sont des personnes morales, extraits K-bis ;
• Le justificatif des frais de recouvrement engagés jusqu'au dépôt de la requête (mise en demeure, sommation de payer).

D Phase pré-contentieuse

158 La requête doit être accompagnée des documents justificatifs (CPC, art. 1407).
La charge de la preuve repose sur le demandeur. Il lui appartient d'établir la réalité et l'étendue de sa créance, l'appréciation de la valeur et de la portée des éléments de preuve relevant du pouvoir souverain du juge du fond (Cass. 2e civ., 23 oct. 1991, n° 90-15.529 : *JurisData* n° 1991-002797 ; *JCP* G 1991, IV, 452).

RETOUR D'EXPÉRIENCE Pour éviter un rejet de la requête, il est toujours possible de se rapprocher du greffe pour savoir quels sont les documents (autres que ceux listés, V. *supra*, n° 157, « Pièces nécessaires »), qui sont susceptibles d'intéresser le juge du fond. En effet, les pratiques peuvent légèrement différer d'une juridiction à l'autre.
Pour éviter que La Poste ne perde les originaux des documents, il est souhaitable, après vérification préalable auprès du greffe – qui conservera les documents pendant la durée de la procédure – de verser des copies certifiées conformes à l'original ou éventuellement de simples photocopies. Il arrive cependant que certains tribunaux sollicitent les pièces en original ; il sera donc conseillé d'en conserver une copie.

E Coût de la procédure

159 S'il est recouru aux services d'un avocat : prévoir le paiement de ses honoraires, qui sont libres.
S'il est recouru à un huissier de justice : le coût de la requête est tarifé :
– 21,45 € pour les créances comprises entre 128 € et inférieures ou égales à 1 280 € ;
– 42,90 € au-delà de ce montant (C. com., art. A. 444-43, n° 188 et C. com., art. A. 444-46).
Pour une requête en injonction de payer présentée devant le tribunal de commerce, s'ajoutent des frais de greffe de 39 € payables dans les quinze jours qui suivent la présentation de la requête.

CONSEIL Afin d'éviter tout retard dans le traitement de l'affaire, il est toutefois conseillé d'adresser le règlement avec la requête, à l'ordre du greffe du tribunal de commerce compétent.

Pour les bénéficiaires de l'aide juridictionnelle, la procédure est gratuite.
Le requérant peut solliciter une indemnité sur le fondement des frais irrépétibles (CPC, art. 700),

mais celle-ci ne sera qu'exceptionnellement accordée en totalité.
Les frais de recouvrement (mise en demeure ou sommation de payer) exposés par le créancier peuvent être réclamés. Ils restent généralement à la charge du créancier sauf s'ils résultent d'une obligation légale (par ex., dans le cas d'un commandement visant la clause résolutoire).
Les dépens seront mis à la charge du débiteur dans le cas où il est fait droit à la demande du créancier.

III Procédure

A Assistance et représentation

160 Le dépôt d'une requête en injonction de payer n'exige pas le ministère d'un avocat.
Le mandataire du créancier (avocat ou société de recouvrement de créance, par exemple) n'a pas à justifier d'un mandat spécial (Cass. 2e civ., 27 juin 2002, n° 98-17.028 : *JurisData* n° 2002-014972 ; *Procédures* 2002, comm. 183, R. Perrot).
L'huissier de justice est également dispensé de justifier d'un mandat spécial pour la présentation de la requête (Cass. 2e civ., 5 nov. 1975, n° 73-14.636 : *Bull. civ.* 1975, II, n° 285 ; *JCP* G 1976, IV, 6570), sauf quand il agit en dehors de sa compétence territoriale (Cass. 2e civ., 10 mai 1995, n° 93-16.028 : *JurisData* n° 1995-001112 ; *Bull. civ.* 1995, II, n° 136 ; *JCP* G 1995, IV, 1605 ; *Procédures* 1995, comm. 128, R. Perrot ; *RTD civ.* 1995, p. 956, R. Perrot).

> ATTENTION **Le défaut de pouvoir du créancier non dûment représenté par ses dirigeants légaux est une irrégularité de fond (CA Versailles, 11 févr. 2000, n° 98/2387 : *JCP* E 2000, p. 1163. – CPC, art. 117).**

B Matières

161 La procédure est gracieuse jusqu'à l'opposition ; elle devient alors contentieuse.

C Compétence

1 Compétence matérielle

162 La compétence pour délivrer une injonction de payer est partagée entre (CPC, art. 1406 et 1417. – COJ, art. L. 221-7) :

– le **tribunal de commerce**, dans les limites de sa compétence d'attribution (*i.e.* lettre de change acceptée, contestations relatives aux engagements et transactions entre commerçants, contestations relatives aux actes de commerce entre toutes personnes ou entre associés de sociétés commerciales) ;
– le **tribunal d'instance** :
• pour les matières relevant de sa compétence exclusive, quel qu'en soit le montant (par ex., les crédits à la consommation),
• pour les créances de nature civile n'excédant pas 10 000 €.
– le **président du tribunal de grande instance** : pour les créances de nature civile supérieures à 10 000 € (si elles ne relèvent pas de la compétence exclusive d'un autre tribunal).
Ces règles sont d'ordre public. Il ne peut y être dérogé par convention.
Le juge doit relever d'office son incompétence (CPC, art. 1406, al. 3).

2 Compétence territoriale

163 Le tribunal territorialement compétent pour statuer sur la requête est celui du lieu où demeure le débiteur ou l'un des débiteurs (CPC, art. 1406, al. 2).
Cette règle est d'ordre public (CPC, art. 1406, al. 3).
Toute clause attributive de compétence est exclue ainsi que le choix prévu par l'article 46 du Code de procédure civile.
Le tribunal doit relever d'office son incompétence.

> ATTENTION **La requête est présentée devant le tribunal du lieu de la situation de l'immeuble dès lors que l'injonction de payer vise des charges de copropriété (D. n° 67-223, 17 mars 1967, art. 60).**
> **Dans le cas d'un débiteur domicilié à l'étranger, c'est la procédure d'injonction européenne qui s'applique s'il est**

domicilié en Europe (CPC, art. 1424-1) ou les règles nationales du pays du débiteur s'il est domicilié en dehors de l'Europe.
Bien qu'ayant son siège social dans un autre État membre, une société peut posséder un établissement secondaire sur le territoire national, permettant ainsi d'initier la procédure devant une juridiction française.

D Rédaction de l'acte de saisine

164 La requête peut être déposée au greffe ou adressée par simple lettre. Elle est présentée en double exemplaire et doit contenir obligatoirement (CPC, art. 58 et 1407) :
– l'indication précise du montant de la somme réclamée ;
– le décompte des différents éléments de la créance ;
– le fondement de celle-ci ;
– pour les personnes physiques : l'indication des nom, prénoms, profession, domicile, nationalité, date et lieu de naissance du demandeur ;
– pour les personnes morales : l'indication de leur forme, leur dénomination, leur siège social et de l'organe qui les représente légalement ;
– l'indication des nom, prénoms et domicile de la personne contre laquelle la demande est formée, ou, s'il s'agit d'une personne morale, de sa dénomination et de son siège social ;
– l'objet de la demande ;
– sauf justification d'un motif légitime tenant à l'urgence ou à la matière considérée, en particulier lorsqu'elle intéresse l'ordre public, la requête précise également les diligences entreprises en vue de parvenir à une résolution amiable du litige ;
– la liste des pièces sur lesquelles s'appuie la demande ;
– la copie des pièces justificatives.
La requête est datée et signée.
Le créancier peut, dès la requête, demander qu'en cas d'opposition, l'affaire soit immédiatement renvoyée devant la juridiction qu'il estime compétente (CPC, art. 1408).
Dans les cas expressément visés par la loi, certaines informations complémentaires doivent parfois être données (par ex., dans le cas du remboursement des allocations de chômage, C. trav., art. R. 1235-4).

ATTENTION **Concernant les personnes morales, l'erreur sur le représentant légal et l'absence de mention de la forme de la société requérante ne constituent que des vices de forme. En l'absence de grief démontré causé par ces irrégularités, l'exception de nullité doit être rejetée (CA Lyon, ch. 3, 12 juill. 1995, n° 93/06100 : *JurisData* n° 1995-052955 ; *JCP* G 1997, IV, 174. – CPC, art. 114).**
Une requête non signée peut être couverte par la présence du requérant au moment de l'audience d'opposition (Cass. 2e civ., 18 déc. 1996, n° 94-21.716 : *JurisData* n° 1996-005002 ; *Bull. civ.* 1996, II, n° 298 ; *JCP* G 1997, IV, 335).
Le dépôt d'une requête en injonction de payer n'introduit pas l'instance, il n'a donc aucun effet interruptif de prescription (Cass. 1re civ., 10 juill. 1990, n° 89-13.345 : *JCP* G 1990, IV, 343) ou de forclusion (Cass. 1re civ., 3 oct. 1995, n° 93-17.700 : *Bull. civ.* 1995, I, n° 343).

E Instruction du dossier

165 Dans la phase gracieuse, aucune audience n'est prévue.
Dans la phase contentieuse, V. Fiche 8 : S'opposer à une injonction de payer.

F Audience

166 Dans la phase gracieuse, aucune audience n'est prévue.
Dans la phase contentieuse, V. Fiche 8 : S'opposer à une injonction de payer.

G Décision

1 Forme de la décision

167 La décision rendue est une ordonnance qui accepte, rejette ou fait partiellement droit aux demandes du requérant.
Le magistrat n'a pas l'obligation de motiver sa décision.

RETOUR D'EXPÉRIENCE En pratique, le rejet procède d'une absence de fondement de la demande, d'une incompétence du tribunal saisi ou de ce que le juge considère qu'une procédure contradictoire de droit commun serait plus opportune.

Il arrive que le magistrat motive sa décision lorsqu'il manque une pièce, auquel cas il est possible de représenter la requête en y ajoutant la pièce manquante.

2 Contenu de la décision

168 L'ordonnance :
– mentionne le nom du magistrat qui l'a rendue ;
– fixe le montant sur lequel portera l'injonction de payer ;
– peut également accorder des délais de paiement (CPC, art. 1422, al. 2) ; ce délai, dérogatoire, n'a pas à être motivé.

REMARQUE En pratique, cette possibilité ne semble pas très adaptée à cette étape de la procédure, en l'absence d'éléments sur la situation financière du débiteur.

– peut modérer ou augmenter d'office le montant d'une clause pénale ;
– peut accorder des intérêts de retard à compter de la première mise en demeure (taux légal ou taux prévu au contrat) ; à défaut, les intérêts commenceront à courir à compter de la signification de l'ordonnance ;
– pourra parfois donner des précisions quant aux frais irrépétibles (qui pourront inclure le coût de la rédaction de la requête et les frais de recouvrement) ;
– règle le sort des dépens.

3 Caractères et effets de la décision

169 L'ordonnance non exécutoire n'a pas autorité de la chose jugée.
Elle doit être signifiée dans les **six mois** pour pouvoir produire, au stade de l'exécutoire, les effets d'un jugement contradictoire.
À défaut de signification, l'ordonnance est nulle et non avenue (CPC, art. 1411, al. 2).
Dans l'attente de cette signification, l'ordonnance, la requête et les pièces sont conservées par le greffe au rang des minutes. Si le créancier renonce à la signifier (par ex., en cas d'admission partielle), il en avise le greffe et demande la restitution des pièces justificatives.

ATTENTION **L'ordonnance ne peut fonder une saisie conservatoire avant l'expiration du délai d'un mois suivant sa signification (Cass. 2e civ., 13 sept. 2007, n° 06-14.730 : *JurisData* n° 2007-040332 ; *Bull. civ.* 2007, II, n° 218 ; *Procédures* 2007, comm. 250, R. Perrot ; *RD bancaire et fin.* 2007, comm. 227, S. Piedelièvre).**

S'il signifie l'ordonnance, le créancier peut toujours renoncer à l'apposition de la formule exécutoire.
L'ordonnance sera non avenue si la demande d'apposition de la formule exécutoire n'a pas été présentée dans le délai **d'un mois** suivant l'expiration du délai d'opposition ou le désistement du débiteur en cas d'opposition (CPC, art. 1423, al. 2).

ATTENTION **À peine de nullité, l'acte de signification de l'ordonnance portant injonction de payer contient, outre les mentions prescrites pour les actes d'huissier de justice, sommation d'avoir :**
– soit à payer au créancier le montant de la somme fixée par l'ordonnance ainsi que les intérêts et frais de greffe dont le montant est précisé ;
– soit, si le débiteur a à faire valoir des moyens de défense, à former opposition, celle-ci ayant pour effet de saisir le tribunal de la demande initiale du créancier et de l'ensemble du litige.
Sous la même sanction, l'acte de signification :
– indique le délai dans lequel l'opposition doit être formée, le tribunal devant lequel elle doit être portée et les formes selon lesquelles elle doit être faite ;
– avertit le débiteur qu'il peut prendre connaissance au greffe des documents produits par le créancier et qu'à défaut d'opposition dans le délai indiqué, il ne pourra plus exercer aucun recours et pourra être contraint par toutes voies de droit à payer les sommes réclamées (CPC, art. 1413).

La signification vaut mise en demeure et fait courir les intérêts légaux (sauf si l'ordonnance a précisé le point de départ de ceux-ci).
Un mois après la signification à personne, en l'absence d'opposition, la formule exécutoire peut être apposée sur l'ordonnance.

CONSEIL **En matière de crédit à la consommation notamment, où le délai de forclusion est très bref (deux ans à compter du premier impayé non régularisé), il convient d'être vigilant sur le délai dans lequel il faut signifier l'ordonnance, puisque seule cette signification interrompt la prescription.**

Si la signification n'a pas été faite à personne, le délai d'opposition ne court pas à dater de la signification mais de la première mesure d'exécution forcée (sauf nouvelle signification, à personne, auquel cas le délai court à compter de cette signification à personne).

> **ATTENTION** **Si la signification a été faite à domicile, en cas de saisie conservatoire et d'opposition dans le délai d'un mois de la saisie (Cass., avis, 8 mars 1996, n° 96-20.003 : *JurisData* n° 1996-000984), il n'y a pas à ordonner la mainlevée de la saisie, mais l'opposition suspend néanmoins les opérations en cours.**
> **L'huissier de justice ou le créancier informé de l'opposition, qui procède à la conversion de la saisie conservatoire en saisie-attribution, commet une faute (CA Aix-en-Provence, 6 avr. 2005, n° 02/10212 : *JurisData* n° 2005-271393).**

H Recours ou contestation

1 Créancier

170 Le créancier n'a aucun recours contre l'ordonnance de rejet rendue, pas même le pourvoi en cassation (CPC, art. 1409).

Il peut représenter la requête si l'ordonnance précisait qu'une pièce était manquante. Dans tous les autres cas, il pourra engager les voies de droit commun (assignation ou déclaration au greffe).

Dans le cas où l'ordonnance admet partiellement sa requête, ou encore lorsque l'ordonnance accorde des délais au débiteur, le créancier a le choix de :

- l'accepter telle que ;
- renoncer à la signification ;
- renoncer à demander l'apposition sur l'ordonnance de la formule exécutoire dans le délai d'un mois qui suit l'expiration du délai d'opposition ou le désistement du débiteur, ce qui aura pour conséquence de rendre l'ordonnance non avenue.

2 Débiteur

171 Le débiteur a deux types de recours successifs :

- **l'opposition** (V. Fiche 8 : S'opposer à une injonction de payer) ;
- **le pourvoi en cassation**.

Lorsque l'ordonnance est devenue exécutoire, faute d'opposition dans le délai imparti, elle peut donner lieu à un pourvoi en cassation (Cass. 2e civ., 6 avr. 1987, n° 85-18.508 : *JurisData* n° 1987-000698 ; *Bull. civ.* 1987, II, n° 84. – CPC, art. 1422, al. 2).

Le pourvoi en cassation doit être formé dans un délai de deux mois par déclaration au greffe de la Cour de cassation (CPC, art. 612).

Il n'existe aucune dispense du ministère d'un avocat au Conseil d'État et à la Cour de cassation concernant les pourvois formés en matière d'injonction de payer (Cass. 2e civ., 25 janv. 1989, n° 86-18.610 : *JurisData* n° 1989-700203).

L'absence de mention du nom du magistrat sur l'ordonnance ne peut pas fonder un pourvoi en cassation (Cass. 2e civ., 22 nov. 1995, n° 93-15.249 : *JurisData* n° 1995-003411 ; *Bull. civ.* 1995, II, n° 292).

Seule la régularité formelle de l'ordonnance peut être ainsi entreprise, en particulier concernant les conditions d'apposition de la formule exécutoire (Cass. 2e civ., 18 déc. 1996, n° 95-11.818 : *JurisData* n° 1996-004975 ; *Bull. civ.* 1996, II, n° 299 ; *JCP* G 1997, IV, 331).

3 Tiers

172 Est admise la tierce opposition d'une caution solidaire devant le magistrat qui a rendu l'ordonnance dans une espèce où la fraude du débiteur principal, qui avait omis de faire opposition à l'ordonnance, était établie (Cass. 1re civ., 10 déc. 1991, n° 90-12.834 : *JurisData* n° 1991-003155 ; *Bull. civ.* 1991, I, n° 348 [1er arrêt] ; *RTD civ.* 1992, p. 649, R. Perrot).

I Modifications de la décision

173 V. Fiche 8 : S'opposer à une injonction de payer.

> **CHECK-LIST** **• Déterminer :**
> **– la nature de l'obligation ;**
> **– la nature du bien désigné (et s'il existe des procédures particulières les concernant) ;**
> **– si l'on est dans l'un des cas d'ouverture propres à cette procédure ;**
> **– si une autre procédure d'injonction serait éventuellement mieux adaptée ;**
> **– la juridiction territorialement compétente.**
> **• Être vigilant quant aux mentions devant apparaître dans la requête.**
> **• Signifier l'ordonnance.**
> **• Être attentif :**
> **– aux délais et, en particulier, examiner l'opportunité d'autres actions parallèles au regard de ces délais ;**
> **– à la réaction du débiteur.**

VOIR AUSSI Modèle 3 : Demande à fin d'apposition de la formule exécutoire sur l'ordonnance portant injonction de payer au Tribunal d'instance en matière civile.

POUR ALLER PLUS LOIN...

Fiches pratiques

- V. Fiche 5 : Obtenir une injonction de faire.
- V. Fiche 6 : S'opposer à une injonction de faire.
- V. Fiche 8 : S'opposer à une injonction de payer.
- V. Fiche 10 : Obtenir une injonction de délivrer ou de restituer.

Fascicules JurisClasseur

- *JCl. Procédure civile*, Fasc. 1400-90.
- *JCl. Encyclopédie des Huissiers de Justice*, V° *Injonction de payer*, Fasc. 10.
- *JCl. Encyclopédie des Huissiers de Justice*, V° *Injonction de payer*, Fasc. 20.
- *JCl. Procédures Formulaire*, V° *Injonction de payer*, Fasc. 10.
- *JCl. Procédures Formulaire*, V° *Injonction de payer*, Fasc. 15.
- *JCl. Civil Code*, App. art. 544 à 577, Fasc. 31-2.

Revue

- P. Casson, *Vingt-sept mois... de procédure d'injonction de payer (janvier 2016-mars 2018) : Procédures* 2018, chron. 2.

Fiche 8
S'opposer à une injonction de payer

Fanny DESCLOZEAUX

Sommaire

I Aperçu rapide ... 69
A Caractéristiques générales ... 69
B Conditions d'utilisation ... 70
C Avis du professionnel ... 71
D Textes ... 71
E Schéma procédural ... 71
II Préparation ... 71
A Informations préalables ... 71
B Contrôles préalables ... 72
C Pièces nécessaires ... 72
D Coût de la procédure ... 72
III Procédure ... 72
A Assistance et représentation ... 72
B Matières ... 73
C Compétence ... 73
1 Compétence matérielle ... 73
2 Compétence territoriale ... 73
D Rédaction de l'acte de saisine ... 73
E Instruction du dossier ... 73
F Audience ... 73
1 Convocation des parties ... 73
2 Examen de l'opposition ... 74
G Décision ... 74
H Fin de la procédure ... 74
I Recours ou contestation ... 74
1 Opposition ... 74
2 Appel ... 75
3 Pourvoi en cassation ... 75

I
Aperçu rapide

A Caractéristiques générales

174 Simple et peu coûteuse, la procédure d'injonction de payer permet à un créancier d'obtenir la délivrance d'un titre exécutoire sans débat préalable :
– au terme d'une première phase non contradictoire, le demandeur peut obtenir une ordonnance d'injonction de payer, après l'examen par le juge du bien-fondé de sa demande (V. Fiche 7 : Obtenir une injonction de payer) ;
– le défendeur qui entend contester l'ordonnance qui lui est notifiée peut former opposition (CPC, art. 1412) afin d'éviter que la décision ne devienne exécutoire. S'ouvre alors une deuxième phase, cette fois contradictoire, devant la juridiction qui a rendu l'ordonnance.

REMARQUE Sur 670 000 injonctions de payer rendues en moyenne chaque année, seulement 5 % de ces ordonnances font l'objet d'une opposition (S. Guinchard, *Le renforcement de la procédure d'injonction de payer*, in *L'ambition raisonnée d'une justice apaisée*, Rapport au Garde des Sceaux, Doc. fr., 2008 ;

474 618 ordonnances rendues en 2016 : Procédures 2018, chron. 2).

NOUVEAU Le projet de loi de programmation 2018-2022 et de réforme pour la justice qui a été présenté le 20 avril 2018 prévoit de créer une juridiction nationale de traitement des injonctions de payer.
L'article 14 du projet institue le traitement dématérialisé des requêtes en injonction de payer par un tribunal de grande instance à compétence nationale qui sera spécialement désigné. Le regroupement de ce contentieux facilitera la dématérialisation et le traitement rapide de nombreux dossiers.
Le traitement des oppositions aux ordonnances portant injonction de payer tendant exclusivement à l'obtention de délais de paiement sera également traité selon une procédure dématérialisée.

L'opposition doit être formée dans le délai d'**un mois** suivant la signification de l'ordonnance d'injonction de payer (CPC, art. 1416, al. 1).
Si la signification n'a pas été faite à personne, le délai d'un mois court (CPC, art. 1416, al. 2) :
– à compter du premier acte signifié à personne ;
– à défaut, à compter de la première mesure d'exécution ayant pour effet de rendre indisponibles en tout ou partie les biens du débiteur.
Dans la limite de leur compétence d'attribution, l'opposition est portée devant la juridiction qui a rendu l'ordonnance (CPC, art. 1415, al. 1), suivant le cas devant (CPC, art. 1406, al. 1) :
– le tribunal d'instance ;
– le président du tribunal de commerce ;
– le président du tribunal de grande instance.
L'opposition doit être formée au greffe par le débiteur ou tout mandataire soit (CPC, art. 1415, al. 2) :
– par déclaration contre récépissé ;
– ou par lettre recommandée avec avis de réception.
Le mandataire, s'il n'est avocat, doit justifier d'un pouvoir spécial (CPC, art. 1415, al. 3).
Lorsque l'opposition est formée :
– par lettre recommandée : la date de l'opposition retenue est celle de l'expédition de la lettre figurant sur le cachet du bureau d'émission (Cass. 2e civ., 6 juill. 2000, n° 98-21.503 : *JurisData* n° 2000-002931) ;
– par déclaration au greffe : le récépissé qui fait foi de la date du dépôt.

ATTENTION Dans l'instance sur opposition à une injonction de payer, c'est le créancier qui est demandeur.
À ce titre, il lui incombe de faire la preuve de la réalité et de l'étendue de sa créance.
Cette précision a également son importance pour ce qui est des frais de consignation (V. *infra*, n° 181, « Coût de la procédure »).

L'opposition :
– saisit le tribunal (CPC, art. 1417, al. 1) :
- de la demande initiale qu'avait formée le créancier,
- de l'ensemble du litige ;
– rend la procédure contradictoire, ce qui implique que :
- la force exécutoire, que l'ordonnance d'injonction de payer pouvait avoir acquise à la suite de l'apposition de l'exécutoire, est « suspendue », le titre exécutoire ne pouvant désormais résulter que du jugement rendu sur opposition qui se substituera à l'ordonnance d'injonction de payer (CPC, art. 1420) ;
- le président du tribunal est dessaisi au profit du tribunal lui-même,
- la procédure d'injonction, spéciale à son origine, se transforme en une procédure classique avec en particulier une large admission des demandes incidentes (CPC, art. 1417).

La procédure est alors soumise au droit commun de la juridiction devant laquelle elle est introduite.

ATTENTION L'opposition peut être formée contre une décision revêtue de la formule exécutoire, même si elle a donné lieu à des mesures d'exécution (Cass. 2e civ., 5 avr. 1993, n° 91-17.278 : *JurisData* n° 1993-000686. – Cass. com., 8 juill. 2014, n° 13-18.308, inédit).
Elle fait obstacle au paiement des sommes rendues indisponibles (par une saisie-attribution engagée sur le fondement de l'ordonnance d'injonction de payer exécutoire : V. **Fiche 17 : Mettre en œuvre une saisie-attribution****) jusqu'à ce qu'il ait été statué sur la juridiction compétente.**

B Conditions d'utilisation

175 Refus d'un débiteur d'exécuter l'ordonnance d'injonction de payer.

En **l'absence de signification** à personne, l'opposition est recevable (CPC, art. 1416) :
– jusqu'à l'expiration du délai d'**un mois** suivant le premier acte signifié à personne ;
– **ou, à défaut**, suivant la première mesure d'exécution ayant pour effet de rendre indisponibles en tout ou partie les biens du débiteur.
En **cas de signification**, le débiteur qui veut former opposition doit agir dans **le mois** qui suit la signification de l'ordonnance (CPC, art. 1416).
L'expiration du délai d'un mois pour former opposition constitue une fin de non-recevoir. Cette fin de non-recevoir est d'ordre public. Le juge doit la relever d'office. Les parties ne peuvent y renoncer.

ATTENTION **L'introduction d'une demande d'aide juridictionnelle dans le délai d'un mois a pour effet d'interrompre ce délai. Le délai d'un mois court à nouveau à compter de la décision statuant sur la demande d'aide juridictionnelle (Cass. 2e civ., 19 nov. 2009, n° 08-19.364 : *JurisData* n° 2009-050337. – Cass. 2e civ., 5 juin 2014, n° 13-50.025 : *JurisData* n° 2014-012582 ; *Procédures* 2014, comm. 225, R. Perrot).**

C Avis du professionnel

176 Être particulièrement vigilant : l'opposition à l'injonction de payer est la seule voie de recours possible, quels que soient les moyens de fond ou de forme que le débiteur entend faire valoir contre l'ordonnance rendue.

D Textes

- CPC, art. 1405 à 1425.

E Schéma procédural

177 • Formation de l'opposition auprès du juge qui a rendu l'ordonnance d'injonction de payer.

ATTENTION **Lorsque l'ordonnance a été rendue par le président du tribunal de commerce ou du tribunal de grande instance, c'est devant le tribunal et non son président qu'elle est portée (CPC, art. 1415).**

• Devant le tribunal d'instance, et le tribunal de commerce : convocation des parties à l'audience par le greffier qui leur adresse une LRAR (CPC, art. 1418).
• Devant le tribunal de grande instance : le greffe adresse au créancier, par LRAR, une copie de la déclaration d'opposition. Cette notification est faite à l'adresse indiquée par le créancier lors du dépôt de la requête en injonction de payer.

ATTENTION **Devant le tribunal d'instance, et le tribunal de commerce : la juridiction constate l'extinction de l'instance si aucune des parties ne comparaît.
Devant le tribunal de grande instance : le président constate l'extinction de l'instance si le créancier ne constitue pas avocat dans le délai de quinze jours à compter de la notification de la déclaration d'opposition (CPC, art. 1419).
L'ordonnance portant injonction de payer est concomitamment déclarée non avenue.**

• Apposition de la formule exécutoire demandée par le créancier dans le délai d'**un mois** suivant l'expiration du délai d'opposition ou le désistement du débiteur (CPC, art. 1423).
• En cas de non-respect par le créancier de ce délai, l'ordonnance d'injonction de payer est non avenue.

II Préparation

A Informations préalables

178 Alerter son client sur les risques de former opposition à une injonction de payer sans motifs réels et valables, notamment aux seules fins de suspendre l'exécution provisoire dont est revêtue l'ordonnance d'injonction de payer.
Il peut en effet être d'autant plus tentant de former opposition à des fins purement dilatoires que les textes n'exigent pas que l'opposition soit motivée.

EXEMPLE Si le tribunal estime l'opposition non fondée, il peut en même temps qu'il la rejette condamner le débiteur aux entiers dépens qui comprennent les dépens du jugement et ceux de l'opposition (Cass. 2e civ., 12 mars 1986, n° 84-17.830 : *JurisData* n° 1986-700509 ; *Bull. civ.* 1986, II, n° 37). Le créancier pourra donc, dans cette hypothèse, récupérer tous ses frais d'injonction et de procédure, ce qui peut être de nature à faire réfléchir les débiteurs qui voudraient former abusivement opposition.

B Contrôles préalables

179 Vérifier :
- le délai pour agir ;
- la capacité du débiteur ou du mandataire à former opposition ;
- la régularité de l'acte de signification.

À peine de nullité, l'acte de signification de l'ordonnance portant injonction de payer contient, outre les mentions prescrites pour les actes d'huissier de justice (CPC, art. 648), sommation d'avoir :
- soit à payer au créancier le montant de la somme fixée par l'ordonnance ainsi que les intérêts et frais de greffe dont le montant est précisé ;
- soit – si le débiteur a à faire valoir des moyens de défense – à former opposition, celle-ci ayant pour effet de saisir le tribunal de la demande initiale du créancier et de l'ensemble du litige.

Sous la même sanction, l'acte de signification :
- indique :
  - le délai dans lequel l'opposition doit être formée,
  - le tribunal devant lequel elle doit être portée,
  - les formes selon lesquelles elle doit être faite ;
- avertit le débiteur qu'il peut prendre connaissance au greffe des documents produits par le créancier et qu'à défaut d'opposition dans le délai indiqué, il ne pourra plus exercer aucun recours et pourra être contraint, par toutes voies de droit, à payer les sommes réclamées (CPC, art. 1413).

Ces informations doivent être données verbalement par l'huissier si la signification est faite à la personne du débiteur (CPC, art. 1414).

C Pièces nécessaires

180 Les pièces seront, en principe, versées au débat par le créancier puisque c'est sur lui que pèse la charge de la preuve.
En tout état de cause, ces pièces auront été fournies au juge par le créancier dès la présentation de la requête aux fins d'ordonnance d'injonction de payer (CPC, art. 1407, al. 3).

D Coût de la procédure

181 Devant le tribunal de commerce :
- les frais de procédure sont avancés par le demandeur et consignés au greffe au plus tard dans les quinze jours de la demande sous peine de caducité (CPC, art. 1425, al. 1) ;
- l'opposition est reçue sans frais ; le greffier invite alors le demandeur par LRAR à consigner les frais d'opposition au greffe dans un délai de quinze jours à peine de caducité de l'opposition (CPC, art. 1425, al. 2).

Frais d'honoraires libres de l'avocat.

III Procédure

A Assistance et représentation

182 **Devant le tribunal d'instance** : le débiteur peut se faire assister ou représenter par (CPC, art. 828) :
- un avocat ;
- un conjoint ;
- un concubin ;
- la personne avec laquelle il a conclu un pacte civil de solidarité ;
- ses parents ou alliés en ligne directe ;
- ses parents ou alliés en ligne collatérale jusqu'au troisième degré inclus ;
- les personnes exclusivement attachées à son service personnel ou à son entreprise.

Le représentant, s'il n'est avocat, doit justifier d'un **pouvoir spécial** (CPC, art. 828, al. 2).
Devant le tribunal de commerce : le débiteur peut se faire représenter par toute personne de son choix (CPC, art. 853, al. 2).
Devant le TGI : la constitution d'avocat est obligatoire sauf disposition contraire (CPC, art. 751).

B Matières

183 Contentieuse.
La procédure d'injonction de payer est une procédure gracieuse, mais elle devient contentieuse en cas d'opposition du débiteur.

C Compétence

1 Compétence matérielle

184 L'opposition est portée devant la juridiction dont le juge ou le président a rendu l'ordonnance d'injonction de payer (CPC, art. 1415).
Elle doit donc être introduite, selon le cas, devant (CPC, art. 1406) :
– le tribunal d'instance ;
– le président du tribunal de commerce ;
– le président du tribunal de grande instance.

2 Compétence territoriale

185 Le juge territorialement compétent pour connaître de l'opposition sera également celui du lieu ou demeure le ou les débiteurs poursuivis puisqu'il aura, en principe, rendu l'ordonnance portant injonction de payer (CPC, art. 1415).

D Rédaction de l'acte de saisine

186 L'opposition peut être formée au greffe soit (CPC, art. 1415, al. 2) :
– par **déclaration contre récépissé** ;
– par **lettre recommandée**.
Le débiteur ou le mandataire n'a pas à motiver l'opposition.

E Instruction du dossier

187 S'il y a opposition, les documents fournis par le créancier, lorsqu'il a introduit la procédure d'injonction de payer, lui sont restitués à sa demande (CPC, art. 1424).
Le juge va examiner **contradictoirement** les pièces produites et s'assurer qu'elles permettent de justifier la demande initiale du créancier, qui doit établir l'obligation invoquée.

REMARQUE Attention, le décret n° 2017-892 du 6 mai 2017 portant diverses mesures de modernisation et de simplification de la procédure civile est venu modifier l'article 446-2 du Code de procédure civile **à compter du 11 mai 2017**. Cet article prévoit l'instauration, en procédure orale, d'une **structuration des conclusions** lorsque toutes les parties comparantes formulent leurs prétentions et moyen par écrit et sont assistées ou représentées par un avocat. Ainsi, l'article 446-2, alinéa 2, du Code de procédure civile prévoit notamment que : « Les conclusions doivent formuler expressément les prétentions ainsi que les moyens en fait et en droit sur lesquels chacune de ces prétentions est fondée avec indication pour chaque prétention des pièces invoquées et de leur numérotation. Un bordereau énumérant les pièces justifiant ces prétentions est annexé aux conclusions ».

F Audience

1 Convocation des parties

188 **• Devant le tribunal d'instance et le tribunal de commerce :**
Le greffier convoque les parties à l'audience par LRAR (CPC, art. 1418, al. 1).

REMARQUE Le décret n° 2017-892 du 6 mai 2017 portant diverses mesures de modernisation et de simplification de la procédure civile est venu modifier l'article 692-2 du Code de procédure civile à compter du 11 mai 2017 et prévoit un assouplissement du formalisme de convocation par le greffe. Désormais, il est prévu que : « Lorsqu'en application du présent code, le greffe convoque les parties à l'audience par lettre recommandée avec demande d'avis de réception, les parties ou certaines d'entre elles peuvent, sur mention du juge au dossier, être avisées de cette date d'audience par lettre simple. Si une partie avisée par lettre simple ne comparaît pas à l'audience ou n'y a pas été représentée, elle est convoquée par lettre recommandée avec demande d'avis de réception à une audience ultérieure ».

La convocation est adressée à toutes les parties, même celles qui n'ont pas formé opposition.
La convocation adressée par le greffier doit comporter un certain nombre de mentions prescrites à peine de nullité (CPC, art. 1418, al. 3 et 4) :
– la date de la convocation ;
– la juridiction devant laquelle l'opposition est portée ;
– la date de l'audience à laquelle les parties sont convoquées ;
– les conditions dans lesquelles les parties peuvent se faire assister ou représenter ;
– l'indication que faute pour le défendeur de comparaître, il s'expose à ce qu'un jugement soit rendu sur les seuls éléments fournis par son adversaire.

ATTENTION **En cas de retour au greffe d'une convocation qui n'a pu être remise au destinataire ou à son mandataire (pli non réclamé, pli refusé par le destinataire, etc.), le greffier doit inviter le requérant à procéder par voie de signification (CPC, art. 670-1).**

• **Devant le tribunal de grande instance :**
Le greffe adresse au créancier, par lettre recommandée avec demande d'avis de réception, une copie de la déclaration d'opposition.
Cette notification est régulièrement faite à l'adresse indiquée par le créancier lors du dépôt de la requête en injonction de payer.
En cas de retour au greffe de l'avis de réception non signé, la date de notification est, à l'égard du destinataire, celle de la présentation et la notification est réputée faite à domicile ou à résidence.
Le créancier doit constituer avocat dans un délai de **quinze jours** à compter de la notification.
Dès qu'il est constitué, l'avocat du créancier en informe le débiteur par lettre recommandée avec demande d'avis de réception, lui indiquant qu'il est tenu de constituer avocat dans un délai de quinze jours.
Une copie des actes de constitution est remise au greffe.

CONSEIL **Le créancier qui déménage en cours de procédure a intérêt à se rapprocher du greffe pour lui indiquer sa nouvelle adresse, afin qu'il puisse être informé de l'existence d'une déclaration d'opposition.**

2 Examen de l'opposition

189 Si l'affaire est prête à la première audience, elle est plaidée.
À défaut, l'affaire sera renvoyée à une audience ultérieure, mais les parties devront être informées de la nouvelle date d'audience (Cass. 2e civ., 11 févr. 2010, n° 09-11.617 : *JurisData* n° 2010-051579).

• **Devant le tribunal d'instance, et le tribunal de commerce :**
Si aucune des parties ne se présente à l'audience, le tribunal constate l'extinction de la créance (CPC, art. 1419, al. 1).

REMARQUE Cette disposition a pour objet de limiter l'encombrement des rôles lorsqu'une transaction est intervenue en dehors de la barre et avant la date de l'audience.

En cas de défaut du créancier sans motif légitime, le débiteur (défendeur) peut requérir un jugement sur le fond qui sera contradictoire, sauf la faculté du juge de renvoyer l'affaire à une audience ultérieure.
Si le débiteur (défendeur) ne comparaît pas, il est néanmoins statué sur le fond (CPC, art. 472).

• **Devant le tribunal de grande instance :**
Le président constate l'extinction de l'instance si le créancier ne constitue pas avocat dans le délai de quinze jours à compter de la notification de la copie de la déclaration d'opposition (CPC, art. 1419, al. 2).

G Décision

190 Le tribunal rend un jugement qui va venir se substituer à l'ordonnance portant injonction de payer (CPC, art. 1420).
Dans sa décision, le juge va soit :
– débouter le créancier ;
– condamner le débiteur.
Mais il ne confirmera ni ne rétractera l'ordonnance portant injonction de payer.

RETOUR D'EXPÉRIENCE L'ordonnance portant injonction de payer est donc définitivement anéantie par le jugement rendu sur opposition et cela même si ce jugement est ensuite infirmé.

H Fin de la procédure

191 Si l'opposition est formée hors délai : la sanction réside dans l'irrecevabilité. Dans ce cas, le juge est dessaisi.

ATTENTION **Si le jugement rendu par le juge est favorable au créancier, ce dernier devra poursuivre le recouvrement de sa créance en vertu de ce jugement et non en se fondant sur l'ordonnance rendue initialement.**

I Recours ou contestation

1 Opposition

192 Le tribunal qui connaît de l'opposition à l'injonction de payer statue à charge d'appel lorsque le montant de la demande excède le taux de sa compétence en dernier ressort.

Si le jugement est rendu par défaut, il sera susceptible d'opposition (CPC, art. 1421).

ATTENTION Ne pas confondre la voie de recours spéciale qu'est l'opposition contre l'ordonnance portant injonction de payer avec la voie de recours ordinaire qu'est l'opposition ouverte contre tous les jugements rendus par défaut.

2 Appel

193 Le délai pour interjeter appel :
- est d'un mois ;
- court à compter de la signification du jugement statuant sur l'opposition.

3 Pourvoi en cassation

194 Lorsque la juridiction a statué en dernier ressort et que l'appel n'est pas possible, un pourvoi en cassation peut être formé. Dans ce cas, les parties devront être représentées par un avocat aux Conseils.

ATTENTION À défaut d'opposition par le débiteur à l'ordonnance portant injonction de payer, celle-ci produit tous les effets d'un jugement contradictoire et n'est pas susceptible d'appel (CPC, art. 1422, al. 2).

CHECK-LIST Vérifier :
– les délais pour agir ;
– la qualité pour agir du débiteur ou du mandataire ;
– la régularité de l'acte de signification de l'ordonnance d'injonction de payer.

VOIR AUSSI Modèle 4 : Requête en injonction de payer devant le tribunal d'instance.
Modèle 5 : Opposition à injonction de payer (LRAR).

POUR ALLER PLUS LOIN...

Fiches pratiques
- V. Fiche 7 : Obtenir une injonction de payer.
- V. Fiche 5 : Obtenir une injonction de faire.
- V. Fiche 6 : S'opposer à une injonction de faire.
- V. Fiche 10 : Obtenir une injonction de délivrer ou de restituer.

Fascicules JurisClasseur
- *JCl. Procédures Formulaire*, V° *Injonction de payer*, Fasc. 10 et 15.
- *JCl. Procédure civile*, Fasc. 1400-90.
- *JCl. Commercial*, Fasc. 185.

Revues
- Ph. Casson, *Vingt-sept mois... de procédure d'injonction de payer (janv. 2016-mars 2018) : Procédures* 2018, chron. 2 ; *Deux ans... de procédure d'injonction de payer (janv. 2014-déc. 2015) : Procédures* 2016, chron. 2.
- H. Croze, *Recevabilité après une opposition à injonction de payer : Procédures* 2016, comm. 282.
- L. Idot, *Procédure européenne d'injonction de payer – place du droit nationale : Europe* 2016, comm. 181.
- C. Nourissat, *Le règlement (CE) n° 1896/2006 du 12 décembre 2006 instituant une procédure européenne d'injonction de payer : Procédures* 2007, étude 10.
- L. Sousa, *Procédure simplifiée de recouvrement des petites créances : Procédures* 2016, étude 6.
- Y. Strickler, *Instance sur opposition et dépens de la procédure d'injonction de payer : Procédures* 2016, comm. 225 ; *JCP G* 2016, 528, Ch. Laporte ; *Délai pour former opposition – critères de la connaissance de la mesure d'exécution : Procédures* 2016, comm. 118.

Fiche 9
Obtenir et liquider une astreinte

Coline WARIN

Sommaire

I Aperçu rapide 77
A Caractéristiques générales 77
B Conditions d'utilisation 78
1 Obtenir une astreinte 78
2 Liquider une astreinte 78
C Avis du professionnel 79
D Textes 79
1 Textes codifiés 79
2 Textes non codifiés 79
E Schéma procédural 79
II Préparation 79
A Informations préalables 79
B Contrôles préalables 80
C Pièces nécessaires 80
D Coût de la procédure 80
III Procédure 80
A Assistance et représentation 80
B Compétence 80
1 Obtenir une astreinte 80
2 Liquider une astreinte 80
C Rédaction de l'acte de saisine 81
1 Forme de la demande 81
2 Acte de saisine 81
D Audience 81
E Décision 81
1 Décision ordonnant une condamnation sous astreinte 81
2 Décision prononçant une liquidation d'astreinte 81
F Recours ou contestation 82
1 Appel 82
2 Arrêt de l'exécution provisoire 83
3 Sursis à exécution d'une décision rendue par un JEX 83
G Modifications de la décision 83
H Débriefing client 83

I
Aperçu rapide

A Caractéristiques générales

195 L'astreinte judiciaire :
– est une **mesure accessoire** ordonnée par le juge en vue de :
• contraindre un débiteur à exécuter une obligation de toute nature,
• faire pression sur le débiteur par une condamnation pécuniaire dont le montant augmente chaque jour et à mesure qu'il s'obstine à ne pas exécuter ;
– est **indépendante** des dommages-intérêts (CPC ex., art. L. 131-2, al. 1) ;
– peut être prononcée sur demande d'une partie ou d'office par le juge :
• tous les juges peuvent assortir leur condamnation d'une astreinte (CPC ex., art. L. 131-1, al. 1),
• le juge de l'exécution (JEX) peut ordonner une astreinte pour assurer l'exécution d'une décision rendue par un autre juge (CPC ex., art. L. 131-1, al. 2) ;

– prend **effet** à la date fixée par le juge, laquelle ne peut être antérieure au jour où la décision portant obligation est devenue exécutoire ;
– peut prendre effet dès le jour de son prononcé si elle assortit une décision qui est déjà exécutoire (CPC ex., art. R. 131-1) ;
– peut-être **provisoire** (CPC ex., art. L. 131-2, al. 2) :
• l'astreinte provisoire est révisable à l'expiration du délai imparti au débiteur pour s'exécuter,
• lorsqu'un juge assortit pour la première fois sa condamnation d'une astreinte, il ne peut prononcer qu'une astreinte provisoire,
• à défaut d'en préciser la nature dans sa décision, l'astreinte est réputée provisoire ;
• en cas d'inexécution ou d'exécution tardive, le bénéficiaire de l'astreinte provisoire doit demander judiciairement la liquidation de l'astreinte,
• le juge dispose d'un pouvoir d'appréciation pour arrêter le montant de l'astreinte provisoire ;
– ou **définitive** (CPC ex., art. L. 131-2, al. 2) :
• l'astreinte définitive n'est pas susceptible de révision,
• le juge ne peut ordonner une astreinte définitive qu'après que l'astreinte provisoire s'est révélée inefficace (CPC ex., art. L. 131-2, al. 3),
• le juge est contraint de liquider l'astreinte définitive au taux fixé dans la décision initiale (CPC ex., art. L. 131-3 et L. 131-4).

L'astreinte est liquidée par le JEX sauf si le juge qui l'a ordonnée reste saisi de l'affaire ou s'en est expressément réservé le droit (CPC ex., art. L. 131-3).
L'astreinte provisoire ou définitive est supprimée s'il est établi que l'inexécution ou le retard dans l'exécution provient d'une **cause étrangère** (CPC ex., art. L. 131-4, al. 3).

B Conditions d'utilisation

1 Obtenir une astreinte

196 Le prononcé de l'astreinte suppose l'existence d'une **condamnation principale** dont elle a pour but d'assurer l'exécution (CPC ex., art. L. 131-1).
L'astreinte ne peut sanctionner que l'inexécution d'une obligation devenue **exécutoire**.

> EXEMPLE Le JEX ne peut ordonner une astreinte en présence d'une sentence arbitrale partielle frappée d'un recours en annulation suspensif d'exécution (Cass. 1re civ., 4 juill. 2007, nos 05-16.586 et 05-16.605 : *JurisData* n° 2007-039911).

Le prononcé d'une astreinte suppose que l'exécution soit possible en nature et ne se heurte pas à des considérations morales.

> EXEMPLE En matière familiale, aucune obligation de cohabitation avec le conjoint ne peut être imposée.

Le juge dispose d'un **pouvoir souverain** et discrétionnaire pour assortir sa décision d'une astreinte (Cass. 2e civ., 20 déc. 2001, n° 00-16.474 : *JurisData* n° 2001-012282 ; *Bull. civ.* 2001, II, n° 199).

2 Liquider une astreinte

197 Le créancier devra saisir le juge à l'expiration du délai laissé au débiteur pour exécuter l'obligation.
Le juge n'a aucun pouvoir d'appréciation concernant le taux de l'astreinte définitive (CPC ex., art. L. 131-4, al. 2).
La décision qui ordonne une astreinte non encore liquidée peut permettre de prendre une mesure conservatoire pour une somme provisoirement évaluée par le juge compétent pour la liquidation (CPC ex., art. R. 131-3).
L'astreinte a un **caractère personnel** : le montant de l'astreinte liquidée ne peut pas être recouvré à l'encontre d'un débiteur solidaire ou d'un garant.

> EXEMPLE Deux débiteurs condamnés à une même obligation de faire ne peuvent être tenus solidairement au paiement du montant de l'astreinte liquidée (Cass. 2e civ., 10 janv. 2013, n° 11-26.483 : *JurisData* n° 2013-000094 ; *Procédures* 2013, comm. 95, R. Perrot).
> La dette résultant de la liquidation de l'astreinte prononcée à l'encontre du mari n'a pas à être supportée par la communauté conjugale (Cass. 2e civ., 12 nov. 2009, n° 08-19.443 : *JurisData* n° 2009-050241).
> La liquidation de l'astreinte peut être poursuivie à l'encontre de la société absorbante pour des faits commis par la société absorbée antérieurement à la date de la publication de la fusion-absorption (Cass. 2e civ., 1er sept. 2016, n° 15-19.524 : *JurisData* n° 2016-016026 ; *Dr. sociétés* 2016, comm. 182, R. Mortier ; *RD bancaire et fin.* 2016, comm. 253, S. Piedelièvre ; *Procédures* 2016, comm. 284, L. Raschel).

> CONSEIL **Pour obtenir la condamnation de plusieurs débiteurs sous astreinte, le demander expressément.**

C Avis du professionnel

198 L'astreinte est un outil redoutable pour contraindre un débiteur à exécuter une décision.
• Veiller à ce que le taux de l'astreinte soit suffisamment coercitif, afin de contraindre le débiteur à exécuter l'obligation (même si le juge peut assortir l'astreinte d'un taux plus important que le taux demandé).

RETOUR D'EXPÉRIENCE Le juge est totalement libre de fixer le montant de l'astreinte : le TGI de Paris a ordonné une astreinte à hauteur de 300 000 € par infraction pour interdire des ouvertures nocturnes irrégulières de magasins pendant les soldes (TGI Paris, réf., 25 juin 2012, inédit).

• Ne pas oublier :
– que le montant de l'astreinte, qui n'a pas vocation à réparer un préjudice, ne peut pas être fixé en fonction du préjudice allégué par les demandeurs (Cass. 1re civ., 13 déc. 2012, n° 11-26.019 : *JurisData* n° 2012-029427 ; *Procédures* 2013, comm. 37, R. Perrot) ;
– que l'astreinte n'est pas exclusive d'une condamnation :
• à des dommages et intérêts (CPC ex., art. L. 131-2, al. 1er),
• au titre de l'article 700 du Code de procédure civile (CPC) ;
– d'en faire la demande (bien que le juge puisse prononcer cette mesure comminatoire d'office) ;
– de décrire précisément l'obligation dont l'exécution est demandée, afin d'éviter :
• toute difficulté d'exécution,
• toute discussion relative à l'absence d'exécution effective de l'obligation lors de la liquidation de l'astreinte.

D Textes

1 Textes codifiés

- CPC ex., art. L. 131-1 à L. 131-4.
- CPC ex., art. R. 131-1 à R. 131-4.
- CPC, art. 134, 139, 491, 503 et 524.
- CJA, art. L. 911-1.
- COJ, art. L. 213-6.

2 Textes non codifiés

- Cons. UE, règl. (CE) 44/2001, 22 déc. 2000, concernant la compétence judiciaire, la reconnaissance et l'exécution des décisions en matière civile et commerciale.

E Schéma procédural

199 • Décision condamnant le débiteur à exécuter une obligation sous astreinte provisoire.
• Notification de la décision.
• L'obligation n'est pas exécutée dans le délai imparti.
• Assignation du débiteur devant le JEX ou le juge ayant ordonné l'astreinte s'il reste saisi de l'affaire ou s'est réservé le pouvoir de liquider l'astreinte pour demander la liquidation de l'astreinte.
• Enrôlement de l'assignation auprès du secrétariat du greffe.
• Audience : règles propres à chaque juridiction.
• Décision ordonnant la liquidation, exécutoire de plein droit par provision.
• En cas d'inexécution de l'obligation, la même décision peut ordonner une nouvelle astreinte provisoire ou définitive.
• Notification de la décision aux parties par le greffe ou par le demandeur.
• Appel (délai de droit commun : un mois à compter de la notification de la décision en matière contentieuse ; JEX : quinze jours).
• Cassation (dans les deux mois à compter de la signification de l'arrêt d'appel).

II Préparation

A Informations préalables

200 Informer le client de la possibilité qu'a le juge, dans le cadre de la liquidation du montant de l'astreinte provisoire, de modérer son taux au regard (CPC ex., art. L. 131-4) :
– du comportement du débiteur ;
– des difficultés rencontrées dans l'exécution.

B Contrôles préalables

201 Vérifier :
- que l'absence d'exécution de l'obligation par le débiteur n'est pas due à une cause étrangère ;
- l'autorisation spéciale de l'assemblée générale des copropriétaires lorsqu'un syndic est mandaté pour agir en liquidation d'astreinte (Cass. 3e civ., 26 mars 2003, n° 01-15.385 : *JurisData* n° 2003-018558) ;
- que la décision ordonnant l'obligation devant être exécutée sous astreinte a bien été notifiée : le point de départ de l'astreinte procède le plus souvent d'un calcul établi à partir du jour de la signification de la décision (Cass. 2e civ., 1er févr. 2018, n° 17-11.321 : *JurisData* n° 2018-001020 ; *Procédures* 2018, comm. 103, Ch. Laporte).

> CONSEIL **Notifier la décision dès sa réception afin de faire courir le délai le plus tôt possible et obtenir ainsi la condamnation pécuniaire la plus conséquente possible.**

C Pièces nécessaires

202 • La décision initiale ayant ordonné la condamnation assortie de l'astreinte.
• L'acte de notification de la décision ordonnant la condamnation assortie de l'astreinte.

> RETOUR D'EXPÉRIENCE Bien que la jurisprudence fasse peser la charge de la preuve de l'exécution sur le débiteur (Cass. 2e civ., 17 mars 2016, n° 15-13.122 : *JurisData* n° 2016-004681), disposer d'éléments démontrant :
> - l'absence d'exécution de l'obligation ;
> - la mauvaise foi du débiteur.
>
> Exemple : Constat d'huissier, attestation judiciaire, etc.

D Coût de la procédure

203 • Honoraires d'avocat libres si les parties désirent recourir aux services d'un avocat (L. n° 71-1130, 31 déc. 1971, art. 10).
• Dépens : variables en fonction de la juridiction saisie.

III
Procédure

A Assistance et représentation

204 Devant le JEX, le ministère d'avocat n'est pas obligatoire (CPC ex., art. R. 121-6).
Devant les autres juges, ce sont les règles propres à chaque juridiction qui s'appliquent.

B Compétence

1 Obtenir une astreinte

205 Les juges de toutes les juridictions peuvent ordonner une condamnation sous astreinte, même d'office (CPC ex., art. L. 131-1, al. 1).
Le JEX peut également ordonner une astreinte pour assurer l'exécution d'une décision rendue par un autre juge (CPC ex., art. L. 131-1, al. 2).

> ATTENTION **Le JEX n'est pas compétent pour assortir d'une astreinte une décision d'injonction prononcée par le Conseil de la concurrence (Cass. com., 3 nov. 2004, n° 00-19.247 : *JurisData* n° 2004-025460 ; *RD bancaire et fin.* 2005, comm. 20, S. Piedelièvre ; *Contrats, conc. consom.* 2005, comm. 9, M. Malaurie-Vignal).**

Sur la possibilité de saisir à nouveau la juridiction qui a prescrit l'obligation pour demander le prononcé d'une astreinte provisoire :
- pour la **chambre commerciale** de la Cour de cassation : la compétence du JEX est exclusive (Cass. com., 28 avr. 1998, n° 95-18.132 : *JurisData* n° 1998-001894) ;
- pour la **deuxième chambre civile** : le demandeur peut saisir la juridiction ayant prescrit l'obligation pour demander à ce qu'elle l'assortisse d'une astreinte (Cass. 2e civ., 18 févr. 1999, n° 97-13.885 : *JurisData* n° 1999-000696).

2 Liquider une astreinte

206 Le JEX liquide l'astreinte.
Le juge ayant ordonné l'astreinte peut procéder à la liquidation de l'astreinte (CPC ex., art. L. 131-3) :
- s'il reste saisi de l'affaire ;
- s'il s'en est réservé le pouvoir.

ATTENTION Lorsqu'un juge s'est expressément réservé le pouvoir de liquider l'astreinte, le JEX doit relever d'office son incompétence (Cass. soc., 9 mai 2007, n°s 05-46.029 et 05-46.041 : *Procédures* 2007, comm. 247, R. Perrot).

Le **juge des référés** peut liquider une astreinte à titre provisionnel, à condition qu'il s'en soit réservé le pouvoir (CPC, art. 491).
Par l'effet dévolutif de l'appel, une cour d'appel peut liquider une astreinte qu'elle n'a pas prononcée et qui a été réservée par la juridiction du premier degré (Cass. soc., 20 oct. 2015, n° 14-10.725 : *JurisData* n° 2015-023360 ; *Procédures* 2015, comm. 364, A. Bugada ; *Procédures* 2015, comm. 350, L. Raschel).
Des astreintes prononcées par des **juridictions étrangères** peuvent donner lieu à une exécution en France :
- l'astreinte doit toutefois avoir été liquidée par la juridiction étrangère ;
- l'astreinte doit avoir fait l'objet d'une procédure d'*exequatur*. Il en est de même pour les sentences arbitrales (V. Fiche 37 : Faire exécuter une sentence arbitrale).

ATTENTION Lorsque le débiteur demeure à l'étranger, le juge compétent pour liquider l'astreinte est celui du lieu d'exécution de l'injonction (Cass. 2e civ., 6 nov. 2008, n° 07-17.445 : *JurisData* n° 2008-045685 ; *Procédures* 2009, comm. 13, R. Perrot).

C Rédaction de l'acte de saisine

1 Forme de la demande

207 Les règles de formes relatives à l'acte de saisine sont variables devant chaque juridiction (par ex., V. Fiche 1 : Saisir le juge de l'exécution).
S'assurer de la précision des demandes quant à :
- l'obligation dont l'exécution est demandée ;
- la nature de l'astreinte (provisoire, définitive, fixe ou progressive, journalière ou non, etc.) ;
- le taux de l'astreinte ;
- la date à partir de laquelle l'astreinte commencera à courir ;
- la durée de l'astreinte (obligatoire pour l'astreinte définitive).

ATTENTION L'astreinte ne peut être demandée sur requête (Cass. com., 3 nov. 2004, n° 00-19.247 : *JurisData* n° 2004-025460, préc.).

2 Acte de saisine

208 Les règles de formes relatives à l'acte de saisine sont variables devant chaque juridiction.

ATTENTION Le praticien qui voudra saisir le JEX doit prendre une date d'audience auprès du greffe.
La demande est formée par assignation à la première audience utile (CPC ex., art. R. 121-11).

D Audience

209 Se rapporter aux règles propres à chaque juridiction.
Le juge vérifiera qu'il existe un **délai** suffisant entre l'assignation et l'audience pour permettre au défendeur de préparer sa défense (CPC ex., art. R. 121-13).

E Décision

1 Décision ordonnant une condamnation sous astreinte

210 La décision ordonnant l'astreinte mentionne :
- l'obligation principale ;
- la nature et le taux de l'astreinte ;
- la date à partir de laquelle l'astreinte commence à courir et éventuellement sa durée.

La décision ordonnant l'astreinte définitive devra mentionner, sous peine d'être requalifiée en astreinte provisoire (CPC ex., art. L. 131-2, al. 2) :
- sa nature définitive ;
- sa durée.

La décision ordonnant l'astreinte doit être notifiée au débiteur.

2 Décision prononçant une liquidation d'astreinte

211 Le juge :
- dispose d'un **pouvoir d'appréciation** pour liquider le montant de l'astreinte provisoire. Il tiendra compte (CPC ex., art. L. 131-4, al. 1er) :
• du comportement de celui à qui l'injonction a été adressée,
• des difficultés d'exécution qu'il a rencontrées ;

ATTENTION **La motivation du juge ne peut s'effectuer que sur les critères posés par l'article L. 131-4 du Code des procédures civiles d'exécution.**
Le comportement du débiteur est apprécié à compter du prononcé de la décision prononçant l'injonction (Cass. 2e civ., 17 mars 2016, n° 15-13.122 : *JurisData* n° 2016-004681).
Le juge chargé de liquider l'astreinte ne peut pas moduler le montant de l'astreinte au simple motif qu'il convient de faire « une plus juste appréciation des faits de l'espèce et d'appliquer le principe de proportionnalité », ces motifs étant impropres à caractériser le comportement du débiteur (Cass. 2e civ., 19 mars 2015, n° 14-14.941 : *JurisData* n° 2015-006182. – Dans le même sens, Cass. 2e civ., 23 juin 2016, n° 15-20.940 : *JurisData* n° 2016-013002).

– dispose du pouvoir de **supprimer** l'astreinte s'il est établi que l'inexécution ou le retard dans l'exécution provient d'une **cause étrangère** (CPC ex., art. L. 131-4, al. 3) : le juge ne prononce pas la liquidation de l'astreinte lorsque la condamnation est impossible à exécuter ;

EXEMPLE • En cas de saisie par l'autorité judiciaire des documents ou objets devant être restitués sous astreinte (Cass. 2e civ., 5 juill. 2000, n° 98-19.854 : *JurisData* n° 2000-002937).
• Lorsque les documents que le débiteur devait remettre sous astreinte ont été détruits par un tiers (Cass. 2e civ., 14 oct. 1999, n° 98-10.990 : *JurisData* n° 1999-003575).
• En cas de refus, par plusieurs entreprises, de concourir aux travaux ordonnés sous astreinte en raison du litige affectant le chantier (Cass. 2e civ., 29 janv. 2015, n° 14-10.544 : *JurisData* n° 2015-001454 ; *RD bancaire et fin.* 2015, comm. 92, S. Piedelièvre).
• Mais les difficultés financières rencontrées par la débitrice qui justifie de problèmes de trésorerie ne constituent pas une cause étrangère, devant revêtir les caractères de la force majeure, de nature à supprimer l'astreinte, mais des difficultés d'exécution qui justifient une modulation du montant de l'astreinte (CA Toulouse, ch. 3, 21 juill. 2016, n° 16/01525 : *JurisData* n° 2016-015112).

– a le pouvoir d'interpréter la décision du juge ayant prononcé la condamnation sous astreinte pour s'assurer que l'injonction a bien été respectée (Cass. com., 3 juin 2008, n° 07-11.289 : *JurisData* n° 2008-044239 ; *Procédures* 2008, comm. 233, R. Perrot) ;
– a le pouvoir de prononcer une nouvelle astreinte pour une période postérieure.
Le JEX, saisi d'une demande de liquidation d'astreinte :
– peut, par une décision relevant de son pouvoir souverain :
• en augmenter ou modérer le taux,
• en modifier la durée ;

EXEMPLE L'existence d'une cause étrangère sur la première période du cours de l'astreinte peut en justifier la suppression partielle, tandis que le juge peut en augmenter le taux et en modifier la durée pour une seconde période, postérieure à la signification de la décision sur ce point (Cass. 2e civ., 29 janv. 2015, n° 14-10.544, préc.).

– est contraint de liquider l'astreinte définitive au taux fixé dans la décision initiale (CPC ex., art. L. 131-3 et L. 131-4).

REMARQUE L'astreinte prononcée contre l'occupant d'un **bail d'habitation** sans droit ni titre, qui se maintient dans les lieux, a toujours un caractère exécutoire et doit être liquidée et révisée une fois la décision d'expulsion exécutée (CPC ex., art. L. 421-1).

La décision liquidant l'astreinte est exécutoire de plein droit par provision (CPC ex., art. R. 131-4). Le montant de l'astreinte liquidée peut être recouvré et donner lieu à une mesure d'exécution forcée (CPC ex., art. R. 131-3). Elle est productrice d'intérêts au taux légal.

F Recours ou contestation

1 Appel

212 L'appel doit en principe être interjeté dans le délai **d'un mois** à compter de la notification de la décision (CPC, art. 538).

ATTENTION **Le délai d'appel à l'encontre d'une décision du JEX est de quinze jours à compter de la notification de la décision (CPC ex., art. R. 121-19 et R. 121-20).**

En cas d'appel de la décision initiale ayant ordonné la condamnation sous astreinte, plusieurs issues sont à envisager :
- si la décision initiale assortie de l'exécution provisoire est confirmée : l'astreinte court à compter de la notification de la décision initiale ;
- si la décision initiale assortie de l'exécution provisoire est confirmée, mais que l'arrêt d'appel modifie le montant de l'astreinte : une nouvelle astreinte est fixée dont le point de départ ne peut être antérieur au prononcé de l'arrêt d'appel (Cass. 2e civ., 4 oct. 2001, n° 99-18.843 : *JurisData* n° 2001-011189) ;
- si la décision initiale confirmée n'était pas assortie de l'exécution provisoire : l'astreinte ne commence à courir qu'à compter du jour où l'arrêt devient exécutoire, à moins que la cour d'appel ne fixe un point de départ postérieur (Cass. 2e civ., 11 juin 1997, n° 95-13.961 : *JurisData* n° 1997-002649) ;
- si la décision initiale est infirmée, l'astreinte qui a été payée doit être restituée (Cass. 2e civ., 28 sept. 2000, n° 98-16.175 : *JurisData* n° 2000-006028. – Cass. 2e civ., 24 sept. 2015, nos 14-14.977 et 14-14.978 : *JurisData* n° 2015-021128).

2 Arrêt de l'exécution provisoire

213 En cas d'arrêt de l'exécution provisoire attachée de plein droit à la décision de liquidation d'astreinte par le premier président de la cour d'appel sur le fondement de l'article 524 du CPC, tout se passe comme si l'exécution provisoire n'avait pas été ordonnée (Cass. 2e civ., 20 déc. 2001, n° 98-23.102 : *JurisData* n° 2001-012279).

3 Sursis à exécution d'une décision rendue par un JEX

214 En cas de demande de sursis à exécution d'une décision rendue par le JEX assortie d'une astreinte, celle-ci ne commencera à courir qu'à compter du rejet par le premier président de la cour d'appel de la demande de sursis (Cass. 2e civ., 11 juill. 2002, n° 00-20.262 : *JurisData* n° 2002-015166).

En revanche, aucun sursis à exécution ne peut être obtenu à l'encontre de la décision du JEX :
- prononçant une astreinte (Cass. 2e civ., 14 juin 2001, n° 99-18.082 : *JurisData* n° 2001-010078. – Cass. 2e civ., 12 juin 2003, n° 01-13.670 : *JurisData* n° 2003-019393) ;
- liquidant une astreinte (Cass., avis, 27 juin 1994, n° 09-40.008 : *Bull. civ.* 1994, avis, n° 18).

G Modifications de la décision

215 La réformation d'une décision assortie d'une astreinte :
- entraîne de plein droit l'anéantissement des décisions prises au titre de la liquidation de l'astreinte, quand bien même elles seraient passées en force de chose jugée ;
- ouvre droit à restitution (Cass. com., 3 mai 2006, n° 04-15.262 : *JurisData* n° 2006-033403 ; *Procédures* 2006, comm. 178, R. Perrot ; *RD bancaire et fin.* 2006, comm. 201, D. Legeais).

H Débriefing client

216 Rappeler au client qu'il ne doit pas entraver l'exécution de la mesure ordonnée, sous peine que le juge chargé de la liquidation réduise ou supprime l'astreinte.

CHECK-LIST **• Vérifier :**
- que l'obligation dont l'exécution est demandée est décrite précisément ;
- que l'obligation principale n'a pas été exécutée dans les délais impartis ;
- le caractère exécutoire de la décision ;
- que la décision a bien été notifiée au débiteur.
• Prouver la non-exécution de l'obligation pour solliciter la liquidation de l'astreinte.

VOIR AUSSI Modèle 6 : Demande de liquidation d'astreinte par voie de conclusions (TGI).

POUR ALLER PLUS LOIN...

Fascicules JurisClasseur
- *JCl. Procédure civile*, Fasc. 1500-75.
- *JCl. Procédure civile*, Fasc. 1500-80.
- *JCl. Procédure civile*, Fasc. 1500-85.
- *JCl. Procédures formulaire*, V° *Astreinte judiciaire*, Fasc. 10 et 15.
- *JCl. Voies d'exécution*, Fasc. 220.
- *JCl. Voies d'exécution*, Fasc. 221.

• *JCl. Voies d'exécution*, Fasc. 221-1.

Revues

• I. Beyneix, *Liquidation de l'astreinte : à qui incombe la charge de la preuve d'une obligation de faire ? : JCP* S 2006, 1056.

• N. Chifflot, *Contrainte au paiement et saisine du juge de l'exécution (débiteur de droit public) : Procédures* 2018, comm. 28.

• Th. Fossier, *Plus de liberté pour le juge de l'exécution en matière de liquidation et de reconduction d'astreinte : JCP* G 2015, 319.

• P. Gerbay, *Arrêt d'exécution provisoire ou sursis à exécution de l'astreinte liquidée ? Procédures* 2009, étude 8.

• J.-Y. Kerbourc'h, *Liquidation de l'astreinte prononcée à l'appui d'une ordonnance de réintégration : JCP* S 2008, 1651.

• R. Perrot, *Qui est compétent pour liquider une astreinte ? : Procédures* 2009, comm. 113 ; *Compétence pour liquider l'astreinte : Procédures* 2008, comm. 205.

• S. Piedelièvre, *Exequatur et liquidation de l'astreinte : RD bancaire et fin.* 2010, comm. 19 ; *Astreinte et accessoire : RD bancaire et fin.* 2009, comm. 99.

• L. Raschel, *Office du juge : Procédures* 2017, comm. 4 ; *Liquidation de l'astreinte : Procédures* 2015, comm. 350.

• K. Rodriguez, *Astreinte ou mesure conservatoire : l'actionnaire exerçant l'action sociale doit-il agir au nom de la société ? : JCP* E 2010, 1088.

• O. Salati, *Cassation de l'ordonnance du premier président arrêtant l'exécution provisoire de droit d'une ordonnance d'un juge de la mise en état ayant liquidé une astreinte : JCP* G 2008, II, 10075.

• B. Vial-Pedroletti, *Astreinte : demande de liquidation de l'astreinte par le locataire et charge de la preuve : Loyers et copr.* 2007, comm. 212 ; *Astreinte : prononcé d'une astreinte en période hivernale : Loyers et copr.* 2007, comm. 213.

Fiche 10
Obtenir une injonction de délivrer ou de restituer

Eva CALVEYRA
Actualisée par Fabien TOMMASONE

Sommaire

I Aperçu rapide ... 85
A Caractéristiques générales ... 85
B Conditions d'utilisation ... 86
1 Biens concernés ... 86
2 Absence de titre exécutoire ... 86
C Avis du professionnel ... 86
D Textes ... 87
E Schéma procédural ... 87
II Préparation ... 87
A Informations préalables ... 87
B Contrôles préalables ... 87
C Pièces nécessaires ... 87
D Coût de la procédure ... 88
III Procédure ... 88
A Assistance et représentation ... 88
B Matières ... 88
C Compétence ... 88
1 Compétence d'attribution ... 88
2 Compétence territoriale ... 88
D Parties ... 88
E Rédaction de l'acte de saisine ... 88
F Instruction du dossier ... 89
G Audience ... 89
H Décision ... 89
1 Forme, caractères ... 89
2 Signification de la décision ... 89
I Fin de la procédure ... 89
1 Exécution volontaire du débiteur ... 89
2 Défaut d'exécution du débiteur ... 89
3 Appréhension entre les mains d'un tiers détenteur ... 90
J Recours ou contestation ... 90
1 Appel de l'ordonnance de rejet par le créancier ... 90
2 Opposition par le débiteur ... 91
3 Pourvoi en cassation contre l'ordonnance revêtue de la formule exécutoire ... 91

I
Aperçu rapide

A Caractéristiques générales

217 Si le créancier est face à un débiteur qui n'exécute pas son obligation de livrer ou de restituer, il lui est possible de faire appréhender les biens meubles corporels du débiteur contre la volonté de celui-ci (CPC ex., art. L. 222-1). Le créancier doit être titulaire d'un droit réel sur un bien meuble corporel. Comme dans toute mesure d'exécution forcée, le créancier doit justifier d'un titre exécutoire.
En l'absence de titre exécutoire, il est nécessaire d'obtenir une ordonnance du juge de l'exécution

du lieu où demeure le débiteur pour pouvoir procéder à la saisie.

Pour ce faire, le créancier peut utiliser la procédure en injonction de délivrer ou de restituer (CPC ex., art. R. 222-11 à R. 222-16). Cette procédure simple et rapide lui permettra de se procurer à moindres frais le titre exécutoire nécessaire à l'appréhension. Cette procédure est à distinguer, selon la nature de l'obligation, de :

– l'injonction de faire, qui concerne l'exécution d'une obligation née d'un contrat conclu entre des personnes n'ayant pas toutes la qualité de commerçant (CPC, art. 1425-1 à 1425-9) et ressort de la compétence du juge du tribunal d'instance, sauf compétence du juge des référés (*i.e.* le président du tribunal de grande instance), ou du président du tribunal de commerce (V. Fiche 5 : Obtenir une injonction de faire) ;

– l'injonction de payer, qui concerne le recouvrement d'une somme d'argent (CPC, art. 1405 à 1425. – V. Fiche 7 : Obtenir une injonction de payer).

La demande est formée par requête (CPC ex., art. R. 222-11).

Si la demande lui paraît fondée, le juge rend une ordonnance portant injonction d'avoir à délivrer ou restituer un bien meuble déterminé.

Le débiteur peut former opposition à l'injonction de délivrer ou de restituer (CPC ex., art. R. 222-14). En l'absence d'opposition, le requérant peut demander au greffe l'apposition de la formule exécutoire, l'ordonnance produisant ainsi tous les effets d'un jugement contradictoire rendu en dernier ressort (CPC ex., art. R. 222-15).

EXEMPLE Cas où un magasin une fois payé, refuse de livrer le bien ou, au contraire, dans le cas où l'acheteur déjà livré refuse de payer le reliquat du prix, la procédure d'injonction de délivrer ou de restituer sera la plus appropriée. Cette procédure peut également être utilisée lorsque le bien est un véhicule terrestre à moteur, par exemple, en matière de contrat de leasing ; si une échéance demeure impayée, le créancier pourra faire appréhender le véhicule sur le fondement de cette procédure.

B Conditions d'utilisation

1 Biens concernés

218 La procédure d'injonction de délivrer ou de restituer concerne les biens meubles corporels :

– des corps certains identifiables : objets uniques en leur genre, véhicules immatriculés, biens d'équipement comportant un numéro de série ;

– des choses fongibles dont la nature, la quantité et la qualité peuvent être identifiées ;

– des biens mobiliers incorporés dans un autre bien mobilier si la récupération est possible et n'occasionne aucun dommage (C. com., art. L. 624-16, al. 3).

D'autres biens sont susceptibles d'être considérés comme des biens meubles dans le cadre de cette procédure sous certaines conditions :

– les choses consomptibles, détruites par le premier usage, ne sont susceptibles d'appréhension que dans l'hypothèse d'un prêt à la consommation. Si l'emprunteur est dans l'impossibilité de satisfaire à son obligation de restitution, il sera tenu d'en payer la valeur (C. civ., art. 1903) ;

– les souvenirs de famille, quand ceux-ci ont été confiés à un tiers pour être vendus aux enchères publiques (Cass. 2e civ., 29 mars 1995, n° 93-18.769 : *JurisData* n° 1995-000893 ; *Bull. civ.* 1995, II, n° 115 ; *JCP* G 1995, II, 22477, S. Hovasse-Banget) ;

– les aéronefs ;

– les titres porteurs dans lesquels se trouvent incorporées les créances constatées ;

– les logiciels (CA Versailles, 30 juin 1994 : *JurisData* n° 1994-603120 ; *Gaz. Pal.* 1995, 1, p. 44, Y. Breban, car ils ont un support matériel, sauf ceux qui constituent avec le matériel qu'ils équipent une véritable universalité).

Cette procédure peut être mise en œuvre contre les biens meubles déclarés insaisissables par la loi. En effet, ces biens demeurent saisissables pour paiement de leur prix, ou paiement des sommes dues à leur fabricant ou vendeur ou à celui qui a prêté pour les acheter, fabriquer ou réparer (CPC ex., art. L. 112-2 et R. 112-3). C'est ici consacrer le droit de gage général des créanciers (C. civ., art. 2284).

La procédure peut être conduite entre les mains du débiteur de l'obligation de livraison ou de restitution, ou entre les mains d'un tiers qui détiendrait le bien pour le compte du débiteur.

2 Absence de titre exécutoire

219 La procédure d'injonction de délivrer ou de restituer à proprement parler n'est mise en œuvre qu'en cas de défaut de titre exécutoire.

C Avis du professionnel

220 La procédure d'injonction de délivrer ou de restituer est intéressante parce qu'elle est rapide et peu coûteuse.

ATTENTION **Il existe une procédure particulière en cas de procédures collectives en matière de restitution de meubles par le vendeur.**
Dans cette hypothèse, la demande en restitution est faite par le propriétaire du bien :
– par lettre recommandée avec demande d'avis de réception à l'administrateur ou, à défaut, au débiteur ;
– copie de cette demande est adressée au mandataire judiciaire.
À défaut d'accord dans le délai d'un mois à compter de la réception de la demande ou en cas de contestation, le juge-commissaire peut être saisi à la diligence du propriétaire afin qu'il soit statué sur les droits de ce dernier (C. com., art. L. 624-10 et R. 624-14).

D Textes

- CPC ex., art. L. 111-3, L. 222-1, R. 121-2, R. 121-7, R. 221-30 à R. 221-39, R. 222-4 à R. 222-16, R. 321-20, R. 511-5.
- C. com., L. 624-10 à art. L. 624-17, R. 624-13, R. 624-14.
- CPC, art. 58, 494, 496, 809, 849, 873, 950, 1405 à 1425-9.
- COJ, art. L. 213-6.
- C. civ., art. 1139, 1903.

E Schéma procédural

221 • Dépôt d'une requête en injonction de délivrer ou de restituer.
• Ordonnance.
• Signification de l'ordonnance à la partie tenue de délivrer ou de restituer.
• Apposition de la formule exécutoire à défaut d'opposition.
• Appréhension du bien.

II Préparation

A Informations préalables

222 Attirer l'attention du client sur :
– le caractère peu coûteux et rapide de la procédure ;
– les diligences à effectuer après obtention de l'ordonnance ;
– les voies de recours ouvertes ;
– la localisation du bien : est-il détenu par un tiers ?

B Contrôles préalables

223 • S'assurer que la procédure d'injonction de délivrer ou de restituer est la procédure appropriée, à savoir :
– qu'il s'agit de l'appréhension d'un bien meuble corporel ;
– qu'il n'existe pas de titre exécutoire.
Si tel est le cas, être vigilant concernant :
– l'origine de la créance à récupérer ;
– la situation du bien ;
– la juridiction territorialement compétente ;
– le délai de signification ;
– les mentions requises dans la requête.

• Déterminer si :
– aucune procédure collective n'a été ouverte à l'encontre du défendeur, dans le cas où celui-ci est une personne morale (consultation de l'extrait K-bis) ;
– l'injonction concerne un véhicule terrestre à moteur, un aéronef ou un navire.

C Pièces nécessaires

224 Joindre à la requête :
– les éléments justificatifs de la nécessité d'obtenir une décision sans débat préalable (contrat duquel résulte l'obligation s'il en existe un, échanges de correspondances) ;
– les éléments contenant la désignation du bien (bon de commande, devis) ;
– les éléments permettant de connaître l'identité de la personne tenue de délivrer ou de restituer le bien ;
– ainsi que toute autre pièce pouvant justifier la demande.

CONSEIL **Il est fortement recommandé au praticien d'envoyer, dans un premier temps, une mise en demeure de délivrer**

ou de restituer à la partie adverse. Il pourra ainsi justifier dans sa requête que des demandes amiables ont été effectuées, sans succès (C. civ., art. 1344).

D Coût de la procédure

225 La procédure est peu coûteuse.
En termes de frais fixes, sont pris en compte :
– les frais de signification de l'ordonnance mis à la charge du créancier (CPC ex., art. R. 222-13) ;
– les frais d'huissier de justice nécessaires dans le cadre de la saisie-appréhension.

EXEMPLE Délivrance du commandement de délivrer ou de restituer au débiteur, dans le cadre de la saisie.
En outre, les débours peuvent être coûteux selon la nature du bien à appréhender ; par exemple, si le bien est un véhicule, il faudra ajouter aux frais prévus par le tarif des huissiers de justice, ceux nécessaires à son enlèvement, et éventuellement des frais de gardiennage si le créancier ne peut reprendre le bien sur-le-champ.

III
Procédure

A Assistance et représentation

226 Devant le juge de l'exécution, les parties peuvent se faire assister ou représenter par :
– un avocat ;
– leur conjoint ;
– leur concubin ou la personne avec laquelle elles ont conclu un pacte civil de solidarité ;
– leurs parents ou alliés en ligne directe ;
– leurs parents ou alliés en ligne collatérale jusqu'au troisième degré inclus ;
– les personnes exclusivement attachées à leur service personnel ou à leur entreprise (CPC ex., art. R. 121-7).

B Matières

227 La procédure est gracieuse jusqu'à l'opposition.
En cas d'opposition, la procédure devient contentieuse.

C Compétence

1 Compétence d'attribution

228 Compétence est donnée au seul juge de l'exécution (CPC ex., art. R. 222-11).

2 Compétence territoriale

229 Compétence du juge de l'exécution du lieu où demeure le débiteur. Toute clause contraire est réputée non avenue.
Le juge saisi est tenu de relever d'office son incompétence (CPC ex., art. R. 222-11).

ATTENTION **Si le débiteur demeure à l'étranger ou si le lieu où il demeure est inconnu, le juge de l'exécution territorialement compétent est celui du lieu où devrait s'exécuter la mesure (CPC ex., art. R. 121-2).**
Dans ces deux cas, il sera malaisé de faire aboutir la procédure car le principe est d'appréhender le bien entre ses mains (même s'il est prévu que la procédure puisse être menée à son terme entre les mains d'un tiers. – V. *infra*, n° 238).

D Parties

230 Le requérant est le créancier.
La personne à l'encontre de qui l'injonction de délivrer ou de restituer est requise est le débiteur.
Le demandeur et le défendeur peuvent être des personnes physiques ou morales.

E Rédaction de l'acte de saisine

231 La requête doit contenir, **à peine de nullité** (CPC, art. 58) :
– pour les personnes physiques : l'indication des nom, prénoms, profession, domicile, nationalité, date et lieu de naissance du demandeur ;
– pour les personnes morales : l'indication de leur forme, dénomination, siège social et de l'organe qui les représente légalement ;

– l'indication des nom, prénoms et domicile de la personne contre laquelle la demande est formée ou, s'il s'agit d'une personne morale, de sa dénomination et de son siège social ;
– l'objet de la demande ;
– sauf justification d'un motif légitime tenant à l'urgence ou à la matière considérée, en particulier lorsqu'elle intéresse l'ordre public, la requête précise également les diligences entreprises en vue de parvenir à une résolution amiable du litige (D. n° 2015-282, 11 mars 2015, art. 19).

De plus, doit être précisé, **à peine d'irrecevabilité** de la requête :
– la désignation du bien dont la remise est demandée ;
– tout document justifiant la demande (CPC ex., art. R. 222-12).

Elle est datée et signée.

La requête est présentée en double exemplaire (CPC, art. 494). Elle doit être motivée et comporter l'indication précise des pièces invoquées ; elle contient, en annexes, les pièces justificatives et le projet d'ordonnance.

La requête est adressée au greffe par le requérant ou son mandataire (le mandataire, s'il n'est avocat ou huissier de justice, devra justifier de son mandat spécial).

La présentation de la requête n'exclut pas, pour le créancier, la possibilité de saisir le juge du fond compétent.

Le pouvoir du juge doit se limiter à l'examen du bien-fondé de la requête pour accorder ou refuser l'appréhension du bien objet de la demande.

F Instruction du dossier

232 Le juge de l'exécution saisi vérifie sa compétence, les conditions justifiant de sa saisine par voie de requête, les pièces annexées et les motifs de la requête.

G Audience

233 Habituellement, il n'y a pas d'audience.

Le juge de l'exécution, en autorisant la mesure conservatoire, peut décider de réexaminer sa décision ou les modalités de son exécution au vu d'un débat contradictoire ; dans ce cas, le juge fixe la date de l'audience, sans préjudice du droit pour le débiteur de le saisir à une date plus rapprochée.

Le débiteur est assigné par le créancier, le cas échéant, dans l'acte qui dénonce la saisie (CPC ex., art. R. 511-5).

H Décision

1 Forme, caractères

234 Le juge examine la demande et, s'il l'accepte, rend une ordonnance d'injonction de délivrer ou de restituer le bien.

L'ordonnance doit être motivée, qu'elle soit une ordonnance d'injonction ou de rejet.

Généralement, l'ordonnance aura été préparée par le praticien, et figurera alors « au pied de la requête ».

2 Signification de la décision

235 L'huissier de justice territorialement compétent (ressort de la cour d'appel au sein de laquelle il exerce son ministère) signifie l'ordonnance à celui qui est tenu de la remise.

Cette signification contient, à peine de nullité, sommation du débiteur d'avoir, dans un délai de **quinze jours** :
– soit à transporter, à ses frais, le bien désigné en un lieu et dans des conditions précisément indiquées ;
– soit, si le détenteur du bien a des moyens de défense à faire valoir, à former opposition au greffe du juge qui a rendu l'ordonnance, par déclaration contre récépissé ou par lettre recommandée avec demande d'avis de réception, faute de quoi l'ordonnance sera rendue exécutoire (CPC ex., art. R. 222-13).

I Fin de la procédure

1 Exécution volontaire du débiteur

236 Le débiteur peut choisir de s'exécuter volontairement.

Il devra alors transporter le bien à ses frais au lieu et conditions indiqués dans l'ordonnance dans les **quinze jours** de la signification (CPC ex., art. R. 222-13).

Dans cette hypothèse, l'acte de remise volontaire n'est pas obligatoire. Il est toutefois souhaitable, pour des raisons probatoires, de dresser un tel acte.

2 Défaut d'exécution du débiteur

237 Si le débiteur ne s'exécute ni ne conteste l'ordonnance, il appartient au créancier, après expiration du délai d'opposition (quinze jours à compter de la signification), de demander au greffe l'apposition de la formule exécutoire (CPC ex., art. R. 222-15).

L'ordonnance produit alors tous les effets d'un jugement contradictoire en dernier ressort ordonnant la livraison ou la restitution du bien (CPC ex., art. R. 222-15).
Le créancier pourra dès lors appréhender le bien désigné par l'ordonnance (CPC ex., art. R. 222-4 à R. 222-11).
Un acte d'appréhension du bien ou de remise volontaire sera dressé.
Il contient un état détaillé du bien. La photographie du bien peut être annexée à l'acte.
Une copie est remise ou notifiée par lettre recommandée avec demande d'avis de réception au débiteur tenu de délivrer ou de restituer en vertu du titre exécutoire (CPC ex., art. R. 222-5). Cet acte établit que l'obligation a été exécutée et que le débiteur en est désormais libéré.

ATTENTION Le bien peut avoir été appréhendé pour être remis à un créancier gagiste. Dans ce cas, l'acte de remise ou d'appréhension vaut saisie sous la garde du créancier (CPC ex., art. R. 222-6), la vente consécutive étant régie par les dispositions applicables à la saisie-vente (CPC ex., art. R. 221-30 à R. 221-39).

3 Appréhension entre les mains d'un tiers détenteur

238 L'article R. 222-16 du Code des procédures civiles d'exécution renvoie aux articles R. 222-2 à R. 222-10 du même code concernant l'exécution à proprement parler de l'ordonnance devenue exécutoire. Dans ces conditions, la possibilité est ouverte au créancier d'appréhender le bien objet de la procédure entre les mains d'un tiers (ami, dépositaire, emprunteur, etc.) :

- signification par acte d'huissier de justice, au détenteur, d'une sommation de remettre le bien ; cet acte comporte notamment une copie de l'ordonnance d'injonction délivrée à l'encontre du débiteur tenu de la remise. S'ouvre alors un délai de **huit jours** au profit du détenteur, pour remettre le bien, ou communiquer à l'huissier de justice les raisons qui s'opposent à la remise ;
- dénonce par lettre recommandée avec accusé de réception de la sommation à la personne tenue de délivrer ou de restituer le bien (aucun délai n'est prévu pour cette dénonce, il est cependant conseillé d'accomplir cette formalité sans tarder après la signification de la sommation) ;
- si le tiers détenteur s'exécute volontairement après l'acte de sommation, l'huissier de justice dressera acte de la remise et la procédure s'achèvera à ce stade ;
- à défaut de remise volontaire de la part du détenteur, le créancier devra saisir le juge de l'exécution du lieu où il demeure dans un délai **d'un mois** à compter de la signification de la sommation, afin d'ordonner la remise du bien. En outre, si le bien est situé dans un local servant à l'habitation du tiers, une autorisation spéciale devra être délivrée par le juge de l'exécution pour permettre à l'huissier de justice d'y pénétrer ;
- sur présentation de la décision du juge de l'exécution, et de l'éventuelle autorisation si la mesure doit avoir lieu dans un local d'habitation, l'huissier de justice procédera à l'appréhension du bien entre les mains du tiers détenteur et en dressera acte ;
- enfin, après enlèvement, la personne tenue de la remise en est informée selon les modalités des articles R. 222-5 ou R. 222-6 du Code des procédures civiles d'exécution.

ATTENTION Le tiers peut se prévaloir de droits sur le bien (droit de rétention ou d'usage, droit de propriété). Dans ce cas, la procédure sera mise en échec. Le créancier conserve toutefois la possibilité de contester l'opposition du tiers s'il estime que ses arguments ne sont pas sérieux. Cette contestation doit être faite dans un délai d'un mois à compter du jour où la sommation a été signifiée, devant le juge de l'exécution où demeure le tiers. Si le juge fait droit à la demande du créancier, on retombe dans la procédure indiquée ci-dessus, le cas échéant, elle ne pourra aboutir favorablement.
Le tiers a également la possibilité de saisir le juge de l'exécution avant l'expiration de ce délai d'un mois s'il a des raisons solides de conserver le bien.

J Recours ou contestation

1 Appel de l'ordonnance de rejet par le créancier

239 Il est possible, dans les **quinze jours**, d'interjeter appel de l'ordonnance de rejet, ce délai courant à compter de la date à laquelle l'ordonnance est rendue (CPC, art. 496 et 950).
L'appel est formé, instruit et jugé comme en matière gracieuse.

ATTENTION Comme en matière d'injonction de payer, la décision du juge de l'exécution de rejeter la requête n'a pas l'autorité de la chose jugée ; rien n'interdit donc au requérant de saisir le juge du fond d'une demande identique.

2 Opposition par le débiteur

240 Dans l'hypothèse où la demande d'injonction d'avoir à délivrer ou restituer a été admise par le juge, le débiteur peut former opposition contre l'ordonnance.

- **Forme de l'opposition**

L'opposition est formée par déclaration contre récépissé ou par lettre recommandée avec demande d'avis de réception au greffe du juge de l'exécution qui a rendu l'ordonnance (CPC ex., art. R. 222-13). Si l'opposition est mal dirigée, par exemple, vers l'huissier de justice poursuivant ou bien encore vers la juridiction du fond compétente pour statuer sur la délivrance ou la restitution, elle est déclarée irrecevable.

- **Délai d'opposition**

Elle est formée dans les quinze jours qui suivent la signification de l'ordonnance.

- **Effet de l'opposition**

Si l'opposition est valable :
- la saisie est bloquée ;
- elle empêche l'ordonnance de devenir exécutoire et n'a pas, comme en matière d'injonction de payer, pour vocation de saisir le juge de la contestation ;
- le créancier doit saisir le juge du fond dans un délai de **deux mois** afin que celui-ci dise si la demande est bien fondée ou non et rende éventuellement une décision qui pourra, dans le cas où la demande est jugée bien fondée, constituer le titre exécutoire nécessaire au fondement des poursuites (CPC ex., art. R. 222-14).

Si l'opposition n'est pas recevable, et qu'en outre le débiteur ne s'est pas exécuté, le créancier peut obtenir une ordonnance revêtue de la formule exécutoire au greffe sans que le greffier ne puisse juger de la validité de la signification de l'ordonnance d'injonction (CPC ex., art. R. 222-15).

La suite de la procédure est alors la même qu'en cas de **possession d'un titre exécutoire** (à ceci près que le commandement de délivrer ou de restituer n'est pas nécessaire si l'appréhension du bien est entreprise entre les mains de la personne visée dans l'injonction et moins de deux mois après que l'ordonnance a été rendue exécutoire, CPC ex., art. R. 222-16).

3 Pourvoi en cassation contre l'ordonnance revêtue de la formule exécutoire

241 L'ordonnance qui bénéficie de l'apposition de la formule exécutoire produit tous les effets d'un jugement contradictoire en dernier ressort (CPC ex., art. R. 222-15) et bénéficie de l'autorité de la chose jugée (CA Bordeaux, 9 mai 2001, n° 00/04331 : *JurisData* n° 2001-144487).

Elle ne peut être frappée d'appel ou d'opposition mais peut faire l'objet d'un pourvoi en cassation dans les conditions de droit commun (CPC, art. 605 et s.), formé par la personne enjointe qui souhaiterait contester la régularité de la délivrance de la formule exécutoire.

Jusqu'à ce que le pourvoi soit instruit et jugé, il est possible de demander des délais de grâce (CA Caen, 18 oct. 2005, n° 03/03627 : *JurisData* n° 2005-286618. – V. Fiche 34 : Obtenir un délai de grâce).

CHECK-LIST • Déterminer :
- la nature de l'obligation ;
- le lieu de situation du bien (éventuellement détenu par un tiers) ;
- la procédure d'injonction adaptée ;
- la nature du bien désigné (s'il existe des procédures particulières le concernant) ;
- la juridiction territorialement compétente ;
- l'existence ou non d'un titre exécutoire.
• Être vigilant quant aux mentions devant apparaître dans la requête ;
• Signifier l'ordonnance ;
• Être attentif :
- aux délais ;
- à la réaction du débiteur.

VOIR AUSSI Modèle 7 : Requête en injonction de payer ou de délivrer.

POUR ALLER PLUS LOIN...

Fascicules JurisClasseur

- *JCl. Procédures Formulaire*, V° *Saisie-appréhension et saisie-revendication des biens meubles corporels*, Fasc. 10.
- *JCl. Procédures Formulaire*, V° *Saisie-appréhension et saisie-revendication des biens meubles corporels*, Fasc. 15.
- *JCl. Procédures Formulaire*, V° *Saisie-appréhension et saisie-revendication des biens meubles corporels*, Fasc. 20.
- *JCl. Procédures Formulaire*, V° *Saisie-appréhension et saisie-revendication des biens meubles corporels*, Fasc. 25.
- *JCl. Procédures Formulaire*, V° *Saisie-appréhension et saisie-revendication des biens meubles corporels*, Fasc. 30.
- *JCl. Procédures Formulaire*, V° *Saisie-appréhension et saisie-revendication des biens meubles corporels*, Fasc. 35.

Ouvrage

- M. Donnier et J.-B. Donnier, *Voies d'exécution et procédures de distribution*, LexisNexis, 9e éd. 2017.

Fiche 11

Inscrire une hypothèque judiciaire

Coline WARIN

Sommaire

I Aperçu rapide ... 93
A Éléments clés ... 93
B Textes ... 94
1 Textes codifiés ... 94
2 Textes non codifiés ... 94
C Schéma procédural ... 94
1 Hypothèque judiciaire résultant d'un jugement ... 94
2 Hypothèque judiciaire conservatoire ... 94
II Préparation ... 95
A Informations préalables ... 95
B Inventaire des solutions et éléments de décision ... 95
1 Hypothèque judiciaire résultant d'une condamnation ... 95
2 Hypothèque judiciaire conservatoire ... 95
III Mise en œuvre ... 96
A Compétence ... 96
1 Hypothèque judiciaire résultant d'un jugement ou d'une décision arbitrale ... 96
2 Hypothèque judiciaire conservatoire ... 96
B Rédaction de la requête pour obtenir une hypothèque judiciaire conservatoire ... 96
1 Présentation de la requête ... 96
2 Mentions obligatoires ... 96
C Inscription de l'hypothèque sur présentation de deux bordereaux ... 97
1 Dépôt des deux bordereaux au service de la publicité foncière ... 97
2 Mentions obligatoires du bordereau ... 97
D Recours ou contestation ... 97
1 Contestation de la validité des formalités de l'hypothèque ... 97
2 Contestation relative à l'exécution de l'hypothèque ... 98
E Renouvellement ... 98
1 Hypothèque judiciaire résultant d'une condamnation ... 98
2 Hypothèque judiciaire conservatoire ... 98
F Caducité ... 98

I
Aperçu rapide

A Éléments clés

242 Sûreté immobilière, l'hypothèque judiciaire permet au créancier de sauvegarder ses droits en prenant une garantie sur le ou les biens immobiliers de son débiteur.
Sont susceptibles de faire l'**objet** d'une hypothèque (C. civ., art. 2397) :
– les biens immobiliers ;
– leurs accessoires ;
– l'usufruit de ces biens.
L'hypothèque judiciaire peut (C. civ., art. 2395, 2412 à 2424) :
– résulter :
  • d'un jugement,
  • d'une décision arbitrale dans des cas spécifiques prévus par la loi ;
– être inscrite sur tous les immeubles présents et à venir du débiteur ;

– garantir le montant en principal et accessoires de la créance, qu'elle soit :
- actuelle,
- éventuelle,
- conditionnelle ;

– être **conservatoire** (CPC ex., art. L. 531-1) : elle ne porte alors que sur le ou les immeubles sur lesquels le juge a autorisé l'inscription ;
– être autorisée par le juge des libertés et de la détention (JLD) à titre conservatoire, sur les biens immobiliers des personnes mises en examen (CPP, art. 706-103). Ce cas ne sera pas étudié dans la présente fiche.

L'immeuble grevé d'une hypothèque judiciaire demeure **aliénable**. Les créanciers ayant inscrit une hypothèque sur un immeuble, le suivent en quelques mains qu'il passe, et seront payés suivant l'ordre de leur inscription (C. civ., art. 2461). Les créanciers peuvent poursuivre l'exécution forcée de l'immeuble en procédant à une saisie immobilière (V. Fiche 14 : Mettre en œuvre une saisie immobilière).

243 Outil efficace afin :
– de protéger les intérêts du créancier ;
– d'éviter que le débiteur n'organise son insolvabilité.

ATTENTION **La garantie demandée doit être proportionnée à la créance, à défaut la mesure peut :**
– être contestée sur le fondement de l'abus de droit ;
– faire l'objet d'une réduction (C. civ., art. 2444 et 2445. – CPC ex., art. R. 532-9).
Exemple : Sont réputées excessives les inscriptions qui grèvent plusieurs immeubles lorsque la valeur d'un seul ou de quelques-uns d'entre eux excède une somme égale au double du montant des créances en capital et accessoires légaux, augmentés du tiers de ce montant (C. civ., art. 2444, al. 2).

RETOUR D'EXPÉRIENCE Lorsque la valeur des immeubles grevés est notoirement supérieure au montant des sommes inscrites, le débiteur peut faire limiter les effets de l'inscription d'hypothèque provisoire s'il justifie que ces immeubles ont une valeur du double du montant de ces sommes (Cass. 2e civ., 21 mars 2013, n° 12-15.071 : *JurisData* n° 2013-004897 ; *RD bancaire et fin.* 2013, comm. 95, A. Cerles).

B Textes

1 Textes codifiés

Code civil :
- C. civ., art. 2396.
- C. civ., art. 2412.
- C. civ., art. 2427.
- C. civ., art. 2437.
- C. civ., art. 2444.
- C. civ., art. 2445.

Code de procédure civile :
- CPC, art. 58, 494.

Code des procédures civiles d'exécution :
- CPC ex., art. L. 511-1 à L. 512-2.
- CPC ex., art. L. 531-1 à L. 531-2.
- CPC ex., art. R. 531-1 à R. 533-5.

2 Textes non codifiés

- D. n° 55-22, 4 janv. 1955, portant réforme de la publicité foncière, art. 5, 6, 7 et 26.

C Schéma procédural

1 Hypothèque judiciaire résultant d'un jugement

244 • Décision ayant force exécutoire.
• Inscription de l'hypothèque judiciaire.

2 Hypothèque judiciaire conservatoire

a) Sur autorisation du juge

245 • Ordonnance autorisant l'inscription d'une hypothèque judiciaire conservatoire.
• Inscription provisoire de l'hypothèque judiciaire au service de la publicité foncière dans le délai de trois mois à compter de l'ordonnance.
• Notification au débiteur dans le délai de huit jours à compter de l'inscription.
• Engagement d'une procédure par le créancier pour obtenir un titre exécutoire dans le délai d'un mois à compter de l'inscription.
• Recours du débiteur dans le délai d'un mois à compter de la notification.
• Obtention d'un titre exécutoire.
• Inscription définitive de l'hypothèque judiciaire dans le délai de deux mois à compter du jour où le titre est passé en force de chose jugée.

b) Sur le fondement d'une décision non exécutoire ou d'un des quasi-titres (CPC ex., art. L. 511-2)

246 • Inscription d'une hypothèque judiciaire conservatoire.
• Notification au débiteur dans le délai de huit jours à compter de l'inscription.
• Si nécessaire : engagement d'une procédure par le créancier pour obtenir un titre exécutoire dans le délai d'un mois à compter de l'inscription.
• Recours du débiteur dans le délai d'un mois à compter de la notification.
• Obtention d'un titre exécutoire.
• Inscription définitive de l'hypothèque judiciaire dans le délai de deux mois à compter du jour où le titre est passé en force de chose jugée.

II
Préparation

A Informations préalables

247 • S'agissant d'une hypothèque judiciaire résultant d'une condamnation, réclamer :
- la décision judiciaire ;
- un extrait cadastral.

• S'agissant d'une hypothèque judiciaire conservatoire, réclamer :
- l'ordonnance ayant autorisé la prise d'hypothèque judiciaire conservatoire ou la décision de justice n'ayant pas force exécutoire ;
- le titre exécutoire ;
- la lettre de change acceptée, le billet à ordre, le chèque ou encore la preuve du loyer impayé ;
- un extrait cadastral.

• Lorsque le créancier sollicite une autorisation du juge pour une prise d'hypothèque conservatoire, vérifier qu'il justifie :
- d'une créance fondée en son principe ;
- de circonstances menaçant le recouvrement.

• En tout état de cause, vérifier que :
- l'immeuble sur lequel l'hypothèque va être inscrite est bien la propriété du débiteur et que le fichier immobilier en porte la preuve (vérifier que le titre de propriété du débiteur a bien été publié) ;
- l'immeuble est libre de droits afin d'éviter des coûts inutiles (demander un état des inscriptions au bureau des hypothèques).

> **CONSEIL** **Les créanciers hypothécaires sont payés suivant l'ordre de leur inscription (C. civ., art. 2461), il est donc inutile de prendre une hypothèque sur un bien dont la valeur est inférieure au montant des hypothèques déjà inscrites.**

> **ATTENTION** **La constitution d'une hypothèque judiciaire suppose que l'inscription soit encore possible et qu'un événement quelconque ne vienne pas interdire cette inscription.**
> **Exemple : en matière de procédure collective, est nulle toute hypothèque judiciaire constituée sur des biens du débiteur, afférente à des dettes nées avant la cessation des paiements (C. com., art. L. 632-1, I, 6°).**

B Inventaire des solutions et éléments de décision

1 Hypothèque judiciaire résultant d'une condamnation

248 La décision servant de base à l'inscription de l'hypothèque judiciaire doit être contentieuse et emporter condamnation.
Il n'y a pas de délai pour inscrire ce type d'hypothèque judiciaire.
L'inscription peut être requise immédiatement après le prononcé du jugement.

2 Hypothèque judiciaire conservatoire

249 Le créancier (CPC ex., art. L. 511-1) :
- doit recueillir l'autorisation du juge pour procéder à l'inscription de l'hypothèque judiciaire conservatoire ;
- devra démontrer que sa créance paraît fondée en son principe et justifier de circonstances susceptibles d'en menacer le recouvrement.

ATTENTION **Le créancier doit introduire une procédure ou accomplir les formalités nécessaires à l'obtention d'un titre exécutoire.**

ATTENTION **L'hypothèque judiciaire conservatoire devra être transformée en hypothèque définitive.**
Ses effets rétroagiront à la date de l'inscription de l'hypothèque conservatoire.

L'autorisation du juge n'est pas nécessaire lorsque le créancier se prévaut (CPC ex., art. L. 511-2) :
– d'un titre exécutoire (CPC ex., art. L. 111-3) ;
– d'une décision de justice n'ayant pas encore force exécutoire ;
– d'une lettre de change acceptée ;
– d'un billet à ordre (Cass. com., 19 mai 2015, n° 14-17.401 : *JurisData* n° 2015-011830 ; *RD bancaire et fin.* 2015, comm. 131, S. Piedelièvre) ;
– d'un chèque ;
– d'un loyer resté impayé dès lors qu'il résulte d'un contrat écrit de louage d'immeubles.

III
Mise en œuvre

A Compétence

1 Hypothèque judiciaire résultant d'un jugement ou d'une décision arbitrale

250 Toutes les juridictions peuvent ordonner une hypothèque judiciaire (C. civ., art. 2396).
L'hypothèque judiciaire peut résulter de :
– jugements (C. civ., art. 2412, al. 1er) :
• contradictoires,
• par défaut,
• définitifs,
• provisoires ;
– décisions (C. civ., art. 2412, al. 2) :
• arbitrales ou étrangères revêtues de l'ordonnance judiciaire d'exécution,
• étrangères déclarées exécutoires par un tribunal français.

2 Hypothèque judiciaire conservatoire

251 Compétence d'attribution réservée au juge de l'exécution (JEX).

ATTENTION **L'autorisation de pratiquer la mesure conservatoire peut être accordée par le président du tribunal de commerce lorsque, demandée avant tout procès, elle tend à la conservation d'une créance relevant de la compétence de la juridiction commerciale (CPC ex., art. L. 511-3).**

B Rédaction de la requête pour obtenir une hypothèque judiciaire conservatoire

1 Présentation de la requête

252 La requête est remise ou adressée en double exemplaire au greffe du JEX par le requérant ou son mandataire (CPC ex., art. R. 121-23).

2 Mentions obligatoires

253 La requête contient (CPC, art. 58 et 494) :
– pour les personnes physiques : nom, prénoms, profession, domicile, nationalité, date et lieu de naissance du demandeur ;
– pour les personnes morales : forme, dénomination, siège social et organe qui les représente légalement ;
– l'indication des nom, prénoms et domicile du défendeur (dénomination et siège social s'il s'agit d'une personne morale) ;
– l'objet de la demande ;
– les diligences entreprises en vue de parvenir à une résolution amiable du litige, sauf justification d'un motif légitime tenant à l'urgence ou à la matière considérée, en particulier lorsqu'elle intéresse l'ordre public ;
– la description de l'immeuble sur lequel l'hypothèque va être inscrite.
La requête doit :
– être motivée, datée et signée ;
– démontrer que :
• la créance paraît fondée en son principe,
• des circonstances sont susceptibles d'en menacer le recouvrement ;

– indiquer la juridiction saisie (si une instance est en cours).

RETOUR D'EXPÉRIENCE Lorsque le débiteur est une personne physique, la preuve de la menace dans le recouvrement peut être difficile à rapporter : il est possible de faire appel à des entreprises d'enquête privées pour obtenir des informations sur le patrimoine du débiteur.

C Inscription de l'hypothèque sur présentation de deux bordereaux

1 Dépôt des deux bordereaux au service de la publicité foncière

254 L'inscription est opérée au service de la publicité foncière par le dépôt de deux bordereaux établis sur un formulaire de l'administration (C. civ., art. 2428, al. 2 et 7).
Le créancier doit également présenter au service de la publicité foncière (C. civ., art. 2428) :
– l'original, une expédition authentique ou un extrait littéral de la décision judiciaire ayant autorisé l'hypothèque ;
– la décision de justice n'ayant pas force exécutoire ou le titre exécutoire, la lettre de change acceptée, le billet à ordre, le chèque ou la preuve du loyer impayé.

ATTENTION **La publication du commandement de saisie n'équivaut pas à la publicité de l'hypothèque (Cass. 2e civ., 28 sept. 2017, n° 16-20.437, P+B : *JurisData* n° 2017-018679 ; *RD bancaire et fin.* 2017, comm. 246, D. Legeais).**

2 Mentions obligatoires du bordereau

255 Le bordereau doit contenir (CPC ex., art. R. 532-1) :
– la désignation du créancier et du débiteur :
• pour les personnes physiques : nom, prénoms dans l'ordre de l'état civil, date et lieu de naissance, domicile, profession, nom du conjoint (D. n° 55-22, 4 janv. 1955, art. 5),
• pour les personnes morales : dénomination, forme sociale exacte, siège, numéro d'immatriculation au RCS, date et lieu de la déclaration pour une association ou du dépôt des statuts pour un syndicat (D. n° 55-22, 4 janv. 1955, art. 6),
• ces mentions doivent être certifiées par un officier ministériel, avocat, administrateur judiciaire, liquidateur ou représentant de créanciers ou par une autorité administrative ;
– l'indication du titre en vertu duquel l'inscription est requise ;
– l'indication du montant de la créance en principal et accessoires ;
– la nature, la situation, la contenance, la désignation cadastrale (section, numéro du plan et lieu-dit ou rue et numéro) de l'immeuble sur lequel l'inscription est requise. En cas d'hypothèque sur une partie seulement d'un immeuble ou sur une partie d'un lot dûment identifié dans l'immeuble, il convient de désigner les fractions grevées selon un état descriptif de division (C. civ., art. 2428, al. 5. – D. n° 55-22, 4 janv. 1955, art. 7, al. 1er et 3).
Les bordereaux doivent être datés, signés et certifiés conformes entre eux par le signataire du certificat d'identité prévu aux articles 5 et 6 du décret n° 55-22 du 4 janvier 1955.

ATTENTION **À défaut de toutes ces indications et pièces, l'inscription sera refusée (C. civ., art. 2428, al. 5).**

D Recours ou contestation

1 Contestation de la validité des formalités de l'hypothèque

256 • **Créancier :** possibilité de contester le rejet d'une formalité de publicité devant le président du TGI en référé dans les **huit jours** de la notification de cette décision (D. n° 55-22, 4 janv. 1955, art. 26). Si le rejet est annulé, l'hypothèque judiciaire prend effet à la date de son dépôt initial.
• **Débiteur :** possibilité de contester les conditions de validité de l'hypothèque judiciaire conservatoire devant le juge qui a autorisé la mesure (CPC ex., art. R. 511-1 à R. 512-2) :
– JEX ;
– ou président du tribunal de commerce.
Lorsque l'hypothèque conservatoire a été constituée sans autorisation préalable du juge, la mainlevée peut être ordonnée (CPC ex., art. R. 512-2) :
– soit par le JEX du lieu où demeure le débiteur ;
– soit par le président du tribunal de commerce du lieu où demeure le débiteur lorsque la mesure est fondée sur une créance commerciale et avant tout procès.

2 Contestation relative à l'exécution de l'hypothèque

257 Les contestations relatives à l'exécution de la mesure conservatoire sont portées devant le JEX du lieu où est situé l'immeuble objet de l'hypothèque (CPC ex., art. R. 512-3, R. 532-6, R. 532-9 et R. 322-6).
L'inscription définitive, qui ne peut intervenir moins d'un mois après la dénonciation signifiée au débiteur, rend irrecevable la demande en mainlevée et en radiation de l'hypothèque provisoire, cette fin de non-recevoir pouvant être opposée en tout état de cause (Cass. 2e civ., 25 juin 2015, n° 14-18.924 : *JurisData* n° 2015-015385 ; *Procédures* 2015, comm. 295, Ch. Laporte).
Le JEX connaît :
- des difficultés relatives aux titres exécutoires ;
- des contestations qui s'élèvent à l'occasion des mesures conservatoires, même si elles portent sur le fond du droit (Cass. 2e civ., 31 janv. 2013, n° 11-26.992 : *JurisData* n° 2013-001140 ; *RD bancaire et fin.* 2013, comm. 101, S. Piedelièvre ; *Procédures* 2013, comm. 103, R. Perrot).

E Renouvellement

1 Hypothèque judiciaire résultant d'une condamnation

258 L'hypothèque judiciaire doit être renouvelée avant le délai précisé dans l'acte.

2 Hypothèque judiciaire conservatoire

259 L'inscription d'hypothèque judiciaire conservatoire a une durée de validité de **trois ans**, renouvelable pour la même durée (CPC ex., art. R. 532-7).
L'hypothèque judiciaire conservatoire devra être convertie en hypothèque judiciaire définitive dans un délai de **deux mois** courant, selon le cas :
- à compter du jour où le titre constatant les droits du créancier est passé en force de chose jugée ;
- si la procédure a été mise en œuvre avec un titre exécutoire, à compter du jour de l'expiration du délai d'un mois visé à l'article R. 532-6 du Code des procédures civiles d'exécution ;
- si une demande de mainlevée a été formée, à compter du jour de la décision rejetant cette contestation ;

> **ATTENTION** **À noter toutefois que si le titre n'était exécutoire qu'à titre provisoire, le délai court du jour où le titre constatant les droits du créancier est passé en force de chose jugée. En matière de procédure collective, l'hypothèque judiciaire provisoire régulièrement inscrite avant le jugement d'ouverture permet au créancier de procéder, dans le délai de deux mois courant à compter du jour où la décision d'admission ou de fixation de sa créance est passée en force de chose jugée, à l'inscription définitive qui, confirmant l'inscription provisoire, donne rang à l'hypothèque à la date de la formalité initiale (Cass. com., 3 mai 2016, n° 14-21.556, P+B : *JurisData* n° 2016-008400 ; *JCP* E 2016, 1466, Ch. Lebel ; *Procédures* 2016, comm. 227, Ch. Laporte ; *RD bancaire et fin.* 2016, comm. 170, S. Piedelièvre ; *Rev. proc. coll.* 2016, comm. 122, F. Macorig-Venier).**

- si le caractère exécutoire du titre est subordonné à une procédure d'*exequatur*, à compter du jour où la décision qui l'accorde est passée en force de chose jugée (CPC ex., art. R. 533-2).
Une fois la publicité définitive réalisée, l'hypothèque judiciaire prendra rang à la date à laquelle la publicité provisoire a été réalisée, dans la limite des sommes conservées par cette dernière (CPC ex., art. R. 533-1).

F Caducité

260 L'hypothèque judiciaire est caduque :
- à défaut de renouvellement ;
- à défaut de publicité définitive (concernant l'hypothèque judiciaire conservatoire) (CPC ex., art. L. 533-1).

> **ATTENTION** **À noter toutefois que l'inscription d'une hypothèque judiciaire définitive réalisée plus de deux mois à compter du jour où le titre constatant les droits du créancier est passé en force de chose jugée n'est pas privée d'effet mais prend date au jour du jugement définitif (Cass. 1re civ., 14 mars 2012, n° 10-28.143 : *JurisData* n° 2012-004280 ; *JCP* G 2012, 358 ; *RD bancaire et fin.* 2012, comm. 126, S. Piedelièvre).**

Sa radiation peut être demandée au JEX (CPC ex., art. R. 533-6).

CHECK-LIST **Vérifier :**
– l'existence d'un titre exécutoire ;
– l'existence d'une créance fondée en son principe et de circonstances menaçant le recouvrement ;
– que le débiteur est propriétaire de l'immeuble sur lequel l'hypothèque va être inscrite et que le fichier immobilier en porte la preuve ;
– que l'immeuble est libre de droits.

Ne pas oublier :
– de procéder au renouvellement de l'hypothèque judiciaire ;
– de procéder à la publicité définitive de l'hypothèque judiciaire conservatoire.

VOIR AUSSI Modèle 8 : Inscription d'hypothèque judiciaire définitive.
Modèle 9 : Inscription d'hypothèque judiciaire provisoire.

POUR ALLER PLUS LOIN...

Fascicules JurisClasseur
- *JCl. Civil Code*, Art. 2412.
- *JCl. Enregistrement Traité*, V° *Obligations*, Fasc. 3.
- *JCl. Notarial Formulaire*, V° *Bordereaux d'inscription hypothécaire*, Fasc. 130.
- *JCl. Notarial Formulaire*, V° *Bordereaux d'inscription hypothécaire*, Fasc. 135.
- *JCl. Procédure civile*, Fasc. 1700-30.
- *JCl. Procédures Formulaire*, V° *Hypothèque*, Fasc. 10.
- *JCl. Voies d'exécution*, Fasc. 501.
- *JCl. Voies d'exécution*, Fasc. 572.
- *JCl. Voies d'exécution*, Fasc. 575.

Revues
- D. Legeais, *Promesse de constituer une hypothèque : RD bancaire et fin.* 2016, comm. 165 ; *Hypothèque judiciaire conservatoire : RD bancaire et fin.* 2012, comm. 88.

Titre 3
Mesures conservatoires

Sommaire

Fiche 12 Savoir quelle mesure conservatoire prendre 103

Fiche 13 Saisir les meubles à titre conservatoire 115

Fiche 12
Savoir quelle mesure conservatoire prendre

Eva CALVEYRA

Actualisée par Fabien TOMMASONE

Sommaire

I Aperçu rapide 103
A Éléments clés 103
B Textes 104
1 Textes codifiés 104
2 Textes non codifiés 104
3 Droit européen 104
II Préparation 105
A Informations préalables 105
1 Questions à soulever lors de la consultation client 105
2 Contrôles préalables à effectuer dès réception de l'ensemble des informations 105
B Inventaire des solutions et éléments de décision 106
1 Saisies conservatoires 106
2 Sûretés judiciaires 107
III Mise en œuvre 108
A Conditions de mise en œuvre 108
B Saisies conservatoires 109
1 Saisies conservatoires sur biens meubles corporels 109
2 Saisie-revendication 109
3 Saisies conservatoires de créances 109
4 Saisie conservatoire des comptes bancaires dans l'espace judiciaire européen 110
5 Saisies conservatoires de droits d'associés et de valeurs mobilières 110
6 Saisies conservatoires de biens incorporels 111
7 Saisies conservatoires de biens placés dans un coffre-fort 111
C Sûretés judiciaires 112
1 Inscription d'hypothèque judiciaire provisoire sur un immeuble 112
2 Inscription de nantissement judiciaire provisoire 113

I Aperçu rapide

A Éléments clés

261 Pour susciter la réaction du débiteur et le faire céder, un créancier ne doit pas hésiter, en présence d'un débiteur solvable, à mettre en œuvre une mesure conservatoire sur les biens de ce dernier, dès lors (CPC ex., art. L. 511-1) :
– qu'il détient une créance fondée en son principe ;
– qu'il existe des circonstances menaçant le recouvrement de celle-ci ;
– que la mesure est préalablement autorisée par le juge, sauf cas prévus par la loi (CPC ex., art. L. 511-2).

L'intérêt de cette mesure tient notamment à son effet de surprise (la gêne pouvant, en outre, être considérable pour le débiteur) ; en effet, celle-ci peut être pratiquée sans commandement préalable.

L'expression « mesures conservatoires » (CPC ex., art. L. 511-1 à L. 512-2 et R. 511-1 à R. 512-3) regroupe, en matière de voies d'exécution, deux catégories de mesures :
– les **saisies conservatoires** : elles peuvent porter sur tous les biens mobiliers, corporels et incorporels, dès lors qu'ils appartiennent effectivement

au débiteur (qu'ils soient entre les mains d'un tiers ou aient déjà fait l'objet d'une saisie conservatoire précédente) et englobent donc :
• la saisie conservatoire de créances,
• la saisie conservatoire de meubles corporels,
• la saisie conservatoire de droits d'associé et de valeurs mobilières.
Elles rendent indisponibles les biens sur lesquels elles portent ;
– les **sûretés judiciaires** : elles peuvent porter sur des immeubles, des fonds de commerce, des parts sociales et des valeurs mobilières, et consister en :
• une inscription d'hypothèque judiciaire provisoire sur un immeuble,
• une inscription de nantissement judiciaire provisoire.
Les biens grevés de sûretés judiciaires restent aliénables, mais ils font l'objet d'un droit de suite et d'un droit de préférence.
La notification de la mesure conservatoire, quelle qu'elle soit, interrompt la prescription de la créance cause de la saisie.

B Textes

1 Textes codifiés

• C. aviation, art. R. 123-9 et R. 132-2.
• C. civ., art. 792-1, 1415, 2350, 2412, 2426 et s.
• C. com., art. L. 143-17, L. 622-7, L. 622-17, L. 624-3, L. 624-5, L. 625-8, L. 631-14 et L. 632-1.
• C. com., art. R. 143-1 à R. 143-6 et R. 143-8.
• C. consom., art. L. 331-5.
• CPC, art. 465, 493 à 498, 501 à 526, 648, 1405 à 1425-9.
• CPC ex., art. L. 112-1 à L. 112-4, L. 511-1, L. 511-2, L. 521-1, L. 523-1 et L. 531-2.
• CPC ex., art. R. 221-12, R. 222-17 à R. 222-25, R. 224-1 et s., R. 232-1 à R. 232-4, R. 511-1 à R. 512-3, R. 523-3 à R. 523-9, R. 524-1 à R. 524-6, R. 525-1 à R. 525-5, R. 532-1 à R. 532-7, R. 533-3 à R. 533-5 et R. 534-1.
• CPI, art. R. 714-4.
• C. transports, art. L. 5114-22 et s.
• C. trav., art. L. 3252-7, R. 1454-14 et s.

2 Textes non codifiés

• D. n° 55-22, 4 janv. 1955, portant réforme de la publicité foncière.
• D. n° 55-1350, 14 oct. 1955, pris pour l'application du décret n° 55-22 du 4 janvier 1955 portant réforme de la publicité foncière.

3 Droit européen

• Règl. (CE) n° 44/2001, 22 déc. 2000, concernant la compétence judiciaire, la reconnaissance et l'exécution des décisions en matière civile et commerciale (Bruxelles I).
• Règl. (CE) n° 2201/2003, 27 nov. 2003, relatif à la compétence, la reconnaissance et l'exécution des décisions en matière matrimoniale et en matière de responsabilité parentale abrogeant le règlement (CE) n° 1347/2000 (Bruxelles II bis).
• Règl. (UE) n° 1215/2012, 12 déc. 2012, concernant la compétence judiciaire, la reconnaissance et l'exécution des décisions en matière civile et commerciale.
• Règl. (UE) n° 606/2013, 12 juin 2013, relatif à la reconnaissance mutuelle des mesures de protection en matière civile.
• Règl. (UE) n° 655/2014, 15 mai 2014, portant création d'une procédure d'ordonnance européenne de saisie conservatoire des comptes bancaires, destinée à faciliter le recouvrement transfrontière de créances en matière civile et commerciale.
• Conv. Bruxelles, 10 mai 1952, pour l'unification de certaines règles sur la saisie conservatoire des navires de mer.
• Conv. Genève, 25 janv. 1965, relative à l'immatriculation des bateaux de navigation intérieure.
• Conv. La Haye, 15 nov. 1965, relative à la signification et à la notification à l'étranger des actes judiciaires et extrajudiciaires en matière civile ou commerciale.

II
Préparation

A Informations préalables

1 Questions à soulever lors de la consultation client

262 • Quel est le montant de la créance ?
• Quelle est la cause de la saisie ?
• Quelle est l'origine de la créance ? S'agit-il d'une créance de loyers impayés ? Le débiteur refuse-t-il de payer le prix de vente d'un véhicule d'occasion ? La créance est-elle relative à des cotisations d'assurance vieillesse impayées ? Le client est-il créancier d'une pension alimentaire impayée ? S'agit-il d'une créance cambiaire ? La créance fait-elle l'objet d'une opération d'affacturage ? S'agit-il d'une créance issue d'un chèque ou d'une lettre de change impayés ?
• Quel est l'objet de la saisie ? Le créancier veut-il saisir le prix de vente du fonds de commerce ?
• La partie saisie exerce-t-elle une activité professionnelle ? Est-elle mariée ? Appartient-elle à une indivision successorale ? Est-elle domiciliée en France ?
• Quels sont les actifs saisissables que possède le débiteur de l'obligation ?

2 Contrôles préalables à effectuer dès réception de l'ensemble des informations

263 • S'assurer :
– que la créance est fondée en son principe et menacée en son recouvrement si le créancier ne possède pas déjà un titre exécutoire constatant sa créance ;
– que la créance cause de la mesure n'est pas prescrite (compte tenu des délais parfois courts) ;
– que le débiteur n'a pas, en matière successorale, publié de déclaration d'acceptation à concurrence de l'actif net qui arrêterait toute voie d'exécution de la part du créancier de la succession (C. civ., art. 792-1) pendant un délai de quinze mois ; le conseil du créancier doit déclarer durant ce même délai la créance, sous peine d'extinction pour les créances non assorties de sûretés ;
– qu'aucune procédure collective, concernant le débiteur, n'est en cours ;
– qu'il n'existe pas d'éventualité de surendettement du débiteur, personne physique, susceptible de faire obstacle au recouvrement des créances ;
– qu'aucun délai de grâce n'a été accordé au débiteur (outre les délais accordés par le juge de l'exécution, vérifier s'il n'y a pas de moratoires accordés par la commission de surendettement ou le juge des référés) ;
– que l'on n'est pas dans le cas d'une immunité d'exécution de droit interne ou international ;
– que le compte bancaire devant faire l'objet de la mesure est situé en France ; à défaut, il conviendra de faire application de la procédure de saisie conservatoire des comptes bancaires, applicable au sein de l'Union européenne, ou des règles de droit commun applicables dans le cadre international.
• S'interroger sur la possibilité de procéder :
– à une injonction de payer ;
– une injonction de faire ;
– ou une injonction de délivrer ou de restituer.
En effet, il peut s'avérer opportun de cumuler de telles procédures avec celle de la mesure conservatoire envisagée, afin de rendre la mesure conservatoire plus efficiente.

RETOUR D'EXPÉRIENCE Quand il s'agit de savoir quelle mesure conservatoire prendre, il faut parfois envisager un cumul de mesures conservatoires en gardant à l'esprit que si la saisie conservatoire rend les biens saisis indisponibles (il n'y a donc ni droit de suite, ni droit de préférence, ni effet attributif immédiat), cette mesure perd de son efficacité en cas de procédure collective alors que la sûreté judiciaire ne rend pas les biens inaliénables mais est maintenue en cas de procédure collective et donne un droit de suite et de préférence au créancier (pour un exemple de cumul de saisie conservatoire et de nantissement de valeurs mobilières, V. Cass. 2e civ., 30 mai 2002, n° 99-21.597 : *JurisData* n° 2002-014712 ; *Procédures* 2002, comm. 160, R. Perrot) ; étant précisé que le cumul des mesures conservatoires est soumis au principe de proportionnalité (CPC ex., art. L. 111-7).

REMARQUE Le contrôle du praticien, **conseil du créancier**, doit porter essentiellement sur la possibilité d'un recouvrement efficace et à moindre coût.

• Il est en effet inutile d'entraîner le client dans une procédure qui n'aboutirait pas.

• Il faut, dès le départ, effectuer la balance entre les frais engendrés par ce type de procédure et le montant en jeu (et ainsi écarter tout caractère abusif de la procédure).

• Pour une meilleure appréhension des risques encourus par le client, il convient de :

– lui présenter les possibilités de contestations de la partie saisie et leurs effets ;

– lui soumettre les règles relatives à l'insaisissabilité de certaines créances monétaires ou de certains biens mobiliers ou immobiliers (insaisissabilité des meubles nécessaires à la vie courante, déclaration d'insaisissabilité possible de la résidence principale de l'entrepreneur individuel, etc.).

Il appartient au **conseil du débiteur**, pour obtenir la mainlevée de la mesure, de démontrer que la créance n'est pas fondée en son principe, ou que le recouvrement n'en est pas menacé.

B Inventaire des solutions et éléments de décision

1 Saisies conservatoires

a) Domaine

264 Tous les biens meubles corporels ou incorporels, appartenant au débiteur, y compris lorsque ces biens sont détenus par un tiers, peuvent faire l'objet d'une mesure conservatoire.

La saisie conservatoire est ainsi possible :

– pour les aéronefs (C. aviation, art. R. 132-2 et R. 123-9) ;

REMARQUE Pour les aéronefs français ou étrangers affectés à un service d'État ou à des transports publics, la saisie conservatoire n'est possible que pour garantir une créance due pour l'acquisition des appareils, les contrats de formation ou de maintenance liés à leur exploitation.

Pour les aéronefs étrangers et ceux dont le propriétaire demeure à l'étranger, l'autorisation n'est pas donnée par le juge de l'exécution, par exception, mais par le juge d'instance.

– pour les navires (en droit interne, V. not. C. transports, art. L. 5114-22 et s. – En droit européen, V. not. : Conv. Bruxelles, 10 mai 1952) ;

– pour les bateaux (application du droit commun et de celui applicable aux navires et notamment : Conv. Genève, 25 janv. 1965).

Même si ceux-ci sont des biens meubles à part entière, ils peuvent à certains égards être traités comme des immeubles (par ex., en matière d'hypothèque maritime), d'où l'existence d'un régime particulier.

b) Effet de la saisie

265 Les saisies conservatoires tendent à rendre indisponibles les biens sur lesquels elles portent (CPC ex., art. L. 521-1). Cet effet aura pour but d'empêcher le débiteur de diminuer son patrimoine.

Certaines saisies conservatoires, comme celles portant sur les aéronefs et les navires, tendent à occasionner une gêne supplémentaire au débiteur par l'effet d'immobilisation de biens destinés à se déplacer. Ainsi, le débiteur sera incité à exécuter ses obligations au plus vite s'il souhaite récupérer la pleine jouissance de ses biens.

ATTENTION **Un même bien peut faire l'objet de plusieurs saisies conservatoires (CPC ex., art. L. 521-1, al. 3 et L. 523-1).**

c) Choix entre les variétés de saisies conservatoires

266 Le client peut opter entre :

– la **saisie conservatoire des biens meubles corporels** qui :

• est susceptible de porter sur tout bien meuble corporel et a vocation à être convertie en saisie-vente pour ainsi garantir le recouvrement des créances monétaires,

• peut porter sur des meubles qui sont détenus par le débiteur ou par un tiers pour le compte du débiteur, ou qui sont situés dans un coffre-fort (V. *infra*, n° 276, « Saisies conservatoires de biens placés dans un coffre-fort ». – V. Fiche 13 : Saisir les meubles à titre conservatoire),

• rend les biens indisponibles ;

CONSEIL **Si le débiteur ne s'exécute pas, le praticien peut envisager la vente forcée de ses biens, après conversion de la mesure conservatoire en mesure d'exécution, ce qui permettra de payer le créancier avec l'argent ainsi obtenu.**

Le débiteur solvable, attaché à ses biens, peut être motivé pour s'exécuter et éviter l'enlèvement de ceux-ci. Pour aboutir au résultat recherché (conversion de la saisie en saisie-attribution), le créancier doit être muni d'un titre exécutoire (V. Fiche 17 : Mettre en œuvre une saisie-attribution).

– la **saisie-revendication** qui :
• porte sur des biens meubles corporels, y compris sur des titres et papiers, des aéronefs, ou bien encore des troupeaux (Cass. 2e civ., 28 févr. 2006, n° 04-14.454 : *JurisData* n° 2006-032506. – Pour la liste des biens, V. Fiche 10 : Obtenir une injonction de délivrer ou de restituer),
• intéresse toute personne apparemment fondée à requérir la délivrance ou la restitution d'un bien meuble corporel,
• rend le bien indisponible (CPC ex., art. R. 222-17 à R. 222-25. – V. *infra*, n° 271, « Saisie-revendication ». – V. Fiche 22 : Mettre en œuvre une saisie-revendication) ;
– la **saisie conservatoire de créances** qui :
• porte sur des créances de sommes d'argent,
• peut être pratiquée entre les mains d'une personne morale de droit public, d'un établissement bancaire ou de tout tiers détenteur de fonds au profit du débiteur,
• rend indisponibles les sommes saisies à concurrence du montant pour lequel la saisie est pratiquée (sauf saisie sur compte bancaire où l'intégralité des sommes est alors indisponible pendant quinze jours) ;
– emporte de plein droit consignation des sommes rendues indisponibles en vertu de ce qu'elle produit les effets du privilège spécial de l'article 2350 du Code civil, ce qui explique qu'une même créance ne puisse faire l'objet de plusieurs saisies conservatoires ;
– peut être pratiquée dans un autre État membre de l'Union européenne selon les règles de droit commun ou selon la procédure de saisie conservatoire des comptes bancaires prévue par le règlement (UE) n° 655/2014 du Parlement européen et du Conseil du 15 mai 2014 (PE et Cons. UE, règl. [UE] n° 655/2014, 15 mai 2014).

ATTENTION Le créancier doit convertir la saisie conservatoire en saisie-attribution **dès que possible** afin d'éviter les pièges liés à l'ouverture d'une **procédure collective**. Si une procédure collective est ouverte après l'acte de saisie, mais avant l'acte de conversion en saisie-attribution, le créancier saisissant ne peut plus obtenir l'attribution des sommes saisies, ni leur paiement. Il ne peut que déclarer sa créance à titre chirographaire. L'effet d'indisponibilité attaché à la saisie n'est donc pas aussi puissant que l'attribution immédiate de la créance saisie qui est la principale conséquence de la saisie-attribution. Alors que la saisie-attribution produit, dès l'acte de saisie, l'essentiel de ses effets, la saisie conservatoire ne fait pas véritablement « sortir » la créance du patrimoine du débiteur saisi tant que la conversion de la saisie (en saisie-attribution) n'a pas eu lieu.
Les **rémunérations du travail** ne peuvent faire l'objet d'une saisie conservatoire (C. trav., art. L. 3252-7. – V. Fiche 20 : Saisir les rémunérations du débiteur).

RETOUR D'EXPÉRIENCE Lorsque la mainlevée de la saisie est ordonnée par le juge, le créancier peut être condamné à réparer le préjudice causé par l'exécution de la mesure.

• La **saisie conservatoire des droits d'associé et des valeurs mobilières** qui rend indisponibles les biens saisis ainsi que les droits pécuniaires nés ou à naître jusqu'à l'obtention d'un titre exécutoire qui permet au saisissant de convertir la saisie conservatoire en saisie-vente (V. Fiche 28 : Mettre en œuvre une saisie de droits d'associés et de valeurs mobilières).
• La **saisie conservatoire des biens incorporels** qui :
– porte sur des droits de propriété intellectuelle, des licences et autorisations administratives dès lors qu'ils ont une certaine valeur et sont dissociables du fonds de commerce ;
– peuvent être saisis, même en l'absence d'une réglementation spécifique (V. Fiche 29 : Mettre en œuvre une saisie de droits incorporels).

2 Sûretés judiciaires

a) Domaine

267 La prise de sûretés judiciaires ne peut se faire que sur une liste limitativement énumérée de biens :
– immeubles ;
– fonds de commerce ;
– valeurs mobilières ;
– parts sociales (V. Fiche 11 : Inscrire une hypothèque judiciaire).
En cas de bien détenu de façon indivise, une sûreté judiciaire peut être inscrite sur la part détenue par le débiteur.

ATTENTION **Le bien commun est à l'abri d'une telle mesure lorsque la créance à garantir concerne un emprunt ou un cautionnement contracté par l'un des conjoints sans le consentement de l'autre (C. civ., art. 1415).**

b) Effet de la sûreté judiciaire

268 Les sûretés judiciaires ne rendent pas les biens indisponibles ; elles confèrent à leur titulaire un droit de préférence et de suite, permettant ainsi au créancier d'être assuré, en cas de vente des biens, d'avoir un rang privilégié lors de la distribution du prix.

La publicité provisoire de l'inscription a pour effet de donner rang immédiatement pendant une durée de trois ans (délai renouvelable, avec des spécificités pour l'hypothèque judiciaire conservatoire, CPC ex., art. R. 532-7) jusqu'à la publicité définitive qui interviendra après l'obtention d'un titre exécutoire.

En cas de vente du bien avant la publicité définitive, le prix est consigné jusqu'à obtention du titre exécutoire et publicité définitive dans le délai prévu sauf exception.

Si le créancier n'obtient pas le titre exécutoire (extinction de l'instance, rejet de la demande), la publicité provisoire doit être radiée (par le juge du fond, et, à défaut, le juge de l'exécution).

ATTENTION **En cas de procédure collective :**
– si la publicité provisoire a été inscrite en période suspecte, elle est nulle (C. com., art. L. 632-1, 7°) ;
– si la publicité provisoire est antérieure à la date de cessation de paiements, la publicité définitive pourra être inscrite et le créancier pourra ainsi avoir la qualité de créancier privilégié (mais une mesure d'exécution forcée ne pourra être pratiquée en raison du principe de suspension des poursuites, V. C. com., art. L. 622-7, L. 622-17, L. 631-14).

III
Mise en œuvre

A Conditions de mise en œuvre

269 Tout créancier peut solliciter du juge l'autorisation de pratiquer une mesure conservatoire (que ce soit une **saisie conservatoire** ou une **sûreté judiciaire**), dès lors qu'il justifie :
- d'une créance qui paraît fondée en son principe ;
- de circonstances susceptibles d'en menacer le recouvrement.

L'autorisation du juge n'est pas nécessaire dans un certain nombre de cas, limitativement énumérés (CPC ex., art. L. 511-2) :
- existence d'un titre exécutoire ;
- existence d'une décision de justice qui n'a pas encore force exécutoire ;
- défaut de paiement d'une lettre de change acceptée ;
- défaut de paiement d'un billet à ordre ;
- défaut de paiement d'un chèque ;
- défaut de paiement d'un loyer, dès lors qu'il résulte d'un contrat écrit de louage d'immeubles.

Le juge compétent pour autoriser la mesure est, soit :
- le juge de l'exécution du lieu où demeure le débiteur ;
- soit le président du tribunal de commerce lorsque, demandée avant tout procès, la mesure tend à la conservation d'une créance relevant de la compétence de la juridiction commerciale.

Le même juge est compétent pour connaître des demandes de mainlevées ou de substitutions formulées par les débiteurs.

La **saisie conservatoire** peut être pratiquée tant sur les biens meubles corporels qu'incorporels du débiteur :
- même s'ils sont détenus par un tiers ;
- et même si une saisie conservatoire a déjà été pratiquée par un autre créancier.

Il est possible de prendre une **sûreté judiciaire** sur présentation de l'autorisation du juge ou du titre en vertu duquel la loi permet de pratiquer une telle mesure conservatoire sur :
- un immeuble (inscription d'une hypothèque judiciaire provisoire. – V. Fiche 11 : Inscrire une hypothèque judiciaire) ;
- un fonds de commerce (inscription de nantissement judiciaire provisoire) ;
- des valeurs mobilières ou des parts sociales (inscription de nantissement provisoire de valeurs mobilières ou de parts sociales).

ATTENTION **Il est interdit de prendre des mesures conservatoires après le jugement d'ouverture, de redressement ou de liquidation judiciaire (C. com., art. L. 622-7).**
Sont nulles les mesures conservatoires intervenues après la date de cessation des paiements (C. com., art. L. 632-1, 7°), à moins que l'inscription ou l'acte de saisie ne soit antérieur à la date de cessation des paiements.

À peine de nullité, l'ordonnance du magistrat doit contenir les éléments suivants :
- l'objet de la mesure ;
- le montant des sommes sur lesquelles porte la mesure autorisée ;
- la nature des biens sur lesquels porte la mesure.

ATTENTION **À peine de caducité :**
– la mesure conservatoire doit être exécutée dans les trois mois du prononcé de l'ordonnance ;
– dans tous les cas où la mesure conservatoire est pratiquée sans titre exécutoire, le créancier a un mois après l'exécution de la mesure pour introduire la procédure ou effectuer les formalités nécessaires à l'obtention d'un titre exécutoire ; la mesure conservatoire pratiquée entre les mains d'un tiers doit être dénoncée dans les huit jours au débiteur (délai qui court à compter de différents points de départ suivant les dispositifs) ; – si la mesure conservatoire est pratiquée entre les mains d'un tiers, le créancier doit signifier au tiers saisi dans les huit jours les diligences exécutées pour l'obtention d'un titre exécutoire.

B Saisies conservatoires

1 Saisies conservatoires sur biens meubles corporels

270 Les étapes de la procédure sont les suivantes (V. Fiche 13 : Saisir les meubles à titre conservatoire) :
- requête à fin de saisie conservatoire de biens meubles corporels, sauf en cas de dispense légale (CPC ex., art. L. 511-2) ;
- saisie, avec des spécificités suivant :
• que le débiteur est présent ou non,
• ce qui est saisi (par ex. : véhicule terrestre à moteur : V. Fiche 27 : Saisir le véhicule automobile) ;
• que la saisie est pratiquée entre les mains d'un tiers ;
- obtention du titre exécutoire ;
- conversion en saisie-vente.

REMARQUE Cette mesure étant pratiquée sans commandement préalable, elle peut être un atout non négligeable, notamment lorsque le créancier, en possession d'un titre exécutoire, a des raisons de croire que le débiteur pourrait soustraire de son patrimoine des biens de valeur.

2 Saisie-revendication

271 V. Fiche 22 : Mettre en œuvre une saisie-revendication.
L'autorisation judiciaire est requise, sauf en cas de dispense légale (CPC ex., art. L. 511-2. – V. *supra*, n° 269, « Conditions de mise en œuvre »).
L'acte de saisie, dressé par l'huissier de justice, est porté à la connaissance du détenteur, qu'il soit débiteur ou tiers.
Dans l'hypothèse où le détenteur est un tiers, une autorisation complémentaire du juge est nécessaire, notamment pour entrer dans le local d'habitation de celui-ci (CPC ex., art. R. 222-20).
Le détenteur est en droit de faire valoir un droit sur le bien objet de la mesure. Le saisissant doit alors porter la contestation dans le délai d'un mois devant le juge de l'exécution du lieu où demeure le détenteur, sous peine de perdre l'effet d'indisponibilité qui s'attache à la mesure, à l'expiration d'un délai d'un mois.
Dès l'obtention d'un titre exécutoire, le saisissant peut demander la conversion de la saisie-revendication en saisie-appréhension, avec notamment des formalités différentes selon que le bien a été saisi entre les mains du débiteur ou d'un tiers (V. Fiche 23 : Mettre en œuvre une saisie-appréhension) ou que le bien saisi est un véhicule terrestre à moteur (V. Fiche 27 : Saisir le véhicule automobile).

3 Saisies conservatoires de créances

272 Les étapes essentielles d'une saisie conservatoire de créances sont les suivantes (V. Fiche 16 : Saisir les créances) :
- requête à fin de saisie conservatoire de créances, sauf en cas de dispense légale (CPC ex., art. L. 511-2) ;
- établissement de l'acte de saisie par acte d'huissier de justice ;

– signification de l'acte au tiers saisi qui doit faire sa déclaration de renseignements sur-le-champ ;
– dénonciation au débiteur dans les huit jours, sous peine de caducité : il est aussi très important de vérifier que toutes les mentions obligatoires figurent dans la dénonce, sous peine de nullité (CPC ex., art. R. 523-3) ;
– à défaut de titre exécutoire ou de dispense légale, accomplissement des actes ou formalités tendant à l'obtention d'un titre exécutoire, dans le mois qui suit l'exécution de la mesure, à peine de caducité (CPC ex., art. R. 511-7) ;
– dénonciation par acte d'huissier de justice au tiers saisi, dans un délai de huit jours, des actes attestant des diligences requises pour l'obtention d'un titre exécutoire (CPC ex., art. R. 511-8) ;
– obtention d'un titre exécutoire ;
– conversion en saisie-attribution (par acte d'huissier de justice appelé « acte de conversion ») ;
– signification de l'acte de conversion au tiers saisi (sur la compétence exclusive de l'huissier de justice, V. Cass. 2e civ., 25 sept. 2014, n° 13-25.552 : *JurisData* n° 2014-021843 ; *Procédures* 2014, comm. 319, C. Laporte) puis copie au débiteur.

Les contestations contre l'acte de conversion (CPC ex., art. R. 523-9) doivent être soulevées dans les **quinze jours** de la dénonciation au débiteur saisi. Le tiers doit être informé de la contestation.

La demande de mainlevée (CPC ex., art. R. 512-1 à R. 512-3) est, quant à elle, portée devant le juge de l'exécution qui a autorisé la mesure.

Si la mesure a été pratiquée sans autorisation préalable, le juge de l'exécution du lieu où demeure le débiteur est compétent (sauf si la créance relève de la compétence d'une juridiction commerciale, auquel cas elle peut être portée, avant tout procès, devant le président du tribunal de commerce).

4 Saisie conservatoire des comptes bancaires dans l'espace judiciaire européen

273 • Procédure facultative, le créancier a toujours la possibilité de recourir aux règles de droit commun, notamment sur le fondement du règlement n° 1215/2012 (Règl. [UE] n° 1215/2012, 12 déc. 2012).

• L'obtention de l'ordonnance de saisie conservatoire européenne est subordonnée à l'existence d'un risque réel et sérieux qu'à défaut d'une telle mesure, le recouvrement ultérieur de la créance soit empêché ou rendu sensiblement plus difficile.

• La créance doit être de nature civile ou commerciale, et le litige doit avoir un caractère transfrontalier au sens du règlement (le compte bancaire objet de la mesure doit être ouvert dans un autre État membre que l'État de la juridiction saisie de la demande d'ordonnance de saisie conservatoire, ou autre que l'État membre dans lequel le créancier est domicilié).

• Le juge compétent, avant toute instance tendant à l'obtention d'un titre exécutoire, sera le juge national compétent pour traiter de cette question, soit le juge de l'exécution ou le président du tribunal de commerce en matière commerciale. Le créancier en possession d'un titre exécutoire devra se tourner vers le juge qui a rendu la décision pour faire une demande d'ordonnance de saisie conservatoire.

• Le créancier devra constituer une garantie d'un montant suffisant afin de prévenir un recours abusif à la procédure.

• Une fois obtenue, l'ordonnance est exécutoire de plein de droit dans les autres États membres sans qu'une déclaration constatant sa force exécutoire ne soit nécessaire.

• L'ordonnance de saisie conservatoire est exécutée conformément aux procédures applicables à l'exécution des ordonnances équivalentes sur le plan national dans l'État membre d'exécution ; en France, par l'huissier de justice.

• Si le créancier obtient une ordonnance avant de posséder un titre exécutoire, il devra introduire une instance au fond dans un délai de **trente jours** à compter de la date d'introduction de la demande tendant à l'obtention de l'ordonnance, ou dans un délai de **quatorze jours** à compter de la date de délivrance de l'ordonnance, si la demande d'ordonnance a été introduite postérieurement à l'introduction de la procédure au fond.

5 Saisies conservatoires de droits d'associés et de valeurs mobilières

274 V. Fiche 28 : Mettre en œuvre une saisie de droits d'associés et de valeurs mobilières.

Les étapes de cette procédure sont les suivantes :
– requête aux fins de saisie conservatoire de valeurs mobilières ;
– acte de saisie conservatoire des droits d'associés et des valeurs mobilières signifié au tiers saisi (société pour les droits d'associé, établissement bancaire pour les valeurs mobilières) ;
– dénonce de la saisie conservatoire au débiteur par acte d'huissier de justice dans un délai de **huit jours**, à peine de caducité ;
– obtention du titre exécutoire ;
– conversion de la saisie conservatoire en saisie-vente par signification de l'acte de conversion au

débiteur ; une copie de l'acte de conversion doit être signifiée au tiers saisi ;
– vente des biens saisis.

REMARQUE Le conseil du débiteur peut toujours consigner auprès de la Caisse des dépôts et consignations une somme suffisante pour désintéresser le saisissant, ce qui emporte mainlevée de la saisie (CPC ex., art. R. 232-8).

6 Saisies conservatoires de biens incorporels

275 V. Fiche 29 : Mettre en œuvre une saisie de droits incorporels.
Le *modus operandi* est le même que celui de la saisie conservatoire de droits d'associés et de valeurs mobilières (CPC ex., art. R. 524-1 à R. 524-5. – V. *supra*, n° 274, « Saisies conservatoires de droits d'associés et de valeurs mobilières »).

7 Saisies conservatoires de biens placés dans un coffre-fort

276 Lorsqu'un coffre-fort appartient au débiteur, il peut faire l'objet, selon les cas, soit d'une saisie conservatoire de droit commun, soit d'une saisie-revendication :
– si le créancier souhaite vendre les biens, la saisie conservatoire sera la plus appropriée (CPC ex., art. R. 525-1 à R. 525-5) ;
– si le créancier souhaite appréhender les biens, la saisie-revendication s'impose alors (CPC ex., art. R. 222-17 à R. 222-25).
Peuvent faire l'objet d'une saisie conservatoire les biens de nature mobilière se trouvant dans un coffre-fort, soit :
– des bijoux ;
– des billets de banque ;
– des lingots.
Il est nécessaire de vérifier que les biens ne font pas partie des biens insaisissables (CPC ex., art. L. 112-1 à L. 112-4).
La procédure est légèrement différente suivant que le coffre-fort est ouvert ou fermé.
L'acte de saisie est un acte d'huissier de justice signifié au tiers, propriétaire du coffre-fort (CPC ex., art. R. 224-1, sur renvoi de CPC ex., art. R. 525-1).
Il contient, à peine de nullité, outre les mentions obligatoires habituelles en matière d'actes d'huissier de justice (CPC, art. 648), les mentions spécifiques suivantes (CPC ex., art. R. 224-1, sur renvoi de CPC ex., art. R. 525-1) :
– mentions concernant le débiteur : nom et domicile ou dénomination et siège social ;
– mentions concernant le titre en vertu duquel la saisie est pratiquée ;
– mentions concernant le coffre :
• son identification,
• la mention de l'interdiction d'accès au coffre : il s'agit d'une injonction au tiers d'interdire tout accès au coffre (*i.e.* au locataire du coffre (débiteur) mais aussi aux colocataires ou aux titulaires de procuration), si ce n'est en présence de l'huissier de justice.
Les conditions de validité et de contestation sont les mêmes que celles du droit commun des mesures conservatoires (CPC ex., art. R. 511-1 à R. 512-3), avec certaines spécificités propres (CPC ex., art. R. 224-1 et R. 224-2).
L'acte de saisie est dénoncé au débiteur par acte d'huissier de justice le premier jour ouvrable suivant l'acte de saisie (CPC ex., art. R. 525-2).
Outre les mentions prescrites par l'article 648 du Code de procédure civile, sont prévues, à peine de nullité :
– la dénonciation de l'acte saisie ;
– la mention de l'autorisation du juge ou du titre en vertu duquel la saisie est pratiquée (avec des spécificités s'il s'agit d'une obligation notariée ou d'une créance de l'État, des collectivités territoriales ou de leurs établissements publics) ;
– la mention concernant l'interdiction d'accès au coffre-fort ;
– la mention en caractères très apparents du droit qu'a le débiteur, si les conditions de validité ne sont pas réunies, de saisir le juge de l'exécution du lieu de son domicile afin de demander la mainlevée de la saisie ;
– la reproduction des articles R. 511-1 à R. 512-3 du Code des procédures civiles d'exécution.
Le coffre peut être ouvert à tout moment, à la demande du débiteur, avant l'obtention par le créancier de son titre exécutoire (CPC ex., art. R. 525-3).
L'huissier de justice procède alors à la saisie des biens sélectionnés en fonction de la créance à garantir.
L'huissier de justice dresse un inventaire détaillé des biens saisis (CPC ex., art. R. 525-3) :
– les biens saisis sont immédiatement enlevés et placés sous la garde de l'huissier de justice ou d'un séquestre désigné, à défaut d'accord amiable, sur requête par le juge de l'exécution du lieu de la saisie (CPC ex., art. R. 525-3) ;
– l'huissier de justice peut prendre des photographies des objets retirés dans les conditions prescrites par l'article R. 221-12 du Code des procédures civiles d'exécution ;
– cet inventaire devra être signifié au débiteur et aux personnes auxquelles des biens ont été remis.

REMARQUE Si le **contrat de location du coffre-fort est résilié** avant l'obtention du titre exécutoire, le propriétaire doit délivrer une sommation au débiteur d'être présent à l'ouverture du coffre.
La sommation délivrée avertit le débiteur qu'en cas d'absence ou de refus d'ouverture, celle-ci aura lieu par la force et aux frais du débiteur.
En l'absence du débiteur, l'ouverture ne peut avoir lieu qu'en présence du propriétaire du coffre ou de son préposé dûment habilité (CPC ex., art. R. 224-4 sur renvoi de CPC ex., art. R. 525-4).L'huissier de justice procède à l'inventaire (CPC ex., art. R. 224-5 sur renvoi de CPC ex., art. R. 525-4). Il est dressé acte des opérations (CPC ex., art. R. 224-6 sur renvoi de CPC ex., art. R. 525-4) et la copie de l'inventaire est remise ou signifiée au débiteur (CPC ex., art. R. 224-7 sur renvoi de CPC ex., art. R. 525-4).

C Sûretés judiciaires

1 Inscription d'hypothèque judiciaire provisoire sur un immeuble

277 Sur présentation de l'autorisation du juge ou du titre en vertu duquel l'inscription est pratiquée, une inscription peut être prise sur les immeubles du débiteur.
Les formalités de publicité rendent cette sûreté opposable aux tiers dès lors que la publicité provisoire est confirmée, dans les délais, par une publicité définitive.
La sûreté prise sur le bien n'a pas pour effet de rendre le bien inaliénable. En cas de vente avant publicité définitive, le créancier sera payé sur le prix de vente après la publicité définitive (celui-ci sera donc consigné dans l'intervalle).

REMARQUE Le conseil du débiteur peut demander au juge de cantonner les effets de la sûreté provisoire dès lors qu'il est démontré que la valeur du bien est au moins deux fois supérieure au montant de la créance.

Les **étapes de cette procédure** sont les suivantes :
– requête aux fins d'inscription provisoire d'hypothèque (à défaut de titre exécutoire. – V. Fiche 11 : Inscrire une hypothèque judiciaire) ;

RETOUR D'EXPÉRIENCE Il est rarement nécessaire de demander une autorisation judiciaire puisque toute décision juridictionnelle, telle qu'une ordonnance de référé, peut emporter de plein droit hypothèque judiciaire (C. civ., art. 2412).

ATTENTION **En Alsace-Moselle, l'inscription de la sûreté est sollicitée selon une procédure particulière (CPC ex., art. R. 534-1).**

– demande de renseignements par le conseil du créancier auprès des services de la publicité foncière du lieu de situation de l'immeuble, à l'aide du formulaire CERFA n° 11194*04, imprimé n° 3233-SD (disponible sur le site www.impots.gouv.fr/portail/recherche), afin d'obtenir les informations nécessaires à la rédaction du bordereau d'inscription d'hypothèque (fiche personnelle et fiche immobilière). Un état des inscriptions sera notamment fourni à cette occasion, et permettra au créancier d'évaluer l'opportunité d'inscrire une nouvelle sûreté, au regard des inscriptions déjà existantes au jour de la demande ;
– rédaction du bordereau d'inscription d'hypothèque judiciaire (CERFA n° 11197*01, imprimé n° 3267-C-SD, disponible sur le site : www.impots.gouv.fr/portail/recherche) selon les règles de la publicité foncière prévues par le décret n° 55-1350 du 14 octobre 1955 ;
– dépôt de deux bordereaux d'inscription provisoire d'hypothèque auprès des services de la publicité foncière du lieu de situation de l'immeuble, accompagnés de l'original de la décision judiciaire ou de la requête et de l'ordonnance d'autorisation, outre un règlement à l'ordre du Trésor public afin de s'acquitter de la taxe de publicité foncière, calculée selon la formule suivante :

Créance totale × 0,715 % =
X (avec un minimum de 25 €)
+
Créance totale × 0,05 % =
Y (avec un minimum de 8 €)
+ 2 € (pour les frais de retour)
Total à régler = X + Y + 2 €

– acceptation ou rejet (dans ce dernier cas, recours dans les huit jours de la notification du rejet devant le président du tribunal de grande instance statuant comme en matière de référé) ;
– signification au débiteur par acte d'huissier de justice dans les **huit jours** du dépôt des bordereaux à peine de caducité ; cette signification n'est pas requise en cas d'inscription d'hypothèque judiciaire légale de l'article 2412 du Code civil.

ATTENTION Il faut renouveler l'inscription, qui n'est valable que trois ans à compter du dépôt des bordereaux, si le stade de la publicité définitive n'a pas été atteint, et ce pour une nouvelle période de trois ans. La responsabilité de l'avocat ou de l'huissier de justice instrumentaire peut être engagée, à défaut, car il y a un risque de perte de rang.
Dès lors qu'il y a caducité de la mesure, l'avocat du débiteur peut demander la mainlevée de la mesure au juge de l'exécution.

- exécution de la mesure dans les trois mois ;
- un mois pour assigner au fond (à défaut de titre exécutoire) ;
- vente du bien (éventuellement) ;
- publicité définitive dans les deux mois à compter de différentes dates selon les cas (CPC ex., art. R. 533-4. – V. égal. CPC ex., art. R. 532-6, qui prévoit que lorsque le créancier est déjà titulaire d'un titre exécutoire, la mainlevée de la publicité provisoire peut être demandée jusqu'à la publicité définitive, qui ne peut intervenir moins d'un mois après la signification de l'acte prévu à l'article R. 532-5 du Code des procédures civiles d'exécution) selon les modalités prévues à l'article 2428 du Code civil, à peine de caducité ;

ATTENTION En Alsace-Moselle, il faut se référer aux dispositions de l'article R. 534-1 du Code des procédures civiles d'exécution.

- si le prix est régulièrement consigné (CPC ex., art. R. 533-5), la publicité définitive est remplacée par la signification du titre exécutoire du créancier à la personne chargée de répartir le prix, dans un délai de deux mois.

2 Inscription de nantissement judiciaire provisoire

278 Sur présentation de l'autorisation du juge ou du titre en vertu duquel l'inscription est pratiquée, une inscription peut être prise sur des fonds de commerce, des parts sociales et sur des valeurs mobilières appartenant au débiteur.

La sûreté prise sur le bien n'a pas pour effet de rendre le bien inaliénable. En cas de vente avant publicité définitive, le créancier sera payé sur le prix de vente après la publicité définitive (celui-ci sera donc consigné dans l'intervalle).

Les **étapes de la procédure** sont les suivantes :
- acte d'inscription (qui diffère suivant qu'il s'agit d'un fonds de commerce, de parts sociales ou de valeurs mobilières) ;

ATTENTION Pour inscrire une sûreté sur un fonds de commerce :
– deux bordereaux sur papier libre déposés au greffe du tribunal de commerce dans le ressort duquel le fonds est exploité (CPC ex., art. R. 532-2) ;
– dans les huit jours suivant le dépôt des bordereaux d'inscription, à peine de caducité, le débiteur en est informé par acte d'huissier de justice.
Pour inscrire une sûreté sur des parts sociales :
– le nantissement est signifié par acte d'huissier de justice à la société ; s'il s'agit d'une société civile immatriculée, l'acte de nantissement doit être publié au registre du commerce et des sociétés (CPC ex., art. R. 532-3), en n'omettant pas de s'acquitter des droits prévus par le tarif des greffiers des tribunaux de commerce, sous peine de rejet de la demande de publication ;
– dans les huit jours suivant la signification du nantissement à la société, à peine de caducité, le débiteur en est informé par acte d'huissier de justice.
Pour inscrire une sûreté sur des valeurs mobilières :
– le nantissement est signifié à l'une des personnes mentionnées aux articles R. 232-1 à R. 232-4 du Code des procédures civiles d'exécution (société ou personne morale émettrice, ou auprès du mandataire de la société notamment) ;
– dans les huit jours suivant la signification du nantissement, à peine de caducité, le débiteur en est informé par acte d'huissier de justice.

- dans tous les cas, la publicité provisoire conserve la sûreté pendant trois ans, elle peut être renouvelée pour la même durée ;
- délai d'un mois pour assigner au fond ou pour accomplir les formalités nécessaires (à défaut de titre exécutoire) et dénonciation aux tiers de l'accomplissement des formalités dans les **huit jours** si la mesure est pratiquée entre les mains d'un tiers ;
- (éventuellement) contestations du débiteur (CPC ex., art. R. 511-1 à R. 511-8 et R. 512-3) ;

ATTENTION **Le conseil du débiteur devra élever les contestations avant la publicité définitive, puisqu'au-delà, la contestation n'est plus recevable.**
Cela peut poser un problème dans les cas où l'inscription provisoire a été inscrite en vertu d'un titre exécutoire. C'est d'ailleurs la raison pour laquelle il est prévu que l'inscription définitive ne peut intervenir moins d'un mois après l'inscription provisoire (CPC ex., art. R. 532-6).

– vente du bien (éventuellement) et éventuelle consignation du prix dans l'intervalle (avec des dispositions particulières pour les valeurs mobilières cotées) ;
– publicité définitive (dans les **deux mois** à compter de différentes dates selon les cas) selon les modalités prévues à l'article L. 143-17 du Code de commerce pour les fonds de commerce et suivant les mêmes modalités que la publicité provisoire pour les parts sociales et valeurs mobilières (CPC ex., art. R. 533-3) dans un délai de **deux mois** (CPC ex., art. R. 533-4), à peine de caducité ;
– en cas de vente, si le prix est régulièrement consigné (CPC ex., art. R. 533-5), la publicité définitive est remplacée par la signification du titre exécutoire du créancier à la personne chargée de répartir le prix, dans un délai de deux mois.

CHECK-LIST **• Déterminer :**
– la nature du bien objet de la mesure conservatoire ;
– la juridiction territorialement compétente ;
– le but recherché par le client ;
– la personne entre les mains de laquelle se trouve le bien.
• Être vigilant quant aux mentions devant apparaître dans les différents actes à faire signifier et dans les formalités requises.
• Être très attentif aux délais.

VOIR AUSSI Modèle 24 : Requête en saisie-revendication dans le cas où le débiteur bénéficie d'un délai de grâce.

POUR ALLER PLUS LOIN...

Fiches pratiques
• V. Fiche 13 : Saisir les meubles à titre conservatoire.
• V. Fiche 10 : Inscrire une hypothèque judiciaire.

Fascicules JurisClasseur
• *JCl. Procédure civile*, Fasc. 1700-10, Mesures conservatoires – Dispositions communes.
• *JCl. Procédure civile*, Fasc. 1700-15, Mesures conservatoires – Saisie conservatoire des meubles corporels.
• *JCl. Procédure civile*, Fasc. 1700-20, Mesures conservatoires – Saisie conservatoire des créances.
• *JCl. Procédure civile*, Fasc. 1700-25, Mesures conservatoires et d'exécution forcée sur les valeurs mobilières et droits d'associés.
• *JCl. Procédure civile*, Fasc. 1700-30, Mesures conservatoires – Sûretés judiciaires.

Ouvrage
• M. Donnier et J.-B. Donnier, *Voies d'exécution et procédures de distribution*, LexisNexis, 9e éd. 2017.

Fiche 13

Saisir les meubles à titre conservatoire

Gwénaëlle BOUILLÉ

Sommaire

I **Aperçu rapide** ... 115
A Éléments clés ... 115
B Textes ... 116
II **Préparation** ... 117
A Informations préalables ... 117
B Inventaire des solutions et éléments de décisions ... 117
III **Mise en œuvre** ... 118
A Conditions d'ouverture de la saisie conservatoire ... 118
1 Biens concernés ... 118
2 Titres requis ... 118
3 Délais à respecter ... 118
B Saisie entre les mains du débiteur ... 118
1 Débiteur présent ... 118
2 Débiteur absent ou refusant l'ouverture ... 119
C Saisie entre les mains d'un tiers détenteur ... 120
1 Tiers saisi présent ... 120
2 Tiers absent ... 121
D Conversion de la saisie conservatoire en saisie-vente ... 121
1 Procédure de conversion ... 121
2 Effet de la conversion de la saisie conservatoire ... 122
E Pluralité de saisies ... 122
1 Information des créanciers par l'huissier de justice ... 122
2 Participation des créanciers concurrents à la procédure ... 122
F Recours et contestations ... 123
1 Contestations relatives à la propriété des biens saisis ... 123
2 Contestations relatives à la saisissabilité ... 123
3 Contestations relatives à la validité de la vente ... 123
4 Effet des recours et contestations ... 123

I Aperçu rapide

A Éléments clés

279 La saisie conservatoire permet à un créancier de garantir le règlement de sa créance sur les meubles de son débiteur.

Cette saisie peut porter sur les biens meubles corporels du débiteur, même s'ils sont détenus par un tiers ou s'ils ont fait l'objet d'une saisie conservatoire antérieure.

À défaut de titre exécutoire, le créancier peut solliciter l'autorisation du juge, à condition de justifier (CPC ex., art. L. 511-1 et R. 521-1) :

– du bien-fondé de sa créance dans son principe, et,

– de circonstances en menaçant le recouvrement.

L'intérêt essentiel de la saisie conservatoire des meubles corporels appartenant au débiteur tient à « son effet de surprise », soit à l'indisponibilité immédiate des meubles dès la première intervention de l'huissier de justice.

Sans commandement préalable (CPC ex., art. L. 511-1, al. 1) ni avertissement, l'huissier de justice peut se rendre dans tout local et en tout lieu où sont susceptibles de se trouver des meubles corporels appartenant au débiteur et dresser sur-le-champ un procès-verbal de saisie conservatoire qui les rend indisponibles (CPC ex., art. L. 141-2).

L'huissier de justice ne peut :

- effectuer de saisie conservatoire un dimanche ou un jour férié, sauf sur autorisation du juge en cas de nécessité (CPC ex., art. L. 141-1, al. 1) ;
- commencer une saisie conservatoire avant six heures ou après vingt et une heures, sauf sur autorisation du juge en cas de nécessité et seulement dans les lieux ne servant pas à l'habitation (CPC ex., art. L. 141-1, al. 2).

La saisie conservatoire est un bon moyen pour faire pression sur le débiteur. S'il est attaché à ses meubles, il n'hésitera pas à s'acquitter de sa dette. L'issue de la saisie conservatoire est d'être convertie en saisie-vente par le créancier titulaire d'un titre exécutoire.

Le débiteur ou le créancier disposent de voies de recours pour paralyser la procédure de saisie ou les opérations de vente.

ATTENTION **Sont insaisissables comme étant nécessaires à la vie et au travail du débiteur saisi et de sa famille (CPC ex., art. R. 112-2. – V. aussi, CPC ex., art. L. 112-2) :**

- les vêtements ;
- la literie ;
- le linge de maison ;
- les objets et produits nécessaires aux soins corporels et à l'entretien des lieux ;
- les denrées alimentaires ;
- les objets de ménage nécessaires à la conservation, à la préparation et à la consommation des aliments ;
- les appareils nécessaires au chauffage ;
- la table et les chaises permettant de prendre les repas en commun ;
- un meuble pour abriter le linge et les vêtements et un meuble pour ranger les objets ménagers ;
- une machine à laver le linge ;
- les livres et autres objets nécessaires à la poursuite des études ou à la formation professionnelle ;
- les objets d'enfants ;
- les souvenirs à caractère personnel ou familial (Cass. 2e civ., 12 mai 2016, n° 15-15.158 : *JurisData* n° 2016-008993) ;
- les animaux d'appartement ou de garde ;
- les animaux destinés à la subsistance du saisi, ainsi que les denrées nécessaires à leur élevage ;
- les instruments de travail nécessaires à l'exercice personnel de l'activité professionnelle (V. Cass. 2e civ., 28 juin 2012, n° 11-15.055 : *JurisData* n° 2012-014329, pour un ordinateur utilisé pour la recherche d'un emploi) ;
- un poste téléphonique permettant l'accès au service téléphonique fixe.

REMARQUE Ces biens deviennent saisissables si (CPC ex., art. L. 112-2, 5°) :

- ils se trouvent dans un lieu autre que celui où le saisi demeure ou travaille habituellement ;
- ils sont des biens de valeurs en raison notamment de leur importance, de leur matière, de leur rareté, de leur ancienneté ou de leur caractère luxueux ;
- ils perdent leur caractère de nécessité en raison de leur quantité ;
- ils constituent des éléments corporels d'un fonds de commerce.

B Textes

- CPC ex., art. R. 521-1 à R. 522-14 et R. 221-1 à R. 221-61.
- CPC ex., art. L. 511-1 à L. 523-2.

II Préparation

A Informations préalables

280 Il faut bien identifier, en fait et en droit, dans quelle situation est le client.
Quel est l'état précis des faits ?
Quelles pièces détient-il ?
Dispose-t-il d'un titre exécutoire ?
Est-il titulaire d'une autorisation judiciaire ?
Que veut le créancier ? Souhaite-t-il pratiquer une saisie :
- sur les meubles d'un couple marié ?
- sur les meubles d'un fonds de commerce ?
- sur le véhicule automobile du débiteur ?

Qui est le débiteur ?
- une indivision ?
- un particulier ?
- quels sont ses nom, prénoms et domicile ?
- est-il une société ? Dans ce cas :
  • quels sont sa forme juridique, sa dénomination, son siège social et l'organe qui la représente ?
  • quel est son numéro au registre du commerce et des sociétés (RCS) ?
  • fait-elle l'objet d'une procédure collective ?
- est-il propriétaire des biens saisis ?

B Inventaire des solutions et éléments de décisions

281 La saisie conservatoire doit s'envisager dès lors que :
- il y a un certain montant en jeu ;
- les biens saisissables sont en rapport avec la créance ;
- il y a un risque de non-recouvrement de celle-ci.

> EXEMPLE Exemples de situation à risque de non-recouvrement :
> - déménagement du débiteur ;
> - vente des biens ou donation de son patrimoine pouvant tendre à une organisation d'insolvabilité.

Pratiquée sans avertissement préalable du débiteur, la saisie conservatoire peut être efficace en raison de l'effet de **surprise**.
En raison de l'indisponibilité instantanée des meubles corporels, ceux-ci ne peuvent plus être aliénés ni même déplacés. Le créancier impayé est « sécurisé ».
Jusqu'à l'obtention d'un titre exécutoire par le créancier, les meubles ne peuvent sortir du patrimoine de son débiteur. Le titre exécutoire obtenu, qu'il soit définitif ou provisoire (CPC ex., art. L. 111-10), le créancier retrouvera ces mêmes meubles et pourra procéder à leur saisie-vente grâce au mécanisme de conversion de la saisie conservatoire (CPC ex., art. R. 522-7 à R. 522-10).
La saisie conservatoire peut s'avérer fructueuse lorsque l'huissier de justice a réussi à bloquer des meubles de valeur qui se vendent bien.

> EXEMPLE • Chez un particulier : mobilier domestique de qualité voire de luxe, collections diverses, automobiles et motos, œuvres d'art, animaux (cheval, chien), matériels divers (hi-fi, bricolage) ;
> • Dans une entreprise : mobiliers, camions et engins les plus divers, stock, etc.

En pratique, la saisie conservatoire des meubles corporels peut être un moyen de pression efficace, voire très puissant, qui incite le débiteur à s'acquitter volontairement et rapidement de ses dettes, pour retrouver la disponibilité de ses biens, ou tout au moins, à négocier sérieusement avec le créancier.

> ATTENTION **À la demande du débiteur, le juge de l'exécution (JEX) peut substituer à la mesure conservatoire initialement prise toute autre mesure propre à sauvegarder les intérêts des parties, notamment la constitution d'une caution bancaire irrévocable conforme à la mesure sollicitée (CPC ex., art. L. 512-1, al. 2 et 3).**
> **En cas de procédure collective, le principe d'arrêt des voies d'exécution fait que la saisie conservatoire ne peut plus avoir d'effet, sauf si les biens saisis ont été vendus.**
> **Sur la responsabilité de l'huissier de justice dont les retards et les lenteurs dans la procédure ont fait perdre aux meubles saisis leur valeur, ne permettant plus au créancier de recouvrer sa créance (Cass. 1re civ., 9 déc. 2010, n° 09-71.125).**

III
Mise en œuvre

A Conditions d'ouverture de la saisie conservatoire

1 Biens concernés

282 La saisie conservatoire de meubles corporels frappe tous les meubles corporels appartenant au débiteur même s'ils sont détenus par un tiers (CPC ex., art. L. 521-1 et R. 521-1) à condition qu'ils soient saisissables (CPC ex., art. L. 112-2, L. 112-3 et R. 112-2) et disponibles.

2 Titres requis

283 Pour pratiquer une saisie conservatoire de meubles corporels, le créancier doit être en possession soit (CPC ex., art. L. 511-2, L. 511-3, et art. R. 511-1) :
– d'une **ordonnance d'autorisation du JEX**, ou du président du tribunal de commerce si la créance est de nature commerciale. Le créancier doit alors justifier une créance paraissant fondée dans son principe et une menace dans le recouvrement de cette créance (CA Douai, 8e ch., 7 avr. 2011, n° 10/02250 : *JurisData* n° 2011-006046) ;
– d'un **titre exécutoire**. Une injonction de payer non signifiée ou non revêtue de la formule exécutoire n'en constituant pas un ;
– d'une **décision de justice qui n'a pas encore force exécutoire**. Le jugement par exemple de divorce condamnant à une prestation compensatoire, non encore exécutoire, permet la prise de mesure conservatoire (Cass. 2e civ., 17 oct. 2002, n° 01-00.495 : *JurisData* n° 2002-015882 ; *JCP* G 2002, IV, 2897 ; *RTD civ.* 2003, p. 70) ;
– d'une **lettre de change** acceptée impayée ;
– d'un **billet à ordre** impayé ;
– d'un **chèque** impayé ;
– ou d'un **contrat écrit de louage d'immeubles** en cas de loyer impayé.

3 Délais à respecter

284 En cas d'ordonnance d'autorisation du juge, la saisie conservatoire doit être exercée dans un délai de **trois mois** à peine de caducité de l'ordonnance (CPC ex., art. R. 511-6).
En l'absence de titre exécutoire, le créancier doit introduire une procédure ou accomplir les formalités nécessaires à l'obtention d'un titre exécutoire **dans le mois** qui suit la saisie conservatoire (CPC ex., art. R. 511-7, al. 1er).

> **ATTENTION** **Le créancier qui n'a pas agi dans le délai d'un mois ne peut prétendre à une deuxième saisie conservatoire (TGI Nice, 20 avr. 1994 : *D.* 1994, somm. p. 347, obs. P. Julien).**
> **Le juge du fond peut être valablement saisi dans le mois qui suit une ordonnance de rejet d'une requête en injonction de payer, elle-même présentée dans le mois suivant l'exécution de la saisie conservatoire (CPC ex., art. R. 511-7, al. 2).**
> **La saisine, même d'une juridiction incompétente, est prise en compte dans le cadre du respect du délai d'un mois imposé au créancier pour agir (Cass. 2e civ., 3 avr. 2003, n° 01-12.032 : *JurisData* n° 2003-018467).**

B Saisie entre les mains du débiteur

1 Débiteur présent

a) Formalités préalables à la rédaction du procès-verbal

285 L'huissier de justice doit présenter au débiteur soit :
– l'autorisation du juge ;
– le titre en vertu duquel la loi permet la saisie conservatoire sans besoin d'une autorisation du juge.

> **CONSEIL** **Cette présentation du titre autorisant la saisie :**
> **– doit être faite en toute clarté. Il s'agit du premier contact avec le débiteur saisi, lequel sera le plus souvent en état de surprise, donc d'infériorité ;**
> **– peut s'accompagner d'une invitation à payer volontairement les sommes réclamées pour éviter la suite des opérations.**

L'huissier de justice doit :
– interroger le débiteur sur l'existence de saisie antérieure (CPC ex., art. R. 522-1) ;
– visiter les lieux pour recenser les meubles corporels saisissables.

ATTENTION Le droit de visite de l'huissier :
– s'étend à tous les lieux qui sont à la disposition du débiteur : local d'habitation, autres locaux et autres lieux tels que jardin ou champs ;
– comporte le droit de se faire ouvrir portes, placards, coffres, etc., afin de pouvoir recenser tout meuble corporel susceptible d'être saisi.
Si l'huissier se voit opposer un refus, il peut et doit recourir à la procédure d'ouverture forcée, avec le cas échéant l'assistance technique nécessaire (CPC ex., art. L. 142-1).

b) Rédaction du procès-verbal de saisie conservatoire

CONSEIL L'huissier de justice doit rédiger un acte de saisie aussi complet que possible afin de :
– garantir pour tous la certitude et la rectitude des opérations de saisie ;
– fournir au saisi tous les éléments d'information nécessaires à sa défense et à l'effectivité des recours dont il dispose.

286 Le procès-verbal contient, à peine de nullité (CPC ex., art. R. 522-1) :
– la mention de l'autorisation du juge ou du titre en vertu duquel la saisie est pratiquée.
Ces documents sont annexés à l'acte. Toutefois, s'il s'agit d'une obligation notariée ou d'une créance de l'État, des collectivités territoriales ou de leurs établissements publics, il est seulement fait mention de la date, de la nature du titre, ainsi que du montant de la dette ;
– la désignation détaillée des biens saisis ;

REMARQUE Cette disposition donne la possibilité à l'huissier de justice de photographier les objets saisis. Cette précaution facilite les opérations de vérification que doit réaliser l'huissier de justice dans le cadre de la conversion en saisie-vente.

– si le débiteur est présent : sa déclaration au sujet d'une éventuelle saisie antérieure sur les mêmes biens ;
– la mention, en caractères très apparents :
• que les biens saisis sont indisponibles,
• qu'ils sont placés sous la garde du débiteur,
• qu'ils ne peuvent être ni aliénés, ni déplacés, sauf cause légitime rendant leur déplacement nécessaire (CPC ex., art. R. 221-13, al. 2) sous peine des sanctions prévues à l'article 314-6 du Code pénal,
• que le débiteur est tenu de faire connaître la présente saisie à tout créancier qui procéderait à une nouvelle saisie sur les mêmes biens ;
– la mention, en caractères très apparents, du droit qui appartient au débiteur, si les conditions de validité de la saisie ne sont pas réunies, d'en demander la mainlevée au JEX du lieu de son domicile ;
– la désignation de la juridiction devant laquelle seront portées les autres contestations, notamment celles relatives à l'exécution de la saisie ;
– l'indication, le cas échéant, des nom, prénoms et qualité des personnes qui ont assisté aux opérations de saisie, lesquelles doivent apposer leur signature sur l'original et les copies ; en cas de refus, il en est fait mention dans l'acte ;
– la reproduction de l'article 314-6 du Code pénal et celle des articles R. 511-1 à R. 512-3 et R. 522-1 du Code des procédures civiles d'exécution.

c) Formalités postérieures à la rédaction du procès-verbal

287 L'huissier de justice doit (CPC ex., art. R. 522-2) :
– rappeler verbalement au débiteur son devoir de garde des meubles saisis et son droit de demander mainlevée au juge de son domicile ;
– remettre immédiatement au débiteur une copie du procès-verbal portant les mêmes signatures que l'original. Cette remise vaut signification.

2 Débiteur absent ou refusant l'ouverture

288 En cas d'absence de tout occupant susceptible de lui ouvrir ou en raison d'un refus d'ouverture, l'huissier de justice peut trouver portes closes.
Dans ce cas, muni soit :
– d'une ordonnance d'autorisation de saisie ;
– d'un titre exécutoire ;
– d'une autorisation spéciale de pénétration au local d'habitation ;

l'huissier de justice peut, sans commandement préalable, faire procéder à l'ouverture forcée des portes et meubles du local d'habitation avec l'assistance légale des personnes habilitées (CPC ex., art. L. 142-1).
L'huissier procède à l'établissement du procès-verbal de saisie conservatoire et :
– identifie les personnes ayant assisté à la saisie par l'indication de leur nom, prénoms et qualités ;
– fait signer l'original et les copies du procès-verbal par les personnes ayant assisté à la saisie ;

> CONSEIL **En faire mention en cas de refus de signer.**

– signifie au débiteur le procès-verbal de saisie conservatoire en lui impartissant un délai de **huit jours** pour qu'il porte à sa connaissance toute information relative à l'existence d'une éventuelle saisie antérieure et qu'il lui en communique le procès-verbal (CPC ex., art. R. 522-3) ;
– s'assure de la fermeture de la porte ou de l'issue par laquelle il avait pénétré dans les lieux (CPC ex., art. L. 142-2).

C Saisie entre les mains d'un tiers détenteur

1 Tiers saisi présent

a) Diligences préalables à la rédaction du procès-verbal

289 L'huissier de justice qui désire pratiquer une saisie conservatoire doit :
– présenter au tiers saisi l'ordonnance d'autorisation de saisie ou le titre dispensant de l'autorisation judiciaire de saisie ;
– inviter le tiers à déclarer les biens qu'il détient pour le compte de celui-ci et parmi ces derniers, ceux qui auraient fait l'objet d'une saisie antérieure (CPC ex., art. R. 221-21, al. 2).

> CONSEIL **En même temps qu'il interroge le tiers, l'huissier de justice peut l'informer oralement :**
> **– de l'obligation de répondre loyalement aux questions posées ;**
> **– des conséquences d'un refus de déclaration ou d'une inexactitude.**

> ATTENTION **Le cours des opérations de saisie est fonction de la réponse du tiers à l'interpellation qui lui est faite sur la détention ou non de meubles corporels appartenant au débiteur :**
> **– si le tiers déclare ne détenir aucun bien appartenant au débiteur ou s'il refuse de répondre : il en est dressé acte. Celui-ci est remis ou signifié au tiers avec l'indication en caractères très apparents de la sanction, à savoir la condamnation aux causes de la saisie (sauf son recours contre le débiteur) et le cas échéant à des dommages-intérêts (CPC ex., art. R. 221-22) ;**
> **– lorsque le tiers reconnaît détenir des meubles corporels pour le compte du débiteur : il doit préciser si ces biens ont déjà fait l'objet de saisie antérieure, saisie-vente et saisie conservatoire. Si tel est le cas, il doit produire l'acte de saisie (CPC ex., art. R. 141-4).**
> **Si le bien détenu est un véhicule à moteur, l'huissier pourrait procéder à son immobilisation (CPC ex., art. R. 221-28, al. 2. –** V. **Fiche 27 : Saisir le véhicule automobile****).**

b) Rédaction du procès-verbal

290 L'huissier de justice doit s'en tenir à la déclaration du tiers. Il inscrira au procès-verbal les biens déclarés, dont il fera la description détaillée.
L'acte de saisie contient, à peine de nullité (CPC ex., art. R. 221-23) :
– la référence au titre en vertu duquel la saisie est pratiquée ;
– la mention des nom et domicile du tiers ;
– la déclaration du tiers et, en caractères très apparents, l'indication que toute déclaration inexacte ou mensongère l'expose à être déclaré garant des sommes réclamées au débiteur sans préjudice d'une condamnation à des dommages-intérêts ;
– l'inventaire et la désignation détaillée des biens saisis ;
– la mention, en caractères très apparents :
• que les objets saisis sont indisponibles,
• qu'ils sont placés sous la garde du tiers,
• qu'ils ne peuvent être ni aliénés ni déplacés, sauf cause légitime rendant leur déplacement nécessaire (CPC ex., art. R. 221-13, al. 2), sous peine des sanctions prévues à l'article 314-6 du Code pénal,
• que le tiers est tenu de faire connaître la présente saisie à tout créancier qui procéderait à une saisie sur les mêmes biens ;
– la mention que le tiers peut refuser la garde des biens saisis ou demander à en être déchargé à tout moment ;

– l'indication que le tiers peut faire valoir ses droits sur les biens saisis, par déclaration ou par lettre recommandée avec demande d'avis de réception (LRAR) adressée à l'huissier de justice du créancier saisissant ;
– la désignation de la juridiction compétente en cas de contestations relatives à la saisie-vente ;
– l'indication, le cas échéant, des nom, prénoms et qualité des personnes qui ont assisté aux opérations de saisie, lesquelles doivent apposer leur signature sur l'original et sur les copies ; en cas de refus, il en est fait mention dans l'acte ;
– la reproduction des dispositions de l'article 314-6 du Code pénal.

2 Tiers absent

a) Saisie en présence d'un tiers occupant dans les lieux

291 L'huissier peut se trouver en présence d'un occupant qui lui ouvre les lieux sans qu'il soit pour autant tiers détenteur.
Lorsque le tiers n'a pas assisté aux opérations de saisie, l'huissier de justice doit lui signifier la copie de l'acte en lui impartissant un délai de **huit jours** pour qu'il porte à sa connaissance l'existence d'une éventuelle saisie antérieure sur les mêmes biens et qu'il lui en communique le procès-verbal (CPC ex., art. R. 221-25).

b) Saisie conservatoire en l'absence de toute personne dans les lieux

> **CONSEIL** **Pour assurer une sécurité absolue aux opérations de saisie, il sera conseillé à l'huissier de justice de :**
> **– constater l'absence de toute personne dans les lieux ;**
> **– demander au JEX l'autorisation d'ouverture forcée des portes.**

292 Muni de cette autorisation judiciaire, l'huissier peut :
– pénétrer dans les lieux assisté des personnes habilitées (CPC ex., art. L. 142-1) ;
– rechercher et constater l'existence de biens meubles ;
– signifier au tiers le procès-verbal en le sommant de lui faire connaître une saisie antérieure (CPC ex., art. R. 221-25).

c) Saisie conservatoire en cas de refus du tiers d'ouverture des portes

293 Si le tiers détenteur fait obstacle aux procédures engagées en vue de la conservation des créances et n'apporte pas son concours, l'huissier de justice devra :
– dresser procès-verbal de ce refus ;
– saisir par requête le JEX pour procéder à l'ouverture forcée ;
– faire tous constats utiles et condamner le tiers à faire déclaration sous peine d'astreinte.

D Conversion de la saisie conservatoire en saisie-vente

1 Procédure de conversion

a) Acte de conversion

294 Le créancier doit être muni d'un titre exécutoire constatant l'existence de sa créance pour mettre en œuvre la conversion de la saisie conservatoire (CPC ex., art. R. 522-7).
Le créancier autorisé à pratiquer la saisie doit obtenir le titre exécutoire dans le délai **d'un mois** à compter du procès-verbal de saisie conservatoire, avec dénonciation au tiers saisi des actes et formalités nécessaires à l'obtention du titre exécutoire le cas échéant (CPC ex., art. R. 522-7).
Dès obtention du titre, il signifie au débiteur, par acte d'huissier de justice, un acte de conversion qui doit contenir, à peine de nullité (CPC ex., art. R. 522-7) :
– la référence au procès-verbal de saisie conservatoire ;
– l'énonciation du titre exécutoire ;
– le décompte distinct des sommes à payer, en principal, frais et intérêts échus, ainsi que l'indication du taux des intérêts ;
– un commandement d'avoir à payer cette somme dans un délai de **huit jours**, faute de quoi il sera procédé à la vente des biens saisis.

> **CONSEIL** **Aucun délai n'est imparti au créancier pour signifier l'acte de conversion.**
> **À partir du moment où il obtient un titre exécutoire, il peut signifier l'acte de conversion à tout moment, sans encourir de caducité.**
> **Puisque l'indisponibilité des biens saisis se prolonge tant que la vente n'a pas eu lieu, si les biens suffisent largement à le désintéresser, le créancier peut ne pas convertir la saisie conservatoire en saisie-vente tout de suite afin de laisser s'accumuler les intérêts de retard.**
> **Recommander au créancier de ne pas retarder la conversion pendant un temps**

déraisonnable. Les biens saisis risquent pendant ce temps de se déprécier.

**ATTENTION La conversion peut être signifiée dans le même acte que le jugement (CPC ex., art. R. 522-7, al. 2).
Si la saisie a été effectuée entre les mains d'un tiers, une copie de l'acte de conversion est dénoncée à ce dernier (CPC ex., art. R. 522-7, al. 3).**

b) Vérification des biens saisis

295 C'est à l'expiration d'un délai de **huit jours** à compter de la date de l'acte de conversion que l'huissier de justice procède à la vérification des biens saisis. Il dresse acte des biens manquants ou dégradés (CPC ex., art. R. 522-8, al. 1).
L'acte précise que le débiteur dispose d'**un mois** pour procéder à la vente amiable des biens saisis (CPC ex., art. R. 522-8, al. 2).

ATTENTION Si lors de la vérification, l'huissier de justice constate que certains des objets saisis ont été dégradés, le créancier saisissant va pouvoir :
– engager la responsabilité du gardien. Il y a lieu à une responsabilité pénale en cas de dégradation volontaire (C. pén., art. 314-6) ;
– demander réparation de son préjudice, même si la dégradation n'est pas volontaire et résulte seulement des soins insuffisants apportés par le gardien à la chose.

Si les biens ne se retrouvent plus au lieu où ils avaient été saisis, l'huissier de justice fait injonction au débiteur de l'informer dans un délai de **huit jours** du lieu où ils se trouvent et s'ils ont fait l'objet d'une saisie-vente, de lui communiquer le nom et l'adresse, soit de l'huissier de justice qui y a procédé, soit du créancier pour le compte de qui elle a été diligentée (CPC ex., art. R. 522-9, al. 1).
À défaut de réponse, le créancier saisit le JEX qui peut ordonner la remise de ces informations sous astreinte, le tout sans préjudice d'une action pénale pour détournement de biens saisis (CPC ex., art. R. 522-9, al. 2).

2 Effet de la conversion de la saisie conservatoire

296 Le débiteur saisi dispose d'un délai d'**un mois** pour vendre les biens saisis à l'amiable (CPC ex., art. R. 522-8, al. 2).

En cas d'échec de la tentative de vente amiable, il est procédé à la vente forcée des biens saisis (CPC ex., art. R. 522-10).

E Pluralité de saisies

1 Information des créanciers par l'huissier de justice

297 L'huissier de justice qui procède à une saisie conservatoire sur des biens rendus indisponibles par une ou plusieurs saisies conservatoires antérieures signifie une copie du procès-verbal de saisie à chacun des créanciers dont les diligences sont antérieures aux siennes (CPC ex., art. R. 522-11).
Si des biens saisis à titre conservatoire font ensuite l'objet d'une saisie-vente, l'huissier de justice signifie le procès-verbal de saisie aux créanciers qui ont pratiqué antérieurement les saisies conservatoires (CPC ex., art. R. 522-12, al. 1).
De même, l'acte de conversion d'une saisie conservatoire en saisie-vente doit être signifié aux créanciers qui, avant cette conversion, ont saisi les mêmes biens à titre conservatoire (CPC ex., art. R. 522-12, al. 2).

2 Participation des créanciers concurrents à la procédure

298 **• Vente amiable**
Si le débiteur présente des propositions de vente amiable, le créancier saisissant qui les accepte en communique la teneur, par lettre recommandée avec demande d'avis de réception, aux créanciers qui ont saisi les mêmes biens à titre conservatoire, soit avant l'acte de saisie, soit avant l'acte de conversion (CPC ex., art. R. 522-13, al. 1er).
À peine de nullité, la lettre reproduit en caractères très apparents les trois derniers alinéas de l'article R. 522-13 du Code des procédures civiles d'exécution et précise donc :
– que chaque créancier doit, dans un délai de **quinze jours** à compter de la réception de la lettre, prendre parti sur les propositions de vente amiable et faire connaître au créancier saisissant la nature et le montant de sa créance (CPC ex., art. R. 522-13, al. 2) ;
– qu'à défaut de réponse dans le délai imparti, le créancier est réputé avoir accepté les propositions de vente (CPC ex., art. R. 522-13, al. 3) ;
– que si, dans le même délai, il ne fournit aucune indication sur la nature et le montant de sa créance, il perd le droit de concourir à la distribution des deniers résultant de la vente amiable,

sauf à faire valoir ses droits sur un solde éventuel après la répartition (CPC ex., art. R. 522-13, al. 4).

• **Vente forcée**

Le créancier saisissant qui fait procéder à l'enlèvement des biens en vue de leur vente forcée doit en informer, par lettre recommandée avec demande d'avis de réception :

– les créanciers qui ont pratiqué une saisie conservatoire sur les mêmes biens avant l'acte de saisie ou l'acte de conversion (CPC ex., art. R. 522-14, al. 1). À peine de nullité, cette lettre :

– indique le nom et l'adresse de l'officier ministériel chargé de la vente ;

– reproduit en caractères très apparents l'article R. 522-14 du Code des procédures civiles d'exécution : « Chaque créancier doit, dans un délai de **quinze jours** à compter de la réception de la lettre, faire connaître à l'officier ministériel chargé de la vente, la nature et le montant de sa créance au jour de l'enlèvement. À défaut de réponse dans le délai imparti, il perd le droit de concourir à la distribution des deniers résultant de la vente forcée, sauf à faire valoir ses droits sur un solde éventuel après répartition ».

F Recours et contestations

1 Contestations relatives à la propriété des biens saisis

299 Le **débiteur** peut demander la nullité de la saisie portant sur un bien dont il n'est pas propriétaire (CPC ex., art. R. 221-50).

Le **tiers** qui se prétend propriétaire d'un bien saisi peut demander au JEX d'en ordonner la distraction (CPC ex., art. R. 221-51, al. 1).

À peine d'irrecevabilité, la demande du tiers doit préciser les éléments sur lesquels se fonde le droit de propriété invoqué (CPC ex., art. R. 221-51, al. 2).

L'action en distraction cesse d'être recevable après la vente des biens saisis ; seule peut alors être exercée l'action en revendication (CPC ex., art. R. 221-52, al. 1er).

Le tiers reconnu propriétaire d'un bien déjà vendu peut, jusqu'à la distribution des sommes produites par la vente, en distraire le prix non diminué des frais (CPC ex., art. R. 221-52, al. 2).

2 Contestations relatives à la saisissabilité

300 Les contestations sur la saisissabilité des biens compris dans la saisie sont portées devant le JEX par le débiteur ou par l'huissier de justice (CPC ex., art. R. 221-53, al. 1).

Pour contester la saisissabilité d'un bien, le débiteur a un délai d'**un mois** à compter de la signification de l'acte de saisie (CPC ex., art. R. 221-53, al. 2). Le créancier peut alors être entendu ou appelé (CPC ex., art. R. 221-53, al. 3).

> ATTENTION **La procédure collective arrête toute procédure d'exécution portant sur les meubles, de la part de tous les créanciers dont la créance n'est pas mentionnée au I de l'article L. 622-17 du Code de commerce.**
> **L'arrêt des voies d'exécution implique la mainlevée d'une procédure de saisie-vente si la vente n'a pas encore eu lieu à la date du jugement d'ouverture de la procédure collective (Cass. com., 27 mars 2012, n° 11-18.585 : *JurisData* n° 2012-005822).**

3 Contestations relatives à la validité de la vente

301 La nullité de la saisie pour vice de forme ou de fond autre que l'insaisissabilité des biens saisis peut être demandée par le débiteur jusqu'à la vente de ces derniers. Le créancier saisissant met en cause les créanciers opposants (CPC ex., art. R. 221-54, al. 1).

Si la saisie est déclarée nulle après la vente mais avant la distribution du prix, le débiteur peut demander la restitution du produit de la vente (CPC ex., art. R. 221-54, al. 2).

Si le débiteur s'est abstenu de demander la nullité en temps utile, le juge peut laisser à sa charge tout ou partie des frais occasionnés par la saisie déclarée nulle (CPC ex., art. R. 221-55).

4 Effet des recours et contestations

302 En cas de mainlevée de la mesure conservatoire, le créancier peut être condamné à réparer le préjudice subi du fait de la saisie pratiquée (CPC ex., art. L. 512-2, al. 2).

La demande en nullité ne suspend pas les opérations de saisie, sauf si le juge en dispose autrement (CPC ex., art. R. 221-56).

Les demandes relatives à la propriété ou à la saisissabilité ne font pas obstacle à la saisie, mais suspendent la procédure pour les biens saisis qui en sont l'objet (CPC ex., art. R. 221-49).

> CHECK-LIST **• Recueillir des informations relatives :**
> **– à la situation de fait et de droit du créancier ;**

Saisir les meubles à titre conservatoire

– aux objets meubles corporels à saisir même s'ils se trouvent dans les mains d'un tiers.

• S'assurer :

– de l'importance de la somme réclamée avant d'engager la procédure ;

– du bien-fondé de la créance et du risque de son non-recouvrement ;

– de l'existence d'un titre exécutoire ou à défaut d'une autorisation du JEX ;

– du caractère saisissable et disponible des biens à saisir.

• Veiller au respect d'un délai raisonnable pour la conversion en saisie-vente.

• Informer le créancier sur :

– la possibilité de recours ;

– l'absence d'effet de la saisie conservatoire en cas de procédure collective du débiteur.

VOIR AUSSI Modèle 10 : Acte de saisie conservatoire de biens meubles corporels.
Modèle 11 : Requête aux fins de saisie conservatoire de biens meubles corporels.

POUR ALLER PLUS LOIN...

Fascicule JurisClasseur

• *JCl. Procédure civile*, Fasc. 1700-15.

Titre 4
Saisie des immeubles

Sommaire

Fiche 14 Mettre en œuvre une saisie immobilière 127

Fiche 15 Contester une saisie immobilière 145

Fiche 14
Mettre en œuvre une saisie immobilière

Laurence LLAHI

Actualisée par Christian LAPORTE

Sommaire

I Aperçu rapide ... 127
A Éléments clés ... 127
B Textes ... 129
II Préparation ... 129
A Informations à recueillir auprès du client ... 129
B Inventaire des solutions et éléments de décisions ... 129
1 Créancier poursuivant : comment protéger ses intérêts ? ... 129
2 Saisi : qui poursuivre ? Comment ? ... 131
3 Incidences de la procédure collective, de surendettement ou de rétablissement personnel ... 132
4 Incidences de la désignation d'un administrateur provisoire d'une copropriété en difficulté ... 133
III Mise en œuvre ... 134
A Délivrance d'un commandement de payer ... 134
1 Mentions obligatoires ... 134
2 Signification du commandement de payer ... 135
3 Publicité du commandement de payer ... 135
B Assignation du débiteur ... 135
1 Délai d'assignation ... 136
2 Mentions de l'assignation ... 136
C Assignation des créanciers inscrits ... 137
1 Délai d'assignation ... 137
2 Mention en marge du commandement ... 137
D Dépôt au greffe du juge de l'exécution du cahier des conditions de vente et de l'état hypothécaire ... 137
1 Délai de dépôt ... 137
2 Mentions du cahier des conditions de vente ... 137
3 Pièces et informations à joindre ... 138
E Déclaration de créances ... 138
F Audience d'orientation ... 139
G Audience d'adjudication ... 140
1 Participation aux enchères ... 140
2 Déroulement des enchères ... 141
3 Publication de l'adjudication ... 141
H Surenchère ... 141
1 Déclaration de surenchère ... 141
2 Dénonciation de la surenchère ... 141
3 Contestation de la surenchère ... 142
4 Audience de surenchère ... 142
I Adjudication définitive ... 142
1 Jugement d'adjudication ... 142
2 Paiement du prix ... 143

I
Aperçu rapide

A Éléments clés

303 Peut procéder à une saisie immobilière tout créancier (CPC ex., art. L. 311-1 et s. – CPC ex., art. R. 311-1 et s.) :

– chirographaire ;
– privilégié ;
– hypothécaire.

ATTENTION Venant en dernier rang, le créancier chirographaire court un sérieux risque de ne diligenter la procédure de saisie immobilière qu'au seul bénéfice de ceux qui sont mieux placés que lui.

En revanche, il prendra rang avant le créancier ayant inscrit sa sûreté postérieurement à la publication du commandement de payer valant saisie...

Il faut aussi signaler qu'en cas d'ouverture d'une procédure collective à l'encontre du débiteur, entraînant donc l'arrêt de la saisie immobilière, la créance du poursuivant – non titulaire d'une hypothèque inscrite – ne sera admise qu'à titre chirographaire dans la procédure collective (Cass. 2e civ., 28 sept. 2017, n° 16-20.437 : *JurisData* n° 2017-018679 ; *JCP* G 2017, act. 1085, C. Laporte).

Il importe donc d'avoir conscience des risques encourus en engageant une procédure de saisie en qualité de simple créancier chirographaire. On conseillera donc fortement d'inscrire une hypothèque avant de délivrer le commandement.

En pratique, c'est le créancier hypothécaire ou privilégié qui prend l'initiative de la procédure.

Ayant :

– un droit de préférence : il bénéficie d'un paiement prioritaire ;

– un droit de suite pour le créancier hypothécaire : il peut pratiquer la saisie entre les mains d'un tiers détenteur.

Si le créancier agit en vertu d'une décision de justice exécutoire par provision (ordonnance de référé, par exemple, laquelle constitue bien un titre exécutoire), il ne peut poursuivre la vente forcée qu'après avoir obtenu une décision définitive passée en force de chose jugée (CPC ex., art. L. 311-4).

La saisie peut porter sur (CPC ex., art. L. 311-6) :

– tout droit réel immobilier ;

– y compris les accessoires réputés immeubles, susceptibles de faire l'objet d'une cession.

Sont susceptibles de saisie immobilière :

– le droit de propriété ;

– le droit de nue-propriété ;

– le droit d'usufruit ;

– l'emphytéose ;

– le bail à construction ;

– le droit de superficie ;

– le droit sur les volumes ;

– le bail rural à domaine congéable (C. rur. pêche marit., art. L. 431-1 à L. 431-23) ;

– le bail rural à complant (C. rur. pêche marit., art. L. 441-1 à L. 441-13).

Le créancier ne peut saisir qu'un immeuble après l'autre afin de respecter le principe de corrélation entre le montant de la créance et la valeur des immeubles, le juge de l'exécution ayant le pouvoir d'ordonner la mainlevée de toute mesure inutile ou abusive et de condamner le créancier à des dommages-intérêts en cas d'abus conformément au droit commun applicable (CPC ex., art. L. 111-7 et L. 121-2. – L'inutilité de la saisie engagée doit être caractérisée : Cass. 2e civ., 22 juin 2017, n° 16-16.871 : *JurisData* n° 2017-012867 ; *Procédures* 2017, comm. 234, C. Laporte). Le créancier ayant le choix des mesures d'exécution, c'est au débiteur d'établir qu'elles excéderaient ce qui se révèle nécessaire (Cass. 2e civ., 15 mai 2014, n° 13-16.016 : *JurisData* n° 2014-009918 ; *JCP* G 2014, 782, L. Lauvergnat).

Ce n'est que si la valeur du bien saisi est insuffisante pour le recouvrement de sa créance que le créancier peut engager une nouvelle procédure de saisie immobilière sur un autre bien immobilier du débiteur (CPC ex., art. L. 311-5, al. 1).

Le créancier ne peut saisir les immeubles qui ne sont pas hypothéqués en sa faveur que si l'hypothèque dont il bénéficie ne lui permet pas d'être rempli de ses droits (CPC ex., art. L. 311-5, al. 2). Mais le Code des procédures civiles d'exécution prévoit bien la possibilité pour le créancier de procéder simultanément à la saisie de plusieurs immeubles d'un même débiteur (CPC ex., art. L. 311-5 et L. 321-6).

Le débiteur pourra alors demander le cantonnement ou la conversion de la saisie en hypothèque en cas de saisies simultanées (CPC ex., art. L. 321-6).

Le juge de l'exécution fait droit à la demande du débiteur tendant à ce que les effets de la saisie soient provisoirement cantonnés à un ou plusieurs de ses immeubles lorsque celui-ci établit que la valeur de ces biens est suffisante pour désintéresser le créancier poursuivant et les créanciers inscrits (CPC ex., art. R. 321-12).

Lorsque l'immeuble saisi est un immeuble commun aux époux, la procédure doit être poursuivie contre les deux époux (CPC ex., art. L. 311-7).

Le créancier doit discuter les meubles préalablement à toute saisie immobilière si l'immeuble saisi appartient à (CPC ex., art. L. 311-8) :

– un mineur, même émancipé ;

– un majeur en curatelle ;

– un majeur en tutelle.

B Textes

- C. civ., art. 2453, 2463 et 2464.
- C. consom., art. R. 722-5 et R. 722-7.
- C. monét. fin., art. L. 313-3.
- COJ, art. L. 213-6, al. 3.
- CPC, art. 1 à 749, 750, 814 à 816 et 905 à 906.
- CPC ex., art. L. 111-1 à L. 162-2.
- CPC ex., art. L. 311-1 à L. 311-8.
- CPC ex., art. L. 321-1 à L. 321-6.
- CPC ex., art. L. 322-1 à L. 322-14.
- CPC ex., art. L. 331-1 à L. 334-1.
- CPC ex., art. R. 111-1 à R. 162-9, R. 311-1 à R. 334-3.

Aide juridictionnelle :
- L. n° 91-647, 10 juill. 1991.
- D. n° 91-1266, 19 déc. 1991.

Publicité foncière :
- D. n° 55-22, 4 janv. 1955.
- D. n° 55-1350, 14 oct. 1955.
- D. n° 2012-1462, 26 déc. 2012.
- D. n° 2012-1463, 26 déc. 2012.

Saisie immobilière :
- Circ. CIV/17/06, 14 nov. 2006.
- Circ. CIV/03/09, 20 mars 2009.

Dispositions transitoires :
- D. n° 2006-936, 27 juill. 2006, art. 168.

II Préparation

A Informations à recueillir auprès du client

304 Recueillir au préalable, et systématiquement, toutes les informations pertinentes :
– sur le client :
• a-t-il la capacité juridique de faire un acte d'administration et un acte de disposition ?
• dispose-t-il d'un titre exécutoire ?
• sa créance est-elle certaine, liquide et exigible ?
– sur le créancier poursuivant :
• vient-il en rang utile et peut-il espérer obtenir le règlement de sa créance ?
• est-il mineur, émancipé ou non, majeur placé sous un régime de protection ?
• y a-t-il une proportionnalité entre le montant de la créance et la valeur de l'immeuble à saisir ?
• une autre mesure d'exécution est-elle envisageable ?
– sur le débiteur :
• quelle est sa situation familiale et patrimoniale ? S'agit-il d'époux, de concubins, de pacsés ?
– sur les créanciers inscrits :
• existe-t-il des créanciers inscrits ?
• existe-t-il des créanciers privilégiés ?
– sur le saisi :
• est-il majeur ?
• fait-il l'objet d'une mesure de protection ?
• s'il est marié : nature de son régime matrimonial ?
• bénéficie-t-il de délais de grâce ? D'une procédure de surendettement ?
• le débiteur saisi est-il propriétaire de plusieurs immeubles ?
• est-il un entrepreneur individuel ?
• est-il une personne physique immatriculée à un registre de publicité légale à caractère professionnel ou exerçant une activité professionnelle agricole ou indépendante ?
• une procédure collective est-elle ouverte contre le saisi ?
– sur l'immeuble à saisir :
• est-il saisissable ?
• appartient-il à un syndicat professionnel ?
• est-ce un immeuble par destination ?
• s'agit-il d'un lot de copropriété ?
• est-il la résidence principale d'une personne physique immatriculée à un registre de publicité légale à caractère professionnel ou exerçant une activité professionnelle agricole ou indépendante ?

B Inventaire des solutions et éléments de décisions

1 Créancier poursuivant : comment protéger ses intérêts ?

305 • **Vérifier la capacité du créancier de faire des actes de disposition.**
La saisie est un acte de disposition effectué aux risques du créancier poursuivant.
En cas de carence d'enchères, la procédure de saisie immobilière aura pour effet de rendre le créancier adjudicataire pour le montant de la mise à prix résultant du cahier des conditions de vente, fixée irrévocablement dans le jugement d'orientation et non pour un montant inférieur (Cass. 2e civ., 19 févr. 2015, n° 14-13.786 : *Juris-Data* n° 2015-003013 ; *RD bancaire et fin.* 2015,

comm. 93, S. Piedelièvre). Et il n'y a pas de droit à l'erreur pour le poursuivant (Cass. 2e civ., 28 juin 2018 : *JurisData* n° 2018-011184 ; *Procédures* 2018, comm. 251, C. Laporte) !

CONSEIL **Vérifier l'intérêt, pour le créancier, à engager une procédure de saisie immobilière.**
Si le droit de saisir appartient à tout créancier, tous n'auront pas intérêt à engager une telle procédure, notamment compte tenu :
– de leur rang hypothécaire ;
– du montant à recouvrer ;
– des dispositions relatives à la distribution du prix ;
– de l'éventuelle prescription affectant le titre exécutoire ou la créance.
Il est inutile d'entraîner le client dans une procédure qui n'aboutirait pas. Il faut ainsi, dès le départ, avoir une approche sérieuse des frais engendrés par ce type de procédure.
Il est donc essentiel, avant d'initier la procédure de saisie, de disposer de tous les éléments nécessaires pour prendre une décision éclairée.

• **Vérifier la validité du titre exécutoire :** contrôler que l'acte constatant le titre exécutoire est valable (CPC ex., art. L. 111-3).

ATTENTION **• Un acte authentique entaché de faux ne peut servir de fondement à la poursuite de la saisie immobilière (Cass. 2e civ., 13 mars 2008, n° 06-21.105 : *JurisData* n° 2008-043155).**
• L'ordonnance de référé, titre exécutoire, permet la délivrance du commandement mais pas la réquisition de la vente forcée.
• L'annulation du jugement ayant servi de fondement aux poursuites entraîne nécessairement la nullité de la procédure et du jugement d'adjudication (Cass. 2e civ., 3 mai 2001, n° 98-18.162 : *JurisData* n° 2001-009327 ; *Procédures* 2001, comm. 177, J. Junillon).
• La caducité qui atteint une mesure d'exécution et qui la prive rétroactivement de tous ses effets, atteint tous les actes de la procédure de saisie qu'elle engage (Cass. 2e civ., 19 févr. 2015, n° 13-28.445 : *JurisData* n° 2015-002990 ; *Procédures* 2015, comm. 119, C. Laporte. – Cass. 1re civ., 5 juill. 2017, n° 16-15.650, inédit).
• Si l'immeuble à saisir appartient à un État étranger : il faut obtenir l'autorisation du juge de l'exécution du tribunal de grande instance de Paris (CPC ex., art. L. 111-1-1 à L. 111-1-3 et R. 111-1 à R. 111-5).

REMARQUE Le pourvoi en cassation en matière civile n'empêche pas l'exécution de la décision attaquée, cette exécution ne pourra pas être considérée comme fautive en cas d'annulation de la décision (CPC ex., art. L. 111-11).
L'inobservation de l'obligation, par le notaire, de faire figurer les procurations en annexe de l'acte authentique ou de les déposer au rang de ses minutes ne fait pas perdre à l'acte son caractère authentique et donc son caractère exécutoire (Cass. 1re civ., 15 janv. 2015, n° 13-12.479 : *JurisData* n° 2015-000244 ; *Procédures* 2015, comm. 77, L. Raschel. – Cass. 1re civ., 10 sept. 2015, n° 14-13.237 : *JurisData* n° 2015-020001 ; *Procédures* 2015, comm. 323, C. Laporte).

• **Vérifier si le poursuivant est :**
– mineur ou majeur ;
– mineur émancipé ou non ;
– s'il fait l'objet d'une mesure de protection juridique ou non. Le cas échéant, obtenir les autorisations nécessaires :
- pour le mineur non émancipé (C. civ., art. 388-1-1 à 388-2),
- pour le mineur émancipé (C. civ., art. 413-6),
- pour le majeur sous sauvegarde de justice (C. civ., art. 435 et 437),
- pour le majeur en tutelle (C. civ., art. 504 et 505),
- pour le majeur sous curatelle (C. civ., art. 467).

• **Vérifier que l'immeuble est saisissable.**
Sont insaisissables :
– les catégories de biens énoncées aux articles L. 112-2 à L. 112-4 du Code des procédures civiles d'exécution (CPC ex., art. L. 112-2 à L. 112-4) ;
– l'usufruit légal des père et mère sur les biens de leur enfant mineur (C. civ., art. 382, 386-1 et 386-2) ;
– les droits d'usage et d'habitation (C. civ., art. 631 et 634) ;
– les immeubles affectés d'une clause d'inaliénabilité temporaire (C. civ., art. 900-1) : tant qu'elle est en vigueur, une telle clause fait obstacle à la procédure de saisie ;
– les immeubles pour lesquels une déclaration d'insaisissabilité a été effectuée et publiée (C. com., art. L. 526-1, al. 2), mais cette insaisissabilité n'est pas opposable à l'administration fiscale

lorsque celle-ci relève, à l'encontre de la personne, soit des manœuvres frauduleuses, soit l'inobservation grave et répétée de ses obligations fiscales, au sens de l'article 1729 du Code général des impôts (C. com., art. L. 526-1, al. 3) ;
– la résidence principale de l'entrepreneur (personne physique immatriculée à un registre de publicité légale à caractère professionnel ou exerçant une activité professionnelle agricole ou indépendante) : insaisissabilité de droit par les créanciers dont les droits naissent à l'occasion de l'activité professionnelle de la personne après la publication de la loi dite « Macron » intervenue le 7 août 2015 (C. com., art. L. 526-1, al. 1. – L. n° 2015-990, art. 206, IV, al. 1. – D. n° 2016-296, 11 mars 2016, art. 7 à 13), mais cette insaisissabilité n'est pas opposable à l'administration fiscale lorsque celle-ci relève, à l'encontre de la personne, soit des manœuvres frauduleuses, soit l'inobservation grave et répétée de ses obligations fiscales, au sens de l'article 1729 du Code général des impôts (C. com., art. L. 526-1, al. 3) ;
– les immeubles affectés par l'entrepreneur individuel à responsabilité limitée à un patrimoine séparé de son patrimoine personnel (C. com., art. L. 526-6, L. 526-7, L. 526-9 et L. 526-12) ;
– les immeubles appartenant aux syndicats professionnels et nécessaires à leurs réunions, à leurs bibliothèques et à leurs formations (C. trav., art. L. 2132-4) ;
– les immeubles par destination : insaisissables séparément de l'immeuble dont ils sont l'accessoire, sauf pour le paiement de leur prix (CPC ex., art. L. 112-3).

REMARQUE Les meubles attachés à perpétuelle demeure sont compris dans la saisie immobilière portant sur l'immeuble par nature, même si le commandement ne les vise pas spécialement.
Les servitudes foncières ne peuvent faire l'objet d'une saisie immobilière distincte de celle du fonds dominant, malgré leur caractère de droits réels.
Les hypothèques ne sont pas saisissables séparément des créances qu'elles garantissent.

ATTENTION **L'article L. 526-1 du Code de commerce, d'interprétation stricte, interdit la saisie du bien objet d'une déclaration d'insaisissabilité, mais non l'inscription d'une hypothèque judiciaire à titre conservatoire sur ce bien (Cass. com., 11 juin 2014, n° 13-13.643 : *JurisData* n° 2014-012570 ; *Procédures* 2014, comm. 232, R. Perrot).**

Un créancier inscrit, à qui est inopposable la déclaration d'insaisissabilité d'un immeuble, peut faire procéder à la vente sur saisie de cet immeuble (Cass. com., 13 sept. 2017, n° 16-10.206 : *JurisData* n° 2017-017689 ; *Rev. proc. coll.* 2018, comm. 99, P. Cagnoli).

CONSEIL **Informer le créancier de l'interdiction d'entreprendre simultanément plusieurs saisies immobilières sauf si le montant à recouvrer l'exige.**

Le créancier ne peut :
– procéder à la saisie d'un second bien immobilier que si le prix de vente du premier immeuble n'a pas suffi à le désintéresser ;
– saisir un immeuble non hypothéqué en sa faveur que dans le cas où l'hypothèque dont il bénéficie ne lui permet pas d'être rempli de ses droits (CPC ex., art. L. 311-5).

2 Saisi : qui poursuivre ? Comment ?

a) Débiteur saisi

306 La saisie immobilière peut être pratiquée contre :
– le débiteur ;
– le codébiteur solidaire (C. civ., art. 1313 à 1320) ;
– la caution personnelle (C. civ., art. 2288 à 2310) ;
– le ou les héritiers du saisi (C. civ., art. 877) ;

ATTENTION **Les titres exécutoires contre le défunt sont exécutoires contre l'héritier personnellement mais le créancier ne peut en poursuivre l'exécution que huit jours après leur signification à la personne ou au domicile de l'héritier (C. civ., art. 877).**
À défaut de cette signification, le créancier ne peut poursuivre l'exécution des titres exécutoires prononçant condamnation exclusivement à l'égard du défunt sur les droits et biens personnels d'un héritier (Cass. 1re civ., 1er févr. 2012, n° 10-25.578 : *JurisData* n° 2012-001238).

– un mineur, même émancipé ;
– un majeur en curatelle ou en tutelle ;

REMARQUE Dans ces deux derniers cas, les immeubles ne peuvent être saisis avant la discussion des meubles (CPC ex., art. L. 311-8).

Mettre en œuvre une saisie immobilière

La discussion des meubles n'est pas requise (CPC ex., art. L. 311-8, al. 2) :
- avant la saisie des immeubles indivis entre un majeur et un mineur, ou un majeur en curatelle ou en tutelle, si la dette leur est commune ;
- dans le cas où les poursuites ont commencé alors que le majeur n'était pas encore placé sous curatelle ou sous tutelle.

- des époux ;

REMARQUE La saisie des immeubles communs est poursuivie contre les deux époux, et ce même si le poursuivant n'est porteur d'un titre qu'à l'encontre de l'un d'entre eux.

ATTENTION • Dans le cas où un immeuble appartenant en propre à l'un des époux constitue la résidence de la famille, le commandement est dénoncé à son conjoint, au plus tard le premier jour ouvrable suivant la signification de l'acte, sous peine de caducité du commandement (CPC ex., art. R. 321-1, al. 3).
• À défaut de dénonciation, le conjoint non avisé pourrait invoquer l'inopposabilité du commandement de payer valant saisie.
• Lorsque le débiteur est en liquidation judiciaire, la vente du bien immobilier doit être autorisée par le juge commissaire. Il a été jugé que l'ordonnance du juge commissaire autorisant la vente – non dénoncée au conjoint du débiteur, au plus tard le premier jour ouvrable suivant la signification de l'ordonnance, alors que l'immeuble concerné est un propre du mari en liquidation et constituait la résidence de la famille – est caduque (CA Reims, ch. civ., 13 mai 2014, n° 14/00344 : *JurisData* n° 2014-012886).

- un entrepreneur individuel.

REMARQUE Celui-ci peut demander au créancier (pour préserver ses biens personnels) que l'exécution soit poursuivie en priorité sur les biens nécessaires à l'exploitation de l'entreprise.
Si le créancier établit que cette proposition met en péril le recouvrement de sa créance, il peut s'opposer à la demande.
Sauf s'il y a intention de nuire, la responsabilité du créancier qui s'oppose à la demande du débiteur ne peut pas être recherchée (CPC ex., art. L. 161-1).

b) Tiers détenteur

307 Il est possible d'engager une saisie immobilière à l'encontre du tiers détenteur (CPC ex., art. R. 321-4 et R. 321-5). Cette procédure est réservée aux créanciers titulaires d'un droit de suite – privilégiés ou hypothécaires inscrits sur l'immeuble – qui peuvent ainsi poursuivre la saisie et la vente de l'immeuble (C. civ., art. 2461 à 2464).

ATTENTION La Cour de cassation a dû rappeler que le fait pour une personne physique ou morale d'affecter l'un de ses biens immobiliers comme garantie hypothécaire de la dette d'un tiers ne lui confère pas la qualité de tiers détenteur (Cass. 1re civ., 2 juill. 2014, n° 12-23.155 : *JurisData* n° 2014-015185).

Dans la procédure poursuivie contre le tiers détenteur de l'immeuble, un commandement de payer (simple) est délivré au débiteur principal. L'acte mentionne que le commandement de payer valant saisie, évoqué à l'alinéa 2 du même article, est délivré au tiers détenteur (CPC ex., art. R. 321-5, al. 1).

ATTENTION Aucun texte n'impose, pour sa validité, que le commandement délivré au tiers détenteur soit postérieur à celui adressé au débiteur principal (Cass. 2e civ., 19 févr. 2015, n° 13-27.691 : *JurisData* n° 2015-003035 ; *Procédures* 2015, comm. 158, C. Laporte).

3 Incidences de la procédure collective, de surendettement ou de rétablissement personnel

308 L'ouverture d'une procédure collective à l'encontre du saisi a des incidences sur la saisie immobilière, engagée ou à engager.
• Interruption ou arrêt de la procédure de saisie immobilière en cas de redressement judiciaire :
En application de l'article L. 622-21, II, du Code de commerce, applicable à toutes les procédures collectives régies par ledit code (sauvegarde, redressement ou liquidation judiciaire du débiteur saisi),

le jugement d'ouverture arrête (ou interdit) la saisie immobilière et toute procédure de distribution n'ayant pas produit un effet attributif avant le jugement d'ouverture.
Le jugement d'ouverture entraîne un effet de paralysie immédiat de la procédure en cours ; dès lors, la cour d'appel, saisie d'un appel du jugement d'orientation, n'a d'autre issue que de constater cette situation et prononcer une décision de sursis à statuer (Cass. com., 17 nov. 2015, n° 14-18.345 : *JurisData* n° 2015-025767 ; *Procédures* 2016, comm. 9, C. Laporte).
En cas de surenchère, si la procédure collective survient entre la première et la seconde adjudication (donc, en l'absence d'adjudication définitive), la saisie immobilière doit être arrêtée (Cass. com., 4 mars 2014, n° 13-10.534, n° 13-17.216 : *JurisData* n° 2014-003821 ; *Procédures* 2014, comm. 154, B. Rolland).
• **Caducité de la procédure de distribution :**
Les procédures de distribution du prix de vente d'un immeuble et d'un meuble, en cours au jour du jugement d'ouverture et ne faisant pas suite à une procédure d'exécution ayant produit un effet attributif avant ce jugement, sont caduques et les fonds doivent alors être remis au mandataire judiciaire (C. com., art. L. 622-21, II, et R. 622-19).
• **Suspension ou interdiction de la procédure de saisie immobilière par l'ouverture d'une procédure de surendettement :**
Avant la décision de recevabilité, le juge d'instance – saisi par la commission de surendettement, à la demande du débiteur – peut suspendre les procédures d'exécution diligentées à l'encontre des biens du débiteur (C. consom., art. L. 721-4) ; en matière de saisie immobilière, si la vente forcée a été ordonnée, le report de la date d'adjudication ne peut résulter que d'une décision du juge de l'exécution, saisi à cette fin par la commission, mais seulement pour causes graves et dûment justifiées (C. consom., art. L. 721-7 et R. 721-7).
Une fois rendue, la décision déclarant la recevabilité de la demande de surendettement emporte suspension et interdiction des procédures d'exécution diligentées à l'encontre des biens du débiteur. Les procédures sont suspendues ou interdites – au maximum pour deux ans –, selon les cas, jusqu'à (C. consom., art. L. 722-2 à L. 722-5) :
– l'approbation du plan conventionnel de redressement prévu à l'article L. 732-1 du Code de la consommation ;
– la décision imposant les mesures prévues par l'article L. 733-1 du Code de la consommation ;
– l'homologation par le juge des mesures recommandées en application des articles L. 733-7, L. 733-8 du Code de la consommation ;
– jugement prononçant un rétablissement personnel du débiteur sans liquidation judiciaire (C. consom., art. L. 741-1) ;
– jugement d'ouverture d'une procédure de rétablissement personnel du débiteur avec liquidation judiciaire et, ce, jusqu'au jugement de clôture (C. consom., art. L. 742-7).
Lorsque la vente forcée a été ordonnée, le report de la date d'adjudication ne peut résulter que d'une décision du juge chargé de la saisie immobilière, saisi à cette fin par la commission, pour causes graves et dûment justifiées (C. consom., art. L. 722-4. – CPC ex., art. R. 322-28. – Cass. 2e civ., 7 janv. 2016, n° 14-26.908 : *JurisData* n° 2016-000026 ; *Procédures* 2016, comm. 96, C. Laporte).

ATTENTION **Si le débiteur, ou le tiers détenteur (CPC ex., art. R. 321-5, al. 2), est une personne physique : le commandement de payer valant saisie comporte, à peine de nullité, l'indication que s'il s'estime en situation de surendettement, il a la faculté de saisir la commission de surendettement des particuliers (CPC ex., art. R. 321-3, al. 14).**

4 Incidences de la désignation d'un administrateur provisoire d'une copropriété en difficulté

309 Le président du tribunal de grande instance, statuant comme en matière de référé ou sur requête, peut désigner un administrateur provisoire :
– si l'équilibre financier du syndicat des copropriétaires est gravement compromis ;
– si le syndicat ne peut pourvoir à la conservation de l'immeuble.
L'ordonnance de désignation de l'administrateur provisoire :
– interrompt ou interdit toute action en justice de la part de tous les créanciers dont la créance a son origine antérieurement à cette décision et tendant à :
• la condamnation du syndicat débiteur au paiement d'une somme d'argent,
• la résolution d'un contrat pour défaut de paiement d'une somme d'argent ;
– arrête ou interdit toute procédure d'exécution de la part de ces créanciers ainsi que toute procédure de distribution n'ayant pas produit un effet attributif avant cette décision (L. n° 65-557, 10 juill. 1965, fixant le statut de la copropriété des immeubles bâtis, art. 29-3).

III

Mise en œuvre

A Délivrance d'un commandement de payer

1 Mentions obligatoires

310 La procédure d'exécution est engagée par la signification du commandement de payer valant saisie au débiteur ou au tiers détenteur, sur requête du créancier poursuivant (CPC ex., art. R. 321-1).

Outre les mentions prescrites pour les actes d'huissier de justice (CPC, art. 648), le commandement de payer valant saisie comporte (CPC ex., art. R. 321-3) :

– la constitution d'avocat du créancier poursuivant, laquelle emporte élection de domicile ; en la matière, les avocats ne peuvent postuler devant un autre tribunal que celui auprès duquel est établie leur résidence professionnelle (L. n° 71-1130, 31 déc. 1971, art. 5, al. 3 et 5-1, al. 2) ;

– l'indication de la date et de la nature du titre exécutoire en vertu duquel le commandement est délivré ;

– le décompte des sommes réclamées en principal, frais et intérêts échus ;

ATTENTION Les intérêts capitalisés ne constituant plus des intérêts, mais un nouveau capital s'ajoutant au premier, les dispositions de l'article R. 321-3 du Code des procédures civiles d'exécution n'imposent pas qu'ils soient distingués du capital échu dans le commandement de payer (Cass. 2e civ., 8 janv. 2015, n° 13-26.657 : *JurisData* n° 2015-000040 ; *Procédures* 2015, comm. 76, C. Laporte).

– l'indication du taux des intérêts moratoires ;

– l'avertissement que le débiteur doit payer lesdites sommes dans un délai de huit jours et qu'à défaut de paiement, la procédure à fin de vente de l'immeuble se poursuivra et qu'à cet effet, le débiteur sera assigné à comparaître à une audience du juge de l'exécution pour voir statuer sur les modalités de la procédure ;

– la désignation de chacun des biens ou droits sur lesquels porte la saisie immobilière, telle qu'exigée par les règles de la publicité foncière ;

– l'indication que le commandement vaut saisie de l'immeuble et que le bien est indisponible :
• à l'égard du débiteur à compter de la signification de l'acte,
• à l'égard des tiers à compter de la publication de l'acte au fichier immobilier ;

– l'indication que le commandement vaut saisie des fruits et que le débiteur en est séquestre ;

– l'indication que le débiteur garde la possibilité de rechercher un acquéreur de l'immeuble saisi pour procéder à sa vente amiable, ou de donner mandat à cet effet et la mention que cette vente ne pourra néanmoins être conclue qu'après autorisation du juge de l'exécution ;

– la sommation, lorsque le bien fait l'objet d'un bail, d'avoir à indiquer à l'huissier de justice les nom, prénom et adresse du preneur ou, s'il s'agit d'une personne morale, sa dénomination et son siège social ;

– l'indication qu'un huissier de justice pourra pénétrer dans les lieux afin de dresser un procès-verbal de description de l'immeuble ;

– l'indication du juge de l'exécution territorialement compétent pour connaître de la procédure de saisie et des contestations et demandes incidentes y afférentes ;

– l'indication que le débiteur qui en fait préalablement la demande peut bénéficier, pour la procédure de saisie, de l'aide juridictionnelle, s'il remplit les conditions de ressources prévues par la loi (L. n° 91-647, 10 juill. 1991, relative à l'aide juridique. – D. n° 91-1266, 19 déc. 1991, portant application de cette loi) ;

– l'indication, si le débiteur est une personne physique, que s'il s'estime en situation de surendettement, il a la faculté de saisir la commission de surendettement des particuliers (C. consom., art. L. 712-1).

ATTENTION Si le créancier saisissant agit en vertu d'une transmission de la créance contenue dans le titre exécutoire fondant les poursuites, le commandement vise l'acte de transmission à moins que le débiteur n'en ait été régulièrement avisé au préalable (CPC ex., art. R. 321-3, al. 15).
Lorsque le commandement de payer valant saisie est signifié à la personne qui a consenti une hypothèque sur l'un

de ses biens pour garantir la dette d'un tiers, le délai de la sommation de payer est porté à un mois (CPC ex., art. R. 321-3, al. 16). Attention à ne pas confondre cette situation avec celle du tiers détenteur de l'immeuble.

Dans le cas où l'immeuble objet de la saisie appartient en propre à un époux mais constitue la résidence familiale, le commandement de payer valant saisie doit être signifié à l'époux débiteur propriétaire et dénoncé à son conjoint au plus tard le premier jour ouvrable suivant la signification au débiteur (CPC ex., art. R. 321-1, al. 3).

2 Signification du commandement de payer

311 • **Signification au débiteur principal et au tiers détenteur :**
Le créancier doit faire signifier un commandement de payer simple au débiteur principal à peine de nullité du commandement, avec la mention que le commandement de payer valant saisie est délivré au tiers détenteur du bien (CPC ex., art. R. 321-4 et R. 321-5, al. 1. – CA Caen, 1re ch. civ., 11 févr. 2014, n° 12/03132 : *JurisData* n° 2014-002494).
Le commandement de payer valant saisie est signifié au tiers détenteur avec les mentions obligatoires de l'article R. 321-3 du Code des procédures civiles d'exécution, aménagées pour le tiers détenteur par un délai d'un mois pour payer ou délaisser l'immeuble (CPC ex., art. R. 321-3 à R. 321-5, al. 2. – CA Orléans, ch. com., 2 févr. 2017, n° 16/02510 : *JurisData* n° 2017-002373).
• **Dénonciation aux créanciers inscrits :**
Veiller à ce que le commandement de payer soit dénoncé aux créanciers inscrits au jour de la publication du commandement, soit dans les **cinq jours** ouvrables suivant la délivrance de l'assignation au débiteur ; cette dénonciation vaut assignation à comparaître à l'audience d'orientation (CPC ex., art. R. 322-6). Le contenu de l'acte est déterminé – à peine de nullité – par l'article R. 322-7 du Code des procédures civiles d'exécution.
Cette dénonciation peut être faite :
– aux domiciles élus sur les bordereaux d'inscription (CPC ex., art. R. 322-8, al. 1) ;
– aux héritiers collectivement, sans désignation des noms et qualités respectifs, à domicile élu ou, à défaut, au domicile du défunt (CPC ex., art. R. 322-8, al. 2).
Cas des époux :
En présence de deux époux communs en biens, le commandement de payer doit être signifié aux deux (V. *supra*, n° 306, « Débiteur saisi »).
Le créancier, agissant en vertu d'un titre exécutoire constatant une créance liquide et exigible régulièrement signifié, est fondé à en poursuivre l'exécution forcée sur le bien immobilier commun (Cass. 2e civ., 16 mai 2012, n° 11-18.278, inédit. – Cass. 2e civ., 15 oct. 2015, n° 14-22.684 : *JurisData* n° 2015-022730 ; *Procédures* 2015, comm. 352, C. Laporte).

3 Publicité du commandement de payer

312 Le commandement de payer valant saisie est publié au fichier immobilier dans un délai de **deux mois** à compter de sa signification (CPC ex., art. R. 321-6 et R. 321-7. – D. n° 55-22, 4 janv. 1955. – D. n° 55-1350, 14 oct. 1955), à peine de caducité du commandement (CPC ex., art. R. 311-11. – Et non de nullité : Cass. 2e civ., 5 janv. 2017, n° 15-25.692 : *JurisData* n° 2017-000029 ; *Procédures* 2017, comm. 34, C. Laporte).
Les avocats sont habilités à procéder aux formalités de publicité foncière, pour les actes prévus au dernier alinéa de l'article 710-1 du Code civil, pour les actes dressés par eux ou avec leur concours (V. C. Laporte, *Publicité foncière : Retour des avocats dans le décret n° 55-22 du 4 janvier 1955 : Procédures* 2017, alerte 2).
Lorsque l'exécution de la formalité de publication a été retardée en raison d'un rejet soulevé par le service de la publicité foncière, le délai de deux mois est augmenté du nombre de jours écoulés entre le dépôt du commandement à ce service et l'exécution de la formalité (CPC ex., art. R. 321-7, al. 2. – Cass. 2e civ., 5 juin 2014, n° 12-29.280 : *JurisData* n° 2014-012205).
La date du dépôt est constatée au registre prévu à l'article 2453 du Code civil (C. civ., art. 2453). S'il est dans l'impossibilité d'y procéder à l'instant de la réquisition, le service de la publicité foncière fait mention, sur le commandement qui lui est déposé, de la date du dépôt (CPC ex., art. R. 321-7, al. 3).

B Assignation du débiteur

ATTENTION **Aucune disposition légale n'exige que le débiteur (principal) soit assigné à l'audience d'orientation quand la saisie immobilière est poursuivie contre le tiers détenteur (Cass. 2e civ., 26 juin 2014, n° 13-18.428 : *JurisData* n° 2014-015410 ; *RD bancaire et fin.* 2014, comm. 178, S. Piedelièvre).**

Mettre en œuvre une saisie immobilière

1 Délai d'assignation

313 Dans les **deux mois** qui suivent la publication au fichier immobilier du service de la publicité foncière du commandement de payer valant saisie, le créancier poursuivant assigne le débiteur saisi à comparaître devant le juge de l'exécution à une audience d'orientation (CPC ex., art. R. 322-4).

> ATTENTION **C'est bien à compter de la publication du commandement de payer au fichier immobilier et non à compter de sa délivrance que court le délai de deux mois pour délivrer l'assignation devant le juge de l'exécution au débiteur.**

2 Mentions de l'assignation

314 L'assignation comprend, à peine de nullité (CPC, art. 56 et 648. – CPC ex., art. R. 322-5) :

– l'indication des lieu, jour et heure de l'audience d'orientation du juge de l'exécution ;

> ATTENTION **La mention erronée de l'heure de l'audience constitue un vice de forme qui ne peut entraîner la nullité de l'assignation sauf à l'adversaire de prouver le grief que lui cause l'irrégularité (Cass. 2e civ., 20 oct. 2011, n° 10-24.109 : *JurisData* n° 2011-022538 ; *Procédures* 2011, comm. 367, R. Perrot).**

– l'indication que l'audience d'orientation a pour objet :

- d'examiner la validité de la saisie,
- de statuer sur les contestations et demandes incidentes liées à celle-ci,
- de déterminer les modalités selon lesquelles la procédure sera poursuivie (vente amiable ou vente forcée) ;

– l'information que, si le débiteur n'est pas présent ou représenté par un avocat à l'audience, la procédure sera poursuivie en vente forcée, sur les seules indications fournies par le créancier ;

– la sommation de prendre connaissance des conditions de la vente figurant dans le cahier des conditions de vente qui peut être consulté au greffe du juge de l'exécution où il sera déposé le cinquième jour ouvrable au plus tard après l'assignation ou au cabinet de l'avocat du créancier poursuivant ;

– l'indication de la mise à prix telle que fixée dans le cahier des conditions de vente et de la possibilité d'en contester le montant pour insuffisance manifeste ;

– l'avertissement que le débiteur peut demander au juge de l'exécution à être autorisé à vendre le bien saisi à l'amiable s'il justifie qu'une vente non judiciaire peut être conclue dans des conditions satisfaisantes ;

– l'indication, en caractères très apparents, qu'à peine d'irrecevabilité, toute contestation ou demande incidente doit être déposée au greffe du juge de l'exécution par conclusions d'avocat au plus tard lors de l'audience ;

– le rappel des dispositions des articles R. 322-16 et R. 322-17 du Code des procédures civiles d'exécution (concernant respectivement la situation de surendettement du débiteur et la dispense du ministère d'avocat pour une demande d'autorisation de la vente du bien à l'amiable. – CPC ex., art. R. 322-16 et R. 322-17. – C. consom., art. L. 721-4, R. 721-5, R. 721-6. – La demande d'autorisation de vente amiable peut être formée verbalement par l'avocat du débiteur saisi : Cass. 2e civ., 7 avr. 2016, n° 15-14.856 : *JurisData* n° 2016-006433 ; *Procédures* 2016, comm. 198, C. Laporte) ;

– l'indication que le débiteur, qui en fait préalablement la demande, peut bénéficier de l'aide juridictionnelle pour la procédure de saisie, s'il remplit les conditions de ressources prévues par la loi (L. n° 91-647, 10 juill. 1991, relative à l'aide juridictionnelle. – D. n° 91-1266, 19 déc. 1991, portant application de la loi) ;

– les indications obligatoires propres à toute assignation en justice (CPC, art. 56) ;

– les indications obligatoires propres à tout acte d'huissier de justice (CPC, art. 648).

> REMARQUE L'assignation doit normalement préciser les diligences entreprises en vue de parvenir à une résolution amiable du litige, sauf justification d'un motif légitime tenant :
> – à l'urgence ;
> – à la matière considérée, en particulier lorsqu'elle intéresse l'ordre public.
> Cette mention n'est pas requise à peine de nullité. À défaut, le juge peut proposer aux parties une mesure de conciliation ou de médiation (CPC, art. 56 et 127).
> La matière de l'exécution paraît toutefois étrangère à toute idée de résolution amiable du litige. Par ailleurs, les actes notariés de prêt comportent souvent une clause de « conciliation-médiation ». Une clause imposant ou permettant une médiation préalablement à la présentation d'une demande en justice relative aux droits et obligations contractuels des parties ne peut, en l'absence de stipulation expresse en ce sens, faire obstacle

à l'accomplissement d'une mesure d'exécution forcée (Cass. 2e civ., 22 juin 2017, n° 16-11.975 : *JurisData* n° 2017-012275).

CONSEIL Le créancier poursuivant peut ainsi insérer dans l'assignation une phrase-type en ce sens : « L'engagement d'une mesure d'exécution forcée constitue un motif légitime ; le Code des procédures civiles d'exécution apporte, en effet, expressément une limitation à la possibilité de recourir à un mode de résolution amiable des différends, étant rappelé que le commandement de payer valant saisie immobilière délivré antérieurement a déjà ouvert un délai au débiteur (ou au tiers détenteur) pour s'acquitter de la dette ou procéder à la vente amiable du bien saisi » (CPC ex., art. R. 321-3, al. 9).

315 **Mention en marge du commandement.** La mention de la délivrance de l'assignation est portée en marge de la copie du commandement de payer valant saisie publiée au fichier immobilier dans les huit jours de la dernière signification (assignation du débiteur et des créanciers inscrits) en date (CPC ex., art. R. 322-9, al. 1).

C Assignation des créanciers inscrits

316 La dénonciation aux créanciers inscrits du commandement de payer valant saisie vaut assignation à comparaître à l'audience d'orientation du juge de l'exécution (sur les mentions obligatoires de la dénonciation, V. *supra*, n° 314, « Mentions de l'assignation ». – CPC ex., art. R. 322-6, al. 2, et art. R. 322-7). Il ne faut pas oublier d'enrôler ensuite les assignations délivrées aux créanciers inscrits.

ATTENTION C'est bien le commandement de payer délivré au débiteur qui est dénoncé aux créanciers inscrits, et non l'assignation.
Ne peut être considéré comme inscrit au sens de l'article R. 322-6 du Code des procédures civiles d'exécution le créancier dont la sûreté se trouve en instance d'enregistrement au fichier immobilier (Cass. 2e civ., 10 avr. 2014, n° 13-13.770, inédit). En pratique, on se réfère aux inscriptions figurant sur l'état de renseignements sur formalité déposé lors de la publication du commandement au service de publicité foncière.

1 Délai d'assignation

317 Le commandement de payer valant saisie doit être dénoncé aux créanciers inscrits au jour de sa publication, et ce au plus tard **le cinquième jour ouvrable suivant** la délivrance de l'assignation au débiteur à comparaître devant le juge de l'exécution (CPC ex., art. R. 322-6, al. 1).

2 Mention en marge du commandement

318 La mention de la délivrance de l'assignation et des dénonciations du commandement aux créanciers inscrits est portée en marge de la copie du commandement de payer valant saisie publiée au fichier immobilier dans les huit jours de la dernière signification en date. Du jour de cette mention, l'inscription du commandement ne peut plus être radiée que du consentement de tous les créanciers inscrits ou en vertu d'un jugement qui leur soit opposable (CPC ex., art. R. 322-9).

D Dépôt au greffe du juge de l'exécution du cahier des conditions de vente et de l'état hypothécaire

1 Délai de dépôt

319 Au plus tard **le cinquième jour ouvrable suivant** l'assignation délivrée au débiteur saisi (CPC ex., art. R. 322-10. – Cass. 2e civ., 23 févr. 2017, n° 16-12.491, inédit).

2 Mentions du cahier des conditions de vente

320 Le cahier des conditions de vente comporte l'état descriptif de l'immeuble et les modalités de vente (CPC ex., art. R. 322-10, al. 1).
Le cahier des conditions de vente contient, notamment, à peine de nullité (CPC ex., art. R. 322-10, al. 2) :
– l'énonciation du titre exécutoire en vertu duquel les poursuites sont exercées ;
– le décompte des sommes dues au créancier poursuivant en principal, frais et intérêts échus

ainsi que l'indication du taux des intérêts moratoires ;
- l'énonciation du commandement de payer valant saisie avec la mention de sa publication et des autres actes et jugements intervenus postérieurement ;
- la désignation de l'immeuble saisi ;
- l'origine de propriété de l'immeuble ;
- les servitudes grevant l'immeuble ;
- les baux consentis sur l'immeuble ;
- le procès-verbal de description ;

> ATTENTION **Un procès-verbal de description établi à l'occasion de la délivrance antérieure d'un autre commandement de payer valant saisie immobilière ne peut lui être assimilé (Cass. 2e civ., 20 févr. 2013, n° 12-15.643 : *JurisData* n° 2013-002672).**

- les conditions de la vente judiciaire ;
- la mise à prix fixée par le créancier poursuivant ;
- la désignation d'un séquestre des fonds provenant de la vente ou de la Caisse des dépôts et consignations.

> ATTENTION **L'avocat du créancier poursuivant qui rédige le cahier des conditions de vente a l'obligation déontologique (RIN, art. 12.1) d'utiliser les clauses types (clauses à caractère général) figurant dans le cahier annexé au Règlement intérieur national de la profession d'avocat (RIN).**

3 Pièces et informations à joindre

321 Joindre au cahier des conditions de vente (CPC ex., art. R. 322-10, al. 1) :
- la copie de l'assignation délivrée au débiteur ;
- un état hypothécaire certifié à la date de la publication du commandement de payer valant saisie.

Mais on trouve aussi diverses annexes dans le cahier des conditions de vente :
- le procès-verbal de description des lieux ;
- les réponses aux demandes de renseignements, d'urbanisme ou autres, effectuées (mairie, syndic, etc.) ;
- en cas de saisie d'un lot ou d'une fraction de lot d'un immeuble soumis au statut de la copropriété : les documents mentionnés aux 1° à 5° de l'article L. 721-2 du Code de la construction et de l'habitation sont annexés au cahier des charges (CCH, art. L. 721-2, IV).

> ATTENTION **Ne pas oublier de procéder séparément à l'enrôlement des assignations délivrées aux créanciers inscrits dès le retour des actes délivrés par voie d'huissier de justice.**

E Déclaration de créances

322 Le créancier inscrit, à qui a été dénoncé le commandement de payer valant saisie, doit – **à peine de déchéance du bénéfice de sa sûreté** (CPC ex., art. L. 331-2) – déclarer sa créance :
- dans un délai de **deux mois** à compter de la dénonciation du commandement, sous réserve du relevé de forclusion (CPC ex., art. R. 322-12) ;
- par conclusions d'un avocat inscrit au barreau du tribunal de grande instance de la vente (Cass. 2e civ., 5 mai 2011, n° 10-14.066 : *JurisData* n° 2011-007723 ; *Procédures* 2011, comm. 223, R. Perrot).

La déclaration de créance doit être accompagnée d'une copie du titre de créance et du bordereau d'inscription, comme indiqué dans la dénonciation reçue.

> REMARQUE Le créancier peut demander sur requête au juge de l'exécution à être autorisé à déclarer sa créance postérieurement au délai de deux mois à compter de la dénonciation du commandement (CPC ex., art. R. 322-12, al. 2) :
> - s'il justifie que sa défaillance n'est pas de son fait ;
> - au plus tard **quinze jours** avant la date fixée pour l'audience d'adjudication ou de constatation de la vente amiable.
>
> La jurisprudence se montre sévère à l'égard des créanciers institutionnels (Cass. 2e civ., 17 mars 2016, n° 15-10.611 : *JurisData* n° 2016-005207 ; *Procédures* 2016, comm. 154, C. Laporte).

Quant aux créanciers qui ont inscrit leur sûreté sur l'immeuble après la publication du commandement de payer valant saisie, mais avant la publication de la vente (CPC ex., art. R. 322-13), ils :
- interviennent à la procédure en déclarant leur créance, arrêtée en principal frais et intérêts échus au jour de la déclaration, la déclaration devant être accompagnée du titre de créance, du bordereau d'inscription et d'un état hypothécaire levé à la date de l'inscription ;
- dans un délai d'un mois suivant l'inscription, par acte d'avocat, **à peine d'irrecevabilité**.

ATTENTION La déclaration de créance doit être dénoncée le même jour ou le premier jour ouvrable suivant, au créancier poursuivant et au débiteur (CPC ex., art. R. 322-13, *in fine*), par acte d'avocat ou par signification dans le cas où le débiteur n'a pas constitué.

F Audience d'orientation

323 **Lors de l'audience d'orientation**, le juge de l'exécution (CPC ex., art. R. 322-15, al. 1) :
– contrôle la régularité de la procédure, c'est-à-dire vérifie que les conditions de la saisie sont réunies (existence d'un titre exécutoire, etc.) ;
– tranche les contestations et demandes incidentes (notamment sur les déclarations de créances) ;
– détermine les modalités de poursuite de la procédure (vente amiable ou vente forcée).
Le jugement d'orientation mentionne aussi le montant retenu pour la créance du poursuivant en principal, frais, intérêts et autres accessoires (CPC ex., art. R. 322-18) ; pour aboutir à cette mention, le juge de l'exécution doit procéder, même d'office, à la vérification de celle-ci afin de la fixer (Cass., avis, 12 avr. 2018, n° 15008 : *JurisData* n° 2018-005719 ; *JCP* G 2018, 542, C. Laporte) ; cette fixation de la créance s'imposera pour la suite de la procédure, tout particulièrement au stade de la distribution du prix de l'immeuble.

ATTENTION La demande du débiteur (ou de son avocat) aux fins d'autorisation de la vente amiable de l'immeuble peut être formulée verbalement à l'audience d'orientation. Cette demande, ainsi que les actes consécutifs à cette vente, sont dispensés du ministère d'avocat (CPC ex., art. R. 322-17).
Pour le reste, sur le principe, tous les autres actes de la procédure nécessitent la constitution d'un avocat et la rédaction de conclusions écrites.

S'il autorise la vente amiable, le juge de l'exécution :
– s'assure qu'elle peut être conclue dans des conditions satisfaisantes compte tenu de la situation du bien, des conditions économiques du marché et des diligences éventuelles du débiteur (CPC ex., art. R. 322-15, al. 2) ;

EXEMPLE Le compromis rédigé par un notaire, qui fixe un prix sous-évalué, ne comporte aucune indication sur d'éventuels liens entre l'acquéreur et les vendeurs et ne comporte aucune information sur l'obtention d'un prêt par l'acquéreur, est insuffisant à caractériser les éléments d'information nécessaires au juge (CA Aix-en-Provence, 15e ch., sect. A, 3 juill. 2015, n° 15/06006 : *JurisData* n° 2015-016409).

– fixe le montant du prix en deçà duquel l'immeuble ne peut être vendu eu égard aux conditions économiques du marché ainsi que, le cas échéant, les conditions particulières de la vente (CPC ex., art. R. 322-21, al. 1. – Cass. 1re civ., 1er mars 2017, n° 16-10.142 : *JurisData* n° 2017-003315 ; *Procédures* 2017, comm. 86, C. Laporte) ;
– taxe les frais de poursuite à la demande du créancier poursuivant (CPC ex., art. R. 322-21, al. 2) ;
– renvoie la cause et les parties à une audience dite de rappel, dans un délai qui ne peut excéder quatre mois, au cours de laquelle le juge peut accorder un délai supplémentaire qui ne peut excéder trois mois (CPC ex., art. R. 322-21, al. 3 et 4). Les délais ainsi fixés sont d'ordre public et ne peuvent être prorogés à la demande du débiteur saisi (CA Versailles, 16e ch., 7 juill. 2016, n° 16/00847 : *JurisData* n° 2016-015191).

ATTENTION À peine d'irrecevabilité prononcée d'office, aucune contestation, ni aucune demande incidente ne peut, sauf disposition contraire, être formée après l'audience d'orientation à moins qu'elle ne porte sur des actes de procédure postérieurs à celle-ci (CPC ex., art. R. 311-5. – Cass. 2e civ., 26 juin 2014, n° 13-20.560 : *JurisData* n° 2014-014463. – Cass. 2e civ., 1er sept. 2016, n° 15-23.085, inédit). Cette règle s'impose à toutes les parties appelées à l'audience d'orientation (Cass. 2e civ., 22 juin 2017, n° 16-18.343 : *JurisData* n° 2017-012277 ; *Procédures* 2017, comm. 184, C. Laporte).
L'obligation pour les parties à la procédure de saisie immobilière de soulever à l'audience d'orientation, à peine d'irrecevabilité, l'ensemble des contestations et demandes incidentes ne s'applique pas aux tiers à l'instance (Cass. 2e civ., 4 déc. 2014, n° 13-24.870 : *JurisData* n° 2014-029830 ; *Procédures* 2015, comm. 35, C. Laporte).

Lorsque le juge de l'exécution ordonne la vente forcée, il (CPC ex., art. R. 322-26) :
- fixe la date de l'audience à laquelle il y sera procédé dans un délai compris entre deux et quatre mois à compter du prononcé de sa décision ;
- détermine les modalités de visite de l'immeuble à la demande du créancier poursuivant.

La vente forcée est annoncée par une publicité qui vise à permettre l'information du plus grand nombre d'enchérisseurs possible (CPC ex., art. R. 322-30).
Deux régimes de publicité sont prévus :
- le régime de droit commun (CPC ex., art. R. 322-31 à R. 322-36), qui est le plus courant ;
- l'aménagement judiciaire de la publicité (CPC ex., art. R. 322-37 et R. 322-38).

> ATTENTION **Les contestations à l'encontre des actes de la publicité postérieurs à l'audience d'orientation doivent être formées dans un délai de quinze jours à compter de leur accomplissement (Cass. 2e civ., 26 juin 2014, n° 13-20.193 : *JurisData* n° 2014-014444).**

G Audience d'adjudication

324 **La vente peut être reportée** seulement (CPC ex., art. R. 322-28) :
- pour cas de force majeure ;
- ou sur demande de la commission de surendettement (Cass. 2e civ., 7 janv. 2016, n° 14-26.908 : *JurisData* n° 2016-000026 ; *Procédures* 2016, comm. 96, C. Laporte ; *RD bancaire et fin.* 2016, comm. 82, S. Piedelièvre. – CA Lyon, 6e ch., 12 mai 2016, n° 16/00090 : *JurisData* n° 2016-015920. – C. consom., art. L. 722-1, L. 722-4, L. 721-7, R. 722-7, R. 721-7, R. 721-8).

> ATTENTION **La demande de report de la vente forcée doit – à peine de caducité du commandement de saisie immobilière – être formulée par voie de conclusions signées d'un avocat (Cass. 2e civ., 22 févr. 2012, n° 11-11.914 : *JurisData* n° 2012-002557 ; *Procédures* 2012, comm. 147, R. Perrot).**

Lorsque la vente forcée est renvoyée à une audience ultérieure, il est procédé à une nouvelle publicité dans les formes et délais de la première vente forcée (CPC ex., art. R. 322-29).

1 Participation aux enchères

325 Les enchères sont portées par le ministère d'un avocat inscrit au barreau du tribunal de grande instance devant lequel la vente est poursuivie (CPC ex., art. R. 322-40, al. 1).
L'avocat ne peut être porteur que d'un seul mandat pour enchérir (CPC ex., art. R. 322-40, al. 2).
En outre, en vertu de l'article 12.2 du Règlement intérieur national de la profession d'avocat (RIN), l'avocat doit aussi :
- s'assurer de l'identité de son client, de sa situation juridique ;
- s'il s'agit d'une personne morale, s'assurer de la réalité de son existence, de l'étendue de son objet social et des pouvoirs de son représentant ;
- ne pas porter d'enchères pour des personnes en conflit d'intérêts ;
- en cas d'adjudication intervenue pour le compte d'une personne, ne pas former de surenchère au nom d'une autre à défaut d'accord écrit préalable de l'adjudicataire initial ;
- en cas d'adjudication d'un lot de copropriété, procéder à la notification au syndic de copropriété.

L'avocat doit, avant de porter les enchères, se faire remettre par son mandant et contre récépissé soit (CPC ex., art. R. 322-41) :
- une caution bancaire irrévocable ;
- un chèque de banque rédigé à l'ordre du séquestre ou du consignataire désigné dans le cahier des conditions de vente, représentant 10 % du montant de la mise à prix, sans que le montant de cette garantie puisse être inférieur à 3 000 €.

> ATTENTION **Le dépôt d'une somme sur un compte CARPA ne constitue pas la caution bancaire irrévocable prévue par l'article R. 322-41 du Code des procédures civiles d'exécution (Cass. 2e civ., 18 févr. 2016, n° 14-29.052 : *JurisData* n° 2016-002513 ; *Procédures* 2016, comm. 127, C. Laporte). De même, le nantissement délivré par une banque ne constitue pas une garantie de paiement valable (Cass. 2e civ., 10 mars 2011, n° 10-15.486 : *JurisData* n° 2011-004407 ; *Procédures* 2011, comm. 200, R. Perrot).**

Le récépissé doit comporter un certain nombre de mentions, notamment que (CPC ex., art. R. 322-41, al. 2 à 4) :
- la somme encaissée par le séquestre ou la Caisse des dépôts et consignations est restituée dès l'issue de l'audience d'adjudication à l'enchérisseur qui n'a pas été déclaré adjudicataire ;
- lorsque l'adjudicataire est défaillant, la somme versée ou la caution apportée est acquise aux créanciers participant à la distribution et, le cas échéant, au débiteur pour leur être distribuée avec le prix de l'immeuble.

2 Déroulement des enchères

326 Le juge rappelle publiquement avant l'ouverture des enchères le montant des frais de poursuite taxés (CPC ex., art. R. 322-42), et statue sur-le-champ sur les éventuelles contestations relatives à la validité des enchères, lesquelles sont formulées verbalement à l'audience, par le ministère d'un avocat, avant, si nécessaire, reprise immédiate des enchères (CPC ex., art. R. 322-49).

3 Publication de l'adjudication

327 Au premier jour ouvrable suivant la vente, et hors le cas où celle-ci est réalisée après surenchère, un extrait du procès-verbal d'audience est affiché par le greffe à la porte de la salle d'audience pendant les dix jours au cours desquels la surenchère peut être exercée ; il doit mentionner (CPC ex., art. R. 322-34) :
– la description de l'immeuble telle que figurant dans l'avis initial de publicité ;
– le prix d'adjudication ;
– les frais taxés ;
– l'indication du greffe compétent pour recevoir les offres de surenchère ;
– le délai de dix jours pour former surenchère.

H Surenchère

1 Déclaration de surenchère

328 • **Qui peut agir ?**
Toute personne peut faire une surenchère du dixième au moins du prix principal de la vente (CPC ex., art. R. 322-50), sauf interposition de personne et/ou fraude (Cass. 2e civ., 18 oct. 2012, n° 11-23.646 : *JurisData* n° 2012-023309, intervention de l'avocat en qualité de gérant de la société surenchérisseur. – Cass. 2e civ., 10 nov. 2016, n° 15-25.460, inédit).

• **Quelle garantie faut-il fournir ?**
Ne peuvent être exigées des garanties de paiement autres qu'une caution bancaire ou un chèque de banque du dixième du prix de vente pour déclarer valide une surenchère (Cass. 2e civ., 16 déc. 2010, n° 09-71.807 : *JurisData* n° 2010-025430 ; *Procédures* 2011, comm. 90, R. Perrot).
À défaut de remise par le surenchérisseur de ces garanties de paiement valables, la surenchère est irrecevable (Cass. 2e civ., 10 mars 2011, n° 10-15.486 : *JurisData* n° 2011-004407 ; *Procédures* 2011, comm. 200, R. Perrot. – Cass. 2e civ., 11 avr. 2013, nos 12-10.053 et 12-24.715 : *JurisData* n° 2013-006729. – Cass. 2e civ., 18 févr. 2016, n° 14-29.052 : *JurisData* n° 2016-002513 ; *Procédures* 2016, comm. 127, C. Laporte).
Le chèque de banque émis à une date postérieure à celle de la déclaration de surenchère rend la surenchère irrecevable (Cass. 2e civ., 28 janv. 2016, n° 14-29.591, inédit).

• **Quel est le délai d'action ?**
À peine d'irrecevabilité, la surenchère est formée par acte d'avocat et déposée au greffe du juge de l'exécution dans les **dix jours** suivant l'adjudication. Elle vaut demande de fixation d'une audience de surenchère (CPC ex., art. R. 322-51, al. 1).
L'avocat doit attester s'être fait remettre de son mandant une caution bancaire irrévocable ou un chèque de banque du dixième du prix principal de la vente (CPC ex., art. R. 322-51, al. 2).

> ATTENTION **La déclaration de surenchère ne peut être rétractée (CPC ex., art. R. 322-51, al. 3).**

La suspension des effets de l'adjudication par la surenchère emporte celle du délai d'exercice de la faculté de substitution jusqu'à la décision prise par le tribunal sur cette surenchère (Cass. 1re civ., 18 mars 2015, n° 14-11.299 : *JurisData* n° 2015-005924).

2 Dénonciation de la surenchère

329 Au plus tard le troisième jour ouvrable suivant la déclaration de surenchère, le surenchérisseur la dénonce, **à peine d'irrecevabilité** (CPC ex., art. R. 322-52, al. 1) :
– au créancier poursuivant ;
– à l'adjudicataire ;

> ATTENTION **En cas de pluralité d'adjudicataires, la surenchère doit, à peine d'irrecevabilité, être dénoncée à chacun d'eux, fussent-ils représentés par un même avocat (Cass. 2e civ., 20 oct. 2011, n° 10-25.377 : *JurisData* n° 2011-022554).**
> **Si la dénonciation a été faite au notaire, et non à l'adjudicataire lui-même (éventuellement au domicile élu chez le notaire), la surenchère sera irrecevable car la surenchère ne peut être dénoncée qu'à l'adjudicataire lui-même (Cass. 2e civ., 28 juin 2012, n° 11-18.121 : *JurisData* n° 2012-014523).**

– au débiteur saisi.
La dénonciation de la surenchère peut être faite (CPC ex., art. R. 322-52, al. 1) :
– par acte d'huissier de justice ;

– par notification entre avocats.
L'acte de dénonciation rappelle (CPC ex., art. R. 322-52, al. 1) :
– les modalités de dépôts des contestations ou demandes incidentes au greffe (CPC ex., art. R. 311-6) ;
– le délai de quinze jours, courant à compter de la dénonciation, pour contester la validité de la surenchère dénoncée (CPC ex., art. R. 322-52, al. 2).
Une copie de l'attestation précisant que l'avocat s'est fait remettre du surenchérisseur une caution bancaire irrévocable ou un chèque de banque du dixième du prix principal de vente est jointe à l'acte de dénonciation (CPC ex., art. R. 322-52, al. 1 *in fine*) ; à défaut, la surenchère est irrecevable (Cass. 2e civ., 11 avr. 2013, n° 12-10.053 : *JurisData* n° 2013-006729).

3 Contestation de la surenchère

a) Délais de contestation

330 La validité de la surenchère peut être contestée dans les **quinze jours** de sa dénonciation (CPC ex., art. R. 322-52, al. 2).

> **ATTENTION** **Si le surenchérisseur et le créancier poursuivant n'accomplissent pas les formalités de publicité de droit commun, dans un délai compris entre un et deux mois avant la date d'adjudication sur surenchère, la surenchère est nulle. Cette nullité n'affecte que la surenchère et a pour effet de rendre l'adjudication au dernier enchérisseur définitive, aucune surenchère n'étant censée avoir été faite après (CA Rennes, 1re ch., 21 janv. 2014, n° 13/02662 : *JurisData* n° 2014-005686).**

b) Formalités de publicité de la surenchère

331 Le greffe avise de la date de l'audience de surenchère, par lettre recommandée avec demande d'avis de réception (CPC ex., art. R. 322-53, al. 3) :
– le débiteur saisi ;
– le créancier poursuivant ;
– les créanciers inscrits ;
– l'adjudicataire ;
– le surenchérisseur.
Les formalités de publicité sont réalisées à la diligence du surenchérisseur ou, à son défaut, du créancier poursuivant, sur la mise à prix modifiée par la surenchère (CPC ex., art. R. 322-54).

4 Audience de surenchère

a) Fixation de la date d'audience

332 L'audience de surenchère est fixée par le juge de l'exécution à une date comprise dans un délai de deux à quatre mois suivant la déclaration de surenchère (CPC ex., art. R. 322-53, al. 1).
En cas de contestation de la déclaration de surenchère, ce délai court à compter de la date de la décision de rejet (CPC ex., art. R. 322-53, al. 2).

b) Déroulement de l'audience de surenchère

333 Le jour de l'audience, les enchères sont reprises dans les mêmes conditions que la première audience d'enchères, sur la mise à prix modifiée par la surenchère (CPC ex., art. R. 322-55, al. 1. – CPC ex., art. R. 322-39 à R. 322-49).
Si cette surenchère n'est pas couverte, le surenchérisseur est déclaré adjudicataire et aucune surenchère ne pourra être reçue sur la seconde adjudication (CPC ex., art. R. 322-55, al. 2 et 3).

I Adjudication définitive

1 Jugement d'adjudication

334 Le jugement d'adjudication :
– est délivré par le greffe à l'adjudicataire sur justification par celui-ci du paiement des frais taxés (CPC ex., art. R. 322-62 et L. 322-11) ;
– est notifié par le créancier poursuivant au débiteur, aux créanciers inscrits, à l'adjudicataire ainsi qu'à toute personne ayant élevé une contestation tranchée par la décision, étant précisé que seul le jugement d'adjudication ayant statué sur une contestation est susceptible d'appel de ce chef dans les quinze jours à compter de la notification (CPC ex., art. R. 322-60) ;
– doit être publié au fichier immobilier à la requête de l'acquéreur ou, à son défaut, du créancier poursuivant la distribution (CPC ex., art. R. 322-63).
Après cette publication, le créancier de premier rang peut demander par requête le paiement provisionnel de sa créance en principal (CPC ex., art. R. 334-1).

> **ATTENTION** **À défaut d'avoir été publié avant le jugement d'ouverture, le jugement d'adjudication est inopposable à la procédure collective et la répartition du prix de vente de la créance relève de la compétence du liquidateur judiciaire (Cass. com., 11 févr. 2014, n° 12-19.722 : *JurisData* n° 2014-002133 ; *Procédures* 2014, comm. 155, B. Rolland).**

Sauf fraude, la publication du jugement emporte la purge de tous les vices antérieurs à l'adjudication (Cass. 2e civ., 4 déc. 2014, n° 13-25.932 : *JurisData* n° 2014-033788 ; *Procédures* 2015, comm. 40, C. Laporte. – Cass. 2e civ., 24 sept. 2015, n° 14-20.132 : *JurisData* n° 2015-021167).

2 Paiement du prix

a) Délai de paiement

335 Une fois l'adjudication définitive, l'adjudicataire doit verser le prix au séquestre ou à la Caisse des dépôts et consignations et payer :
- les frais de poursuite taxés ;
- le cas échéant, les frais de surenchère taxés ;
- les droits de mutation.

Il dispose d'un délai de **deux mois** à compter de l'adjudication définitive. Passé ce délai :
- le prix de vente est augmenté de plein droit des intérêts au taux légal jusqu'au versement complet du prix ou sa consignation (CPC ex., art. R. 322-56) ;

ATTENTION **Les fonds séquestrés produisent intérêt à un taux fixé par le cahier des conditions de vente (CPC ex., art. R. 322-57) ; ils sont acquis aux créanciers et, le cas échéant, au débiteur, pour être distribués avec le prix de l'immeuble dans le cadre de la procédure de distribution.**
La consignation du prix et le paiement des frais de la vente purgent de plein droit l'immeuble de toute hypothèque et de tout privilège du chef du débiteur à compter de la publication du titre de vente (CPC ex., art. L. 322-14).

- la vente est résolue de plein droit à défaut de paiement du prix et des frais (CPC ex., art. L. 322-12) ; le juge de l'exécution est compétent pour constater la résolution de la vente sur adjudication du fait de l'absence de consignation du prix (Cass. 2e civ., 23 févr. 2017, n° 16-13.178 : *JurisData* n° 2017-002814 ; *Procédures* 2017, comm. 62, C. Laporte) ;
- le bien peut être remis en vente (réitération des enchères) à la demande du créancier poursuivant, d'un créancier inscrit ou du débiteur saisi, aux conditions de la première vente forcée, à défaut pour l'adjudicataire de payer, dans les délais prescrits, le prix, les frais taxés ou les droits de mutation (CPC ex., art. R. 322-66).

b) Réitération des enchères

336 La personne qui poursuit la réitération des enchères doit (CPC ex., art. R. 322-67, al. 1 et 2) :
- se faire délivrer par le greffe un certificat constatant que l'adjudicataire n'a pas justifié du versement du prix au séquestre ou de sa consignation à la Caisse des dépôts et consignations, ou du paiement des frais taxés ou des droits de mutation ;
- signifier le certificat au saisi, à l'adjudicataire et, le cas échéant, au créancier ayant sollicité la vente.

L'adjudicataire seul peut contester le certificat dans un délai de **quinze jours** suivant sa signification (CPC ex., art. R. 322-68).
La contestation est formée par dépôt au greffe de conclusions signées d'un avocat. Le délai de contestation de quinze jours court à compter de la signification du certificat à l'adjudicataire (Cass. 2e civ., 16 déc. 2010, n° 09-71.327 : *JurisData* n° 2010-023882).
La décision du juge de l'exécution statuant sur cette contestation, notifiée par le greffe, n'est pas susceptible d'appel (CPC ex., art. R. 322-68 *in fine*).

c) Nouvelle adjudication

337 Faute pour l'adjudicataire de satisfaire à la sommation qui lui a été faite de payer le prix, les frais ou les droits de mutation, l'immeuble est remis en vente par la voie d'une nouvelle adjudication (CPC ex., art. R. 322-69, al. 1).
La nouvelle audience de vente est fixée par le juge de l'exécution sur requête de la partie qui poursuit la réitération des enchères, à une date comprise dans un délai de **deux à quatre mois** suivant la date de la signification à l'acquéreur du certificat du greffe (CPC ex., art. R. 322-69, al. 2).
En cas de contestation du certificat, ce délai court à compter de la date de la décision de rejet. Le greffe avise de la date de l'audience par lettre recommandée avec demande d'avis de réception (CPC ex., art. R. 322-69, al. 3 et 4) :
- le débiteur saisi ;
- le créancier poursuivant ;
- les créanciers inscrits ;
- l'adjudicataire défaillant.

Le délai fixé par l'article R. 322-69 du Code des procédures civiles d'exécution n'est pas imposé à peine d'irrecevabilité de la demande tendant à réitérer les enchères (Cass. 2e civ., 23 févr. 2017, n° 15-28.849, inédit).

ATTENTION **La signification aux parties du jugement fixant la date de réitération des enchères la veille de cette nouvelle audience d'adjudication, avise**

Mettre en œuvre une saisie immobilière

régulièrement les parties de cette date d'audience (Cass. 2e civ., 31 mars 2011, n° 09-70.920 : *JurisData* n° 2011-005014 ; *Procédures* 2011, comm. 265, R. Perrot).

La nouvelle vente est précédée de la publicité de droit commun (CPC ex., art. R. 322-70, R. 322-31 à R. 322-36), sauf à souligner qu'elle mentionne, en outre, le montant de l'adjudication intervenue.
Le jour de l'audience, les enchères sont réitérées dans les conditions de la première audience d'adjudication prévues par les articles R. 322-39 à R. 322-49 du Code des procédures civiles d'exécution (CPC ex., art. R. 322-71, R. 322-39 à R. 322-49).
L'adjudicataire défaillant de la vente initiale conserve à sa charge les frais taxés lors de cette adjudication. Passé un délai de deux mois suivant celle-ci, il est tenu des intérêts au taux légal sur son enchère jusqu'à la nouvelle vente (CPC ex., art. R. 322-72, al. 1) ; il est aussi tenu au paiement de la différence entre son enchère et le prix de la revente si celui-ci est moindre (CPC ex., art. L. 322-12, al. 2).
La personne déclarée adjudicataire à l'issue des nouvelles enchères est redevable des frais afférents à celles-ci (CPC ex., art. R. 322-72, al. 2).

En l'absence de disposition contraire, la déclaration de surenchère est recevable après la réitération de la vente (Cass. 2e civ., 7 janv. 2016, n° 14-26.887 : *JurisData* n° 2016-000031 ; *RD bancaire et fin.* 2016, comm. 80, S. Piedelièvre).

CHECK-LIST **• Vérifier :**
– la capacité du créancier de faire des actes de disposition ;
– l'intérêt, pour le créancier, à engager une procédure de saisie immobilière ;
– la validité du titre exécutoire ;
– la saisissabilité de l'immeuble.
• Informer le créancier de l'interdiction d'entreprendre simultanément plusieurs saisies immobilières sauf insuffisance du bien saisi.
• Veiller à ce que le commandement de payer soit dénoncé aux créanciers inscrits dans les cinq jours ouvrables suivant la délivrance de l'assignation au débiteur.

VOIR AUSSI Modèle 12 : Dénonciation de déclaration de créance par acte d'avocat.

POUR ALLER PLUS LOIN...

Fascicules JurisClasseur
• *JCl. Voies d'exécution*, Fasc. 1120 à 1190.
• *JCl. Procédures Formulaire*, V° *Saisie immobilière*, Fasc. 10 à 65.
• *JCl. Procédures Formulaire*, V° *Distribution du prix d'un immeuble*, Fasc. 10 et 15.

Fiche 15
Contester une saisie immobilière

Laurence LLAHI
Actualisée par Christian LAPORTE

Sommaire

I Aperçu rapide 145
A Caractéristiques générales 145
B Conditions d'utilisation 146
C Avis du professionnel 147
D Textes 148
E Schéma procédural 148
II Préparation 148
A Information du client 148
B Contrôles préalables 149
C Pièces nécessaires 149
D Coût de la procédure 149
III Procédure 149
A Assistance et représentation 149
B Matière 150
C Compétence 150
1 Compétence d'attribution 150
2 Compétence territoriale 150
D Parties 150
E Rédaction de l'acte de saisine 151
F Audience 151
1 Convocation 151
2 Comparution 151
3 Déroulement 151
G Décision 152
1 Forme 152
2 Contenu 152
3 Caractères et effets de la décision 152
4 Suites de la décision 153
H Fin de la procédure 153
I Recours ou contestations 153
1 Appel 153
2 Opposition 155
3 Tierce opposition 155
4 Pourvoi en cassation 155
J Modifications de la décision 156

I
Aperçu rapide

A Caractéristiques générales

338 De multiples contestations peuvent être soulevées lors de la mise en œuvre de la procédure de saisie immobilière.

ATTENTION La Cour de cassation fait application (Cass. 2e civ., 24 sept. 2015, n° 14-20.009 : *JurisData* n° 2015-021162 ; *JCP* G 2015, 1235, C. Laporte) du **principe de concentration des moyens** en rappelant que le défendeur doit présenter,

dès l'instance relative à la première demande, l'ensemble des moyens qu'il estime de nature à justifier son rejet total ou partiel (sur la jurisprudence *Cesareo*, V. Cass. ass. plén., 7 juill. 2006, n° 04-10.672 : *JurisData* n° 2006-034519 ; *JCP* G 2007, II, 10070, G. Wiederkehr). La fin de non-recevoir – résultant de l'autorité de chose jugée de la première décision – peut être relevée d'office par le juge (Cass. 2e civ., 24 sept. 2015, n° 14-20.132 : *JurisData* n° 2015-021167).

Elle a ainsi encore dû juger que les décisions du juge de l'exécution ont, sauf disposition contraire, autorité de la chose jugée au principal et que le défendeur doit présenter – dès l'instance relative à la première demande – l'ensemble des moyens qu'il estime de nature à justifier son rejet total ou partiel ; dès lors, le débiteur régulièrement appelé à l'audience d'orientation n'est plus recevable à contester ultérieurement, par de nouveaux moyens, le montant retenu pour la créance du poursuivant, tel qu'il a été mentionné dans le dispositif du jugement d'orientation (Cass. com., 13 sept. 2017, n° 15-28.833 : *JurisData* n° 2017-017684 : *Procédures* 2017, comm. 261, C. Laporte).

Il faut donc soulever simultanément tous les moyens utiles devant le même juge dans le cadre de la contestation qu'on lui soumet. Après, il sera trop tard !

Sauf disposition contraire :

– toute contestation ou demande incidente est formée par le dépôt au greffe de conclusions signées d'un avocat (CPC ex., art. R. 311-6) ;

– à peine d'irrecevabilité prononcée d'office, aucune contestation ni aucune demande incidente ne peut, sauf dispositions contraires, être formée après l'audience d'orientation à moins qu'elle porte sur les actes de procédure postérieurs à celle-ci (CPC ex., art. R. 311-5. – Cass. 2e civ., 26 juin 2014, n° 13-20.560 : *JurisData* n° 2014-014463 ; *RD bancaire et fin.* 2014, comm. 177, S. Piedelièvre. – Cass. 2e civ., 1er sept. 2016, n° 15-23.085, inédit) ;

– aucun moyen de fait ou de droit ne peut être formulé pour la première fois devant la cour d'appel à l'appui d'une contestation des poursuites (Cass. 2e civ., 25 juin 2015, n° 14-18.967 : *JurisData* n° 2015-015396 ; *Procédures* 2015, comm. 291, C. Laporte. – Cass. 1re civ., 11 mai 2017, n° 16-13.975, inédit).

Lorsque la contestation ou la demande incidente ne peut être examinée à l'audience d'orientation (CPC ex., art. R. 311-6, al. 3) :

– le greffe convoque les parties à une audience par lettre recommandée avec demande d'avis de réception ;

– cette convocation a lieu dans un délai de **quinze jours** à compter du dépôt de la contestation ou de la demande.

ATTENTION **L'examen des contestations et des demandes incidentes ne suspend pas le cours de la procédure (CPC ex., art. R. 311-6, al. 4).**

B Conditions d'utilisation

339 Le juge de l'exécution (JEX) peut être saisi de contestations portant sur :

– les conditions de validité de la **saisie** (CPC ex., art. R. 322-15) ;

– la validité du **titre exécutoire** invoqué par le créancier poursuivant ;

– la validité des **déclarations de créance** (Cass., avis, 16 mai 2008, n° 08003 : *JurisData* n° 2008-043959 ; *Procédures* 2008, comm. 212, C. Laporte) et plus généralement les contestations afférentes à celle-ci ;

– le **fond** du droit (CA Paris, pôle 4, ch. 8, 27 oct. 2016, n° 16/15615 : *JurisData* n° 2016-024408) ;

EXEMPLE Contestation relative à la propriété de l'immeuble saisi (CA Aix-en-Provence, ch. 15 A, 16 févr. 2017, n° 16/06505 : *JurisData* n° 2017-002717) ; contestation du caractère exigible et liquide de la créance.

ATTENTION **Le juge de l'exécution n'est tenu de statuer au fond que sur la validité et les difficultés d'exécution des titres exécutoires qui sont directement en relation avec la mesure d'exécution contestée. La demande doit consister en une contestation de la saisie immobilière (Cass. 2e civ., 3 déc. 2015, n° 13-28.177 : *JurisData* n° 2015-026998 ; *Procédures* 2016, comm. 52, C. Laporte. – Cass. 2e civ., 22 juin 2017, n° 15-24.385 : *JurisData* n° 2017-012557 ; *Procédures* 2017, comm. 233, C. Laporte), sous réserves, toutefois, que la procédure soit toujours en cours (Cass. 2e civ., 5 janv. 2017, n° 14-26.694, inédit).**

– le **quantum** de la créance ; le débiteur peut :
• estimer que la somme réclamée est supérieure au montant dû au créancier,
• solliciter la modération de la clause pénale,
• contester le taux d'intérêt retenu,
• invoquer l'exception de compensation (Cass. 2e civ., 18 févr. 2016, n° 14-29.893, inédit : *JurisData* n° 2016-002833 ; *Procédures* 2016, comm. 124, C. Laporte) ;
– la **mise à prix** de l'immeuble par rapport à sa valeur vénale, la faculté de demander la modification de celle fixée dans le cahier des conditions de vente étant toutefois réservée au seul débiteur (CPC ex., art. L. 322-6. – Cass. 2e civ., 28 juin 2018, n° 17-11.076 : *JurisData* n° 2018-011184 ; *Procédures* 2018, comm. 251, C. Laporte) ;
– les **mentions** :
• du cahier des conditions de vente : lorsqu'elles font grief à ses droits (CPC ex., art. R. 322-10 et R. 322-11, al. 3. – Cass. 2e civ., 13 nov. 2014, n° 13-25.546 : *JurisData* n° 2014-027606 ; *Procédures* 2015, comm. 38, C. Laporte),
• de l'assignation du débiteur (CPC ex., art. R. 322-5),
• du commandement de payer valant saisie (CPC ex., art. R. 321-3 et R. 321-5) ;
– le **projet de distribution** du prix (CPC ex., art. R. 332-2 à R. 332-4, art. R. 333-1) ;
– la **déclaration de surenchère** (CPC ex., art. R. 322-52, al. 2), notamment sa recevabilité (Cass. 2e civ., 19 févr. 2015, n° 14-15.712, inédit. – Cass. 2e civ., 28 janv. 2016, n° 14-29.591, inédit. – Cass. 2e civ., 10 nov. 2016, n° 15-25.460, inédit) ;
– le **cantonnement** des saisies immobilières pratiquées sur plusieurs immeubles (CPC ex., art. L. 321-6, al. 1, et R. 321-12, al. 1) ;
– la **conversion partielle des saisies en hypothèque** (CPC ex., art. L. 321-6, al. 2) ;
– la **suspension** de la procédure en raison de la situation de surendettement du débiteur (CPC ex., art. R. 322-16) ;
– la **subrogation** dans les droits du créancier poursuivant (CPC ex., art. R. 311-9) ;
– la **prescription de la créance** (Cass. 2e civ., 7 janv. 2016, n° 14-28.088, inédit. – CA Montpellier, ch. 1 D, 17 nov. 2016, n° 16/01877 : *JurisData* n° 2016-026618).

> ATTENTION **Le tiers détenteur, débiteur du droit de suite, ne peut se prévaloir de la prescription de la créance principale (Cass. 2e civ., 19 févr. 2015, n° 13-27.691 : *JurisData* n° 2015-003035 ; *JCP G* 2015, 496, V. Brémond ; *Procédures* 2015, comm. 158, Ch. Laporte).**

> CONSEIL **Il faut soulever simultanément tous les moyens utiles (application du principe de concentration des moyens : V. *supra*, n° 338, « Caractéristiques générales »).**

C Avis du professionnel

340 Saisie immobilière :
– procédure écrite (pour l'essentiel) ;
– ministère d'avocat et postulation obligatoires (procédure calquée sur celle de droit commun devant le TGI). En la matière, les avocats ne peuvent postuler devant un autre tribunal que celui auprès duquel est établie leur résidence professionnelle (L. n° 71-1130, 31 déc. 1971, art. 5, al. 3, et 5-1, al. 2).

> ATTENTION **La technicité de la matière doit inciter l'avocat à la plus grande rigueur et à la plus grande attention tout au long de la procédure.**
> **Une erreur dans le déroulement de la procédure peut coûter cher aussi bien au client qu'à l'avocat. Si la procédure est anéantie, le poursuivant conservera à sa charge les frais engagés (qui peuvent osciller entre 3 000 et 5 000 €, voire plus, en particulier si les publicités ont été faites en vue de l'audience d'adjudication).**

• Veiller aux **délais pour agir**, qui varient en fonction du type de contestation :
– la validité de la **surenchère** doit être contestée dans les **quinze jours** de sa dénonciation (CPC ex., art. R. 322-52, al. 2) ;
– le projet de **distribution du prix** doit être contesté dans les **quinze jours** suivant la réception de la notification (CPC ex., art. R. 332-5) ;
– la contestation portant sur un acte de procédure postérieur à l'audience d'orientation doit être formée dans les **quinze jours** de sa notification (CPC ex., art. R. 311-5. – Sur les formalités de publicité : Cass. 2e civ., 26 juin 2014, n° 13-20.193 : *JurisData* n° 2014-014444) ;
– la demande en **distraction** peut être formée jusqu'à la vente du bien saisi (CPC ex., art. R. 311-8) ;
– la requête du créancier inscrit ou de la partie saisie, tendant à aménager, restreindre ou compléter les mesures de publicité est formée, selon le cas (CPC ex., art. R. 322-37, al. 1 et 2) :
  • à l'audience d'orientation,
  • **deux mois** au plus tard avant l'audience d'adjudication,

. dans un délai de **deux jours ouvrables** à compter de la vente.

REMARQUE Peuvent toutefois être soulevées **à tout moment** de la procédure :
– la demande de **subrogation** (CPC ex., art. R. 311-9) ;
– la demande de **report** de l'adjudication (CPC ex., art. R. 322-28) :
• justifiée par un cas de force majeure,
• ou résultant de la situation de surendettement du débiteur, sur demande de la commission de surendettement et seulement pour causes graves et dûment justifiées (CPC ex., art. R. 322-16. – C. consom., art. L. 722-4, L. 721-7, R. 721-7).

• Veiller aux **modes de saisine** du juge :
– sont formées verbalement à l'audience :
. les contestations relatives à la validité des enchères (CPC ex., art. R. 322-49),
. la subrogation, à l'audience d'adjudication, dans les droits du poursuivant (CPC ex., art. R. 311-9, al. 1 *in fine*) ;
– sont formées par assignation :
. la demande de vente amiable avant la délivrance de l'assignation à comparaître à l'audience d'orientation (CPC ex., art. R. 322-20),
. la demande du créancier aux fins de faire constater la carence du débiteur pour parvenir à la vente amiable et demander la reprise de la vente forcée (CPC ex., art. R. 322-22) ;
– sont formées par conclusions : les contestations et demandes incidentes (CPC ex., art. R. 311-6).
• S'assurer, lorsque la contestation ou la demande incidente est formulée par écrit, que les **actes de procédure** ont été :
– régulièrement notifiés :
. acte du palais pour les notifications entre avocats,
. acte d'huissier de justice pour les significations ;
– remis au greffe dans les délais exigés ou au moins dans un temps raisonnable pour assurer le contradictoire.
• Veiller à ce que les **pièces** fondant la contestation ou la demande incidente soient régulièrement communiquées aux parties à la procédure.
• Soulever tous les moyens utiles dans le cadre de la même instance (application du principe de **concentration des moyens** : V. *supra*, n° 338, « Caractéristiques générales »).

D Textes

• C. civ., art. 2453, 2463 et 2464.
• C. consom., art. L. 721-4, L. 721-7, L. 722-2 à L. 722-4 et R. 721-7.
• C. monét. fin., art. L. 313-3.
• COJ, art. L. 213-6, al. 3.
• CPC, art. 1 à 749, 751, 814 à 816 et 905 à 905-2.
• CPC ex., art. L. 111-1 à L. 162-2.
• CPC ex., art. L. 311-1 à L. 341-1.
• CPC ex., art. R. 111-1 à R. 162-9.
• CPC ex., art. R. 311-1 à R. 334-3.

Saisie immobilière
• Circ. JUSC0620848C, CIV/17/06, 14 nov. 2006.
• Circ. JUSC0906659C, CIV/03/09, 30 mars 2009.

Publicité foncière
• D. n° 55-22, 4 janv. 1955.
• D. n° 55-1350, 14 oct. 1955.
• D. n° 2012-1462, 26 déc. 2012.
• D. n° 2012-1463, 26 déc. 2012.

Aide juridictionnelle
• L. n° 91-647, 10 juill. 1991.
• D. n° 91-1266, 19 déc. 1991.

E Schéma procédural

341 • Saisine du juge.
• Audience(s) de plaidoiries.
• Décision(s).
• Notification et/ou signification.

II Préparation

A Information du client

342 • **Attirer l'attention** du client sur :
– la constitution d'avocat obligatoire (sauf exceptions prévues par les textes) ;
– le caractère obligatoire de la postulation devant le tribunal de grande instance (L. n° 71-1130, 31 déc. 1971, art. 5, al. 3, et 5-1, al. 2) ;
– le respect du contradictoire ;
– l'intérêt de participer à l'audience d'orientation et d'y faire valoir toutes les contestations et demandes incidentes (sauf contestations et demandes incidentes relatives à un acte de procédure postérieur à cette audience) ;
– les conséquences du défaut de comparution à l'audience d'orientation ;

– le caractère exécutoire du jugement d'orientation.

B Contrôles préalables

343 • **Vérifier** :
– la nature de la contestation ou de la demande incidente à élever ;
– les règles de procédure qui s'appliquent à la matière (constitution d'avocat, forme, délai, dénonciation, etc.) (CPC ex., art. L. 311-1 à L. 341-1, art. R. 311-1 à R. 334-3) ;
– le délai dans lequel la contestation ou la demande incidente doit être formulée pour être recevable ;
– les mentions obligatoires des assignations délivrées au débiteur (CPC ex., art. R. 322-5), d'une part, aux créanciers inscrits (CPC ex., art. R. 322-7), d'autre part, et celles du cahier des conditions de vente (CPC ex., art. R. 322-10) ;
– la régularité du commandement de payer valant saisie (ses mentions obligatoires ; sa notification dans les délais) (CPC ex., art. R. 321-3 pour le commandement de droit commun. – CPC ex., art. R. 321-5 quand la procédure est poursuivie contre le tiers détenteur de l'immeuble) ;
– le respect des formalités de publicité qui s'imposent au créancier poursuivant (CPC ex., art. R. 322-31 à R. 322-38) ;
– si la mise à prix de l'immeuble correspond à sa valeur vénale.

C Pièces nécessaires

344 Les pièces nécessaires à la procédure sont :
– les pièces de la procédure de saisie, dont le commandement de payer valant saisie ;
– la demande de renseignements retournée par le service de publicité foncière permettant de vérifier l'état des inscriptions grevant le bien immobilier concerné par la saisie ;
– les actes de procédure postérieurs à l'audience d'orientation, irréguliers ou faisant l'objet d'une contestation ou d'une demande incidente ;
– les pièces justificatives de la contestation ou de la demande incidente ;
– l'argument(s) sur le fondement du(des)quel(s) est élevée la contestation ou la demande incidente.
Les pièces dépendent de la contestation ou de la demande incidente.
Le débiteur qui sollicite :
– **des délais de paiement**, justifie :
• de ses difficultés financières,
• de ses charges et ressources,
• de ses propositions pour apurer l'arriéré ;
– **la vente amiable**, justifie :
• de mandats de vente,
• de l'évaluation de l'immeuble.
Le poursuivant qui veut **compléter** le cahier des conditions de vente justifie de l'élément (souvent nouveau) de fait ou de droit qui donne lieu à son complément.

EXEMPLE L'actualisation du dossier de diagnostic technique.

D Coût de la procédure

345 L'examen des contestations et demandes incidentes constituant une instance dans l'instance : **réclamer**, outre le montant des honoraires, pour lesquels une convention d'honoraires doit être convenue avec le client (C. com., art. L. 444-1, al. 3) :
– le coût des actes d'huissier de justice (C. com., art. R. 444-3, tableaux 3-1, 3-2 et 3-3 de l'annexe 4-7) ;
– les émoluments en fonction du tarif de postulation (C. com., art. R. 444-3, tableau 6 de l'annexe 4-7) ;
– le coût de la publicité foncière.
La vente de l'immeuble donne également lieu à la perception des droits d'enregistrement, de la TVA, etc.

III
Procédure

A Assistance et représentation

346 Les parties sont, sauf disposition contraire, tenues de **constituer avocat**.
Sont **dispensés** du ministère d'avocat :
– la demande du débiteur aux fins d'autorisation de la vente amiable de l'immeuble (CPC ex., art. R. 322-17. – Cass. 2e civ., 7 avr. 2016, n° 15-14.856 : *JurisData* n° 2016-006433 ; *JCP* G 2016, 460) ;
– les actes consécutifs à cette vente ;

REMARQUE La demande d'autorisation de vente amiable peut être formulée verbalement à l'audience d'orientation (CPC ex., art. R. 322-17) mais pas postérieurement et, donc, ni en appel si aucune demande n'avait été formée en ce sens devant le juge de l'exécution (Cass. 2e civ., 19 mars 2015, n° 14-13.720, inédit. - CA Douai, ch. 8, sect. 3, 16 févr. 2017, n° 16/04949 : *JurisData* n° 2017-002707), ni lors de l'audience d'adjudication (Cass. 2e civ., 24 sept. 2015, n° 14-19.659, inédit).

– la demande de report de l'adjudication formée par la commission de surendettement (C. consom., art. R. 721-7).

ATTENTION • **L'exception à la multipostulation (V. L. n° 71-1130, 31 déc. 1971, art. 5-1) s'applique à tous les actes de la procédure de saisie immobilière soumis à la représentation obligatoire (Cass. 2e civ., 5 mai 2011, n° 10-14.066 : *JurisData* n° 2011-007723 ; *Procédures* 2011, comm. 223, R. Perrot).**
• **L'irrégularité affectant le commandement de payer valant saisie immobilière résultant de la constitution d'un avocat qui n'a pas le pouvoir de représenter le créancier poursuivant peut être régularisée par la constitution, dans l'assignation délivrée en vue de l'audience d'orientation, de la société civile professionnelle inter-barreaux qui comporte deux avocats inscrits au barreau du tribunal compétent (Cass. 2e civ., 18 oct. 2012, n° 11-18.730, inédit : *Procédures* 2013, comm. 12, R. Perrot).**

B Matière

347 Contentieuse.

C Compétence

1 Compétence d'attribution

348 Juge de l'exécution (COJ, art. L. 213-6, al. 3).

2 Compétence territoriale

349 Juge de l'exécution du tribunal de grande instance dans le ressort duquel est situé l'immeuble saisi (CPC ex., art. R. 311-2).

ATTENTION **En cas de saisie simultanée de plusieurs immeubles d'un même débiteur situés dans des ressorts de plusieurs tribunaux de grande instance, la procédure est portée :**
– devant le juge de l'exécution du tribunal dans le ressort duquel est situé l'immeuble saisi où demeure le débiteur ;
– à défaut, devant le juge du ressort dans lequel est situé l'un des immeubles (CPC ex., art. R. 311-3).

D Parties

350 • **Créancier poursuivant** :
– privilégié ;
– hypothécaire ;
– chirographaire ;
– dans tous les cas, muni d'un titre exécutoire constatant une créance liquide et exigible (CPC ex., art. L. 311-2).
• **Créanciers inscrits :**
– sur l'immeuble saisi à la date de la publication du commandement de payer valant saisie ;
– sur l'immeuble avant la publication du titre de vente et qui sont intervenus dans la procédure.
• La **partie saisie** peut être :
– le débiteur de la dette, hypothécaire ou non, débiteur principal ou bien l'hériter du débiteur après signification du titre exécutoire (C. civ., art. 877) ;
– le codébiteur solidaire (C. civ., art. 1313 à 1320) ;
– la caution personnelle (C. civ., art. 2288 à 2310) ;
– le tiers détenteur de l'immeuble hypothéqué, c'est-à-dire l'acquéreur à titre onéreux non personnellement obligé à la dette, la purge des inscriptions n'ayant donc pas été faite ;
– la personne qui a consenti une hypothèque sur l'un de ses biens pour garantir la dette d'un tiers (ancienne « caution réelle ») sans s'obliger personnellement.
• L'**adjudicataire** : la personne au nom de laquelle a été portée la dernière enchère.
• Le **surenchérisseur** : toute personne capable de se porter adjudicataire peut se déclarer surenchérisseur du dixième au moins du prix principal de la vente (CPC ex., art. R. 322-50).
• Tout **tiers** à la procédure qui a intérêt à intervenir dans la procédure pour faire valoir ses droits ou élever une contestation ou demande incidente ;
• La **commission de surendettement des particuliers** peut intervenir à la procédure quand la vente forcée a été ordonnée, aux fins de report de la date d'adjudication pour causes graves et dûment justifiées, si le débiteur saisi :
– est une personne physique ;
– en situation de surendettement.

E Rédaction de l'acte de saisine

351 Les contestations et les demandes incidentes des parties sont formées par :

– **conclusions écrites** (CPC ex., art. R. 311-6) conformes à la procédure de droit commun en matière contentieuse devant le tribunal de grande instance :
• constitution d'avocat emportant élection de domicile,
• identification complète de la partie,
• contenu des conclusions avec bordereau annexé de pièces numérotées (CPC, art. 753),
• signées d'un avocat constitué,
• notifiées dans la forme des notifications entre avocats ; à défaut, elles ne sont pas recevables (Cass. 2e civ., 7 avr. 2011, n° 10-17.687, inédit),
• signifiées au débiteur qui n'a pas constitué avocat,
• déposées au greffe,
• notifiées entre avocats (avec communication des pièces) conformément aux dispositions de l'article 815 du CPC (forme des notifications entre avocats),
• signifiées au débiteur qui n'a pas constitué avocat ;

REMARQUE La communication par voie électronique est autorisée devant le juge de l'exécution (Cass. 2e civ., 1er mars 2018, n° 16-25.462 : *JurisData* n° 2018-002709 ; *JCP* G 2018, 514, L. Raschel).

– **assignation, avec constitution d'avocat et élection de domicile** (CPC, art. 56 et 751) à la première audience utile du juge de l'exécution, le cas échéant avec mise en cause des créanciers inscrits sur le bien, remise au greffe aux fins d'enrôlement (CPC ex., art. R. 121-11) ;

EXEMPLE L'assignation est requise en cas de :
– demande de vente amiable avant la délivrance de l'assignation à comparaître à l'audience d'orientation (CPC ex., art. R. 322-20) ;
– demande du créancier aux fins de faire constater la carence du débiteur pour parvenir à la vente amiable, et obtenir la reprise de la procédure en vente forcée (CPC ex., art. R. 322-22, al. 2).

– **requête** (CPC, art. 812) :
• présentée par un avocat ou par un officier public ou ministériel habilité, en double exemplaire,
• motivée,
• comportant l'indication précise des pièces invoquées,
• contenant en annexes les pièces justificatives ; par ailleurs, il est d'usage de préparer un projet d'ordonnance ;

EXEMPLE La requête s'impose en cas de :
– demande d'aménagement de la publicité (CPC ex., art. R. 322-37) ;
– demande de paiement provisionnel du créancier de premier rang (CPC ex., art. R. 334-1).

– **oralement**. Il en est ainsi de :
• la contestation portant sur la nullité des enchères (CPC ex., art. R. 322-49),
• la demande d'autorisation de vente amiable à l'audience d'orientation ainsi que les actes consécutifs à cette vente (CPC ex., art. R. 322-17),
• la demande du créancier poursuivant tendant, lors de l'audience de rappel, à voir constater la carence du débiteur et renvoyer à la procédure de vente forcée sur adjudication (CPC ex., art. R. 322-22. – Cass. 2e civ., 6 janv. 2011, n° 09-71.146 : *JurisData* n° 2011-000025 ; *Procédures* 2011, comm. 91, R. Perrot),
• la demande de subrogation à l'audience d'adjudication (CPC ex., art. R. 311-9, al. 1 et R. 322-27) ;

– **lettre recommandée :**
• la saisine du juge de l'exécution par la commission de surendettement des particuliers (CPC ex., art. R. 322-16 et R. 322-28. – C. consom., art. R. 721-7).

F Audience

1 Convocation

352 Les parties sont convoquées à l'audience soit par :
– assignation ;
– jugement ;
– lettre recommandée avec demande d'avis de réception du greffe.

EXEMPLE Ainsi, lorsque la contestation ou la demande incidente ne peut être examinée à l'audience d'orientation, le greffe convoque les parties à une audience par lettre recommandée avec demande d'avis de réception dans un délai de **quinze jours** à compter du dépôt de la contestation ou de la demande (CPC ex., art. R. 311-6, al. 3).

2 Comparution

353 Les parties comparaissent par ministère d'avocat constitué, sauf exception.

3 Déroulement

354 Le juge de l'exécution :
– entend les parties en leurs observations ;

– indique aux parties la date à laquelle il rendra sa décision.

> **ATTENTION** **L'examen d'une contestation ou d'une demande incidente ne suspend pas le cours de la procédure (CPC ex., art. R. 311-6, al. 4).**

Les contestations peuvent être déposées jusqu'au jour de l'audience. Le juge peut faire respecter le principe du contradictoire en renvoyant l'affaire à une audience ultérieure.

> **CONSEIL** **En cas de réouverture totale des débats ayant donné lieu à une audience d'orientation, les contestations et demandes incidentes formulées, au plus tard à l'audience à laquelle l'affaire est rappelée, sont recevables (Cass. 2e civ., 5 déc. 2013, n° 12-26.980 : *JurisData* n° 2013-028451 ; *Procédures* 2014, comm. 44, R. Perrot).**

G Décision

1 Forme

355 Le juge de l'exécution statue par :
– **jugement** dans les conditions du droit commun (CPC, art. 450). Le jugement motivé :
• tranche dans son dispositif la demande ou la contestation,
• se prononce sur les modalités de poursuite de la procédure ;
– **ordonnance sur requête motivée**, sur certaines contestations :
• elle est exécutoire au seul vu de la minute,
• copie de la requête et de l'ordonnance est laissée à la personne à laquelle elle est opposée (CPC, art. 495).

2 Contenu

356 Le **jugement** qui :
– constate l'événement qui met fin à la procédure ordonne :
• la mainlevée,
• la mention de la décision en marge du commandement publié (CPC ex., art. R. 321-21, *in fine*) ;
– ordonne le cantonnement :
• indique les immeubles sur lesquels les poursuites sont provisoirement suspendues (CPC ex., art. L. 321-6, al. 1 et R. 321-12, al. 1) ;
– fait droit à la conversion en hypothèque ordonne (CPC ex., art. L. 321-6, al. 2 et R. 321-12, al. 2) :
• la radiation de la saisie sur les immeubles qu'il désigne,
• l'inscription en lieu et place de l'hypothèque ;
– ordonne le renvoi de l'adjudication :
• est motivé,
• mentionne les éléments caractérisant :
. la force majeure,
. la cause grave et dûment justifiée,
. le motif légitime justifiant de ne pas constater la caducité du commandement valant saisie (CPC ex., art. R. 311-11, al. 3 et 4).

> **ATTENTION** **L'article 80 du décret n° 55-1350 du 14 octobre 1955 édicte les situations donnant lieu à mentions en marge de la copie du commandement valant saisie publiée ; elles concernent tous les stades de la procédure et plus généralement « les divers actes de la procédure se rattachant au commandement » (D. n° 55-1350, 14 oct. 1955, art. 80, al. 9).**
> **En conséquence, toutes les décisions évoquées ci-dessus doivent faire l'objet de mentions en marge.**

3 Caractères et effets de la décision

357 En principe, le juge de l'exécution statue comme juge du principal (CPC ex., art. R. 121-14) et les décisions qu'il rend sont de droit exécutoires immédiatement, le délai d'appel et l'appel lui-même ne présentant aucun caractère suspensif (CPC ex., art. R. 121-21).
Certaines décisions présentent, au contraire, un effet **suspensif** :
– la décision qui fait droit à la demande de vente amiable sur autorisation judiciaire suspend le cours de la procédure (CPC ex., art. R. 322-20, al. 2) ;
– la décision de mainlevée emporte, dans la limite de son objet :
• suspension des poursuites dès son prononcé (sauf demande de sursis à exécution : CPC ex., art. R. 121-22, al. 2),
• suppression de tout effet d'indisponibilité dès sa notification, à la seule exception du cas particulier de la péremption du commandement, qui opère de plein droit (CPC ex., art. R. 321-20, al. 1) ;
– le cantonnement entraîne la suspension provisoire des poursuites (CPC ex., art. R. 321-12, al. 1).

Vente amiable autorisée par le jugement d'orientation :
– les parties ne sont plus autorisées à soulever de nouvelles contestations ou demandes incidentes (CPC ex., art. R. 311-5) ;
– la procédure se poursuit par la vente aux enchères du bien saisi si la vente amiable, autorisée par le juge de l'exécution, n'intervient pas dans les délais légaux.
Vente amiable autorisée avant l'audience d'orientation :
– la décision suspend la procédure – à l'exception du délai imparti aux créanciers inscrits pour déclarer leur créance – et impose au créancier poursuivant de reprendre la procédure, si la vente amiable n'aboutit pas, au stade où elle a été suspendue ;
– l'affaire donne lieu à une audience d'orientation, au cours de laquelle le juge de l'exécution statue sur l'ensemble des contestations et demandes incidentes, à l'exclusion d'une demande d'autorisation de vente amiable, puisqu'un précédent jugement – ayant autorité de chose jugée – a déjà été rendu sur ce point.

4 Suites de la décision

358 La décision rendue doit être **notifiée** et/ou **signifiée**.

> ATTENTION **L'ensemble des actes et des décisions de la procédure de saisie immobilière se rattachant au commandement de payer doit être publié, au service de publicité foncière, en marge de la copie du commandement (D. n° 55-1350, 14 oct. 1955, art. 80).**

H Fin de la procédure

359 La procédure de saisie immobilière peut s'éteindre par l'effet :
– de la **péremption** :
• de l'instance (CPC, art. 385, al. 1),
• du commandement de payer (CPC ex., art. R. 321-20, al. 1) ;

> REMARQUE Toute partie à la procédure (débiteur saisi, créancier poursuivant ou créanciers inscrits) intéressée peut demander au juge de l'exécution de constater la péremption du commandement (CPC ex., art. R. 321-21. – Cass. 2e civ., 25 juin 2015, n° 14-17.765 : *JurisData* n° 2015-020452 ; *Procédures* 2015, comm. 294, C. Laporte), à moins que le délai de péremption de deux ans n'ait été suspendu ou prorogé (Cass. 2e civ., 7 sept. 2017, n° 16-17.824 : *JurisData* n° 2017-017181 ; *JCP* G 2017, 1123, C. Laporte).

– de la **caducité** :
• de la citation (CPC, art. 385, al. 1),
• du commandement de payer (CPC ex., art. R. 311-11) ;

> EXEMPLE • La caducité qui atteint une mesure d'exécution la prive rétroactivement de tous ses effets (Cass. 2e civ., 4 sept. 2014, n° 13-11.887 : *JurisData* n° 2014-019836 ; *Procédures* 2014, comm. 293, C. Laporte).
> • La caducité qui frappe un commandement de payer valant saisie immobilière et qui le prive rétroactivement de tous ses effets atteint tous les actes de la procédure de saisie qu'il engage (Cass. 2e civ., 19 févr. 2015, n° 13-28.445 : *JurisData* n° 2015-002990 ; *Procédures* 2015, comm. 119, C. Laporte).

– du **désistement d'instance** (CPC, art. 385) ;
– du **désistement du créancier** par conclusions écrites dans la procédure de saisie immobilière engagée, lequel se suffit à lui-même, et ne nécessite donc aucun acquiescement de la partie adverse, contrairement au désistement d'instance (Cass. 2e civ., 11 janv. 2018, n° 16-22.829 : *JurisData* n° 2018-000033 ; *JCP* G 2018, 101, C. Laporte).

I Recours ou contestations

1 Appel

360 • **Les jugements sont, sauf disposition contraire, susceptibles d'appel :**
– jugement **d'orientation** : dans un délai de **quinze jours** à compter de la notification de la décision (CPC ex., art. R. 322-19, al. 1er), dans le cadre d'une **procédure obligatoirement à jour fixe** mais sans que l'appelant ait à se prévaloir, dans sa requête, d'un péril ; à défaut, l'appel est irrecevable (Cass. 1re civ., 22 févr. 2012, n° 10-24.410 : *JurisData* n° 2012-002558 ; *Procédures* 2012, comm. 146, R. Perrot. – Cass. 2e civ., 7 avr. 2016, n° 15-11.042 : *JurisData* n° 2016-006481 ; *Procédures* 2016, comm. 197, C. Laporte) ;

> ATTENTION **La présentation de la requête au premier président se fait sur support papier car – en l'état des textes – seuls les actes de procédure destinés à la cour d'appel doivent être remis par la voie électronique (Cass. 2e civ.,**

Contester une saisie immobilière

7 déc. 2017, n° 16-19.336 : *JurisData* n° 2017-024769 ; *JCP* G 2018, 45, C. Laporte).En outre, l'ordonnance rendue par le premier président est dénuée d'effet sur la recevabilité de l'appel car elle ne constitue qu'une simple mesure d'administration judiciaire, qui n'est susceptible d'aucun recours et ne peut donner lieu à référé-rétractation (Cass. 2e civ., 17 mars 2016, n° 15-10.865 : *JurisData* n° 2016-004685 ; *Procédures* 2016, comm. 156, C. Laporte) ; dès lors, le débat sur l'irrecevabilité de l'appel doit avoir lieu devant la cour.

– **autres jugements** – et sauf dispositions contraires – : dans un délai de **quinze jours** à compter de la notification de la décision, dans le cadre de la **procédure « à bref délai »** régie par les articles 905 à 905-2 du Code de procédure civile, voire de la **procédure à jour fixe** en cas de péril (CPC ex., art. R. 311-7) ;

ATTENTION Particularité pour le jugement d'**adjudication** : uniquement du chef de la contestation qu'il tranche, dans un délai de **quinze jours** à compter de sa notification (CPC ex., art. R. 322-60, al. 2. – Cass. 2e civ., 19 févr. 2015, n° 14-11.214, inédit) ; par exemple, est susceptible d'appel le jugement d'adjudication qui accueille la demande du syndicat des copropriétaires tendant à être subrogé dans les poursuites (Cass. 2e civ., 16 mai 2013, nos 12-18.938 et 12-18.939 : *JurisData* n° 2013-009470 ; *Procédures* 2013, comm. 212, R. Perrot) ; en revanche, aucun recours d'autre chef, sauf excès de pouvoir (Cass. 2e civ., 15 oct. 2015, n° 14-24.960 : *JurisData* n° 2015-025955 ; *Procédures* 2015, comm. 356, C. Laporte. – Cass. 2e civ., 7 janv. 2016, n° 14-26.442, inédit. – Sur l'absence d'excès de pouvoir : Cass. 2e civ., 12 avr. 2018, n° 17-15.418 : *JurisData* n° 2018-005714 ; *JCP* G 2018, 509, C. Laporte).

CONSEIL Dans tous les cas, la notification doit indiquer de manière apparente :
– le délai d'appel, lorsqu'il est ouvert ;
– modalités selon lesquelles ce recours peut être exercé ; à défaut, l'acte de notification, nul, ne fait courir aucun délai (Cass. 2e civ., 24 sept. 2015, n° 14-23.768 : *JurisData* n° 2015-021062 ; *JCP* G 2015, 1124, D. Cholet. – Cass. 2e civ., 28 janv. 2016, n° 15-11.391 : *JurisData* n° 2016-001069 ; *Procédures* 2016, comm. 95, C. Laporte).

ATTENTION • Les parties ne sont pas recevables à présenter de nouvelles contestations ou de nouvelles demandes à l'occasion de cette instance d'appel (Cass. 2e civ., 11 mars 2010, n° 09-13.312 : *JurisData* n° 2010-001608 ; *JCP* G 2010, 345, C. Laporte).
• La violation d'une règle de procédure ne constitue pas un excès de pouvoir, l'appel-nullité étant dès lors irrecevable (Cass. 2e civ., 4 juin 2015, n° 13-22.655 : *JurisData* n° 2015-017110 ; *Procédures* 2015, comm. 259, C. Laporte).
• Est susceptible d'appel immédiat – et non de pourvoi en cassation – le jugement ordonnant le report de l'adjudication pour un cas de force majeure (Cass. 2e civ., 9 avr. 2015, n° 14-13.330 : *JurisData* n° 2015-010290 ; *Procédures* 2015, comm. 189, C. Laporte. – Cass. 2e civ., 7 avr. 2016, n° 15-16.216, inédit).

• **L'appel est ouvert à l'encontre des ordonnances du juge de l'exécution :**
– ne statuant pas en dernier ressort ;
– et rejetant la demande (CPC ex., art. R. 311-7).
• **Le délai d'appel :**
– est de quinze jours ;
– court à compter de la notification qui en est faite (CPC ex., art. R. 311-7), sous réserve de la régularité de l'acte de notification.
Le délai d'appel et l'appel lui-même n'ont pas un effet suspensif (CPC ex., art. R. 121-21).

ATTENTION Sous réserve des dispositions de l'article R. 322-19 du Code des procédures civiles d'exécution (dispositions spécifiques à l'appel du jugement d'orientation), et sauf s'il est recouru à la procédure à jour fixe, l'appel est jugé selon la procédure prévue à l'article 905 du Code de procédure civile (CPC ex., art. R. 311-7), à peine d'irrecevabilité relevée d'office (Cass. 2e civ., 16 oct. 2014, n° 13-24.634 : *JurisData* n° 2014-024072 ; *Procédures* 2015,

comm. 36, C. Laporte. – Cass. 2e civ., 5 janv. 2017, n° 14-21.908, inédit).
L'appel de l'une des parties à l'instance devant le juge de l'exécution doit être formé par déclaration d'appel dirigée contre toutes les parties à cette instance (Cass. 2e civ., 2 juin 2016, n° 15-19.435, inédit. – CA Aix-en-Provence, 15e ch., sect. A, 1er juill. 2016, n° 16/06693 : *JurisData* n° 2016-014774).
L'appel est irrecevable si :
– la requête tendant à voir fixer le jour auquel l'affaire sera appelée par priorité ne contient pas les conclusions sur le fond et ne vise pas les pièces justificatives (Cass. 2e civ., 7 avr. 2016, n° 15-11.042 : *JurisData* n° 2016-006481 ; *Procédures* 2016, comm. 197, C. Laporte) ;
– la requête n'est pas présentée au plus tard dans les huit jours de la déclaration d'appel (Cass. 2e civ., 22 sept. 2016, n° 15-19.622 : *JurisData* n° 2016-019661 ; *Procédures* 2016, comm. 327, C. Laporte. – Cass. 2e civ., 19 oct. 2017, n° 16-24.140, inédit ; *Procédures* 2013, form. 11).

L'irrégularité de la saisine de la cour d'appel en raison de créanciers inscrits non intimés constitue une fin de non-recevoir, et non une nullité pour vice de procédure (CA Aix-en-Provence, 15e ch. A, 5 avr. 2017, n° 17/00152 : *JurisData* n° 2017-006638).
La cour est saisie par la remise d'une copie de l'assignation au greffe :
– remise faite avant la date fixée pour l'audience ;
– faute de quoi la déclaration sera caduque (CA Caen, 1re ch. civ., 23 juin 2015, n° 15/01486 : *JurisData* n° 2015-018069) et la caducité constatée d'office par ordonnance du président de la chambre à laquelle l'affaire est distribuée (CPC, art. 922).

2 Opposition

361 Les jugements statuant sur les contestations ou les demandes incidentes ne sont pas susceptibles d'opposition (CPC ex., art. R. 311-7, al. 3).

3 Tierce opposition

362 On peut signaler ici que :
– la tierce opposition formée contre le jugement d'adjudication par le titulaire d'un droit viager d'habitation portant sur une pièce de l'immeuble vendu n'est pas recevable (Cass. 2e civ., 6 janv. 2011, n° 09-70.437 : *JurisData* n° 2011-000022) ;
– le jugement par lequel le juge de l'exécution constate la vente amiable, après avoir vérifié la conformité de l'acte notarié aux conditions fixées par le jugement qui l'a autorisée et la consignation du prix de vente, constitue une décision juridictionnelle susceptible de tierce opposition (Cass. 2e civ., 6 déc. 2012, n° 11-24.443 : *JurisData* n° 2012-028155).

4 Pourvoi en cassation

363 **• N'est pas susceptible de pourvoi en cassation :**
– le jugement d'adjudication qui ne statue sur aucune contestation (Cass. 2e civ., 8 juill. 2010, n° 09-16.200, inédit), sauf excès de pouvoir (Cass. 2e civ., 5 janv. 2017, n° 15-26.373, inédit) ;
– le jugement du juge de l'exécution se bornant à renvoyer l'audience d'adjudication à une date qu'il fixe dès lors qu'il ne tranche pas pour partie le principal et qu'il ne met pas fin à l'instance (Cass. 2e civ., 19 févr. 2015, n° 14-12.226 : *JurisData* n° 2015-003011 ; *RD bancaire et fin.* 2015, comm. 96, S. Piedelièvre) ;
– le jugement de fixation de la date d'audience de vente forcée du bien par le juge de l'exécution après report, qui ne met pas fin à l'instance et ne tranche aucune partie du principal (Cass. 2e civ., 8 janv. 2015, n° 14-10.205 : *JurisData* n° 2015-000039 ; *Procédures* 2015, comm. 73, C. Laporte) ;
– l'arrêt qui se borne à renvoyer l'audience d'adjudication, en confirmant le jugement, à une date qu'il fixe (Cass. 2e civ., 3 déc. 2015, n° 14-20.390 : *JurisData* n° 2015-026996 ; *RD bancaire et fin.* 2016, comm. 83, S. Piedelièvre) ;
– le jugement qui n'a pas statué au fond, n'a pas mis fin à l'instance et dont il n'est pas prétendu qu'il serait entaché d'excès de pouvoir (Cass. 1re civ., 25 mai 2016, n° 15-14.236, inédit) ;
– l'arrêt attaqué, infirmant le jugement de ce chef, qui se borne à ordonner le report de la vente forcée et à renvoyer les parties devant le juge de l'exécution pour que soit fixée une nouvelle audience d'adjudication (Cass. 2e civ., 12 mai 2016, n° 15-17.040, inédit) ;
– l'arrêt qui déclare irrecevable la demande du débiteur à être autorisé à procéder à la vente amiable de son bien et en confirmant, pour le surplus, le jugement du juge de l'exécution (Cass. 2e civ., 12 mai 2016, n° 15-19.858, inédit).
• N'est pas recevable le pourvoi formé par :
– un créancier inscrit contre le jugement qui constate la vente amiable dont la réalisation a permis le désintéressement intégral de tous les créan-

ciers (Cass. 2e civ., 18 oct. 2012, n° 11-20.450 : *JurisData* n° 2012-023303 ; *RD bancaire et fin.* 2013, comm. 25, S. Piedelièvre) ;
– le saisi contre le jugement ayant refusé de constater la vente amiable et ordonné la poursuite de la procédure d'exécution ; en effet, ce jugement n'a pas tranché une partie du principal ni mis fin à l'instance (Cass. 2e civ., 6 déc. 2012, n° 11-26.683 : *JurisData* n° 2012-028180 ; *Procédures* 2013, comm. 42, C. Laporte. – Cass. 2e civ., 11 juill. 2013, n° 12-19.703, inédit).

J Modifications de la décision

364 • **Juge de l'exécution** : faculté pour le juge de modifier ou de rétracter l'ordonnance rendue sur requête (CPC, art. 497) ; toute personne intéressée peut saisir le juge de l'exécution qui a rendu l'ordonnance afin d'en obtenir la rétractation ou la modification, suivant les règles de la procédure ordinaire contentieuse (CPC ex., art. R. 121-23. – CPC, art. 496).
• **Cour d'appel** : elle peut réformer le jugement rendu par le juge de l'exécution.
• **Cour de cassation** : elle peut casser le jugement rendu par le juge de l'exécution, rendu en dernier ressort.

CHECK-LIST • **Vérifier :**
– la nature de la contestation ou de la demande incidente à élever ;
– les règles de procédure qui s'appliquent à la matière (constitution d'avocat, forme, délai, dénonciation, etc.) ;
– le délai dans lequel la contestation ou demande incidente doit être formulée pour être recevable ;
– les mentions obligatoires du commandement de payer et des autres actes de la procédure (assignations, etc.).
• **Attirer l'attention du client sur :**
– la constitution d'avocat obligatoire (sauf exceptions prévues par les textes) ;
– la postulation obligatoire ;
– le respect du contradictoire ;
– l'intérêt de participer à l'audience d'orientation et d'y faire valoir toutes les contestations et demandes incidentes utiles.

VOIR AUSSI Modèle 13 : Assignation devant le juge de l'exécution (constatation de la péremption du commandement de payer).

POUR ALLER PLUS LOIN...

Fiche pratique
• V. Fiche 14 : Mettre en œuvre une saisie immobilière.

Fascicules JurisClasseur
• *JCl. Procédures Formulaire*, Fasc. 40 et 45.
• *JCl. Voies d'exécution*, Fasc. 1170.

Titre 5
Saisie des créances

Sommaire

Fiche 16 Saisir les créances 159
Fiche 17 Mettre en œuvre une saisie-attribution 171
Fiche 18 Contester une saisie-attribution 179
Fiche 19 Saisir les comptes bancaires 187
Fiche 20 Saisir les rémunérations du débiteur 195
Fiche 21 Agir en paiement direct 203

Fiche 16
Saisir les créances

Eva CALVEYRA

Actualisée par Fabien TOMMASONE

Sommaire

I Aperçu rapide ... 159
A Éléments clés ... 159
B Textes ... 160
1 Textes codifiés ... 160
2 Textes non codifiés ... 160
3 Textes internationaux ... 160
II Préparation ... 161
A Informations préalables ... 161
1 Questions à soulever lors de la consultation client ... 161
2 Contrôles préalables à effectuer dès réception de l'ensemble des informations ... 161
B Inventaire des solutions et éléments de décisions ... 162
1 Existence d'un titre exécutoire ... 162
2 Absence d'un titre exécutoire ... 163
III Mise en œuvre ... 164
A Existence d'un titre exécutoire ... 164
1 Saisie-attribution (V. Fiche 17 : Mettre en œuvre une saisie-attribution) ... 164
2 Saisie des rémunérations (V. Fiche 20 : Saisir les rémunérations du débiteur) ... 165
3 Paiement direct de la pension alimentaire ... 166
4 L'avis à tiers détenteur ... 167
5 Oppositions à tiers détenteur des collectivités territoriales ... 168
6 Oppositions en matière de sécurité sociale (travailleurs non salariés et professions agricoles) ... 168
7 Saisie entre les mains d'une personne morale de droit public ... 169
B Absence d'un titre exécutoire : saisie conservatoire ... 169
1 Modalités de mise en œuvre ... 169
2 Mise en œuvre ... 169
3 Contestations ... 170

I
Aperçu rapide

A Éléments clés

365 Un créancier, en présence d'un débiteur solvable, ne doit pas hésiter à mettre en œuvre les procédures de saisie des créances.

Existence d'un titre exécutoire

Le créancier muni d'un titre exécutoire peut :
- pratiquer une saisie-attribution ;
- saisir les rémunérations du travail du débiteur ;
- mettre en œuvre une procédure de recouvrement de la pension alimentaire ;
- mettre en œuvre une procédure d'avis à tiers détenteur pour le recouvrement des créances fiscales ;
- mettre en œuvre une procédure d'opposition à tiers détenteur pour le recouvrement des créances des collectivités territoriales ou des créances de cotisations sociales.

Absence de titre exécutoire
À défaut de pouvoir effectuer une mesure d'exécution forcée, le créancier n'est pas dépourvu de moyen d'action contre le débiteur.
Il peut procéder à une saisie conservatoire de créances (exclue en cas de saisie des rémunérations du travail).

> CONSEIL **L'efficacité des procédures de saisie de créances repose sur l'effet de surprise. Il n'est donc pas utile de mettre le débiteur en demeure de s'exécuter.**

B Textes

1 Textes codifiés

- C. com., art. L. 622-7 et L. 622-17.
- C. com., art. L. 632-2 et L. 632-4, L. 641-14 et L. 643-2.
- COJ, art. L. 221-8.
- CPC, art. 58, 129, 130, 510, 640 à 642.
- CPC ex., art. L. 211-1, L. 211-2 et L. 211-3.
- CPC ex., art. R. 143-1 et s., art. R. 211-1 et s., R. 212-2 à R. 212-6, art. R. 213-1 et s., art. R. 523-1 et s.
- C. civ., art. 792-1 et 2350.
- C. trav., art. L. 3252-1 à L. 3252-13.
- C. trav., art. R. 3252-1 à R. 3252-49 et art. D. 3252-34-1.
- CSS, art. L. 133-3, R. 142-26, L. 243-4, L. 243-5, L. 244-9, L. 581-1, L. 652-3 et R. 652-2 à R. 652-9.
- C. pén., art. 314-6 et 314-7.
- C. action soc. et fam., art. L. 262-2.
- LPF, art. L. 190, L. 199, L. 256, L. 262, L.263-0-A, L. 263 et L. 263 A, L. 277, L. 281, R. 277-3-1.
- CGI, art. 1920 à 1924, 1926 et 1929.
- CGCT, art. L. 1617-5, R. 1617-22.
- C. rur. pêche marit., art. L. 725-3, L. 725-9, L. 725-10.
- C. rur. pêche marit., art. R. 725-12 à R. 725-19.
- C. env., L. 213-11-13 et art. L. 556-3.
- CGPPP, art. L. 2323-5.

2 Textes non codifiés

- L. n° 84-1171, 22 déc. 1984, relative à l'intervention des organismes débiteurs des prestations familiales pour le recouvrement des créances alimentaires impayées.
- D. n° 93-977, 31 juill. 1993, relatif aux saisies et cessions notifiées aux comptables publics et aux centres de chèques postaux ou de la Caisse nationale d'épargne.
- L. n° 96-314, 12 avr. 1996, portant diverses dispositions d'ordre économique et financier (texte instituant l'opposition à tiers détenteur des collectivités territoriales).
- D. n° 96-1080, 12 déc. 1996, portant fixation du tarif des huissiers de justice en matière civile et commerciale.
- D. n° 2005-1417, 15 nov. 2005, pris pour l'application de l'article L. 1617-5 du Code général des collectivités territoriales et modifiant la partie réglementaire de ce code.
- D. n° 2005-1678, 28 déc. 2005, relatif à la procédure civile, à certaines procédures d'exécution et à la procédure de changement de nom.
- L. n° 2014-1545, 20 déc. 2014, relative à la simplification de la vie des entreprises et portant diverses dispositions de simplification et de clarification du droit et des procédures administratives.
- D. n° 2014-1609, 24 déc. 2014, révisant le barème des saisies et cessions des rémunérations.
- D. n° 2015-243, 2 mars 2015, relatif à la notification, par voie électronique, aux établissements de crédit, aux sociétés de financement et aux organismes gérant des régimes de protection sociale de certains actes pris en vue du recouvrement de créances de toute nature.

3 Textes internationaux

- Conv. La Haye, 15 nov. 1965, relative à la signification et à la notification à l'étranger des actes judiciaires et extrajudiciaires en matière civile ou commerciale.
- Règl. (CE) n° 44/2001, 22 déc. 2000 concernant la compétence judiciaire, la reconnaissance et l'exécution des décisions en matière civile et commerciale (Bruxelles I).
- Règl. (UE) n° 1215/2012, 12 déc. 2012 concernant la compétence judiciaire, la reconnaissance et l'exécution des décisions en matière civile et commerciale.
- Règl. (CE) n° 2201/2003, 27 nov. 2003 relatif à la compétence, la reconnaissance et l'exécution des décisions en matière matrimoniale et en matière de responsabilité parentale abrogeant le règlement (CE) n° 1347/2000 (Bruxelles II bis).
- Règl. (UE) n° 655/2014, 15 mai 2014, portant création d'une procédure d'ordonnance européenne de saisie conservatoire des comptes bancaires, destinée à faciliter le recouvrement transfrontière de créances en matière civile et commerciale.

II
Préparation

A Informations préalables

1 Questions à soulever lors de la consultation client

366 Pour choisir, parmi l'ensemble des dispositifs existants, lequel est le plus opportun, il convient de recueillir au préalable, et systématiquement, toutes les informations pertinentes auprès du client :
– le client a-t-il un titre exécutoire ? A-t-il été signifié ?
– quelle est l'origine de la créance ?

EXEMPLE S'agit-il d'une créance de loyers impayés ? Le débiteur refuse-t-il de payer le prix de vente d'un véhicule d'occasion ? La créance est-elle relative à des cotisations d'assurance vieillesse impayées ? Le client est-il créancier d'une pension alimentaire impayée ? S'agit-il d'une créance cambiaire ?

– quelle est la créance cause de la saisie ?

EXEMPLE La créance fait-elle l'objet d'une opération d'affacturage ? Le créancier veut-il saisir le prix de vente du fonds de commerce ?

– la partie saisie exerce-t-elle une activité professionnelle ? Est-elle mariée ? Appartient-elle à une indivision successorale ? Est-elle domiciliée en France ?
– que possède la partie saisie ?
De plus, pour une meilleure appréhension des risques encourus par le client, il convient de lui présenter :
– les possibilités de contestations de la partie saisie et leurs effets ;
– lui soumettre les règles relatives à l'insaisissabilité de certaines créances monétaires.

EXEMPLE Créances nécessaires à la vie, fraction absolument insaisissable des rémunérations du travail qui s'impose à tous les créanciers, et fraction normalement insaisissable sauf pour les créanciers d'aliments, le solde bancaire insaisissable).

2 Contrôles préalables à effectuer dès réception de l'ensemble des informations

367 Le contrôle du praticien qui conseille le créancier doit porter essentiellement sur la possibilité d'un recouvrement efficace et à moindre coût. Il est en effet inutile d'entraîner le client dans une procédure qui n'aboutirait pas.
Le praticien doit recueillir auprès de son client l'identité complète du débiteur :
– pour les personnes physiques : nom et prénom, date et lieu de naissance ;
– pour les personnes morales : numéro d'inscription au RCS.

REMARQUE Les homonymies étant fréquentes, le tiers saisi aura besoin de ces informations pour ne pas commettre d'impairs.

Les créances étant par nature volatiles, le praticien devra agir avec célérité pour recueillir les éléments nécessaires à la mise en œuvre de la procédure.
Il convient, aussi, de s'assurer que :
– la créance à recouvrer n'est pas prescrite ;
– la créance est certaine, liquide et exigible et qu'elle apparaît fondée en son principe ;
– le débiteur n'a pas, en matière successorale, publié de déclaration d'acceptation à concurrence de l'actif net qui arrêterait toute voie d'exécution de la part du créancier de la succession (C. civ., art. 792-1) pendant un délai de quinze mois ;

ATTENTION **Le conseil du créancier doit déclarer la créance durant ce délai de quinze mois, sous peine d'extinction pour les créances non assorties de sûreté.**

– aucune procédure collective, concernant le débiteur, n'est en cours ;
– il n'existe pas d'éventualité de surendettement du défendeur, personne physique, susceptible de faire obstacle au recouvrement des créances ;
– aucun délai de grâce n'a été accordé au débiteur (outre les délais accordés par le JEX après la

signification d'un commandement de payer ou par le juge des référés à défaut de commandement, vérifier s'il n'y a pas de moratoires accordés par la commission de surendettement, CPC, art. 510) ;
– l'on n'est pas dans le cas d'une immunité d'exécution de droit interne ou international ;

B Inventaire des solutions et éléments de décisions

1 Existence d'un titre exécutoire

368 **La saisie-attribution** est la procédure par laquelle le créancier fait bloquer entre les mains d'un tiers (le tiers saisi) une créance de son débiteur (V. Fiche 17 : Mettre en œuvre une saisie-attribution).

Elle produit, dès lors qu'il y a une créance à saisir, un effet attributif immédiat de la créance et de ses accessoires, ce qui évite tout concours entre créanciers.

L'acte de saisie emporte transfert de propriété dès la signification au tiers saisi, elle sort du patrimoine du débiteur saisi.

Le droit de priorité du créancier ne peut être remis en cause par :
– la survenance d'autres saisies ou toutes autres mesures de prélèvement ultérieures, même pratiquées par des créanciers privilégiés, notamment par voie d'avis à tiers détenteur (sauf saisie-attribution pratiquée le même jour) ;
– la survenance d'un jugement portant ouverture d'un redressement ou d'une liquidation judiciaire (sauf dans le cas où elle a été pratiquée pendant la période suspecte alors que le créancier avait connaissance de l'état de cessation de paiements).

> CONSEIL **Le secret bancaire ne pouvant être levé que par l'acte de saisie-attribution, l'huissier de justice peut, en amont, interroger le fichier FICOBA afin de connaître les établissements bancaires auprès desquels le débiteur possède un compte.**

La saisie des rémunérations permet au créancier de saisir une fraction de la rémunération de son débiteur entre les mains de son employeur (V. Fiche 20 : Saisir les rémunérations du débiteur).

Elle permet aux créanciers d'obtenir remboursement en se faisant verser :
– une fraction du salaire du débiteur ;
– toute somme assimilée à un salaire :
• certaines pensions de retraites et d'invalidité,
• les indemnités journalières de maladie, d'accident du travail et de maternité versées par la sécurité sociale,
• les allocations chômage.

Ne peuvent faire l'objet d'une saisie des rémunérations les allocations du régime de solidarité comme l'allocation d'insertion ou de solidarité, les indemnités de licenciement.

Cette mesure est efficace pour plusieurs raisons :
– l'effet psychologique inhérent à cette procédure peut inciter le débiteur à s'exécuter spontanément. S'il craint de se voir attacher une image de mauvais payeur au sein de son entreprise, il hésitera moins à s'acquitter de sa dette ;
– l'employeur qui se voit notifier une saisie des rémunérations est tenu de retenir sur la rémunération de son salarié une certaine somme chaque mois, jusqu'à ce que le créancier soit désintéressé.

Seule une partie du salaire est saisissable afin de laisser au salarié un « minimum vital » (C. trav., art. L. 3252-2 et L. 3252-4).

L'employeur doit verser tous les mois les sommes retenues sur le salaire du débiteur au greffe du tribunal d'instance. À défaut, il est personnellement redevable et le tribunal peut rendre une ordonnance de contrainte le condamnant au paiement des causes pour lesquelles la saisie a été ordonnée (C. trav., art. L. 3252-10 et R. 3252-28).

Dans le cas où plusieurs créanciers interviennent à une procédure de saisie des rémunérations, le praticien doit indiquer au client que le paiement ne sera pas mensuel, mais la répartition des sommes saisies sera faite par le régisseur du greffe du tribunal d'instance au moins tous les six mois (C. trav., art. R. 3252-34 à R. 3252-36), les créances venant en concours, sous réserve des causes légitimes de préférence (C. trav., art. L. 3252-8) et des créances résiduelles les plus faibles (moins de 500 €) qui sont payées prioritairement (C. trav., art. D. 3252-34-1).

Il est aussi opportun d'indiquer au client créancier que :
– le débiteur sera dans la possibilité de demander des délais de paiement (CPC, art. 510) ;
– le juge peut décider que la créance, cause de la saisie, produira intérêt à un taux réduit à compter de l'autorisation de saisie (C. trav., art. L. 3252-13) ;
– le juge peut également décider que les sommes retenues sur la rémunération s'imputeront, d'abord, sur le capital (C. trav., art. L. 3252-13).

En matière d'aliments, la procédure de recouvrement des pensions alimentaires est la mieux adaptée.

> ATTENTION **Pour le recouvrement public, la procédure de paiement direct n'est applicable qu'aux termes :**
> **– à échoir de la pension alimentaire ;**

– échus pour les six derniers mois avant la notification de la demande de paiement direct. Le règlement de ces sommes est fait par fractions égales sur une période de douze mois. Au-delà des six derniers mois, il convient d'utiliser les procédures de droit commun (saisie-attribution, saisie des rémunérations).

Cette procédure est efficace et particulièrement protectrice des droits du créancier.
Elle entraîne l'attribution des sommes saisies.
Elle n'est pas coûteuse pour le créancier. Les frais du paiement direct d'une pension alimentaire incombent au débiteur ; aucune avance ne peut être demandée au créancier pour la mise en œuvre de la procédure.

CONSEIL **Il faut vérifier :**
– si aucune procédure d'exécution n'a été initiée auparavant à l'égard du débiteur : en effet, s'il y a eu antérieurement une saisie-attribution (ou un avis ou une opposition à tiers détenteur), la demande de paiement direct peut rester sans effet pour cause d'indisponibilité, sous réserve d'une nouvelle entrée d'argent ;
– si la créance est exigible au moment de la demande de paiement sinon, l'effet attributif est différé, et il y a un risque que, par exemple, une saisie-attribution soit pratiquée dans l'intervalle.

L'avis à tiers détenteur est une procédure propre au droit fiscal qui permet au comptable public détenant un titre exécutoire notifié et une créance liquide et exigible sur simple demande, de contraindre un tiers à lui verser des fonds dont il est dépositaire, détenteur ou débiteur à l'égard d'un redevable.
Cette procédure est avantageuse du fait :
– de l'effet attributif immédiat sur la créance saisie qui ne peut être remis en cause par l'ouverture ultérieure d'une procédure collective, sauf s'il est pratiqué pendant la période suspecte (C. com., art. L. 632-2) ;
– qu'elle ne nécessite pas d'acte extrajudiciaire puisque l'avis à tiers détenteur peut être notifié par voie postale, en lettre simple, ou en lettre recommandée avec accusé de réception. Il peut également être notifié par voie électronique, avec l'accord préalable du tiers saisi.
L'avis à tiers détenteur a un champ d'application limité qui se cantonne aux « sommes (...) dont le recouvrement est garanti par le privilège du Trésor » (LPF, art. L. 262). Le champ de l'avis à tiers détenteur a été récemment élargi aux pollutions des sols dans les conditions prévues à l'article L. 556-3 du Code de l'environnement et à l'article L. 263 du LPF. L'article L. 263-0-A du LPF prévoit également la possibilité de pratiquer un avis à tiers détenteur dans le cas de sommes versées par un redevable souscripteur ou adhérent d'un contrat d'assurance rachetable.
L'opposition à tiers détenteur à mettre en œuvre varie selon la nature de la créance.
La procédure d'opposition à tiers détenteur :
– est ouverte aux collectivités territoriales pour le recouvrement de toute **créance publique**, de nature fiscale ou non, d'un certain montant, détenue par les établissements publics locaux et établissements de santé ;
– est ouverte en matière de **sécurité sociale** à certains organismes expressément désignés pour le recouvrement de créances sociales (cotisations, majorations et pénalités de retard. – CSS, art. L. 652-3, al. 1er) ;
– est assurée en matière **environnementale** dans les conditions de l'article L. 213-11-13 du Code de l'environnement.
Comme pour l'avis à tiers détenteur, cette procédure a un effet attributif (CPC ex., art. L. 211-2).
Elle entraîne un transfert de propriété de la créance saisie dans le patrimoine du créancier saisissant le jour de sa réception par le tiers saisi, que la créance de somme d'argent soit certaine, conditionnelle, exigible ou à terme (CSS, art. L. 652-3, al. 2).
Elle ne peut être remise en cause par l'ouverture d'une procédure collective ultérieure (CPC ex., art. L. 211-2. – CSS, art. L. 652-3, al. 2. – C. com., art. L. 632-2, al. 2).
Elle ne nécessite pas l'intervention d'un huissier de justice ou d'un juge. L'administration privilégie donc, si toutes les conditions sont réunies, ce type de procédure qui est un gage de rapidité et de simplicité.

ATTENTION **Cet effet attributif est affaibli dès lors que d'autres créanciers du débiteur ont antérieurement exercé des poursuites pour saisir la créance de sommes d'argent, objet de l'opposition.**

2 Absence d'un titre exécutoire

369 La prise d'une mesure conservatoire doit s'envisager dès lors :
– qu'il y a un certain montant en jeu ;
– que le patrimoine saisissable est en rapport avec la créance ;

– qu'il y a un risque de non-recouvrement de celle-ci.

EXEMPLE Déménagement du débiteur, vente des biens ou donation de son patrimoine pouvant tendre à une organisation d'insolvabilité.

La saisie conservatoire :
– rend la créance indisponible entre les mains du tiers saisi, sans pour autant entrer dans le patrimoine du créancier (mais il n'y a ni droit de suite, ni droit de préférence) ;
– confère un privilège sur la créance jusqu'à sa conversion en saisie-attribution ;
– à hauteur du montant de la créance saisie seulement.
Cette mesure perd de son efficacité en cas de procédures collectives (V. Fiche 12 : Savoir quelle mesure conservatoire prendre).
En effet, si une procédure collective est ouverte après l'acte de saisie, mais avant l'acte de conversion en saisie-attribution, le créancier saisissant ne peut plus obtenir l'attribution des sommes saisies, ni leur paiement. Il ne peut que déclarer sa créance à titre chirographaire.
L'effet d'indisponibilité attaché à la saisie n'est pas aussi puissant que l'attribution immédiate de la créance saisie qui est la principale conséquence de la saisie-attribution.
Alors que la saisie-attribution produit, dès l'acte de saisie, l'essentiel de ses effets, la saisie conservatoire ne fait pas sortir la créance du patrimoine du débiteur saisi, tant que la conversion de la saisie (en saisie-attribution) n'a pas eu lieu.

CONSEIL Le créancier doit convertir la saisie conservatoire en saisie-attribution dès que possible afin d'éviter les pièges de l'ouverture d'une procédure collective.

III
Mise en œuvre

A Existence d'un titre exécutoire

1 Saisie-attribution (V. Fiche 17 : Mettre en œuvre une saisie-attribution)

a) Conditions requises

370 Un créancier doit être muni d'un titre exécutoire constatant une créance liquide et exigible (CPC ex., art. L. 211-1), et doit en remettre l'expédition exécutoire, en original, à l'huissier de justice exécutant.
Le titre exécutoire doit avoir été préalablement signifié (CPC, art. 503) et les voies de recours suspensives d'exécution épuisées.
La créance objet de la saisie doit être saisissable et exister au jour de la saisie. Elle peut être conditionnelle, à terme ou à exécution successive.

b) Mise en œuvre

371 Les principales étapes de la saisie-attribution sont les suivantes :
– acte de saisie : il s'agit d'un acte d'huissier de justice qui doit comporter, à peine de nullité, les mentions prévues à l'article R. 211-1 du Code des procédures civiles d'exécution. L'acte doit également indiquer l'heure à laquelle il a été signifié, à peine de nullité ;
– déclaration du tiers saisi : il doit fournir sur-le-champ, c'est-à-dire dès la signification par l'huissier de l'acte de saisie, les informations visées à l'article L. 211-3 du Code des procédures civiles d'exécution ;
– dénonciation au débiteur saisi dans les huit jours (délai de procédure) de la saisie-attribution, à peine de caducité.

**ATTENTION Il faut toujours vérifier le contenu de l'acte de dénonce, plus particulièrement, si le délai de contestation et la date d'expiration de celui-ci sont mentionnés en caractères apparents (Cass. 2e civ., 10 sept. 2009, n° 08-16.828 : *JurisData* n° 2009-049466 ; *Procédures* 2009, comm. 356, R. Perrot : censure une dénonce sur laquelle le jour indiqué correspondait à un dimanche. La cour reconnaît ici une contestation émise plus de dix-huit mois après la dénonce de la saisie : sanction sévère mais légitime car la forclusion de la contestation ne pouvait plus être relevée).
S'agissant d'un délai de procédure, il conviendra, dans pareil cas, de proroger**

dans l'acte de dénonce, le délai de contestation au premier jour ouvrable suivant (CA Colmar, 30 mai 1994 : *JurisData* n° 1994-044252 ; *Bull. inf. C. cass.* 1994, n° 858).

RETOUR D'EXPÉRIENCE En cas de procédure collective (C. com., art. L. 643-2), il faut prévoir une dénonciation aux organes de la procédure collective (mandataire judiciaire et administrateur judiciaire si le tribunal en a nommé un) afin de ne pas se voir opposer la fin du délai de contestation prématurément ou bien encore la caducité de la saisie (V. Fiche 17 : Mettre en œuvre une saisie-attribution).

c) Contestations

372 Le débiteur a un mois à compter de l'acte de dénonciation pour contester :

– par assignation (et c'est la signification et non l'enrôlement de l'assignation qui doit intervenir dans le délai d'un mois à compter de la dénonciation de l'acte de saisie au débiteur) ;

– devant le juge de l'exécution territorialement compétent qui est celui du lieu où demeure le débiteur.

Ce délai d'un mois et la contestation éventuelle ont un effet suspensif quant à l'obligation de paiement incombant au tiers saisi mais non quant à l'attribution de la créance saisie.

Cependant, le débiteur qui n'aurait pas élevé de contestation dans le délai prescrit peut agir en répétition de l'indu (CPC ex., art. L. 211-4).

ATTENTION **Le jour même ou au plus tard, le premier jour ouvrable suivant la signification de l'assignation, il faut dénoncer l'assignation, à peine d'irrecevabilité de celle-ci, par lettre recommandée avec accusé de réception à l'huissier de justice ayant pratiqué la saisie. L'auteur de la contestation doit également en informer le tiers saisi par lettre simple, et remettre une copie de l'assignation, et ce à peine de caducité, au greffe du juge de l'exécution au plus tard le jour de l'audience (CPC ex., art. R. 211-11).**

Le créancier sera payé à l'issue du délai de contestation ou en cas de rejet de celle-ci, après signification du jugement rendu par le juge de l'exécution au tiers saisi, avec demande de paiement.

2 Saisie des rémunérations (V. Fiche 20 : Saisir les rémunérations du débiteur)

a) Conditions requises

373 Le créancier doit être muni d'un titre exécutoire constatant une créance liquide et exigible (C. trav., art. R. 3252-1).

ATTENTION **Eu égard au caractère alimentaire des rémunérations, il est impossible de procéder à une saisie conservatoire.**

La procédure diffère suivant qu'il y a un saisissant unique ou pluralité de saisissants.

Cette procédure relève de la compétence du tribunal d'instance du lieu où est domicilié le débiteur, y compris pour connaître des contestations (COJ, art. L. 221-8. – C. trav., art. R. 3252-11), ou, à défaut de domicile connu, du tribunal d'instance du lieu où demeure l'employeur.

b) Mise en œuvre

374 Les principales étapes de la saisie des rémunérations sont les suivantes, outre la signification préalable du titre exécutoire :

– la requête du créancier est remise ou adressée au greffe du tribunal d'instance compétent et contient à peine de nullité, les mentions prévues à l'article 58 du CPC et celles de l'article R. 3252-13 du Code du travail ;

– la requête doit comporter en annexe une copie du titre exécutoire, de l'acte de signification du titre, et des éventuels actes d'exécution préalablement délivrés ;

ATTENTION **Si l'on souhaite changer de titre exécutoire fondant la saisie, il faut procéder à une nouvelle saisie.**

– le dépôt de la requête saisit le tribunal (qui fixera alors une audience de conciliation et convoquera les parties à cet effet) et interrompt la prescription. Le tribunal d'instance compétent est celui du domicile du débiteur, ou, s'il réside à l'étranger ou n'a pas de domicile connu, celui du lieu où demeure le tiers saisi (C. trav., art. R. 3252-7) ;

– l'audience a lieu à une date fixée par le tribunal d'instance. La procédure est précédée d'une tentative de conciliation comme prescrit, à peine de nullité, par l'article R. 3252-12 du Code du travail. Les parties peuvent se faire représenter par un avocat, un officier ministériel, un manda-

taire de leur choix muni d'une procuration (C. trav., art. L. 3252-11) ;
– ce n'est qu'à défaut de conciliation que la saisie des rémunérations sera ordonnée par le juge. Au vu du procès-verbal de non-conciliation, le greffier procède à la saisie dans les huit jours.

c) Contestations

375 Une contestation peut être soulevée à tout moment par le débiteur, et ce dès l'audience de conciliation, le juge du tribunal d'instance ayant alors les mêmes pouvoirs que le JEX (COJ, art. L. 221-8). Elle aura pour effet de bloquer la saisie jusqu'au jugement du tribunal d'instance.

d) Incidents

376 • En cas de changement d'employeur en cours de procédure, le créancier dispose d'un délai d'un an pour communiquer au greffe les coordonnées d'un nouvel employeur, à défaut la saisie prend fin.
• En cas de non-respect du procès-verbal de conciliation par le débiteur, le créancier doit en aviser le greffe du tribunal qui procède alors à la saisie comme il est dit à l'article R. 3252-18 du Code du travail.
• En cas d'interruption (congé maternité, accident du travail, etc.), les retenues sur salaire sont interrompues et reprendront dès la reprise du travail.

REMARQUE D'autres incidents peuvent venir émailler la procédure de saisie des rémunérations et sont susceptibles de modifier le cours de cette procédure, à savoir : notification à l'employeur d'un avis à tiers détenteur, opposition à tiers détenteur, saisie à tiers détenteur.

3 Paiement direct de la pension alimentaire

a) Conditions requises

377 La procédure de recouvrement de la pension alimentaire doit porter sur une créance de nature alimentaire (pensions alimentaires ou pensions fondées sur une obligation légale née du mariage, sur la parenté ou l'alliance, contributions aux charges du mariage, prestations compensatoires sous forme de rente, les subsides).
L'obligation doit résulter d'une décision de justice exécutoire et signifiée.
Une faute du débiteur (retard ou défaut de paiement) n'est pas nécessaire pour mettre en œuvre une demande de paiement direct. Le tiers saisi peut être tout débiteur de rémunérations, tout dépositaire de fonds (banque, employeur, etc.).

b) Mise en œuvre

378 Les principales étapes de la procédure de recouvrement de la pension alimentaire sont les suivantes :
Le créancier doit s'adresser à un huissier de justice du lieu de sa résidence et le charger de notifier la demande de paiement direct ;

ATTENTION Lorsqu'une administration publique est subrogée dans les droits d'un créancier d'aliments, elle peut elle-même former la demande de paiement direct (CPC ex., art. L. 213-5).

ATTENTION La demande peut être effectuée même après l'ouverture d'une procédure collective. Les créanciers d'aliments n'ont pas à déclarer leurs créances, qu'elles soient antérieures (Cass. 1re civ., 23 mai 2006, n° 03-16.300 : *JurisData* n° 2006-033611) ou postérieures au jugement d'ouverture (C. com., art. L. 622-17). Il semble possible, de ce fait, de recouvrer la créance d'aliment par toute procédure civile d'exécution, de façon générale.

Si le créancier d'aliments possède les renseignements suffisants pour que l'huissier puisse établir la demande de paiement, celui-ci doit procéder, dans les huit jours qui suivent, à la notification de cette demande au tiers, par lettre recommandée avec demande d'avis de réception. L'huissier de justice en avise simultanément le débiteur par lettre recommandée (CPC ex., art. R. 213-1).

ATTENTION Si les documents présentés par le créancier de la pension ne permettent pas de procéder à la notification, l'huissier doit mettre en œuvre, dans le même délai de huit jours, les moyens lui permettant d'effectuer cette notification (CPC ex., art. R. 213-1).

Dans les huit jours de la notification, le **tiers saisi** doit préciser s'il est en mesure de donner suite (sous peine d'astreinte ou d'éventuels dommages-intérêts). Il est tenu aussi d'aviser dans les huit jours le créancier de la pension alimentaire de la cessation ou de la suspension de la rémunération ainsi que de la clôture du compte du débiteur ou de l'insuffisance de provision de ce compte (CPC ex., art. R. 213-4).
S'il ne verse pas la pension alimentaire due au créancier, il sera puni d'une amende pour les

contraventions de cinquième classe (CPC ex., art. R. 213-5 et R. 213-8).

ATTENTION Si une nouvelle décision change le montant de la pension alimentaire ou les modalités d'exécution de l'obligation, la demande de paiement direct se trouve de plein droit modifiée en conséquence à compter de la notification de la décision modificative qui est faite au tiers (CPC ex., art. R. 213-3).

ATTENTION Si le créancier est en mesure de produire une attestation d'huissier ou de greffier ou tout autre document attestant qu'il n'a pas pu obtenir le recouvrement par la voie normale, il peut être procédé au recouvrement public des pensions alimentaires, en deux temps :
– demande de recouvrement public déposée auprès du procureur de la République du tribunal de grande instance du demandeur avec tous justificatifs (concernant la créance, l'échec du recouvrement et le débiteur), qui accepte ou rejette la demande (contestation par lettre simple adressée au procureur, le président statuant dans les quinze jours, puis pourvoi possible) ;
– elle est déposée par le demandeur par lettre recommandée avec avis de réception ou au parquet du tribunal de grande instance du domicile du demandeur et doit comporter les justificatifs suivants :
• créance,
• échec d'une autre voie de recouvrement,
• renseignements sur le débiteur.
Il examine la régularité de la demande. S'il accepte, il transmet au Trésor public un état exécutoire et le Trésor public procède au recouvrement.
En présence d'enfants mineurs, et si le créancier ne remplit pas les conditions pour devenir soutien familial et qu'il n'a pas obtenu le recouvrement par la voie normale, les caisses d'allocation familiale peuvent se substituer au créancier et recouvrer la créance selon la procédure de recouvrement public des pensions alimentaires.

c) Contestations

379 Les contestations relatives au paiement direct sont portées devant le juge de l'exécution de la juridiction dans le ressort de laquelle est situé le domicile du débiteur de la pension (CPC ex., art. R. 213-6).
Le paiement par le tiers saisi se poursuit jusqu'à la mainlevée par le saisissant ou l'extinction de la créance d'aliments.

4 L'avis à tiers détenteur

a) Conditions requises

380 L'avis à tiers détenteur ne s'applique qu'aux impôts directs et taxes assimilées, taxe sur le chiffre d'affaires, droits d'enregistrement et de timbre. Le Trésor public possède le « privilège du préalable », signifiant qu'il peut se délivrer des titres exécutoires.

b) Mise en œuvre

381 Les principales étapes de la procédure d'avis à tiers détenteur sont les suivantes :
– formalités préalables : notification du titre exécutoire qui constate l'impôt (avis d'imposition ou avis de mise en recouvrement) ;
– pour les impôts sans rôle, il faut attendre un délai de vingt jours après l'envoi d'une mise en demeure au redevable avant d'effectuer un avis à tiers détenteur ;
– établissement de l'avis à tiers détenteur par le comptable public. Il n'a pas de contenu ou de forme imposés autre que, à peine de nullité :
• la mention de l'identification du redevable (nom et prénom),
• les effets attachés ainsi que les modalités de contestations.
Il s'agit généralement de formulaires types dont un feuillet est conservé par le comptable public, et l'autre, une ampliation, sera utilisé lors de la notification au tiers détenteur.
La notification d'un avis doit être faite au redevable, sous peine de nullité, ainsi qu'au tiers détenteur.

ATTENTION Il est désormais prévu que les notifications peuvent se faire par voie électronique aux établissements de crédit, aux sociétés de financement et aux organismes gérant des régimes de protection sociale, sous réserve de leur accord préalable (D. n° 2015-243, 2 mars 2015, art. 1er). Cela concerne :
– les avis à tiers détenteur visés à l'article L. 262 du LPF ;

– **certaines saisies à tiers détenteur ;**
– **les oppositions à tiers détenteurs visées au 7° de l'article L. 1617-5 du Code général des collectivités territoriales et à l'article L. 652-3 du Code de la sécurité sociale.**

c) Contestations

382 Il faut distinguer :
– **le contentieux du recouvrement** (contestations de fond ou de forme) : contestations ouvertes au redevable (LPF, art. L. 281), au tiers détenteur ou à tout autre tiers justifiant d'un intérêt (Cass. com., 15 juin 1993, n° 91-14.454 : *JurisData* n° 1993-001384 ; *Bull. civ.* 1993, IV, n° 251) ;
– **le contentieux de l'assiette** : contestations possibles :
• en début de procédure, si l'avis à tiers détenteur est assorti d'une demande de sursis de paiement,
• ou à la fin de la procédure, car tout dégrèvement permettra de remettre en cause l'avis à tiers détenteur et d'obtenir le remboursement du trop payé.

ATTENTION **Pour le contentieux d'assiette, la compétence est celle du juge de l'impôt qui est, selon la nature de l'impôt, le juge judiciaire ou le juge administratif.**
Pour le contentieux du recouvrement, les oppositions à contrainte relèvent de la compétence du juge de l'impôt suivant la nature de l'impôt en jeu et les oppositions à poursuites relèvent du juge de l'exécution.

5 Oppositions à tiers détenteur des collectivités territoriales

a) Conditions requises

383 Il doit s'agir d'une créance publique fiscale ou non, certaine, liquide et exigible.

b) Mise en œuvre

384 Les principales étapes de la procédure d'opposition à tiers détenteur des collectivités territoriales sont les suivantes :
Phase comminatoire (ou autorisation de l'ordonnateur) obligatoire
– notification du titre exécutoire au débiteur (un envoi postal suffit) ;
– le comptable public doit demander à un huissier de justice d'obtenir que le débiteur s'acquitte de sa dette entre ses mains (délai de cinquante jours).

CONSEIL **Le délai de cinquante jours court à compter du lendemain (CPC, art. 640 à 642) de la date à laquelle la demande a été remise ou notifiée à l'huissier par le comptable public et s'achève le cinquantième jour à minuit.**

Cette procédure peut faire l'objet d'une prorogation dans deux cas :
– prorogation au jour ouvrable si le délai expire un samedi, dimanche, jour férié ou chômé ;
– sur appréciation du comptable, si les informations révélées par l'huissier rendent vraisemblable le recouvrement de la créance avant l'expiration du nouveau terme.
Établissement et notification de l'opposition au redevable et au tiers détenteur, le même jour (CGCT, art. L. 1617-5, 7°)
Les mêmes mentions que l'avis à tiers détenteur sont reprises dans les imprimés utilisés par les comptables pour les oppositions à tiers détenteur des collectivités territoriales.
Règlement par le tiers saisi dans les trente jours qui suivent la réception de l'opposition
Le comptable n'a pas à fournir de certificat de non-contestation pour obtenir le versement du tiers saisi.
Si les fonds détenus ou dus par le tiers détenteur sont indisponibles entre ses mains, ce dernier doit en aviser le comptable chargé du recouvrement dès la réception de l'opposition.

c) Contestations

385 Les contestations sont possibles dans les conditions prévues à l'article L. 1617-5 du Code général des collectivités territoriales.

6 Oppositions en matière de sécurité sociale (travailleurs non salariés et professions agricoles)

a) Conditions requises

386 Il doit s'agir d'une créance sociale, certaine, liquide et exigible.
Cette procédure ne permet le recouvrement forcé que des cotisations, majorations et pénalités de retard bénéficiant du privilège de la sécurité

sociale (CSS, art. L. 243-4) ou ayant donné lieu à une inscription dudit privilège (CSS, art. L. 243-5).

b) Mise en œuvre

387 Les principales étapes sont les suivantes :
– le directeur de l'organisme créancier expressément désigné par un texte et habilité pour ce faire, délivre la contrainte (titre exécutoire qui produit tous les effets d'un jugement, à défaut d'opposition), à défaut de paiement dans le mois d'une mise en demeure préalable ;
– l'acte d'opposition est établi par ses soins et doit contenir, à peine de nullité, les mentions prévues aux alinéas 1° à 12° des articles R. 652-2 du Code de la sécurité sociale et R. 725-12 du Code rural et de la pêche maritime, suivant les cas ;
– il est, ensuite, notifié au tiers saisi par lettre recommandée avec demande d'avis de réception ;
– le tiers saisi a deux jours à compter de cette notification pour faire sa déclaration ;
– l'organisme créancier doit informer le débiteur dans les huit jours à compter de la notification de l'acte au tiers détenteur au moyen d'une lettre recommandée avec demande d'avis de réception, à peine de caducité de l'opposition.

c) Contestations

388 Les contestations peuvent porter sur les conditions de fond relatives à la créance ou sur les règles de procédure.
L'opposition peut être contestée :
– par le débiteur ou par le tiers détenteur (CSS, art. L. 652-3. – C. rur. pêche marit., art. L. 725-12) s'il justifie d'un intérêt à agir ;
– devant le juge de l'exécution du domicile du débiteur ;
– par voie d'assignation : c'est la délivrance de l'assignation qui est à prendre en compte et non l'enrôlement ;
– dans le mois suivant sa notification.
Le paiement est différé pendant ce délai, et le cas échéant jusqu'à ce qu'il soit statué, sauf si le juge autorise le paiement pour la somme qu'il détermine.

7 Saisie entre les mains d'une personne morale de droit public

389 Les principales étapes de la procédure de saisie entre les mains d'une personne morale de droit public sont les suivantes (CPC ex., art. R. 143-1 à R. 143-4, R. 211-4 et R. 212-2 à R. 212-6) :
– acte de saisie, contenant, à peine de nullité, la désignation de la créance saisie ;
– signification de l'acte de saisie au comptable qui vise l'original de l'acte. Il dispose d'un délai de vingt-quatre heures pour fournir à l'huissier de justice les éléments prévus par l'article L. 211-3 du Code des procédures civiles d'exécution ;

REMARQUE En droit commun, ces éléments doivent être fournis sur-le-champ.

– déclaration du comptable assignataire au greffe du tribunal d'instance ;
– contestation possible (se référer aux développements consacrés à la saisie-attribution, à la saisie de rémunérations et à la saisie conservatoire de créances) ;
– la déchéance se produit au bout de cinq ans suivant la signification ;
– la mainlevée de la saisie est ordonnée lorsque le créancier est totalement désintéressé.

CONSEIL **Il faut penser en cas de contestation qui se prolonge dans le temps ou de créance à exécution successive, à renouveler la saisie, pour éviter la déchéance de celle-ci.**

B Absence d'un titre exécutoire : saisie conservatoire

1 Modalités de mise en œuvre

390 **Pour effectuer une saisie conservatoire des créances de sommes d'argent, il faut :**
– une créance paraissant fondée en son principe ;
– des circonstances menaçant le recouvrement de la créance ;
– une autorisation judiciaire préalable (sauf exception légale).
Toutes les créances sont concernées à l'exception des rémunérations.

2 Mise en œuvre

391 Pour une étude approfondie d'une saisie conservatoire de créances, V. Fiche 12 : Savoir quelle mesure conservatoire prendre.
Les étapes essentielles d'une saisie conservatoire de créances sont les suivantes :
– établissement de l'acte de saisie par acte d'huissier devant comporter les mentions prévues aux 1° à 5° de l'article R. 523-1 du Code des procédures civiles d'exécution à peine de nullité ;
– notification de l'acte au tiers saisi qui doit faire sa déclaration de renseignements sur-le-champ : il est tenu de déclarer au créancier :

- l'étendue de ses obligations à l'égard du débiteur,
- les modalités qui pourraient les affecter,
- et, s'il y a lieu, les cessions de créances, délégations ou saisies antérieures (CPC ex., art. L. 211-3) ;

ATTENTION Le tiers saisi qui, sans motif légitime, ne fournit pas les renseignements prévus, s'expose à devoir payer les sommes pour lesquelles la saisie a été pratiquée si le débiteur est condamné et sauf son recours contre ce dernier.
Il peut aussi être condamné à des dommages-intérêts en cas de négligence fautive ou de déclaration inexacte ou mensongère (CPC ex., art. R. 523-5).

– dénonciation au débiteur dans les huit jours, sous peine de caducité : il est aussi très important de vérifier que toutes les mentions obligatoires figurent dans la dénonce, sous peine de nullité (CPC ex., art. R. 523-3) ;
– obtention d'un titre exécutoire ;
– conversion en saisie-attribution (par acte d'huissier appelé « acte de conversion »), c'est-à-dire que le créancier dans le mois qui suit l'acte de saisie doit, à peine de caducité, introduire une procédure ou les formalités nécessaires à l'obtention d'un titre exécutoire ;
– signification de l'acte de conversion au tiers saisi (sur la compétence exclusive de l'huissier de justice, Cass. 2e civ., 25 sept. 2014, n° 13-25.552 : *JurisData* n° 2014-021843 ; *Procédures* 2014, comm. 319, C. Laporte) puis copie au débiteur.

ATTENTION Le créancier qui obtient un titre exécutoire a tout intérêt à signifier au tiers saisi, par acte d'huissier, l'acte de conversion dès que possible afin d'obtenir l'attribution effective de la créance et de se protéger ainsi contre l'éventualité de l'ouverture d'une procédure collective.

3 Contestations

392 Les contestations contre l'acte de conversion (CPC ex., art. R. 523-9) doivent être soulevées dans les quinze jours de la dénonciation au débiteur saisi. Le tiers doit être informé de la contestation.
La demande de mainlevée est, quant à elle, portée devant le juge de l'exécution qui a autorisé la mesure.
Si la mesure a été pratiquée sans autorisation préalable, le juge de l'exécution du lieu où demeure le débiteur est compétent (sauf si la créance relève de la compétence d'une juridiction commerciale, auquel cas elle peut être portée, avant tout procès, devant le président du tribunal de commerce).

CHECK-LIST • Déterminer :
– l'existence ou non d'un titre exécutoire,
– la nature de la créance objet de la mesure,
– la juridiction territorialement compétente,
– le but recherché par le client ;
• Être vigilant quant aux mentions devant apparaître dans les différents actes et faire signifier lesdits actes ;
• Être attentif aux délais.

VOIR AUSSI Modèle 14 : Lettre – Procédure simplifiée de recouvrement des petites créances.

POUR ALLER PLUS LOIN...

Fascicules JurisClasseur
- *JCl. Procédure civile*, Fasc. 1600-5, *Saisie-attribution, généralités*.
- *JCl. Procédure civile*, Fasc. 1600-45, *Saisie des rémunérations*.
- *JCl. Procédure civile*, Fasc. 1700-20, *Saisie conservatoire des créances*.
- *JCl. Voies d'exécution*, Fasc. 480, *Surendettement des particuliers. – Suspension des voies d'exécution*.

Fiche 17

Mettre en œuvre une saisie-attribution

Coline WARIN

Sommaire

I Aperçu rapide ... 171
A Éléments clés ... 171
B Textes ... 172
1 Textes codifiés ... 172
2 Règlement communautaire ... 172
II Préparation ... 172
A Informations préalables ... 172
1 Contrôles préalables ... 172
2 Pièces nécessaires ... 172
B Inventaire des solutions et éléments de décision ... 173
III Mise en œuvre ... 173
A Coût de la procédure ... 173
B Matières ... 173
C Compétence ... 173
D Parties ... 174
E Procès-verbal de saisie-attribution ... 174
F Dénonciation de la saisie-attribution ... 175
1 Délai de dénonciation ... 175
2 Mentions obligatoires ... 175
G Paiement du tiers saisi ... 175
H Recours ou contestation ... 176
1 Contestation de la saisie-attribution ... 176
2 Arrêt de l'exécution provisoire ... 176
I Actions en nullité ou en résolution ... 176
J Débriefing client ... 176

I Aperçu rapide

A Éléments clés

393 La saisie-attribution est une procédure de **paiement forcé** au bénéfice du créancier saisissant. Elle permet l'attribution immédiate à ce dernier d'une somme d'argent détenue par un tiers pour le compte du débiteur.

Le créancier doit être muni d'un titre exécutoire constatant une créance liquide et exigible (CPC ex., art. L. 211-1).

La saisie-attribution :

– emporte attribution immédiate des sommes saisies dans le patrimoine du créancier (CPC ex., art. L. 211-2, al. 1) ;

– rend le tiers saisi personnellement débiteur des causes de la saisie dans la limite de son obligation (CPC ex., art. L. 211-2, al. 1, *in fine*) ;

– peut porter sur :

• n'importe quelle créance de somme d'argent appartenant au débiteur, qu'elle soit ou non détenue par des tiers,

• ainsi que sur des créances conditionnelles, à terme ou à exécution successive (CPC ex., art. L. 112-1, R. 211-14).

EXEMPLE Un créancier peut pratiquer une saisie-attribution entre ses propres mains, jusqu'à ce qu'il soit rempli de ses droits, dans la limite de ce qu'il doit au débiteur en tant que tiers saisi (Cass. 1re civ., 13 mai 2014, n° 12-25.511, FS-P+B+I : *JurisData* n° 2014-009307 ; *Procédures* 2014, comm. 204, R. Perrot ; *RD bancaire et fin.* 2014, comm. 143, S. Piedelièvre).

Dans le cas où plusieurs saisies sont signifiées au cours de la même journée entre les mains du même tiers saisi, elles sont réputées simultanées. Les créanciers viennent alors en concours si les sommes disponibles ne permettent pas de tous les désintéresser (CPC ex., art. L. 211-2, al. 3).

B Textes

1 Textes codifiés

- C. com., art. L. 632-2.
- C. consom., art. R. 631-4.
- CPC, art. 503 et 648.
- CPC ex., art. L. 211-1 à L. 211-5.
- CPC ex., art. R. 211-1 à R. 211-23.

2 Règlement communautaire

- Cons. UE, règl. (CE) n° 44/2001, 22 déc. 2000, concernant la compétence judiciaire, la reconnaissance et l'exécution des décisions en matière civile et commerciale.

II Préparation

A Informations préalables

1 Contrôles préalables

394 • Vérifier :
- que le créancier dispose :
  - d'un titre exécutoire,
  - d'une créance liquide et exigible.
- lorsque le titre exécutoire est une décision, qu'elle a bien été préalablement notifiée (CPC, art. 503) :
  - par signification),
  - par LRAR,
  - sur présentation lorsque l'exécution forcée est possible sur minute.

• Consulter l'extrait K-bis lorsque le débiteur est une personne morale, afin de vérifier qu'aucune procédure collective n'a été ouverte à son encontre.

2 Pièces nécessaires

395 Pièces nécessaires à la mise en œuvre de la procédure :
- l'original du titre exécutoire ;
- coordonnées du débiteur (nom et domicile/siège social) ;
- un décompte des sommes réclamées en principal, frais et intérêts échus, majorées d'une provision pour les intérêts à échoir dans le délai d'un mois ;
- lorsque la saisie-attribution est réalisée auprès d'un établissement bancaire :

• le(s) numéro(s) de compte(s) bancaire(s) du débiteur,

• ainsi que la dénomination et le siège social de l'établissement teneur des comptes.

RETOUR D'EXPÉRIENCE Possibilité de :
- demander à un huissier de justice d'obtenir de l'administration fiscale les coordonnées bancaires du débiteur (CPC ex., art. L. 152-1 à 152-3) ;
- faire appel à des sociétés spécialisées dans l'enquête civile pour obtenir des informations sur le patrimoine du débiteur.

Seuls constituent des **titres exécutoires** (CPC ex., art. L. 111-3) :
- les décisions de l'ordre judiciaire ou administratif ayant force exécutoire ;
- les transactions et accords soumis au président du TGI lorsqu'elles ont force exécutoire ;
- les actes et jugements étrangers et sentences arbitrales déclarées exécutoires par une décision non susceptible d'un recours suspensif d'exécution ;
- les extraits de procès-verbaux de conciliation signés par le juge et les parties ;
- les accords par lesquels les époux consentent mutuellement à leur divorce par acte sous signature privée contresignée par avocats, déposés au rang des minutes d'un notaire selon les modalités prévues à l'article 229-1 du Code civil ;
- les actes notariés revêtus de la formule exécutoire ;
- le titre délivré par huissier de justice en cas de non-paiement d'un chèque ou en cas d'homologation de l'accord entre le créancier et le débi-

teur pour le recouvrement des petites créances (CPC ex., art. L. 125-1) ;
– les titres délivrés par les personnes morales de droit public qualifiées comme tels par la loi ;
– les décisions auxquelles la loi attache les effets d'un jugement.

EXEMPLE Contraintes de l'URSSAF, signifiées et définitives.

B Inventaire des solutions et éléments de décision

396 (V. Fiche 16 : Saisir les créances).
La saisie-attribution est utile face à un **débiteur solvable**, mais réticent à exécuter spontanément une décision de justice.
• **Contrôler la solvabilité du débiteur** pour ne pas entraîner le client dans une procédure coûteuse, qui n'aboutirait pas :
– en cas de fonds insuffisants ;
– ou lorsque le débiteur est en cessation des paiements.
• **Lorsque le titre exécutoire est une décision de justice** : adresser un courrier au conseil du débiteur avant d'engager la procédure de saisie-attribution, afin de lui demander si son client entend s'exécuter spontanément.

RETOUR D'EXPÉRIENCE Lorsque le débiteur dispose de plusieurs comptes bancaires, faire pratiquer une saisie-attribution sur tous les comptes de façon simultanée, afin de ménager un effet de surprise et d'éviter que le débiteur n'organise son insolvabilité.

CONSEIL **S'assurer que les intérêts moratoires sont inclus dans la saisie-attribution.**

Les frais de l'exécution forcée sont à la charge du débiteur, mais les droits proportionnels de recouvrement et d'encaissement restent à la charge du créancier.

ATTENTION **Dans le cadre d'un litige opposant un consommateur à un professionnel, le juge peut, même d'office, pour des raisons tirées de l'équité ou de la situation économique du professionnel condamné, mettre à la charge de ce dernier l'intégralité des droits proportionnels de recouvrement et d'encaissement (C. consom., art. R. 631-4).**

• **Indiquer au client que :**
– dans le cadre de la saisie-attribution du compte bancaire d'une personne physique, il est laissé à disposition du débiteur une somme à caractère alimentaire égale au montant du RSA, le « reste à vivre » ;
– le débiteur peut contester la saisie-attribution, ce qui entraîne le paiement différé des sommes saisies.
• **Rappeler au client que :**
– l'exécution provisoire d'une décision est poursuivie à ses **risques** ;
– si le titre est modifié, il devra :
• restituer le débiteur dans ses droits en nature ou par équivalent,
• et réparer le préjudice subi par le débiteur du seul fait de l'exécution forcée, sans qu'il faille démontrer une faute (CPC ex., art. L. 111-10, al. 2).

III Mise en œuvre

A Coût de la procédure

397 Les frais d'huissier sont variables au regard notamment du montant de la créance.

B Matières

398 La saisie-attribution ne peut pas porter sur :
– les rémunérations, qui sont soumises à une procédure spécifique (V. Fiche 20 : Saisir les rémunérations du débiteur) ;
– les créances à caractère alimentaire, sauf pour le paiement des aliments déjà fournis par le créancier au débiteur (CPC ex., art. L. 112-2, 3°).

C Compétence

399 La saisie-attribution est réalisée par un huissier de justice territorialement compétent, à peine de nullité.
La compétence territoriale des huissiers de justice correspond au ressort du TGI de leur résidence (D. n° 56-222, 29 févr. 1956, art. 5).

ATTENTION **La signification au tiers saisi de l'acte de conversion de la saisie conservatoire en saisie-attribution relève de la compétence exclusive de l'huissier de justice (Cass. 2e civ., 25 sept. 2014, n° 13-25.552 : *JurisData* n° 2014-021843 ; *Procédures* 2014, comm. 319, Ch. Laporte ; *RD bancaire et fin.* 2015, comm. 49, S. Piedelièvre).**

D Parties

400 Cette procédure fait intervenir **trois personnes** :
– le débiteur contre qui la procédure d'exécution est dirigée ;

ATTENTION **L'acte de saisie-attribution signifié à la société après disparition de sa personnalité morale consécutive à la publication de sa dissolution au RCS est affecté d'une irrégularité de fond, sanctionnée par la nullité et insusceptible de régularisation (Cass. com., 26 avr. 2017, n° 14-12.040, inédit).**

– le créancier ;

ATTENTION **Le créancier doit avoir la capacité d'accomplir des actes d'administration (CPC ex., art. L. 111-9).**
Le juge peut prononcer la nullité de la saisie-attribution effectuée par une société mise en redressement judiciaire, qui a été réalisée sans l'assistance de l'administrateur judiciaire, alors que ce dernier était investi d'une mission d'assistance sans restriction, dont les actes d'administration, en ce compris les saisies-attributions (Cass. com., 31 mai 2016, n° 14-28.056, F-P+B : *JurisData* n° 2016-010692 ; *RD bancaire et fin.* 2016, comm. 210, S. Piedelièvre. – C. com., art. L. 631-12. – CPC ex., art. L. 111-9).

– le tiers saisi qui détient des sommes appartenant au débiteur défaillant.

ATTENTION **Les dividendes n'ont pas d'existence juridique avant la constatation de sommes distribuables par l'organe social compétent et la détermination de la part attribuée à chaque associé, de sorte qu'en l'absence d'une telle décision, une société n'est pas débitrice d'un associé et ne peut être condamnée aux causes de la saisie pour avoir méconnu son obligation de renseignement (Cass. com., 13 sept. 2017, n° 16-13.674, FS-P+B+I : *JurisData* n° 2017-017734 ; *Procédures* 2017, comm. 262, L. Raschel ; *JCP* N 2018, 1119, J.-P. Storck).**

E Procès-verbal de saisie-attribution

401 Le procès-verbal de saisie-attribution doit être dressé par un huissier de justice et comporter, à peine de nullité (CPC ex., art. R. 211-1. – CPC, art. 648) :
– les nom, prénoms, profession, domicile, nationalité, date et lieu de naissance du créancier ou, s'il est une personne morale, la forme, dénomination, siège social et l'organe qui la représente ;
– les nom, prénoms, demeure et signature de l'huissier de justice ;
– les nom et domicile du destinataire tiers saisi ou s'il s'agit d'une personne morale, sa dénomination et son siège social ;
– l'indication des noms et domicile du débiteur ou, s'il s'agit d'une personne morale, de sa dénomination et de son siège social ;
– le décompte distinct des sommes réclamées en principal, frais et intérêts échus, majorés d'une provision pour les intérêts à échoir dans le délai d'**un mois** prévu pour élever une contestation ;
– l'indication que le tiers saisi est personnellement tenu envers le créancier et qu'il lui est fait défense de disposer des sommes réclamées dans la limite de ce qu'il doit au débiteur ;
– la reproduction du premier alinéa de l'article L. 211-2 (CPC ex., art. L. 211-2, al. 1), de l'article L. 211-3 (CPC ex., art. L. 211-3, al. 1), du troisième alinéa de l'article L. 211-4 (CPC ex., art. L. 211-4, al. 3) et des articles R. 211-5 et R. 211-11 du Code des procédures civiles d'exécution (CPC ex., art. R. 211-5 et R. 211-11) ;
– la date et l'heure de la signification ;
– l'énonciation du titre exécutoire en vertu duquel la saisie-attribution est pratiquée.

ATTENTION **L'huissier de justice a l'obligation de vérifier que le titre provisoire en vertu duquel est pratiquée la saisie-attribution reste exécutoire au jour de l'acte de saisie (Cass. 1re civ., 13 mai 2014, n° 12-25.511, préc. : *JurisData* n° 2014-009307).**

Constitue une nullité de forme l'absence un décompte distinct en principal, frais et intérêts échus lorsqu'un acte de saisie-attribution est délivré sur le fondement de plusieurs titres exécutoires (Cass. 2e civ., 23 févr. 2017, n° 16-10.338 : *JurisData* n° 2017-002816 ; *JCP* G 2017, 299, S. Dorol ; *RD bancaire et fin.* 2017, comm. 88, S. Piedelièvre).

L'huissier de justice signifie la saisie-attribution au tiers saisi.
Lorsque le tiers saisi est un établissement bancaire, ce dernier doit procéder à une déclaration :
– de la nature du ou des comptes du débiteur ;
– de leur solde au jour de la saisie-attribution (CPC ex., art. L. 162-1, al. 1, et art. R. 211-4 et R. 211-20).

F Dénonciation de la saisie-attribution

1 Délai de dénonciation

402 La saisie doit être dénoncée par acte d'huissier de justice au débiteur dans les **huit jours** qui suivent la saisie à peine de caducité (CPC ex., art. R. 211-3, al. 1).

2 Mentions obligatoires

403 L'acte de dénonciation du procès-verbal de saisie-attribution doit être dressé par un huissier de justice et comporter à peine de nullité (CPC ex., art. R. 211-3, al. 2 et 3. – CPC, art. 648) :
– la date de l'acte ;
– les nom, prénoms, profession, domicile, nationalité, date et lieu de naissance du saisissant personne physique (sa forme, sa dénomination, son siège social et l'organe qui la représente si c'est une personne morale) ;
– les nom, prénoms, demeure et signature de l'huissier de justice ;
– les nom et domicile du débiteur ou autre personne à qui l'acte doit être signifié ;
– une copie du procès-verbal de saisie-attribution ;
– la reproduction des renseignements communiqués par le tiers saisi si l'acte a été signifié par voie électronique ;
– en caractères très apparents :
• l'indication que les contestations doivent être soulevées à peine d'irrecevabilité dans le délai d'**un mois** qui suit la signification de l'acte,
• la date à laquelle expire ce délai,
• la dénonciation de l'assignation à l'huissier en cas de contestation par LRAR ;
– la désignation de la juridiction devant laquelle les contestations pourraient être portées ;
– l'indication, en cas de saisie-attribution de compte, que le titulaire du compte peut demander au tiers saisi, dans les **quinze jours** suivant la saisie-attribution, la mise à disposition d'une somme au plus égale au RSA, dans la limite du solde créditeur du compte au jour de la réception de la demande ;
– l'acte rappelle au débiteur qu'il peut autoriser par écrit le créancier à se faire remettre sans délai par le tiers saisi des sommes qui lui sont dues.

ATTENTION **Lorsque le débiteur est en procédure collective, la saisie-attribution devra être dénoncée :**
– aux organes de la procédure, lorsqu'ils sont investis d'une mission de représentation, à l'exclusion du débiteur ;
– conjointement au mandataire et au débiteur, lorsqu'il s'agit d'une mission d'assistance ;
– au seul débiteur, lorsqu'il s'agit d'une mission de surveillance.
La saisie-attribution, qui a été valablement dénoncée au débiteur saisi dans un délai de huit jours, est régulière sans qu'il soit nécessaire de renouveler la dénonciation à l'égard du liquidateur lorsque le jugement d'ouverture de la liquidation judiciaire est intervenu après l'expiration du délai de huit jours (Cass. com., 2 oct. 2012, n° 11-22.387, F-P+B : *JurisData* n° 2012-022125 ; *JCP* E 2013, 1001, Ch. Lebel ; *JCP* N 2014, 1129, J.-P. Garçon ; *RD bancaire et fin.* 2013, comm. 26, S. Piedelièvre).
Lorsque la saisie-attribution est pratiquée sur un compte joint, elle doit être dénoncée à chacun des titulaires du compte (CPC ex., art. R. 211-22).

G Paiement du tiers saisi

404 En l'absence de contestation dans le délai d'**un mois**, le tiers saisi procède au paiement de la créance sur présentation d'un certificat de non-contestation établi ou délivré par (CPC ex., art. R. 211-6) :
– l'huissier de justice qui a procédé à la saisie-attribution ;
– le greffe qui atteste qu'aucune contestation n'a été formée dans le mois qui suit la dénonciation de la saisie-attribution au débiteur.

Le paiement :
- peut intervenir avant l'expiration du délai de contestation d'un mois, si le débiteur déclare par écrit ne pas contester la saisie-attribution (CPC ex., art. R. 211-6, al. 2) ;
- peut intervenir après notification au débiteur de la décision du JEX rejetant la contestation (CPC ex., art. R. 211-12 et R. 211-13).

L'huissier (CPC ex., art. R. 211-7) :
- signifie la mainlevée de la saisie-attribution au tiers saisi et lui donne quittance ;
- informe le créancier du paiement par lettre simple.

RETOUR D'EXPÉRIENCE Il est toujours possible de réaliser une nouvelle saisie-attribution si la première s'est révélée infructueuse.
Le créancier qui n'a pas été payé par le tiers saisi conserve ses droits contre le débiteur sauf si le défaut de paiement est directement imputable à sa négligence (CPC ex., art. R. 211-8).

H Recours ou contestation

1 Contestation de la saisie-attribution

405 Les contestations sont portées devant le JEX du lieu où demeure le débiteur (V. Fiche 18 : Contester une saisie-attribution).

À peine d'irrecevabilité, la contestation doit être formée dans le délai d'**un mois** à compter de la dénonciation de la saisie-attribution au débiteur (CPC ex., art. R. 211-11).

ATTENTION **Lorsqu'une procédure de liquidation judiciaire est ouverte durant le délai d'un mois pour contester une saisie-attribution, elle interrompt le délai de contestation et un nouveau délai commence à courir à compter de la dénonciation faite au liquidateur (C. com., art. L. 641-9. – Cass. com., 19 janv. 1999, n° 96-18.256 : *JurisData* n° 1999-000202).**

À peine d'irrecevabilité, la contestation doit être dénoncée le même jour, ou au plus tard, le premier jour ouvrable suivant par LRAR à l'huissier de justice qui a procédé à la saisie-attribution (CPC ex., art. R. 211-11).

L'auteur de la contestation doit en informer le tiers saisi par lettre simple (CPC ex., art. R. 211-11, al. 2).

La contestation de la saisie-attribution devant le JEX a pour conséquence de différer le paiement, sauf si ce dernier autorise le paiement d'une somme qu'il détermine (CPC ex., art. L. 211-5).

2 Arrêt de l'exécution provisoire

406 En cas d'arrêt de l'exécution provisoire de la décision sur la base de laquelle la saisie-attribution a été réalisée, celle réalisée antérieurement à cette suspension n'est pas remise en cause (CPC, art. 524. – Cass. 2e civ., 13 juin 2002, n° 00-15.852, FS-P+B : *JurisData* n° 2002-014748 ; *Procédures* 2002, comm. 155, R. Perrot).

I Actions en nullité ou en résolution

407 L'**acte de saisie-attribution** doit comporter à peine de nullité, les mentions :
- figurant dans l'article R. 211-1 du Code des procédures civiles d'exécution ;
- et prescrites pour les actes d'huissier de justice (CPC, art. 648).

L'**acte de dénonciation** doit comporter à peine de nullité les mentions :
- figurant dans l'article R. 211-3 du Code des procédures civiles d'exécution ;
- et prescrites pour les actes d'huissier de justice (CPC, art. 648).

Une action en nullité peut être engagée devant le JEX (CPC ex., art. L. 121-1) pour omission d'une des mentions obligatoires dans les actes de saisie-attribution ou de dénonciation de la saisie (CPC ex., art. R. 211-1 et R. 211-3. – CPC, art. 648).

L'acte de saisie-attribution établi par un huissier en dehors des limites de sa compétence territoriale est entaché de nullité.

REMARQUE Une saisie-attribution dénoncée au débiteur encore à la tête de ses biens dans le délai légal de huit jours est régulière, peu importe qu'il ait été mis en redressement judiciaire par la suite (Cass. 2e civ., 8 déc. 2011, n° 10-24.420, F+P+B : *JurisData* n° 2011-027690 ; *Procédures* 2012, comm. 39, R. Perrot ; *JCP* G 2012, 207, L. Lauvergnat ; *RD bancaire et fin.* 2012, comm. 63, S. Piedelièvre).
La saisie-attribution réalisée à compter de la date de cessation des paiements du débiteur et en connaissance de celle-ci pourra être annulée (C. com., art. L. 632-2).

J Débriefing client

408 Attirer l'attention du client sur le fait que le débiteur qui n'a pas contesté la saisie-

attribution dans le délai d'**un mois** peut également agir en répétition de l'indu (CPC ex., art. L. 211-4, al. 3).

CHECK-LIST **Vérifier :**
– la solvabilité du débiteur ;
– l'existence d'un titre exécutoire constatant une créance liquide et exigible ;
– l'absence de procédure collective ouverte à l'encontre du débiteur ;
– la compétence territoriale de l'huissier en charge de la signification du procès-verbal de saisie-attribution et de l'acte de dénonciation.

POUR ALLER PLUS LOIN...

Fiches pratiques
- V. Fiche 18 : Contester une saisie-attribution.
- V. Fiche 16 : Saisir les créances.
- V. Fiche 20 : Saisir les rémunérations du débiteur.

Fascicules JurisClasseur
- *JCl. Banque – Crédit – Bourse*, Fasc. 260.
- *JCl. Encyclopédie des Huissiers de Justice*, V° *Saisie-attribution*, Fasc. 10.
- *JCl. Procédure civile*, Fasc. 1600-5 (généralités).
- *JCl. Procédure civile*, Fasc. 1600-10 (cause de la saisie).
- *JCl. Procédure civile*, Fasc. 1600-15 (objet de la saisie).
- *JCl. Procédure civile*, Fasc. 1600-20 (acte de saisie et dénonciation).
- *JCl. Procédure civile*, Fasc. 1600-25 (paiement).
- *JCl. Procédures Formulaire*, V° *Saisie-attribution*, Fasc. 20.
- *JCl. Procédures Formulaire*, V° *Saisie-attribution*, Fasc. 40.

Revues
- G. Berthelot, *Caducité de la saisie-attribution pratiquée par un créancier entre les mains d'un tiers, en l'absence de dénonciation de cette dernière au liquidateur : Rev. proc. coll.* 2010, comm. 82.
- G. Blanc, *Saisie-attribution effectuée au cours de la période suspecte : Rev. proc. coll.* 2011, comm. 139.
- O. Dunaud, *Appréciations de la réforme du droit du surendettement : le point de vue de l'huissier de justice : RD bancaire et fin.* 2011, dossier 37.
- J.-P. Garçon, *Les accessoires transférés par une saisie-attribution ne comprennent pas les garanties : JCP* N 2011, 1272.
- L. Lauvergnat, *Le solde bancaire insaisissable : mythe ou réalité ? : JCP* G 2010, 1161.
- G. Mégret, *La saisie-attribution n'emporte pas transfert des sûretés attachées à la créance saisie : JCP* E 2011, 1437.
- S. Piedelièvre, *Mise à disposition et RSA : RD bancaire et fin.* 2010, comm. 70 ; *Le tiers saisi n'a pas qualité pour se prévaloir de l'absence de dénonciation de la saisie-attribution au liquidateur du débiteur saisi : Act. proc. coll.* 2008, alerte 215 ; *Concours de saisie et conversion en saisie-attribution : RD bancaire et fin.* 2006, comm. 140 ; *Dr. fisc.* 1998, instr. 12012.

Fiche 18
Contester une saisie-attribution

Coline WARIN

Sommaire

I Aperçu rapide ... 179
A Caractéristiques générales ... 179
B Conditions d'utilisation ... 180
1 Contestation par le débiteur ... 180
2 Contestation par le créancier ... 180
3 Contestation par le tiers saisi ... 181
C Avis du professionnel ... 181
D Textes ... 181
1 Textes codifiés ... 181
2 Règlement européen ... 181
E Schéma procédural ... 181
II Préparation ... 182
A Informations préalables ... 182
B Contrôles préalables ... 182
C Pièces nécessaires ... 182
D Coût de la procédure ... 182
III Procédure ... 182
A Assistance et représentation ... 182
B Compétence ... 182
C Rédaction et notification de l'acte de saisine ... 183
1 Forme ... 183
2 Contenu ... 183
3 Notification ... 183
D Audience ... 183
E Décision ... 183
F Fin de la procédure ... 184
1 Rejet de la contestation ... 184
2 Acceptation de la contestation ... 184
G Recours ou contestation ... 184
1 Appel ... 184
2 Sursis à exécution ... 184

I Aperçu rapide

A Caractéristiques générales

409 Les contestations relatives au fond et à la forme de la saisie-attribution sont portées devant le juge de l'exécution (COJ, art. L. 213-6, al. 1er).
Si sa contestation est fondée, le débiteur peut demander :
– la restitution des sommes indûment perçues ;
– des dommages et intérêts.

RETOUR D'EXPÉRIENCE Un débiteur peut contester une saisie-attribution réalisée à tort, même si aucune somme n'a été saisie, sur le fondement de l'atteinte portée à son image et à son crédit (CA Paris, ch. 8, sect. B, 14 mai 1998, n° 98/02648 : *JurisData* n° 1998-021656).

En principe, la contestation a pour effet de différer le paiement des sommes saisies (CPC ex., art. L. 211-5).
En cas de contestation d'une saisie-attribution à exécution successive, le tiers saisi doit s'acquitter du paiement des créances entre les mains d'un séquestre (CPC ex., art. R. 211-16, al. 1).

B Conditions d'utilisation

410 **Sur la forme :**

– **à peine d'irrecevabilité**, la contestation doit (CPC ex., art. L. 211-4, al. 1 et art. R. 211-11, al. 1) :
• être formée dans le délai d'**un mois** à compter de la dénonciation de la saisie-attribution au débiteur,
• être signifiée au créancier dans le même délai,
• être dénoncée à l'huissier de justice instrumentaire le jour même, ou au plus tard, le premier jour ouvrable suivant sa formation par LRAR,
• être dénoncée au tiers saisi par lettre simple ;
– **à peine de caducité** de l'assignation portant contestation, une copie doit en être remise au greffe du juge de l'exécution au plus tard le jour de l'audience (CPC ex., art. R. 211-11, al. 2, *in fine*).

ATTENTION **Lorsqu'une procédure de liquidation judiciaire est ouverte durant le délai d'un mois pour contester une saisie-attribution, elle interrompt le délai de contestation et un nouveau délai commence à courir à compter de la dénonciation de la saisie-attribution au liquidateur (C. com., art. L. 641-9. – Cass. com., 19 janv. 1999, n° 96-18.256 : *JurisData* n° 1999-000202).**

1 Contestation par le débiteur

411 Le débiteur peut demander la mainlevée de la saisie-attribution (CPC ex., art. L. 121-2) en arguant notamment de :
– l'absence de caractère exécutoire du titre (CPC ex., art. L. 111-3 et L. 211-1) ;

EXEMPLE Lorsque le caractère exécutoire du titre est expressément subordonné à l'accomplissement d'une condition (Cass. com., 6 juin 2001, n° 99-13.753 : *JurisData* n° 2001-010147 ; *RD bancaire et fin.* 2001, comm. 197, J.-M. Delleci).

– la nullité de l'acte de saisie-attribution pour violation des règles relatives aux mentions obligatoires (CPC ex., art. R. 211-1. – CPC, art. 648. – V. Fiche 17 : Mettre en œuvre une saisie-attribution) ;

EXEMPLE • Nullité de forme pour absence de précision de l'identité de l'huissier lorsqu'il appartient à une société civile professionnelle ; étant précisé que la nullité ne sera prononcée que s'il en résulte un grief (Cass. 2e civ., 7 nov. 2002, n° 01-00.379, FS-P+B : *JurisData* n° 2002-016234).
• Nullité de forme pour absence de décompte distinct en principal, frais et intérêts, lorsqu'un acte de saisie-attribution est délivré sur le fondement de plusieurs titres exécutoires (Cass. 2e civ., 23 févr. 2017, n° 16-10.338 : *JurisData* n° 2017-002816 ; *JCP* G 2017, 299, S. Dorol ; *RD bancaire et fin.* 2017, comm. 88, S. Piedelièvre ; *D.* 2017, p. 518).

– la nullité de l'acte de dénonciation pour violation des règles relatives aux mentions obligatoires (CPC ex., art. R. 211-3, al. 2. – V. Fiche 17 : Mettre en œuvre une saisie-attribution) ;
– la caducité de la saisie-attribution pour violation des règles relatives à la procédure de saisie-attribution (CPC ex., art. R. 211-3, al. 1) ;
– la nullité de l'acte de saisie-attribution pour incompétence de l'huissier instrumentaire (D. n° 56-222, 29 févr. 56, art. 5) ;
– la violation de l'article L. 112-2 du Code des procédures civiles d'exécution qui dispose que ne peuvent être saisies les provisions, sommes et pensions à caractère alimentaire et définit toutes les catégories de biens non saisissables ;
– l'absence de caractères personnel, certain, liquide et exigible de la créance, cause de la saisie-attribution (CPC ex., art. L. 211-1) ;

EXEMPLE Le juge peut prononcer la mainlevée d'une saisie-attribution en constatant la prescription de la créance (Cass. 2e civ., 19 oct. 2000, n° 98-17.687, FS-P+B : *JurisData* n° 2000-006303).

– la réalisation de la saisie-attribution à compter de la date de cessation des paiements du débiteur et en connaissance de celle-ci (C. com., art. L. 632-2) ;
– la réalisation de la saisie-attribution par une société mise en redressement judiciaire, sans l'assistance de l'administrateur judiciaire (C. com., art. L. 631-12. – CPC ex., art. L. 111-9).

EXEMPLE Le juge peut prononcer la nullité de la saisie-attribution effectuée par une société mise en redressement judiciaire, qui a été réalisée sans l'assistance de l'administrateur judiciaire, alors que ce dernier était investi d'une mission d'assistance sans restriction, dont les actes d'administration, en ce compris les saisies-attributions (Cass. com., 31 mai 2016, n° 14-28.056, F-P+B : *JurisData* n° 2016-010692 ; *RD bancaire et fin.* 2016, comm. 210, S. Piedelièvre).

2 Contestation par le créancier

412 • **Contestation relative à la somme :** Le créancier peut contester le montant de la créance saisie.

EXEMPLE Lorsque la saisie-attribution est pratiquée entre les mains d'un établissement bancaire, le créancier peut contester les modalités d'apurement des opérations en cours (CPC ex., art. L. 162-1).

• **Délai pour élever contestation**
Le créancier a **un mois** à compter de la dénonciation de la saisie-attribution au débiteur pour former une contestation relative à la mesure de saisie (CPC ex., art. R. 211-11).

ATTENTION **Ce délai d'un mois ne s'applique pas au créancier qui entend former une contestation sur la sincérité de la déclaration du tiers saisi concernant les sommes qu'il détient pour le compte du débiteur (Cass. 2e civ., 11 mars 1999, n° 96-22.813 : *JurisData* n° 1999-001099).**

3 Contestation par le tiers saisi

413 Le tiers peut contester la procédure de saisie et refuser le paiement des sommes qu'il a reconnu devoir ou dont il a été jugé débiteur mais le juge de l'exécution peut délivrer un titre exécutoire contre lui (CPC ex., art. R. 211-9).

REMARQUE Le délai d'un mois pour élever une contestation relative à la saisie-attribution prévue aux articles R. 211-10 et R. 211-11 du Code des procédures civiles d'exécution ne court pas à l'encontre du tiers saisi (Cass. 2e civ., 4 oct. 2001, n° 99-11.574 : *JurisData* n° 2001-011191 ; *RD bancaire et fin.* 2002, comm. 25, J.-M. Delleci).

C Avis du professionnel

414 • Faire attention aux délais à respecter pour que la contestation soit recevable (CPC ex., art. R. 211-11, al. 1) :
– l'assignation doit être signifiée dans **le mois** à compter de la dénonciation de la saisie-attribution au débiteur ;
– la contestation doit être dénoncée à l'huissier instrumentaire **le jour même,** ou, au plus tard, le premier jour ouvrable suivant l'assignation.
Une assignation qui n'aurait pas été signifiée dans les délais pourrait avoir pour le client des conséquences financières dramatiques, même si la voie de la répétition de l'indu reste ouverte (CPC ex., art. L. 211-4, al. 3).

• Vérifier si la nullité à soulever est une nullité de forme ou de fond. La nullité de forme est subordonnée à la justification d'un grief (CPC, art. 114).

D Textes

1 Textes codifiés

- CPC, art. 30 à 32.
- CPC, art. 112 à 122.
- CPC, art. 446-1.
- CPC, art. 649.
- COJ, art. L. 213-6.
- CPC ex., art. R. 121-1 à R. 121-4.
- CPC ex., art. L. 211-1 et R. 211-1 à R. 211-3.
- CPC ex., art. R. 211-11 à R. 211-13.

2 Règlement européen

- Règl. (CE) n° 44/2001, 22 déc. 2000, concernant la compétence judiciaire, la reconnaissance et l'exécution des décisions en matière civile et commerciale.

E Schéma procédural

415 • Signification de la saisie-attribution au tiers saisi (par acte d'huissier).
• Dénonciation de la saisie-attribution au débiteur (par acte d'huissier).
• Signification de l'assignation en contestation dans le mois à compter de la dénonciation de la saisie-attribution (par acte d'huissier).
• Dénonciation de la contestation à l'huissier instrumentaire le jour ou au plus tard, le premier jour ouvrable suivant la signification de l'assignation (par LRAR).
• Envoi d'un courrier au tiers saisi pour l'informer de la contestation (par lettre simple).
• Enrôlement du second original de l'assignation auprès du secrétariat du greffe du tribunal de grande instance (avant l'audience).
• Audience :
– les parties ont la faculté de se faire assister ou représenter ;
– une seule audience en principe (à condition que l'affaire soit en état d'être plaidée) ;
– audience publique.
• Décision rejetant la contestation ou ordonnant la mainlevée totale ou partielle de la saisie-attribution.
• Notification de la décision aux parties par le secrétariat du greffe du tribunal de grande instance (par LRAR).
• Envoi d'une copie de la décision aux parties et à l'huissier instrumentaire (par lettre simple).
• Éventuellement : signification de la décision par la partie intéressée (par acte d'huissier).

• Paiement par le tiers saisi ou mainlevée de la saisie-attribution (sur présentation de la décision).
• Appel dans les **quinze jours** de la notification (non suspensif).
• Cassation (dans les **deux mois** à compter de la signification de l'arrêt d'appel).

II Préparation

A Informations préalables

416 • Rappeler au client :
– que la contestation ne portera pas sur le fond du litige (Cass., avis, 16 juin 1995, n° 09-50.008 : *Bull. civ.* 1995, avis, n° 9) ;
– qu'il ne s'agit pas de rejuger le bien-fondé de l'obligation sur la base de laquelle la saisie-attribution a été réalisée.
• Avertir le client qu'en cas d'arrêt de l'exécution provisoire de la décision sur la base de laquelle la saisie-attribution a été réalisée, les effets des actes d'exécution accomplis ou les paiements effectués ne seront pas remis en cause (Cass. 2e civ., 13 juin 2002, n° 00-15.852 : *JurisData* n° 2002-014748 ; *Procédures* 2002, comm. 155, R. Perrot).

B Contrôles préalables

417 Une procédure en contestation de saisie-attribution ne peut être engagée que si la saisie-attribution a été signifiée au tiers saisi (CPC ex., art. R. 211-1).

C Pièces nécessaires

418 • Acte de signification de la saisie-attribution au tiers saisi.
• Acte de dénonciation de la saisie-attribution au débiteur.
• Preuve de l'irrégularité de la saisie-attribution.

D Coût de la procédure

419 Le coût de la signification d'une assignation par huissier est variable en fonction du montant de l'obligation pécuniaire (en moyenne 60 €). Dans Paris et sa périphérie, il conviendra pour enrôler l'affaire d'apposer un timbre BRA sur l'assignation.
Si les parties désirent recourir aux services d'un avocat, le coût de la procédure sera constitué des honoraires d'avocat, qui sont libres (L. n° 71-1130, 31 déc. 1971, art. 10).

III Procédure

A Assistance et représentation

420 Les parties peuvent se faire assister ou représenter (CPC ex., art. R. 121-6 et R. 121-7).

B Compétence

421 Compétence exclusive du JEX (COJ, art. L. 213-6, al. 1er).
Le JEX territorialement compétent est celui du lieu où demeure le débiteur ou celui du lieu d'exécution de la mesure (CPC ex., art. R. 121-2).

ATTENTION • En cas de pluralité de saisies, les contestations d'une saisie-attribution sont portées devant le JEX du lieu où demeure chacun des débiteurs (Cass. 2e civ., 4 juill. 2007, n° 06-13.840, F-P+B : *JurisData* n° 2007-040121 ; *Procédures* 2007, comm. 251, R. Perrot).
• Le juge compétent est celui du lieu d'exécution de la mesure (CPC ex., art. R. 121-2, al. 2) :
– si le débiteur demeure à l'étranger,
– ou si le lieu où il demeure est inconnu.

C Rédaction et notification de l'acte de saisine

1 Forme

422 La demande doit prendre la forme d'une assignation (CPC ex., art. R. 121-11, al. 1er. – V. Fiche 1 : Saisir le juge de l'exécution). À peine de nullité, l'assignation doit reproduire les dispositions des articles R. 121-6 à R. 121-10 du Code des procédures civiles d'exécution traitant des possibilités de représentation des parties ainsi que de la tenue des débats (CPC ex., art. R. 121-11, al. 2 et art. R. 121-6 à R. 121-10).

RETOUR D'EXPÉRIENCE Prendre une date d'audience auprès du greffe du tribunal de grande instance.

2 Contenu

423 Exposer les raisons pour lesquelles la saisie-attribution est contestable.

ATTENTION **La Cour de cassation refuse que le JEX accorde des délais de grâce en matière de saisie-attribution, celle-ci ayant pour effet de transférer la propriété des fonds au créancier saisissant (Cass. 2e civ., 4 oct. 2001, n° 00-11.609, FS-P+B : *JurisData* n° 2001-011130 ; *RD bancaire et fin.* 2002, comm. 22, J.-M. Delleci. – CPC ex., art. R. 121-1, al. 2).**

3 Notification

424 À peine d'irrecevabilité, l'assignation en contestation doit être signifiée par l'auteur de la contestation (CPC ex., art. L. 211-4 et R. 211-11) :
– aux autres parties concernées dans le délai d'**un mois** à compter de la dénonciation de la saisie au débiteur ;
– le même jour, ou au plus tard, le premier jour ouvrable suivant à l'huissier de justice instrumentaire par LRAR.

ATTENTION **En l'absence de dispositions imposant un mode de preuve spécifique, la preuve de l'expédition d'une LRAR ne résulte pas exclusivement de la production d'un récépissé délivré à l'expéditeur des services postaux. La production d'une liste des LRAR envoyées le même jour que la LRAR litigieuse, avec les numéros de recommandé attribués par La Poste, peut suffire à prouver l'envoi d'une LRAR (Cass. 2e civ., 7 déc. 2017, n° 16-15.935 : *JurisData* n° 2017-024777 ; *Procédures* 2018, comm. 41, L. Raschel ; *RD bancaire et fin.* 2018, comm. 15, S. Piedelièvre).**

D Audience

425 L'audience est publique.
Les parties :
– comparaissent en personne ou par l'intermédiaire de leur représentant (CPC ex., art. R. 121-6 et R. 121-7) ;
– peuvent, après une première audience au cours de laquelle elles ont comparu en personne, demander au juge (CPC ex., art. R. 121-9 et R. 121-10) :
• d'utiliser l'écrit,
• et de ne pas se présenter aux audiences ultérieures (CPC, art. 446-1, al. 2).

E Décision

426 La décision du JEX a autorité de force jugée et est exécutoire sur minute.
Le JEX peut rendre une décision avant dire droit par laquelle il donne effet à la saisie-attribution pour la fraction non sérieusement contestable de la dette.
Cette décision (CPC ex., art. R. 211-12, al. 2 et 3) :
– n'a pas autorité de la chose jugée au principal ;
– est exécutoire sur minute.
La décision du JEX est notifiée aux parties par le secrétariat du greffe du tribunal de grande instance par LRAR (CPC ex., art. R. 121-15, al. 1).
Une copie de la décision est envoyée le même jour par lettre simple aux parties et à l'huissier de justice (CPC ex., art. R. 121-15, al. 1).
Si la lettre de notification n'a pas pu être remise à son destinataire, le greffier en informe les parties qui procèdent par voie de signification (CPC ex., art. R. 121-15. – CPC, art. 651, al. 2).

RETOUR D'EXPÉRIENCE Le greffe conserve la lettre de notification de la LRAR. Le praticien devra donc contacter le greffe, afin qu'il vérifie que la lettre de notification a bien été remise à son destinataire.
Devant certaines juridictions, le délai d'attente pour obtenir la copie de la lettre de notification peut être long. Il peut donc être préférable de faire signifier la décision par huissier, afin d'obtenir un déblocage rapide des fonds.

F Fin de la procédure

1 Rejet de la contestation

427 Si le JEX rejette la contestation, la saisie-attribution est validée. Le tiers saisi paye le saisissant sur présentation de la décision rejetant la contestation (CPC ex., art. R. 211-13).

2 Acceptation de la contestation

428 Si le JEX reconnaît le bien-fondé de la contestation, il ordonne la mainlevée de la saisie-attribution et statue sur les frais de la mesure d'exécution. Le tiers saisi paye le débiteur sur présentation de la décision reconnaissant le bien-fondé de la contestation (CPC ex., art. R. 121-18).

G Recours ou contestation

1 Appel

429 La décision du JEX peut être frappée d'appel (CPC ex., art. R. 121-19).

Le délai d'appel est de **quinze jours** à compter de la notification de la décision (CPC ex., art. R. 121-20, al. 1er), c'est-à-dire à compter de (CPC ex., art. R. 121-15) :

– la date de la réception de la lettre recommandée avec avis de réception portant notification de la décision ;

– la date de la signification de la décision par huissier ;

– la date du prononcé du jugement lorsque chacune des parties a déclaré renoncer à ce que la décision leur soit notifiée.

L'appel est formé, instruit et jugé selon les règles applicables à la procédure prévue à l'article 905 du CPC ou à jour fixe (CPC ex., art. R. 121-20, al. 2).

La cour d'appel statue à bref délai (CPC ex., art. R. 121-20, al. 3).

> ATTENTION **Aucun des recours contre les décisions du JEX n'est suspensif (CPC ex., art. R. 121-21).**

2 Sursis à exécution

430 Il est possible de demander au premier président de la cour d'appel le sursis à exécution de la décision du JEX (CPC ex., art. R. 121-22).

La demande est formée par assignation en référé délivrée à la partie adverse et dénoncée au tiers entre les mains de qui la saisie-attribution a été pratiquée.

> ATTENTION **Le sursis à exécution n'est accordé que s'il existe des moyens sérieux d'annulation ou de réformation de la décision déférée à la cour (CPC ex., art. R. 121-22, al. 3).**

> CHECK-LIST
> - **Acte de signification de la saisie-attribution au tiers saisi.**
> - **Acte de dénonciation de la saisie-attribution au débiteur.**
> - **Prise de date auprès du secrétariat du greffe du tribunal de grande instance.**
> - **Signification de l'assignation au saisissant dans le mois à compter de la dénonciation de la saisie-attribution (par acte d'huissier).**
> - **Dénonciation de la contestation à l'huissier de justice qui a procédé à la saisie-attribution le jour ou au plus tard, le premier jour ouvrable suivant la signification de l'assignation (par LRAR).**
> - **Envoi d'un courrier au tiers saisi pour l'informer de la contestation (par lettre simple).**
> - **Timbre BRA.**
> - **Enrôlement du second original de l'assignation auprès du secrétariat du greffe du tribunal de grande instance (avant l'audience).**

POUR ALLER PLUS LOIN...

Fiche pratique

- V. Fiche 17 : Mettre en œuvre une saisie-attribution.

Fascicules JurisClasseur

- *JCl. Encyclopédie des Huissiers de Justice*, V° *Saisie-attribution*, Fasc. 20.
- *JCl. Procédure civile*, Fasc. 1600-40 (saisie-attributions – contestations).
- *JCl. Procédures Formulaire*, V° *Saisie-attribution*, Fasc. 10.
- *JCl. Procédures Formulaire*, V° *Saisie-attribution*, Fasc. 20.
- *JCl. Procédures Formulaire*, V° *Saisie-attribution*, Fasc. 40.
- *JCl. Voies d'exécution*, Fasc. 670.

Revues

• G. Berthelot, *Caducité de la saisie-attribution pratiquée par un créancier entre les mains d'un tiers, en l'absence de dénonciation de cette dernière au liquidateur : Rev. proc. coll.* 2010, comm. 82.

• G. Blanc, *Saisie-attribution effectuée au cours de la période suspecte : Rev. proc. coll.* 2011, comm. 139 ; *Conditions d'annulation d'une saisie-attribution pratiquée en période suspecte : apports de l'ordonnance du 18 décembre 2008 : Rev. proc. coll.* 2009, comm. 86.

• C. Bourdaire, *Mainlevée de la saisie-attribution pratiquée sur le compte joint des époux communs en biens : JCP* G 2002, II, 10080 ; *Quels sont les moyens légaux permettant au débiteur, victime d'une saisie-attribution, d'obtenir un déblocage partiel des fonds devenus indisponibles ? : JCP* G 1999, II, 10095.

• H. Croze, *Conditions dans lesquelles un banquier tiers saisi, victime de menaces et de violences, peut être exonéré de ses obligations légales en matière de saisie-attribution : JCP* G 1999, II, 10095 ; *La responsabilité du tiers saisi peut-elle être engagée bien que la saisie-attribution soit caduque pour défaut de dénonciation dans les huit jours ? : JCP* E 1999, p. 282.

• H. Croze et Ch. Laporte, *Décret n° 2010-1165 du 1er octobre 2010 relatif à la conciliation et à la procédure orale en matière civile, commerciale et sociale : modification des pratiques procédurales devant les différentes juridictions : Procédures* 2011, étude 2.

• S. Piedelièvre, *Saisie-attribution et contestation : RD bancaire et fin.* 2008, comm. 47 ; *Saisie-attribution et caducité : RD bancaire et fin.* 2007, comm. 76.

• C. Tirvaudey, *Nature et prescription de l'action en condamnation du tiers saisi pour manquement à son obligation de renseignement : JCP* G 2018, 978.

Fiche 19
Saisir les comptes bancaires

Ludovic LAUVERGNAT

Sommaire

I Aperçu rapide ... 187
A Éléments clés ... 187
B Textes ... 188
II Préparation ... 188
A Informations préalables ... 188
B Inventaire des solutions et éléments de décision ... 189
III Mise en œuvre ... 190
A Absence de titre exécutoire ... 190
B Existence d'un titre exécutoire ... 190
C Obligation déclarative du banquier ... 191
D Dénonciation de la saisie-attribution ... 191
1 Acte de dénonciation ... 191
2 Dénonciation d'une saisie portant sur un compte joint ... 191
E Régularisation des opérations en cours ... 192
F Effets de la saisie ... 193

I
Aperçu rapide

A Éléments clés

431 La saisie des comptes bancaires est un abus de langage. Il peut être saisi soit les créances de somme d'argent (comptes espèces : compte courant, livret, etc.), soit les valeurs mobilières inscrites en compte (compte de titres : PEA, etc.).
La saisie des comptes bancaires est la mesure la plus usitée, compte tenu de l'importance des comptes bancaires.
L'efficacité de cette saisie dépend de la solvabilité du débiteur.
Dans certaines situations, la saisie des comptes bancaires peut être un préalable obligatoire à la saisie.

EXEMPLE C'est le cas pour la saisie dans un local servant d'habitation au débiteur pour une créance autre qu'alimentaire (CPC ex., art. L. 221-2).

Il n'est pas indispensable de posséder les références bancaires du débiteur pour solliciter de l'huissier de justice une saisie des comptes bancaires.
La saisie des comptes bancaires entraîne l'indisponibilité de tous les comptes du débiteur saisi pour une durée d'au moins quinze jours.
Le résultat final de la saisie des comptes bancaires peut ne pas être identique au solde déclaré par le banquier (insaisissabilité, report d'insaisissabilité, régularisation des écritures, etc.).
La saisie des comptes bancaires a un coût non négligeable qui doit entrer en ligne de compte lors de la prise de décision.
Le coût d'une procédure dépend du montant de la créance.
C'est sous l'angle des saisies de créances de sommes d'argent (saisie-attribution, saisie conservatoire, etc.) que le Code des procédures civiles

d'exécution envisage la saisie des comptes bancaires.
Des règles générales s'appliquent à la matière sous réserve de certaines règles spécifiques (CPC ex., art. R. 211-18).
Les textes prennent acte du particularisme du domaine : aussi bien l'assiette de la mesure que sa mise en œuvre s'en trouvent modifiées.

B Textes

- CPC ex., art. L. 162-1 et L. 162-2.
- CPC ex., art. L. 211-1 à L. 211-5.
- CPC ex., art. R. 162-1 à R. 162-9.
- CPC ex., art. R. 211-18 à R. 211-23.

II
Préparation

A Informations préalables

432 Au préalable, vérifier que le client détient un titre exécutoire constatant une créance certaine, liquide et exigible (dans l'hypothèse d'une saisie-attribution).
Seuls constituent des titres exécutoires (CPC ex., art. L. 111-3) :
– les décisions de justice ;
– les actes et jugements étrangers ou sentences arbitrales déclarés exécutoires ;
– les extraits de procès-verbaux de conciliation signés par le juge et les parties ;
– les actes notariés revêtus de la formule exécutoire ;
– les accords par lesquels les époux consentent mutuellement à leur divorce par acte sous signature privée contresignée par avocats, déposés au rang des minutes d'un notaire selon les modalités prévues à l'article 229-1 du Code civil ;
– le titre délivré par l'huissier de justice en cas de non-paiement d'un chèque ou en cas d'accord entre le créancier et le débiteur dans les conditions prévues à l'article L. 125-1 du Code des procédures civiles d'exécution ;
– les titres délivrés par les personnes morales de droit public.

EXEMPLE Trésor public, université.

ATTENTION En raison de la qualité du créancier, certaines subtilités peuvent apparaître. Ainsi, par exemple, le Fonds de garantie des victimes des actes de terrorisme et d'autres infractions (FGTI), subrogé dans les droits de la victime, peut parfaitement mettre en place une saisie-attribution sur le fondement de la décision rendue sur intérêts civils (Cass. 2e civ., 1er mars 2018, n° 16-20.603 : *JurisData* n° 2018-002702 ; *Procédures* 2018, comm. 140, L. Raschel).

Veiller à ce que ces titres aient été signifiés au débiteur.
Il se peut qu'une saisie conservatoire de créances sur compte bancaire soit engagée. Dans ce cas, veiller à être en possession du titre permettant de délivrer la mesure d'exécution. Veiller à ce que les conditions générales du recours aux mesures conservatoires, notamment la menace dans le recouvrement, soient réunies. Interroger le client sur la solvabilité du débiteur. Il est inutile d'engager une procédure coûteuse, qui n'aboutirait pas, en l'absence de fonds suffisants ou lorsque le débiteur est en cessation des paiements.
Le créancier doit être en possession d'un décompte des sommes réclamées en principal, frais et intérêts échus.
Recueillir du client les références bancaires du débiteur poursuivi ainsi que l'état civil de ce dernier afin d'éviter toute homonymie.
À défaut, l'huissier de justice chargé de l'exécution peut requérir de l'administration fiscale les références bancaires du débiteur (CPC ex., art. L. 152-1).

**CONSEIL En pratique, l'huissier de justice adresse directement sa demande d'information aux services FICOBA par l'intermédiaire d'une clé sécurisée.
À défaut d'information sur les références bancaires, il faut fournir à l'huissier de justice tous les éléments dont dispose le client sur son débiteur.
Une réponse de FICOBA ne sera apportée à l'huissier de justice qu'à condition**

que la demande fasse apparaître, et ce pour éviter les risques d'homonymie, *a minima* :
– les date et lieu de naissance ;
– ou le numéro de sécurité sociale du débiteur personne physique ;
– ou le numéro RCS pour le débiteur personne morale.

L'huissier de justice chargé de l'exécution peut également obtenir directement des établissements habilités à tenir des comptes de dépôt, les informations suivantes :
– si un ou plusieurs comptes, comptes joints ou fusionnés sont ouverts au nom du débiteur ;
– les lieux où sont tenus ces comptes (CPC ex., art. L. 152-2).

ATTENTION **À ce stade, les établissements bancaires sont exclusivement tenus de communiquer les références des comptes appartenant aux débiteurs. Il faudra attendre la saisie pour obtenir des informations sur le solde des comptes.**

ATTENTION **Ces informations ne peuvent être requises que sur le fondement d'un titre exécutoire, ce qui posera difficulté lorsque le créancier souhaite engager une saisie conservatoire de créances sur le fondement d'un titre à force conservatoire uniquement (Cass. 2e civ., 16 mars 2017, n° 16-11.314 : *JurisData* n° 2017-004641 ; *JCP* G 2017, 368, S. Dorol ; *Procédures* 2017, comm. 124, L. Raschel ; *Gaz. Pal.* 25 juill. 2017, p. 53, L. Lauvergnat ; *RTD civ.* 2017, p. 729, N. Cayrol).**

(V. Fiche 17 : Mettre en œuvre une saisie-attribution. – V. Fiche 16 : Saisir les créances. – V. Fiche 13 : Saisir les meubles à titre conservatoire).

B Inventaire des solutions et éléments de décision

433 Au vu des informations transmises ou obtenues, le praticien mettra en œuvre la mesure d'exécution bancaire.
La saisie-attribution ou conservatoire peut porter sur les créances inscrites en compte courant ou en compte d'épargne (livret A, LDD, PEL, etc.), que les comptes soient joints ou non.

S'il existe une convention de fusion entre différents comptes, elle ne sera opposable au saisissant que pour autant qu'elle soit déclarée par la banque au moment de la saisie.

ATTENTION **En cas de saisie d'un compte joint alimenté par les gains et salaires du conjoint du débiteur commun en biens, une mise à disposition, au choix, d'une somme équivalente au montant des gains et salaires versés au cours du mois précédant la saisie ou au montant moyen mensuel des gains et salaires versés dans les douze mois précédant la mesure, peut être demandée par le conjoint.**

ATTENTION **Le découvert échappe aux mesures d'exécution, de même que les fonds versés sur un contrat d'assurance-vie non dénoué.**

Compte tenu du coût de la procédure, agir avec circonspection en gardant à l'esprit que, lorsque le saisi est une personne physique, la saisie n'empêche pas la mise à disposition au débiteur ou à son conjoint des sommes insaisissables, en particulier le montant du revenu de solidarité active (CPC ex., art. L. 162-2), peu importe ici que les fonds saisis soient placés sur un compte d'épargne.
Indiquer au client que le résultat de la saisie des comptes bancaires ne sera pas forcément identique au solde déclaré par le banquier (insaisissabilité, report d'insaisissabilité, régularisation des écritures, etc.).

CONSEIL **Exposer au client qu'en cas de saisie de compte, une somme à caractère alimentaire d'un montant égal au revenu de solidarité active pour un allocataire seul, dans la limite du solde créditeur du ou des comptes au jour de la saisie, est mise automatiquement à disposition du saisi personne physique. Préciser également que toutes les sommes versées en compte ne sont pas saisissables par le biais des saisies bancaires.**

La saisie bancaire peut être remise en cause en cas d'ouverture d'une procédure collective par le jeu des nullités de la période suspecte (C. com., art. L. 632-1, pour la saisie conservatoire. – C. com., art. L. 632-2, pour la saisie-attribution).

Une saisie-attribution sur les comptes bancaires ouverts par un syndic de copropriété pour le compte d'un syndicat est tout à fait possible par les créanciers personnels du syndic, pour le cas où ce dernier ne pourrait rapporter la preuve d'une affectation spéciale des fonds à la seule copropriété (Cass. 2e civ., 15 mai 2014, nos 13-13.878 et 13-13.879 : *JurisData* n° 2014-009880 ; *RD bancaire et fin.* 2014, comm. 142, S. Piedelièvre. – V. aussi s'agissant d'un promoteur immobilier, Cass. 2e civ., 9 avr. 2015, n° 12-22.467 : *JurisData* n° 2015-010288 ; *Procédures* 2015, comm. 185, L. Raschel).

III

Mise en œuvre

A Absence de titre exécutoire

434 En l'absence de titre exécutoire, une saisie conservatoire des créances peut être engagée.
Les conditions des articles L. 511-1 et suivants du Code des procédures civiles d'exécution doivent être respectées.
L'autorisation de pratiquer une mesure conservatoire peut être donnée par le juge de l'exécution ou le président du tribunal de commerce (CPC ex., art. L. 511-3).
Une telle autorisation n'est pas nécessaire lorsque le créancier est déjà en possession (CPC ex., art. L. 511-2) :
– d'un titre exécutoire ;
– d'une décision de justice qui n'a pas encore force exécutoire ;
– d'une lettre de change acceptée impayée ;
– d'un billet à ordre ;
– d'un chèque ;
– d'un loyer impayé résultant d'un contrat écrit de louage d'immeubles.

ATTENTION **L'interrogation des services FICOBA aux fins d'identification des comptes en banque du débiteur n'est ouverte au créancier qu'en possession d'un titre exécutoire (Cass. 2e civ., 16 mars 2017, n° 16-11.314 : *JurisData* n° 2017-004641. – V. *supra*, n° 432, « Informations préalables » : « Les administrations, les entreprises concédées ou contrôlées par l'État, les régions, les départements, les communes, les établissements publics ou les organismes contrôlés par l'autorité administrative et les établissements habilités par la loi à tenir des comptes de dépôt doivent communiquer à l'huissier de justice chargé de l'exécution, dès lors qu'il est porteur d'un titre exécutoire constatant une créance liquide et exigible, les renseignements qu'ils détiennent, permettant de déterminer l'adresse des organismes auprès desquels un compte est ouvert au nom du débiteur »).**

B Existence d'un titre exécutoire

435 L'huissier de justice en charge de la saisie et muni d'un titre exécutoire signifie au tiers un procès-verbal de saisie des sommes déposées en compte.
Le procès-verbal de saisie est signifié selon les règles de droit commun (V. Fiche 17 : Mettre en œuvre une saisie-attribution).
L'huissier de justice rappellera à la banque (CPC ex., art. R. 211-19) :
– son obligation d'indiquer la nature du ou des comptes du débiteur ainsi que leur solde au jour de la saisie ;
– que l'acte de saisie rend indisponible l'ensemble des comptes du débiteur qui représentent des créances de sommes d'argent.

ATTENTION **La saisie doit être délivrée soit :**
– au siège social de la banque ;
– auprès de la succursale qui tient les comptes du débiteur saisi.
L'huissier de justice ne doit pas perdre de vue que les circonstances de son interpellation peuvent constituer un motif légitime pour le tiers saisi de ne pas répondre. Il en ira ainsi pour le cas où l'exécutant aura remis la saisie au siège social de la banque à une hôtesse d'accueil sans qualité ni pouvoir pour répondre.

C Obligation déclarative du banquier

436 Le tiers saisi doit communiquer les renseignements suivants :
- l'étendue de ses obligations à l'égard du débiteur ;
- les modalités qui pourraient affecter ses obligations ;
- les cessions de créances, délégations ou saisies antérieures (CPC ex., art. L. 211-3) ;
- la nature du ou des comptes du débiteur ;
- leur solde au jour de la saisie (CPC ex., art. R. 211-20).

Le tiers saisi est tenu de fournir sur-le-champ à l'huissier de justice les renseignements prévus ainsi que les pièces justificatives (CPC ex., art. R. 211-4). À défaut, il s'expose aux sanctions suivantes :
- paiement des sommes dues au créancier, sans préjudice de son recours contre le débiteur ;
- dommages et intérêts en cas de négligence fautive ou de déclaration inexacte ou mensongère (CPC ex., art. R. 211-5).

Si l'acte de saisie est signifié par voie électronique, le tiers saisi est tenu de communiquer à l'huissier de justice les renseignements et pièces justificatives au plus tard le premier jour ouvré suivant la signification, par voie électronique (CPC ex., art. R. 211-4, al. 4).

D Dénonciation de la saisie-attribution

1 Acte de dénonciation

a) Délai

437 Lorsque la saisie vise des créances de somme d'argent inscrites en compte, la mesure doit être dénoncée au débiteur, dans un **délai de huit jours**.

> ATTENTION **Le délai de huit jours pour procéder à la dénonciation de la saisie est susceptible d'être prorogé conformément à l'article 642 du Code de procédure civile (CA Paris, ch. 8, pôle 4, 21 janv. 2010, n° 09/02381 : *JurisData* n° 2010-004765).**

b) Mentions et pièces justificatives à joindre à l'acte

438 L'acte de dénonciation contient, à peine de nullité :
- une copie du procès-verbal de saisie ;
- si l'acte a été signifié par voie électronique, la reproduction des renseignements communiquées par le tiers saisi ;
- la désignation de la juridiction devant laquelle les contestations peuvent être portées ;
- l'indication, en cas de saisie de compte, du montant de la somme à caractère alimentaire laissée à la disposition du débiteur (CPC ex., art. R. 162-2) ainsi que du ou des comptes sur lesquels cette mise à disposition est opérée ;
- le rappel que le débiteur peut autoriser par écrit le créancier à se faire remettre sans délai par le tiers saisi les sommes qui lui sont dues.

En caractères très apparents :
- l'indication que les contestations doivent être soulevées, à peine d'irrecevabilité, dans le délai d'un mois qui suit la signification de l'acte par assignation, et la date à laquelle expire ce délai ;
- l'indication que l'assignation est dénoncée par lettre recommandée avec demande d'avis de réception le même jour ou, au plus tard, le premier jour ouvrable suivant, à l'huissier de justice ayant procédé à la saisie.

> CONSEIL **Le devoir d'information de l'huissier de justice milite pour compléter la dénonciation de la saisie en ajoutant : « L'auteur de la contestation en informe le tiers saisi par lettre simple. Il remet une copie de l'assignation, à peine de caducité de celle-ci, au greffe du juge de l'exécution au plus tard le jour de l'audience ». Même si ces mentions ne sont pas prévues textuellement, les indiquer évitera d'éventuelles contestations.**

> RETOUR D'EXPÉRIENCE Compte tenu du délai imparti pour dénoncer la mesure (huit jours), du délai de régularisation des écritures en cours (quinze jours), et du risque de modification des sommes saisies postérieurement à la dénonciation, il semble possible d'indiquer sur l'acte, afin de satisfaire à l'article R. 211-3, 4°, du Code des procédures civiles d'exécution que : « La somme mise à disposition du titulaire du compte saisi est égale au montant forfaitaire, pour un allocataire seul, mentionné à l'article L. 262-2 du Code de l'action sociale et des familles, dans la limite du solde créditeur du ou des comptes au jour de la saisie ».

2 Dénonciation d'une saisie portant sur un compte joint

439 Lorsque la saisie est pratiquée sur un compte joint, elle est dénoncée à chacun des

Saisir les comptes bancaires

titulaires du compte (CPC ex., art. R. 211-22, al. 1er).

ATTENTION Le défaut de dénonciation au cotitulaire du compte joint sur lequel porte la mesure d'exécution n'est pas susceptible d'entraîner la caducité de celle-ci (Cass. 2e civ., 7 juill. 2011, n° 10-20.923 : *JurisData* n° 2011-013625 ; *Procédures* 2011, comm. 366, R. Perrot ; *D.* 2011, p. 2453, L. Lauvergnat).

Si les noms et adresses des autres titulaires du compte sont inconnus, l'huissier de justice demande à l'établissement qui tient les comptes de les informer immédiatement de la saisie et du montant des sommes réclamées (CPC ex., art. R. 211-22, al. 2).

CONSEIL En pratique, l'huissier de justice qui effectuera une saisie sur un compte joint s'enquerra auprès de la banque en vue de connaître l'identité et l'adresse du cotitulaire du compte saisi. Il en fera mention sur son procès-verbal.
En toutes hypothèses, l'huissier de justice demandera à la banque d'informer immédiatement de la mesure et des sommes réclamées le cotitulaire non débiteur. Il en fera également mention sur son procès-verbal.

E Régularisation des opérations en cours

440 Lorsque la saisie est pratiquée entre les mains d'un établissement habilité par la loi à tenir des comptes de dépôt, celui-ci est tenu de déclarer le solde du ou des comptes du débiteur au jour de la saisie (CPC ex., art. L. 162-1, al. 1er).
Dans le délai de quinze jours ouvrables qui suit la saisie et pendant lequel les sommes laissées au compte sont indisponibles, ce solde peut être affecté à l'avantage ou au préjudice du saisissant par les opérations dès lors qu'il est prouvé que leur date est antérieure à la saisie (CPC ex., art. L. 162-1, al. 2) :
– au crédit : les remises faites antérieurement, en vue de leur encaissement, de chèques ou d'effets de commerce, non encore portées en compte ;
– au débit : l'imputation des chèques remis à l'encaissement ou portés au crédit du compte antérieurement à la saisie et revenus impayés, les retraits par billetterie effectués antérieurement à la saisie, dès lors que leurs bénéficiaires ont été crédités antérieurement à la mesure d'exécution.

ATTENTION Les chèques émis par le saisi et remis à l'encaissement par leur bénéficiaire antérieurement à la saisie peuvent affecter l'assiette de la mesure au détriment du saisissant (y compris lorsque la provision est inférieure au montant du chèque : Cass. 2e civ., 7 avr. 2016, n° 15-11.436 : *JurisData* n° 2016-006477 ; *Procédures* 2016, comm. 196, L. Raschel ; *Dr. et proc.* 2016, p. 71, note L. Lauvergnat ; *RTD civ.* 2016, p. 677, note N. Cayrol).

CONSEIL Un virement en cours de crédit mais non encore crédité sur le compte du saisi peut faire l'objet d'une saisie en ce que la mesure peut porter sur une créance conditionnelle ou à terme dès lors qu'elle existe au jour de la saisie. Le virement viendra donc augmenter le montant des sommes saisies.

Les effets de commerce remis à l'escompte et non payés à leur présentation ou à leur échéance lorsqu'elle est postérieure à la saisie peuvent être contre-passés dans le délai d'un mois qui suit la mesure d'exécution.
Le solde saisi attribué n'est cependant diminué par les éventuelles opérations en débit que dans la mesure où leur résultat cumulé est négatif et supérieur aux sommes non frappées par la saisie au jour de leur règlement.

EXEMPLE Saisie pratiquée pour 1 000 € avec un solde en banque déclaré de 1 500 €, déduction faite du montant du solde bancaire insaisissable (CPC ex., art. L. 162-2).
Chèque émis par le débiteur et remis à l'encaissement par son bénéficiaire antérieurement à la saisie pour un montant de 750 €.
Le résultat de la saisie sera après régularisation des écritures : 1 500 – 750 = 750 €.
Conclusion : alors qu'au moment de la saisie, le créancier pouvait espérer le remboursement total de sa créance (somme de 1 500 € rendue indisponible), la régularisation des opérations en cours affectant l'assiette de la saisie empêche la satisfaction totale du créancier.

Au moment de la saisie bancaire, il n'est donc jamais certain du montant qui sera réellement saisi.

En cas de diminution des sommes rendues indisponibles, la banque doit fournir, au plus tard huit jours après l'expiration du délai de contre-passation, au créancier saisissant par lettre recommandée avec avis de réception, un relevé de toutes les opérations ayant affecté le compte depuis le jour de la saisie inclusivement (CPC ex., art. R. 162-1). En cas de manquement à cette obligation de communication, le tiers saisi encourt une condamnation à des dommages-intérêts dans les termes du droit commun de la responsabilité civile (Cass. 2e civ., 7 avr. 2016, n° 15-11.436 : *JurisData* n° 2016-006477, préc.).

CONSEIL **Eu égard à l'incertitude pesant sur le montant des sommes saisies, et au délai de quinze jours, voire un mois, pour la régularisation des écritures, dénoncer systématiquement au saisi la mesure d'exécution effectuée.**

REMARQUE La règle de régularisation des opérations en cours justifie que l'acte de saisie indique l'heure à laquelle elle a été signifiée (CPC ex., art. R. 211-1).
Elle explique également que l'ensemble des comptes du débiteur qui représente des créances de sommes d'argent soit indisponible pendant une durée de quinze jours à compter de la saisie (CPC ex., art. L. 162-1, al. 2 et art. R. 211-9).

F Effets de la saisie

441 Une fois la saisie des comptes bancaires régularisée et la dénonciation signifiée, le débiteur dispose d'un délai d'un mois à compter de la dénonce de la mesure pour contester la procédure d'exécution (CPC ex., art. R. 211-11).
En l'absence de contestation ou si le saisi entend ne pas contester la saisie des comptes bancaires, le paiement est requis auprès de la banque par la signification d'un certificat de non-contestation ou d'un acquiescement (CPC ex., art. R. 211-6).
Suite au paiement, l'huissier de justice donnera quittance au tiers saisi et en informera le débiteur (CPC ex., art. R. 211-8).

Au vu du résultat effectif de la saisie des comptes bancaires et si elle n'a pas emporté entière satisfaction, sous couvert du principe de proportionnalité, il conviendra soit de retenter une saisie des comptes bancaires (en ce sens : Cass. 2e civ., 28 juin 2018, n° 17-13.967 : *JurisData* n° 2018-011181 ; *RD bancaire et fin.* 2018, comm. 129, S. Piedelièvre), soit de s'orienter vers une autre mesure d'exécution comme la saisie des biens meubles corporels par exemple.

CHECK-LIST **• Vérifier que le client détient un titre exécutoire constatant une créance certaine.**
• Vérifier que le titre exécutoire a été régulièrement signifié au débiteur.
• Recueillir du client les références bancaires du débiteur.
• À défaut interroger FICOBA puis les établissements désignés.
• Veiller à la signification par l'huissier d'un procès-verbal de saisie des sommes déposées en compte au tiers saisi.
• Recueillir les renseignements sur le solde des comptes communiqués par le tiers saisi.
• La mesure doit être dénoncée au débiteur, dans un délai de huit jours suivant la saisie.
• Lorsque la saisie est pratiquée sur un compte joint, la dénoncer à chacun des titulaires du compte.
• Avant de solliciter le paiement auprès de la banque, attendre l'expiration d'un délai d'un mois correspondant au délai de contestation de la procédure d'exécution.
• Requérir le paiement auprès de la banque par la signification d'un certificat de non-contestation ou d'un acquiescement.
• Suite au paiement, l'huissier de justice doit donner quittance au tiers saisi et en informer le débiteur.

VOIR AUSSI Modèle 15 : Assignation en mainlevée d'une saisie conservatoire.

POUR ALLER PLUS LOIN...

Fiches pratiques

V. Fiche 17 : Mettre en œuvre une saisie-attribution.
V. Fiche 16 : Saisir les créances.
V. Fiche 13 : Saisir les meubles à titre conservatoire.

Fascicules JurisClasseur

- *JCl. Procédures formulaire*, V° *Saisie des comptes bancaires*, Fasc. 10.
- *JCl. Procédures formulaire*, V° *Saisie des comptes bancaires*, Fasc. 15.
- *JCl. Procédures formulaire*, V° *Saisie des comptes bancaires*, Fasc. 20.
- *JCl. Procédures formulaire*, V° *Saisie des comptes bancaires*, Fasc. 25.

Fiche 20
Saisir les rémunérations du débiteur

Coline WARIN

Sommaire

I Aperçu rapide ... 195
A Caractéristiques générales ... 195
B Conditions d'utilisation ... 196
C Avis du professionnel ... 196
D Textes ... 196
1 Textes codifiés ... 196
2 Règlement européen ... 197
E Schéma procédural ... 197
II Préparation ... 197
A Information du client ... 197
B Contrôles préalables ... 198
C Pièces nécessaires ... 198
D Coût de la procédure ... 198
III Procédure ... 198
A Assistance et représentation ... 198
B Compétence ... 198
C Parties ... 198
D Rédaction de l'acte de saisine ... 198
E Audience ... 199
1 Convocation ... 199
2 Audience ... 199
F Décision ... 199
1 En cas d'accord de conciliation ... 199
2 En cas de désaccord ... 200
3 En cas d'intervention volontaire d'un créancier à une procédure de saisie des rémunérations en cours ... 200
G Fin de la procédure ... 201
H Recours ou contestation ... 201
1 Contestations ... 201
2 Recours à l'encontre du jugement rendu sur contestation ... 201
3 Recours du créancier à l'encontre de l'employeur ... 202
I Actions en nullité ou en résolution ... 202

I
Aperçu rapide

A Caractéristiques générales

442 La saisie des rémunérations permet au créancier de faire opposition sur la rémunération de son débiteur entre les mains de l'employeur de ce dernier.
L'employeur qui se voit notifier une saisie des rémunérations est tenu de retenir sur la rémunération de son salarié une certaine somme chaque mois, jusqu'à ce que le créancier soit désintéressé.
Seule une **partie** du salaire est saisissable afin de laisser au salarié un « minimum vital » (C. trav., art. L. 3252-2 et L. 3252-4).
L'employeur doit verser tous les mois les sommes retenues sur le salaire du débiteur au greffe du tribunal d'instance. À défaut, il est personnellement redevable (C. trav., art. L. 3252-10 et R. 3252-28).

B Conditions d'utilisation

443 Disposer d'un titre exécutoire constatant une créance (C. trav., art. R. 3252-1. – Cass. 2e civ., 7 janv. 2016, n° 14-24.508 : *Procédures* 2016, comm. 65. – Cass. com., 3 nov. 2015, n° 14-24.508, avis n° 9005, FS-D : *JurisData* n° 2015-029506) :
- liquide ;
- exigible.

Seuls constituent des **titres exécutoires** (CPC ex., art. L. 111-3) :
- les décisions de l'ordre judiciaire ou administratif ayant force exécutoire ;
- les accords auxquels les juridictions ont conféré force exécutoire ;
- les actes et jugements étrangers et sentences arbitrales déclarées exécutoires par une décision non susceptible d'un recours suspensif d'exécution ;
- les extraits de procès-verbaux de conciliation signés par le juge et les parties ;
- les accords par lesquels les époux consentent mutuellement à leur divorce par acte sous signature privée contresignée par avocats, déposés au rang des minutes d'un notaire selon les modalités prévues à l'article 229-1 du Code civil ;
- les actes notariés revêtus de la formule exécutoire ;
- le titre délivré par huissier de justice en cas de non-paiement d'un chèque ;
- les titres délivrés par les personnes morales de droit public qualifiées comme tels par la loi ;
- les décisions auxquelles la loi attache les effets d'un jugement.

EXEMPLE Contraintes de l'URSSAF, signifiées et définitives.

Le titre exécutoire doit viser **nommément** le débiteur.

ATTENTION **La saisie ne peut donc être pratiquée :**
– contre un codébiteur solidaire ;
– à l'encontre d'une personne morale dont le débiteur doit répondre des engagements (Cass. 2e civ., 19 mai 1998, nos 96-12.944 et 96-13.268 : *JurisData* n° 1998-002124).

La partie saisissable du salaire est définie par les articles du Code du travail (C. trav., art. R. 3252-1, R. 3252-2 et R. 3252-3).

ATTENTION **Pour le paiement des pensions alimentaires : l'intégralité de la rémunération est saisissable, sous réserve que le salarié conserve une somme qui ne soit pas inférieure au RSA pour une personne seule (C. trav., art. L. 3252-5 et R. 3252-5).**

RETOUR D'EXPÉRIENCE Ne pas oublier que la saisie peut être pratiquée sur des rémunérations d'un salarié dont le contrat de travail a pris fin.

Il appartient au tribunal d'instance de trancher les incidents soulevés par le débiteur lors de la mise en œuvre de la saisie des rémunérations (Cass. 2e civ., 14 juin 2001, n° 99-21.056 : *JurisData* n° 2001-010189).

ATTENTION **Le tribunal d'instance n'est pas compétent pour statuer sur le bien-fondé de l'obligation sur la base de laquelle la saisie des rémunérations a été réalisée.**

En cas de pluralité de saisies, les créances viennent en concours sous réserve des causes de préférence (C. trav., art. L. 3252-8).

Il appartient au greffier de déterminer la quotité saisissable lorsqu'il existe plusieurs employeurs ou tiers saisis (C. trav., art. R. 3252-40).

C Avis du professionnel

444 Procédure relativement lourde : s'attacher à vérifier que le salaire objet de la saisie sera suffisant pour qu'elle soit fructueuse.

ATTENTION **Le fait qu'une saisie soit pratiquée sur les rémunérations dues au débiteur et qu'il dispose de la portion qui n'est pas saisissable ne s'oppose pas à l'ouverture d'une procédure de surendettement (Cass. 2e civ., 12 avr. 2018, n° 17-14.126 : *JurisData* n° 2018-005654 ; *D bancaire et fin. R* 2018, comm. 70, S. Piedelièvre ; *Rev. proc. coll.* 2018, comm. 91, S. Gjidara-Decaix ; *Contrats, conc. consom.* 2018, comm. 122, S. Bernheim-Desvaux ; *Act. proc. coll.* 2018, alerte 167, T. Le Bars).**

D Textes

1 Textes codifiés

- COJ, art. L. 221-8.
- CPC, art. 58.

- C. trav., art. L. 3252-1 à L. 3252-13.
- C. trav., art. R. 3252-1 à R. 3252-49.

2 Règlement européen

- Cons. UE, règl. (CE) n° 44/2001, 22 déc. 2000, concernant la compétence judiciaire, la reconnaissance et l'exécution des décisions en matière civile et commerciale.

E Schéma procédural

445 • Remise ou envoi de la requête principale et des pièces au greffe du tribunal d'instance.
• Éventuellement, remise ou envoi d'une requête en intervention par un ou plusieurs créanciers au greffe du tribunal d'instance.
• Convocation du débiteur par LRAR et du/des créanciers par lettre simple à l'audience de tentative de conciliation (quinze jours au moins avant la date d'audience).
• Audience de conciliation devant le tribunal d'instance :
– une seule audience en principe ;
– non publique (en chambre du conseil) ;
– présence du/des créanciers et du débiteur.
• Décision :
– procès-verbal de conciliation ou non-conciliation.
• Jugement :
– signification du jugement ;
– appel à l'encontre du jugement si les causes de la saisie excèdent 4 000 € (dans le délai d'un mois à compter de la notification) ;
– pourvoi à l'encontre du jugement si les causes de la saisie sont inférieures à 4 000 € (dans le délai de deux mois à compter de la notification).
• Saisie réalisée par le greffe du tribunal d'instance dans les huit jours à compter :
– du procès-verbal de non-conciliation,
– de la notification du jugement assorti de l'exécution provisoire,
– de l'expiration des délais de recours contre le jugement.
• Notification de l'acte de saisie des rémunérations à l'employeur (par LRAR).
• Envoi de la copie de l'acte de saisie des rémunérations au débiteur (par lettre simple).
• Remise au greffe par l'employeur des indications sur la situation de droit existant entre lui-même et le débiteur, ainsi que les cessions, saisies, avis à tiers détenteur en paiement direct de créance d'aliments en cours d'exécution (dans les quinze jours de la saisie).
• Cas de remise ou d'envoi d'une requête en intervention par un ou plusieurs créanciers au greffe du tribunal d'instance : à ce stade de la procédure, le tribunal d'instance rend une ordonnance sans tentative de conciliation préalable.
• Paiement des sommes saisies par l'employeur au greffe du tribunal d'instance :
– en cas de saisie des rémunérations par un seul créancier, paiement mensuel :
  . par chèque adressé au greffe qui l'expédie au créancier ou à son mandataire,
  . par virement directement auprès du créancier ou de son mandataire, en informant le greffe de la date et du montant du virement ;
– en cas de saisie des rémunérations par plusieurs créanciers :
  . l'employeur adresse les sommes dues à l'ordre du régisseur (tous les mois),
  . répartition des sommes (au moins une fois tous les six mois),
  . notification d'un état de répartition par le greffe à chaque créancier.
• Contestation de l'état de répartition (dans les quinze jours à compter de sa notification).
• Contestation de la saisie des rémunérations (durant toute la procédure de saisie des rémunérations).
• Notification par le greffe à l'employeur de la mainlevée des saisies des rémunérations (dans les huit jours par LRAR).

II
Préparation

A Information du client

446 Indiquer au client que, dans le cas où plusieurs créanciers interviennent à une procédure de saisie des rémunérations, le paiement ne sera pas mensuel, mais la répartition des sommes saisies sera faite par le régisseur du greffe du tribunal d'instance au moins **tous les six mois** (C. trav., art. R. 3252-34 à R. 3252-36).
Informer le client que le débiteur pourra notamment demander :
– des délais de paiement (CPC, art. 510) ;

– que la créance cause de la saisie produise intérêt à un taux réduit à compter de l'autorisation de saisie (C. trav., art. L. 3252-13) ;
– que les sommes retenues sur la rémunération s'imputent d'abord sur le capital (C. trav., art. L. 3252-13).

B Contrôles préalables

447 Vérifier que :
– le client dispose d'un titre exécutoire :
• constatant une créance liquide et exigible,
• établi à l'encontre du débiteur nommément ;
– le client connaît les coordonnées de l'employeur de son débiteur ;
– l'action du client n'est pas prescrite (C. civ., art. 2224) ;
– le débiteur ne bénéficie pas :
• de délais de paiement,
• d'un moratoire,
• de l'effacement total ou partiel de ses dettes, en vertu d'une procédure de surendettement (C. consom., art. L. 711-1).

C Pièces nécessaires

448 • Copie du titre exécutoire constatant une créance liquide et exigible, établi à l'encontre du débiteur nommément.
• Coordonnées de l'employeur du débiteur (nom et adresse).
• Décompte distinct des sommes réclamées en principal, frais et intérêts échus ainsi que l'indication du taux des intérêts (C. trav., art. R. 3252-13).

ATTENTION Il convient, non seulement de joindre un décompte distinct des sommes réclamées, mais également de faire état de ce décompte dans le texte de la requête.
À défaut de pouvoir démontrer que le décompte détaillé était joint à la requête, celle-ci encourt la nullité (CA Aix-en-Provence, ch. 15, sect. A, 17 juin 2016, n° 14/21288).

D Coût de la procédure

449 Si les parties désirent recourir aux services d'un avocat, le coût de la procédure sera constitué par les honoraires d'avocat qui sont fixés librement (L. n° 71-1130, 31 déc. 1971, art. 10).

III Procédure

A Assistance et représentation

450 Le créancier peut se faire représenter par (C. trav., art. L. 3252-11) :
– un avocat ;
– un officier ministériel du ressort, lequel est dispensé de produire une procuration ;
– un mandataire de son choix, muni d'une procuration spéciale à l'affaire.

B Compétence

451 Compétence du tribunal d'instance du domicile du débiteur (C. trav., art. R. 3252-7).

ATTENTION Compétence du tribunal d'instance du lieu où demeure l'employeur (C. trav., art. R. 3252-7) :
– si le débiteur n'a pas de domicile connu ;
– s'il réside à l'étranger.

C Parties

452 • Créancier et tiers saisi : personnes physiques ou morales.
• Débiteur : personne physique.

D Rédaction de l'acte de saisine

453 Saisine par le créancier du tribunal d'instance par requête remise ou adressée à

« Monsieur/Madame le Greffier en chef du tribunal d'instance », dans laquelle il doit indiquer (CPC, art. 58. – C. trav., art. R. 3252-13) :
– le tribunal d'instance territorialement compétent ;
– les nom, prénoms, profession, domicile, nationalité, date et lieu de naissance du créancier ;
– l'indication des nom, domicile, profession et éventuellement nationalité, date et lieu de naissance du débiteur ;
– l'objet de la demande ;
– les diligences entreprises en vue de parvenir à une résolution amiable du litige, sauf justification d'un motif légitime tenant à l'urgence ou à la matière considérée, en particulier lorsqu'elle intéresse l'ordre public ;
– les nom et adresse de l'employeur du débiteur ;
– le décompte distinct des sommes réclamées en principal, frais et intérêts échus et l'indication du taux des intérêts ;
– les indications relatives aux modalités de versement des sommes saisies ;
– la date et la signature du créancier.

ATTENTION **Une copie du titre exécutoire doit être jointe à la requête (C. trav., art. R. 3252-13, al. 3).**

E Audience

1 Convocation

454 Convocation des parties par le greffe du tribunal d'instance **au moins quinze jours** avant l'audience (C. trav., art. R. 3252-16).
– **Créancier** : par tout moyen (C. trav., art. R. 3252-14) ;
– **Débiteur** : par LRAR, qui doit indiquer (C. trav., art. R. 3252-6 et R. 3252-15) :
• les nom, prénoms et adresse du créancier ou, s'il s'agit d'une personne morale, sa dénomination et son siège social,
• les lieu, jour et heure de la tentative de conciliation,
• l'objet de la demande et l'état des sommes réclamées, avec le décompte distinct du principal, des frais et des intérêts échus,
• la mention que le débiteur doit élever lors de l'audience toutes les contestations qu'il peut faire valoir et qu'une contestation tardive ne suspendrait pas le cours des opérations de saisie,
• la reproduction des dispositions de l'article L. 3252-11 du Code du travail relatives à la représentation des parties.

REMARQUE La notification par LRAR est régulière, même si l'avis de réception n'est pas signé par le destinataire.

La date de notification au destinataire est celle de la présentation et la notification est réputée faite à domicile ou à résidence (C. trav., art. R. 3252-6).

ATTENTION **Si le titre exécutoire détenu par le créancier est une ordonnance d'injonction de payer non signifiée à personne et qui n'a donné lieu à aucun acte de procédure, la convocation fait courir le délai d'opposition d'un mois de l'ordonnance d'injonction de payer (CPC, art. 1416).**

2 Audience

455 Les parties peuvent :
– comparaître en personne ;
– être assistées ;
– être représentées.
Les débats ont lieu en chambre du conseil.
La procédure de saisie des rémunérations est précédée, à peine de nullité, d'une tentative de conciliation (C. trav., art. R. 3252-12).
Si le **demandeur** ne comparaît pas, le tribunal d'instance peut (CPC, art. 468) :
– renvoyer l'affaire à une audience ultérieure ;
– déclarer la citation caduque.
Si le **défendeur** ne comparaît pas, le tribunal d'instance peut (C. trav., art. R. 3252-19) :
– renvoyer l'affaire à une audience ultérieure ;
– procéder à la saisie.
Le débiteur peut élever toutes les contestations dont il souhaite faire état dès la phase de conciliation (C. trav., art. R. 3252-8 et R. 3252-19, al. 3, *in fine*).
Si les parties ne se sont pas conciliées (C. trav., art. R. 3252-19, al. 3) :
– le tribunal vérifiera le montant de la créance en principal, intérêts et frais ;
– s'il y a lieu, le tribunal tranchera les contestations soulevées par le débiteur.

F Décision

1 En cas d'accord de conciliation

456 Le tribunal dresse un procès-verbal de conciliation.
Si le débiteur ne respecte pas les engagements pris à l'audience, le créancier peut procéder à la saisie sans nouvelle tentative de conciliation (C. trav., art. R. 3252-18). Le créancier devra joindre à sa demande un décompte des sommes perçues en exécution de la conciliation.

Le procès-verbal de conciliation ne contenant aucune renonciation, le créancier peut poursuivre le recouvrement de sa créance par le recours à d'autres mesures (Cass. soc., 27 févr. 2014, n° 12-35.294, FS-P+B : *JurisData* n° 2014-003350).

2 En cas de désaccord

a) Procès-verbal du tribunal d'instance

457 Le tribunal d'instance :
- dresse un procès-verbal de non-conciliation ;
- rend un jugement de saisie sur rémunération :
• il vérifie le montant de la créance en principal, intérêt et frais,
• s'il y a lieu, il tranche les contestations soulevées par le débiteur (Cass. 2e civ., 10 févr. 2011, n° 10-12.051 : *JurisData* n° 2011-001479).

CONSEIL **Le jugement n'étant pas exécutoire de plein droit, demander au tribunal de l'assortir de l'exécution provisoire (CPC, art. 515, al. 1er).**

Le jugement doit être signifié pour être exécutoire, sauf si l'exécution a été ordonnée au seul vu de la minute (C. trav., art. R. 3252-21. – CPC, art. 503).

b) Saisie des rémunérations par le greffe

458 Le greffe du tribunal procède à la saisie des rémunérations **dans les huit jours** à compter (C. trav., art. R. 3252-21) :
- du procès-verbal de non-conciliation ;
- ou de la notification du jugement assorti de l'exécution provisoire ;
- ou de l'expiration des délais de recours contre le jugement.

RETOUR D'EXPÉRIENCE Ne pas oublier de transmettre au greffe du tribunal d'instance :
- l'acte de signification du jugement ;
- si nécessaire, un certificat de non-appel ou de non-opposition (CPC, art. 504).

Le greffe du tribunal d'instance (C. trav., art. R. 3252-23, al. 1 et 2) :
- notifie l'acte de saisie des rémunérations à l'employeur par LRAR ;
- envoie la copie de l'acte de saisie des rémunérations au débiteur par lettre simple.

c) Obligations de l'employeur

459 L'employeur adresse au greffe, **dans les quinze jours** de la saisie (C. trav., art. R. 3252-24, al. 1er) :
- des indications sur la situation de droit existant entre lui-même et le débiteur ;
- les cessions, saisies, avis à tiers détenteur ou paiement direct de créance d'aliments en cours d'exécution.

ATTENTION **L'employeur peut être condamné au paiement d'une amende civile, ainsi qu'à des dommages et intérêts, et être déclaré débiteur des retenues qui auraient dû être opérées (C. trav., art. L. 3252-9) :**
- s'il s'abstient sans motif légitime de faire cette déclaration ;
- s'il fait une déclaration mensongère.

La déclaration de l'employeur peut être consultée au greffe par les parties. À leur demande, le greffier peut en délivrer une copie (C. trav., art. R. 3252-24, al. 2).
L'employeur adresse tous les mois au greffe du tribunal d'instance un chèque du montant de la quotité saisissable libellé à l'ordre du créancier ou de son mandataire (C. trav., art. R. 3252-27).
Le greffe adresse le chèque au créancier ou au mandataire.
L'employeur peut aussi procéder par virement directement auprès du créancier. Il doit informer le greffe de la date et du montant du virement (C. trav., art. R. 3252-27).

ATTENTION **Lorsque plusieurs créanciers sont en concours, l'employeur adresse tous les mois les sommes dues au greffe du tribunal d'instance, à l'ordre du régisseur.**
La répartition des sommes est opérée au moins une fois tous les six mois. Un état de répartition est notifié par le greffe à chaque créancier.

3 En cas d'intervention volontaire d'un créancier à une procédure de saisie des rémunérations en cours

460 Lorsqu'un (ou plusieurs) créancier intervient volontairement dans une procédure de saisie des rémunérations en cours, le tribunal d'instance rend une ordonnance après avoir vérifié le montant de la créance nouvelle en principal, intérêts et frais (C. trav., art. R. 3252-31).

ATTENTION Dans ce cas, le tribunal rend une ordonnance sans que les parties ne soient convoquées à une tentative de conciliation (C. trav., art. R. 3252-30). Si le tribunal refuse de faire droit à tout ou partie de la demande du créancier intervenant volontairement dans la procédure de saisie, ce dernier devra engager une procédure ordinaire devant le tribunal d'instance et ne pourra pas se pourvoir en cassation (Cass. 2e civ., 4 juill. 2007, n° 06-12.776 : *JurisData* n° 2007-039927).

Le greffier du tribunal d'instance (C. trav., art. R. 3252-31) :
- avise le débiteur et les créanciers qui sont déjà dans la procédure de l'intervention du créancier ;
- informe l'employeur, lors de la première intervention d'un créancier, que les versements doivent désormais être effectués à l'ordre du régisseur installé auprès du greffe du tribunal.

G Fin de la procédure

461 La mainlevée d'une saisie des rémunérations résulte :
- soit d'un accord des créanciers ;
- soit de la constatation par le tribunal de l'extinction de la dette par ordonnance, notifiée à l'employeur dans les huit jours (C. trav., art. R. 3252-29) ;
- soit de la rupture du contrat de travail, dans l'hypothèse où plus aucun salaire n'est dû par l'employeur.

L'employeur doit informer le greffe de tout événement qui suspend ou met fin à la saisie dans un délai de **huit jours** (C. trav., art. R. 3252-26).

H Recours ou contestation

1 Contestations

462 • **Parties** : possibilité de contester la saisie des rémunérations devant le tribunal d'instance à tout moment de la procédure de saisie et selon les règles de la procédure ordinaire (C. trav., art. R. 3252-8).

• **Débiteur** : possibilité de contester l'intervention d'un nouveau créancier dans la procédure de saisie des rémunérations devant le tribunal d'instance (C. trav., art. R. 3252-32, al. 1er).

Le débiteur ne pourra agir en répétition contre le créancier intervenant qui a été indûment payé, qu'une fois la saisie terminée (C. trav., art. R. 3252-32, al. 2).

En cas de pluralité de créanciers saisissants, ces derniers peuvent contester l'état de répartition dans les **quinze jours** à compter de sa notification (C. trav., art. R. 3252-36, al. 1er).

2 Recours à l'encontre du jugement rendu sur contestation

a) Appel

463 L'appel doit être interjeté dans le délai d'**un mois** à compter de la notification de la décision (CPC, art. 538) :
- lorsque le jugement n'est pas assorti de l'exécution provisoire : le délai de recours et l'appel sont suspensifs (CPC, art. 539) ;
- lorsque le jugement est assorti de l'exécution provisoire : possibilité de demander au premier président de la cour d'appel de l'arrêter (CPC, art. 524).

ATTENTION L'appel du jugement du tribunal n'est pas possible si le montant de la demande en principal auquel s'ajoutent les intérêts légaux ou conventionnels ayant couru depuis la mise en demeure jusqu'au jour de l'assignation est inférieur au taux du ressort (4 000 €).

b) Pourvoi en cassation

464 Lorsque le montant de la demande est inférieur au taux de ressort (4 000 €), le recours ne pourra s'exercer que devant la Cour de cassation dans un délai de **deux mois** à compter de la notification (CPC, art. 612).

Le pourvoi en cassation n'est pas suspensif.

c) Jugement rendu par défaut

465 Le défaillant peut saisir le tribunal d'instance afin qu'il soit statué de nouveau sur l'affaire en fait et en droit (CPC, art. 571 à 578).

d) Opposition

466 Le jugement frappé d'**opposition** pourra être anéanti par le second jugement qui le rétractera.

e) Tierce opposition

467 La tierce opposition :
- tend à faire rétracter ou reformer un jugement au profit d'un tiers qui l'attaque (CPC, art. 582) ;
- est ouverte :
• à toute personne qui y a intérêt à la condition qu'elle n'ait été ni partie, ni représentée au jugement qu'elle attaque (CPC, art. 583),

• en principe pendant un délai de **trente ans** à compter du jugement (CPC, art. 586, al. 1).

3 Recours du créancier à l'encontre de l'employeur

468 Lorsque l'employeur ne procède pas au versement mensuel des retenues sur salaire, le juge peut, même d'office, prononcer une ordonnance de contrainte le déclarant personnellement débiteur des sommes qui auraient dû être retenues (C. trav., art. L. 3252-10 et R. 3252-28).
L'ordonnance est notifiée à l'employeur par LRAR. Le greffier informe également le créancier et le débiteur.
L'employeur dispose d'un délai de **quinze jours** pour former opposition.
En l'absence d'opposition, l'ordonnance est revêtue de la formule exécutoire.

I Actions en nullité ou en résolution

469 En cas d'absence du créancier à l'audience de conciliation, le juge d'instance prononce la caducité de la citation.

Le créancier dispose d'un délai de **quinze jours** pour demander le rapport de la décision de caducité de la citation (C. trav., art. R. 3252-19, al. 1er. – CPC, art. 468).

CHECK-LIST **• Vérifier :**
– la solvabilité du débiteur ;
– le nom et l'adresse de l'employeur ;
– l'existence d'un titre exécutoire constatant une créance liquide et exigible ;
– l'absence de délais de paiement, ou de procédure de surendettement dont bénéficierait le débiteur.
• Établir un décompte précis et distinct des sommes réclamées en principal, frais et intérêts échus ainsi que l'indication du taux des intérêts.

VOIR AUSSI Modèle 16 : Demande de convocation pour saisie des rémunérations.

POUR ALLER PLUS LOIN...

Fascicules JurisClasseur
• *JCl. Procédure civile*, Fasc. 1600-45 (conditions).
• *JCl. Procédure civile*, Fasc. 1600-50 (effets).
• *JCl. Procédure civile*, Fasc. 1600-55 (contestations et incidents de saisie).
• *JCl. Procédures Formulaire*, V° *Saisie des rémunérations*, Fasc. 20 et 25 (conditions et formules).
• *JCl. Procédures Formulaire*, V° *Saisie des rémunérations*, Fasc. 30 et 35 (effets et formules).
• *JCl. Procédures Formulaire*, V° *Saisie des rémunérations*, Fasc. 40 et 45 (contestations et formules).
• *JCl. Travail Traité*, Fasc. 26-40.

Synthèse
• *JCl. Procédure civile*, synthèse 370.

Revues
– A. Bugada, *Saisie des rémunérations – Responsabilité du tiers employeur saisi : Procédures* 2017, comm. 42 ; *Saisie des rémunérations – Portée du procès-verbal de conciliation : Procédures* 2014, 150 ; *Saisie des rémunérations – Calcul de la fraction insaisissable : Rép. min. n° 3106 : JOAN* Q 26 févr. 2013 : *Procédures* 2013, alerte 36 ; *Saisie des rémunérations – Office du juge en l'absence de conciliation : Procédures* 2011, comm. 139.
– Ch. Laporte, *Saisie des rémunérations – Pouvoirs du juge : Procédures* 2017, comm. 125.
– L. Raschel, *Saisie des rémunérations – Tentative de conciliation : Procédures* 2017, comm. 33.

Fiche 21
Agir en paiement direct

Julie BOISARD-PETRISSANS
Ariane de GUILLENCHMIDT-GUIGNOT

Sommaire

I Aperçu rapide 203
A Caractéristiques générales 203
B Conditions d'utilisation 205
C Avis du professionnel 206
D Schéma procédural 206
II Préparation 206
A Informations préalables 206
B Contrôles préalables 206
C Pièces nécessaires 207
D Coût de la procédure 207
III Procédure 207
A Assistance et représentation 207
B Compétence 207
C Rédaction de l'acte de saisine 207
D Audience 207
E Décision 207
F Fin de la procédure 208
G Recours ou contestation 208

I

Aperçu rapide

A Caractéristiques générales

470 Afin de faciliter le recouvrement des créances alimentaires, la loi prévoit une procédure spécifique d'exécution forcée : le paiement direct des pensions alimentaires. Cette procédure, instituée par la loi n° 73-5 du 2 janvier 1973 et le décret n° 73-216 du 1er mars 1973, a fait l'objet d'une codification réalisée par l'ordonnance n° 2011-1895 du 19 décembre 2011 et le décret n° 2012-783 du 30 mai 2012. Depuis le 1er juin 2012, elle se trouve au sein du Code des procédures civiles d'exécution (CPC ex., art. L. 213-1 à L. 213-5 et R. 213-1 à 213-10).
Lorsqu'une échéance d'une pension alimentaire n'a pas été acquittée, le créancier peut se faire payer directement soit par un tiers débiteur (du débiteur) de sommes liquides et exigibles, soit par un dépositaire de fonds du débiteur. Sur la seule intervention d'un huissier de justice, cette procédure permet au créancier d'obtenir, sans procédure judiciaire, le versement de sa pension.

ATTENTION Depuis le 1er octobre 2014, a été lancée une expérimentation de dix-huit mois destinée à soutenir financièrement et concrètement le parent qui, après une séparation, ne parvient pas à obtenir le paiement de sa pension alimentaire. L'objectif poursuivi est d'apporter une aide concrète aux parents isolés et à leurs enfants. Cette expérimentation, prévue par l'article 27 de la loi n° 2014-873 du 4 août 2014 pour

l'égalité réelle entre les femmes et les hommes, repose sur un renforcement de l'allocation de soutien familial (ASF), prestation versée par la caisse d'allocations familiales (CAF) ou la Mutualité sociale agricole (MSA) au parent qui élève seul son enfant, en particulier lorsque l'autre parent ne s'acquitte pas de sa pension alimentaire. Ce mécanisme de garantie a été généralisé, à compter du 1er avril 2016 (*Dr. famille* 2016, alerte 12, J. Couard), par la loi de financement de la Sécurité sociale pour l'année 2016 (L. n° 2015-1702, 21 déc. 2015, art. 44 : *JO* 22 déc. 2015). Désormais, les familles monoparentales ne bénéficiant pas de contribution à l'entretien et à l'éducation du ou des enfants percevront 100 € mensuels par enfant. Pour ceux ne bénéficiant pas d'une contribution de ce montant, cette somme complétera leur revenu. Par ailleurs, les CAF sont subrogées à la place des créanciers pour recouvrer les pensions impayées et donc poursuivre les débiteurs (*Dr. famille* 2016, alerte 42, J. Couard).

Le décret n° 2016-842 du 24 juin 2016 (*JO* 26 juin 2016, texte n° 28) relatif à la garantie contre les impayés de pensions alimentaires et modifiant les dispositions relatives à l'allocation de soutien familial est entré en vigueur, rétroactivement, au 1er avril 2016 (date à laquelle la garantie contre les impayés de pensions alimentaires [GIPA] a été étendue à l'ensemble du territoire). Le texte prévoit notamment que le directeur de l'organisme débiteur des prestations familiales peut transmettre, à la demande de l'autorité judiciaire, les informations détenues sur la solvabilité et l'adresse du débiteur. Ces renseignements visent à simplifier la fixation des pensions alimentaires.

Afin de permettre un recouvrement plus efficace des impayés de pensions alimentaires, la loi n° 2016-1827 de financement de la sécurité sociale du 23 décembre 2016 (*JO* 24 déc. 2016, texte n° 1) accroît les compétences des caisses d'allocation familiales (CAF). À compter du 1er avril 2018, le pouvoir de donner une force exécutoire aux accords amiables (hors divorce) fixant le montant d'une contribution à l'entretien et à l'éducation de l'enfant sera confié aux directeurs des CAF dont la décision aura les effets d'un jugement et constituera un titre exécutoire au sens du 6° de l'article L. 111-3 du Code des procédures civiles d'exécution (CSS, art. L. 582-2).

Le gouvernement a réfléchi à la mise en place d'une agence de recouvrement des pensions impayées (Rép. min. n° 0782G : *JO* Sénat 9 mars 2016, p. 3886. – Rép. min. à QE n° 16496 : *JO* 10 nov. 2016). Depuis le 1er janvier 2017, le recouvrement public des pensions alimentaires est simplifié grâce à l'Agence de recouvrement des impayés de pensions alimentaires (ARIPA). Prévue par la loi de financement de la sécurité sociale pour 2017, l'ARIPA apporte à tous les parents séparés créanciers, y compris ceux vivant à nouveau en couple, une aide au recouvrement des impayés de pensions alimentaires fixées pour des enfants de moins de vingt ans, sans que soit préalablement engagée une mesure d'exécution (*L'Agence de recouvrement des impayés de pensions alimentaires : JCP* N 2017, act. 229. – Min. Familles, Enfance et Droits des femmes, dossier de presse, 20 janv. 2017. – *3 questions à M.-C. d'Avrincourt, directrice de l'ARIPA : Dr. famille* 2018, entretien 1). Les décrets nos 2018-655 et 2018-656 du 24 juillet 2018 et l'arrêté du 25 juin 2018 (NOR : SSAS1816847A), publiés au *Journal officiel* du 26 juillet 2018 (*JO* 26 juill. 2018, texte nos 12, 13, 14), précisent les modalités de délivrance, par les organismes débiteurs des prestations familiales (CAF et MSA), du titre exécutoire fixant le montant de la contribution à l'entretien et à l'éducation des enfants (CEEE) pour les couples non mariés. Ils modifient également des dispositions relatives à l'allocation de soutien familial (ASF), versée en cas de non-paiement de la contribution ou de versement d'un montant inférieur à celui de l'allocation (ASF différentielle).

Concernant la délivrance du titre exécutoire, il ne peut être délivré en dessous d'un seuil minimal dont les modalités de calcul sont fixées à l'article R. 582-1, I à IV du Code de la sécurité sociale en tenant compte notamment des modalités de résidence, des ressources du débiteur et du nombre d'enfants à sa charge (CSS, art. L. 582-2), l'arrêté du 25 juin 2018 fixant les taux qui lui sont alors appliqués (taux de base, majorés et minorés).

La caisse du lieu de résidence de l'allocataire créancier ou du parent créancier d'une demande signée des deux parents est saisie au moyen d'un formulaire qui peut être téléchargé sur le site de la CAF. Ce formulaire doit être accompagné de pièces justificatives précisées (CSS, art. R. 582-2). À réception du dossier complet et sous réserve des conditions à remplir, le directeur de la CAF ou de la MSA délivrera à chacun des parents un titre exécutoire, sous la forme d'un courrier, rendant exécutoire la convention fixant la pension alimentaire.

En cas de refus motivé de conférer force exécutoire à la convention (CSS, art. R. 582-3), aucun recours n'est possible, mais les parents peuvent saisir le juge aux affaires familiales pour fixer le montant de la contribution à l'entretien et à l'éducation de l'enfant sur le fondement de l'article 373-2-7 du Code civil (CSS, art. L. 582-2).

Concernant l'allocation de soutien familial, lorsque le parent s'acquitte de sa pension alimentaire mais que le montant de celle-ci est inférieur à 115,30 €, cette aide prend la forme d'une allocation différentielle. Le montant de la pension alimentaire prévu par l'accord auquel l'organisme débiteur des prestations familiales a donné force exécutoire n'est pris en compte pour le calcul de cette allocation différentielle que s'il est égal ou supérieur au seuil minimal précité (CSS, art. R. 523-3-2).

En cas de changement de situation susceptible d'entraîner la révision de la contribution à l'entretien et à l'éducation de l'enfant et d'avoir une incidence sur le droit à l'ASF différentielle, le droit à cette allocation est réexaminé.

B Conditions d'utilisation

471 **Nature des créances :**

- pension alimentaire due aux enfants (C. civ., art. 203) ;
- contribution aux charges du mariage (C. civ., art. 214) ;
- pension alimentaire des enfants à leur père, mère et ascendants (C. civ., art. 205) et des gendres et belles-filles envers leurs beaux-parents et réciproquement (C. civ., art. 206 et 207) ;
- prestation compensatoire versée sous forme de rente (C. civ., art. 276) ;
- rente attribuée en cas de séparation de corps (C. civ., art. 303) ;
- subsides alloués aux enfants nés hors mariage (C. civ., art. 342) ;
- pension alimentaire de l'adoptant envers l'adopté et réciproquement (C. civ., art. 367) ;
- pension alimentaire pesant sur la succession (C. civ., art. 758 et 767) ;
- les créances des administrations publiques subrogées dans les droits d'un créancier d'aliments (CPC ex., art. L. 213-5, al. 2) ;
- les créances des organismes débiteurs de prestations familiales (CSS, art. L. 581-8). Lorsqu'un organisme débiteur de prestations familiales agit pour le compte d'un créancier d'aliments, il peut lui-même former la demande de paiement direct (CPC ex., art. L. 213-5, al. 3).

La créance doit nécessairement avoir forme de pension. Seules les voies d'exécution classiques sont donc utilisables en vue de forcer le versement d'un capital.

Fixation préalable des créances par décision de justice exécutoire : tel que cela résulte du Code de procédure civile d'exécution (CPC ex., art. L. 213-1, al. 2). La procédure de paiement direct est inapplicable lorsque la pension alimentaire résulte non d'une décision de justice, mais d'un contrat judiciaire entre les parties (Cass. 2e civ., 7 mars 2002, n° 00-11.228 : *JurisData* n° 2002-013330).

Non-paiement d'une échéance à son terme : dès qu'une échéance de la pension n'est pas versée à son terme, la procédure de paiement direct est recevable. Peu importe qu'il y ait eu des versements partiels. Aucune mise en demeure préalable n'est nécessaire (CPC ex., art. L. 213-1, al. 2. – Cass. 2e civ., 24 févr. 2005, n° 02-18.173 : *JurisData* n° 2005-027089).

Tiers débiteurs : ils doivent être « débiteurs de sommes liquides et exigibles envers le débiteur de la pension » (CPC ex., art. L. 213-1, al. 1er). Le créancier « peut notamment exercer ce droit entre les mains de tout débiteur de sommes dues à titre de rémunération, ainsi que de tout dépositaire de fonds » (CPC ex., art. L. 213-1, al. 1er).

Créances recouvrées :

- **échéances futures :** selon les modalités prévues dans la décision fixant la pension ;
- termes échus correspondant aux **six dernières échéances mensuelles** qui précèdent la notification de la procédure : le paiement de ces échéances est fractionné sur douze mois (CPC ex., art. L. 213-4).

EXEMPLE Pour une procédure mise en œuvre sur la base d'au moins une échéance arrivée à son terme et non payée, le créancier alimentaire se verra verser les sommes suivantes :
- l'intégralité des échéances futures, au rythme fixé initialement dans la décision de justice ;
- le douzième des arriérés (dans la limite des six derniers mois), sur les douze mois suivants.

Les échéances non payées et antérieures aux six derniers mois devront faire l'objet d'une procédure d'exécution classique (saisie-vente, saisie-attribution).

Paiement direct et surendettement : Le dispositif de traitement du surendettement des personnes physiques (C. consom., art. L. 711-1 et s., art. L. 713-1, L. 724-1, L. 733-15, L. 742-2) n'a pas d'incidence en principe sur la procédure de paiement direct. En revanche, la situation de surendettement du particulier peut être prise en considération par le juge lors de la fixation ou la modification de la pension alimentaire (CA Pau, ch. 2, sect. 2, 5 avr. 2016, n° 14/03221 : *JurisData* n° 2016-007360).

Paiement direct et procédures collectives : La procédure de paiement direct peut être exercée même après l'ouverture de la procédure collective à l'égard du débiteur (Cass. com., 15 juill. 1986 : *JurisData* n° 1986-001439 ; *Bull. civ.* 1986, IV, n° 158).

C Avis du professionnel

472 Si ce mode de recouvrement est naturellement mis en œuvre dès qu'une échéance n'a pas été payée à son terme et se révèle simple et efficace, il peut l'être aussi en dehors de toute carence du débiteur, à condition que ce dernier y ait consenti *ab initio* devant le juge, lors de la fixation de la pension alimentaire (CPC ex., art. R. 213-9). Dans la mesure où l'huissier de justice constitue l'acteur principal de la procédure de paiement direct, la mission de l'avocat consiste essentiellement, outre le choix et la saisine de l'huissier, à préparer efficacement le dossier du créancier.

ATTENTION **Dans la procédure ordinaire devant le juge de l'exécution (CPC ex., art. R. 121-22), ainsi que dans la procédure de paiement direct des pensions alimentaires en cas d'usage de mauvaise foi de la procédure (CPC ex., art. R. 213-8), le montant maximum de l'amende civile susceptible d'être prononcée passe de 3 000 à 10 000 € (D. n° 2017-892, 6 mai 2017, art. 67 : *JO* 10 mai 2017, texte n° 114 ; *Procédures* 2017, comm. 150, C. Laporte).**

- C. civ., art. 203, 205 à 207, 214, 276, 342, 367, 758 et 767.
- CPC ex., art. L. 213-1 à L. 213-5 et R. 213-1 à 213-10.

D Schéma procédural

473 • Saisine de l'huissier de justice par LRAR ou fax avec récépissé, même si la loi n'impose aucune forme particulière.
• Notification, par l'huissier de justice et dans les **huit jours** qui suivent celui où il a été saisi, de la demande de paiement direct au tiers débiteur de la pension par LRAR.
• Notification simultanée, par l'huissier de justice, de la demande de paiement direct au débiteur par LRAR.
• Accusé de réception, par le tiers débiteur, à l'huissier de justice, de la demande de paiement direct dans les **huit jours** suivant la notification, en précisant s'il est ou non en mesure d'y donner suite.
• Communication, par le tiers débiteur à l'huissier de justice, de toutes pièces et documents utiles à la mise en œuvre du paiement direct.
• Contestations possibles devant le JEX du domicile du débiteur : ces contestations n'ont pas d'effet suspensif.

II Préparation

A Informations préalables

474 La procédure de paiement direct est limitée aux termes échus pour les six derniers mois avant la notification de la demande, le surplus d'arriérés ne pouvant donner lieu qu'à une voie d'exécution classique.
Le créancier qui, de mauvaise foi, fait usage de la procédure de paiement direct, peut être condamné à une amende civile d'un montant maximum de 10 000 € (CPC ex., art. R. 213-8), outre des éventuels dommages-intérêts pour abus de droit. Le tiers débiteur qui, en dépit d'une demande qui lui a été notifiée, ne paie pas directement la pension due, peut être condamné au versement d'une amende prévue pour les contraventions de la cinquième classe (CPC ex., art. R. 213-5).

B Contrôles préalables

475 • Contrôler que le client est bien créancier d'une pension alimentaire au sens de la loi, et qu'une échéance n'a pas été payée.
• Contrôler qu'un tiers est bien débiteur de sommes liquides et exigibles à l'égard du débiteur de la pension.
• Contrôler les délais : la prescription quinquennale de droit commun s'applique aux actions en paiement des arrérages des pensions alimentaires, sachant que seuls les six derniers mois d'arriérés sont concernés par la procédure de paiement direct.

C Pièces nécessaires

476 • Décision de justice exécutoire fixant la pension alimentaire (ex. : jugement de divorce et signification du jugement).
• Échéancier des sommes non payées (dans la limite des six derniers mois).
• Nom, prénoms, profession, domicile, nationalité, date et lieu de naissance du créancier.
• Nom, prénoms et domicile du tiers débiteur ou, s'il s'agit d'une personne morale, sa dénomination, son siège social, capital social, numéro d'immatriculation RCS ou répertoire des métiers.
• Nom, prénoms, profession, domicile, nationalité date et lieu de naissance du débiteur.
Plus largement, il convient de transmettre à l'huissier de justice toutes pièces lui permettant d'identifier le débiteur et le tiers débiteur. Ainsi, le numéro de sécurité sociale du débiteur peut permettre de retrouver son employeur avec le concours de l'URSSAF à qui, tous les ans, chaque employeur envoie une déclaration nominative de salaires, portant notamment le nom et le numéro de sécurité sociale du salarié.

EXEMPLE L'acte de signification délivré, sans que soit recherché le lieu de travail du destinataire, doit être annulé comme non conforme aux prescriptions de l'article 659 du Code de procédure civile. En vertu des dispositions de l'article 503 du même code, le débiteur est bien fondé à voir subséquemment dire nulle la procédure de paiement direct diligentée à son encontre sur le fondement du jugement de divorce et en ordonner la mainlevée (CA Besançon, 1re ch. civ. et com., 20 oct. 2015, n° 14/01707).

D Coût de la procédure

477 • Honoraires libres de l'avocat.
• Émoluments de l'huissier de justice : ils sont dus par le débiteur de la pension alimentaire et non par le créancier. Aucune avance ne peut être demandée à ce dernier, quand bien même le paiement direct ne pourrait être obtenu ou le débiteur retrouvé. Dans ce cas, le Trésor public supporte la charge des frais d'huissier (CPC ex., art. R. 213-7).

III Procédure

A Assistance et représentation

478 Le créancier comme le débiteur d'aliments ne sont pas tenus de constituer avocat.

B Compétence

479 Un huissier de justice du lieu de résidence du créancier est seul compétent pour mettre en place une procédure de paiement direct.

C Rédaction de l'acte de saisine

480 Suite à la saisine de l'huissier de justice, la procédure débute par la notification de la demande du créancier au tiers débiteur et simultanément au débiteur de la pension.
Si les documents présentés par le créancier de la pension ne permettent pas de procéder à la notification, l'huissier doit mettre en œuvre, dans un délai de **huit jours**, les moyens lui permettant d'effectuer cette notification.

D Audience

481 Il n'existe pas d'audience dans le cadre de la procédure de paiement direct des pensions alimentaires.

E Décision

482 Dès lors qu'elle a été notifiée par l'huissier de justice, la demande de paiement direct vaut, **sans autre procédure**, attribution au créancier d'aliments, des sommes qui en font l'objet au fur et à mesure qu'elles deviennent exigibles.
Le tiers débiteur est dans l'obligation de verser directement au créancier les sommes réclamées « par préférence à tous autres créanciers » (CPC ex., art. L. 213-2, al. 2). En cas de présence d'autres créanciers d'aliments, il y a lieu à un paiement au marc le franc.

REMARQUE Si la procédure de paiement direct a échoué, le créancier d'aliments peut faire recouvrer sa pension par le Trésor public, grâce aux procédés particulièrement efficaces dont il dispose habituellement pour le recouvrement des contributions directes. Cette voie d'exécution de droit public constitue une voie complémentaire et subsidiaire par rapport à la procédure de paiement direct (L. n° 75-618, 11 juill. 1975, art. 1 et 2. – Cass. 1re civ., 11 févr. 2009, n° 07-16.993 : *JurisData* n° 2009-046978).

F Fin de la procédure

483 La fin de la procédure se produit :
– à l'initiative du créancier : l'huissier notifie alors au tiers débiteur la mainlevée de la procédure par lettre recommandée (CPC ex., art. R. 213-2, al. 1) ;
– à la demande du débiteur sur production, auprès de l'huissier de justice qui a diligenté la procédure, d'un certificat délivré par huissier attestant qu'un nouveau jugement a supprimé la pension ou qu'en vertu de la loi, elle a cessé d'être due (CPC ex., art. R. 213-2, al. 2) ;
– lorsque le tiers cesse d'être débiteur du débiteur de la pension. Le tiers débiteur, s'il est banquier, doit aviser dans les **huit jours** le créancier de la clôture ou de l'insuffisance de provision du compte du débiteur. S'il s'agit d'un employeur du débiteur, il doit informer le créancier dans les **huit jours** de la suspension ou de la cessation de la rémunération (CPC ex., art. R. 213-4).

G Recours ou contestation

484 Les contestations relatives à la procédure de paiement direct sont portées devant le juge de l'exécution de la juridiction dans le ressort de laquelle est situé le domicile du débiteur de la pension (CPC ex., art. R. 213-6).

ATTENTION L'action en contestation de la procédure de paiement direct ne porte pas sur le fond de la pension. Le JEX n'est pas compétent pour en réviser le montant. Cela ressort de la compétence du juge aux affaires familiales.

CHECK-LIST
- **Vérifier que les conditions d'utilisation de la procédure de paiement direct sont remplies.**
- **Réunir les pièces nécessaires en vue de la saisine de l'huissier.**
- **Saisir un huissier de justice territorialement compétent.**
- **Le cas échéant, contester la mise en place d'une procédure de paiement direct devant le JEX.**

POUR ALLER PLUS LOIN...

Fascicules JurisClasseur
- *JCl. Civil Code*, Art. 205 à 211, Fasc. 30, par L. Leveneur.
- *JCl. Civil Code*, Art. 203 et 204, par L. Leveneur et Fr. Fatôme-Leveneur.
- *JCl. Civil Code*, Synthèse 80, par L. Leveneur.

Titre 6
Saisie des meubles corporels

Sommaire

Fiche 22 Mettre en œuvre une saisie-revendication 211
Fiche 23 Mettre en œuvre une saisie-appréhension 217
Fiche 24 Mettre en œuvre une saisie-vente de meubles corporels 223
Fiche 25 Contester une saisie-vente de meubles corporels 233
Fiche 26 Saisir les navires et bateaux 239
Fiche 27 Saisir le véhicule automobile 251

Fiche 22
Mettre en œuvre une saisie-revendication

Emmanuelle GAROT

Sommaire

I Aperçu rapide ... 211
A Éléments clés ... 211
B Textes ... 212
II Préparation ... 212
A Informations préalables ... 212
B Inventaire des solutions et éléments de décision ... 212
1 Qui peut mettre en œuvre la saisie-revendication ? ... 212
2 Entre les mains de qui peut-on pratiquer une saisie-revendication ? ... 213
3 Pour quel type de créance peut-on mettre en œuvre une saisie-revendication ? ... 213
4 Quels biens peuvent faire l'objet d'une saisie-revendication ? ... 214
5 Effets de l'ordonnance autorisant la saisie-revendication ... 214
III Mise en œuvre ... 214
A Coût de la procédure ... 214
B Compétence ... 214
C Ordonnance d'autorisation ... 215
1 Contenu ... 215
2 Caducité de l'autorisation ... 215
D Opération de saisie ... 215
1 Forme ... 215
2 Communication de l'acte de saisie ... 215
E Dénouement de la saisie-revendication ... 216
F Incidents ... 216
1 Contestation sur la validité de la saisie ... 216
2 Autres contestations ... 216

I
Aperçu rapide

A Éléments clés

485 La saisie-revendication n'est pas une mesure d'exécution forcée, mais une **mesure conservatoire** qui assure l'indisponibilité d'un bien meuble corporel.

Toute personne dépourvue de titre exécutoire, mais qui justifie être apparemment fondée à solliciter la remise ou la restitution d'un **bien meuble corporel**, peut pratiquer une saisie-revendication (CPC ex., art. L. 222-2).

Cette mesure doit être autorisée par ordonnance du juge de l'exécution (CPC ex., art. R. 222-17), sauf si le créancier se prévaut (CPC ex., art. L. 511-2) :

– d'un titre exécutoire ;
– d'une décision de justice qui n'a pas encore force exécutoire ;
– d'une lettre de change acceptée mais restée impayée, d'un billet à ordre ou d'un chèque ;
– d'un loyer resté impayé lorsqu'il résulte d'un contrat écrit de louage d'immeubles.

L'ordonnance du juge doit être exécutée dans un délai de **trois mois** à peine de caducité (CPC ex., art. R. 511-6).

La saisie-revendication est une mesure préparatoire à une saisie-appréhension, mesure d'exécution forcée qui en constitue l'issue (V. Fiche 23 : Mettre en œuvre une saisie-appréhension).

Le créancier qui veut former une saisie-appréhension peut, en attendant de voir celle-ci menée à son terme, rendre immédiatement indisponibles les biens appelés à être livrés ou restitués.

> CONSEIL **En possession d'un titre exécutoire : le créancier aura tout intérêt à mettre directement en œuvre une saisie-appréhension, mesure d'exécution forcée (**V. **Fiche 23 : Mettre en œuvre une saisie-appréhension****).**
> **En l'absence de titre exécutoire : la solution la plus simple, la plus rapide et la moins coûteuse consiste à obtenir du juge de l'exécution une décision d'injonction de délivrer ou de restituer qui constitue un titre exécutoire et permettra d'entreprendre directement une saisie-appréhension (**V. **Fiche 10 : Obtenir une injonction de délivrer ou de restituer****).**
> **En cas d'opposition à l'ordonnance d'injonction de délivrer ou de restituer, une saisie-revendication pourra alors être diligentée à titre conservatoire.**

B Textes

- C. civ., art. 2332.
- C. pén., art. 314-6.
- CPC ex., art. L. 222-2, R. 222-17 à R. 222-25.

II Préparation

A Informations préalables

486 • Le créancier dispose-t-il d'un titre exécutoire ou d'une décision de justice qui n'a pas encore force exécutoire ?
• Dispose-t-il d'éléments de preuve pour démontrer sa qualité apparente de propriétaire ? Est-il vendeur d'une chose impayée ?
• Le débiteur fait-il l'objet d'une procédure d'insolvabilité ?
• Quel bien voudrait-il saisir ? Recherche-t-il à rendre indisponibles des biens qui garnissaient un immeuble loué ?
• Les biens sont-ils détenus par un tiers ?

B Inventaire des solutions et éléments de décision

1 Qui peut mettre en œuvre la saisie-revendication ?

a) Qualité du créancier

487 Tout créancier qui justifie d'un droit apparent sur le bien et qui a obtenu l'autorisation du juge peut mettre en œuvre une saisie-revendication.
La qualité de propriétaire n'est pas exigée pour exercer une saisie-revendication, il suffit que le créancier soit apparemment fondé à requérir la délivrance ou la restitution d'un bien (CPC ex., art. L. 222-2).
Il appartient à celui qui sollicite une mesure de saisie-revendication d'établir le caractère apparent du droit qu'il invoque (Cass. 2e civ., 31 mai 2001, n° 99-11.107 : *JurisData* n° 2001-010296).
La preuve est libre et ses éléments relèvent de l'appréciation souveraine du juge de l'exécution (JEX).
Il n'appartient pas au JEX de statuer sur la propriété du bien, mais seulement de vérifier en appréciant souverainement les éléments de preuve s'il existe une apparence, ou un principe de droit de propriété au profit des requérants (CA Orléans, 2 févr. 2006, n° 04/03466 : *JurisData* n° 2006-313174).

b) Autorisation du juge

488 Pour procéder à la saisie-revendication, une autorisation préalable du juge, délivrée sur requête, est nécessaire (CPC ex., art. R. 222-17, al. 1er).
L'ordonnance portant autorisation doit désigner (CPC ex., art. R. 222-17, al. 2) :
– le bien qui peut être saisi ;
– l'identité de la personne tenue de le délivrer ou de le restituer.
L'autorisation est alors opposable à tout détenteur du bien désigné (CPC ex., art. R. 222-17, al. 2).
Mais l'autorisation du juge n'est pas nécessaire (CPC ex., art. L. 511-2) :
– lorsque le créancier se prévaut d'une décision de justice qui n'a pas encore force exécutoire ;

– lorsque le créancier se prévaut d'un titre exécutoire ;

EXEMPLE Sont des **titres exécutoires** (CPC ex., art. L. 111-3) :
– les décisions des juridictions de l'ordre judiciaire ou de l'ordre administratif, lorsqu'elles ont force exécutoire, ainsi que les accords auxquels ces juridictions ont conféré force exécutoire ;
– les actes et les jugements étrangers ainsi que les sentences arbitrales déclarés exécutoires par une décision non susceptible d'un recours suspensif d'exécution, sans préjudice des dispositions du droit de l'Union européenne applicables ;
– les extraits de procès-verbaux de conciliation signés par le juge et les parties ;
– les actes notariés revêtus de la formule exécutoire ;
– les accords par lesquels les époux consentent mutuellement à leur divorce par acte sous signature privée contresignée par avocats, déposés au rang des minutes d'un notaire selon les modalités prévues à l'article 229-1 du Code civil ;
– le titre délivré par l'huissier de justice en cas de non-paiement d'un chèque ou en cas d'accord entre le créancier et le débiteur dans les conditions prévues à l'article L. 125-1 ;
– les titres délivrés par les personnes morales de droit public qualifiés comme tels par la loi, ou les décisions auxquelles la loi attache les effets d'un jugement.

– lorsque le créancier dispose d'une lettre de change acceptée mais restée impayée, d'un billet à ordre ou d'un chèque ;
– en cas d'un loyer resté impayé, dès lors qu'il résulte d'un contrat écrit de louage d'immeubles.

ATTENTION **Un bailleur est dispensé de l'autorisation du juge si :**
– il revendique les meubles garnissant la maison louée dans les quinze jours suivant le déplacement des biens sans qu'il ait donné son consentement ;
– il revendique les matériels garnissant la ferme louée dans les quarante jours suivant le déplacement des biens sans qu'il ait donné son consentement.
Cette possibilité résulte de l'article 2332 du Code civil qui confère au bailleur un privilège sur les meubles qui garnissent les lieux loués pour garantir le règlement de tous les loyers échus et à échoir, à condition que le bail authentique ou sous seing privé ait date certaine.

2 Entre les mains de qui peut-on pratiquer une saisie-revendication ?

489 La saisie-revendication peut être pratiquée entre les mains :
– de tout **débiteur d'une obligation de délivrer ou restituer** un bien meuble corporel ;
– d'un **tiers détenteur** ;

REMARQUE Dans le cas d'une saisie-revendication pratiquée entre les mains d'un tiers détenteur, la règle énoncée à l'article 2276 du Code civil s'applique : en fait de meubles, la possession vaut titre (C. civ., art. 2276, al. 1).
Il est donc possible de pratiquer une saisie-revendication entre les mains d'un tiers mais ce dernier peut s'opposer à la remise du bien concerné arguant qu'il en est le possesseur et donc le propriétaire.
Cette règle ne s'applique pas au possesseur est de mauvaise foi, contre lequel l'action en revendication est toujours possible après la saisie-revendication. Dans ce cas la bonne foi étant présumée, le demandeur à l'action devra prouver la mauvaise foi du détenteur du bien.

Si la saisie-revendication est pratiquée dans un local servant à l'habitation d'un tiers détenteur du bien, une autorisation préalable spéciale du juge est nécessaire (CPC ex., art. R. 222-20).

ATTENTION **À la différence de l'action en revendication, la saisie-revendication est une mesure conservatoire entrant dans la catégorie des voies d'exécution qui sont interrompues par le jugement d'ouverture d'une procédure collective (C. com., art. L. 622-21).**
De même, la décision déclarant l'ouverture d'une procédure de surendettement emporte suspension et interdiction des procédures d'exécution diligentées à l'encontre des biens du débiteur (C. consom., art. L. 331-3-1).

3 Pour quel type de créance peut-on mettre en œuvre une saisie-revendication ?

490 La saisie-revendication étant permise à toute personne apparemment fondée à requérir la délivrance ou la restitution d'un bien meuble corporel, la justification d'une créance liquide

et exigible ne constitue pas une condition de la saisie-revendication (CA Angers, 9 juin 1997 : *JurisData* n° 1997-043651).

4 Quels biens peuvent faire l'objet d'une saisie-revendication ?

491 La saisie-revendication s'applique à tous les **biens meubles corporels**.

EXEMPLE • Des documents (CA Paris, 21 déc. 2006, n° 06/09717 : *JurisData* n° 2006-327871).
• Un cheval (CA Caen, 20 mai 2008 : *JurisData* n° 2008-372388).
• Un véhicule (CA Paris, 5 janv. 2006, n° 05/11183 : *JurisData* n° 2006-306417).
• Un hélicoptère (CA Orléans, 2 févr. 2006, n° 04/03466 : *JurisData* n° 2006-313174).
• Des objets souvenirs de famille (Cass. 2e civ., 29 mars 1995, n° 93-18.769 : *JurisData* n° 1995-000893).
• Un navire : les dispositions des articles L. 5114-20 et suivants du Code des transports, régissant exclusivement la saisie conservatoire et la saisie-exécution des navires, ou celles de la Convention de Bruxelles du 10 mai 1952, qui ne concernent que la saisie conservatoire, n'excluent pas la possibilité d'une saisie-revendication d'un navire (Cass. com., 15 déc. 2015, n° 14-12.348 : *JurisData* n° 2015-028175). Les dispositions spéciales régissant la saisie conservatoire et la saisie-exécution des navires n'excluent pas la possibilité de pratiquer une saisie-revendication dans les conditions du droit commun régi par le Code des procédures civiles d'exécution, peu important le tonnage du navire et son immatriculation comme bâtiment de mer (Cass. com., 16 sept. 2014, n° 13-17.892 : *JurisData* n° 2014-021311 ; *Procédures* 2015, comm. 42, Ch. Laporte ; *Rev. dr. transp.* 2014, comm. 61, M. Ndende).

ATTENTION **L'exigence d'une menace portant sur le bien n'est pas nécessaire.**

5 Effets de l'ordonnance autorisant la saisie-revendication

492 L'ordonnance autorisant la saisie-revendication n'est qu'une **mesure conservatoire**, elle a seulement pour effet de rendre le bien **indisponible** entre les mains du détenteur.
L'ordonnance est **opposable à tout détenteur** du bien désigné (CPC ex., art. R. 222-17, al. 2), alors même que le détenteur ne serait pas expressément visé dans l'ordonnance.
Le détenteur est institué gardien du bien par l'acte de saisie, ce qui lui interdit de l'aliéner ou de le déplacer librement, sous peine d'encourir des sanctions pénales du chef de détournement d'objet saisi (C. pén., art. 314-5 et 314-6).
Le déplacement est néanmoins possible si les circonstances le rendent nécessaires et à condition d'en avoir préalablement informé le saisissant.

III
Mise en œuvre

A Coût de la procédure

493 • Frais d'huissier d'un montant variable, comprenant un droit proportionnel.
• Honoraires libres d'avocat.

B Compétence

494 Le juge compétent est le JEX du lieu où demeure la personne tenue de l'obligation de délivrer ou de restituer le bien saisi (CPC ex., art. R. 222-18, al. 3 et R. 511-2).
L'autorisation peut être accordée par le président du tribunal de commerce si la créance relève de la compétence d'une juridiction commerciale (CPC ex., art. R. 222-18, al. 3).

EXEMPLE Le tribunal de commerce est compétent pour connaître des contestations sur la saisie-revendication d'un aéronef d'une société en liquidation judiciaire (CA Paris, ch. 3, sect. B, 20 déc. 2007, n° 07/14822 : *JurisData* n° 2007-355198).

C Ordonnance d'autorisation

1 Contenu

495 L'ordonnance portant autorisation de procéder à la saisie-revendication désigne (CPC ex., art. R. 222-17, al. 2) :
- le bien qui peut être saisi ;
- l'identité de la personne tenue de le délivrer ou de le restituer.

Cette autorisation est opposable à tout détenteur du bien désigné (CPC ex., art. R. 222-17, al. 2).
Il n'est pas nécessaire que l'ordonnance mentionne le montant de la créance garantie par le bien objet de la future remise, surtout si le litige ne porte pas dessus (CA Paris, 20 mars 2003, n° 2002/14863 : *JurisData* n° 2003-208334).
L'ordonnance peut préciser les modalités pratiques à mettre en œuvre pour effectuer la saisie-attribution.

EXEMPLE Le recours à un serrurier peut être expressément prévu dans l'ordonnance d'autorisation. Dans ce cas, aucune faute ne peut être alléguée par la débitrice saisie en cas de dommages causés à sa serrure dus uniquement à son refus de coopérer (CA Paris, 20 mars 2003, n° 2002/14863 : *JurisData* n° 2003-208334).

2 Caducité de l'autorisation

496 L'autorisation est caduque :
- si la mesure n'a pas été exécutée dans le délai de **trois mois** à compter de l'ordonnance d'autorisation de la saisie-revendication (CPC ex., art. R. 511-6) ;
- si le créancier n'a pas, **dans le mois** qui suit l'exécution de la saisie, introduit une procédure ou accomplit les mesures nécessaires en vue de l'obtention d'un titre exécutoire (CPC ex., art. R. 511-7, al. 1) ;
- lorsque la mesure est pratiquée entre les mains d'un tiers, si le créancier ne lui signifie pas une copie des actes attestant les diligences requises dans un délai de **huit jours** à compter de leur date (CPC ex., art. R. 511-8).

D Opération de saisie

497 Avant de procéder à la saisie, l'huissier doit présenter à la personne tenue de la remise ou au tiers détenteur du bien l'ordonnance autorisant la saisie ou le titre exécutoire (CPC ex., art. R. 222-20, al. 1). Ces documents doivent être annexés à l'acte de saisie dressé par l'huissier de justice (CPC ex., art. R. 222-21, al. 2, 1°).

1 Forme

498 À peine de nullité, l'acte de saisie comporte (CPC ex., art. R. 222-21, al. 2) :
- la mention de l'autorisation du juge ou du titre en vertu duquel la saisie est pratiquée ; ces documents sont annexés à l'acte s'il s'agit d'un acte notarié, il est seulement fait mention de la nature du titre ;
- la désignation détaillée du bien saisi ;
- si le détenteur est présent : sa déclaration au sujet d'une éventuelle saisie antérieure sur le même bien ;
- la mention, en caractères très apparents, que le bien saisi est placé sous la garde du détenteur, qui ne peut ni l'aliéner ni le déplacer, sauf si une cause légitime rend le déplacement nécessaire, sous peine des sanctions prévues à l'article 314-6 du Code pénal, et qu'il est tenu de faire connaître la saisie-revendication à tout créancier qui procéderait à une saisie sur le même bien ;
- la mention, en caractères très apparents, du droit de contester la validité de la saisie et d'en demander la mainlevée au juge compétent (CPC ex., art. R. 222-18, al. 3) ;
- la désignation de la juridiction devant laquelle sont portées les contestations relatives à l'exécution de la saisie ;
- l'indication, le cas échéant, des nom, prénom et qualité des personnes qui ont assisté aux opérations de saisie, lesquelles apposent leur signature sur l'original et les copies de l'acte ; en cas de refus, il en est fait mention dans l'acte ;
- la reproduction de l'article 314-6 du Code pénal ainsi que celle des articles L. 222-2, R. 222-17, R. 222-18 et R. 511-5 à R. 511-8 du Code des procédures civiles d'exécution.

2 Communication de l'acte de saisie

499 **Détenteur présent :**
Dans ce cas l'huissier de justice doit lui rappeler verbalement (CPC ex., art. R. 222-22, al. 1er) :
- que le bien est placé sous sa garde ;
- qu'il ne peut ni aliéner ni déplacer le bien, sauf si le déplacement est rendu nécessaire par une cause légitime, sous peine de sanction pénale ;
- qu'il est en droit de contester la validité de la saisie et d'en demander la mainlevée au juge qui l'a autorisée.

Il est fait mention de ce rappel dans l'acte.
Détenteur n'ayant pas assisté aux opérations de saisie :
Lorsque le détenteur n'a pas assisté aux opérations de saisie, une copie de l'acte lui est signifiée (CPC ex., art. R. 222-22, al. 4).
Le détenteur a alors **huit jours** pour porter à la connaissance de l'huissier de justice toute information relative à l'existence d'une éventuelle

saisie antérieure sur le bien et lui en communiquer le procès-verbal (CPC ex., art. R. 222-22, al. 4).
Saisie pratiquée entre les mains d'un tiers détenteur du bien :
L'acte de saisie doit être signifié dans un délai de **huit jours** au plus tard à celui qui est tenu de délivrer ou de restituer le bien (CPC ex., art. R. 222-22, al. 2).
Une copie de l'acte portant les mêmes signatures que l'original est immédiatement remise au tiers détenteur. Cette remise vaut signification (CPC ex., art. R. 222-22, al. 3).

E Dénouement de la saisie-revendication

500 **Délivrance spontanée du détenteur.** Si le détenteur des meubles accepte de les délivrer ou de les restituer spontanément, la saisie perd sa raison d'être. Il devra être procédé à la mainlevée de la saisie.
Refus de délivrance du détenteur des meubles :
– si le créancier n'a pas de titre exécutoire, il doit engager ou poursuivre une procédure permettant d'obtenir ce titre dans un délai d'**un mois** qui suit la mesure conservatoire, à peine de caducité (CPC ex., art. R. 222-24). Le créancier pourra ensuite recourir à une saisie-appréhension ;
– si le créancier a déjà un titre exécutoire, il peut utiliser directement la saisie-appréhension (V. Fiche 23 : Mettre en œuvre une saisie-appréhension).

F Incidents

1 Contestation sur la validité de la saisie

501 La validité de la saisie peut être constatée par le débiteur tenu de la remise ou par le tiers détenteur du bien.

Le défaut de régularité est sanctionné par la mainlevée de la saisie-revendication (CPC ex., art. R. 222-18) ainsi que par de possibles dommages et intérêts.
Le JEX compétent est celui qui a autorisé la mesure ou celui du lieu où demeure le débiteur de la remise ou de la restitution.
Rappel : lorsque le fondement de la saisie relève de la juridiction commerciale, la demande de mainlevée peut être portée, avant tout procès, devant le président du tribunal de commerce du lieu où demeure le débiteur (CPC ex., art. R. 222-18, al. 3, *in fine*).

2 Autres contestations

502 D'autres incidents peuvent concerner l'exécution même de la saisie ou le bien-fondé de celle-ci. Le JEX compétent est alors celui du lieu de situation du bien (CPC ex., art. 222-19).

EXEMPLE L'auteur de la contestation peut soutenir que :
– le revendiquant n'a aucun droit réel sur le bien ;
– la créance garantie par le bien est éteinte par l'effet d'un paiement, d'une prescription ou d'une compensation.

CHECK-LIST **Vérifier :**
– l'existence d'un titre exécutoire ;
– l'existence d'une autorisation judiciaire ;
– l'opportunité de rendre indisponibles les biens appelés à être livrés ou restitués.

VOIR AUSSI Modèle 17 : Assignation en mainlevée de saisie-revendication.
Modèle 18 : Requête aux fins de désignation d'un séquestre d'un bien faisant l'objet d'une saisie-revendication.

POUR ALLER PLUS LOIN...

Fiches pratiques
- V. Fiche 10 : Obtenir une injonction de délivrer ou de restituer.
- V. Fiche 23 : Mettre en œuvre une saisie-appréhension.

Fascicules JurisClasseur
- *JCl. Procédure civile*, Fasc. 2380.
- *JCl. Voies d'exécution*, Fasc. 1001.
- *JCl. Voies d'exécution*, Fasc. 1005.

Fiche 23
Mettre en œuvre une saisie-appréhension

Emmanuelle GAROT

Sommaire

I Aperçu rapide ... 217
A Éléments clés ... 217
B Textes ... 218
II Préparation ... 218
A Informations préalables ... 218
B Inventaire des solutions ... 218
1 Quels titres sont requis ? ... 218
2 Quels biens peuvent faire l'objet d'une saisie-appréhension ? ... 219
3 Quelles obligations justifient une saisie-appréhension ? ... 219
4 À l'égard de qui peut-on pratiquer une saisie-appréhension ? ... 219
III Mise en œuvre ... 219
A Appréhension entre les mains de la personne tenue de la remise ... 219
1 Débiteur présent ... 219
2 Débiteur absent ... 220
B Remise du bien ... 220
1 Remise au propriétaire ... 220
2 Remise au créancier gagiste ... 220
C Appréhension entre les mains d'un tiers ... 220
1 En l'absence de difficulté soulevée par le tiers ... 221
2 En cas de difficulté soulevée par le tiers ... 221

I
Aperçu rapide

A Éléments clés

503 La saisie-appréhension est une mesure d'exécution particulière en ce qu'elle ne tend pas au recouvrement d'une créance, mais permet au créancier d'une obligation de délivrance d'entrer en possession du meuble corporel objet de la créance.

La saisie-appréhension étant une mesure d'exécution forcée, elle ne peut intervenir :

– que si le créancier justifie :
• d'un titre exécutoire (CPC ex., art. L. 111-2 et R. 222-1, al. 1er),
• d'une autorisation du juge de l'exécution (CPC ex., art. L. 222-1) ;

– et qu'après délivrance d'un commandement de délivrer ou de restituer (CPC ex., art. R. 222-2).

La saisie-appréhension peut être pratiquée entre les mains :

– de la personne tenue de la remise ;
– d'un tiers et dans les locaux d'habitation de ce dernier sur autorisation du juge de l'exécution (CPC ex., art. L. 222-1, al. 3).

ATTENTION La saisie-appréhension vaut pour tous les meubles corporels.
Des règles spécifiques sont prévues pour :
– la saisie des véhicules terrestres à moteur (CPC ex., art. R. 223-1 à R. 223-13. –

V. **Fiche 27 : Saisir le véhicule automobile**) ;
– **la saisie des biens placés dans un coffre-fort (CPC ex., art. R. 224-1 à R. 224-12).**
La saisie-appréhension est exclue pour les immeubles par nature et par destination.

B Textes

- CPC, art. 495, 503, 513.
- CPC ex., art. L. 111-2, L. 111-3, L. 222-1, R. 222-1 à R. 222-16.
- C. civ., art. 2276, 2286.

II Préparation

A Informations préalables

504 Vérifier que le créancier justifie bien :
– d'un **titre exécutoire**, le plus souvent une décision de justice condamnant le débiteur à livrer ou restituer un meuble corporel (V. la liste des titres, CPC ex., art. L. 111-3) ;
– d'une décision constatant l'obligation du débiteur de délivrer ou de restituer le bien réclamé.
Vérifier que l'obligation de remettre la chose est bien **exigible**, ce qui exclut la saisie-appréhension lorsque :
– l'obligation est assortie :
- d'un terme,
- d'une condition suspensive ;

– le titre n'est pas encore exécutoire comme étant frappé d'une voie de recours.

> **ATTENTION** **Si l'obligation n'est pas encore exigible ou si le titre n'est pas encore exécutoire, par exemple si l'injonction du juge de restituer ou de délivrer est frappée d'opposition** (V. **Fiche 10 : Obtenir une injonction de délivrer ou de restituer**), **il est possible de pratiquer une mesure de saisie-revendication** (V. **Fiche 22 : Mettre en œuvre une saisie-revendication**).

S'assurer que le débiteur, personne morale, ne fait pas l'objet d'une procédure collective en se procurant un **extrait K-bis.**

B Inventaire des solutions

1 Quels titres sont requis ?

505 **Appréhension en vertu d'un titre exécutoire.** Constitue un titre exécutoire impliquant obligation de délivrer ou de restituer (CPC ex., art. L. 111-3) :
– les décisions des juridictions de l'ordre judiciaire ou de l'ordre administratif lorsqu'elles ont force exécutoire, ainsi que les accords auxquels ces juridictions ont conféré force exécutoire ;
– les actes et les jugements étrangers ainsi que les sentences arbitrales déclarés exécutoires par une décision non susceptible d'un recours suspensif d'exécution, sans préjudice des dispositions du droit de l'Union européenne applicables ;
– les extraits de procès-verbaux de conciliation signés par le juge et les parties ;
– les actes notariés revêtus de la formule exécutoire ;
– les accords par lesquels les époux consentent mutuellement à leur divorce par acte sous signature privée contresignée par avocats, déposés au rang des minutes d'un notaire selon les modalités prévues à l'article 229-1 du Code civil ;
– le titre délivré par l'huissier de justice en cas de non-paiement d'un chèque ou en cas d'accord entre le créancier et le débiteur dans les conditions prévues à l'article L. 125-1 ;
– les titres délivrés par les personnes morales de droit public qualifiés comme tels par la loi, ou les décisions auxquelles la loi attache les effets d'un jugement.

Appréhension sur injonction du juge (V. Fiche 10 : Obtenir une injonction de délivrer ou de restituer).

À défaut de titre exécutoire : il peut être présenté une requête à fin d'injonction d'avoir à délivrer ou restituer un bien meuble déterminé (CPC ex., art. R. 222-11).
La requête est portée devant le juge de l'exécution (JEX) du lieu où demeure le débiteur et toute clause contraire est réputée non avenue.
Le juge saisi est tenu de relever d'office son incompétence.

ATTENTION **Lorsque le meuble se trouve entre les mains d'un tiers et dans les locaux d'habitation de ce dernier, il ne peut être appréhendé que sur autorisation préalable du JEX (CPC ex., art. L. 222-1, al. 3).**

2 Quels biens peuvent faire l'objet d'une saisie-appréhension ?

506 Seuls les **biens meubles corporels** sont susceptibles d'une saisie-appréhension (CPC ex., art. L. 222-1, R. 222-1).

ATTENTION **• Les logiciels sont des meubles incorporels, mais leur support est un bien matériel qui est susceptible d'être appréhendé (CA Versailles, 30 juin 1994 : *Gaz. Pal.* 1995, 1, p. 44, Y. Breban).**
• Des aéronefs peuvent être l'objet d'une saisie-appréhension (CA Versailles, 4 mai 1994 : *D.* 1994, inf. rap. p. 149. – TGI Bobigny, 5 févr. 1993 : *Gaz. Pal.* 1993, 1, p. 116, Renoux).
• Un véhicule terrestre à moteur immobilisé par l'huissier de justice (CPC ex., art. L. 223-2) ne peut être appréhendé que selon des règles particulières (CPC ex., art. R. 223-6).

3 Quelles obligations justifient une saisie-appréhension ?

507 Seules les **obligations de délivrance ou de restitution** sont susceptibles d'être forcées par le biais d'une saisie-appréhension (CPC ex., art. L. 222-1).
Une telle obligation peut être issue :
- d'une vente ;
- d'un contrat de bail d'habitation ;
- d'un crédit-bail ;
- d'un contrat de transport ;
- d'un échange ;
- d'un dépôt ;
- de l'anéantissement d'un contrat.

4 À l'égard de qui peut-on pratiquer une saisie-appréhension ?

508 Une saisie-appréhension peut être pratiquée entre les mains (CPC ex., art. L. 222-1) :
- de la **personne tenue de la remise** dont l'exécution est poursuivie, c'est-à-dire le débiteur tenu d'une obligation de restitution ou de délivrance en vertu d'un titre exécutoire ;
- d'un **tiers**, à savoir toute personne physique ou morale qui détient le bien litigieux :
  • soit pour le compte de la personne tenue de la remise (ex. : réparateur, dépositaire, transporteur, locataire),
  • soit pour son compte propre (ex. : acquéreur, donataire, qui peuvent alors se prévaloir de la règle selon laquelle en fait de meubles possession vaut titre, C. civ., art. 2276).

III Mise en œuvre

A Appréhension entre les mains de la personne tenue de la remise

1 Débiteur présent

509 L'huissier de justice demande à la personne tenue de la remise s'il accepte de s'exécuter.
Acceptation du débiteur
L'huissier lui notifie un commandement de délivrer ou de restituer indiquant, à peine de nullité (CPC ex., art. R. 222-2) :
- la mention du titre exécutoire en vertu duquel la remise est exigée ;
- l'indication que la personne tenue de la remise peut, dans un délai de **huit jours**, transporter à ses frais le bien désigné en un lieu et dans les conditions indiqués ;
- l'avertissement qu'à défaut de remise dans ce délai le bien peut être appréhendé à ses frais ;
- l'indication que les contestations peuvent être portées devant le JEX du lieu où demeure le destinataire de l'acte.

En cas de remise spontanée dans les huit jours, l'huissier dresse acte de la remise volontaire contenant le descriptif détaillé du bien. Le cas échéant, le bien peut être photographié et la photographie sera annexée à l'acte (CPC ex., art. R. 222-4).

À compter de cette remise, le débiteur n'est plus responsable des dégradations apportées au bien.

Refus du débiteur

Si le débiteur ne coopère pas, c'est-à-dire s'il refuse d'effectuer le transport du bien à ses frais, la seule présentation de la minute du titre exécutoire est suffisante pour pratiquer immédiatement une saisie-appréhension et la délivrance d'un commandement préalable à la mesure n'est dans ce cas pas nécessaire (CPC ex., art. L. 222-1 et R. 222-3).

Un acte d'appréhension contenant un état détaillé du bien est dressé et le cas échéant, le bien peut être photographié et la photographie annexée à l'acte (CPC ex., art. R. 222-4).

L'acte d'appréhension indique que les contestations pourront être portées devant le JEX du lieu du domicile du débiteur (CPC ex., art. R. 222-3, al. 2).

2 Débiteur absent

510 L'appréhension ne peut se faire immédiatement.

L'huissier de justice doit lui signifier un commandement de délivrer ou de restituer.

Le but de ce commandement est de donner une chance au débiteur absent de s'exécuter spontanément afin d'éviter le coût d'une appréhension.

Le commandement contient à peine de nullité (CPC ex., art. R. 222-2) :

- la mention du titre exécutoire en vertu duquel la remise est exigée ;
- l'indication que la personne tenue de la remise peut dans un délai de **huit jours**, transporter à ses frais le bien désigné en un lieu et dans les conditions indiquées ;
- l'avertissement qu'à défaut de remise dans ce délai, le bien pourra être appréhendé à ses frais ;
- l'indication que les contestations pourront être portées devant le JEX du domicile du débiteur de la remise.

> ATTENTION **La signification du commandement peut être simplifiée et apparaître dans le même acte que le jugement en vertu duquel la remise est exigée.**

B Remise du bien

1 Remise au propriétaire

511 Une fois le bien remis :

- si l'appréhension est effectuée au profit du propriétaire, l'exécution forcée est arrivée à son terme ;
- une copie de l'acte d'appréhension (contenant un état détaillé du bien) est remise ou notifiée par lettre recommandée avec demande d'avis de réception à la personne tenue de délivrer ou de restituer le bien, en vertu du titre exécutoire (CPC ex., art. R. 222-5).

2 Remise au créancier gagiste

512 L'acte de remise ou d'appréhension vaut saisie sous la garde du créancier (CPC ex., art. R. 222-6).

Sous réserve que le créancier n'ait pas demandé l'attribution judiciaire du gage, il est procédé à la vente selon les modalités de la vente amiable ou forcée en matière de saisie-vente (V. Fiche 24 : Mettre en œuvre une saisie-vente de meubles corporels).

> ATTENTION **Le créancier n'est pas obligé de faire vendre la chose pour être payé sur le produit de celle-ci ; il peut choisir l'attribution judiciaire du bien (C. civ., art. 2347) ce qui permet d'éviter tout concours sur le prix.**
> **Dans ce cas, si la valeur du bien excède le montant de la dette garantie, la somme égale à la différence est versée au débiteur ou consignée (C. civ., art. 2347).**

Un acte est remis ou signifié au débiteur (CPC ex., art. R. 222-6), contenant à peine de nullité :

- une copie de l'acte de remise ou d'appréhension, selon le cas ;
- l'indication du lieu où le bien est déposé ;
- le décompte distinct des sommes réclamées en principal, frais et intérêts échus ainsi que l'indication du taux des intérêts ;
- l'indication en caractères très apparents que le débiteur dispose d'un délai d'**un mois** pour procéder à la vente amiable du bien saisi, conformément aux articles R. 221-30 à R. 221-32 du Code des procédures civiles d'exécution et la date à partir de laquelle, à défaut de vente amiable dans ce délai, il pourra être procédé à la vente forcée aux enchères publiques ;
- la reproduction des articles R. 221-30 à R. 221-32 du Code des procédures civiles d'exécution, concernant la vente amiable.

C Appréhension entre les mains d'un tiers

513 L'huissier signifie au tiers détenteur du bien une sommation de le remettre (CPC ex., art. R. 222-7, al. 1).

Cette sommation est aussi dénoncée par lettre recommandée avec demande d'avis de réception à

la personne tenue de le délivrer ou de le restituer (CPC ex., art. R. 222-7, al. 1).
Celle-ci contient, à peine de nullité (CPC ex., art. R. 222-7, al. 2) :
- une copie du titre exécutoire en vertu duquel la remise est exigée (de son dispositif si c'est un jugement) ;
- une injonction d'avoir, dans un délai de **huit jours**, soit à remettre le bien désigné, soit à communiquer à l'huissier de justice les raisons pour lesquelles il s'oppose à la remise, sous peine de dommages et intérêts ;
- l'indication que les difficultés sont portées devant le JEX du lieu où demeure le destinataire de l'acte.

1 En l'absence de difficulté soulevée par le tiers

514 Si le tiers accepte de remettre le bien dans les huit jours de la sommation, il est dressé un acte de remise contenant un état détaillé du bien, acte qui lui est remis ou notifié (CPC ex., art. R. 222-4 et R. 222-10).

2 En cas de difficulté soulevée par le tiers

515 Le tiers peut s'opposer à la remise du bien, en invoquant soit son droit de rétention (C. civ., art. 2286), soit la prescription acquisitive (C. civ., art. 2276).
Le JEX du lieu du domicile du tiers est alors compétent pour connaître du litige (CPC ex., art. R. 222-8, al. 1).
Le JEX peut être saisi soit par le créancier de la remise, soit par le tiers, dans un délai d'**un mois** à compter de la sommation de remettre (CPC ex., art. R. 222-8, al. 2).
La demande est formée par assignation à la première audience utile du JEX (CPC ex., art. R. 121-11).

> ATTENTION **Le créancier saisissant devra faire preuve de vigilance quant aux délais pour agir et d'esprit d'initiative, car :**
> **- le créancier ne peut saisir le JEX qu'après l'expiration du délai de huit jours imparti pour la remise volontaire ;**
> **- si le JEX n'est pas saisi dans le mois qui suit le jour où la sommation a été signifiée, celle-ci et les mesures conservatoires qui auraient pu être prises deviennent caduques (CPC ex., art. R. 222-8, al. 2).**

Le JEX reconnaît le droit du tiers
La procédure est terminée : il est impossible pour le créancier de procéder à l'appréhension du bien entre les mains du tiers.
Le JEX ordonne la remise du bien
Sur la seule présentation de la décision du JEX prescrivant la remise du bien au requérant, l'huissier peut procéder à l'appréhension du bien (CPC ex., art. R. 222-9).

> ATTENTION **Une autorisation spéciale du JEX, délivrée sur requête, est nécessaire si le bien se trouve dans les locaux servant à l'habitation du tiers (CPC ex., art. R. 222-9).**

Il est dressé un acte d'appréhension, précisant un état détaillé du bien (CPC ex., art. R. 222-10).
Après l'enlèvement, la personne tenue de la remise en est informée, conformément aux modalités prévues aux articles R. 222-5 ou R. 222-6 du Code des procédures civiles d'exécution, selon qu'il s'agit d'une remise au propriétaire ou à un créancier gagiste (CPC ex., art. R. 222-5 et R. 222-6).

> CHECK-LIST **Vérifier :**
> **- l'existence d'un titre exécutoire ;**
> **- l'existence d'une autorisation du juge ;**
> **- l'existence de l'obligation de délivrer ou de restituer ;**
> **- la possibilité de diligenter la mesure d'exécution.**

> VOIR AUSSI Modèle 19 : Requête au juge de l'exécution aux fins d'appréhender entre les mains d'un tiers détenteur.

POUR ALLER PLUS LOIN...

Fiches pratiques
- V. Fiche 22 : Mettre en œuvre une saisie-revendication.
- V. Fiche 10 : Obtenir une injonction de délivrer ou de restituer.

Fascicules JurisClasseur
- *JCl. Procédure civile*, Fasc. 2380.
- *JCl. Voies d'exécution*, Fasc. 1001.

Fiche 24

Mettre en œuvre une saisie-vente de meubles corporels

Emmanuelle GAROT

Sommaire

I Aperçu rapide 223
A Éléments clés 223
B Textes 224
II Préparation 224
A Informations préalables 224
B Inventaire des solutions et éléments de décision 224
1 À l'égard de qui peut-on pratiquer une saisie-vente ? 224
2 Pour quel type de créance peut-on mettre en œuvre une saisie-vente ? 225
3 Quel bien peut faire l'objet d'une saisie-vente ? 225
4 Qui peut pratiquer la saisie-vente ? 226
5 Dans quel lieu peut être pratiquée la saisie-vente ? 226
6 Pièces nécessaires 226
III Mise en œuvre 227
A Coût de la procédure 227
B Commandement de payer 227
C Opération de saisie-vente 227
1 Délai 227
2 Réalisation de l'opération de saisie-vente 228
D Vente des biens saisis 230
1 Vente amiable 230
2 Vente forcée 231
E Contestations et incidents de saisie-vente 231

I

Aperçu rapide

A Éléments clés

516 La saisie-vente de meubles corporels permet d'immobiliser les biens mobiliers d'un débiteur et de procéder à leur vente afin de rembourser un créancier.

La saisie-vente est uniquement ouverte au créancier muni d'un titre exécutoire.

La créance doit être :

- certaine ;
- liquide ;
- exigible.

Les meubles corporels visés par la saisie-vente doivent appartenir au débiteur mais ne pas nécessairement être détenus par ce dernier (CPC ex., art. L. 221-1).

La saisie-vente de meubles corporels est obligatoirement subsidiaire lorsqu'elle tend au recouvrement de créances de faible montant (moins de 535 €) et porte sur des biens situés au lieu d'habitation du débiteur saisi.

Dans ce cas, il convient de diligenter soit une saisie de compte de dépôt (V. Fiche 17 : Mettre en œuvre une saisie-attribution), soit une saisie des rémunérations du travail (sauf pour les créances alimentaires, ou sur autorisation du juge de l'exécution. – V. Fiche 20 : Saisir les rémunérations du débiteur. – CPC ex., art. L. 221-2).

La procédure de saisie-vente débute par la signification au débiteur d'un commandement de payer (CPC ex., art. L. 221-1).
La saisie-vente est nécessairement pratiquée par un huissier de justice.
Si la saisie a lieu dans le local d'habitation d'un tiers sur des biens détenus pour le compte du débiteur, l'huissier de justice doit obtenir une autorisation du juge de l'exécution (CPC ex., art. L. 221-1).
Un délai de **huit jours** est obligatoire entre la signification du commandement et les opérations de saisie-vente (CPC ex., art. R. 221-10) qui ont pour objet de rendre indisponibles les biens saisis par le créancier poursuivant (CPC ex., art. R. 221-13).
Lors de la saisie, l'huissier de justice apprécie la consistance des biens saisis pour déterminer si la valeur est suffisante pour obtenir le paiement partiel ou total de la créance.
Les biens saisis font l'objet d'une vente amiable. À défaut, il est procédé à la vente aux enchères publiques des biens saisis.
Le créancier saisissant fait valoir ses droits sur le prix de vente.

ATTENTION **La saisie-vente des biens meubles corporels du débiteur présente l'intérêt d'inciter le débiteur à s'exécuter volontairement, mais cette procédure peut à terme aboutir à un résultat inégal qui dépendra de la valeur des meubles.**
Ce type de saisie engendre souvent d'importants frais dus à la multiplication possible d'incidents juridiques (sur les différentes voies d'exécution forcée et leurs intérêts spécifiques, V. **Fiche 4 : Contraindre à exécuter****).**

CONSEIL **Avant d'entamer la procédure et pour éviter des frais de recouvrement inutiles, le créancier à tout intérêt à saisir préalablement le débiteur ou son représentant pour savoir s'il entend s'exécuter spontanément.**

B Textes

- C. civ., art. 2284 et art. 2285.
- C. pén., art. 314-5 et art. 314-6.
- CPC, art. 503, al. 2, et art. 648.
- CPC ex., art. L. 112-1 à L. 112-4, art. L. 221-1 à L. 221-6, art. R. 221-1 à R. 221-40.

II Préparation

A Informations préalables

517 • S'agit-il d'une créance alimentaire ? Cette créance excède-t-elle 535 € ?
- Le créancier dispose-t-il d'un titre exécutoire ?
- De quelles pièces dispose le client ?
- Une procédure d'insolvabilité est-elle ouverte à l'encontre du débiteur ?
- Quelle est la valeur des biens envisagés pour la saisie ? Où sont-ils situés ?
- Les biens sont-ils susceptibles d'être qualifiés d'insaisissables ?
- Les biens du débiteur sont-ils détenus par un tiers ?

B Inventaire des solutions et éléments de décision

1 À l'égard de qui peut-on pratiquer une saisie-vente ?

518 La saisie-vente peut être pratiquée à l'encontre de tout débiteur, personne physique ou personne morale.

ATTENTION **L'ouverture d'une procédure d'insolvabilité à l'encontre du débiteur est de nature à empêcher la saisie-vente (C. com., art. L. 622-21).**

Débiteur personne morale
Vérifier que le débiteur ne fait pas l'objet d'une procédure collective (en se procurant un extrait K-bis s'il s'agit d'une personne morale).

Le jugement d'ouverture de la procédure collective arrête toute procédure d'exécution :
– tant sur les meubles que sur les immeubles ;
– de la part de tous les créanciers dont la créance n'est pas mentionnée au I de l'article L. 622-17 du Code de commerce (comp. C. com., art. L. 622-21, II).
L'arrêt des voies d'exécution implique la mainlevée d'une procédure de saisie-vente lorsqu'à la date du jugement d'ouverture, la vente n'a pas encore eu lieu (Cass. com., 27 mars 2012, n° 11-18.585 : *JurisData* n° 2012-005822. – V. aussi Cass. com., 21 sept. 2010, n° 09-15.117 : *JurisData* n° 2010-016638).

Débiteur personne physique

Pour vérifier la solvabilité du débiteur, il est aujourd'hui possible à l'huissier d'obtenir directement, auprès des administrations et organismes de l'État, des informations limitativement énumérées et à propos desquelles le secret professionnel ne peut pas lui être opposé :
– adresse du débiteur ;
– identité et adresse de son employeur ou de tout tiers débiteur ou dépositaire de sommes liquides ou exigibles ;
– composition de son patrimoine immobilier.

2 Pour quel type de créance peut-on mettre en œuvre une saisie-vente ?

a) Qualités de la créance

519 La créance doit être (CPC ex., art. L. 221-1) :
– **certaine** (existence incontestable) ;
– **liquide** (déterminée ou déterminable dans son montant) ;
– **exigible** (immédiatement payable sans être soumise à un terme ou délai non encore échu).

b) Créance constatée dans un titre exécutoire

520 Le créancier poursuivant doit être en mesure de justifier d'un titre exécutoire (CPC ex., art. L. 221-1), au sens de l'article L. 111-3 du Code des procédures civiles d'exécution, qui vise :
– les décisions des juridictions de l'ordre judiciaire ou de l'ordre administratif lorsqu'elles ont force exécutoire, ainsi que les accords auxquels ces juridictions ont conféré force exécutoire ;
– les actes et les jugements étrangers ainsi que les sentences arbitrales déclarés exécutoires par une décision non susceptible d'un recours suspensif d'exécution ;
– les extraits de procès-verbaux de conciliation signés par le juge et les parties ;
– les actes notariés revêtus de la formule exécutoire ;
– le titre délivré par l'huissier de justice en cas de non-paiement d'un chèque ou en cas d'homologation de l'accord entre le créancier et le débiteur dans les conditions prévues à l'article L. 125-1 ;
– les titres délivrés par les personnes morales de droit public qualifiés comme tels par la loi, ou les décisions auxquelles la loi attache les effets d'un jugement.
Si le titre dont l'exécution est poursuivie constitue un jugement, celui-ci devra être signifié au débiteur préalablement à la mise en œuvre de la saisie-vente (CPC, art. 503, al. 2).

> ATTENTION **Il peut être procédé à une saisie-vente en vertu d'une ordonnance de référé, exécutoire de plein droit, ou une décision assortie de l'exécution provisoire.**
> **Cette mesure est cependant entreprise aux risques et périls du créancier poursuivant en cas d'appel et d'infirmation par la cour de la décision rendue par les premiers juges.**

c) Montant de la créance

521 **Principe de subsidiarité** : Sauf s'il s'agit d'une créance alimentaire ou sur autorisation du juge de l'exécution (saisi sur requête), si le montant de la créance à recouvrer est inférieur à **535 €**, elle ne peut être pratiquée dans un local servant à l'habitation du débiteur **que si la saisie d'un compte de dépôt ou des rémunérations du travail s'est révélée impossible** (CPC ex., art. L. 221-2 et R. 221-2).
L'impossibilité de procéder à une saisie des rémunérations se trouve caractérisée lorsque le débiteur est sans emploi ou qu'un créancier privilégié rend illusoire tout espoir de recouvrement.

> ATTENTION **Le seuil de 535 €, applicable même lorsque le local d'habitation est une résidence secondaire, doit, en cas de paiement partiel, être calculé sur le reliquat du solde à payer (Cass. 2e civ., 18 juin 2009, n° 08-18.379 : *JurisData* n° 2009-048638 ; *Procédures* 2009, comm. 274, obs. R. Perrot ; *Bull. civ.* 2009, II, n° 169).**

3 Quel bien peut faire l'objet d'une saisie-vente ?

522 En principe, tous les **biens mobiliers corporels** peuvent faire l'objet d'une mesure d'exécution forcée, dès lors que :

– les biens appartiennent à la personne tenue de la dette motivant la saisie (C. civ., art. 2284. – CPC ex., art. R. 221-50) ;
– les biens ne sont pas insaisissables en raison de la loi (CPC ex., art. R. 112-2).
Certains biens sont exclus du domaine de la saisie-vente :
– objets indispensables aux personnes handicapées ou destinés aux besoins et à l'usage des personnes malades ;
– biens mobiliers nécessaires à la vie et au travail du débiteur saisi et de sa famille (V. CPC ex., art. R. 112-2, qui liste les biens insaisissables – un ordinateur utilisé pour la recherche d'un emploi doit être assimilé à un instrument nécessaire à l'exercice personnel d'une activité professionnelle et est, à ce titre, insaisissable, Cass. 2e civ., 28 juin 2012, n° 11-15.055 : *JurisData* n° 2012-014329).

ATTENTION **Spécificité de la saisie des sommes en espèces** (CPC ex., art. R. 221-20) :
Les sommes en espèces peuvent être saisies à concurrence du montant de la créance du saisissant.
Elles sont séquestrées entre les mains de l'huissier de justice.
Mention en est faite dans l'acte de saisie, lequel devant aussi indiquer, à peine de nullité, que le débiteur dispose d'un délai d'un mois à compter de la signification de l'acte pour former une contestation devant le juge de l'exécution (JEX) du lieu de la saisie qui est désigné dans l'acte.
En cas de contestation : à défaut d'ordonner le versement au créancier ou la restitution au débiteur, le JEX en ordonne la consignation auprès de la Caisse des dépôts et consignations.
À défaut de contestation dans le délai imparti : les sommes sont immédiatement versées au créancier.
Elles viennent en déduction des sommes réclamées.

CONSEIL **L'huissier de justice instrumentaire doit apprécier la consistance des biens saisis pour déterminer si leur valeur est suffisante pour obtenir le paiement partiel ou total de la créance et, dans le cas contraire, constater le caractère infructueux de la mesure entreprise, s'il ne veut pas s'exposer à la mise en cause de sa responsabilité.**
Le dispositif légal prévoit la mainlevée de toute mesure inutile ou abusive et la condamnation du créancier à des dommages et intérêts en cas d'abus de saisie (CPC ex., art. L. 121-2).

4 Qui peut pratiquer la saisie-vente ?

523 Seul l'huissier de justice est habilité à procéder à une saisie-vente et ce, dans les limites de son ressort territorial, à savoir celui du tribunal de grande instance de sa résidence.

5 Dans quel lieu peut être pratiquée la saisie-vente ?

524 La saisie peut être faite en tout lieu où se trouvent les biens mobiliers appartenant au débiteur, même s'ils sont détenus par un tiers (CPC ex., art. R. 221-9).
Pour procéder à une saisie-vente dans **le local d'habitation d'un tiers** sur les biens qu'il détient pour le compte du débiteur, l'huissier de justice doit obtenir une **autorisation sur requête du JEX** du lieu où demeure le débiteur, ou de celui du lieu de l'exécution de la mesure si le JEX est territorialement différent (CPC ex., art. L. 221-1).

6 Pièces nécessaires

525 L'huissier instrumentaire doit être en possession des éléments suivants :
– décompte précis des sommes dues en principal, intérêts et frais ;
– état civil complet du créancier poursuivant ;
– prénoms, nom et adresse ou siège social, coordonnées bancaires de l'employeur du débiteur saisi ;
– copie exécutoire du titre ;
– second original de l'acte de signification du titre exécutoire (s'il s'agit d'une décision de justice) ;
– pièces établissant l'irrecouvrabilité de la créance au moyen d'une saisie-attribution ou d'une saisie des rémunérations.

III
Mise en œuvre

A Coût de la procédure

526 Les frais d'huissier sont variables en fonction du montant de la créance et d'un droit proportionnel.
Les frais injustifiés du commandement de payer aux fins de saisie-vente et du procès-verbal de carence sont à la charge, non pas du débiteur, mais de l'auxiliaire de justice qui les a faits (Cass. 2e civ., 5 mai 2011, n° 10-15.977 : *JurisData* n° 2011-008118).

B Commandement de payer

527 **Forme**
À défaut d'exécution spontanée, la procédure de saisie-vente débute par la **signification** au débiteur d'un commandement de payer (CPC ex., art. L. 221-1 et R. 221-1).
Mentions obligatoires
Le commandement doit contenir, **à peine de nullité**, les mentions suivantes (CPC ex., art. R. 221-1 et R. 221-3. – CPC, art. 648) :
– la date de l'acte d'huissier ;
– les nom, prénoms, profession, domicile, nationalité, date et lieu de naissance du requérant personne physique ou la forme, la dénomination, le siège social et l'organe représentant si celui-ci est une personne morale ;
– les nom, prénoms, demeure et signature de l'huissier de justice ;
– les nom et domicile du destinataire ou sa dénomination et son siège social s'il s'agit d'une personne morale ;
– le titre exécutoire en vertu duquel les poursuites sont engagées ;
– le décompte des sommes réclamées en principal, frais et intérêts échus, ainsi que l'indication du taux des intérêts ; la mise en demeure d'avoir à payer la dette dans un délai de **huit jours** à compter de la signification de l'acte avec la précision selon laquelle à défaut de paiement dans le délai imparti, le débiteur pourra y être contraint par la vente forcée de ses biens meubles.

REMARQUE Le défaut de mention du poste des intérêts échus et de leur taux même s'il figure « pour mémoire » dans le corps de l'acte, justifie l'annulation du commandement dans la mesure où le débiteur se trouve dans l'impossibilité de calculer le montant exact de sa dette (CA Caen, 1re ch., sect. civ., 13 nov. 2007, n° 06/01048 : *JurisData* n° 2007-352120).
Le commandement de payer qui n'est pas un commandement à fin de saisie-vente et n'engage aucune mesure d'exécution n'a pas d'effet interruptif de prescription (Cass. 2e civ., 22 juin 2017, n° 16-17.277 : *JurisData* n° 2017-012256 ; *JCP* G 2017, 817, note S. Dorol).
Le commandement aux fins de saisie-vente qui n'est suivi d'aucun acte d'exécution, s'il cesse de produire effet, n'est pas pour autant frappé de caducité (Cass. 2e civ., 16 mars 2017, n° 16-12.610 : *JurisData* n° 2017-004640 ; *JCP* G 2017, 365, C. Laporte).

ATTENTION **Lorsque la saisie-vente est pratiquée dans un local d'habitation du débiteur et tend au recouvrement d'une créance autre qu'alimentaire inférieure à un montant de 535 €, le commandement préalable doit contenir injonction au débiteur de communiquer les nom et adresse de son employeur et les références de ses comptes bancaires ou l'un de ces deux éléments seulement (CPC ex., art. R. 221-3, 3°). Le silence du débiteur ne rend pas possible de ce seul fait la saisie-vente. Il permet à l'huissier de justice de s'adresser immédiatement et sans autre formalité au procureur de la République en vue d'obtenir l'identification de l'employeur ou des comptes de dépôt du débiteur (Cass., avis, 8 déc. 1995 : *Procédures* 1996, comm. 9, obs. R. Perrot).**

C Opération de saisie-vente

1 Délai

528 Un délai de **huit jours** doit obligatoirement s'être écoulé entre la signification du commandement et les opérations de saisie-vente (CPC ex., art. R. 221-10) qui ont pour objet de rendre indisponibles les biens saisis par le créancier poursuivant (CPC ex., art. R. 221-13).

CONSEIL Entre le commandement et la saisie, les biens restent disponibles ; il y a donc un risque de détournement des biens. Pour éviter cela, il peut être conseillé de pratiquer d'abord une saisie conservatoire qui est toujours possible lorsque le créancier détient un titre exécutoire (V. **Fiche 13 : Saisir les meubles à titre conservatoire**).

2 Réalisation de l'opération de saisie-vente

529 La saisie-vente peut être pratiquée entre les mains :
- du débiteur ;
- d'un tiers.

ATTENTION La saisie-vente ne peut (CPC ex., art. L. 141-1) :
- être effectuée un dimanche ou un jour férié, si ce n'est en vertu d'une autorisation du juge en cas de nécessité ;
- commencer avant 6 heures et après 21 heures, si ce n'est en vertu d'une autorisation du juge en cas de nécessité et seulement dans les lieux qui ne servent pas à l'habitation.

a) Entre les mains du débiteur

530 Avant toute opération de saisie, si le débiteur est présent, l'huissier de justice doit (CPC ex., art. R. 221-15) :
- réitérer verbalement au débiteur la demande de paiement ;
- l'informer qu'il est tenu de faire connaître les biens qui auraient fait l'objet d'une saisie antérieure.

Mentions obligatoires de l'acte de saisie

L'acte de saisie doit mentionner, à peine de nullité (CPC, art. 648. – CPC ex., art. R. 221-16) :
- la date de l'acte d'huissier ;
- les nom, prénoms, profession, domicile, nationalité, date et lieu de naissance du requérant personne physique ou la forme, la dénomination, le siège social et l'organe représentant si celui-ci est une personne morale ;
- les nom, prénoms, demeure et signature de l'huissier de justice ;
- les nom et domicile du destinataire ou sa dénomination et son siège social s'il s'agit d'une personne morale ;
- la référence du titre en vertu duquel la saisie est pratiquée ;
- la désignation détaillée des biens saisis ;
- la déclaration au sujet d'une éventuelle saisie antérieure portant sur les mêmes biens ;
- l'indication en caractères très apparents, que les biens saisis sont indisponibles, qu'ils sont placés sous la garde du débiteur, qu'ils ne peuvent être ni aliénés ni déplacés si ce n'est dans le cas prévu au deuxième alinéa de l'article R. 221-13 du Code des procédures civiles d'exécution, sous peine des sanctions prévues à l'article 314-6 du Code pénal, et que le débiteur est tenu de faire connaître la présente saisie à tout créancier qui procéderait à une nouvelle saisie sur les mêmes biens ;
- l'indication de la faculté ouverte au débiteur de vendre à l'amiable les biens saisis dans le délai d'**un mois** à compter de la saisie en caractères très apparents dans l'acte de saisie ;
- la désignation de la juridiction compétente pour connaître des contestations relatives à la saisie-vente. Celles-ci doivent être portées devant le JEX du lieu de la saisie (CPC ex., art. R. 221-40) ;
- l'identité des personnes ayant assisté aux opérations de saisie-vente, lesquelles doivent apposer leur signature sur l'original et les copies ;
- la reproduction des dispositions des articles 314-5 et 314-6 du Code pénal avec indication des sanctions prescrites par l'article 314-6 et reproduction des articles R. 221-30 à R. 221-32 du Code des procédures civiles d'exécution.

ATTENTION L'omission de la signature de l'huissier de justice sur un procès-verbal de saisie-vente constitue un simple vice de forme (Cass. 2e civ., 15 janv. 2009, n° 08-11.446 : *JurisData* n° 2009-046592).

Présence du débiteur dans les lieux

L'huissier de justice :
- s'il ne trouve **rien à saisir**, ou si les biens sont dépourvus de valeur marchande, dresse un procès-verbal de carence (CPC ex., art. R. 221-14) ;
- s'il trouve des **biens saisissables**, en dresse sur le champ l'inventaire ;
- fait injonction au débiteur de lui déclarer l'existence d'une précédente saisie portant sur les mêmes biens ;
- enjoint au débiteur saisi de faire connaître à tout nouveau créancier saisissant, lors d'une nouvelle saisie des mêmes biens, la présente saisie ;
- informe le débiteur des conséquences pratiques de l'acte de saisie à savoir l'indisponibilité des biens placés sous sa garde à peine des sanctions des articles 314-5 et 314-6 du Code pénal (CPC ex., art. R. 221-17) ;
- informe verbalement le débiteur présent aux opérations de saisie, de la faculté qui lui est ou-

verte de procéder à la vente à l'amiable des biens saisis (CPC ex., art. R. 221-17) ;
- indique au débiteur qu'il dispose d'un délai d'**un mois** pour vendre les biens saisis à l'amiable et que, passé ce délai et à défaut de paiement des sommes dues, la vente forcée des biens sera engagée (CPC ex., art. R. 221-17) ;
- fait mention de ce rappel verbal dans le corps même du procès-verbal de saisie (CPC ex., art. R. 221-17).

> ATTENTION **L'huissier de justice peut photographier les objets saisis ; photographies qu'il conserve aux fins de vérification. Elles ne peuvent être communiquées qu'à l'occasion d'une contestation judiciaire (CPC ex., art. R. 221-12).**

b) Règles particulières en cas de porte close ou de refus d'ouverture

531 L'huissier qui se trouve en présence d'une porte close, ou d'une personne lui refusant l'accès au local du débiteur, devra recourir à l'assistance d'**un tiers** afin de pénétrer dans le local d'habitation en faisant procéder à l'ouverture des portes, y compris de celles des meubles par un serrurier (CPC ex., art. L. 142-1).
Ce tiers peut être :
- le maire de la commune, ou un conseiller municipal ou un fonctionnaire municipal délégué par le maire à cette fin ;
- une autorité de police ou de gendarmerie requise pour assister au déroulement des opérations ;
- à défaut, deux témoins majeurs qui ne sont au service ni du créancier, ni de l'huissier de justice chargé de l'exécution.
Lorsque l'huissier de justice a pénétré dans les lieux en l'absence du débiteur, il assure la fermeture de la porte ou de l'issue par laquelle il est entré (CPC ex., art. L. 142-2).
Une copie de l'acte de saisie est signifiée au débiteur qui n'a pas assisté aux opérations de la saisie. Il aura alors un délai de **huit jours** pour porter à la connaissance de l'huissier de justice l'existence d'une éventuelle saisie antérieure et lui en communiquer le procès-verbal (CPC ex., art. R. 221-18).

c) Saisie-vente entre les mains d'un tiers

532 **Autorisation du JEX**
L'huissier de justice doit obtenir une **autorisation sur requête du JEX** du lieu où demeure le débiteur, ou de celui du lieu de l'exécution de la mesure si le JEX est territorialement différent, pour procéder à une saisie-vente dans le local d'habitation du tiers sur les biens qu'il détient pour le compte du débiteur (CPC ex., art. L. 221-1).

> ATTENTION **Sous réserve du droit d'usage dont le tiers pourrait être titulaire sur les biens saisis, le JEX peut ordonner sur requête, à tout moment et même avant le début des opérations de saisie, la remise d'un ou plusieurs objets au séquestre qu'il désigne (CPC ex., art. R. 221-28).**

Mentions obligatoires de l'acte de saisie
L'acte de saisie contient, à peine de nullité, les mentions suivantes (CPC, art. 648. – CPC ex., art. R. 221-23 et R. 221-24) :
- la date de l'acte d'huissier ;
- les nom, prénoms, profession, domicile, nationalité, date et lieu de naissance du requérant personne physique, ou la forme, la dénomination, le siège social et l'organe représentant si celui-ci est une personne morale ;
- les nom, prénoms, demeure et signature de l'huissier de justice ;
- les nom et domicile du destinataire, ou sa dénomination et son siège social s'il s'agit d'une personne morale ;
- la référence au titre en vertu duquel la saisie est pratiquée ;
- la mention des nom et domicile du tiers ;
- la déclaration du tiers et, en caractères très apparents, l'indication que toute déclaration inexacte ou mensongère l'expose à être déclaré garant des sommes réclamées au débiteur sans préjudice d'une condamnation à des dommages-intérêts ;
- l'inventaire des biens saisis comportant une désignation détaillée de ceux-ci ;
- la mention, en caractères très apparents, que les objets saisis sont indisponibles, qu'ils sont placés sous la garde du tiers, qu'ils ne peuvent être ni aliénés ni déplacés, si ce n'est dans le cas prévu au deuxième alinéa de l'article R. 221-13 du Code des procédures civiles d'exécution, sous peine des sanctions prévues à l'article 314-6 du Code pénal et que le tiers est tenu de faire connaître la présente saisie à tout créancier qui procéderait à une saisie sur les mêmes biens ;
- la mention que le tiers peut se prévaloir des dispositions de l'article R. 221-27 du Code des procédures civiles d'exécution qui est reproduit dans l'acte ;
- l'indication que le tiers peut faire valoir ses droits sur les biens saisis, par déclaration ou par lettre recommandée avec demande d'avis de réception adressée à l'huissier de justice du créancier saisissant ;

– la désignation de la juridiction devant laquelle sont portées les contestations relatives à la saisie-vente ;
– l'indication, le cas échéant, des nom, prénoms et qualité des personnes qui ont assisté aux opérations de saisie, lesquelles apposent leur signature sur l'original et sur les copies ; en cas de refus, il en est fait mention dans l'acte ;
– la reproduction des dispositions de l'article 314-6 du Code pénal.

ATTENTION **Au moment de la saisie, si le tiers se prévaut d'un droit de rétention sur le bien saisi, il peut aussi en informer l'huissier de justice par lettre recommandée avec demande d'avis de réception (CPC ex., art. R. 221-29).**
Dans le délai d'un mois, le créancier saisissant peut contester le droit de rétention devant le JEX du lieu où demeure le tiers.
Le bien demeure indisponible durant l'instance.
À défaut de contestation dans le délai d'un mois, la prétention du tiers est réputée fondée pour les besoins de la saisie.

Information du tiers présent

L'huissier de justice :
– invite le tiers-détenteur à déclarer les biens qu'il détient pour le compte de celui-ci et, parmi ces derniers, ceux qui auraient fait l'objet d'une saisie antérieure (CPC ex., art. R. 221-21, al. 2) :
• si le tiers déclare ne détenir aucun bien appartenant au débiteur ou s'il refuse de répondre, il en est dressé acte. Celui-ci est remis ou signifié au tiers avec l'indication en caractères très apparents de la sanction qu'il encourt en cas de déclaration inexacte (CPC ex., art. R. 221-22),
• en cas de refus de déclaration ou de déclaration inexacte ou mensongère, le tiers peut être condamné au paiement des causes de la saisie sauf son recours contre le débiteur. Il peut aussi être condamné à des dommages et intérêts (CPC ex., art. R. 221-21, al. 3) ;
– rappelle verbalement au tiers que (CPC ex., art. R. 221-24) :
• toute déclaration inexacte ou mensongère l'expose à être déclaré garant des sommes réclamées au débiteur sans préjudice d'une condamnation à des dommages-intérêts,
• les objets saisis sont indisponibles, qu'ils sont placés sous sa garde, qu'ils ne peuvent être ni aliénés ni déplacés, sous peine de sanction pénale et qu'il est tenu de faire connaître la présente saisie à tout créancier qui procéderait à une saisie sur les mêmes biens,
• il lui est possible de refuser la garde des biens saisis ; qu'il peut en être déchargé à tout moment.

Il est fait mention de ce rappel verbal dans l'acte. Une copie de l'acte de saisie lui est immédiatement remise. Cette remise vaut signification.

Tiers absent

Lorsque le tiers n'a pas assisté aux opérations de saisie, la copie de l'acte lui est signifiée selon les modalités de droit commun, c'est-à-dire selon les règles de signification à domicile ou à résidence.
Il doit respecter un délai de **huit jours** à compter de la saisie pour porter à la connaissance de l'huissier de justice l'existence d'une éventuelle saisie antérieure sur ces mêmes biens et en communiquer le procès-verbal (CPC ex., art. R. 221-25).

Dénonciation de la saisie au débiteur

Le créancier doit dénoncer au débiteur, à peine de caducité, la saisie-vente pratiquée entre les mains du tiers dans un délai de **huit jours** à compter de sa date (CPC ex., art. R. 221-26).
L'acte de dénonciation rappelle impérativement au débiteur qu'il dispose d'un délai d'**un mois** pour procéder à la vente amiable des biens saisis dans les conditions prescrites aux articles R. 221-30 à R. 221-32 du Code des procédures civiles d'exécution qui devront être intégralement reproduits dans la dénonciation.
En outre, il appartient à l'huissier de justice d'annexer à l'acte de dénonciation, l'autorisation du JEX.

D Vente des biens saisis

1 Vente amiable

a) Délai

533 Après la signification du procès-verbal de saisie-vente, le débiteur dispose d'un délai d'**un mois** à compter de la signification de l'acte de saisie pour vendre à l'amiable les biens saisis. Pendant ce délai, et jusqu'à la consignation du prix de la vente amiable entre les mains de l'huissier de justice, les biens saisis sont indisponibles (CPC ex., art. L. 221-3 et R. 221-30).
L'huissier de justice transmet les propositions amiables du débiteur au créancier saisissant et aux créanciers opposants qui disposent de **quinze jours** pour prendre parti et répondre (CPC ex., art. R. 221-31, al. 2 et 3).
En l'absence de réponse, les créanciers informés de la proposition amiable sont réputés avoir accepté la vente (CPC ex., art. R. 221-31, al. 3).

b) Cas d'acceptation de la vente amiable

534 Si les créanciers saisissants et opposants acceptent la proposition de vente, le prix de la vente doit être versé entre les mains de l'huissier de justice du créancier saisissant (CPC ex., art. R. 221-32).
Si la consignation du prix n'a pas lieu entre les mains de l'huissier de justice dans le délai indiqué lors de la proposition, la vente amiable est réputée avoir échoué et la vente forcée peut être poursuivie.

c) Cas d'opposition des créanciers à la vente amiable

535 Si les créanciers établissent que les propositions sont insuffisantes, il est procédé à la vente forcée des biens saisis (CPC ex., art. L. 221-3, al. 3).
La responsabilité du créancier ne peut être recherchée, sauf si le refus d'autoriser la vente est inspiré par l'intention de nuire au débiteur (CPC ex., art. L. 221-3, al. 4).

2 Vente forcée

a) Délai

536 La vente forcée ne peut intervenir qu'à défaut de vente amiable et qu'après l'expiration du délai d'**un mois**, prorogé s'il y a lieu de **quinze jours** pour permettre au créancier de répondre aux propositions du débiteur (CPC ex., art. R. 221-31, al. 4).

b) Préparation de la vente forcée

537 **Lieu de la vente**
La vente est effectuée aux enchères publiques (CPC ex., art. R. 221-33, al. 1) :
- au lieu où se trouvent les objets saisis ;
- en une salle des ventes ;
- en tout autre lieu ouvert au public dont la situation géographique est appropriée pour solliciter la concurrence à moindres frais.

Publicité préalable à la vente
La vente aux enchères est annoncée au moyen d'une publicité par voie de presse ou par voie d'affichage :
- à la mairie de la commune où demeure le débiteur, et ;
- au lieu de vente.

L'affiche doit indiquer les lieu, jour et heure de la vente ainsi que la nature des biens saisis (CPC ex., art. R. 221-34, al. 1).
La publicité doit avoir lieu à l'expiration du délai d'un mois prorogé ou non prévu à l'article R. 221-31 du Code des procédures civiles d'exécution (V. *supra*, n° 536, « Délai ») et **huit jours** au moins avant la vente.
Le débiteur est personnellement avisé par l'huissier de justice des lieu, jour et heure de la vente **huit jours au moins** avant la date de la vente (CPC ex., art. R. 221-35).

c) Vente aux enchères

538 La vente est faite par un officier ministériel habilité par son statut à procéder à des ventes aux enchères publiques de meubles corporels et dans les cas prévus par la loi par des courtiers de marchandises assermentés (CPC ex., art. R. 221-37).
L'adjudication est faite au plus offrant, après trois criées (CPC ex., art. R. 221-38).
La vente est arrêtée lorsque le prix des biens vendus atteint un montant suffisant pour payer en principal, intérêts et frais, les créanciers saisissants et opposants (CPC ex., art. L. 221-4, al. 1).
Il est dressé acte de la vente. Cet acte contient la désignation des biens vendus, le montant de l'adjudication et l'énonciation déclarée des noms et prénoms des adjudicataires (CPC ex., art. R. 221-39).

d) Paiement sur le prix de vente

539 Le prix est payable au comptant (CPC ex., art. R. 221-38).
Seuls sont admis à faire valoir leurs droits sur le prix de vente les créanciers saisissants ou opposants qui se sont manifestés avant la vérification des biens saisis et ceux qui, avant la saisie, ont procédé à une mesure conservatoire sur les mêmes biens (CPC ex., art. L. 221-5).
En cas de concours entre les créanciers, l'agent chargé de la vente propose une répartition amiable entre eux.
À défaut d'accord, il consigne les fonds auprès de la Caisse des dépôts et consignations et saisit le JEX qui procédera à la répartition du prix (CPC ex., art. L. 221-6).

E Contestations et incidents de saisie-vente

540 Les contestations relatives à la saisie-vente sont portées devant le JEX du lieu de la saisie (V. Fiche 25 : Contester une saisie-vente de meubles corporels).

CHECK-LIST • **Vérifier :**
– l'existence d'un titre exécutoire constatant une créance certaine, liquide et exigible ;

– le montant de la créance.
• S'interroger :
– sur une éventuelle procédure d'insolvabilité ouverte à l'encontre du débiteur ;
– sur l'éventualité d'autres procédures de saisies à l'encontre du débiteur ;
– sur l'éventualité d'autres créanciers qui pourraient entrer en concours sur la répartition des biens saisis.

VOIR AUSSI Modèle 20 : Commandement de payer avant saisie-vente.
Modèle 21 : Requête aux fins de saisie-vente.

POUR ALLER PLUS LOIN...

Fiches pratiques
- V. Fiche 4 : Contraindre à exécuter.
- V. Fiche 16 : Saisir les créances.

Fascicules JurisClasseur
- *JCl. Procédure civile*, Fasc. 1600-60.
- *JCl. Procédure civile*, Fasc. 1600-70.
- *JCl. Procédure civile*, Fasc. 1600-75.
- *JCl. Procédure civile*, Fasc. 1600-80.
- *JCl. Procédures Formulaire*, V° *Saisie-vente*, Fasc. 10.
- *JCl. Procédures Formulaire*, V° *Saisie-vente*, Fasc. 20.

Fiche 25
Contester une saisie-vente de meubles corporels

Emmanuelle GAROT

Sommaire

I Aperçu rapide 233
A Caractéristiques générales 233
B Conditions d'utilisation 234
1 Qui peut contester ? 234
2 Quels peuvent être les fondements de la contestation ? 234
3 Contestations relatives à la propriété des biens saisis 234
4 Contestations relatives à la saisissabilité des biens saisis 235
5 Contestations relatives à la validité de la saisie 235
C Avis du professionnel 236
D Textes 236
E Schéma procédural 237
II Préparation 237
A Informations préalables 237
B Contrôles préalables 237
C Pièces nécessaires 237
D Coût de la procédure 237
III Procédure 237
A Assistance et représentation 237
B Compétence 237
C Rédaction de l'acte de saisine du juge de l'exécution 238
D Parties 238
E Audience 238
F Décision 238
G Recours ou contestation 238

I
Aperçu rapide

A Caractéristiques générales

541 La contestation élevée par le débiteur ou par un tiers constitue un **incident** de saisie-vente (V. Fiche 24 : Mettre en œuvre une saisie-vente de meubles corporels).

La contestation peut avoir pour objet :

– la **propriété** des biens saisis (CPC ex., art. R. 221-50 à R. 221-52) ;

– leur **saisissabilité** (CPC ex., art. R. 221-53. – V. aussi sur les biens saisissables, CPC ex., art. L. 112-1 à L. 112-4 et art. R. 112-1 à R. 112-5) ;

– la **validité** de la saisie elle-même pour vice de forme ou de fond (CPC ex., art. R. 221-54).

La demande de **nullité** de la saisie peut être présentée par le débiteur si la vente des biens saisis n'a pas déjà eu lieu.

Il en va de même de la demande de **distraction** émanant du tiers à la saisie (CPC ex., art. R. 221-51).

ATTENTION L'huissier de justice chargé de l'exécution a la responsabilité de la conduite des opérations de l'exécution ; dès lors qu'il a eu connaissance de l'assignation en distraction des biens saisis, il doit prendre sans délai toutes mesures utiles pour suspendre les opérations de vente, en particulier avertir

le commissaire-priseur chargé de la vente de la difficulté quant à la propriété des biens saisis (Cass. 2e civ., 9 juin 2011, n° 10-20.072).
L'introduction d'une contestation ne fait pas obstacle à la saisie (CPC ex., art. R. 221-49).
Mais elle suspend le cours de la procédure de saisie-vente lorsqu'elle porte :
– sur la propriété ou la saisissabilité des biens (CPC ex., art. R. 221-49) ;
– sur décision du juge de l'exécution (JEX), en cas de contestation relative à la validité de la saisie (CPC ex., art. R. 221-56).

B Conditions d'utilisation

1 Qui peut contester ?

542 Peuvent former des contestations :
– le débiteur saisi ;
– des tiers étrangers à la dette.
En cas de difficulté d'exécution, l'huissier de justice peut lui-même saisir le JEX (CPC ex., art. L. 122-2, art. R. 151-1 à R. 151-4). Il peut porter une contestation sur la saisissabilité des biens saisis (CPC ex., art. R. 221-53, al. 1. – V. aussi sur les biens saisissables, CPC ex., art. L. 112-1 à L. 112-4 et art. R. 112-1 à R. 112-5).

2 Quels peuvent être les fondements de la contestation ?

543 Les contestations peuvent porter :
– sur la propriété des biens saisis (CPC ex., art. R. 221-50 à R. 221-52) ;
– sur la saisissabilité des biens saisis (CPC ex., art. R. 221-53. – V. aussi sur les biens saisissables, CPC ex., art. L. 112-1 à L. 112-4 et art. R. 112-1 à R. 112-5) ;
– sur la validité de la saisie pour vice de forme ou de fond (CPC ex., art. R. 221-54).

3 Contestations relatives à la propriété des biens saisis

a) Demandes possibles

544 **Demande en nullité**
Si la saisie porte sur un bien dont il n'est pas propriétaire, le débiteur peut demander la nullité de la saisie (CPC ex., art. R. 221-50).
À peine d'irrecevabilité, la demande précise les éléments sur lesquels se fonde le droit de propriété invoqué (CPC ex., art. 221-51, al. 2).
La nullité de la saisie pour vice de forme ou de fond peut être demandée par le débiteur jusqu'à la vente des biens saisis (CPC ex., art. R. 221-54).

ATTENTION Le locataire tiers aux poursuites de saisie ne peut invoquer la nullité de la saisie que pour insaisissabilité du bien (Cass. 2e civ., 10 nov. 1998 n° 96-18.740 : *JurisData* n° 1998-004256 ; *Bull. civ.* 1998, II, n° 270).
La demande en nullité ne suspend pas les opérations de saisie, à moins que le JEX n'en dispose autrement (CPC ex., art. R. 221-56).

Demande en distraction
Le tiers qui se prétend propriétaire d'un bien saisi peut en demander la distraction au JEX (CPC ex., art. 221-51).
À peine d'irrecevabilité, la demande précise les éléments sur lesquels se fonde le droit de propriété invoqué (CPC ex., art. 221-51, al. 2).
La demande en distraction ne fait pas obstacle à la saisie, mais suspend la procédure pour les biens saisis qui en sont l'objet (CPC ex., art. R. 221-49).

ATTENTION L'action en distraction n'est plus recevable après la vente des biens saisis (CPC ex., art. R. 221-52).
La distraction sur le produit de la vente est possible aussi longtemps que la distribution des deniers n'est pas réalisée de façon effective (Cass. 2e civ., 8 avr. 2004, n° 02-16.842 : *JurisData* n° 2004-023224 ; *Bull. civ.* 2004, II, n° 188).
Un tiers, se prétendant propriétaire d'un bien saisi entre les mains d'un débiteur soumis à un redressement judiciaire, peut toujours demander la distraction du bien même hors délai de la procédure collective et s'opposer au droit du créancier saisissant sans pour autant préjudicier au droit de gage général des créanciers antérieurs au jugement d'ouverture (Cass. com., 26 nov. 2002, n° 01-03.980 : *JurisData* n° 2002-016592 ; *Bull. civ.* 2002, IV, n° 176).

Action en revendication
Après la vente des biens saisis, seule peut être exercée l'action en revendication (CPC ex., art. R. 221-52).
L'action en revendication reste aléatoire. L'acquéreur ou l'adjudicataire de bonne foi est protégé

par la règle selon laquelle « en fait de meubles, la possession vaut titre » (C. civ., art. 2276).

b) Débat probatoire

545 Charge de la preuve

• **Le jour de la saisie** : l'huissier de justice instrumentaire saisit les meubles en possession du débiteur. Il appartient au débiteur d'apporter la preuve qu'il n'est pas le propriétaire des biens assiette de la mesure de l'exécution.

• **Lors de la contestation** : la charge de la preuve suit le régime de droit commun (C. civ., art. 1315, soit l'article 1353 du Code civil à compter du 1er octobre 2016) : c'est à celui qui se prétend propriétaire d'en apporter la preuve.

Modes de preuve

Les juges du fond disposent d'un **pouvoir souverain** d'appréciation des preuves produites. Il peut s'agir de tout élément de preuve.

EXEMPLE • La facture datant de plus de quatorze ans, ne permet pas de servir de preuve contraire et la présomption de l'article 2276 du Code civil reçoit application (CA Caen, 1re ch., sect. civ., 15 avr. 2003 : *JurisData* n° 2003-215862).

• La production d'une lettre et des factures comportant une clause de réserve de propriété émanant du fournisseur du débiteur saisi, mais postérieures de quelques mois au procès-verbal de saisie-vente est insuffisante à établir la preuve que les biens saisis appartiennent réellement au fournisseur (CA Aix-en-Provence, 15e ch., sect. A, 23 nov. 2007 : *JurisData* n° 2007-357460).

• Des factures justifiant l'achat des effets mobiliers saisis et des relevés de compte bancaire faisant état des ressources du demandeur en distraction lui permettant de financer l'acquisition de ces biens ont été jugés suffisants pour établir la propriété des biens saisis et fonder la recevabilité de l'action en distraction (CA Aix-en-Provence, 15e ch., sect. A, 16 nov. 2007 : *JurisData* n° 2007-357458).

• La production d'un procès-verbal de vente amiable d'un véhicule, dressé à l'occasion d'une précédente saisie, suffit à établir que le demandeur en distraction était bien le propriétaire du véhicule (Cass. 2e civ., 21 déc. 2006, n° 05-12.759, inédit).

ATTENTION Un époux séparé de biens peut prouver par tout moyen qu'il a la propriété exclusive (C. civ., art. 1538). Pour des époux séparés de biens, les présomptions de propriété énoncées au contrat de mariage sont opposables au créancier saisissant ; il appartient à ce dernier, ou éventuellement au débiteur, de rapporter la preuve contraire (Cass. 1re civ., 4 janv. 1977 : *Bull. civ.* 1977, I, n° 5).

La preuve de la qualité de propriétaire peut résulter de la production d'une facture, même non acquittée (Cass. 1re civ., 10 mars 1993 : *JurisData* n° 1993-000509 ; *JCP* G 1994, I, 3733, n° 22, obs. M. Storck).

Il n'y a pas de propriété en faveur du conjoint possesseur du bien (Cass. 1re civ., 27 nov. 2001, n° 99-10.633 : *JurisData* n° 2001-011877 ; *Bull. civ.* 2001, I, n° 29).

4 Contestations relatives à la saisissabilité des biens saisis

546 Le débiteur peut saisir le JEX de contestations relatives à la saisissabilité des biens (V. CPC ex., art. L. 112-2 à L. 112-4 et R. 112-2 à R. 112-5. – V. Fiche 24 : Mettre en œuvre une saisie-vente de meubles corporels) dans le délai d'**un mois** à compter de la signification de l'acte de saisie (Cass. 2e civ., 24 juin 2004, n° 02-20.764 : *JurisData* n° 2004-024269).

Le délai d'**un mois** n'est opposable au débiteur que s'il a été informé de ce délai et des modalités d'exercice d'un éventuel recours (Cass. 2e civ., 16 déc. 2004, n° 03-12.430 : *JurisData* n° 2004-026166 ; *Procédures* 2005, comm. 40, obs. R. Perrot).

5 Contestations relatives à la validité de la saisie

547 La nullité peut être demandée par le débiteur jusqu'à la vente des biens saisis (CPC ex., art. R. 221-54).

a) Objets de nullité

548 Titre exécutoire

La qualité de titre exécutoire peut être contestée.

ATTENTION La contestation de titres exécutoires émis par l'État pour le recouvrement d'impôts, taxes, redevances visés par l'article L. 281-1 du Livre des procédures fiscales doit, à peine d'irrecevabilité, être précédée d'un recours

gracieux devant l'administration fiscale, sous réserve de ses modalités et de son destinataire, ainsi que des dispositions de l'article R. 281-5 du Livre des procédures fiscales (Cass., avis, 14 mai 2001, n° 01-00.002 : *JurisData* n° 2001-009782).

Créance

La créance est éteinte par prescription ou compensation.

ATTENTION **Seul le débiteur, à l'exclusion du tiers se prétendant propriétaire du bien saisi, est recevable à invoquer le moyen tiré de la prescription de la créance cause de la saisie (Cass. 2e civ., 25 oct. 2007, n° 06-19.071 : *JurisData* n° 2007-041001).**

Irrégularité de forme de la saisie

La nullité de l'acte ne peut être prononcée que si la personne saisie qui l'invoque prouve **le grief** que lui cause l'irrégularité (CPC, art. 114). L'existence du grief relève de l'appréciation souveraine des juges du fond.

La nullité peut être couverte par la régularisation ultérieure de l'acte si (CPC, art. 115) :

– aucune forclusion n'est intervenue ;

– aucun grief ne subsiste pour la partie victime de l'irrégularité.

EXEMPLE Est nul un acte de signification incomplet du fait de l'omission d'une mention obligatoire dans le corps du commandement de payer ou dans celui du procès-verbal de saisie-vente (TGI Paris, JEX, 23 mars 1993 : *JurisData* n° 1993-048939 ; *Rev. huissiers* 1993, p. 1058).

Irrégularité de fond de la saisie

Constituent des irrégularités de fond affectant l'acte (CPC, art. 117) :

– le défaut de capacité d'ester en justice ;

– le défaut de pouvoir d'une partie ou d'une personne figurant au procès comme représentant soit d'une personne morale, soit d'une personne atteinte d'une incapacité d'exercice ;

– le défaut de capacité ou de pouvoir d'une personne assurant la représentation d'une partie en justice.

EXEMPLE Constituent des motifs de nullité :

– la saisie-vente pratiquée en vertu d'un jugement rendu à l'encontre du débiteur, sans que le mandataire liquidateur ait été appelé à l'instance (CA Paris, ch. 8, sect. B, 5 déc. 2002 : *JurisData* n° 2002-205143) ;

– la saisie poursuivie après le prononcé de la résolution du plan de continuation et de la liquidation judiciaire du débiteur (Cass. com., 21 sept. 2010, n° 09-15.117 : *JurisData* n° 2010-016638) ;

– l'absence de qualité pour agir du créancier saisissant, notamment pour faire régulariser un procès-verbal de saisie-vente (CA Chambéry, ch. civ., 18 déc. 2007 : *JurisData* n° 2007-358209, à propos d'une société créancière qui, à partir de la fusion-absorption, n'ayant plus d'existence juridique, se trouvait dépourvue de la capacité de faire délivrer un procès-verbal de saisie-vente).

b) Effet de la contestation relative à la validité de la saisie

549 En principe, la demande en nullité ne suspend pas les opérations de saisie, à moins que le juge n'en dispose autrement (CPC ex., art. R. 221-56. – Cass. 2e civ., 20 nov. 2003, n° 01-17.579 : *JurisData* n° 2003-020990 ; *Bull. civ.* 2003, II, n° 352).

Le juge ne peut suspendre les opérations de saisie-vente que jusqu'à ce qu'il soit statué sur la nullité de la saisie (Cass. 2e civ., 20 nov. 2003, n° 01-17.579 : *JurisData* n° 2003-020990 ; *Bull. civ.* 2003, II, n° 352).

Dans le cas particulier où la saisie est annulée après la vente, mais avant la distribution du prix, le débiteur peut en demander la restitution (CPC ex., art. R. 221-54).

C Avis du professionnel

550 Si l'auteur de la contestation est le débiteur, celui-ci peut avoir intérêt à appeler dans la cause le tiers qui se prévaut de la propriété des biens saisis. Le tiers peut également intervenir volontairement devant le juge de l'exécution (JEX).

S'il se heurte à une difficulté qui entrave le cours de ses opérations, l'huissier de justice en dresse procès-verbal et peut, à son initiative, saisir le JEX (CPC ex., art. L. 122-2, R. 151-1. – V. Fiche 2 : Mettre en œuvre une procédure sur difficultés d'exécution devant le juge de l'exécution). Il peut porter une contestation sur la saisissabilité des biens saisis comme s'il agissait en matière de difficulté d'exécution (CPC ex., art. R. 221-53, al. 1er).

D Textes

- CPC ex., art. L. 221-5 et L. 221-6.
- CPC ex., art. R. 221-49 à R. 221-56.

E Schéma procédural

551 • Assignation.
• Remise de l'assignation au greffe de la juridiction (enrôlement).
• Échange des pièces et de l'argumentation (éventuellement, des conclusions écrites).
• Appel du dossier au cours de plusieurs audiences successives jusqu'à ce que le dossier soit prêt à être plaidé (sauf à ce que le dossier soit prêt dès la première audience).
• Audience de plaidoiries.
• Jugement.
• Notification (et/ou signification).

II Préparation

A Informations préalables

552 Informer le client :
– du coût et des délais de la procédure ;
– des délais pour agir ;
– de la possibilité de se défendre lui-même.
S'il est créancier, l'informer de la possibilité de former opposition, ce qui lui permettra de se joindre à une saisie-vente existante.

B Contrôles préalables

553 Le contrôle portera, selon les hypothèses et moyens envisagés à l'appui de la contestation, sur les points suivants :
– régularité de la saisie au plan formel et sur le fond (V. Fiche 24 : Mettre en œuvre une saisie-vente de meubles corporels) ;
– caractère saisissable des biens saisis (CPC ex., art. R. 112-1 à R. 112-5) ;
– véritable propriétaire des biens saisis et éléments de preuve (la preuve est libre et soumise à l'appréciation souveraine du juge) ;
– délais pour agir.

C Pièces nécessaires

554 Solliciter auprès du client communication des pièces suivantes :
– le titre exécutoire, fondement de la saisie ;
– les coordonnées de l'huissier poursuivant qui sera tenu informé de la contestation ;
– le procès-verbal de saisie ;
– la dénonciation du procès-verbal de saisie ;
– en cas de saisine par un tiers ou par le débiteur d'une contestation relative à la propriété des biens saisis :
• factures,
• documents,
• témoignages,
• justificatifs des liens familiaux ou autres (vie maritale, PACS), du régime matrimonial (en cas d'époux séparés de biens), etc.

D Coût de la procédure

555 Les honoraires de l'avocat sont librement fixés par celui-ci. Une convention d'honoraires doit être obligatoirement établie.

III Procédure

A Assistance et représentation

556 Devant le JEX, les parties peuvent se défendent elles-mêmes.
Elles ont la faculté de se faire assister ou représenter (CPC ex., art. R. 121-6 et R. 121-7).

B Compétence

557 Les contestations relatives à la saisie-vente sont portées devant **le JEX du lieu de la saisie** (CPC ex., art. R. 221-40). Cette règle de compétence est d'ordre public (CPC ex., art. R. 121-3).

C Rédaction de l'acte de saisine du juge de l'exécution

558 La demande doit prendre la forme d'une assignation (CPC ex., art. R. 121-11, al. 1. – V. Fiche 1 : Saisir le juge de l'exécution). Prendre date d'audience auprès du greffe du tribunal de grande instance.

> **ATTENTION** En cas de **contestation relative à la propriété** des biens saisis, sous peine d'irrecevabilité, la demande précise les éléments sur lesquels se fonde le droit de propriété invoqué (CPC ex., art. R. 221-51, al. 2).

D Parties

559 Le créancier, le débiteur et l'huissier de justice.

E Audience

560 En cas de contestation sur la saisissabilité des biens, le créancier est entendu ou appelé (CPC ex., art. R. 221-53, al. 3).
En cas d'action en distraction d'objets saisis, le débiteur est entendu ou appelé (CPC ex., art. R. 221-51, al. 3).
La procédure est orale (sauf autorisation du juge dans les conditions des articles R. 121-9 et R. 121-10 du Code des procédures civiles d'exécution).

F Décision

561 En cas de rejet de la demande en nullité par le JEX, la procédure de saisie-vente est poursuivie jusqu'à son terme.
Si la saisie est déclarée nulle après la vente, mais avant la distribution du prix, le débiteur peut demander la restitution du produit de la vente (CPC ex., art. R. 221-54, al. 2).
Le juge qui annule la saisie peut laisser à la charge du débiteur tout ou partie des frais qu'elle a occasionnés si le débiteur s'est abstenu de demander la nullité en temps utile (CPC ex., art. R. 221-55).

G Recours ou contestation

562 Sauf dispositions contraires, la décision du JEX peut être frappée d'appel (CPC ex., art. R. 121-19).
Le délai d'appel est de **quinze jours** à compter de la notification de la décision (CPC ex., art. R. 121-20, al. 1er).
L'appel est formé, instruit et jugé selon les règles applicables à la procédure avec représentation obligatoire et la cour d'appel statue à bref délai (CPC ex., art. R. 121-20, al. 2 et 3).

> **ATTENTION** Un sursis à l'exécution des décisions prises par le JEX (CPC ex., art. R. 121-22) peut être demandé au premier président de la cour d'appel.

Dans ce cas, vérifier l'existence de moyens sérieux d'annulation ou de réformation de la décision déférée (CPC ex., art. R. 121-22, al. 3. – Cass. 2e civ., 5 avr. 2001, n° 99-13.975 : *JurisData* n° 2001-009019 ; *Bull. civ.* 2001, II, n° 74, p. 49).
Lorsqu'une demande de sursis à exécution emportant la suspension des poursuites est présentée au premier président de la cour d'appel, la suspension ne cesse qu'à la date à laquelle le premier président statue (Cass. 2e civ., 11 juill. 2002, n° 00-20.262 : *JurisData* n° 2002-015166 ; *Bull. civ.* 2002, II, n° 166, p. 132).

> **CHECK-LIST** Vérifier :
> – les causes de la contestation de la saisie (vice de forme ou de fond) ;
> – les délais pour agir ;
> – le caractère sérieux de la contestation.

POUR ALLER PLUS LOIN...

Fascicules JurisClasseur
- *JCl. Procédure civile*, Fasc. 1600-80.
- *JCl. Procédures Formulaire*, V° *Saisie-vente*, Fasc. 10.
- *JCl. Procédures Formulaire*, V° *Saisie-vente*, Fasc. 20.

Fiche 26
Saisir les navires et bateaux

Ludovic LAUVERGNAT

Sommaire

I Aperçu rapide 239
A Éléments clés 239
B Textes 239
1 Textes codifiés 239
2 Conventions internationales 239
II Préparation 240
A Informations préalables 240
B Inventaire des solutions et éléments de décision 241
III Mise en œuvre 241
A Saisie conservatoire des navires et bateaux 241
1 Saisie conservatoire des navires 241
2 Saisie conservatoire des bateaux 243
B Saisie-exécution des navires et bateaux 244
1 Saisie-exécution des navires 244
2 Saisie-exécution des bateaux 247

I Aperçu rapide

A Éléments clés

563 La réglementation des saisies de navires et de bateaux est adaptée aux spécificités de ces deux types de bien.

Les navires et les bateaux sont susceptibles de faire l'objet d'une saisie conservatoire ou d'une saisie-exécution.

Les règles de procédures applicables relèvent à la fois du droit interne et du droit international.

B Textes

1 Textes codifiés

- CPC ex., art. L. 241-1 et R. 241-1.
- C. transports, art. L. 4123-1 et R. 4123-1 à R. 4123-27, pour la saisie des bateaux.
- C. transports, art. L. 5114-20 à L. 5114-29 et R. 5114-15 à R. 5114-47, pour la saisie des navires.

2 Conventions internationales

- Conv. Bruxelles, 10 mai 1952, pour l'unification de certaines règles sur la saisie conservatoire des navires de mer (saisie conservatoire internationale de navires).
- Conv. Genève, 25 janv. 1965, relative à l'immatriculation des bateaux de navigation intérieure, Prot. n° 2, pour les saisies (conservatoire et exécutoire) de bateau, publiée en France par décret en mars 1983 (D. n° 83-209, 10 mars 1983 : *JO* 20 mars 1983, p. 826).

II Préparation

A Informations préalables

564 • Obtenir :
– les informations relatives à l'identité des parties (CPC, art. 648) ;
– tous les renseignements utiles sur l'objet saisi.
Un navire ne se saisit pas comme un bateau et la différence pour le client peut être bien subtile à comprendre.
Le navire se définit traditionnellement comme « un engin flottant de nature mobilière, affecté à une navigation qui l'expose habituellement aux risques de la mer » (R. Rodière et E. Du Pontavice, *Droit maritime*, Dalloz, 12e éd. 2000).
Sont alors visés les navires de commerce, de plaisance, de pêche, etc.
Un navire en état d'épave répond en revanche du droit commun et non des règles spécifiques à la saisie de navire.

ATTENTION Si des dispositions spéciales régissent la saisie conservatoire et la saisie-exécution des navires, aucune n'exclut la possibilité de leur saisie-revendication dans les conditions du droit commun ; les dispositions du Code des procédures civiles d'exécution relatives à la saisie-revendication sont dès lors applicables au navire saisi, peu important le tonnage de ce navire et son immatriculation comme bâtiment de mer (Cass. com., 16 sept. 2014, n° 13-17.892 : *JurisData* n° 2014-021311 ; *Procédures* 2015, comm. 42, C. Laporte ; *Rev. dr. transp.* 2014, comm. 61, M. Ndende).
Les articles L. 5114-20 et suivants du Code des transports, régissant exclusivement la saisie conservatoire et la saisie-exécution des navires, ou les dispositions de la Convention de Bruxelles du 10 mai 1952, qui ne concernent que la saisie conservatoire, n'excluent pas la possibilité d'une saisie-revendication (Cass. com., 15 déc. 2015, n° 14-12.348 : *JurisData* n° 2015-028175 ; *Procédures* 2016, comm. 46, L. Raschel ; *RD bancaire et fin.* 2016, comm. 81, S. Piedelièvre ; *Gaz. Pal.* 12 janv. 2016, p. 32, L. Lauvergnat).

Les procédures spécifiques de saisie de bateaux s'appliquent à tout bateau de marchandises dont le port en lourd est égal ou supérieur à vingt tonnes ou tout autre bateau dont le déplacement est égal ou supérieur à 10 mètres cubes, circulant en France (C. transports, art. L. 4111-1).
Ces bateaux font en outre l'objet d'une immatriculation par leur propriétaire.
Si le bateau ne répond aux critères posés, le droit commun de la saisie-vente est applicable.

CONSEIL Un certificat d'immatriculation du bateau sera demandé avant toutes procédures. Ce certificat laisse notamment apparaître le nom du propriétaire et les caractéristiques du bateau (C. transports, art. L. 4111-4).

• Veiller à ce que le bien appartienne au saisi et soit saisissable (application de CPC ex., art. R. 112-2, 16° : « instruments de travail nécessaires à l'exercice personnel de l'activité professionnelle » ; insaisissabilité des navires d'État).

ATTENTION Une exception à la propriété du bien par le saisi est reconnue par la Convention de Bruxelles du 10 mai 1952 : en cas de saisie conservatoire internationale de navire, le navire objet de la saisie peut ne pas être la propriété du saisi (Conv. Bruxelles, 10 mai 1952, art. 3).
En droit interne, la saisie du navire affrété semble possible dans l'hypothèse d'un privilège maritime ou en application de la théorie de l'apparence.

L'application des règles de droit international implique de rechercher l'existence d'un élément d'extranéité (Conv. Bruxelles, 10 mai 1952, art. 8).

EXEMPLE La Convention internationale de Bruxelles n'aura pas vocation à jouer pour une saisie conservatoire de navire en France, pour un navire battant pavillon français, à la demande d'un créancier résidant en France (Conv. Bruxelles, 10 mai 1952, art. 8, 4).

• S'agissant d'un bien « mobile », obtenir tous les renseignements utiles sur la localisation actuelle du navire ou bateau.

• Éclairer le client sur le caractère lourd et coûteux des procédures de saisie de navire et de bateau.

B Inventaire des solutions et éléments de décision

565 Au vu des éléments fournis, orienter la procédure :

– saisie de navire ou saisie de bateau ;
– saisie conservatoire ou saisie-exécution ;
– saisie internationale ou saisie interne.

Se garder d'engager une procédure à la légère afin de ne pas voir sa responsabilité et celle du mandant recherchées pour abus de saisie.

La responsabilité peut être lourde car l'immobilisation du bien est source de préjudice important.

III Mise en œuvre

A Saisie conservatoire des navires et bateaux

1 Saisie conservatoire des navires

566 Une autorisation aux fins de saisir conservatoirement le navire doit être requise par le demandeur (V. C. transports, art. L. 5114-22. – Conv. Bruxelles, 10 mai 1952, art. 4).

Qui peut agir ?

Toute personne dont la créance paraît fondée en son principe peut solliciter du juge l'autorisation de pratiquer une saisie conservatoire d'un navire (C. transports, art. L. 5114-22).

Il n'est ici pas fait référence à la condition de menaces dans le recouvrement applicable en droit commun des mesures conservatoires. Cette condition doit dès lors être écartée.

Quel juge saisir ?

L'autorisation est demandée sur requête auprès du juge de l'exécution dans les conditions générales prévues au Code des procédures civiles d'exécution.

La demande peut aussi être présentée devant le président du tribunal de commerce à la double condition que (C. com., art. L. 721-7) :

– la mesure vise à la conservation d'une créance relevant de la compétence de la juridiction commerciale ;
– la demande soit portée avant tout procès.

> **ATTENTION** **Si l'une des deux conditions fait défaut, seul le juge de l'exécution sera compétent pour autoriser la saisie conservatoire.**

Le juge de l'exécution territorialement compétent est celui du lieu d'exécution de la mesure (C. transports, art. R. 5114-16) ; l'article R. 511-2 du Code des procédures civiles d'exécution est ici sans application (C. transports, art. R. 5114-17). À l'identique, la solution s'appliquera si le débiteur demeure à l'étranger.

Justifications exigées au demandeur

Le demandeur :

– devra justifier du caractère fondé de la créance garantie, ainsi que de son montant et sa nature ;
– visera également le navire sur lequel la saisie entend porter ;
– pour le cas d'une saisie conservatoire internationale : devra prendre soin de justifier qu'il bénéficie d'une créance maritime au sens de l'article 1er de la Convention de Bruxelles du 10 mai 1952 (Conv. Bruxelles, 10 mai 1952, art. 1er), peu important d'ailleurs le caractère de cette créance (prescrite, indisponible, etc.).

> **CONSEIL** **La Convention de Bruxelles du 10 mai 1952 fixe, en son article 1er (Conv. Bruxelles, 10 mai 1952, art. 1er), la liste des « créances maritimes ». La « créance maritime » est l'allégation d'un droit ou d'une créance ayant pour cause notamment : des dommages causés par un navire soit par abordage, soit autrement : au remorquage, au pilotage, aux hypothèques maritimes ou mort-gage, etc. Le juge, qui autorisera la saisie, n'a à ce titre pas à rechercher le fondement juridique de la créance maritime (Cass. com., 8 mars 2017, n° 15-21.571 : *JurisData* n° 2017-004882 ; *Dr. et proc.* 2017, p. 42, L. Lauvergnat).**

ATTENTION **La notification préalable du titre exécutoire n'est exigée que pour la saisie-exécution d'un navire, non pour sa saisie conservatoire, laquelle n'est pas une mesure d'exécution forcée (Cass. com., 4 mars 2014, n° 13-10.092 : *JurisData* n° 2014-003870 ; *RD bancaire et fin.* 2014, comm. 108, S. Piedelièvre ; *Rev. dr. transp.* 2014, comm. 24, M. Ndende).**

Notification de l'acte de saisie

L'acte de saisie conservatoire sera notifié à la capitainerie du port (C. transports, art. R. 5114-19).
Il n'est pas exigé une notification au consul de l'État dont le navire bat pavillon (CA Aix-en-Provence, 31 mai 1983 : *DMF* 1985, p. 503).

Procès-verbal de saisie

Le procès-verbal de saisie fait par un huissier comprend (C. transports, art. R. 5114-18) :
1° la mention de l'autorisation du juge en vertu de laquelle la saisie est pratiquée ; ce document est annexé à l'acte ;
2° les nom, prénom et domicile du créancier pour qui est engagée l'action ;
3° la somme en principal, intérêts et frais dont le paiement est poursuivi ;
4° l'élection de domicile, le cas échéant, faite par le créancier dans le lieu où siège le juge de l'exécution compétent ;
5° les nom, type, jauge, port d'attache et nationalité du bâtiment ;
6° la mention que le navire ne peut plus quitter le port et la reproduction de l'article L. 5114-21 du Code des transports ;
7° l'indication que le débiteur peut contester la saisie et ses conditions d'exécution devant le juge qui l'a ordonnée.
L'huissier de justice établira également un gardien, qui sera en pratique, le capitaine du navire et qui signera l'acte de saisie.

CONSEIL **Bien qu'il ne s'agisse pas d'une obligation, il sera recommandé de publier la saisie sur le registre spécial des hypothèques maritimes. Ne serait-ce que pour prévenir toutes difficultés d'opposabilité qui pourraient se rencontrer.**

La procédure de saisie conservatoire de droit commun sera par la suite applicable (V. Fiche 12 : Savoir quelle mesure conservatoire prendre).
Ainsi, obligation sera faite au saisissant, dans le mois qui suit l'exécution de la mesure, d'introduire une procédure ou d'accomplir les formalités nécessaires à l'obtention du titre exécutoire, à peine de caducité de la saisie conservatoire (CPC ex., art. R. 511-7).

Effets

La saisie conservatoire du navire a pour effet d'empêcher le départ du navire (C. transports, art. L. 5114-21).

ATTENTION **La saisie conservatoire n'a pas pour effet de mettre à la charge du saisissant une obligation d'entretien du bien. De sorte, la perte du navire résultant d'un manque d'entretien au cours de la saisie ne peut être imputée au saisissant (Cass. com., 3 mars 1998, n° 95-20.692 : *JurisData* n° 1998-000922 ; *JCP* G 1998, IV, 1923).**

Elle a donc pour objet l'immobilisation du navire à fin de garantie d'une créance maritime suivant l'article 1, 2°, de la Convention de Bruxelles du 10 mai 1952.
Le créancier recherchera ainsi un paiement volontaire ou la remise d'une garantie, qui peut être soit personnelle, soit une somme d'argent.

Moyens de défense

• Dans l'hypothèse où la saisie sera faite en application de la Convention de Bruxelles, le défendeur aura la possibilité de demander :
– la mainlevée de la saisie ;
– ou la libération de la caution fournie si l'action n'est pas introduite par le saisissant dans le délai fixé par le juge ayant autorisé la mesure (Conv. Bruxelles, 10 mai 1952, art. 7, 4°).

ATTENTION **Il ne s'agit pas ici de caducité mais bien d'une demande de mainlevée faite par le défendeur.**

• Le navire faisant l'objet d'une saisie peut quitter le port, sur autorisation du juge de l'exécution, pour un ou plusieurs voyages déterminés, à la condition de justifier d'une garantie suffisante pour couvrir la créance (C. transports, art. L. 5114-21).
Cette somme déposée en garantie sera acquise aux créanciers, sauf le jeu de l'assurance en cas de sinistre couvert par la police, pour le cas où le navire ne rentrerait pas au port à l'expiration du délai fixé par le juge.
• Le navire saisi peut être libéré mais seulement lorsqu'il s'agit de créances maritimes ayant pour cause :
– la propriété contestée d'un navire ;
– la copropriété contestée d'un navire ;
– la possession d'un navire ;
– son exploitation ;

– les droits aux produits d'exploitation d'un navire en copropriété (Conv. Bruxelles, 10 mai 1952, art. 7, al. 1er, *in fine*).

• L'autorisation de saisir ayant été rendue sur requête, une procédure de rétractation est possible afin d'obtenir la mainlevée pour défaut de réunions des conditions prescrites par les textes internes ou internationaux.

Dans ce dernier cas, le juge se limitera à constater que la créance fait partie de la liste figurant à l'article 1er de la Convention de Bruxelles du 10 mai 1952.

• Une procédure de mainlevée de la saisie peut enfin être engagée par le débiteur en contrepartie d'une garantie soit par exemples :

– la consignation d'une somme d'argent ;

– ou la saisie d'un autre navire ;

– ou une caution bancaire irrévocable (CPC ex., art. L. 512-1, al. 3).

Dans cette dernière hypothèse, le juge sera dans l'obligation d'accorder la mainlevée de la saisie conservatoire.

La mainlevée contre garantie ou caution est aussi reconnue par la Convention de Bruxelles.

À défaut d'accord des parties sur l'importance de la caution ou de la garantie, il appartiendra au tribunal de fixer la nature et le montant de la contrepartie « libératoire ».

> ATTENTION **La demande de mainlevée moyennant garantie ne saurait être interprétée, au regard du droit international, comme une reconnaissance de responsabilité ou une renonciation au bénéfice de la limitation légale de la responsabilité du propriétaire du navire (Conv. Bruxelles, 10 mai 1952, art. 5, al. 3).**

Dans le cas où la saisie est pratiquée en raison de créances maritimes portant sur la propriété contestée d'un navire, la copropriété contestée d'un navire ou sa possession, ou son exploitation, ou les droits aux produits d'exploitation d'un navire en copropriété, la Convention de Bruxelles accorde au juge la possibilité de permettre l'exploitation du navire par le possesseur lorsque celui-ci aura fourni des garanties suffisantes, ou régler la gestion du navire pendant la durée de la saisie (Conv. Bruxelles, 10 mai 1952, art. 5).

2 Saisie conservatoire des bateaux

567 • Comment obtenir l'autorisation de saisir à titre conservatoire ?

• **Droit français**

L'autorisation est demandée sur requête auprès du juge de l'exécution dans les conditions générales prévues au Code des procédures civiles d'exécution (CPC ex., art. L. 511-1 et R. 511-1. – V. Fiche 12 : Savoir quelle mesure conservatoire prendre).

La demande peut aussi être présentée devant le président du tribunal de commerce à la double condition que (C. com., art. L. 721-7, 2°) :

– la mesure vise à la conservation d'une créance relevant de la compétence de la juridiction commerciale ;

– la demande est portée avant tout procès.

• **Droit conventionnel**

La Convention de Genève exige une autorisation judiciaire en vue de pratiquer une saisie conservatoire.

Le droit du créancier, cause de la saisie conservatoire, peut-être :

– un droit réel ;

– une créance garantie par un droit réel ;

– un droit « vraisemblable ».

Une menace dans la sauvegarde des droits du demandeur est aussi exigée.

> ATTENTION **Si le requérant ne peut établir la vraisemblance de son droit au moment de la demande, l'autorisation de saisir peut toutefois être accordée en contrepartie de la fourniture de garantie suffisante (Conv. Genève, 25 janv. 1965, Prot. n° 2, art. 11).**

• **Mise en œuvre de la saisie**

La mise en œuvre de la saisie conservatoire de bateau permet, au regard de l'article L. 4122-15 du Code des transports, au créancier privilégié de primer le créancier bénéficiant d'une hypothèque sur le bateau.

Il peut également être fait application du Protocole n° 2 de la Convention de Genève du 25 janvier 1965 dans le cas où le bateau serait immatriculé sur un registre d'une partie contractante à la Convention.

> ATTENTION **Le droit conventionnel s'appliquera en présence d'un élément d'extranéité. Dès lors, la saisie en France d'un bateau immatriculé en France par un créancier français à l'encontre d'un débiteur de nationalité française devra répondre des règles du droit interne.**

La loi applicable, sous quelques réserves, sera la loi du pays où le bateau se trouve.

Saisir les navires et bateaux

La saisie conservatoire, ainsi que sa mainlevée, doivent faire l'objet d'une inscription au registre d'immatriculation du bateau et le requérant et les bénéficiaires d'inscription doivent être informés de cette inscription (Conv. Genève, 25 janv. 1965, Prot. n° 2, art. 5).

> CONSEIL **Publier la saisie conservatoire au greffe du tribunal de commerce du lieu d'immatriculation ou dans le ressort duquel le bateau est en construction et ce, par souci d'opposabilité.**

Lorsque le bateau est immatriculé dans un État contractant autre que celui de la saisie, l'officier ministériel doit demander l'inscription au registre.

- **Effets de la saisie conservatoire**

La saisie conservatoire a pour effet l'immobilisation matérielle du bateau afin de sauvegarder la réalisation d'une créance ou tout droit du requérant.
Un droit de rétention sur le bateau ne fait pas obstacle à la saisie conservatoire.
En contrepartie d'une caution ou garantie qu'il détermine, le juge peut autoriser le propriétaire à exploiter le bateau. Cette autorisation ne vaut pas mainlevée de la saisie conservatoire.
La saisie conservatoire effectuée sur le territoire d'un État contractant sera reconnue sur les territoires des autres parties contractantes (Conv. Genève, 25 janv. 1965, Prot. n° 2, art. 9).

> EXEMPLE Une saisie conservatoire d'un bateau réalisé en France sera, par exemple, opposable en Suisse, et ce en dépit de l'autorisation de voyager qui pourrait être obtenue par le saisi.

La mainlevée de la saisie conservatoire du bateau peut être obtenue lorsqu'une caution et autre garantie est fournie, pourvu qu'elle soit estimée comme suffisante par le juge.
Est considéré comme suffisant un montant au moins égal à celui de la limitation de responsabilité invoquée par le débiteur (Conv. Genève, 25 janv. 1965, Prot. n° 2, art. 15-2).
Enfin, la saisie conservatoire fait obstacle à l'exercice d'une nouvelle saisie pour la réalisation du même droit sur le bateau, nonobstant la mainlevée, sauf si le juge estime que la caution ou garantie n'a pas ou plus l'efficacité qu'elle avait au moment du retrait ou de la mainlevée de la mesure conservatoire (Conv. Genève, 25 janv. 1965, Prot. n° 2, art. 16).

B Saisie-exécution des navires et bateaux

1 Saisie-exécution des navires

568 Muni d'un titre exécutoire, le créancier pourra procéder à la saisie-exécution du navire de son débiteur.
La saisie-exécution a pour finalité la vente publique du navire et la distribution du prix de vente. Elle vise à l'expropriation du débiteur.

a) Signification du commandement

569 La saisie-exécution des navires est précédée de la signification d'un commandement de payer (C. transports, art. L. 5114-23) faite au saisi ou à son représentant (C. transports, art. R. 5114-20).
Le commandement de payer se périme par dix jours (C. transports, art. R. 5114-21).
Le commandement de payer comprend (C. transports, art. R. 5114-20) :
1° la mention du titre exécutoire en vertu duquel les poursuites sont exercées, avec le décompte distinct des sommes réclamées en principal, des frais et des intérêts échus ainsi que l'indication du taux des intérêts ;
2° le commandement d'avoir à payer la dette dans un délai de vingt-quatre heures, faute de quoi le débiteur pourra y être contraint par la vente forcée de son navire ;
3° l'indication de l'heure à laquelle le commandement est signifié ;
4° l'élection de domicile, le cas échéant, faite par le créancier dans le lieu où siège le juge de l'exécution devant lequel la vente doit être poursuivie et dans le lieu où le navire est amarré.

b) Procès-verbal de saisie

570 La saisie est faite par l'huissier de justice qui énonce dans son procès-verbal (C. transports, art. R. 5114-22) :
1° les nom, prénom et domicile du créancier pour qui l'action est engagée ;
2° le titre exécutoire en vertu duquel il est procédé ;
3° la somme en principal, intérêts et frais, dont le paiement est poursuivi ;
4° la date du commandement de payer ;
5° l'élection de domicile faite par le créancier dans le lieu où siège le juge de l'exécution devant lequel la vente doit être poursuivie et dans le lieu où le navire est amarré ;

ATTENTION **Il s'agit ici d'une double élection de domicile dans le ressort du juge devant lequel la vente sera poursuivie et dans le lieu où le navire est amarré.**

6° le nom du propriétaire ;
7° les nom, type, jauge et nationalité du bâtiment.
L'huissier de justice établira également un gardien, qui en pratique, sera le capitaine du navire saisi.

c) Aménagement à l'immobilisation : l'autorisation de voyager

571 Il est possible d'obtenir une autorisation de voyager pour un ou plusieurs voyages déterminés, sur autorisation du juge de l'exécution, à la condition de justifier d'une garantie suffisante pour couvrir la créance (C. transports, art. L. 5114-21).
La somme sera acquise aux créanciers en cas de non-retour du navire saisi à l'expiration du délai fixé par le juge.

d) Mesures de publicité

572 • **Notification au service du port et consul**
La saisie fait ensuite l'objet de large mesure de publicité. Le procès-verbal est notifié à la capitainerie du port ainsi qu'au consul de l'État dont le navire bat pavillon ou si l'État concerné ne dispose pas de consul, à un représentant diplomatique de cet État (C. transports, art. R. 5114-24).
• **Dénonciation de la saisie**
Le procès-verbal doit être dénoncé au propriétaire du navire ou à son représentant dans les **trois jours** de la saisie.
Cette dénonciation contient également citation devant le juge de l'exécution du lieu de la saisie afin de voir dire qu'il sera procédé à la vente des choses saisies.

ATTENTION **L'acte de dénonciation dans le délai de trois jours est prévu à peine de caducité (C. transports, art. R. 5114-23).**

• **Inscription de la saisie sur le registre**
La saisie est en outre inscrite dans le délai de **sept jours** courant de la date de la saisie (C. transports, art. R. 5114-25, al. 3) :
– si le bien objet de la saisie est francisé, sur le registre spécial des hypothèques maritimes ;
– si le navire n'est pas francisé, le procès-verbal de saisie est inscrit sur le fichier spécial tenu à la conservation des hypothèques maritimes territorialement compétente du lieu de la saisie.

ATTENTION **Le délai de sept jours est augmenté de vingt jours si le lieu de la saisie et le lieu de tenue du fichier ne se trouvent pas l'un et l'autre en France métropolitaine ou dans une collectivité-ultramarine (C. transports, art. R. 5114-25, al. 3).**

ATTENTION **La transcription au registre rend le bien indisponible (C. transports, art. R. 5114-25, al. 4).**
À compter de la transcription, les créanciers inscrits et les créanciers privilégiés pourront demander au juge de l'exécution leur subrogation dans les droits du poursuivant, en cas de désistement du poursuivant, négligence, fraude, collusion ou toute autre cause de retard imputable au saisissant. Cette demande peut se faire à tout moment et emportera substitution dans les poursuites.

• **Dénonciation aux créanciers inscrits valant assignation**
Le conservateur des hypothèques maritimes délivrera au saisissant, lorsque le navire est francisé, un état des inscriptions lequel permettra la dénonciation de la mesure aux créanciers inscrits et ce dans les **sept jours** suivant la délivrance de l'état des inscriptions.
Ce délai est augmenté de **vingt jours** si le lieu de la saisie et le lieu du tribunal qui doit connaître de la saisie et de ses suites ne se trouvent pas l'un et l'autre en France métropolitaine ou dans une même collectivité ultramarine.

ATTENTION **Dans l'hypothèse d'un navire étranger, la dénonciation sera adressée au consul de l'État du pavillon ou, si l'État concerné ne dispose pas d'un consul, à un représentant diplomatique de cet État ; le délai de comparution étant porté à trente jours à compter de cette dénonciation (C. transports, art. D. 5114-27).**

La dénonciation, outre l'indication de l'inscription de la saisie-exécution, indique le jour de la comparution devant le juge de l'exécution, lequel fera l'objet d'une augmentation de vingt jours si le domicile élu et le siège du tribunal ne se trouvent pas l'un et l'autre en France métropolitaine ou dans une même collectivité ultramarine et ce dans le but de sauvegarder les droits des créanciers inscrits (C. transports, art. R. 5114-26, al. 3).

• **Dénonciation aux quirataires**

La saisie d'un ou plusieurs quirats d'un navire est dénoncée aux autres quirataires conformément à l'article R. 5114-26, alinéas 2 et 3 du Code des transports.

Ces derniers pourront faire opposition afin d'éviter la vente de l'entier bâtiment lorsque la saisie portera sur plus de la moitié. Le juge devra statuer sur cette opposition avant l'adjudication (C. transports, art. R. 5114-47, 2°).

e) Vente du navire

573 La vente du navire est prononcée par jugement, lequel fixera la mise à prix et les conditions de la vente (C. transports, art. L. 5114-24), ce qui rapproche ici la matière de la saisie immobilière.

La vente sur saisie, lorsqu'elle se fait à l'audience du juge de l'exécution, a lieu quinze jours après une apposition d'affiches et leur insertion (C. transports, art. R. 5114-30) :

1° dans un journal d'annonces légales du ressort du tribunal de grande instance du lieu de la vente ;

2° dans toute autre publication maritime autorisée par le juge.

La publicité de la vente est effectuée par le biais d'affiches (C. transports, art. R. 5114-31). Ces affiches doivent être apposées :

- sur la partie la plus apparente du navire saisi ;
- au tribunal de grande instance du lieu de vente ;
- sur le quai du port où le bâtiment est amarré ;
- à la chambre de commerce et d'industrie ;
- au bureau des douanes et au service chargé des affaires maritimes territorialement compétent.

L'article R. 5114-32 du Code des transports prévoit les mentions que doivent contenir les affiches.

La vente forcée du bien saisi a lieu aux enchères publiques, à l'audience du juge de l'exécution du lieu où la saisie a été faite. Il est possible que le magistrat ordonne que la vente se fasse devant une autre juridiction ou en l'étude et par le ministère d'un notaire ou par un courtier (C. transports, art. L. 5114-25).

Le déroulement des enchères se passe comme en matière de saisie immobilière (ministère d'avocat obligatoire notamment) ; les articles R. 322-39 à R. 322-49 du Code des procédures civiles d'exécutions sont applicables (C. transports, art. R. 5114-33).

Si, au jour fixé pour la vente, il n'est pas fait d'offre, le juge indique, par jugement, le jour auquel les enchères auront lieu sur une nouvelle mise à prix inférieure à la première et qui est déterminée également par jugement (C. transports, art. R. 5114-29).

> ATTENTION **Aucune surenchère n'est cependant admise en cas de vente judiciaire de navire (D. n° 67-967, 27 oct. 1967, art. 47).**

L'adjudication opère transfert de propriété du navire au dernier enchérisseur et vaut purge des inscriptions. Elle fait également cesser les fonctions du capitaine, sauf à lui à se pourvoir en dédommagement contre qui de droit (C. transports, art. L. 5114-26).

Le titre de vente consiste dans l'expédition du jugement ayant décidé des modalités de la vente et du jugement d'adjudication, lequel est inscrit à la conservation des hypothèques maritimes, à la requête de l'acquéreur ou du créancier poursuivant la distribution (C. transports, art. R. 5114-34).

f) Distribution

574 L'adjudicataire consigne le prix, sans frais, à la Caisse des dépôts et consignations, dans les vingt-quatre heures de l'adjudication, à peine de réitération des enchères.

À défaut de paiement ou de consignation, la vente est résolue de plein droit et l'adjudicataire, outre des dommages-intérêts, sera tenu de payer la différence entre son enchère et le prix de la revente ainsi que les frais (C. transports, art. L. 5114-28).

Les oppositions au paiement du prix de vente sont formées dans un délai d'un mois à compter de l'adjudication au greffe du tribunal de grande instance du lieu de la vente par lettre recommandée avec demande d'avis de réception. L'opposition contient l'indication du titre exécutoire en vertu duquel elle est formée (C. transports, art. R. 5114-37).

L'adjudication convertit de plein droit les demandes en distraction en opposition sur le prix d'adjudication (C. transports, art. L. 5114-27).

Seuls les créanciers ayant formé opposition sont admis à participer à la distribution du prix de vente (C. transports, art. L. 5114-29).

> ATTENTION **Les demandes relatives à la distribution du prix sont portées devant le juge de l'exécution territorialement compétent pour connaître de la procédure de saisie (C. transports, art. R. 5114-39).**

En cas de créancier unique :

Lorsqu'il n'existe qu'un créancier concourant à la distribution, ce dernier adresse à la Caisse des dépôts et consignations une demande de paie-

ment par lettre recommandée avec demande d'avis de réception, dans un délai de deux mois suivant la vente ou la transcription du titre de vente (C. transports, art. R. 5114-38).
La demande de paiement est motivée et accompagnée d'un état des inscriptions certifié à la date de la transcription du procès-verbal de saisie, d'une copie revêtue de la formule exécutoire du jugement ayant décidé des modalités de la vente et, selon le cas, du jugement d'adjudication ou du jugement constatant la fin de l'instance, à laquelle est annexé un certificat du greffe du tribunal de grande instance attestant qu'aucun créancier n'a formé opposition au prix de vente.
Le paiement s'effectuera dans le mois de la demande ; le saisi est informé du montant versé au créancier et, le cas échéant, se fera remettre le solde du prix de vente.
En cas de pluralité de créanciers :
Une procédure particulière à l'initiative du poursuivant, par voie de requête auprès du juge de l'exécution de la saisie est mise en œuvre en application des articles R. 5114-40 et suivants du Code des transports.
Une demande de déclaration de créances auprès des créanciers inscrits ou opposants sera effectuée par la juge ; ces derniers répondront par conclusions d'avocat dans les quinze jours de la demande, faute de déchéance du bénéfice de leur sûreté. En cas de déclaration tardive, le créancier ne pourra prétendre qu'au solde éventuel du prix (C. transports, art. R. 5114-41).
L'ordonnance prévoyant le projet de distribution sera notifiée aux créanciers ainsi qu'au débiteur. Une contestation peut être soulevée dans les quinze jours suivant la réception de la notification ; à défaut de contestation dans ce délai, le projet sera réputé accepté et deviendra exécutoire sur demande de la partie la plus diligente (C. transports, art. 5114-43).
Dans le mois de la notification d'une copie exécutoire de la décision arrêtant la répartition, la Caisse des dépôts et consignations procède au paiement des créanciers (C. transports, art. 5114-45).
La purge des sûretés et privilèges et la radiation des inscriptions seront constatées par décision du juge de l'exécution sur requête de l'adjudication (C. transports, art. 5114-46).

g) Réitération des enchères

575 Une procédure de réitération des enchères est alors ouverte à l'identique de ce qui existe en matière de saisie immobilière (CPC ex., art. R. 322-66 à R. 322-72), sous quelques adaptations expressément prévues (C. transports, art. R. 5114-36).

2 Saisie-exécution des bateaux

ATTENTION Les articles 118 à 131 du Code du domaine public fluvial et de la navigation intérieure ont été abrogés par l'ordonnance n° 2010-1307 du 28 octobre 2010 à compter de la publication des dispositions réglementaires du Code des transports y afférentes, soit le 27 mars 2013 (D. n° 2013-253, 25 mars 2013 : *JO* 27 mars 2013, texte n° 47. – V. L. Lauvergnat, *La saisie des bateaux : une mesure d'exécution de nouveau à flot : Gaz. Pal.* 25-26 sept. 2013, p. 5).
Cette procédure est applicable dans les départements du Bas-Rhin, Haut-Rhin et de la Moselle, sous réserve des dispositions des articles R. 4123-26 et R. 4123-27 du Code des transports.
La Convention de Genève du 25 janvier 1965 a également vocation à jouer pour le cas où le bateau serait immatriculé dans un État contractant. La saisie-exécution répond alors des articles 19 à 22 du Protocole n° 2 de ladite convention.

a) Signification du commandement

576 La procédure commence par la signification d'un commandement de payer fait au saisi. La saisie ne peut avoir lieu que vingt-quatre heures suivant le commandement.
Le commandement de payer contient (C. transports, art. R. 4123-3) :
– la mention du titre exécutoire en vertu duquel les poursuites sont exercées ;
– le décompte des sommes réclamées en principal, frais et intérêts échus ainsi que l'indication du taux ;
– le commandement d'avoir à payer la dette dans un délai de vingt-quatre heures, faute de quoi le débiteur pourra y être contraint par la vente forcée de son bateau ;
– l'indication de l'heure à laquelle le commandement est signifié.

ATTENTION Le délai se computant en heures, le commandement devra mentionner l'heure de sa délivrance.

b) Procès-verbal de saisie

577 Faute de règlement dans le délai, il est procédé à la saisie par acte d'huissier de justice.

ATTENTION **Seul l'huissier de justice peut dresser le procès-verbal de saisie. La délivrance par clerc assermenté est prohibée.**

Le procès-verbal de saisie énonce (C. transports, art. R. 4123-4) :
- les nom, prénoms et domicile du créancier ;
- le titre en vertu duquel il procède ;
- la somme en principal, intérêts et frais, dont il poursuit le recouvrement ;
- l'élection de domicile faite par le créancier dans le lieu où siège le juge de l'exécution devant lequel la vente doit être poursuivie et dans le lieu où le bateau saisi est amarré ;

ATTENTION **Il s'agit ici d'une double élection de domicile dans le ressort du juge de l'exécution devant lequel la vente sera poursuivie et dans le lieu où le bateau est amarré.**

- le nom du propriétaire ;
- le nom et devise, le type, le port en lourd du bateau, son numéro et le lieu de son immatriculation ;
- la description des agrès, batelets, ustensiles et approvisionnements.

L'huissier établira un gardien, qui signera le procès-verbal, à peine de nullité.

CONSEIL **En cas de refus de signature du gardien, l'huissier devra en faire expressément mention sur le procès-verbal.**

c) Dénonciation au propriétaire

578 À peine de caducité, dans les trois jours, le saisissant dénonce la saisie au propriétaire du bateau et le fait citer devant le juge de l'exécution du lieu de la saisie pour voir dire qu'il sera procédé à la vente du bien saisi.
Si le propriétaire et domicilié à l'étranger et non représenté, il conviendra d'appliquer les règles relatives aux notifications internationales (C. transports, art. R. 4123-5, al. 2).

d) Inscription au greffe

579 La publicité de la saisie se fait auprès du greffe du tribunal de commerce du lieu d'immatriculation ou dans le ressort duquel se situe l'autorité administrative compétente pour l'immatriculation lorsque le bateau est en construction dans un délai de trois jours.
Cette transcription rend le bien indisponible.

ATTENTION **La saisie cesse de produire effet si, dans les deux ans de sa transcription, il n'a pas été fait mention en marge de cette transcription du jugement constatant la vente du bien saisi (C. transports, art. R. 4123-6, al. 3). À compter de la transcription de la saisie, les créanciers inscrits ou privilégiés peuvent, à tout moment de la procédure, demander au juge de l'exécution leur subrogation dans les droits du créancier poursuivant (C. transports, art. R. 4123-7).**

e) Créanciers inscrits valant citation et formalité subséquente

580 Dans les huit jours, le greffe du tribunal de commerce délivre un état des inscriptions.
Le saisissant doit alors dénoncer la saisie aux créanciers inscrits, à domicile élu, dans les trois jours suivant avec l'indication des date et heure de l'audience devant le juge de l'exécution. Cette dénonciation, devant être faite au moins trois jours avant l'audience, vaut assignation.
L'accomplissement de la dénonciation doit être transcrit auprès du greffe du tribunal de commerce ou de l'autorité administrative compétente pour l'immatriculation.

f) Vente du bateau

581 À l'audience, le juge de l'exécution fixera la mise à prix et les conditions de la vente forcée.

ATTENTION **Le juge peut décider que la vente sera faite ou devant un autre juge de l'exécution ou en l'étude et par le ministère soit d'un notaire, soit d'un autre officier public et ministériel du lieu où se trouve le bateau saisi. Le jugement fixera alors les règles de publicité.**

Les enchères sont portées par le ministère d'avocat.
Dans le cas où aucune enchère ne serait portée au jour de la vente, le juge indique le jour auquel les enchères auront lieu sur une nouvelle mise à prix inférieure.
Le Code des transports, en son article R. 4123-9, fixe les mesures de publicité de la vente.
La publicité doit avoir lieu quinze jours au moins avant l'audience par l'apposition d'affiche et in-

sertion dans un journal d'annonces légales du ressort du tribunal de grande instance où la vente se déroule et dans un journal spécial de navigation intérieure.
Les annonces et affiches, dont les lieux d'apposition sont prévus à l'article R. 4123-10 du Code des transports, indiquent notamment les nom, profession et domicile du poursuivant, le titre en vertu duquel il agit, les caractéristiques du bateau portées au certificat, etc. (C. transports, art. R. 4123-11).
Les dispositions des articles R. 322-39 à R. 322-49 du Code des procédures civiles d'exécution relatives à la saisie immobilière, sont applicables aux enchères portées devant le juge de l'exécution.
Dans les vingt-quatre heures de l'adjudication, à peine de réitération des enchères, l'adjudicataire est tenu de consigner son prix sans frais à la Caisse des dépôts et consignations (C. transports, art. R. 4123-14).
Le titre de vente consiste dans l'expédition du jugement ayant fixé les modalités de la vente et du jugement d'adjudication. Le titre de vente est transcrit au greffe du tribunal de commerce à la demande de l'adjudicataire ou, à défaut, du créancier poursuivant la distribution.

g) Distribution du prix

582 Les frais de justice effectués dans l'intérêt commun, y compris les frais de garde, seront déduits du prix d'adjudication avant la distribution (C. transports, art. R. 4123-15).
S'il n'existe qu'un créancier concourant à la distribution du prix, la demande de paiement, motivée et accompagnée des pièces prévues à l'article R. 4123-16, alinéa 2, du Code des transports, se fait dans les deux mois de la transcription du titre de vente par lettre recommandée avec avis de réception adressée directement à la Caisse des dépôts et consignations.
Faute de règlement dans le délai d'un mois par la Caisse des dépôts, les sommes dues produisent intérêts au taux légal.
Le refus de paiement ne peut être motivé que par l'existence d'un autre créancier pouvant concourir à la distribution du prix.

ATTENTION **En cas de contestation, le juge de l'exécution compétent pour connaître de la procédure de distribution demeure celui qui était compétent pour procéder à la vente.**

Dans l'hypothèse où plusieurs créanciers concourent à la distribution du prix, le juge de l'exécution, est saisi par le poursuivant d'une demande de répartition amiable (C. transports, art. R. 4123-18).
Le juge notifie une demande de déclaration de créances aux créanciers inscrits et privilégiés.
La déclaration de créance est faite par conclusion d'avocat dans les quinze jours suivants la demande notifiée (C. transports, art. R. 4123-19).

ATTENTION **En cas d'absence de déclaration ou de déclaration tardive, le créancier est déchu du bénéfice de sa sûreté ; il pourra cependant dans la seconde hypothèse prétendre à la répartition du solde éventuel du prix (C. transports, art. R. 4123-19, al. 2).**

Une ordonnance fixe le projet de distribution.
La décision est notifiée aux créanciers et au débiteur et mentionne (C. transports, art. R. 4123-20) :
– qu'une contestation motivée peut être formée par acte d'avocat, accompagné des pièces justificatives nécessaires au greffe du juge de l'exécution ;
– qu'à défaut de contestation dans le délai de quinze jours suivant la réception de la notification, le projet est réputé accepté et deviendra alors exécutoire.
L'apposition de la formule exécutoire est requise auprès du greffe du juge de l'exécution par le poursuivant ou toute partie au projet de distribution.
Le versement des fonds par la Caisse des dépôts et consignations se fait dans le mois de la notification à elle faite d'une copie revêtue de la formule exécutoire de la décision arrêtant l'état des répartitions (C. transports, art. R. 4123-23).
En cas de contestation du projet de distribution, le juge de l'exécution convoque les parties pour statuer sur les contestations, établir l'état des répartitions et statuer sur les frais de la distribution.
L'appel contre le jugement établissant l'état des répartitions a un effet suspensif.
Enfin, sur requête de l'adjudicataire, le juge de l'exécution constate la purge des hypothèques et privilèges grevant le bateau du chef du débiteur et ordonne la radiation des inscriptions correspondantes (C. transports, art. R. 4123-24).

h) Réitération des enchères

583 En cas de réitération des enchères, les articles R. 322-66 à R. 322-72 du Code des procédures civiles d'exécution recevront application, avec les adaptations nécessaires pour les besoins de la cause prévues à l'article R. 4123-14 du Code des transports.

CHECK-LIST • Recueillir les informations relatives à l'identité des parties et à l'objet saisi.
• Vérifier que le bien appartienne au saisi ou soit saisissable.
• Obtenir tous les renseignements utiles sur la localisation actuelle du navire ou bateau.
• Déterminer la nature de l'objet saisi : navire ou bateau.
• Navire : requérir une autorisation aux fins de saisir conservatoirement le navire.
• Justifier du caractère fondé de la créance garantie, ainsi que de son montant et sa nature.
• En cas de saisie conservatoire internationale : justifier d'une créance maritime.
• Bateaux : appliquer le droit conventionnel en présence d'un élément d'extranéité.

POUR ALLER PLUS LOIN...

Fascicule JurisClasseur

• *JCl. Encyclopédie des Huissiers de Justice*, V° *Saisie et vente forcée des navires et bateaux*, Fasc. 10 à 30.

Fiche 27
Saisir le véhicule automobile

Gwénaëlle BOUILLÉ

Sommaire

I Aperçu rapide ... 251
A Éléments clés ... 251
B Textes ... 252
II Préparation ... 252
A Informations à recueillir auprès du client ... 252
B Inventaire des solutions et éléments de décisions ... 252
III Mise en œuvre ... 253
A Saisie par déclaration ... 253
1 Déclaration de saisie ... 253
2 Signification de la déclaration ... 253
3 Effet de la saisie par déclaration ... 254
B Saisie par immobilisation ... 254
1 Procédure d'immobilisation à titre principal et autonome ... 254
2 Dénouement de la procédure d'immobilisation à titre principal ... 255
3 Procédure d'immobilisation à titre accessoire ... 256
C Contestation de la saisie ... 257
1 Saisie par déclaration ... 257
2 Saisie par immobilisation ... 257

I
Aperçu rapide

A Éléments clés

584 La voiture constitue une part importante du patrimoine des particuliers. En outre, son utilisation traduit un lien affectif fort avec son propriétaire.
Sa saisie constitue un moyen de pression efficace mis à la disposition des créanciers qui souhaitent, soit recouvrer leur créance, soit contraindre le débiteur à une obligation de faire notamment de remise.
En l'absence de mise en demeure préalable, le créancier bénéficie de l'effet de surprise.
La mise en œuvre de la saisie nécessite l'intervention d'un huissier de justice.
Le créancier, à la condition qu'il soit muni d'un titre exécutoire (CPC ex., art. L. 111-3), bénéficie de **trois procédures autonomes** de saisie du véhicule :

– la saisie par **déclaration à la préfecture** rend le véhicule indisponible juridiquement.
Ainsi, le véhicule ne peut être vendu, ni faire l'objet d'une sûreté. La saisie par déclaration est particulièrement utile lorsque l'huissier de justice n'a pas la possibilité de localiser le véhicule, soit parce que le conducteur réel n'est pas le propriétaire, soit parce qu'une recherche à proximité du domicile indiqué sur le certificat d'immatriculation n'a rien donné ;
– la saisie par **immobilisation** rend le véhicule indisponible matériellement et juridiquement. Elle est réalisée pour obtenir :
• l'obtention du paiement d'une somme d'argent (CPC ex., art. R. 223-11),
• la remise du véhicule saisi à son propriétaire (CPC ex., art. R. 223-12),

• la remise du véhicule saisi à un créancier gagiste (CPC ex., art. R. 223-13),
– la saisie-vente **classique** : la saisie sera alors soumise aux règles applicables en matière de saisie-vente (CPC ex., art. R. 221-1).
Le créancier peut également faire procéder à l'**immobilisation accessoire** du véhicule :
– dans le cadre d'une autre mesure exécutoire (détention d'un titre exécutoire) :
• saisie-vente (CPC ex., art. R. 221-19, al. 3),
• saisie-appréhension (CPC ex., art. R. 222-1, al. 2) ;
– dans le cadre d'une mesure conservatoire (absence de titre exécutoire) :
• saisie conservatoire de biens mobiliers corporels (CPC ex., art. R. 221-19, al. 3, et R. 522-4),
• saisie-revendication sous réserve de l'autorisation du juge (CPC ex., art. R. 223-11).

ATTENTION Ne sont pas saisissables les véhicules nécessaires à la vie courante ou au travail du saisi, quand bien même la saisie pratiquée n'entraînerait pas de dépossession matérielle (CPC ex., art. L. 112-2, 5°. – CPC ex., art. R. 112-2, 16°. – CA Montpellier, 1re ch. D, 3 nov. 2016, n° 15/08241 : *JurisData* n° 2016-026255).
La saisie par déclaration ou par immobilisation peut intervenir à quelque endroit que se trouve le véhicule : chez le saisi, entre les mains d'un tiers, sur la voie publique ou dans un parc, etc.
Elle peut porter sur tous les :
– engins de tourisme motorisés (automobiles, camions, cyclomoteurs et motocyclettes) ;
– tracteurs routiers (bulldozers, pelles mécaniques) ;
– engins agricoles (moissonneuses).

B Textes

• CPC ex., art. L. 223-1 et L. 223-2.
• CPC ex., art. R. 223-1 à R. 223-13.

II Préparation

A Informations à recueillir auprès du client

585 • Dispose-t-il d'un titre exécutoire ? Le débiteur est-il propriétaire du véhicule ? S'agit-il d'un bien commun ? Dans ce cas, le véhicule est-il immatriculé au nom du débiteur ou de son conjoint ?
• Le créancier est-il titulaire d'une ordonnance comportant une injonction d'avoir à délivrer ou à restituer ?
• Le véhicule doit-il être immobilisé pour obtenir le paiement d'une somme d'argent ?
• Le véhicule doit-il être immobilisé pour être remis à son propriétaire (prêteur, crédit-bailleur, vendeur avec réserve de propriété) ou à un créancier gagiste ?
• Le véhicule a-t-il été trouvé lors d'une opération de saisie-vente ou lors d'une procédure de saisie-appréhension ?
• Y a-t-il une menace dans le recouvrement de la créance ?

ATTENTION Alerter le client, en cas de recouvrement d'une créance d'un faible montant, sur l'opportunité d'une telle procédure, notamment eu égard aux frais d'huissier de justice à exposer et au risque de se voir condamner au paiement de dommages et intérêts si la mesure est jugée excessive et inutile, bien que régulière (CA Aix-en-Provence, 6 sept. 2002, n° 98/18719 : *JurisData* n° 2002-199844).

B Inventaire des solutions et éléments de décisions

586 Le créancier titulaire d'un titre exécutoire peut pratiquer, outre la saisie-vente classique, deux procédures spécifiques :
– la saisie par déclaration ;
– la saisie par immobilisation.
La saisie par déclaration et la saisie par immobilisation constituent deux moyens de pression énergiques et très efficaces à l'encontre d'un débiteur indélicat.

EXEMPLE Un automobiliste solvable, sur le point de partir en vacances ou qui a besoin de sa voiture pour se rendre au travail, ne tardera pas à payer son créancier si son véhicule est immobilisé.

La saisie par déclaration n'immobilise pas le bien mais le rend indisponible juridiquement, de sorte qu'elle fait obstacle à la cession du véhicule.
L'immobilisation du véhicule peut être opérée à titre principal dans le cadre de la procédure de saisie par immobilisation, ou à titre accessoire lorsqu'elle est pratiquée dans le cadre d'une mesure conservatoire (saisie conservatoire, saisie-revendication) ou mesure exécutoire (saisie-vente, saisie-appréhension).
La saisie par déclaration ne peut faire l'objet d'une mesure conservatoire sur autorisation du juge de l'exécution (CA Aix-en-Provence, 1er avr. 2016, n° 15/21903 : *JurisData* n° 2016-007219).
La procédure de saisie par immobilisation autonome pourra être préférée en ce qu'elle permet d'immobiliser le bien en tout lieu qu'il se trouve, et de procéder à son enlèvement, contrairement aux autres procédures.

ATTENTION Préalablement, l'huissier de justice doit consulter le Système d'immatriculation des véhicules (SIV) qui gère l'ensemble des pièces et des opérations administratives liées au droit de circuler des véhicules sur les voies publiques.Le SIV est constitué notamment :
– des données relatives au titulaire du certificat d'immatriculation du véhicule ;
– des données relatives au véhicule et à l'autorisation de circuler, notamment les déclarations valant saisie, les gages, les oppositions au transfert d'immatriculation, etc.
La communication de ces informations permet d'éviter le cas échéant de procéder à une saisie inutile.
À compter du 1er janvier 2017, la prise en charge par les services de la préfecture d'une opération pouvant relever d'une habilitation et notamment les déclarations valant saisie réalisées par un huissier de justice ne sera plus possible sauf impossibilité technique de réaliser l'opération *via* le SIV.
Le législateur (C. route, art. L. 234-12) rend obligatoire, sauf décision spécialement motivée du juge pénal, la confiscation du véhicule ayant servi à commettre l'infraction au Code de la route, propriété de l'auteur de l'infraction en état de récidive légale. L'auteur perd ainsi purement et simplement la propriété du véhicule.

III
Mise en œuvre

A Saisie par déclaration

1 Déclaration de saisie

587 La saisie par déclaration est faite par un huissier de justice.

ATTENTION Est illicite toute déclaration qui se fait sans titre exécutoire et sans l'intervention de l'huissier de justice.

La déclaration valant saisie contient à peine de nullité (CPC ex., art. R. 223-2) :
– les nom et adresse du débiteur ou, s'il s'agit d'une personne morale, sa dénomination et son siège social ;
– le numéro d'immatriculation et la marque du véhicule saisi ;
– la mention du titre exécutoire dont se prévaut le créancier.

2 Signification de la déclaration

588 La déclaration est signifiée à la préfecture par voie électronique auprès du SIV (CPC ex., art. L. 223-1 et R. 223-2, al. 2).
Copie de cette déclaration est également signifiée au débiteur dans les huit jours qui suivent (CPC ex., art. R. 223-3, al. 1. – Cass. 2e civ., 18 févr. 2016, n° 14-26.395 : *JurisData* n° 2016-002836).
L'acte de signification doit indiquer (CPC ex., art. R. 223-3, al. 2, et R. 223-4) :

– qu'à compter de la signification de la déclaration, aucun certificat d'immatriculation ne peut être délivré, sauf mainlevée donnée par le créancier ou ordonnée par le juge ;
– que la déclaration cesse de produire effet à l'expiration d'un délai de deux ans à compter de sa signification, sauf renouvellement opéré dans les formes de la déclaration initiale ;
– (en caractères très apparents) que les contestations doivent être portées devant le juge de l'exécution (JEX) du lieu où demeure le débiteur ;
– le décompte distinct des sommes réclamées, en principal, frais et intérêts échus.

3 Effet de la saisie par déclaration

589 À compter de la signification de la déclaration à la préfecture auprès du SIV, le véhicule est indisponible sans que le propriétaire n'en soit dépossédé.
Aucun certificat d'immatriculation ne peut plus être délivré, sauf mainlevée donnée par le créancier ou ordonnée par le juge (CPC ex., art. R. 223-4, al. 1).
La déclaration cesse de produire effet à l'expiration d'un délai de **deux ans** à compter de sa signification à la préfecture, sauf renouvellement opéré dans les formes de la déclaration initiale (CPC ex., art. R. 223-4).
À l'égard du débiteur, la date d'effet est celle de la notification qui lui en est faite.

ATTENTION Conséquences pour les créanciers :
– la déclaration n'a qu'un effet purement administratif, à savoir l'immutabilité du certificat d'immatriculation. Elle ne confère en effet aucun privilège, ni droit de suite, ni droit de préférence propre ;
– les effets de la déclaration ne peuvent préjudicier au créancier titulaire d'un gage régulièrement inscrit ;
– en cas de pluralité de créanciers déclarant, il existe en pratique un droit de préférence au premier créancier déclarant.
Sur la présomption de propriété (CA Toulouse, 18 janv. 2000, n° 1999/04568 : *JurisData* n° 2000-108539. – CA Paris, 2 oct. 2000, n° 2000/00454 : *JurisData* n° 2000-125154).
Sur la responsabilité de l'État dans le cadre de la délivrance d'une attestation de non-gage (CAA Versailles, 10 mai 2011, n° 10VE00384).

B Saisie par immobilisation

1 Procédure d'immobilisation à titre principal et autonome

590 L'immobilisation du véhicule est destinée à contraindre le débiteur à respecter ses obligations.
Elle résulte d'une action unilatérale du créancier qui, par l'intermédiaire de l'huissier de justice et grâce à un titre exécutoire, rend inerte le véhicule du débiteur.

a) Acte et procès-verbal de saisie

591 L'huissier de justice peut saisir le véhicule du débiteur en l'immobilisant :
– en quelque lieu qu'il se trouve ;
– par tout moyen n'entraînant aucune détérioration.

REMARQUE L'appareil utilisé pour immobiliser le véhicule doit indiquer de manière très apparente le numéro de téléphone de l'huissier de justice et une empreinte officielle (CPC ex., art. R. 223-6).

Le procès-verbal d'immobilisation contient, à peine de nullité (CPC ex., art. R. 223-8, al. 1) :
– la mention du titre exécutoire en vertu duquel le véhicule a été immobilisé ;
– la date et l'heure de l'immobilisation ;
– l'indication du lieu où il a été immobilisé et, le cas échéant, de celui où il a été transporté pour être mis en dépôt ;
– la description sommaire du véhicule, avec notamment l'indication de son numéro minéralogique, de sa marque, de sa couleur et, éventuellement, de son contenu apparent et de ses détériorations visibles ;
– la mention de l'absence ou de la présence du débiteur.
L'immobilisation vaut saisie sous la garde du propriétaire du véhicule ou, après son enlèvement, sous la garde de celui qui l'a reçu en dépôt (CPC ex., art. R. 223-8, al. 2).

CONSEIL Afin d'éviter toute contestation, il est recommandé de prendre des photographies du véhicule et de son contenu lors des opérations dans l'éventualité de dégradations ultérieures.

b) Information du débiteur absent

592 Si le véhicule a été immobilisé en l'absence du débiteur, l'huissier de justice doit en informer ce dernier le jour même de l'immobilisation par lettre simple adressée ou déposée au lieu de demeure du débiteur (CPC ex., art. R. 223-9, al. 1).

> ATTENTION **Le défaut de notification au débiteur le jour même de l'immobilisation n'entraîne pas l'annulation de la procédure en l'absence de préjudice subi, le débiteur s'étant vu remettre la dénonciation le lendemain par acte d'huissier (CA Rennes, 6 mars 2015, n° 12/08676 : *JurisData* n° 2015-006023).**

À peine de nullité, cette lettre doit contenir (CPC ex., art. R. 223-9, al. 2) :
- la mention du titre exécutoire en vertu duquel le véhicule a été immobilisé ;
- l'indication du lieu où il a été immobilisé et, le cas échéant, de celui où il a été transporté pour être mis en dépôt ;
- l'avertissement que l'immobilisation vaut saisie et que, si le véhicule a été immobilisé sur la voie publique, il pourra être procédé à son enlèvement dans un délai de quarante-huit heures à compter de son immobilisation pour être transporté en un lieu qui doit être indiqué ;
- la mention, en caractères très apparents, que, pour obtenir une éventuelle mainlevée de l'immobilisation, le destinataire peut, soit s'adresser à l'huissier de justice dont le nom, l'adresse et le numéro de téléphone sont indiqués, soit contester la mesure devant le JEX du lieu d'immobilisation du véhicule dont le siège est indiqué avec l'adresse de son secrétariat-greffe.

> ATTENTION **En cas d'enlèvement, l'huissier de justice doit pouvoir justifier de la nécessité du transport, sauf à se voir contraint de restituer le véhicule (CA Rouen, 21 juin 2005, n° 03/04385 : *JurisData* n° 2005-280403).**

2 Dénouement de la procédure d'immobilisation à titre principal

593 Lorsque le débiteur n'a pas payé ses dettes, l'immobilisation du véhicule peut se terminer par :
- la vente du véhicule pour payer le créancier ;
- l'appréhension du véhicule pour le remettre à son propriétaire ;
- l'appréhension du véhicule pour le remettre au créancier gagiste.

a) Immobilisation pour paiement d'une somme d'argent

594 En cas d'immobilisation du véhicule pour obtenir le paiement d'une somme d'argent, l'huissier de justice doit signifier au débiteur, huit jours au plus tard après l'immobilisation, un commandement de payer contenant, à peine de nullité (CPC ex., art. R. 223-10) :
- la copie du procès-verbal d'immobilisation ;
- un décompte distinct des sommes réclamées, en principal, frais et intérêts échus, ainsi que l'indication du taux des intérêts ;
- l'avertissement qu'à défaut de paiement, et passé le délai d'un mois pour vendre le véhicule à l'amiable, celui-ci sera vendu aux enchères publiques ;
- l'indication que les contestations doivent être portées, au choix du débiteur, devant le juge de l'exécution du lieu où il demeure ou du lieu d'immobilisation du véhicule ;
- la reproduction des articles R. 221-30 à R. 221-32 du Code des procédures civiles d'exécution.

Le véhicule est vendu comme en matière de saisie-vente (CPC ex., art. R. 221-30 et R. 223-11).

• Vente amiable

Le débiteur informe par écrit l'huissier de justice des propositions qui lui ont été faites en indiquant :
- le nom et l'adresse de l'acquéreur éventuel ;
- le délai dans lequel l'acquéreur éventuel s'offre à consigner le prix proposé.

L'huissier de justice communique ces indications au créancier saisissant et aux créanciers opposants par lettre recommandée avec demande d'avis de réception qui disposent d'un délai de quinze jours pour prendre parti. En l'absence de réponse, ils sont réputés avoir accepté.

Le prix de la vente est consigné entre les mains de l'huissier de justice (CPC ex., art. R. 221-30 et s.).

• Vente forcée

À défaut de vente amiable dans le délai d'**un mois** à compter de la notification de l'acte de saisie (délai pouvant être augmenté du délai de quinze jours imparti aux créanciers pour donner leur réponse dans le cadre de la vente amiable), il est procédé à la vente aux enchères publiques (CPC ex., art. R. 221-33 et s.).

Le débiteur est avisé par l'huissier de justice des lieux, jour et heure de la vente, huit jours au moins avant sa date, par lettre simple ou par tout moyen approprié.

La vente est faite par un officier ministériel habilité par son statut à procéder à des ventes aux enchères publiques.

L'adjudication est faite au plus offrant, après trois criées et le prix payable comptant. Faute de paiement, l'objet est revendu à la folle enchère de l'adjudicataire.

> ATTENTION **Lorsqu'un gage a été inscrit sur le véhicule, l'huissier de justice informe le créancier gagiste, selon le cas, des propositions de vente amiable ou de la mise en vente aux enchères publiques (CPC ex., art. R. 223-11).**

b) Immobilisation pour remise au propriétaire

595 Lorsque le véhicule a été immobilisé pour être remis à son propriétaire, l'huissier de justice doit signifier à la personne tenue de la remise, huit jours au plus tard après l'immobilisation, un acte devant contenir à peine de nullité (CPC ex., art. R. 223-12) :
– la copie du procès-verbal d'immobilisation ;
– une injonction d'avoir, dans un délai de huit jours, à se présenter à l'étude de l'huissier de justice pour convenir avec lui des conditions de transport du véhicule, avec l'avertissement qu'à défaut il sera transporté à ses frais pour être remis à la personne désignée dans le titre ;
– l'indication que les contestations peuvent être portées, au choix de la personne tenue de la remise, devant le JEX du lieu où elle demeure ou du lieu d'immobilisation du véhicule.
La restitution volontaire est consignée dans un acte de remise volontaire avec description du véhicule. À défaut de restitution par le débiteur dans les huit jours, le véhicule est transporté à ses frais pour être remis au créancier.

> ATTENTION **En cas de détention du véhicule par un tiers, une sommation doit lui être signifiée d'avoir à remettre le véhicule dans les huit jours suivant la signification.**
> **En cas de refus, le JEX peut être saisi afin d'autorisation d'appréhension auprès du tiers dans le mois de la sommation.**
> **Une autorisation spéciale doit être sollicitée pour entrer de façon forcée dans les locaux à usage d'habitation du tiers.**

> CONSEIL **Il est recommandé de privilégier dans le cadre de la procédure aux fins de remise au propriétaire, une immobilisation par transport avec enlèvement immédiat afin de pallier les difficultés d'exécution liées à une résistance ultérieure de la personne tenue de la remise.**

c) Immobilisation pour remise à un créancier gagiste

596 Dans le cas où le véhicule a été immobilisé pour être remis à un créancier gagiste, l'huissier de justice doit signifier à la personne tenue de la remise, huit jours au plus tard après l'immobilisation, un acte contenant à peine de nullité (CPC ex., art. R. 223-13, al. 1) :
– la copie du procès-verbal d'immobilisation ;
– une injonction d'avoir, dans un délai de huit jours, à se présenter à l'étude de l'huissier de justice pour convenir avec lui des conditions de transport du véhicule, avec l'avertissement qu'à défaut il sera transporté à ses frais pour être remis au créancier gagiste ;
– un décompte distinct des sommes réclamées en principal, frais et intérêts échus, ainsi que l'indication du taux des intérêts ;
– l'avertissement, en caractères très apparents, qu'il dispose d'un délai d'un mois pour procéder à la vente amiable du véhicule et que passé ce délai, il pourra être procédé à sa vente aux enchères publiques ;
– l'indication que les contestations peuvent être portées, au choix de la personne tenue de la remise, devant le JEX du lieu où elle demeure, ou du lieu de l'immobilisation du véhicule.
Après remise au créancier gagiste, le véhicule est placé sous la garde de ce dernier (CPC ex., art. R. 223-13, al. 2).

> ATTENTION **À défaut de vente amiable du véhicule à l'initiative du débiteur dans le délai d'un mois, il est procédé à la vente forcée aux enchères publiques dans les conditions prévues pour la saisie-vente (CPC ex., art. R. 221-30 et R. 223-13).**

3 Procédure d'immobilisation à titre accessoire

a) Saisie par immobilisation à l'occasion d'une saisie-vente

597 L'huissier de justice qui trouve au cours de ses opérations de saisie-vente un véhicule dans les locaux occupés par le débiteur ou entre les mains d'un tiers, peut :
– procéder à son immobilisation en le mentionnant dans le procès-verbal de saisie (CPC ex., art. R. 221-16, R. 221-19 et R. 223-7) ;

– ou dresser un procès-verbal d'immobilisation autonome et poursuivre selon les règles spécifiques à l'immobilisation autonome.
En cas de saisie-vente du véhicule, sont applicables les règles prescrites en la matière. Le véhicule est alors indisponible.
En raison de son statut spécifique :
– il doit rester sur place jusqu'à son enlèvement en vue de la vente s'il a été trouvé dans les locaux occupés par le débiteur ;
– l'huissier de justice ne peut y pénétrer ;
– le véhicule ne peut être immobilisé dans le cadre de la saisie-vente que s'il se trouve dans les locaux occupés par le débiteur ou entre les mains d'un tiers détenteur. À défaut, l'huissier de justice doit dresser un procès-verbal d'immobilisation autonome et poursuivre selon les dispositions applicables à la procédure d'immobilisation autonome ;
– si la saisie a lieu chez un tiers et que le tiers refuse la garde du véhicule saisi, ou demande postérieurement à la saisie à être déchargé de sa mission de gardien, le véhicule pourra être enlevé pour être confié à un séquestre.
La vente et les incidents de saisie sont réglés par les dispositions relatives à la saisie-vente (CPC ex., art. R. 221-30 et s.).

> ATTENTION **Il est possible de procéder à la saisie-vente après une saisie par immobilisation, et inversement, sous réserve dans ce dernier cas de régulariser un commandement (CPC ex., art. R. 223-10) dans les huit jours de l'acte d'immobilisation.**
> **Sur le caractère autonome de la procédure de saisie immobilisation (CA Agen, 22 nov. 2000, n° 99/01348 : *JurisData* n° 2000-135190).**

b) Saisie par immobilisation à l'occasion d'une saisie-appréhension

598 Le créancier, muni d'un titre exécutoire, peut appréhender le véhicule de son débiteur comme tout bien meuble corporel (CPC ex., art. R. 222-2 et s.) entre ses mains ou dans les mains du tiers détenteur.
Si le créancier souhaite immobiliser le véhicule, il doit poursuivre selon les règles spéciales de l'immobilisation autonome (CPC ex., art. R. 223-6 et s.).
Le créancier doit faire le choix de l'immobilisation dès le début de la procédure d'appréhension, sauf à ne pouvoir par la suite y procéder.
Cependant, en cas d'obtention d'une ordonnance du juge faisant injonction de délivrer ou de restituer, le créancier peut opter pour la procédure d'immobilisation.

c) Immobilisation à l'occasion d'une saisie conservatoire

599 En cas de saisie conservatoire, l'immobilisation accessoire est possible dans les mêmes conditions que dans le cadre d'une saisie-vente (CPC ex., art. R. 522-4 et s.).
Le véhicule ne peut pas être enlevé. Il peut cependant être immobilisé par sabot, et ce jusqu'à la vente, à l'issue des opérations de conversion de la mesure en acte d'exécution.
Le créancier peut, néanmoins, saisir le juge par requête afin d'autorisation de toute mesure propre à préserver le recouvrement de la créance, et notamment l'enlèvement du véhicule par décision spécialement motivée.

> ATTENTION **Lorsque le véhicule n'est pas situé dans les locaux occupés par le débiteur ou entre les mains d'un tiers détenteur, l'huissier de justice ne peut que procéder à une saisie conservatoire classique sans immobilisation.**

d) Saisie-revendication et immobilisation

600 À défaut de titre exécutoire, l'immobilisation accessoire n'est envisageable que si l'ordonnance du juge autorisant la saisie-revendication (CPC ex., art. L. 511-1) prévoit la remise du véhicule.
L'huissier de justice trouvant un véhicule sur place au moment de la saisie-revendication et en application de l'ordonnance rendue sur requête, peut l'immobiliser sur-le-champ par tout moyen n'entraînant aucune détérioration du véhicule (CPC ex., art. L. 223-2).
Il mentionne cette immobilisation dans le procès-verbal de saisie (CPC ex., art. R. 222-17 et s.).

C Contestation de la saisie

1 Saisie par déclaration

601 Le débiteur peut contester la saisie par déclaration auprès du JEX du lieu où il demeure. Aucun délai n'est prescrit.

2 Saisie par immobilisation

602 **Saisie en l'absence du débiteur :** compétence du JEX du lieu d'immobilisation du véhicule.
Saisie pour paiement d'une somme d'argent : compétence du JEX :
– du domicile du débiteur ;

– ou du lieu d'immobilisation du véhicule.

Saisie pour remise au propriétaire : compétence du JEX :
– du domicile du débiteur ;
– ou du lieu d'immobilisation du véhicule.

Saisie pour remise à un créancier gagiste : compétence du JEX :
– du domicile du débiteur ;
– ou du lieu d'immobilisation du véhicule.

Aucun délai n'est prescrit.

REMARQUE Sur la compétence du JEX pour statuer sur la responsabilité civile professionnelle de l'huissier de justice à raison des mesures d'exécution forcée pratiquées par lui, V. Cass. 2e civ., 2 déc. 2010, n° 09-65.951 : *JurisData* n° 2010-022728.

CHECK-LIST **• Ne pas prévoir de mise en demeure préalable à l'encontre du débiteur.**
• Vérifier :
– l'existence d'un titre exécutoire ;
– la propriété du véhicule à saisir.
• S'assurer de :
– l'intervention d'un huissier de justice compétent ;
– l'opportunité de la mesure eu égard au montant de la somme réclamée.
• Informer le client sur :
– les véhicules pouvant faire l'objet de la mesure ;
– les modalités et les formes de la saisie ;
– l'éventualité d'une contestation.

POUR ALLER PLUS LOIN...

Fascicules JurisClasseur

• *JCl. Encyclopédie des Huissiers de Justice*, V° *Véhicule terrestre à moteur*, Fasc. 10.

• *JCl. Encyclopédie des Huissiers de Justice*, V° *Véhicule terrestre à moteur*, Fasc. 15.

• *JCl. Encyclopédie des Huissiers de Justice*, V° *Véhicule terrestre à moteur*, Fasc. 20.

Titre 7

Saisie des meubles incorporels

Sommaire

Fiche 28 Mettre en œuvre une saisie de droits d'associés et de valeurs mobilières 261

Fiche 29 Mettre en œuvre une saisie de droits incorporels 269

Fiche 30 Procéder à une saisie-contrefaçon en matière de dessins et modèles 275

Fiche 31 Diligenter une saisie-contrefaçon en matière de droit d'auteur 289

Fiche 32 Procéder à une saisie-contrefaçon en matière de marque 301

Fiche 33 Procéder à une saisie-contrefaçon en matière de propriété industrielle 313

Fiche 28

Mettre en œuvre une saisie de droits d'associés et de valeurs mobilières

Coline WARIN

Sommaire

I Aperçu rapide 261
A Éléments clés 261
B Avis du professionnel 262
C Textes 262
D Schéma procédural 262
II Préparation 262
A Informations préalables 262
B Inventaire des solutions et éléments de décision 263
1 Biens saisissables 263
2 Réalisation de la saisie 263
3 Effets de la saisie 264
III Mise en œuvre 264
A Contrôles préalables 264
B Opérations de saisie 264
1 Procès-verbal de saisie 264
2 Dénonciation de la saisie 265
3 Conversion d'une saisie conservatoire en saisie-vente 265
C Opérations de vente 265
1 Vente des valeurs mobilières cotées 265
2 Vente de droits d'associés et de valeurs mobilières non cotées 266
D Recours ou contestation 267
E Caducité 267

I Aperçu rapide

A Éléments clés

603 La saisie des droits d'associés et de valeurs mobilières :
– est une procédure permettant l'appréhension forcée par le créancier des droits appartenant au débiteur récalcitrant ;
– peut être diligentée par le créancier disposant d'un titre exécutoire constatant une créance liquide et exigible (CPC ex., art. L. 231-1) ou, à défaut, sur autorisation du juge de l'exécution (JEX).

Le créancier disposant d'un titre exécutoire doit mandater un huissier qui procédera à la saisie des titres entre les mains d'un tiers.

Le **tiers saisi** est :
– soit la personne morale émettrice ;
– soit un intermédiaire teneur de comptes.

Le tiers saisi est tenu de faire connaître d'éventuels nantissements ou saisies (CPC ex., art. R. 232-5, 5°).

La saisie, dénoncée au débiteur, emporte indisponibilité des titres saisis.

Le créancier qui ne dispose pas encore d'un titre exécutoire peut procéder à une **saisie**

conservatoire afin de rendre indisponible le portefeuille de son débiteur ou les droits qu'il détient en qualité d'associé dans une société.
Il pourra, par suite, convertir cette saisie conservatoire en saisie-vente (CPC ex., art. L. 521-1).
La procédure de saisie-vente implique la vente amiable ou forcée des titres afin de permettre le paiement du créancier (CPC ex., art. R. 233-1 à R. 233-8).
La cession intervient sans que soit opéré un transfert de propriété des droits saisis au profit du créancier. Seuls les créanciers saisissants ou opposants qui se sont manifestés avant la vente sont admis à faire valoir leurs droits sur le prix (CPC ex., art. L. 233-1).

B Avis du professionnel

604 Pratiquer une saisie est utile lorsque le praticien est confronté à un débiteur solvable, mais réticent à exécuter spontanément une décision de justice.
Lorsque le titre exécutoire est une décision de justice, le praticien adressera un courrier au conseil du débiteur avant d'engager la procédure de saisie, afin de lui demander si son client entend s'exécuter spontanément.

> ATTENTION **Le praticien doit rappeler au client que l'exécution provisoire d'une décision est poursuivie à ses risques. Si le titre est modifié, le client devra restituer le débiteur dans ses droits en nature ou par équivalent et réparer le préjudice subi par le débiteur du seul fait de l'exécution forcée, sans qu'il faille démontrer une faute (CPC ex., art. L. 111-10, al. 2).**

C Textes

Code civil
- C. civ., art. 1868.

Code de procédure civile
- CPC, art. 503.
- CPC, art. 648.

Code des procédures civiles d'exécution
- CPC ex., art. L. 111-3.
- CPC ex., art. L. 111-10.
- CPC ex., art. L. 231-1 à L. 233-1.
- CPC ex., art. L. 521-1.
- CPC ex., art. R. 221-30 à R. 221-32.
- CPC ex., art. R. 231-1 à R. 233-9.
- CPC ex., art. R. 511-1 à R. 512-2.
- CPC ex., art. R. 524-1.
- CPC ex., art. R. 532-3.
- CPC ex., art. R. 532-4.

Code pénal
- C. pén., art. 314-6.

D Schéma procédural

605 • Obtention d'un titre exécutoire ou d'une autorisation du JEX.
- Signification de la saisie entre les mains du tiers saisi.
- Dénonciation au débiteur saisi dans le délai de **huit jours** à peine de caducité.
- Délai d'**un mois** à compter de la dénonciation pour permettre au débiteur de contester la saisie ou de vendre les titres à l'amiable.
- Décision de justice rejetant la contestation ou certificat de non-contestation.
- Notification du cahier des charges à la société émettrice ou à l'intermédiaire teneur de comptes et sommation aux créanciers opposants.
- Observations sur le contenu du cahier des charges dans le délai de **deux mois**.
- Publicité.
- Notification aux créanciers opposants de la date de la vente.
- Vente forcée dans le délai de **quinze jours au moins** et **un mois au plus**.

II Préparation

A Informations préalables

606 Le praticien sollicitera du client les **pièces** nécessaires à la mise en œuvre de la procédure :
– les coordonnées du débiteur (nom et domicile/siège social) ;
– un décompte des sommes réclamées en principal, frais et intérêts échus, majorées d'une provision pour les intérêts à échoir dans le délai d'un mois ;
– les coordonnées de la société émettrice ou de l'intermédiaire habilité teneur de comptes titres ;
– le détail des titres susceptibles d'être appréhendés ;

– l'original du titre exécutoire. Seuls constituent des **titres exécutoires** (CPC ex., art. L. 111-3) :
• les décisions de l'ordre judiciaire ou administratif ayant force exécutoire,
• les transactions soumises au président du TGI lorsqu'elles ont force exécutoire,
• les actes et jugements étrangers et sentences arbitrales déclarées exécutoires par une décision non susceptible d'un recours suspensif d'exécution,
• les extraits de procès-verbaux de conciliation signés par le juge et les parties,
• les actes notariés revêtus de la formule exécutoire,
• les accords par lesquels les époux consentent mutuellement à leur divorce par acte sous signature privée contresignée par avocats, déposés au rang des minutes d'un notaire selon les modalités prévues à l'article 229-1 du Code civil,
• le titre délivré par huissier de justice en cas de non-paiement d'un chèque,
• les titres délivrés par les personnes morales de droit public qualifiés comme tels par la loi,
• les décisions auxquelles la loi attache les effets d'un jugement.

EXEMPLE La loi attache les effets d'un jugement aux contraintes de l'URSSAF, signifiées et définitives.

B Inventaire des solutions et éléments de décision

1 Biens saisissables

607 La saisie peut porter sur :
– des **droits d'associés** :
• les parts de société civile, à l'exclusion des sociétés civiles immobilières constituées entre époux et des sociétés civiles professionnelles,
• les parts de société commerciale,
• les parts de société d'exercice libéral,
• les parts de groupement agricole ;
– et/ou des **valeurs mobilières** :
• les actions,
• les actions à bons de souscription :
  . d'actions,
  . d'obligations convertibles en actions,
  . d'actions avec faculté de rachat,
• les certificats d'investissement,
• les obligations ordinaires et complexes des titres participatifs,
• les titres subordonnés à durée indéterminée,
• les titres subordonnés remboursables,
• les titres coopératifs ou associatifs,
• les parts de fonds communs de placement et de fonds communs de créance.

Le capital social non libéré est une créance de la société contre ses associés pouvant faire l'objet d'une saisie de la part d'un créancier de cette société (Cass. 2e civ., 12 mai 2016, n° 15-13.833 : *JurisData* n° 2016-008991 ; *JCP* E 2016, 1486, B. Dondero).

ATTENTION **Ne peuvent être assimilés à des valeurs mobilières, notamment :**
– des bons de caisse et bons de capitalisation ;
– des certificats de droits de vote ;
– des bons du Trésor ;
– des titres de créance négociables.

2 Réalisation de la saisie

608 Le créancier qui dispose d'une créance qui paraît fondée en son principe et menacée dans son recouvrement peut demander sur requête devant le JEX ou le président du tribunal de commerce l'autorisation de pratiquer une saisie conservatoire (CPC ex., art. L. 521-1. – V. Fiche 12 : Savoir quelle mesure conservatoire prendre).
Le créancier doit, dès la présentation de sa requête, désigner :
– la société émettrice ;
– les droits susceptibles d'être appréhendés ;
– l'intermédiaire teneur de comptes.

REMARQUE Le créancier a la possibilité de pratiquer une saisie conservatoire sur tous les droits d'associés ou valeurs mobilières appartenant au débiteur.

RETOUR D'EXPÉRIENCE Il n'est pas nécessaire d'indiquer la quantité de droits appartenant au débiteur, ni de désigner les lignes de titres concernés (CPC ex., art. R. 532-3 et R. 532-4).

Dès que le créancier dispose d'un titre exécutoire constatant l'existence de la créance pour laquelle il a obtenu la saisie conservatoire, il peut procéder à la conversion de la saisie conservatoire en saisie-vente (CPC ex., art. R. 524-4).
La conversion entraîne la vente des droits d'associés et des valeurs mobilières saisis, et se déroule selon des modalités similaires à celles de la saisie-vente (CPC ex., art. R. 233-3 à R. 233-9).

REMARQUE Le créancier qui dispose d'un titre exécutoire constatant une créance liquide et exigible procédera à une saisie-vente directement (CPC ex., art. L. 231-1).

3 Effets de la saisie

609 L'acte de saisie rend indisponibles les droits pécuniaires attachés aux titres saisis (CPC ex., art. R. 232-8), et notamment :
- le droit pour l'actionnaire de participer aux distributions de dividende et pour l'obligataire au paiement des intérêts prévus par l'émetteur lors de l'émission de l'emprunt ;
- les droits préférentiels de souscription ;
- le droit au remboursement des obligations amorties et au paiement des actions représentatives du capital en cas de dissolution amiable de la société ;
- le droit à la perception d'un boni de liquidation si, après règlement du passif social, subsiste un reliquat à distribuer entre les associés ;
- le droit de disposer des valeurs en cause, et en particulier de les céder.

> ATTENTION **Le débiteur est dans l'impossibilité de procéder à toute cession que ce soit à titre onéreux ou gratuit pour quelque raison que ce soit.**
> **La cession intervenue en violation de l'indisponibilité est inopposable aux créanciers saisissants (CA Paris, 25e ch., sect. A, 22 janv. 1993, n° 92/16732).**
> **Si le cédant avait connaissance de la saisie le jour où il a conclu la cession, la transaction peut constituer un détournement de biens saisis, pénalement sanctionné par une amende de 375 000 € et trois ans d'emprisonnement (C. pén., art. 314-6).**

La saisie n'a aucune incidence sur les droits non pécuniaires de l'associé, et notamment :
- le droit de participation aux assemblées ;
- le droit d'être informé sur la gestion de la société ;
- le droit d'obtenir communication des rapports ou autres documents destinés aux associés ;
- le droit de vote.

III
Mise en œuvre

A Contrôles préalables

610 Le praticien vérifiera que le créancier dispose d'un titre exécutoire.
Lorsque le titre exécutoire est une décision, le praticien vérifiera que cette dernière a été préalablement notifiée (CPC, art. 503, al. 2) :
- par signification ;
- par lettre recommandée avec accusé de réception ;
- sur présentation lorsque l'exécution forcée est possible sur minute.

> CONSEIL **Lorsque le débiteur est une personne morale, le praticien pourra consulter l'extrait K-bis afin de vérifier qu'aucune procédure collective n'a été ouverte à son encontre.**
> **En effet, en cas de procédure collective, aucune saisie ne peut être pratiquée sans que la mesure d'incessibilité légale affectant les parts sociales ne soit préalablement levée par le tribunal de la procédure collective (C. com., art. L. 631-10. – CA Bordeaux, 5e ch. civ., 1er juin 2016, n° 15/03736 : *Rev. proc. coll.* 2016, comm. 113, Ch. Lebel).**

B Opérations de saisie

611 La procédure de saisie fait l'objet de deux actes :
- un **procès-verbal** de saisie est signifié entre les mains du tiers saisi, société émettrice ou intermédiaire habilité ;
- une **dénonciation** est signifiée au débiteur **dans les huit jours**, à peine de caducité de la saisie.

1 Procès-verbal de saisie

612 Le **procès-verbal** de saisie doit être dressé par un huissier de justice et comporter, à peine de nullité (CPC ex., art. R. 232-5. – CPC, art. 648) :
- le nom, prénoms, profession, domicile, nationalité, date et lieu de naissance du créancier ou, s'il est une personne morale, la forme, dénomination, siège social et l'organe qui la représente ;
- les nom, prénoms, demeure et signature de l'huissier de justice ;
- la dénomination et le siège social de la société ou de la personne morale émettrice ;
- l'indication des nom et domicile du débiteur ou, s'il s'agit d'une personne morale, de sa dénomination et de son siège social ;
- l'énonciation du titre exécutoire en vertu duquel la saisie est pratiquée ;

– le décompte distinct des sommes réclamées en principal, frais et intérêts échus, majorés d'une provision pour les intérêts à échoir dans le délai d'un mois prévu pour élever une contestation ;
– l'indication que la saisie rend indisponibles les droits pécuniaires attachés à l'intégralité des parts ou valeurs mobilières dont le débiteur est titulaire ;
– la sommation de faire connaître l'existence d'éventuels nantissements ou saisies ;
– la date et l'heure de la signification.
L'huissier de justice signifie la saisie au tiers saisi.

2 Dénonciation de la saisie

613 La **dénonciation** du procès-verbal de saisie (CPC ex., art. R. 232-6. – CPC, art. 648) :
– doit intervenir dans les **huit jours** à peine de caducité ;
– doit comporter à peine de nullité :
• une copie du procès-verbal de saisie,
• l'indication en caractères très apparents que les contestations doivent être soulevées à peine d'irrecevabilité par assignation dans le délai d'un mois qui suit la signification de l'acte et la date à laquelle expire ce délai,
• la désignation du juge de l'exécution compétent, qui est celui du domicile du débiteur,
• en caractères très apparents, l'indication que le débiteur dispose d'un délai d'1 mois pour procéder à la vente amiable des valeurs saisies dans les conditions prescrites soit à l'article R. 233-3 du Code des procédures civiles d'exécution soit, s'il s'agit de droits d'associés ou de valeurs mobilières non admises à la cote officielle ou à celle du second marché, aux articles R. 221-30 à R. 221-32 du même code (CPC ex., art. R. 221-30 à R. 221-32 et R. 233-3),
• si la saisie porte sur des valeurs mobilières cotées, l'indication qu'il peut, en cas de vente forcée jusqu'à la réalisation de celle-ci, faire connaître au tiers saisi l'ordre dans lequel elles devront être vendues,
• la reproduction des articles R. 221-30 à R. 221-32 et R. 233-3 du Code des procédures civiles d'exécution.

> ATTENTION **La saisie doit être dénoncée non seulement à celui des conjoints qui est débiteur, mais également à celui des conjoints qui a des droits, comme communs en bien avec le débiteur, sur les droits sociaux appréhendés. À défaut, la saisie est irrégulière (Cass. 1re civ., 27 févr. 2013, n° 10-27.519 : *JurisData* n° 2013-010073 ; *Dr. sociétés* 2013, comm. 115, R. Mortier).**

3 Conversion d'une saisie conservatoire en saisie-vente

614 La conversion requiert impérativement la signification :
– de l'acte de conversion au débiteur (CPC ex., art. R. 524-4) ;
– d'une copie de l'acte de conversion au tiers saisi, société émettrice ou intermédiaire habilité (CPC ex., art. R. 524-5).
La signification de l'acte de conversion au débiteur comporte les **mentions obligatoires** suivantes, à peine de nullité (CPC ex., art. R. 524-4) :
– la référence du procès-verbal de saisie conservatoire ;
– l'énonciation du titre exécutoire ;
– le décompte distinct des sommes à payer en principal, frais et intérêts échus, ainsi que l'indication du taux des intérêts ;
– un commandement d'avoir à payer cette somme, faute de quoi il sera procédé à la vente des biens saisis ;
– l'indication, en caractères très apparents, que le débiteur dispose d'un délai d'un mois pour procéder à la vente amiable des valeurs saisies, dans les conditions prescrites, soit à l'article R. 233-3 du Code des procédures civiles d'exécution, soit, s'il s'agit de droits d'associés ou de valeurs mobilières non admises à la cote officielle ou à celle du second marché, aux articles R. 221-30 à R. 221-32 du Code des procédures civiles d'exécution (CPC ex., art. R. 221-30 à R. 221-32 et R. 233-3) ;
– si la saisie porte sur des valeurs mobilières cotées, l'indication qu'il peut en cas de vente forcée, et jusqu'à réalisation de celle-ci, faire connaître au tiers saisi l'ordre dans lequel elles devront être vendues ;
– la reproduction des articles R. 221-30 à R. 221-32 et R. 233-3 du Code des procédures civiles d'exécution.

C Opérations de vente

1 Vente des valeurs mobilières cotées

a) Vente amiable

615 **Dans le mois** qui suit la dénonciation de la saisie-vente ou la conversion de la saisie conservatoire, le débiteur peut signer l'ordre de vente des droits saisis (CPC ex., art. R. 233-3, al. 1er).
Le produit de cette cession est réaffecté au paiement du créancier (CPC ex., art. R. 233-3, al. 1er).
Dès que les sommes provenant de la vente permettent de désintéresser le créancier saisissant,

les autres valeurs mobilières saisies redeviennent disponibles (CPC ex., art. R. 233-3, al. 2).

b) Vente forcée

616 Si le débiteur n'a pas procédé à la vente amiable des valeurs mobilières saisies dans le mois qui suit la dénonciation de la saisie, le créancier peut recourir à la **vente forcée** des droits saisis.
La vente forcée intervient à sa demande (CPC ex., art. R. 233-1) :
- sur présentation d'un **certificat de non-contestation** délivré par le greffe ;
- au vu d'un jugement rejetant la contestation soulevée par le débiteur.

2 Vente de droits d'associés et de valeurs mobilières non cotées

a) Vente amiable

617 Le débiteur dispose d'un délai d'**un mois** pour faire procéder lui-même à la cession des biens saisis (CPC ex., art. R. 221-30, al. 1er).
Les biens saisis restent indisponibles sous la responsabilité du tiers saisi, et ce jusqu'au paiement du prix de vente (CPC ex., art. R. 221-30, al. 2).
Il appartient au débiteur d'informer par écrit l'huissier des propositions qui lui ont été faites en précisant notamment (CPC ex., art. R. 221-31) :
- les nom et adresse de l'acquéreur éventuel ;
- sous quel délai cet acquéreur propose de consigner le prix.

L'huissier de justice transmettra ces informations au créancier saisissant par lettre recommandée avec accusé de réception (CPC ex., art. R. 221-31, al. 2).
Le créancier saisissant dispose d'un délai de **quinze jours** pour prendre partie sur la vente. Sans réponse dans ce délai, il est réputé l'avoir acceptée (CPC ex., art. R. 221-31, al. 3).
Le prix de vente est versé entre les mains de l'huissier de justice (CPC ex., art. R. 221-32, al. 1er).
Le transfert de propriété et la délivrance des biens sont subordonnés au **paiement du prix** (CPC ex., art. R. 221-32, al. 2).
Faute de paiement dans le délai convenu, la vente forcée intervient, permettant ainsi de ne pas différer le règlement du créancier (CPC ex., art. R. 221-32, al. 3).

b) Vente forcée

618 La vente forcée ne sera poursuivie qu'à défaut de vente amiable par le débiteur **dans le mois** de la signification de l'acte saisi.
Ces mesures interviendront par voie d'adjudication (CPC ex., art. R. 233-5).
Le mandataire habilité à procéder à l'adjudication peut être un huissier de justice ou un notaire.

RETOUR D'EXPÉRIENCE Il est également possible de faire appel à un notaire pour l'élaboration du cahier des charges.

En vue de la vente, un **cahier des charges** doit être établi et doit comprendre (CPC ex., art. R. 233-6) :
- le rappel de la procédure antérieure ;
- les statuts de la société ;
- tout document nécessaire à l'évaluation et à l'appréciation de la consistance des droits sociaux mis en vente, c'est-à-dire au moins des derniers comptes sociaux ;
- les éventuelles conventions, autres que les statuts, instituant un agrément ou créant un droit de préférence au profit des associés.

ATTENTION **Les conventions d'agrément créant un droit de préférence au profit des associés doivent figurer dans le cahier des charges pour être opposables à l'adjudicateur (Cass. 3e civ., 14 janv. 2009, n° 07-17.619 : *JurisData* n° 2009-046534 ; *Dr. sociétés* 2009, comm. 70, R. Mortier).**
L'existence d'une convention d'agrément n'interdit pas la saisie des droits d'associés.

Le cahier des charges doit faire l'objet d'une **publicité** (CPC ex., art. R. 233-7) :
- une copie du cahier des charges est notifiée à la société émettrice des droits sociaux ;
- la société est tenue d'en aviser ses propres associés ;
- le jour de la notification du cahier des charges, une sommation est notifiée s'il y a lieu aux autres créanciers opposants d'avoir à prendre connaissance dudit cahier des charges chez la personne chargée de la vente ;
- la réalisation forcée des parts sociales doit être notifiée **un mois avant** la vente aux associés et à la société (C. civ., art. 1868).

Durant ce délai, les associés peuvent décider de la dissolution de la société ou de l'acquisition des parts.
Si la dissolution est décidée, la part revenant au saisi aux termes des opérations de dissolution est consignée au profit du créancier saisissant.
Si l'acquisition est sollicitée, le ou les associés requérants sont réputés acquérir au prorata du nombre de parts qu'ils détiennent dans la société, le prix étant consigné spécialement en faveur du créancier saisissant.

La société qui entend se prévaloir de l'une ou l'autre de ces options en informe la personne chargée de la vente (CPC ex., art. R. 233-7, al. 4). La publicité indiquant le jour, l'heure et le lieu de la vente se déroule par voie de presse et si nécessaire, par voie d'affiche, **un mois au plus** et **quinze jours au moins** avant la date fixée pour la vente (CPC ex., art. R. 233-8).
Le débiteur, la société et les autres créanciers opposants sont informés de la date de la vente par voie de notification (CPC ex., art. R. 233-8, al. 3).
Il appartient à l'adjudicateur de respecter le processus d'agrément qui s'imposera à lui.

D Recours ou contestation

619 Le débiteur peut contester les conditions de validité de la saisie conservatoire devant le juge qui a autorisé la mesure (CPC ex., art. R. 511-1 à 512-2) :
- le juge de l'exécution ;
- ou le président du tribunal de commerce.

Le débiteur peut contester la saisie devant le JEX compétent dans le délai d'**un mois** à compter de la signification de l'acte de saisie en contestant son bien-fondé ou en agissant en nullité des actes de signification ou de dénonciation.
Cette contestation doit être dénoncée le même jour, ou au premier jour ouvrable suivant à peine d'irrecevabilité, par lettre recommandée avec accusé de réception à l'huissier de justice qui a procédé à la saisie (CPC ex., art. R. 232-7, al. 1er).
Il doit également informer le tiers saisi de la contestation par lettre simple (CPC ex., art. R. 232-7, al. 2).

Le débiteur peut obtenir, sur décision du JEX, la mainlevée de la saisie en consignant une somme suffisante pour désintéresser en totalité le créancier saisissant (CPC ex., art. R. 232-8, al. 2).

> ATTENTION **La saisie réalisée après la date de cessation des paiements du débiteur et en connaissance de celle-ci pourra être annulée (C. com., art. L. 632-2).**
> **De plus, le jugement d'ouverture d'une procédure collective arrête ou interdit toute voie d'exécution de la part des créanciers (C. com., art. L. 622-21, II).**

E Caducité

620 La mesure de saisie est **caduque** à défaut :
- de signification de la mesure au débiteur ;
- d'exécution de la mesure conservatoire dans le délai de trois mois de l'ordonnance l'autorisant ;
- de l'obtention d'un titre exécutoire ;
- de la conversion en saisie-vente ;
- de publicité des opérations de vente.

> CHECK-LIST **Vérifier :**
> **– l'existence d'un titre exécutoire constatant une créance liquide et exigible ;**
> **– la saisissabilité des biens du débiteur ;**
> **– l'absence de procédure collective ouverte à l'encontre du débiteur.**

POUR ALLER PLUS LOIN...

Fiches pratiques
- V. Fiche 12 : Savoir quelle mesure conservatoire prendre.
- V. Fiche 29 : Mettre en œuvre une saisie de droits incorporels.

Fascicules JurisClasseur
- *JCl. Banque – Crédit – Bourse*, Fasc. 2121.
- *JCl. Procédure civile*, Fasc. 1700-25 (*Mesures conservatoires et d'exécution forcée sur les valeurs mobilières et droits d'associés*).
- *JCl. Procédures Formulaire*, V° *Parts sociales et valeurs mobilières*, Fasc. 20 et 25 (saisie conservatoire).
- *JCl. Procédures Formulaire*, V° *Parts sociales et valeurs mobilières*, Fasc. 30 et 35 (saisie).

Revues
- J.-J. Ansault, *La saisie de valeurs mobilières : Actes prat. ing. sociétaire* 2015, n° 139.
- P. Cagnoli, *L'arrêt des voies d'exécution entraîne la mainlevée des procédures de droits d'associés non achevées au jour du jugement d'ouverture : Act. proc. coll.* 2016, alerte 48.
- H. Croze, *Sur l'ordonnance n° 2009-15 du 8 janvier 2009 : Procédures* 2009, comm. 91 ; *Sanction du non-respect du délai de deux mois pour formuler des observations sur le contenu du cahier des charges : Procédures* 2001, comm. 110.
- J.-M. Delleci, *Réponse du tiers saisi : RD bancaire et fin.* 2001, comm. 164 ; *Obligation de renseignement du tiers saisi et régularité du procès-verbal de saisie : RD bancaire et fin.* 2001, comm. 200.
- Ch. Lebel, *SCEA : la saisie des parts sociales n'entraîne pas la perte de la qualité d'associé : Rev. proc. coll.* 2010, comm. 128.

• S. Piedelièvre, *Droits d'associés et bénéfice distribuable : RD bancaire et fin.* 2007, comm. 191.
• E. Putman, *Conditions de la saisie des dividendes : JCP* E 1996, 845 ; *La saisie des droits d'associés et des valeurs mobilières : JCP* G 1993, doctr. 3689.
• L. Raschel : *Procédures* 2016, comm. 94.
• S. Thomasset-Pierre, *La « cœxistence » réussie du droit des sociétés et des nouvelles procédures civiles d'exécution : JCP* E 1995, 467.

Fiche 29
Mettre en œuvre une saisie de droits incorporels

Coline WARIN

Sommaire

I Aperçu rapide ... 269
A Éléments clés ... 269
B Avis du professionnel ... 270
C Textes ... 270
II Préparation ... 270
A Informations à recueillir auprès du client ... 270
B Inventaire des solutions et éléments de décision ... 271
1 Biens saisissables ... 271
2 Réalisation de la saisie ... 271
III Mise en œuvre ... 271
A Contrôles préalables ... 271
B Saisie ... 271
1 Procès-verbal de saisie ... 271
2 Dénonciation de la saisie ... 272
3 Vente forcée des droits incorporels saisis ... 272
C Recours ou contestation ... 272

I Aperçu rapide

A Éléments clés

621 La saisie de droits incorporels est une procédure permettant l'appréhension forcée par le créancier des droits appartenant au débiteur récalcitrant. Elle implique trois personnes : un créancier saisissant, un débiteur saisi et un tiers saisi.

> ATTENTION **Il est ici traité de la procédure applicable à la saisie des droits incorporels autres que les droits d'associés et les valeurs mobilières** (V. **Fiche 28 : Mettre en œuvre une saisie de droits d'associés et de valeurs mobilières**).

Principaux droits incorporels saisissables (autres que les droits d'associés et de valeurs mobilières) :
- clientèles commerciales et civiles ;
- brevets d'invention ;
- marques ;
- licences (taxi, débit de boissons, etc.) ;
- droit d'auteur.

Seule la saisie de droits d'associés et de valeurs mobilières est régie avec précision par le Code des procédures civiles d'exécution (CPC ex., art. R. 524-1).

Il est toutefois possible de transposer les dispositions relatives à la saisie des droits d'associés et de valeurs mobilières pour les opérations de saisie des autres droits incorporels.

Pour pratiquer une saisie des droits incorporels, le créancier doit posséder un **titre exécutoire** constatant une créance liquide et exigible (CPC ex., art. L. 111-3, L. 231-1, L. 233-1 et R. 112-1).
Le créancier qui ne dispose pas encore d'un titre exécutoire peut procéder à une saisie conservatoire qui peut porter sur tous les biens incorporels appartenant au débiteur, qu'elle rend indisponibles (CPC ex., art. L. 521-1 et R. 112-1).

B Avis du professionnel

622 Pratiquer une saisie est utile lorsque le praticien est confronté à un débiteur solvable, mais réticent à exécuter spontanément une décision de justice.
Lorsque le titre exécutoire est une décision de justice, le praticien adressera un courrier au conseil du débiteur avant d'engager la procédure de saisie, afin de lui demander si son client entend s'exécuter spontanément.

ATTENTION **Le praticien doit rappeler au client que l'exécution provisoire d'une décision est poursuivie à ses risques. Si le titre est modifié, le client devra restituer le débiteur dans ses droits en nature ou par équivalent et réparer le préjudice subi par le débiteur du seul fait de l'exécution forcée, sans qu'il faille démontrer une faute (CPC ex., art. L. 111-10, al. 2).**

C Textes

- C. com., art. L. 141-5 à L. 143-23 (fonds de commerce).
- C. rur. pêche marit., art. L. 311-3 (fonds ruraux).
- CPC, art. 648 (mention des actes d'huissier).
- C. pén., art. 314-6 (détournements).
- CPC ex., art. L. 111-3 (titre exécutoire).
- CPC ex., art. L. 231-1 et L. 233-1 (saisie de droits incorporels).
- CPC ex., art. L. 521-1, L. 522-1 et L. 523-2 (saisie conservatoire).
- CPC ex., art. R. 112-1 (biens saisissables).
- CPC ex., art. R. 232-5 à R. 233-8 (saisie de droits incorporels).

II Préparation

A Informations à recueillir auprès du client

623 Le praticien sollicitera du client les **pièces** nécessaires à la mise en œuvre de la procédure :
- les coordonnées du débiteur ;
- un décompte des sommes réclamées en principal, frais et intérêts échus, majorées d'une provision pour les intérêts à échoir dans le délai d'un mois ;
- les coordonnées du tiers saisi ;
- la description précise du bien saisi ;
- l'original du titre exécutoire.

Seuls constituent des **titres exécutoires** (CPC ex., art. L. 111-3) :
- les décisions des juridictions de l'ordre judiciaire ou de l'ordre administratif lorsqu'elles ont force exécutoire, ainsi que les accords auxquels ces juridictions ont conféré force exécutoire ;
- les actes et les jugements étrangers ainsi que les sentences arbitrales déclarés exécutoires par une décision non susceptible d'un recours suspensif d'exécution, sans préjudice des dispositions du droit de l'Union européenne applicables ;
- les extraits de procès-verbaux de conciliation signés par le juge et les parties ;
- les actes notariés revêtus de la formule exécutoire ;
- les accords par lesquels les époux consentent mutuellement à leur divorce par acte sous signature privée contresignée par avocats, déposés au rang des minutes d'un notaire selon les modalités prévues à l'article 229-1 du Code civil ;
- le titre délivré par l'huissier de justice en cas de non-paiement d'un chèque ou en cas d'homologation de l'accord entre le créancier et le débiteur dans les conditions prévues à l'article L. 125-1 du Code des procédures civiles d'exécution ;
- les titres délivrés par les personnes morales de droit public qualifiés comme tels par la loi, ou les décisions auxquelles la loi attache les effets d'un jugement.

EXEMPLE Contraintes de l'URSSAF, signifiées et définitives.

B Inventaire des solutions et éléments de décision

1 Biens saisissables

624 La saisie peut notamment porter sur :
- des droits d'associés et/ou sur des valeurs mobilières ;
- une licence de débit de boissons (Cass., avis, 8 févr. 1999, n° 98-00.015 : *Bull. civ.* 1999, avis, n° 1 ; *D.* 1999, p. 287, C. Brenner ; *Rev. huissiers* 1999, p. 301, J.-J. Daigre) ou de taxi (TGI Lyon, JEX, 15 mai 2001 : *JurisData* n° 2001-143913 ; *Procédures* 2001, comm. 154, H. Croze) ;
- un fonds rural (C. rur. pêche marit., art. L. 311-3) ;
- un brevet (CPI, art. L. 613-21) ;
- une marque (CPI, art. R. 714-4. – Cass. soc., 13 janv. 2010, n° 08-15.776 : *JurisData* n° 2010-051077 ; *JCP* S 2010, 1225, étude J.-M. Olivier ; *Dr. sociétés* 2010, comm. 84, M.-L. Coquelet ; *JCP* E 2010, 1332, Ph. Mélin ; *Procédures* 2010, comm. 76, A. Bugada. – CA Paris, ch. 8, sect. B, 15 juin 2006, n° 05/20873 : *JurisData* n° 2006-320159) ;
- des dessins et modèles ;
- des droits d'auteur ;
- un logiciel.

2 Réalisation de la saisie

625 Le créancier qui dispose d'une créance qui paraît fondée en son principe et menacée dans son recouvrement peut demander sur requête devant le juge de l'exécution (JEX) ou le président du tribunal de commerce l'autorisation de pratiquer une **saisie conservatoire** (CPC ex., art. L. 521-1. – V. Fiche 13 : Saisir les meubles à titre conservatoire).
Le créancier qui dispose d'un titre exécutoire constatant une créance liquide et exigible procédera directement à une saisie (CPC ex., art. L. 231-1). La saisie rend indisponibles les biens saisis.

III Mise en œuvre

A Contrôles préalables

626 Le praticien vérifiera que le créancier dispose d'un titre exécutoire et d'une créance liquide et exigible.
Lorsque le titre exécutoire est une décision, le praticien vérifiera que cette dernière a été préalablement **notifiée** au débiteur (CPC, art. 503, al. 2) :
- par signification ;
- par lettre recommandée avec demande d'avis de réception ;
- sur présentation lorsque l'exécution forcée est possible sur minute.

REMARQUE Lorsque le débiteur est une personne morale, le praticien devra consulter l'**extrait K-bis** afin de vérifier qu'aucune procédure collective n'a été ouverte à son encontre.

B Saisie

627 La Cour de cassation a posé le principe selon lequel, en l'absence de texte réglementaire spécifique, la procédure de saisie est régie par les dispositions relatives à la saisie de valeurs mobilières et droits d'associés, les adaptations se faisant sous le contrôle du JEX (Cass., avis, 8 févr. 1999, n° 98-00.015 : *Bull. civ.* 1999, avis, n° 1 ; *D.* 1999, p. 287, C. Brenner ; *Rev. huissiers* 1999, p. 301, J.-J. Daigre).

ATTENTION **La procédure spécifique de saisie des droits d'associés et de valeurs mobilières ne sera pas étudiée dans cette fiche (****V. Fiche 28 : Mettre en œuvre une saisie de droits d'associés et de valeurs mobilières****).**

1 Procès-verbal de saisie

628 Le procès-verbal de saisie doit être dressé par un huissier de justice et comporter, à peine de nullité (CPC ex., art. R. 232-5. – CPC, art. 648) :
- les nom, prénoms, profession, domicile, nationalité, date et lieu de naissance du créancier ou, s'il est une personne morale, la forme, dénomination, siège social et l'organe qui la représente ;
- les nom, prénoms, demeure et signature de l'huissier de justice ;
- la dénomination et le siège social du tiers saisi ;
- l'indication des nom, prénoms et domicile du débiteur ou, s'il s'agit d'une personne morale, de sa dénomination et de son siège social ;
- l'énonciation du titre exécutoire en vertu duquel la saisie est pratiquée ;

– le décompte distinct des sommes réclamées en principal, frais et intérêts échus, majorés d'une provision pour les intérêts à échoir dans le délai d'un mois prévu pour élever une contestation ;
– l'indication que la saisie rend indisponibles les droits incorporels saisis ;
– la sommation de faire connaître l'existence d'éventuels nantissements ou saisies ;
– la date et l'heure de la signification.
L'huissier de justice signifie la saisie au tiers saisi.

2 Dénonciation de la saisie

629 La dénonciation au débiteur doit se faire dans les **huit jours** de l'autorisation du juge de procéder à la saisie (CPC ex., art. R. 232-6).
La dénonciation du procès-verbal de saisie doit comporter, à peine de nullité (CPC ex., art. R. 232-6. – CPC, art. 648) :
– une copie du procès-verbal de saisie ;
– l'indication, en caractères très apparents, que les contestations doivent être soulevées à peine d'irrecevabilité par une assignation dénoncée par LRAR à l'huissier de justice ayant procédé à la saisie dans le délai d'un mois qui suit la signification de l'acte et la date à laquelle expire ce délai ;
– la désignation du JEX compétent, qui est celui du domicile du débiteur ;
– en caractères très apparents, l'indication que le débiteur dispose d'un délai d'un mois pour procéder à la vente amiable des droits incorporels saisis ;
– la reproduction des articles R. 221-30 à R. 221-32 et R. 233-3 du Code des procédures civiles d'exécution.

3 Vente forcée des droits incorporels saisis

630 La vente forcée intervient par voie d'adjudication (CPC ex., art. R. 233-5).
Le mandataire habilité à procéder à l'adjudication peut être un huissier de justice ou un notaire.
En vue de la vente, un **cahier des charges** doit être établi et doit comprendre (CPC ex., art. R. 233-6) :
– le rappel de la procédure antérieure ;
– les statuts de la société (si le débiteur est une personne morale) ;
– tout document nécessaire à l'évaluation et à l'appréciation de la consistance des droits mis en vente.

RETOUR D'EXPÉRIENCE Il est possible de faire appel à un notaire pour l'élaboration du cahier des charges.

Le cahier des charges doit faire l'objet d'une **publicité** (CPC ex., art. R. 233-7).
La publicité indiquant les jour, heure et lieu de la vente est effectuée par voie de presse et, si nécessaire, par voie d'affiches **un mois au plus et quinze jours au moins avant** la date fixée pour la vente (CPC ex., art. R. 233-8).
Le débiteur et les autres créanciers opposants sont informés de la date de la vente par voie de notification (CPC ex., art. R. 233-8, al. 3).
La distribution des deniers s'effectue dans un délai d'un mois à compter de la vente. Elle a lieu par répartition s'il y a plusieurs créanciers (CPC ex., art. R. 251-1 et s.).

C Recours ou contestation

631 Le débiteur peut contester la saisie devant le JEX compétent dans le délai d'**un mois** à compter de la signification de l'acte de saisie en contestant son bien-fondé ou en agissant en nullité des actes de signification ou de dénonciation (CPC ex., art. R. 232-6).
Il doit agir par assignation devant le JEX et dénoncer cette assignation à l'huissier de justice par LRAR dans le mois qui suit la signification de la saisie (CPC ex., art. R. 232-6, al. 2, 2°).
Cette contestation doit être **dénoncée le même jour**, ou au premier jour ouvrable suivant à peine d'irrecevabilité, par LRAR à l'huissier de justice qui a procédé à la saisie (CPC ex., art. R. 232-7, al. 1er).
Il doit également informer le tiers saisi de la contestation par lettre simple (CPC ex., art. R. 232-7, al. 2).

ATTENTION **La saisie réalisée après la date de cessation des paiements du débiteur et en connaissance de celle-ci pourra être annulée (C. com., art. L. 632-2).**
Le jugement d'ouverture d'une procédure collective interrompt ou interdit toute voie d'exécution de la part des créanciers (C. com., art. L. 622-21).

CHECK-LIST **Il convient de vérifier :**
– la saisissabilité des biens du débiteur ;
– l'absence de procédure collective ouverte à l'encontre du débiteur ;
– l'existence ou non d'un titre exécutoire.

VOIR AUSSI Modèle 22 : Acte de saisie d'une autorisation fiscale et administrative d'exploitation de débit de boissons (licence IV).

POUR ALLER PLUS LOIN...

Fascicules JurisClasseur

• *JCl. Encyclopédie des Huissiers de Justice*, V° *Saisie des droits incorporels*, Fasc. 10.
• *JCl. Encyclopédie des Huissiers de Justice*, V° *Saisie des droits incorporels*, Fasc. 50 (formules).
• *JCl. Procédures Formulaire*, V° *Propriété industrielle*, Fasc. 20 (saisie sur brevets).
• *JCl. Procédures Formulaire*, V° *Propriété industrielle*, Fasc. 30 (saisie sur marques).
• *JCl. Procédures Formulaire*, V° *Propriété industrielle*, Fasc. 40 (saisie sur dessins et modèles).
• *JCl. Voies d'exécution*, Fasc. 630.

Revues

• O. Blanchet, *Acte de saisie d'une autorisation fiscale et administrative d'exploitation de débit de boissons : Procédures* 2013, form. 2.
• A. Le Corroncq et P. Cadio, *La saisie conservatoire de marque : pourquoi et comment ? : JCP* E 2013, 1073.
• *Recouvrement forcé : modalités de saisie de brevets et licences : JCP* E 2014, act. 912.

Fiche 30
Procéder à une saisie-contrefaçon en matière de dessins et modèles

Éric LE BELLOUR

Sommaire

I Aperçu rapide ... 275
A Éléments clés ... 275
B Textes ... 276
1 Loi française et dispositions réglementaires ... 276
2 Textes communautaires ... 276
II Préparation ... 276
A Informations à recueillir auprès du client ... 276
1 Identifier le modèle contrefait ... 276
2 Qualité pour agir du saisissant ... 278
3 La saisie-contrefaçon du côté du saisi ... 278
B Inventaire des solutions et éléments de décisions ... 278
1 Le type de saisie : saisie descriptive ou saisie réelle ... 278
2 Modes de preuve alternatifs ... 279
III Mise en œuvre ... 280
A Saisie avant ou après l'introduction de l'action au fond ? ... 280
B Le lieu de la saisie-contrefaçon ... 281
C Le juge compétent ... 281
1 Avant l'introduction de l'instance ... 281
2 Après l'introduction de l'instance ... 282
D L'avocat ... 282
E La requête ... 282
F L'assistance d'experts ... 283
G L'huissier ... 283
H L'ordonnance ... 284
I Constitution de garanties ... 284
J Déroulement de la saisie-contrefaçon ... 284
K Assignation au fond ... 285
L Contestations et recours ... 285
1 Du côté du saisissant, dans l'hypothèse d'un rejet de la requête en saisie-contrefaçon ... 285
2 Du côté du saisi ... 285
3 Le recours en rétractation ... 286
4 Référé contre l'ordonnance de saisie ... 286
5 Action en nullité de la saisie ... 286
M Conséquences de la nullité de la saisie-contrefaçon ... 286

I Aperçu rapide

A Éléments clés

632 La loi n° 2007-1544 de lutte contre la contrefaçon du 29 octobre 2007 a assez largement modifié le régime français de la saisie-contrefaçon en transposant la directive 2004/48/CE du 29 avril 2004, relative au respect des droits de propriété intellectuelle. Elle a largement unifié les procé-

dures en ce qui concerne les marques, les brevets et les dessins et modèles.
Plus récemment, la loi n° 2014-315 du 11 mars 2014 est venue apporter de nouvelles modifications aux dispositifs probatoires et de lutte contre la contrefaçon. Elle a également permis d'aligner la procédure de saisie-contrefaçon en matière de droit d'auteur sur celle en vigueur pour les droits de propriété industrielle.
Il faut tout d'abord rappeler que, par principe, « la contrefaçon peut être prouvée par tous moyens » (CPI, art. L. 521-4, al. 1).
Toutefois, la saisie-contrefaçon constitue un outil juridique très efficace pour établir la matérialité de la contrefaçon, déterminer son étendue aux fins du calcul des dommages-intérêts et récolter des informations sur l'origine de la contrefaçon en remontant aux sources des fabricants et/ou distributeurs.
De surcroît, s'agissant d'une procédure non contradictoire fondée sur l'effet de surprise, la saisie-contrefaçon a un impact psychologique très fort sur le présumé contrefacteur, avant même l'engagement d'une action au fond.
De plus, elle peut être menée en tous lieux, notamment dans les magasins distribuant les produits supposés contrefaisants, et elle peut donc également influencer les relations du supposé contrefacteur avec ses fournisseurs et clients.
En contrepartie, la saisie-contrefaçon est autorisée par une ordonnance délivrée par un juge qui en définit de manière précise les modalités et limites. Un huissier procède à la saisie-contrefaçon, en général assisté par un ou plusieurs experts.
Selon les termes de l'ordonnance, celle-ci peut consister, soit en « une description détaillée, avec ou sans prélèvement d'échantillons », soit en une « saisie réelle des objets prétendus contrefaisants ainsi que de tout document s'y rapportant » et, le cas échéant, « des matériels et instruments utilisés pour produire ou distribuer les objets prétendus contrefaisants » (CPI, art. L. 521-4, al. 2 et 3).
Cette procédure est régie par des règles très strictes de forme et de délais dont l'irrespect peut être sanctionné par une annulation des opérations.
La nullité prononcée de la saisie peut avoir des conséquences graves sur l'action en contrefaçon, si le requérant n'a pas constitué de preuves alternatives de la matérialité de la contrefaçon.

B Textes

1 Loi française et dispositions réglementaires

- L. n° 2007-1544, 29 oct. 2007, de lutte contre la contrefaçon. Cette loi transpose la directive 2004/48/CE.
- L. n° 2014-315, 11 mars 2014, renforçant la lutte contre la contrefaçon : *JO* 12 mars 2014, p. 5112.
- CPI, art. L. 521-4, R. 521-2 à R. 521-5.

2 Textes communautaires

- PE et Cons. CE, dir. 2004/48/CE, 29 avr. 2004, relative au respect des droits de propriété intellectuelle, art. 7 : *JOCE* n° L 157, 30 avr. 2004 ;
- Cons. CE, règl. n° 6/2002, 12 déc. 2001, sur les dessins ou modèles communautaires, art. 90 (RDMC) : *JOCE* n° L 3, 5 janv. 2002 ;
- Cons. CE, règl. n° 44/2001, 22 déc. 2000 concernant la compétence judiciaire, la reconnaissance et l'exécution des décisions en matière civile et commerciale, art. 31 : *JOCE* n° L 012, 16 janv. 2001 ;
- Cons. CE, règl. n° 1206/2001, 28 mai 2001, relatif à la coopération entre les juridictions des États membres dans le domaine de l'obtention des preuves en matière civile ou commerciale, art. 1er : *JOCE* n° L 174, 27 juin 2001.

II Préparation

A Informations à recueillir auprès du client

1 Identifier le modèle contrefait

a) Un modèle produisant ses effets en France

633 Une requête en saisie-contrefaçon peut être présentée sur la base d'un dessin ou modèle français, d'un dessin ou modèle international désignant la France ou l'Union européenne, d'un dessin ou modèle communautaire enregistré (DMCE) ou d'un dessin ou modèle communautaire non enregistré (DMCNE).

> **REMARQUE** Le DMCNE est en fait un dessin ou modèle qui n'a pas été déposé ; il est protégé pour une durée de trois ans à compter de sa

divulgation dans l'Union européenne et sa protection est limitée à la copie.

REMARQUE Il peut être intéressant d'invoquer un DMCNE en l'absence de dépôt de dessin et modèle, si le délai d'un an après la divulgation est dépassé ; en effet, au-delà de ce délai d'un an, le dépôt pourrait être annulé pour défaut de nouveauté.

ATTENTION En France, la possibilité de cumul de protection entre le droit d'auteur et les dessins et modèles permet de mener l'action en contrefaçon sur les deux terrains (Livre I du Code de la propriété intellectuelle pour le droit d'auteur, livre V pour les dessins et modèles). Il peut être stratégique de compléter l'action basée sur un dessin ou modèle par une action portant sur le droit d'auteur : ainsi, si le dessin ou modèle est annulé suite à une action reconventionnelle en nullité, l'action pourra se poursuivre sur le droit d'auteur, à supposer toutefois que les conditions de protection soient réunies.
Ce cumul de protection est d'autant plus intéressant que la loi n° 2014-315 du 11 mars 2014 a unifié les règles de procédures de saisie-contrefaçon en matière de droit d'auteur avec celles en vigueur pour les droits de propriété industrielle. De ce fait, la possibilité de mener une action basée à la fois sur le droit d'auteur et sur le droit des dessins et modèles est facilitée.
Pour rappel, l'action en contrefaçon peut être intentée sur le fondement d'une demande d'enregistrement publiée (ou d'une demande non publiée mais notifiée au présumé contrefacteur, CPI, art. L. 521-1). Le même principe vaut pour la procédure de saisie, l'article L. 521-4 du Code de la propriété intellectuelle prévoyant que la procédure de saisie est ouverte à « toute personne ayant qualité pour agir en contrefaçon ».

ATTENTION Le client doit être informé de ce que la validité de son modèle sera probablement contestée, au fond, par une action reconventionnelle en annulation. Pour mesurer les risques d'une telle annulation reconventionnelle, il peut être utile d'effectuer une recherche d'antériorité afin d'apprécier l'état de l'art antérieur au dépôt de modèle par le client.

REMARQUE Il faut en premier lieu s'assurer auprès du client qu'il n'a pas divulgué son dessin ou modèle plus d'un an avant son dépôt (pour les modèles déposés après le 1er octobre 2001 – Ord. 25 juill. 2001 – en ce qui concerne les modèles français et internationaux, dans tous les cas pour les modèles communautaires).

ATTENTION En matière de dessin ou modèle, les antériorités opposables ne sont pas limitées territorialement, sous réserve d'avoir pu être raisonnablement connues, selon la pratique courante des affaires dans le secteur intéressé, par des professionnels agissant dans l'Union européenne ; en pratique, un modèle identique ou quasi identique déposé antérieurement par une filiale du client, par exemple aux États-Unis, peut détruire la nouveauté du modèle invoqué.

b) Un modèle étranger

634 La question se pose de savoir s'il est possible de pratiquer en France, sur la base d'un modèle étranger qui ne produit pas d'effets dans notre territoire, une saisie-contrefaçon afin de rechercher la preuve de la contrefaçon commise dans d'autres pays.
L'article 31 du règlement (CE) n° 44/2001 semble aller dans ce sens : « Les mesures provisoires ou conservatoires prévues par la loi d'un État membre peuvent être demandées aux autorités judiciaires de cet État, même si, en vertu du présent règlement, une juridiction d'un autre État membre est compétente pour connaître du fond ».
Par ailleurs, le règlement (CE) n° 1206/2001 du Conseil du 28 mai 2001 relatif à la coopération entre les juridictions des États membres dans le domaine de l'obtention des preuves en matière civile ou commerciale, prévoit en son article 1, *b)* qu'une juridiction d'un État membre (juridiction requérante) puisse procéder directement à un acte d'instruction dans un autre État membre.
À supposer même qu'une saisie-contrefaçon puisse être assimilable à une « mesure d'instruction », cette saisie ne pourrait être autorisée qu'après l'introduction d'une action auprès de la

juridiction requérante. La difficulté d'application de ce règlement tient aux disparités procédurales entre les régimes de saisie-contrefaçon des différents États membres, malgré l'harmonisation introduite par la directive 2004/48/CE du Parlement européen et du Conseil du 29 avril 2004, relative au respect des droits de propriété intellectuelle.

2 Qualité pour agir du saisissant

635 En premier lieu, il convient de s'assurer de l'identité exacte de son client, titulaire du dessin ou modèle contrefait, par exemple par la consultation d'un extrait K-bis à jour s'il s'agit d'une société française.

Il faut également se procurer un extrait du registre du dessin ou modèle invoqué à jour de l'Office concerné (INPI pour un dessin ou modèle français, OMPI pour un dessin ou modèle international ou EUIPO pour un dessin ou modèle communautaire). Cet extrait permet de s'assurer de la validité actuelle du titre et de l'inscription du client au registre des dessins ou modèles comme propriétaire ou comme licencié (exclusif ou non). Cet extrait du registre doit porter mention de la date de publication du dessin ou modèle et, le cas échéant, de son enregistrement.

En effet, le client ne peut requérir une ordonnance autorisant une saisie qu'à la condition qu'il ait qualité pour agir en contrefaçon. Une telle qualité suppose que le client soit l'actuel titulaire du dessin ou modèle ou, sous certaines conditions, un licencié.

Le licencié exclusif d'un dessin ou modèle produisant ses effets en France peut en effet engager une action judiciaire en contrefaçon (et donc requérir une saisie-contrefaçon), mais seulement à deux conditions cumulatives : aucune clause contraire du contrat ne doit s'y opposer, et le titulaire du dessin ou modèle n'a pas exercé l'action après avoir été mis en demeure (CPI, art. L. 521-2. – RDMC, art. 32, 3).

> **ATTENTION** **Le titre doit être valide et opposable aux tiers. Afin de respecter la chaîne des inscriptions, tout transfert antérieur du dessin ou modèle qui n'aurait pas été enregistré (par voie de cession, fusion-absorption, etc.), tout changement intervenu dans la personne du titulaire (changement de forme sociale, de dénomination sociale, etc.) doit faire l'objet d'une inscription au registre considéré préalablement à l'introduction de la requête en saisie-contrefaçon (CPI, art. R. 512-15, al. 2. – RDMC, art. 28).**

3 La saisie-contrefaçon du côté du saisi

636 Le client peut également être le saisi.

> **REMARQUE** Il peut être mis en place chez le client, à titre préventif une procédure à suivre en cas de saisie, afin d'éviter des réactions inappropriées ou maladroites des salariés. Le premier réflexe du client devra être, dès que l'ordonnance de saisie lui aura été délivrée, d'appeler son avocat ou son conseil en propriété industrielle pour recueillir ses conseils sur l'attitude à adopter. Bien évidemment, il doit lui être conseillé de répondre à toutes les sollicitations de l'huissier, mais il lui sera également conseillé d'éviter de prendre des initiatives ou de répondre au-delà des questions de l'huissier.

Une fois la saisie terminée, le saisi devra préciser à son conseil :

– l'existence éventuelle de relations actuelles ou passées avec le saisissant, et en particulier s'il a déjà été impliqué dans une procédure de contrefaçon ;
– le lieu de la saisie, les documents consultés, les produits saisis, les questions posées par l'huissier et/ou l'expert, indiquer si l'huissier a apporté des produits sur les lieux de la saisie et lui remettre le procès-verbal de saisie, ainsi que la preuve de la signification de l'ordonnance ;
– si l'expert qui assistait l'huissier a dirigé ou non les opérations et a donné des instructions à l'huissier.

Ces informations peuvent en effet être utiles lorsque l'avocat du saisi tente d'obtenir l'annulation de la saisie-contrefaçon pour des motifs de forme ou de fond.

Le saisi bénéficie également de voies de recours.

B Inventaire des solutions et éléments de décisions

1 Le type de saisie : saisie descriptive ou saisie réelle

637 Deux types de saisies sont envisageables, la saisie descriptive ou la saisie réelle (CPI, art. L. 521-4).

La saisie réelle consiste en la saisie « des objets prétendus contrefaisants, ainsi que tout document s'y rapportant », et, le cas échéant, des matériels et instruments utilisés pour fabriquer ou distribuer ces objets (CPI, art. L. 521-4).

La saisie descriptive consiste en une description détaillée, par l'huissier des actes de contrefaçon. Elle peut être accompagnée du prélèvement d'échantillons.

REMARQUE L'huissier peut bien sûr dans le cadre de cette saisie descriptive prendre des photographies et effectuer des copies de documents. S'il souhaite obtenir un échantillon, le saisi peut lui demander de payer l'article.

La possibilité d'autoriser le prélèvement d'échantillons rapproche la description détaillée de la saisie réelle. La différence essentielle tient au fait que le prélèvement d'échantillons est par définition limité à un nombre déterminé de produits tandis que la saisie réelle concerne, sans limitation prévue par la loi, les « produits ou services prétendus contrefaisants, ainsi que de tout document s'y rapportant ».
Par ailleurs et dans tous les cas, le juge compétent peut autoriser l'huissier à procéder à « toute constatation utile en vue d'établir l'origine, la consistance et l'étendue de la contrefaçon » (CPI, art. R. 521-2).
La saisie réelle est bien sûr plus efficace, puisqu'elle permet de neutraliser au moins une partie du stock de produits contrefaisants, et également de prélever par exemple les moules servant à fabriquer les produits litigieux.
Toutefois, la saisie réelle présente également des risques importants pour le requérant, dès lors qu'une annulation des opérations (ou un rejet de l'action au fond) expose le saisissant à des dommages-intérêts bien supérieurs à ceux alloués en cas d'annulation d'une simple description détaillée. C'est en particulier le cas lorsque le saisi allègue un grief grave du fait de la saisie d'un nombre important de produits ou de moyens de production.

ATTENTION **Le point de savoir si la saisie réelle peut porter sur un stock entier de produits prétendus contrefaisants n'est pas tranché. La nature davantage probatoire que conservatoire de la saisie-contrefaçon semble toutefois s'opposer à ce qu'elle soit utilisée comme une mesure de confiscation préventive, avant tout jugement au fond. Le saisissant serait en tout état de cause responsable de la conservation du stock et les dommages et intérêts à verser, en cas de rejet de l'action au fond, pourraient être lourds.**

En ce qui concerne la détermination de la masse contrefaisante et l'origine des produits, il est possible dans le cadre d'une saisie d'obtenir la copie de documents commerciaux et comptables tels que catalogues, factures d'achats et de ventes, déclarations douanières, etc., et ainsi d'obtenir une estimation assez précise du chiffre d'affaires généré par le contrefacteur afin d'établir le montant des dommages-intérêts auxquels peut prétendre le saisissant. Le point de savoir s'il s'agit alors d'une saisie réelle est ambigu.
Pour certains, il s'agit d'une saisie réelle, dès lors que l'article L. 521-4 du Code de la propriété intellectuelle prévoit « la saisie réelle des objets prétendus contrefaisants ainsi que de tout document s'y rapportant ».
La mention de « tout document s'y rapportant » inclut effectivement certainement les documents comptables et commerciaux.
Toutefois, l'article R. 521-2 du Code de la propriété intellectuelle prévoit également que le « président peut autoriser l'huissier à procéder à toute constatation utile en vue d'établir l'origine, la consistance et l'étendue de la contrefaçon ». Les documents comptables et commerciaux font certainement partie de ces « constatations utiles ».
Il est important de noter enfin que l'article L. 521-4 du Code de la propriété intellectuelle, modifié par la loi n° n° 2014-315 du 11 mars 2014 renforçant la lutte contre la contrefaçon, autorise désormais « la saisie réelle de tout document se rapportant aux objets prétendus contrefaisants en l'absence de ces derniers ».
Cela signifie concrètement que le texte ne subordonne pas la saisie de documents à l'accomplissement préalable d'une saisie réelle d'objets argués de contrefaçon. Le nouveau texte lève donc une certaine ambiguïté, car il était parfois soutenu que la saisie de documents, notamment comptables, n'était pas possible en l'absence de constatation de la présence sur les lieux des objets argués de contrefaçon.

REMARQUE Compte tenu de tous ces éléments et des conséquences graves que peut entraîner une saisie réelle, il est préférable – sauf élément de contexte particulier – de privilégier la saisie descriptive et de prévoir, bien sûr, que l'huissier pourra obtenir copie de tous documents comptables ou commerciaux utiles en vue d'établir l'origine, la consistance et l'étendue de la contrefaçon.

L'impact de la saisie étant très important pour le saisi – surtout dans l'hypothèse d'une saisie réelle – il est prévu la possibilité d'une garantie financière constituée par le requérant.

2 Modes de preuve alternatifs

638 La saisie-contrefaçon est un mode de preuve particulièrement efficace mais il n'est pas

le seul et pour rappel, la « contrefaçon peut être prouvée par tout moyen » (CPI, art. L. 521-4, al. 1). De plus, s'agissant d'un acte aux conséquences potentiellement graves pour le saisi, les tribunaux apprécient strictement la régularité de cette procédure et les nullités des saisies ne sont donc pas rares.

La prudence impose donc d'envisager des procédures alternatives pour le cas où l'ordonnance sur requête serait rétractée ou les opérations de saisie annulées.

Les preuves peuvent être constituées par la production de catalogues datés, de publicités, des annonces publicitaires parues dans la presse, etc.

Il est désormais fréquent que les preuves de la contrefaçon figurent sur internet, ce qui rend leur accès plus aisé encore.

ATTENTION Les dates d'impression d'extraits de site internet peuvent être facilement remises en cause, dès lors qu'il est possible, sans compétence informatique particulière, de modifier la date d'impression de son ordinateur.

Les sites de datation de pages internet, comme https://archive.org/web/, présentent une alternative intéressante, mais qui demeure contestable par la partie adverse.

Il est donc impératif de procéder à un constat internet par un huissier de justice, pour une meilleure sécurité juridique.

REMARQUE Un constat d'achat par un huissier peut également être efficace, et ce d'autant que sa validité n'est soumise à aucune autorisation de justice ou information préalable du supposé contrefacteur. Toutefois, à défaut d'autorisation judiciaire, l'huissier n'est pas habilité à s'introduire dans un lieu privé, qu'il s'agisse d'un magasin ou d'un stand de foire. L'huissier devra donc rester à l'écart et, depuis un lieu public, constater que la personne qui l'accompagne (le cas échéant le titulaire du dessin ou modèle ou un de ses employés) est entrée dans le lieu privé pour se procurer un produit revêtu du dessin ou modèle. L'huissier joindra la facture au procès-verbal de constat.

Certaines décisions ont validé des constats d'achat effectués par l'huissier lui-même sur internet, à la condition toutefois qu'il ait décliné son nom et sa qualité (par ex., CA Paris, pôle 5, ch. 2, 26 avr. 2013, n° 12/07634). Ces décisions semblent contestables dès lors qu'il est difficile de justifier d'une différence de qualification juridique entre une boutique en ligne et un magasin.

Par ailleurs, si la saisie-contrefaçon ne permet pas d'identifier de manière certaine la matérialité de la contrefaçon ou son étendue ou son origine, le président du tribunal de grande instance peut toujours « ordonner, au vu du procès-verbal de saisie, toute mesure pour compléter la preuve des actes de contrefaçon allégués » (CPI, art. R. 521-5).

III Mise en œuvre

A Saisie avant ou après l'introduction de l'action au fond ?

639 La saisie-contrefaçon est en général destinée à faciliter l'administration de la preuve avant l'introduction de l'action au fond.

Par ailleurs, s'agissant d'une procédure non contradictoire, elle présente un intérêt fort, par l'effet de surprise qu'elle procure, si elle est engagée avant toute assignation au fond.

Cependant, rien ne s'oppose à ce que la saisie-contrefaçon soit requise en cours de procédure.

La loi n° 2007-1544 du 29 octobre 2007 a également introduit une procédure souvent appelée « droit à l'information », prévue à l'article L. 521-5 du Code de la propriété intellectuelle, qui dispose que : « Si la demande lui en est faite, la juridiction saisie d'une procédure civile prévue au présent titre peut ordonner, au besoin sous astreinte, afin de déterminer l'origine et les réseaux de distribution des produits contrefaisants qui portent atteinte aux droits du demandeur, la production de tous documents ou informations détenus par le défendeur ou par toute personne qui a été trouvée en possession de produits contrefaisants ou qui fournit des services utilisés dans des activités de contrefaçon ou encore qui a été signalée comme intervenant dans la production, la fabrication ou la distribution de ces produits ou la fourniture de ces services (...) ».

Ces informations sont destinées à permettre l'identification des participants à la contrefaçon et des produits illicites et son objectif est donc proche de celui de la saisie-contrefaçon.

Cette procédure ne peut bien sûr pas être engagée avant l'action au fond, au contraire de la saisie-contrefaçon, puisque la juridiction compétente est celle qui est « saisie d'une procédure ».

La Cour de cassation a précisé la frontière entre le droit d'information et la saisie-contrefaçon, en indiquant que la procédure d'information est une procédure contradictoire qui permet d'« ordonner au défendeur de produire des informations et éléments, de nature commerciale ou comptable, susceptibles de permettre au titulaire du dessin ou modèle, qui a rapporté par ailleurs la preuve de la contrefaçon alléguée, de déterminer l'origine et l'étendue de la contrefaçon et de parfaire ses demandes » (Cass. com., 8 oct. 2013, n° 12-23.349, *Maisons du monde SAS* c/ *Home Spirit : PIBD* 2013, n° 995, III, p. 1614).

À titre d'exemple d'application de cette disposition en pratique, le tribunal de grande instance de Paris, dans un jugement du 8 avril 2016, a fait droit à une demande d'information, en complément d'une saisie-contrefaçon effectuée précédemment (TGI Paris, 8 avr. 2016, n° 14/04533, *France Japon Optique [SARL]* c/ *Marlybag [SAS] : PIBD* 2016, n° 1052, III, p. 532).

REMARQUE L'emploi de l'expression « produits contrefaisants » et non « produits supposés contrefaisants » a fait dire à certains que cette procédure ne peut être mise en œuvre qu'une fois que les juges ont tranché le litige et reconnu la contrefaçon. Cette analyse, qui revient à limiter fortement l'intérêt de cette procédure est contestable. Par ailleurs, le juge compétent est *a priori* le juge de la mise en état mais sa compétence ne serait pas exclusive (V. J. Passa, *Droit de la propriété industrielle*, t. 1, LGDJ, 2e éd. 2009).

La Cour de cassation a, en matière de marque mais le texte est le même et donc le raisonnement identique, éclairci cette question en considérant que ces dispositions « permettent au juge de la mise en état d'ordonner les mesures qu'il prévoit, avant toute décision sur la matérialité de la contrefaçon » (Cass. com., 13 déc. 2011, n° 10-28.088, *SAS PUMA France* c/ *SA Barnett : JurisData* n° 2011-028398).

Cette solution est confirmée par une décision récente du tribunal de grande instance de Paris rendue en matière de dessins et modèles, dans laquelle la juridiction considère que « si l'exercice du droit à l'information n'est pas conditionné par la démonstration préalable de la réalité de la contrefaçon, sa mise en œuvre doit être nécessaire et proportionnée, la communication ne devant pas porter une atteinte excessive aux droits des prétendus contrefacteurs » (TGI Paris, 6 juill. 2017, n° 17/02441, *Puma SE [Allemagne]* c/ *RAutureau Apple SHoes SAS*).

B Le lieu de la saisie-contrefaçon

640 La saisie-contrefaçon peut être mise en œuvre « en tout lieu et par tous huissiers » (CPI, art. L. 521-4).

Le saisissant choisit librement un ou des huissiers territorialement compétents, c'est-à-dire dans le ressort du tribunal de grande instance de leur résidence.

Il faut par ailleurs *a priori* mentionner expressément dans l'ordonnance (indépendamment du ressort du tribunal compétent pour ordonner la saisie) le ou les lieux de la saisie.

Le choix du lieu ou des lieux de la saisie est cependant très ouvert, aucune restriction n'est imposée par la loi. Ainsi, et sous réserve de l'autorisation du juge compétent, une telle saisie peut être effectuée aussi bien dans une usine, un magasin, le siège social du saisi que dans des salons, foires et expositions.

L'ordonnance peut également prévoir des saisies simultanées, dans différents endroits, ce qui évite que des pièces disparaissent sur certains sites du saisi, une fois que le contrefacteur supposé aura eu connaissance d'une opération de saisie en cours sur un autre site. Il est toutefois préférable de prévoir une ordonnance par lieu de saisie, car l'huissier doit signifier l'original de l'ordonnance. De plus dans cette hypothèse, la rétractation d'une ordonnance ou l'annulation des opérations d'une des saisies n'a pas d'incidence sur les autres procédures.

Pour cibler au mieux les lieux de la saisie, il peut être utile d'obtenir le maximum d'information préalablement à l'organisation de la saisie.

REMARQUE Concernant le lieu de la saisie, il peut être utile de mentionner que l'huissier pourra poursuivre ses opérations dans tous lieux dont il aura eu connaissance lors des opérations de saisie ; en effet, lors de la saisie, il pourra découvrir des informations, par exemple sur le lieu de fabrication des articles litigieux, et alors décider de s'y rendre directement, sans qu'il soit nécessaire de procéder à une nouvelle requête.

C Le juge compétent

1 Avant l'introduction de l'instance

641 Le juge compétent pour ordonner la saisie, sur la base d'un dessin ou modèle national ou international désignant la France, est le président du tribunal de grande instance compétent pour connaître du fond, et ceci même si les opérations de saisie ont lieu dans le ressort d'un autre tribunal (CPI, art. R. 521-2).

REMARQUE La règle est la même en matière de marque (CPI, art. R. 716-2). Cependant, les règles de compétence applicables en matière de brevets disposent, par contraste, que le juge compétent pour autoriser la saisie est le président d'un tribunal de grande instance dans le ressort duquel les opérations doivent être effectuées, parmi ceux mentionnés à l'article D. 211-6 du Code de l'organisation judiciaire(CPI, art. R. 615-2).

ATTENTION **Le juge compétent pour connaître du fond, en première instance, est celui des tribunaux de grande instance compétents qui, en matière de propriété littéraire et artistique, de dessins et modèles, de marques et d'indications géographiques (CPI, art. D. 521-6 ; et annexe de COJ, art. D. 211-6-1), sont ceux de : Bordeaux, Lille, Lyon, Marseille, Nanterre, Nancy, Paris, Rennes, Strasbourg, Fort-de-France.**

S'agissant d'une action basée sur un dessin ou modèle communautaire, le juge compétent est dans tous les cas celui du tribunal de grande instance de Paris (CPI, art. L. 522-2 et COJ, art. R. 211-7) et donc la requête en saisie-contrefaçon devra être présentée au président du tribunal de grande instance de Paris.

Par ailleurs, l'article 90, alinéa 1er, du RDMC prévoit que : « Les mesures provisoires et conservatoires (...) peuvent être demandées (...) aux autorités judiciaires, y compris les tribunaux des dessins ou modèles communautaires de cet État, même si, en vertu du présent règlement, une juridiction des dessins ou modèles communautaires d'un autre État membre est compétente pour connaître du fond ».

2 Après l'introduction de l'instance

642 Une fois l'action engagée au fond, et comme indiqué plus haut, il est toujours possible de requérir une saisie-contrefaçon.

Toutefois, le juge compétent n'est alors plus le président du tribunal compétent, mais celui de la chambre à laquelle l'affaire a été distribuée (Cass. com., 26 mars 2008, n° 05-19.782 : *JurisData* n° 2008-043351 ; *Bull. civ.* 2008, IV, n° 70).

D L'avocat

643 La requête doit être présentée par un avocat du barreau du ressort de la cour d'appel dont dépend le tribunal de grande instance compétent (CPC, art. 813), sous peine de nullité de plein droit, peu important l'absence de griefs (CA Paris, 4e ch. B, 8 avr. 2005, *Dior : JurisData* n° 2005-278510).

E La requête

644 Comme toute requête, la requête aux fins de saisie-contrefaçon doit être présentée en double exemplaire, elle doit être motivée et comporter l'indication précise des pièces invoquées ; en cas d'urgence, la requête peut même être présentée au domicile du juge (CPC, art. 494, al. 1er).

La requête est en général accompagnée d'un projet d'ordonnance, mais il ne s'agit pas d'une obligation. Il est conseillé de prévoir un tel projet, surtout s'il est sollicité une ordonnance en urgence.

Le requérant est identifié par ses nom, prénom, profession, domicile, nationalité, date et lieu de naissance lorsqu'il s'agit d'une personne physique, et par sa forme sociale, sa dénomination, son siège social, son numéro d'immatriculation au RCS (pour les sociétés françaises) ainsi que l'organe qui le représente, s'il s'agit d'une personne morale.

ATTENTION **La mention sur la requête de saisie d'une forme sociale ou d'un numéro d'immatriculation au RCS erroné constitue une erreur substantielle non susceptible de rectification (V. Cass. com., 29 janv. 2008, n° 07-14.709 : *JurisData* n° 2008-042526).**

La requête doit être accompagnée des certificats d'enregistrement et autres documents établissant la validité de la ou des dessins ou modèles dont la contrefaçon est alléguée, ainsi des preuves de la titularité de ces droits ou d'un contrat de licence exclusive.

Lorsque le requérant est un licencié, il doit apporter la preuve de ce qu'aucune clause contraire du contrat ne s'oppose à ce qu'il introduise une action en contrefaçon en son nom et que le titulaire du dessin et modèle n'a exercé son droit d'agir en contrefaçon après avoir été mis en demeure (CPI, art. L. 521-2. – RDMC, art. 22[3]).

Il n'est normalement pas nécessaire d'apporter des preuves de la contrefaçon, l'objectif de la saisie étant justement de s'en constituer. La motivation de la requête peut donc simplement se borner à se référer aux actes de contrefaçon allégués. L'article L. 521-4 du Code de la propriété intellectuelle ne prévoit en effet aucune condition à cet égard.

Toutefois, on peut noter que l'article 7 de la directive 2004/48/CE du 29 avril 2004 relative au respect des droits de propriété intellectuelle exige au contraire du requérant « des éléments de preuve raisonnablement accessibles pour étayer ses allégations selon lesquelles il a été porté atteinte à son droit de propriété intellectuelle », ainsi qu'un examen par le juge du caractère « irréparable » du préjudice ou d'un risque « démontrable » de destruction des éléments de preuve pour justifier l'absence de contradictoire.

Or, les textes français doivent s'interpréter à la lumière de la directive. Ainsi, pour éviter toute difficulté, il convient autant que se peut de préciser les éléments qui laissent penser que des actes de contrefaçon sont commis. Les juges français ne semblent toutefois pas pour l'instant être exigeants au regard de cette condition.

Le saisi doit en principe être identifié de la même manière que le requérant, même si la jurisprudence antérieure au nouvel article L. 521-4 du Code de la propriété intellectuelle apparaissait souple sur ce point : la seule indication d'un établissement à telle enseigne, à telle adresse suffit (V. P. Véron [ss dir.], *Saisie-contrefaçon*, Dalloz, 2e éd. 2005, n° 12.70).

Même si, sous l'empire de la nouvelle loi, le lieu de la saisie ne détermine plus la compétence du juge, ce lieu doit être mentionné dans la requête.

F L'assistance d'experts

645 L'huissier peut être assisté d'experts (CPI, art. L. 521-4). Leur présence doit être expressément mentionnée dans la requête, même s'ils n'ont pas à être nommément identifiés dans la requête.

En revanche, leur nombre et qualité (conseil en propriété industrielle, photographe, représentants de la force publique, expert-comptable etc.) doivent toutefois être précisés. L'expert au sens de l'article L. 521-4 du Code de la propriété intellectuelle n'est pas un expert au sens des articles 232 et suivants du Code de procédure civile, et il n'a donc pas à être inscrit sur une liste spécifique.

Un arrêt de la Cour de cassation est venu préciser que l'huissier de justice, s'il procède aux opérations avec l'assistance d'un tiers, doit indiquer ses qualités et les liens de dépendance qu'il pouvait avoir vis-à-vis du requérant (Cass. com., 9 avr. 2015, n° 14-11.853, *Profils Systemes [SAS] c/ Activ'Est [Sarl] : JurisData* n° 2015-007755 ; *PIBD* 2015, n° 1029, III, p. 427).

> **ATTENTION** **L'expert, quelle que soit sa qualité, doit en effet être indépendant du saisissant. Le saisissant et ses salariés ne peuvent donc pas assister l'huissier, sous peine de nullité de la saisie (Cass. com., 8 juill. 2008, n° 07-15.075 : *JurisData* n° 2008-044789). Les conseils en propriété industrielle, même s'ils sont les conseils habituels du saisissant, exercent toutefois une profession indépendante dont le statut est compatible avec celui d'expert dans le cadre d'une saisie-contrefaçon (Cass. com., 8 mars 2005, n° 03-15.871 : *JurisData* n° 2005-027485 ; *Bull. civ.* 2005, IV, n° 53 ; *PIBD* 2005, n° 809, III, p. 340).**

L'expert est là pour assister l'huissier et non pour diriger les opérations. Il devra donc veiller, et en particulier le conseil en propriété industrielle, à ne pas donner des instructions à l'huissier, ni interroger lui-même le saisi ou décrire les produits contrefaisants (Cass. com., 3 mars 2009, n° 08-11.236 : *JurisData* n° 2009-047300).

L'huissier devra également distinguer ses propres dires de ceux des autres acteurs, comme l'expert (pour une application de ce principe, V. Cass. com., 3 avr. 2012, n° 11-14.848 : *JurisData* n° 2012-007910).

> **REMARQUE** Pendant les opérations de saisie, le conseil aura donc à cœur de constituer une source discrète d'inspiration et de suggestion pour l'huissier. Il pourra utiliser des formules du type « il pourrait être intéressant de consulter... », « je vous suggère de remarquer que... » ; l'idéal est, pour minimiser les risques d'une nullité de la saisie, qu'aucune intervention de l'expert ne soit citée dans le procès-verbal de saisie lors de la description des opérations de saisie.

G L'huissier

646 L'huissier est librement choisi par le saisissant et il n'a pas à être nommément désigné dans la requête. L'huissier doit toutefois être territorialement compétent.

La Cour de cassation a par ailleurs considéré que l'huissier pouvait se faire assister d'autres huissiers, trois en l'espèce, et ce même si leur présence n'était pas expressément prévue dans l'ordonnance (Cass. com., 3 mai 2016, n° 13-23.416, *Sté Venaty France c/ Sté Pindière France : JurisData* n° 2016-009025).

REMARQUE Les pouvoirs de l'huissier étant limités par les termes de l'ordonnance, le saisissant doit définir de manière aussi précise que possible les actes d'investigation auxquels l'huissier est autorisé à se livrer, par exemple se faire ouvrir par un serrurier toutes les portes des locaux ou de meubles où la saisie a lieu, se faire présenter et pouvoir photocopier des documents commerciaux et comptables tels que les inventaires de stocks, factures d'achats et de ventes, bons de commandes et de livraisons, documents de transports et douaniers, catalogues, etc.
Il est également conseillé de prévoir que l'huissier pourra accéder à l'ensemble du système informatique de la société saisie, aux comptes e-mails et qu'il pourra requérir tout mot de passe nécessaire à cette fin.

H L'ordonnance

647 L'ordonnance reprend les éléments de la requête concernant tant l'identification du saisissant que du saisi, le nombre et la qualité des experts assistant l'huissier, les pouvoirs de ce dernier et le ou les lieux de la saisie.
Il est aussi souvent prévu que l'huissier peut se faire assister de forces de police ou de gendarmerie.
Le président du tribunal peut s'opposer à des mesures qu'il juge infondées ou illégales. Il peut rejeter une requête – ce qui arrive rarement en pratique – par exemple si le requérant n'a pas démontré sa qualité pour agir ou s'il n'existe pas de droit opposable.
Le juge peut également substituer une saisie descriptive à une saisie réelle, s'il l'estime suffisante.
L'ordonnance doit contenir l'ensemble des indications prévues à l'article 454 du Code de procédure civile, à peine de nullité (CPC, art. 458). Ainsi, doit être annulée une ordonnance sur requête dont l'identité du signataire est incertaine à défaut d'un cachet ou d'une signature lisible (Cass. crim., 22 sept. 2009, n° 09-80.599).
L'ordonnance est en principe valable sans limitation dans le temps et le requérant peut donc décider librement du moment où il pourra procéder à la saisie-contrefaçon.
Toutefois, si une échéance est mentionnée dans l'ordonnance, une saisie postérieure à l'échéance ainsi fixée peut être déclarée nulle (V. P. Véron [ss dir.], *Saisie-contrefaçon*, Dalloz, 2e éd. 2005, n° 13.254).

I Constitution de garanties

648 Le juge a la faculté de soumettre son ordonnance à la constitution par le saisissant de garanties destinées à assurer l'indemnisation éventuelle du saisi dans l'hypothèse où les opérations seraient annulées ou l'action rejetée sur le fond (CPI, art. L. 521-4).

REMARQUE En pratique, la constitution de garanties est exceptionnelle dans l'hypothèse d'une seule saisie descriptive.
Les garanties doivent être consignées avant les opérations de saisie et l'acte constatant cette constitution doit être signifié au saisi avant de procéder à la saisie, à peine de nullité de la saisie (CPI, art. R. 521-3).

J Déroulement de la saisie-contrefaçon

649 Une fois la requête autorisée par le juge compétent, l'huissier choisi par le saisissant se rend sur le lieu de la saisie et doit communiquer une copie de l'ordonnance au saisi (CPI, art. R. 521-3, al. 2), sous peine de nullité et de dommages et intérêts contre l'huissier.
L'huissier n'a pas à vérifier la capacité de la personne à laquelle il signifie de l'ordonnance, sauf si celle-ci se déclare incompétente. On peut citer l'exemple d'une vendeuse de Dior qui s'était dite capable d'être notifiée de l'ordonnance : la saisie a été considérée comme valable, car « l'huissier n'avait pas l'obligation de vérifier l'exactitude de cette déclaration » (CA Paris, pôle 5, ch. 2, 8 févr. 2013, n° 11/02407 : *Propr. intell.* 2013, n° 47, p. 199, Ch. de Haas).
Comme il a été dit plus haut, la saisie peut être limitée à une simple description des produits avec, si le juge l'a autorisé, prélèvement d'échantillons limités en nombre, ou bien une saisie réelle des produits « et de tout document s'y rapportant » (CPI, art. L. 521-4).
L'huissier est strictement lié par les termes de l'ordonnance et toute investigation excédant ceux-ci justifie l'annulation des opérations de saisie (Cass. com., 19 déc. 2006, n° 05-14.431 : *JurisData* n° 2006-036661 ; *PIBD* 2007, n° 846, III, p. 112).

ATTENTION **L'huissier n'est pas autorisé à apporter sur place des produits contrefaits à la seule fin de provoquer des réactions du saisi qu'il n'aurait pu obtenir de manière spontanée (Cass. com., 29 juin 2010, n° 09-67.722 : *JurisData* n° 2010-010714 ; *PIBD* 2010,**

n° 925, III, p. 619. – CA Paris, pôle 5, ch. 1, 13 mars 2013, n° 11/14616).

De plus, en l'absence de saisie réelle ou descriptive, l'huissier ne peut pas consigner les déclarations des salariés de la société saisie ; dans cette hypothèse, la saisie doit être déclarée nulle même en l'absence de grief (CA Paris, 4e ch. B, 24 févr. 2006, n° 05/10132 : *PIBD* 2006, n° 829, III, p. 332).

À la fin des opérations de saisie descriptive ou réelle, l'huissier doit donner au saisi copie du procès-verbal de saisie (CPI, art. R. 521-3, al. 2). À défaut de précision du texte en ce sens, l'irrespect de cette condition ne devrait impliquer l'annulation de la saisie que si le saisi justifie d'un grief. Il n'y a pas de délai prévu pour la remise de ce procès-verbal de saisie, mais l'huissier doit préciser la date et l'heure de sa remise, afin de permettre au juge d'apprécier si le délai était raisonnable. En pratique, il est préférable de suspendre les opérations de saisie jusqu'à la remise du procès-verbal, pour éviter toute difficulté.

La forme du procès-verbal de saisie doit répondre aux conditions fixées par l'article 648 du Code de procédure civile.

Au vu du procès-verbal de saisi, le président du tribunal peut ordonner « toute mesure pour compléter la preuve des actes de contrefaçon allégués » (CPI, art. R. 521-5). Il peut s'agir par exemple de mesure d'expertise pour établir la matérialité de la contrefaçon ou son origine.

Le président du tribunal peut également prendre toute mesure pour préserver la confidentialité de certains éléments saisis, à la demande du saisi et à la condition que celui-ci justifie d'un intérêt légitime (CPI, art. R. 521-5).

REMARQUE Avant que le président du tribunal ne prenne, sur demande du saisi, des mesures de confidentialité de certains éléments saisis – comme par exemple des données commerciales cruciales – le demandeur à la saisie aura pu en prendre connaissance. Il peut donc être conseillé au client qui subit une saisie de demander à l'huissier de mettre directement sous pli confidentiel des données sensibles, le temps que le juge se prononce sur le maintien ou non de cette confidentialité.

K Assignation au fond

650 Le saisissant dispose d'un délai de vingt jours ouvrables ou de trente et un jours civils si ce délai est plus long, à compter du jour où est intervenue la saisie ou description détaillée, pour introduire une action au fond (CPI, art. R. 521-4).

Sur ce point, la loi n° 2014-315 du 11 mars 2014 a également aligné les règles de la saisie-contrefaçon en matière de droit d'auteur sur celles concernant les atteintes aux titres de propriété industrielle, dont les dessins et modèles.

ATTENTION **Selon les règles de computation des délais prévus aux articles 640 à 642 du Code de procédure civile, le *dies a quo* court à compter du lendemain du jour de la saisie (à 00:00) et le *dies ad quem* pour l'assignation au fond s'achève à l'expiration des vingt jours ouvrables ou des trente et un jours civils, selon le plus long de ces délais, à 24:00, à moins que ce dernier jour ne tombe un samedi, dimanche ou jour férié, auquel cas le *dies ad quem* expire à minuit le premier jour ouvrable suivant. Le défaut d'assignation dans le délai précité implique la nullité de l'intégralité de la saisie, à la demande du saisi, sans qu'il ait à motiver sa demande (CPI, art. L. 521-4). Dans cette hypothèse, le saisi peut également demander des dommages et intérêts en réparation du préjudice subi.**

L Contestations et recours

1 Du côté du saisissant, dans l'hypothèse d'un rejet de la requête en saisie-contrefaçon

651 Le requérant dispose d'une voie de recours contre la décision du juge compétent de ne pas faire droit, ou seulement partiellement, à sa requête, dans un délai de quinze jours (CPC, art. 496, al. 1er).

2 Du côté du saisi

652 Le Code de la propriété intellectuelle ne prévoit pas expressément de voies de recours contre l'ordonnance du président autorisant la saisie. La doctrine et la jurisprudence se prononcent dans le sens du caractère gracieux de l'ordonnance et n'admettent pas de voie de recours contre elle (V. *JCl. Marques-Dessins et modèles*, Fasc. 3470).

Néanmoins, conformément au droit commun, il est toujours possible pour le juge de se rétracter et de statuer en référé à la demande des parties.

3 Le recours en rétractation

653 Le recours en rétractation (CPC, art. 497) est adressé au juge qui a autorisé la saisie, à savoir le président du tribunal de grande instance (lorsque la requête est présentée avant l'introduction de l'action au fond) ou le président de la chambre à laquelle l'affaire a été attribuée (lorsque la requête est présentée en cours d'instance).

La rétractation de l'ordonnance peut être prononcée lorsque les conditions d'autorisation de la saisie n'étaient pas remplies, qu'il s'agisse des conditions relatives à la qualité pour agir en contrefaçon du saisissant, ou de la validité ou de l'opposabilité des droits sur le dessin ou modèle invoqué, ou encore de la constatation de ce que les produits saisis sont des produits d'origine portant sur le dessin ou modèle, pour lesquels les droits sont épuisés.

Le saisi peut également demander la modification de l'ordonnance (CPC, art. 497) et exiger par exemple que certains documents commerciaux ou comptables confidentiels soient placés sous scellés avant toute communication au saisissant (CPI, art. R. 521-5).

Suite à un arrêt de la Cour de cassation (Cass. com., 17 mars 2015, n° 13-15.862, *Sté Brötje Automation GmbH* c/ *Sté Ateliers de la Haute-Garonne établissement Auriol & Cie : JurisData* n° 2015-006046 ; *PIBD* 2015, n° 1027, III, p. 335), le juge du fond est toutefois désormais également investi du pouvoir d'apprécier les conditions d'octroi de l'ordonnance de saisie-contrefaçon.

En effet, les juges ont considéré « que la compétence exclusive du juge qui a rendu l'ordonnance sur requête pour connaître du recours en rétractation, même si le juge du fond est saisi de l'affaire, ne fait pas obstacle à ce que celui-ci, appréciant la régularité des éléments de preuve qui lui sont soumis, puisse annuler un procès-verbal de saisie-contrefaçon pour des motifs tirés des conditions de délivrance de l'ordonnance ayant autorisé la saisie-contrefaçon ».

4 Référé contre l'ordonnance de saisie

654 Le saisi peut également former un appel contre l'ordonnance, qui sera examiné en la forme des référés (CPC, art. 496, al. 2).

5 Action en nullité de la saisie

655 Dans le cadre de la procédure au fond, le saisi peut contester la validité de la saisie-contrefaçon pour des motifs de forme (sous réserve de la démonstration d'un grief, CPC, art. 114) ou de fond (nullité de plein droit, CPC, art. 119).

La jurisprudence est toutefois assez fluctuante quant au point de savoir si certaines des irrégularités mentionnées dans cette fiche pratique constituent des motifs de forme ou de fond pour l'annulation d'une saisie (V. *Propr. industr.* 2010, étude 8).

La nullité des opérations pour des motifs de forme doit toutefois être soulevée *in limine litis*, c'est-à-dire avant tout moyen au fond, ou fin de non-recevoir, sous peine d'irrecevabilité (CPC, art. 74 et 112).

M Conséquences de la nullité de la saisie-contrefaçon

656 La nullité de la saisie-contrefaçon n'a pas d'effet sur la recevabilité de l'action en contrefaçon.

Une telle nullité a toutefois pour conséquence qu'aucun des éléments de preuve issu de la saisie ne pourra être utilisé dans le cadre de l'examen de la contrefaçon. À défaut de preuves alternatives (par ex., par le biais d'un simple constat d'huissier), la contrefaçon ne sera pas établie et l'action sera rejetée. Le saisi peut alors demander la restitution des objets et documents saisis.

Le saisissant dont la saisie-contrefaçon est annulée ou dont l'action est rejetée sur le fond s'expose à une condamnation à des dommages-intérêts au profit du saisi, d'où l'utilité de la consignation de garanties par le saisissant avant même la saisie (CPI, art. L. 521-4 et R. 521-3).

Toutefois, la nullité de la saisie n'entraîne pas la condamnation à des dommages et intérêts, en l'absence d'une faute faisant dégénérer en abus le droit d'agir en justice et d'exercer une voie de recours (Cass. com., 9 avr. 2015, n° 14-11.853, *Profils Systemes [SAS]* c/ *Activ'Est [Sarl] : JurisData* n° 2015-007755 ; *PIBD* 2015, n° 1029, III, p. 427).

Enfin, la nullité de la saisie n'empêche pas le demandeur à l'action de requérir une nouvelle saisie-contrefaçon ou des informations en cours d'instance sur la base de l'article L. 521-5 du Code de la propriété intellectuelle. L'intérêt pratique de ces mesures risque toutefois d'être limité si le défendeur a fait disparaître entre-temps les preuves de la contrefaçon.

CHECK-LIST **• Vérifier la qualité pour agir en contrefaçon du saisissant.**
• S'assurer du respect de la chaîne des inscriptions au registre de l'office des dessins ou modèles concerné (transferts, licences, changement de dénomination sociale, etc.).

• Constituer la preuve de la validité et de l'opposabilité du ou des dessins ou modèles du client.
• Envisager des modes de preuve alternatifs, comme le constat d'huissier (constat d'achat, constat internet, etc.).
• Envisager la requête en saisie-contrefaçon avant l'introduction de l'action au fond.
• Identifier les lieux dans lesquels les opérations de saisie-contrefaçon seront menées.
• Préciser dans le détail dans la requête les investigations que l'huissier sera autorisé à mener.
• Prévoir l'assistance d'experts.
• Identifier le juge compétent pour autoriser la saisie-contrefaçon avant ou après l'introduction de l'instance.
• Faire signer la requête par un avocat du barreau dans le ressort duquel le tribunal compétent a son siège.
• Choisir un huissier ayant de l'expérience dans le domaine des saisies-contrefaçons de marques ou dessins et modèles.
• Introduire l'action au fond dans les délais.
• Envisager, en défense, les moyens de nullité de forme et de fond des opérations en comparant soigneusement le procès-verbal de saisie à la mission de l'huissier telle que définie dans l'ordonnance.
• Toujours en défense, demander à l'huissier en cours de saisie de mettre sous pli des éléments confidentiels et demander au juge de garantir cette confidentialité, en motivant la demande.

VOIR AUSSI Modèle 23 : Requête à fin de saisie-contrefaçon (dessins et modèles).

POUR ALLER PLUS LOIN...

Fiche pratique

• V. Fiche 32 : Procéder à une saisie-contrefaçon en matière de marque.

Fascicule JurisClasseur

• *JCl. Marques-Dessins et modèles*, Fasc. 3470.

Fiche 31

Procéder à une saisie-contrefaçon en matière de droit d'auteur

Sylvie BENOLIEL-CLAUX

Pauline CASANOVA

Sommaire

I Aperçu rapide ... 289
A Éléments clés ... 290
B Textes ... 290
1 Textes codifiés ... 290
2 Texte communautaire ... 290
II Préparation ... 290
A Informations à recueillir auprès du client ... 290
1 Qualité et intérêt à agir du saisissant ... 290
2 Identification de l'œuvre revendiquée et de l'article incriminé ... 291
B Inventaire des solutions et éléments de décisions ... 291
1 Preuve par la saisie ... 291
2 Modes de preuve alternatifs ... 291
III Mise en œuvre ... 292
A Requête ... 292
B L'ordonnance ... 293
C Compétence matérielle et territoriale ... 293
D Mission de l'huissier ... 294
1 Signification préalable de l'ordonnance ... 294
2 Opérations de saisie-contrefaçon ... 295
3 Assistance éventuelle ... 295
4 Procès-verbal de saisie-contrefaçon ... 296
E Délai pour assigner au fond ... 296
F Contestations et recours ... 297
1 Recours du saisissant en cas de rejet de la requête à fins de saisie-contrefaçon ... 297
2 Voies de recours à la disposition du saisi ... 297

I

Aperçu rapide

657 S'il est de principe que la contrefaçon d'une œuvre protégée par le droit d'auteur peut être prouvée par tous moyens, la saisie-contrefaçon constitue l'instrument de preuve par excellence pour rapporter la preuve de sa matérialité et déterminer son étendue.

Elle permet au titulaire d'un droit d'auteur, autorisé par ordonnance du président du tribunal de grande instance (TGI), en l'absence de tout débat contradictoire, de dépêcher un huissier dans les locaux d'un tiers prétendument contrefacteur afin de procéder à des investigations, constatations, saisies descriptives et/ou réelles (sur la définition de la procédure de saisie-contrefaçon, V. not. CA Paris, 28 sept. 2012, n° 10/11535).

Cette prérogative exceptionnelle accordée à l'auteur est strictement encadrée et minutieusement contrôlée afin que les droits de chacune des parties soient respectés.
La présente fiche n'envisage que la saisie-contrefaçon générale de l'article L. 332-1 du Code de la propriété intellectuelle (CPI) et non celle de l'article L. 332-4 propre aux logiciels et bases de données.

A Éléments clés

658 La loi n° 2014-315 du 11 mars 2014 renforçant la lutte contre la contrefaçon (dite « loi Yung ») a sensiblement modifié l'article L. 332-1 du Code de la propriété intellectuelle pour aligner la procédure de saisie-contrefaçon de droit d'auteur sur celles existant en matière de propriété industrielle (dessins et modèles, CPI, art. L. 521-4 ; brevets, CPI, art. L. 615-5 ; marques, CPI, art. L. 716-7).
L'harmonisation recherchée demeure toutefois incomplète et certaines questions, non tranchées.
Cette fiche a pour objectif de fixer le champ et les conditions générales d'application de cette procédure et d'anticiper ses pièges.

B Textes

1 Textes codifiés

- CPI, art. L. 331-1, L. 332-1 à L. 332-3.
- CPI, art. R. 332-2 et R. 332-3.
- CPC, art. 71, 72, 114, 494 à 497, 503, 648, 812 et 958.

2 Texte communautaire

- Dir. 2004/48/CE, 29 avr. 2004, relative au respect des droits de propriété intellectuelle.

II Préparation

A Informations à recueillir auprès du client

1 Qualité et intérêt à agir du saisissant

659 Le saisissant doit être précisément identifié et rapporter la preuve de sa qualité d'auteur ou de titulaire des droits sur l'œuvre revendiquée.
En application de l'article L. 332-1 du CPI, le saisissant peut être :
– tout auteur d'une œuvre protégée par le livre Ier du CPI (à l'exclusion de l'auteur d'un logiciel ou d'une base de données, V. CPI, art. L. 332-4) ;
– ses ayants droit ou ses ayants cause (ce sont les titulaires de droits patrimoniaux ou moraux de l'auteur : cessionnaire, légataire) ;
– les titulaires de droits voisins définis au livre II du CPI.
Il ressort en outre de cet article L. 331-1 que :
– les organismes de défense professionnelle (par ex., les sociétés de gestion collective) ; et
– les bénéficiaires d'un droit exclusif d'exploitation appartenant à un producteur de phonogrammes ou vidéogrammes ont qualité pour ester en justice, ce qui leur confère pouvoir de requérir une saisie-contrefaçon.
Le distributeur exclusif, qui n'a, lui, qu'un simple droit de jouissance, ne peut solliciter une telle saisie.
La loi est silencieuse sur le point de savoir si le licencié exclusif – indépendamment de ceux visés à l'article L. 331-1 – dispose de la qualité à agir. En ce qui concerne tous les autres droits de propriété industrielle (dessins et modèles, brevets, marques), il est répondu par l'affirmative.
Le licencié exclusif de droits d'auteur devrait pouvoir agir en contrefaçon et requérir une saisie si le contrat de licence le spécifie expressément (V. P.-Y. Gautier, *Propriété littéraire et artistique*, PUF, 10e éd. 2017, n° 796. – V. égal., Cass. 1re civ., 15 mai 2015, n° 13-15.957 qui reconnaît indirectement au licencié exclusif le droit d'agir en contrefaçon si son contrat de licence en prévoit la possibilité).
La preuve de la qualité et de l'intérêt à agir du requérant peut être rapportée par tous moyens.
Lorsque le saisissant n'est pas le titulaire *ab initio* des droits sur l'œuvre revendiquée, il importe qu'il justifie de la chaîne des droits ininterrompue dont il bénéficie (V. CA Paris, 6 déc. 2013, n° 13/05039. – Pour un exemple où un contrat de cession de droits produit par le requérant cessionnaire n'a pas suffi à établir sa titularité, V. CA Paris, 31 mars 2015, n° 14/03072).
Le saisissant pourra enfin être la personne morale qui justifie d'une présomption de titularité des droits d'auteur sur l'œuvre revendiquée. Il est de jurisprudence constante qu'en l'absence de revendication du ou des auteurs, l'exploita-

tion paisible et non équivoque de l'œuvre par une personne physique ou morale sous son nom fait présumer, à l'égard du tiers recherché pour contrefaçon, que cette personne est titulaire sur l'œuvre du droit de propriété incorporelle d'auteur (Cass. 1re civ., 15 mai 2015, n° 13-15.957. – CA Paris, 12 avr. 2016, n° 14/23137. – CA Paris, 15 févr. 2013, n° 12/14989. – CA Paris, 12 oct. 2012, n° 11/19924. – CA Paris, 22 janv. 2010, n° 08/16009).

2 Identification de l'œuvre revendiquée et de l'article incriminé

660 Le requérant doit décrire l'œuvre qu'il revendique dans ses caractéristiques originales. Elle doit être identifiée dans son contenu et sa date de création ou de divulgation (exemple : photographies, croquis, catalogues, publicités, enveloppe Soleau, etc.).

REMARQUE Informer le client qu'en référé, la mainlevée de la saisie pourrait être ordonnée si l'originalité de l'œuvre revendiquée n'était pas établie (V. CA Versailles, 10 juill. 2013, n° 13/02978) ; la question de l'originalité peut être également contestée au fond dans le cadre d'une demande reconventionnelle.

Jugé que devait être annulée l'ordonnance à fins de saisie-contrefaçon dont la requête ne comprenait pas une définition précise des créations revendiquées (V. not. CA Paris, 28 sept. 2012, n° 10/11535, rendu sous l'empire de l'ancien article L. 332-1).
Le requérant doit ensuite identifier l'article incriminé et le localiser. Et le juge des requêtes doit en principe s'assurer que le demandeur fournit des éléments et indices qui lui laissent croire à l'existence d'une contrefaçon.

B Inventaire des solutions et éléments de décisions

1 Preuve par la saisie

661 Selon l'article L. 332-1, alinéa 1er du CPI modifié par la loi Yung, il est possible « de faire procéder par tous huissiers (...) soit à la description détaillée, avec ou sans prélèvement d'échantillons, soit à la saisie réelle des œuvres prétendument contrefaisantes ainsi que de tout document s'y rapportant ».
La saisie descriptive n'est autre que la description détaillée que fait l'huissier des actes de contrefaçon, tandis que la saisie réelle consiste à appréhender l'objet incriminé et permettre à l'huissier de le placer sous scellé.
Même en l'absence des œuvres prétendument contrefaisantes, le texte prévoit que l'huissier pourra procéder à la saisie réelle des documents s'y rapportant.
Le juge a en outre la faculté d'ordonner les mesures prévues à l'article L. 332-1 du CPI.
La possibilité visée à l'article L. 332-1, 4° du CPI dont la mise en œuvre revient à bloquer les marchandises du saisi, entraîne de lourdes conséquences pour ce dernier, et ce, en l'absence de tout débat contradictoire (sur la justification de cette mesure, V. : CA Versailles, 10 juill. 2013, n° 13/02978).
Le président du TGI peut ordonner la constitution préalable de garanties par le saisissant (CPI, art. L. 332-1, avant-dernier alinéa).

REMARQUE L'article L. 332-1 dans sa nouvelle rédaction ne précise pas si la liste des mesures énumérées est exhaustive ou simplement indicative.
La question se posait déjà sous l'empire de l'ancienne loi quant à la possibilité de saisir des documents comptables : la cour d'appel de Paris avait considéré que l'appréhension de tels documents pouvait être ordonnée sur ce fondement légal, jugeant ainsi que cette liste n'était pas limitative (CA Paris, 22 févr. 2008, n° 06/20458).
Cette jurisprudence, conforme à la directive du 29 avril 2004 (Dir. 2004/48/CE, 29 avr. 2004, consid. 20 et art. 6, § 2) doit être maintenue.
Toutefois, la saisie de ces éléments comptables peut être refusée s'il est établi que le requérant, d'une part, possède déjà la preuve de la matérialité de la contrefaçon, d'autre part, ne cherche en réalité qu'à déterminer l'étendue des recettes procurées par l'exploitation contrefaisante, ce qu'il pourrait obtenir dans le cadre d'une action en justice contradictoire (V. not. CA Paris, 16 janv. 2015, n° 14/03310).

2 Modes de preuve alternatifs

662 Il n'existe pas, en matière de droit d'auteur, l'équivalent des articles L. 521-4 (dessins et modèles), L. 615-5 (brevets) ou L. 716-7 (marques) du CPI selon lesquels « la contrefaçon peut être prouvée par tous moyens ».
Toutefois, il est admis que ce principe reçoit entière application en droit d'auteur.
Aussi, l'ensemble des moyens de preuve légalement admissibles pourra être utilisé pour caractériser la matérialité de la contrefaçon et

déterminer son étendue (ex. : simples constats d'huissier : constats d'achat en boutique, sur internet ou dans des salons professionnels ; constats diligentés par l'Agence pour la protection des programmes ; droit à l'information de l'article L. 331-1-2 du Code de la propriété intellectuelle).

ATTENTION Le recours à ces autres moyens de preuve ne doit jamais masquer une saisie-contrefaçon (V. Cass. 1re civ., 28 nov. 2012, n° 11-20.531 qui annule des opérations de constat qui ont donné lieu à la saisie d'articles, au motif qu'elles constituent « une saisie-contrefaçon déguisée ». – CA Paris, 27 févr. 2013, n° 11/11787).

REMARQUE Il est également possible que le demandeur à l'action, en complément ou indépendamment même de toute saisie-contrefaçon, saisisse le juge, en référé ou au fond, afin de voir ordonner la production de documents ou informations relatifs à l'atteinte alléguée (V. not. TGI Paris, ord. JME, 3 déc. 2015, n° 15/02368).
Le droit d'information (CPI, art. L. 331-1-2) peut être exercé devant le juge de la mise en état (TGI Paris, 22 mai 2015, n° 14/09015), ou ordonné, par le juge du fond, après qu'une saisie-contrefaçon a eu lieu (TGI Paris, 8 avr. 2016, n° 14/04533. – TGI Paris, 11 mars 2016, n° 14/16231 sur la possibilité d'une mesure d'instruction en l'absence de saisie-contrefaçon préalable).
La saisie-contrefaçon et le droit à l'information se complètent et peuvent, ensemble, permettre au titulaire d'établir la matérialité de la contrefaçon, son étendue et son origine (V. TGI Paris, 19 juin 2015, n° 15/05443).

III
Mise en œuvre

663 Une requête et un projet d'ordonnance, rédigés par l'avocat du saisissant, doivent être soumis au président du TGI territorialement compétent. Selon les usages des tribunaux, la requête peut être soutenue ou simplement déposée.

A Requête

664 La requête doit être présentée en double exemplaire (CPC, art. 494 al. 1er) et comporter les éléments suivants :
– l'identification du requérant et sa qualité à agir ;
– l'identification du saisi et du lieu de la saisie ;
– l'indication précise de l'œuvre revendiquée afin de permettre à l'huissier d'identifier, sans recherche inutile et envahissante, les objets argués de contrefaçon (CA Paris, 28 sept. 2012, n° 10/11355) ;
– les mesures sollicitées (saisie descriptive et/ou réelle, photographies, copies de documents, échantillons, assistance d'un expert, etc.) ;
– la signature de l'avocat (absence de signature de la requête qui entraîne la nullité des opérations de saisie-contrefaçon : TGI Paris, 17 nov. 2016, n° 15/06392. – Signature par un avocat-collaborateur du cabinet conforme aux dispositions des articles 58 et 813 du CPC : CA Paris, 19 janv. 2016, n° 14/10676. – CA Paris, 27 juin 2017, n° 15/18722).
La requête doit être motivée (CPC, art. 494).
Conformément à la directive 2004/48 du 29 avril 2004 relative au respect des droits de propriété intellectuelle (art. 6 et 7), le saisissant doit être en mesure de présenter « des éléments de preuve raisonnablement accessibles pour étayer ses allégations selon lesquelles il a été porté atteinte à son droit de propriété intellectuelle ou qu'une telle atteinte est imminente » (CA Paris, 16 janv. 2015, n° 14/00658 et 14/00659. – CA Paris, 30 janv. 2015, n° 14/03309. – CA Paris, 23 juin 2015, n° 14/03948).
Il incombe donc au requérant de s'expliquer sur les éléments et indices qui lui laissent croire à l'existence d'une contrefaçon et fournir se faisant un commencement de preuve de l'atteinte ainsi portée à son droit.
Cette exigence de commencement de preuve est généralement vivement contestée par les praticiens puisque la mesure de saisie-contrefaçon a précisément pour but d'établir la réalité de la contrefaçon.
Quatre arrêts de la cour d'appel de Paris, même s'ils semblent à première lecture revenir sur l'obligation de fournir ces éléments de preuve, laissent

à notre avis intacte l'obligation pour le saisissant de se conformer aux articles 6 et 7 de la directive précitée (CA Paris, 16 mai 2017, n°s 15/15766 et 15/15693. – CA Paris, 26 mai 2017, n°s 15/10201 et 15/10204. – V. égal. Ch. de Haas, *Droit processuel appliqué aux propriétés intellectuelles : Propr. intell.* 2018, n° 66, p. 89).
Il est donc vivement conseillé, en l'état d'une jurisprudence assez incertaine, que le requérant fournisse les informations et pièces lui laissant croire à l'existence d'une contrefaçon. Cela ne devrait pas lui poser en pratique de difficultés particulières dans la mesure où il a généralement accès aux informations nécessaires (grâce notamment à un site internet, un constat d'achat, à des photographies de la contrefaçon).
Si toutefois le requérant est dans l'impossibilité de produire le moindre commencement de preuve, il est recommandé de justifier de cette impossibilité dans la requête pour obtenir, par exception, l'autorisation de procéder à la saisie-contrefaçon (par ex. : le produit argué de contrefaçon est présenté sur un salon professionnel de très courte durée qui se termine le jour où la requête est présentée, sans que le requérant n'ait eu la possibilité de se rendre à ce salon et de prendre des photographies).

B L'ordonnance

665 L'ordonnance sur requête :
– est motivée (CPC, art. 495) ;
– fixe les conditions de la saisie et comporte :
• les informations nécessaires à l'identification du saisi,
• la désignation de la personne autorisée à diligenter la saisie : huissier (avec parfois expert(s) qui doit nécessairement être indépendant des parties, Cass. 1re civ., 6 juill. 2000, n° 97-21.404),
• la désignation précise du lieu de la saisie : boutique, entrepôts, siège social du saisi, domicile (V. sur ce dernier point : TGI Paris, 9 oct. 2014, n° 12/13069),
• la désignation précise des objets à saisir (saisie description et/ou saisie réelle),
• la remise des éléments comptables afférents aux objets appréhendés.
L'ordonnance est signée par le président du TGI (sans modification ou avec quelques corrections manuscrites) ou rejetée. Dans ce dernier cas, le requérant peut déposer une nouvelle requête en révélant l'existence de celle qui fut rejetée ou en interjeter appel dans les termes de l'article 496 du Code de procédure civile(sur ce point, V. *infra*, n° 672, « Recours du saisissant en cas de rejet de la requête à fins de saisie-contrefaçon »).

C Compétence matérielle et territoriale

666 Depuis la loi du 4 août 2008, seuls dix TGI sont exclusivement compétents pour connaître des actions civiles et des demandes relatives à la propriété littéraire et artistique (COJ, art. L. 331-1 et D. 211-6-1, ann. tableau VI) : Bordeaux, Lille, Lyon, Marseille, Nanterre, Nancy, Paris, Rennes, Strasbourg, Fort-de-France.
Selon l'article L. 332-1 du CPI, l'ordonnance sur requête à fins de saisie-contrefaçon doit être présentée devant « la juridiction civile compétente » sans autre précision.
À la différence de ce qui existe notamment en matière de dessins et modèles (CPI, art. R. 521-2) ou de marques (CPI, art. R. 716-2), le texte est muet quant à la compétence de la juridiction devant laquelle cette ordonnance sur requête doit être présentée.
En effet, le saisissant doit-il présenter sa requête :
– devant le président du TGI dans le ressort duquel la saisie-contrefaçon doit être effectuée : s'agit-il alors du président du TGI compétent conformément au droit commun ou s'agit-il de l'un des dix présidents compétents en vertu de l'article D. 211-6-1 susvisé du COJ ? ;
– devant le président du TGI compétent pour connaître du fond (à l'instar de ce qui existe en matière de dessins et modèles et de marques) ?
Prenons l'exemple suivant : un demandeur souhaite initier une action en contrefaçon de droits d'auteur devant le TGI de Marseille. Les objets argués de contrefaçon sont localisés à Bobigny et une saisie-contrefaçon est diligentée à cet endroit. La requête à fins de saisie-contrefaçon doit-elle alors être soutenue devant le président du TGI de Bobigny, de Paris, ou de Marseille ?
À notre connaissance, aucune réponse claire et tranchée n'est apportée à cette question par la jurisprudence :
– en faveur de l'application du droit commun, et par conséquent de la saisine du président du ressort de la saisie : V. TGI Paris, 11 janv. 2013, n° 10/03501. – TGI Paris, 1er juin 2012 n° 09/18873. – CA Paris, 28 nov. 2012, n° 11/09734. – V. en ce sens, Ch. de Haas, *La compétence juridictionnelle pour ordonner une saisie-contrefaçon : Propr. intell.* 2011, n° 40, p. 280 ;
– de même, CA Douai, 17 sept. 2015, n° 13/05073, validation d'une requête présentée devant le président du TGI d'Aix-en-Provence dans des termes explicites ;
– V. cependant en sens contraire TGI Paris, 14 nov. 2013, n° 12/11602, qui laisse au requérant la possibilité de se pourvoir devant le président de son choix.

Il est indéniable que cette incertitude, qui ne touche que le droit de la propriété littéraire et artistique, est regrettable. La loi Yung du 11 mars 2014 n'est malheureusement pas venue la dissiper.
En pratique, compte tenu de la volonté du législateur de favoriser la spécialisation des tribunaux en matière de propriété intellectuelle, il peut sembler légitime de considérer, par application combinée des articles L. 331-1 du CPI (qui vise également « les demandes »), L. 332-1 du CPI et D. 211-6-1 du COJ, que la requête doit être présentée devant l'un des dix présidents exclusivement compétents qui sera, au choix du requérant, soit celui dans le ressort duquel la saisie se tiendra, soit celui qui connaîtra de l'action au fond.
Dans notre exemple précité, la requête serait présentée soit devant le TGI de Paris, soit devant le TGI de Marseille.

ATTENTION Compétence en cas de cumul de protection :
Si le saisissant souhaite revendiquer des droits d'auteur et de dessins et modèles sur la même création, la question se pose de savoir si une seule et même requête peut être présentée devant le même président sur ce double fondement (CPI, Livres III et V) ou si, au contraire, deux requêtes distinctes doivent être soutenues devant le ou les présidents territorialement compétents (V. pour un ex. où une seule requête fut présentée mais apparemment sans que ce point ne fasse débat CA Paris, 29 nov. 2016, n° 16/14008).
En l'absence de texte spécifique sur ce point et, à notre connaissance, de jurisprudence s'étant prononcée sur la question, il nous semble prudent de former deux requêtes distinctes, même si cette solution ne milite pas pour la simplification de la procédure.
Compétence en cas de litige en cours :
Il est possible de faire diligenter une saisie-contrefaçon en cours de litige. Cette saisie viendra généralement en complément d'une première saisie-contrefaçon réalisée préalablement à l'action au fond.
La requête doit alors être présentée devant le président du tribunal (ou le président de la chambre si l'affaire a déjà été distribuée) sur le fondement de l'article 812 du Code de procédure civile et non sur celui des dispositions spéciales du Code de la propriété intellectuelle (CA Paris, 2 juin 2015, n° 10/08508. – Cass. 1re civ., 5 févr. 2014, n° 12-25.492 : *JurisData* n° 2014-001862. – Cass. com., 26 mars 2008, n° 05-19.782. – V. égal. : Cass. com., 14 sept. 2010, n° 09-16.854 : *JurisData* n° 2010-016044, le premier président de la cour d'appel déjà saisi du procès au fond est seul compétent par application de l'article 958 du Code de procédure civile).
On considère que l'instance est en cours dès que la juridiction est saisie au fond (à compter donc de la remise de l'assignation au secrétariat-greffe du TGI, sur ce point V. Ch. de Haas, *La compétence juridictionnelle pour ordonner une saisie-contrefaçon : Propr. intell.* 2011, n° 40, p. 282).

D Mission de l'huissier

1 Signification préalable de l'ordonnance

667 Il résulte des dispositions des articles 495 et 503 du CPC que l'ordonnance « ne peut être mise à exécution qu'après avoir été signifiée à la personne à laquelle elle est opposée » et que « la présentation à celle-ci de la minute de l'ordonnance vaut signification ».
L'huissier doit donc laisser copie de la requête et de l'ordonnance au saisi et ce, préalablement aux opérations de saisie-contrefaçon.
L'observation d'un délai raisonnable entre l'acte de signification de l'ordonnance et le début des opérations est souvent vérifiée et laissée à la libre appréciation souveraine du juge (pour une application récente en droit d'auteur, V. CA Paris, 9 juin 2017, n° 16/01781 : acceptation d'un délai de treize minutes. – CA Paris, 26 avr. 2013, n° 11/18809, confirmé par Cass. com., 16 sept. 2014, n° 13-20.589 : *JurisData* n° 2014-021096 : cinq minutes suffisent mais le saisi avait été préalablement informé par une mise en demeure. – CA Paris, 8 févr. 2013, n° 11/02407 : délai de dix minutes suffit. – TGI Paris, 9 oct. 2014, n° 12/05907 : délai d'une minute validé car les opérations ont débuté sur invitation du saisi).
Le défaut de la remise préalable de l'ordonnance est une cause de nullité qui peut être demandée en tout état de cause et sans démonstration d'un grief (Cass. 2e civ., 1er sept. 2016, n° 15-23.326 : *JurisData* n° 2016-016025, rendu au visa des CPC, art. 16 et 495, al. 3).
L'obligation de notification ne s'étend pas aux pièces au soutien de la requête.

Conformément à l'article 664 du Code de procédure civile, la signification ne pourra être effectuée avant 6 heures et après 21 heures, non plus les dimanches, les jours fériés ou chômés, si ce n'est en vertu de la permission du juge en cas de nécessité. La présentation de l'ordonnance à une personne non habilitée et l'information préalable du saisi par téléphone ne permettent pas de satisfaire l'exigence de signification. L'huissier ne saurait pallier un tel défaut en signifiant l'ordonnance au saisi *a posteriori*. Il s'agit d'un vice de fond justifiant l'annulation des opérations (TGI Paris, 17 mars 2016, n° 14/12684).
Les déclarations du saisi recueillies en dehors du cadre légal et en l'absence de signification préalable seront annulées par le juge. Le TGI de Paris a eu l'occasion de se prononcer en ce sens (TGI Paris, 16 sept. 2016, n° 14/17280 : les huissiers, n'ayant pu accéder aux locaux où devait se dérouler la saisie, avaient contacté téléphoniquement le saisi et, après avoir précisé leur qualité et l'objet de leur présence, avaient consigné ses déclarations téléphoniques).
Il arrive, par exception, que la copie de l'ordonnance et de la requête ne soit notifiée qu'à l'issue des opérations, permettant ainsi à l'huissier de ne décliner sa qualité et son identité qu'*a posteriori*. Cela suppose d'une part que la requête expose la raison pour laquelle la notification doit être retardée, d'autre part que le juge des requêtes fasse droit à cette demande (V. pour un ex. Cass. 2e civ., 4 sept. 2014, n° 13-22.971 : *JurisData* n° 2014-019837).

2 Opérations de saisie-contrefaçon

668 Les pouvoirs de l'huissier sont strictement définis par les termes de l'ordonnance. Aussi le saisissant devra-t-il veiller à rédiger le projet d'ordonnance avec soin et précision.

ATTENTION **En l'absence de découverte sur les lieux de la saisie des objets argués de contrefaçon, l'huissier ne peut, sans y avoir été expressément autorisé par l'ordonnance, présenter ces mêmes objets aux personnes qu'il rencontre afin de recueillir leurs déclarations, même spontanées, quant aux actes de contrefaçon (V. sur ce point : en matière de droit d'auteur : CA Paris, 5 mai 2017, n° 14/20216. – Cass. 1re civ., 2 avr. 2009, n° 08-10.656 : *JurisData* n° 2009-047652. – Cass. com., 7 juill. 2009, n° 08-18.598 : *JurisData* n° 2009-049107. – En matière de marques : CA Paris, 13 mars 2013, n° 11/14616. – En matière de dessins et modèles : CA Nancy, 14 nov. 2016, n° 15/0226. – CA Paris, 19 avr. 2013, n° 12/10689, pour un cas où la présentation de la robe arguée de contrefaçon n'a pas été sanctionnée par la nullité de la saisie dans la mesure où l'huissier instrumentaire a, préalablement à la production litigieuse à la personne présente dans les locaux de la société, découvert sur les lieux de la saisie le modèle de robe argué de contrefaçon, exposé en vitrine, dès son entrée dans les locaux).**

REMARQUE Dans le projet d'ordonnance, prévoir d'autoriser l'huissier à présenter, lors des opérations, les pièces annexées à l'ordonnance et notamment un exemplaire des objets argués de contrefaçon (V., sur ce point, Cass. 1re civ., 10 avr. 2013, n° 12-13.034).
De même, prévoir d'autoriser l'huissier à procéder à la saisie réelle de tout document se rapportant aux œuvres prétendument contrefaisantes même en l'absence de ces dernières (CPI, art. L. 332-1, al. 1er).
L'huissier doit veiller à ne dépasser, sous aucun prétexte, les limites de sa mission et doit se cantonner aux termes de l'ordonnance, sous menace de la nullité de ses opérations (TGI Paris, 17 nov. 2016, n° 15/06392).
Il n'est pas habilité, notamment, à procéder à des interpellations ou des interrogatoires, mais seulement à poser des questions aux personnes présentes dans le cadre de ses recherches, résultant « de l'échange normal et spontané de propos inhérents à la recherche de documentation » (TGI Paris, 5 déc. 2014, n° 13/02595. – En matière de marque : CA Paris, 5 mai 2017, n° 15/20349. – CA Orléans, 29 janv. 2009, n° 08/00454. – En matière de brevet : Cass. com., 12 févr. 2013, n° 11-26.361).

3 Assistance éventuelle

669 En raison du principe d'égalité des armes et de loyauté dans l'administration de la preuve, ni le requérant, ni ses préposés ne peuvent assister aux opérations de saisie, même s'ils s'abstiennent de toute interpellation et se cantonnent à un rôle passif (V., sur ce point, TGI Paris, 1er mars 2012, n° 11/02664).
En revanche, il est possible de prévoir dans l'ordonnance que l'huissier soit assisté par un expert ou tous tiers dès lors que ceux-ci sont indépendants (conseil en propriété industrielle, informaticien, photographe, serrurier, etc.).
Dans ce cas, l'expert, qui doit être indépendant du saisissant, devra se garder de diriger les opérations.

Il importe de veiller à ce que la qualité et l'absence de dépendance éventuelle de ce tiers avec le requérant ressortent du procès-verbal (Cass. 1re civ., 9 avr. 2015, n° 14-11.853 : *JurisData* n° 2015-007755).

La présence d'un expert ayant auparavant réalisé des prestations informatiques pour le compte du saisissant ne porte pas atteinte aux droits du saisi dès lors que cet expert informatique n'est pas le subordonné du saisissant (CA Paris, 17 mars 2017, n° 15/24488).

L'huissier doit veiller à conduire seul ses opérations et à différencier ses constatations de celles de l'homme de l'art (par ex., le Conseil en propriété industrielle ou l'informaticien. – V. par ex., Cass. com., 5 juill. 2017, n° 15-20.554 : *JurisData* n° 2017-013761, où l'emploi du terme « nous » n'est pas de nature à signifier que l'huissier n'a pas conduit seul les opérations).

> ATTENTION **L'assistance de personnes non autorisées par l'ordonnance, est source d'annulation prononcée sur le fondement de l'article 117 du CPC (nullité de fond ; V. cependant, pour un exemple où la présence de trois huissiers, non expressément autorisée par l'ordonnance, a pu être validée par le juge car ces derniers se sont bornés à prendre les soixante-dix photographies accompagnant le procès-verbal, après avoir décliné leur qualité et présenté leur carte professionnelle, et que la société saisie ne justifie d'aucun grief résultant de leur présence : Cass. com., 3 mai 2016, n° 13-23.416 : *JurisData* n° 2016-009025).**
>
> **S'agissant des préposés de l'étude de l'huissier, il a été jugé qu'ils peuvent accompagner l'huissier sans que ce dernier n'excède les pouvoirs qui lui sont conférés (TGI Paris, 10 juin 2016, n° 13/16947).**

> ATTENTION **L'huissier peut être assisté d'un représentant de la force publique même en l'absence de précision dans l'ordonnance en vertu de la formule exécutoire qui « mande et ordonne (...) à tous commandants et officiers de la force publique de prêter main-forte lorsqu'ils en seront légalement requis » (V. CA Paris, 11 avr. 2008, n° 06/14920, rendu en matière de brevets).**

4 Procès-verbal de saisie-contrefaçon

670 À la fin des opérations, l'huissier laisse copie du procès-verbal de saisie.

L'absence de signification du procès-verbal de saisie-contrefaçon constitue un vice de forme, et nécessite la démonstration d'un grief (CA Paris, 30 mai 2017, n° 16/00246, en droit d'auteur et dessins et modèles. – CA Paris, 29 nov. 2016, n° 15/22561, en matière de marques. – CA Paris, 3 juill. 2009, n° 07/14011, en matière de brevets).

La forme du procès-verbal doit être celle des articles 648 et 694 du CPC.

> ATTENTION **Le non-respect des mentions de l'article 648 du CPC constitue un vice de forme n'entraînant la nullité du procès-verbal de saisie-contrefaçon qu'à la condition qu'un grief soit démontré au sens de l'article 114 du CPC.**

Le procès-verbal peut être dactylographié, manuscrit ou les deux (CA Paris, 11 avr. 2008, n° 06/19367).

L'huissier peut prendre quelques jours (bref délai) pour finaliser le procès-verbal avant de le signifier au saisi (TGI Paris, 13 janv. 2012, n° 10/00251. – CA Paris, 4 mars 2016, n° 15/10592, pour un procès-verbal signifié le lendemain des opérations de saisie).

Attention à bien inscrire la date de la remise pour se constituer une preuve de celle-ci et du délai raisonnable écoulé entre la fin des opérations et la remise de la copie du procès-verbal.

La date de la saisie est fixée par la date de la clôture du procès-verbal et constitue le point de départ du délai pour agir au fond (Cass. com., 2 mai 1978, n° 76-12.414. – CA Paris, 28 oct. 2014, n° 13/15740).

E Délai pour assigner au fond

671 Une fois la saisie-contrefaçon effectuée, le demandeur doit saisir le tribunal compétent.

Depuis l'entrée en vigueur de la loi du 11 mars 2014, le saisissant doit se pourvoir au fond, par la voie civile ou pénale, ou déposer une plainte devant le procureur de la République, dans un délai de vingt jours ouvrables ou de trente et un jours civils si ce délai est plus long, à compter du jour où est intervenue la saisie-contrefaçon.

À défaut, le saisi ou tiers saisi peut solliciter du juge du fond l'annulation de l'intégralité de la saisie, y compris la description, sans avoir à motiver sa demande et sans préjudice des dommages et intérêts qui peuvent être réclamés (CPI, art. L. 332-3 et R. 332-3. – V. en matière de marques pour un saisissant agissant hors délais : CA Aix-en-Provence, 23 févr. 2017, n° 14/04849).

ATTENTION Il appartient au saisi de soulever ce moyen, le juge ne pouvant le relever d'office (« à la demande du saisi » selon le texte).

F Contestations et recours

1 Recours du saisissant en cas de rejet de la requête à fins de saisie-contrefaçon

672 Le président peut faire intégralement droit à la requête, mais il peut également procéder à quelques modifications manuscrites directement sur le projet d'ordonnance qui lui est présenté (par ex., fixer une limite dans le temps ou dans l'espace, biffer une mesure qui lui semble inutile ou disproportionnée et pouvant porter au saisi une atteinte injustifiée).
Mais le président sera susceptible de rejeter la requête s'il considère qu'il n'existe pas assez d'éléments de preuve sur la titularité des droits, voire sur les éléments et indices laissant croire à l'existence d'une contrefaçon (CA Paris, 31 mars 2015, n° 14/07430).
En cas de refus, le saisissant peut présenter une nouvelle requête ou interjeter appel dans un délai de quinze jours (CPC, art. 496, al. 1er). Cet appel sera formé, instruit et jugé comme en matière gracieuse (CPC, art. 950 à 953).

2 Voies de recours à la disposition du saisi

a) Exclusion du référé-rétractation de l'article 497 du CPC

673 Le recours de droit commun de l'article 497 du CPC selon lequel : « Le juge a la faculté de modifier ou de rétracter son ordonnance, même si le juge du fond est saisi de l'affaire » – ne s'applique pas aux saisies-contrefaçon en matière de droit d'auteur (V. not. CA Paris, 29 nov. 2016, n° 16/14008. – CA Paris, 27 sept. 2016, n° 14/22247. – CA Paris, 9 juin 2015, n° 14/11083. – Cass. 1re civ., 30 mai 2000, n° 97-16.548 : *JurisData* n° 2000-002311).

b) Référé-mainlevée de la saisie ou cantonnement de ses effets

674 La procédure de contestation de la saisie en matière de droit d'auteur se distingue singulièrement de celle applicable aux autres droits de propriété intellectuelle, notamment les marques et les modèles.
Selon l'article L. 332-2 du CPI, la seule voie ouverte pour remettre en cause la saisie intervenue, consiste en une demande de mainlevée de la saisie ou de cantonnement de ses effets devant le président du TGI statuant en référé, dans un délai de vingt jours ouvrables ou de trente et un jours civils si ce délai est plus long.
Ce délai court à compter du jour où est intervenue la saisie.
Au-delà de ce délai, la demande de mainlevée ou de cantonnement est irrecevable. Seule l'action en nullité de la saisie reste ouverte au saisi ou tiers saisi devant le juge du fond (Cass. 1re civ., 6 mai 2010, n° 08-15.897 : *JurisData* n° 2010-005372).
Il est à noter que le délai pour solliciter la mainlevée de la saisie ne s'impose « qu'au contrefacteur entre les mains duquel la saisie a été pratiquée et non à l'intervenant volontaire » (CA Paris, 9 sept. 2011, n° 10/24970, pour un cas où l'action était intentée par le sous-traitant à l'encontre du sous-traité et où la demande de mainlevée émanait du décorateur, auteur de l'objet litigieux, et intervenant volontaire à l'action).
Si le juge des référés fait droit à la demande de mainlevée/cantonnement, il peut décider d'ordonner à la charge du demandeur la consignation d'une somme affectée à la garantie des dommages et intérêts auxquels l'auteur pourrait prétendre (CPI, art. L. 332-2).

REMARQUE La mainlevée de la saisie ou son cantonnement ne concerne que la saisie réelle des œuvres, du matériel, des recettes et des mesures de suspension d'un service de communication, à l'exclusion de la saisie descriptive (CA Paris, 28 oct. 2014, n° 13/15740).

ATTENTION Il n'entre pas dans la compétence du juge des référés d'apprécier la validité de la saisie qui relève du pouvoir du juge du fond. Toutefois, pour apprécier la demande de mainlevée/cantonnement qui lui est faite, le juge des référés vérifie si la saisie-contrefaçon porte bien sur une reproduction illicite de l'œuvre, objet de la protection légale (CA Rennes, 1er avr. 2014, n° 13/02467).

c) Nullité de la saisie

675 Si le délai prévu par l'article R. 332-2 du CPI est expiré, le saisi pourra toujours solliciter la nullité de la saisie-contrefaçon devant la juridiction

saisie au fond, exclusivement compétente pour en connaître.

Ces nullités peuvent être de forme dès lors qu'elles causent grief, par exemple :

– le saisissant ne peut être identifié ;

– l'identité de l'huissier de justice ayant procédé aux opérations de saisie-contrefaçon n'est pas établie (V. TGI Paris, 10 janv. 2013, n° 10/17511) ;

– l'huissier dépasse le cadre de la mission qui lui est impartie (V. par ex., le cas d'un huissier se faisant passer pour un client pour avoir accès à des produits : CA Paris, 25 janv. 2013, n° 11/19750) ;

– la forme légale de l'entreprise saisissante ou le nom de son représentant légal ne sont pas mentionnés dans la requête (TGI Paris, ord. réf. rétractation, 26 mai 2016, n° 16/03162) ;

– les mentions des voies de recours applicables ne sont pas indiquées (TGI Paris, 12 févr. 2016, n° 13/04169).

Ces nullités peuvent également être de fond (défaut d'intérêt ou de qualité à agir du saisissant, CA Paris, 12 janv. 2016, n° 14/1431, rendu en matière de dessins et modèles) ; absence de droit du saisissant ; caducité de l'assignation (Cass. 1re civ., 26 mai 2011, n° 10-14.495 : *JurisData* n° 2011-009736) ; nullité de l'ordonnance qui ne mentionne pas le nom du juge (Cass. crim., 22 sept. 2009, n° 09-80.599, rendu en matière de dessins et modèles et de marques).

La question de savoir si la nullité de la saisie-contrefaçon est une défense au fond ou une exception de procédure a suscité quelques débats (V. N. Bouche, *Quelle qualification pour le moyen de nullité de la saisie-contrefaçon ? : Propr. industr.* 2010, étude 3). Il est jugé que cette nullité constitue une défense au fond au sens de l'article 71 du CPC, qui peut être soulevée en tout de cause conformément à l'article 72 de ce même code (Cass. com., 14 sept. 2010, n° 09-69.862 : *JurisData* n° 2010-016239).

d) Conséquences de la nullité de la saisie-contrefaçon

676 La nullité de la saisie-contrefaçon empêche le saisissant de l'invoquer comme moyen de preuve. Il est ainsi impossible de se référer aux éléments saisis, lesquels seront soit restitués au saisi, soit détruits. S'il n'existe aucune autre preuve de la contrefaçon, l'action du demandeur ne pourra prospérer.

ATTENTION **L'annulation d'une saisie n'implique pas l'interdiction, pour le titulaire du droit privatif, de faire pratiquer toute nouvelle mesure légalement admissible, et de procéder en conséquence à la réitération de la saisie annulée, sauf abus, qui ne saurait se déduire du seul caractère quasi immédiat de cette réitération (Cass. com., 8 juill. 2008, n° 07-15.075 : *JurisData* n° 2008-044789, rendu en matière de brevets).**

CHECK-LIST

- **Vérifier que l'œuvre semble protégeable par le droit d'auteur, préciser sa date de création et décrire les caractéristiques qui sont susceptibles de fonder son originalité.**
- **S'assurer que le saisissant est bien titulaire des droits sur l'œuvre.**
- **Évaluer la nécessité d'une saisie description ou d'une saisie réelle.**
- **Définir précisément les missions de l'huissier.**
- **Envisager l'assistance d'un expert indépendant (conseil en propriété industrielle, informaticien, photographe, serrurier, etc.).**
- **Veiller à faire signer la requête par l'avocat du barreau dans le ressort du tribunal devant lequel est présentée l'ordonnance.**
- **Veiller à ce que l'huissier procède à la signification préalable de l'ordonnance au saisi et n'outrepasse pas les termes de sa mission.**
- **Identifier le juge territorialement compétent pour autoriser la saisie-contrefaçon.**
- **Veiller à assigner dans le délai légal des articles L. 332-3 et R. 332-3 du CPI.**

POUR ALLER PLUS LOIN...

Fiche pratique

- V. Fiche 30 : Procéder à une saisie-contrefaçon en matière de dessins et modèles.

Fascicule JurisClasseur

- *JCl. Propriété littéraire et artistique*, Fasc. 1612, E. Dreyer, *Procédures et sanctions : contrefaçon, preuve et sanctions*, mars 2015 (mis à jour 1er juin 2018).

Ouvrages

- A. R. Bertrand, *Droit d'auteur*, Dalloz, 3e éd. 2010.
- P.-Y. Gautier, *Propriété littéraire et artistique*, PUF, 10e éd. 2017.

• P. Véron, *Saisie-contrefaçon*, Dalloz, 3e éd. 2013-2014.

Revues

• N. Bouche, *Quelle qualification pour le moyen de nullité de la saisie-contrefaçon ? : Propr. industr.* 2010, étude 3.

• J.-M. Bruguière, *Note sur la saisie-contrefaçon : Propr. intell.* 2010, n° 37.

• X. Buffet Delmas d'Autane et L. Morelli, *De quelques évolutions importantes en matière de preuve de la contrefaçon : Propr. industr.* 2008, étude 24.

• P. de Candé et J. Blanchard, *Pratique contentieuse, Saisie-contrefaçon et requêtes : Comm. com. électr.* 2018, prat. 10.

• F. Guilbot, *Les « saisies-contrefaçon déguisées » : prohibition du travestissement procédural dans les procès de propriété intellectuelle – Une sanction particulièrement sévère à l'encontre des titulaires de brevets d'invention : Propr. intell.* 2013, n° 46, p. 121.

• C. de Haas, *La compétence juridictionnelle pour ordonner une saisie-contrefaçon contrefaçon : Propr. intell.* 2011, n° 40, p. 278.

• Ch. de Haas et T. de Haan, *Droit processuel appliqué aux propriétés intellectuelles : Propr. intell.* 2018, n° 66, p. 88.

• P. Langlais et H. Chauveau, *Saisie-contrefaçon – Points de vigilance, Panorama de jurisprudences (oct. 2016-sept. 2017) : Propr. industr.* 2017, étude 29.

• N. Lisimachio et A. Bon, *Rétractation d'une ordonnance sur requête : mode d'emploi : JCP* E 2013, 1091.

• A. Lucas, Note sur la saisie-contrefaçon : *Propr. intell.* 2013, n° 47 ; *Propr. intell.* 2012, n° 46 ; *Propr. intell.* 2010, n° 34 ; Note sur requête en saisie-contrefaçon : *Propr. intell.* 2013, n° 42.

Fiche 32
Procéder à une saisie-contrefaçon en matière de marque

Arnaud FOLLIARD-MONGUIRAL

Sommaire

I Aperçu rapide ... 301
A Éléments clés ... 301
B Textes ... 302
1 Loi française et ses dispositions réglementaires ... 302
2 Textes de l'Union européenne et internationaux ... 302
II Préparation ... 302
A Informations à recueillir auprès du client ... 302
1 Qualité pour agir du saisissant ... 302
2 Informations à recueillir auprès du saisi ... 304
B Inventaire des solutions et éléments de décisions ... 304
1 Modes de preuve alternatifs ... 304
2 Description détaillée ou saisie réelle ... 304
3 Saisie avant ou après l'introduction de l'action au fond ... 305
4 Le lieu de la saisie-contrefaçon ... 305
III Mise en œuvre ... 306
A Le juge compétent ... 306
1 Avant l'introduction de l'instance ... 306
2 Après l'introduction de l'instance ... 306
B L'avocat ... 307
C La requête ... 307
D L'assistance d'experts ... 307
E L'huissier ... 308
F L'ordonnance ... 308
G Constitution de garanties ... 308
H Déroulement de la saisie-contrefaçon ... 308
I Assignation au fond ... 309
J Contestations et recours ... 310
K Conséquences de la nullité de la saisie-contrefaçon ... 310

I Aperçu rapide

A Éléments clés

677 La loi n° 2007-1544 du 29 octobre 2007 de lutte contre la contrefaçon a modifié le régime français de la saisie-contrefaçon en transposant la directive 2004/48/CE du 29 avril 2004 relative au respect des droits de propriété intellectuelle. Le régime français de la saisie-contrefaçon a été récemment complété par la loi n° 2014-315 du 11 mars 2014 qui aligne notamment la procédure applicable en droit d'auteur, y compris en matière de logiciels et de bases de données, avec celle relative aux droits de propriété industrielle (*Propr. industr.* 2014, étude 12, X. Buffet Delmas d'Autane et J. Fabre).

Si, par principe, « la contrefaçon peut être prouvée par tous moyens » (CPI, art. L. 716-7), la saisie-contrefaçon reste un outil particulièrement adapté pour établir la matérialité de la contrefaçon, déterminer son étendue aux fins du calcul des dommages-intérêts et démasquer l'origine de la contrefaçon en remontant aux sources des fabricants et/ou distributeurs.

Procédure non contradictoire fondée sur l'effet de surprise, la saisie-contrefaçon est autorisée par une ordonnance qui en définit de manière précise les modalités et limites. Un huissier procède à la saisie-contrefaçon, le cas échéant assisté par un ou plusieurs experts.
Selon les termes de l'ordonnance autorisant la saisie, celle-ci peut consister en une description détaillée, avec ou sans prélèvement d'échantillons, ou en une « saisie réelle des produits ou services prétendus contrefaisants ainsi que de tout document s'y rapportant » et, le cas échéant, des matériels utilisés pour fabriquer ou distribuer ces produits (CPI, art. L. 716-7).
La procédure est régie par des règles très strictes de forme et de délais dont l'irrespect peut être sanctionné par une annulation des opérations. Une telle annulation implique le plus souvent le rejet au fond de l'action en contrefaçon, à moins que le demandeur n'ait pris la précaution de rassembler des preuves additionnelles par d'autres moyens.

B Textes

1 Loi française et ses dispositions réglementaires

- CPI, art. L. 716-7 à L. 716-7-1, R. 716-2 à R. 716-5.

2 Textes de l'Union européenne et internationaux

- PE et Cons. UE, dir. 2004/48/CE, 29 avr. 2004, relative au respect des droits de propriété intellectuelle, art. 7 : *JOUE* n° L 195, 2 juin 2004.
- PE et Cons. UE, règl. n° 2015/2424, 16 déc. 2015, modifiant le règlement n° 207/2009 du Conseil sur la marque communautaire : *JOUE* n° L 341, 24 déc. 2015, p. 1. Texte codifié par PE et Cons. UE, règl. (UE) n° 2017/1001, 14 juin 2017 : *JOUE* n° L 154, 16 juin 2017, p. 1, ci-après « RMUE ».
- PE et Cons. UE, règl. (UE) n° 1215/2012, 12 déc. 2012 concernant la compétence judiciaire, la reconnaissance et l'exécution des décisions en matière civile et commerciale (règlement « Bruxelles I bis »), art. 35 : *JOCE* n° L 351, 20 déc. 2012.
- Cons. UE, règl. n° 1206/2001, 28 mai 2001, relatif à la coopération entre les juridictions des États membres dans le domaine de l'obtention des preuves en matière civile ou commerciale, art. 1er : *JOCE* n° L 174, 27 juin 2001.

II Préparation

A Informations à recueillir auprès du client

1 Qualité pour agir du saisissant

678 En amont de la procédure, le client est en principe le titulaire ou l'exploitant d'une marque dont il estime qu'elle est contrefaite par un tiers. Ce client ne peut requérir une ordonnance autorisant une saisie qu'à la condition qu'il ait **qualité pour agir** en contrefaçon, à peine de nullité de plein droit (CPI, art. L. 716-7). Une telle qualité suppose que le client soit l'actuel **titulaire** de la marque ou, sous certaines conditions, un **licencié**.

> ATTENTION La loi française dispose que seul le **licencié exclusif** d'une marque française (ou marque internationale produisant ses effets en France) peut prendre l'initiative d'une **action judiciaire en contrefaçon** (et donc requérir une saisie-contrefaçon), et ce à deux conditions cumulatives : aucune clause contraire du contrat ne doit s'y opposer, et le titulaire de la marque doit renoncer à son droit d'agir en contrefaçon après avoir été mis en demeure (CPI, art. L. 716-5. – S'agissant du **sous-licencié exclusif**, V. *Propr. industr.* 2014, étude 10, M. Abello et J. Tassi).
> Le **licencié non exclusif** d'une marque de l'Union européenne peut agir en contrefaçon (et donc requérir une saisie-contrefaçon) à deux conditions, à savoir l'absence de clause contraire dans le contrat et la manifestation expresse du consentement du titulaire (RMUE, art. 25[3]).

a) Marque produisant ses effets en France

679 Une requête de saisie-contrefaçon peut être présentée sur la base d'une **marque française**, ou bien d'une **marque internationale** produisant ses effets en France. En effet, l'enregistrement international produit sur le territoire de chaque partie contractante désignée les effets d'une marque nationale (Arrangement de Madrid et Protocole relatif à l'Arrangement de Madrid, art. 4). Une requête de saisie-contrefaçon peut également être présentée sur la base d'une **marque de l'Union européenne** (RMUE, art. 131). L'action en contrefaçon pouvant être intentée sur le fondement d'une **demande d'enregistrement publiée** (ou d'une demande non publiée mais notifiée au présumé contrefacteur) (CPI, art. L. 716-2. – RMUE, art. 131), le même principe vaut pour la procédure de saisie même si, dans sa rédaction actuelle, l'article L. 716-7 du Code de la propriété intellectuelle ne le prévoit plus expressément.

Il convient avant toute chose de s'assurer de l'identité exacte de son client qui sera donc invité à présenter un extrait K-bis à jour.

Le client devra par ailleurs fournir un **certificat d'enregistrement** (ou la preuve d'un dépôt si la marque n'est pas encore enregistrée) ainsi qu'un **extrait du registre** à jour de l'office des marques concerné (INPI pour une marque française, OMPI pour une marque internationale ou OHMI pour une marque communautaire). Ces documents permettent de s'assurer de la **validité actuelle de la marque** et de l'**inscription** du client au registre des marques comme propriétaire ou comme licencié (exclusif ou non, voir ci-dessus), sous la même dénomination sociale et sous la forme sociale actuelle. Cet extrait du registre doit porter mention de la **date de publication** de la demande de marque et, le cas échéant, de son enregistrement.

ATTENTION Le titre doit être valide et opposable aux tiers (V., en matière de brevets, Cass. com., 14 déc. 2010, n° 09-72.946 : *JurisData* n° 2010-023884 ; *Propr. industr.* 2011, comm. 28, note crit. Bouche ; *Bull. civ.* 2010, IV, n° 196). Afin de respecter la chaîne des inscriptions, tout transfert antérieur de la marque qui n'aurait pas été enregistré (par voie de cession, fusion-absorption etc.), tout changement intervenu dans la personne du titulaire (changement de forme sociale, de dénomination sociale, etc.) et/ou toute licence doit faire l'objet d'une inscription au registre des marques considéré préalablement à l'introduction de la requête en saisie-contrefaçon (CPI, art. R. 714-4, al. 2. – RMUE, art. 26).

Si l'inscription d'une licence concernant une marque de l'Union européenne au registre de l'EUIPO n'est pas exigée pour l'action en contrefaçon du licencié (et donc pour requérir une saisie-contrefaçon) (CJUE, 4 févr. 2016, aff. C-163/15, *Youssef Hassan c/ Breiding Vertriebsgesellschaft mbH : JurisData* n° 2016-004701 ; *Propr. industr.* 2016, comm. 18), l'incertitude demeure toutefois au sujet des marques françaises. L'inscription d'une licence exclusive au registre de l'INPI doit donc être recommandée.

REMARQUE Le client doit être informé de ce que la validité de sa marque pourra être contestée, au fond, par une action reconventionnelle en annulation. Pour mesurer les risques d'une telle annulation reconventionnelle, le client devra préciser si la marque a fait l'objet d'un refus préliminaire de l'office des marques concerné ou d'une procédure d'opposition fondée sur des droits antérieurs, ou fait l'objet d'une procédure pendante d'annulation.

b) Marque étrangère

680 La question reste encore largement ouverte de savoir s'il est possible de pratiquer en France, sur la base d'une **marque étrangère** qui ne produit pas d'effets dans notre territoire, une saisie-contrefaçon afin de rechercher la preuve de la contrefaçon commise dans d'autres pays.

L'article 35 du règlement (UE) n° 1215/2012 ne paraît pas s'y opposer : « Les mesures provisoires ou conservatoires prévues par la loi d'un État membre peuvent être demandées aux autorités judiciaires de cet État, même si les juridictions d'un autre État membre sont compétentes pour connaître du fond ».

Par ailleurs, le règlement (CE) n° 1206/2001 du Conseil du 28 mai 2001 relatif à la coopération entre les juridictions des États membres dans le domaine de l'obtention des preuves en matière civile ou commerciale, offre une solution alternative bien que très peu utilisée en pratique. Ce règlement, qui tend à améliorer la coopération entre les juridictions des États membres pour l'obtention et l'administration des preuves, prévoit en son article 1, b) qu'une juridiction d'un État membre (juridiction requérante) puisse procéder directement à un acte d'instruction dans un autre État membre. À supposer même qu'une saisie-contrefaçon puisse être assimilable à une « mesure d'instruction », cette saisie ne pourrait être autorisée **qu'après l'introduction** d'une action auprès de la juridiction requérante. La difficulté d'application de ce règlement tient aux disparités procédurales entre les régimes de saisie-contrefaçon des différents États membres, malgré l'harmonisation introduite par la directive 2004/48/CE du Parlement européen et du Conseil du 29 avril 2004 relative au respect des droits de propriété intellectuelle.

2 Informations à recueillir auprès du saisi

681 Une fois la saisie-contrefaçon effectuée, le client peut être le saisi, qu'il s'agisse du « prétendu contrefacteur ou des intermédiaires dont il utilise les services » (CPI, art. L. 716-7). De tels intermédiaires peuvent être des tiers éventuellement non-contrefacteurs comme, par exemple, un hébergeur de site internet ou un fournisseur d'accès, ou un distributeur.
Le saisi devra préciser l'existence éventuelle de relations actuelles ou passées avec le saisissant, et en particulier s'il a déjà été impliqué dans une procédure de contrefaçon. Il devra également préciser le lieu de la saisie, les documents consultés, les produits saisis, les questions posées par l'huissier et/ou l'expert, indiquer si l'huissier a apporté des produits sur les lieux de la saisie et remettre à son conseil le procès-verbal de saisie ainsi que la preuve de la signification tant de l'ordonnance que de la requête. Ces informations peuvent en effet être utiles lorsque l'avocat du saisi tente d'obtenir l'annulation de l'ordonnance sur requête pour des motifs de forme ou de fond.

B Inventaire des solutions et éléments de décisions

1 Modes de preuve alternatifs

682 La saisie-contrefaçon est un mode de preuve particulièrement efficace, mais il n'est pas le seul. La rigueur avec laquelle les tribunaux apprécient la régularité de cette procédure impose d'envisager des procédures alternatives pour le cas où l'ordonnance sur requête serait rétractée ou les opérations de saisie annulées.

REMARQUE Un constat d'achat par un huissier peut être efficace, et ce d'autant que sa validité n'est soumise à aucune autorisation de justice ou information préalable du supposé contrefacteur. Toutefois, à défaut d'autorisation judiciaire, l'huissier n'est pas habilité à s'introduire dans un lieu privé, qu'il s'agisse d'un magasin ou d'un stand de foire. L'huissier devra donc rester à l'écart et, depuis un lieu public, constater que la personne qui l'accompagne (le cas échéant le titulaire de la marque ou un de ses employés) est entrée dans le lieu privé pour se procurer un produit revêtu de la marque. L'huissier joindra la facture au procès-verbal de constat (V. N. Bouche et O. Hubert, *Un an de procédure en droit de la propriété intellectuelle : Procédures* 2018, chron. 1, pt 12 et la jurisprudence citée). Sur la question spécifique des constats d'huissier concernant les ventes en ligne sur internet, V. *Comm. com. électr.* 2014, prat. 9, P. Boiron et Sh. Franco.

Par ailleurs, si la saisie-contrefaçon ne permet pas d'identifier de manière certaine la matérialité de la contrefaçon ou son étendue ou son origine, le juge qui l'a autorisée peut toujours « ordonner, au vu du procès-verbal de saisie, toute mesure pour compléter la preuve des actes de contrefaçon allégués » (CPI, art. R. 716-5).
Le nouvel article L. 716-7-1 du Code de la propriété intellectuelle, issu de la loi n° 2014-315 du 11 mars 2014, autorise désormais le juge à ordonner d'office ou à la demande de toute personne ayant qualité pour agir en contrefaçon toute mesure d'instruction (y compris la production de documents ou d'informations afin d'établir l'origine et les réseaux de distribution des marchandises arguées de contrefaçon), même lorsqu'aucune saisie-contrefaçon n'a eu lieu au préalable. Il est toutefois possible que cette compétence soit subordonnée à la production, par le demandeur à l'action, des « éléments de preuve raisonnablement accessibles et suffisants pour étayer ses allégations », comme semble l'imposer l'article 6 de la directive 2004/48/CE du 29 avril 2004 relative au respect des droits de propriété intellectuelle.

2 Description détaillée ou saisie réelle

683 Le saisissant peut demander au juge la simple description détaillée, avec ou sans prélèvement d'échantillons, ou la saisie réelle des produits prétendus contrefaisants « ainsi que de tout document s'y rapportant » et, le cas échéant, des matériels et instruments utilisés pour fabriquer ou distribuer les produits (CPI, art. L. 716-7). Par ailleurs, le juge compétent peut autoriser l'huissier à procéder à « toute constatation utile en vue d'établir l'origine, la consistance et l'étendue de la contrefaçon » (CPI, art. R. 716-2).
La **description détaillée** laisse à la disposition du saisi les produits prétendus contrefaisants. La

possibilité d'autoriser le prélèvement d'échantillons rapproche toutefois la description détaillée de la saisie réelle. La différence essentielle tient au fait que le prélèvement d'échantillons est par définition limité à un nombre déterminé de produits tandis que la saisie réelle concerne, sans limitation prévue par la loi, les « produits ou services prétendus contrefaisants ainsi que de tout document s'y rapportant ».

La **saisie réelle** est bien sûr plus efficace lorsqu'il s'agit de déterminer la masse contrefaisante et l'origine des produits. La saisie de documents commerciaux et comptables tels que catalogues, factures d'achats et de ventes, déclarations douanières, etc., permet souvent de donner une idée précise du chiffre d'affaires généré par le contrefacteur afin d'établir le montant des dommages-intérêts auxquels peut prétendre le saisissant.

La saisie réelle ne va toutefois pas sans risques dès lors qu'une annulation des opérations (ou un rejet de l'action au fond) expose le saisissant à des dommages-intérêts bien supérieurs à ceux alloués en cas d'annulation d'une simple description détaillée. C'est en particulier le cas lorsque le saisi allègue un grief grave du fait de la saisie d'un nombre important de produits ou de documents commerciaux confidentiels.

> ATTENTION **Le point de savoir si la saisie réelle peut porter sur un stock entier de produits prétendus contrefaisants n'est pas tranché. La nature davantage « probatoire » que « conservatoire » de la saisie-contrefaçon semble toutefois s'opposer à ce qu'elle soit utilisée comme une mesure de confiscation préventive, avant tout jugement au fond. Le saisissant serait en tout état de cause responsable de la conservation du stock.**

3 Saisie avant ou après l'introduction de l'action au fond

684 La saisie-contrefaçon est en principe destinée à faciliter l'administration de la preuve **avant l'introduction de l'action au fond**, de manière à s'assurer du succès de celle-ci. Par ailleurs, le fait que l'ordonnance judiciaire puisse être obtenue avant tout débat contradictoire permet de tromper la vigilance du supposé contrefacteur, alors même qu'une assignation l'inciterait à masquer les preuves matérielles et comptables de la contrefaçon. La saisie-contrefaçon peut toutefois être requise **en cours de procédure**.

> ATTENTION **Dans un tel cas, le juge compétent pour ordonner la saisie n'est pas le président du tribunal de grande instance, comme l'impose l'article L. 716-7 du Code de la propriété intellectuelle, mais le président de la chambre à laquelle l'affaire a été attribuée, selon la règle de droit commun de l'article 812, alinéa 3, du Code de procédure civile (V. Cass. com., 26 mars 2008, n° 05-19.782 : *JurisData* n° 2008-043351 ; *PIBD* 2008, n° 875, III, p. 340).**

4 Le lieu de la saisie-contrefaçon

685 La saisie-contrefaçon peut être mise en œuvre « en tout lieu et par tous huissiers » (CPI, art. L. 716-7). Il faut comprendre par-là, en **tout lieu expressément mentionné dans l'ordonnance** (indépendamment du ressort du tribunal compétent pour ordonner la saisie) et par tout **huissier territorialement compétent**, dont le choix revient au seul saisissant.

S'agissant du ou des lieu(x) de la saisie, aucune restriction n'est imposée par la loi, de sorte que, sous réserve de l'autorisation du juge compétent, une telle saisie peut être effectuée aussi bien dans une usine, un magasin, le siège social du saisi que dans des salons, foires et expositions. Il appartient au saisissant d'apprécier quelle option offre la meilleure opportunité de découvrir les preuves de la contrefaçon, le cas échéant sur la base d'informations qu'il aura préalablement obtenues.

III

Mise en œuvre

A Le juge compétent

1 Avant l'introduction de l'instance

686 Le juge compétent pour ordonner la saisie, sur la base d'une marque nationale ou internationale désignant la France, est le président du tribunal de grande instance **compétent pour connaître du fond**, même si les opérations de saisie ont lieu dans le ressort d'un autre tribunal (CPI, art. R. 716-2).

ATTENTION La règle est la même en matière de **dessins ou modèles** (CPI, art. R. 521-2). Cependant, les règles de compétence applicables en matière de **brevets** disposent, par contraste, que le juge compétent pour autoriser la saisie est le président d'un tribunal de grande instance dans le ressort duquel les opérations doivent être effectuées, parmi ceux mentionnés à l'article D. 211-6 du Code de l'organisation judiciaire (CPI, art. R. 615-2).

S'agissant d'une requête fondée sur une **marque de l'Union européenne**, l'article 131, alinéa 1er, du RMUE prévoit qu'une requête puisse être présentée « aux autorités judiciaires, y compris aux tribunaux des marques de l'Union européenne, de cet État, même si, en vertu du présent règlement, un tribunal des marques de l'Union européenne d'un autre État membre est compétent pour connaître du fond ».

ATTENTION L'article 131, alinéa 1er, du RMUE n'affecte pas la compétence matérielle du juge compétent, qui reste le président d'un tribunal de grande instance en France. Cette disposition n'envisage toutefois aucun critère de compétence territoriale, en se bornant à indiquer que le tribunal des marques communautaires en France (tribunal de grande instance de Paris, CPI, art. R. 717-11) dispose d'une compétence le cas échéant concurrente avec d'autres tribunaux de grande instance, en application des articles 42 à 48 du Code de procédure civile. Cette solution permet qu'une requête aux fins de saisie-contrefaçon fondée tant sur des marques nationales que communautaires puisse être présentée à un seul juge, même si les actions au fond doivent être dissociées par la suite.

2 Après l'introduction de l'instance

687 Comme il a été dit plus haut, seul est compétent pour faire droit à la requête le **président de la chambre** à laquelle l'affaire a été distribuée, que cette requête soit fondée sur une marque nationale ou internationale.

S'agissant d'une requête fondée sur une **marque de l'Union européenne** présentée après l'introduction de l'instance, l'article 131, alinéa 2, du RMUE dispose qu'un tribunal des marques de l'Union européenne dont la compétence internationale est fondée sur l'article 97, alinéas 1er à 4, du RMUE est **seul compétent** pour ordonner des mesures provisoires et conservatoires sur le territoire des États membres où des faits de contrefaçon ont été commis ou menacent d'être commis. L'ordonnance par laquelle ce tribunal des marques de l'Union européenne autorise une saisie-contrefaçon dans d'autres États membres exigera, pour son exécution, la procédure de reconnaissance prévue par le règlement (UE) n° 1215/2012 du 12 décembre 2012 concernant la compétence judiciaire, la reconnaissance et l'exécution des décisions en matière civile et commerciale.

ATTENTION Une première difficulté concerne le point de savoir si le tribunal doit autoriser la saisie-contrefaçon dans d'autres États membres selon son droit national ou selon le droit de chacun des États membres considérés (V., sur une thématique similaire, CJUE, 12 avr. 2011, aff. C-235/09, *DHL Express France SAS c/ Chronopost SA : Propr. industr.* 2011, comm. 47, A. Folliard-Monguiral). L'autre obstacle à la reconnaissance de l'ordonnance autorisant la saisie-contrefaçon dans l'État membre requis est la jurisprudence de la Cour de justice de l'Union européenne selon laquelle les décisions

judiciaires autorisant des mesures provisoires ou conservatoires, rendues « sans que la partie contre laquelle elles sont dirigées ait été appelée à comparaître », ne bénéficient pas du régime de reconnaissance et d'exécution prévu par le règlement (UE) n° 1215/2012 (CJCE, 21 mai 1980, aff. 125/79, *Bernard Denilauler c/ SNC Couchet Frères*).

B L'avocat

688 La requête doit être présentée par un avocat du barreau du ressort du tribunal de grande instance compétent (CPC, art. 813), sous peine de nullité de plein droit, peu important l'absence de grief (CA Paris, 4e ch. B, 8 avr. 2005, n° 03/06289, *Dior : JurisData* n° 2005-278510).

C La requête

689 Comme toute requête, la requête aux fins de saisie-contrefaçon doit être présentée en **double exemplaire**, elle doit être **motivée** et comporter l'indication précise des **pièces invoquées** (CPC, art. 494, al. 1er). Il est d'usage que la requête soit accompagnée d'un projet d'ordonnance, même s'il ne s'agit pas d'une obligation.

Le requérant est identifié par ses nom, prénom, profession, domicile, nationalité, date et lieu de naissance lorsqu'il s'agit d'une personne physique, et par sa forme sociale, sa dénomination, son siège social, son numéro d'immatriculation au RCS (pour les sociétés françaises) ainsi que l'organe qui le représente, s'il s'agit d'une personne morale.

ATTENTION **La mention sur la requête de saisie d'une forme sociale ou d'un numéro d'immatriculation au RCS erroné constitue une erreur substantielle non susceptible de rectification (V. Cass. com., 29 janv. 2008, n° 07-14.709 : *JurisData* n° 2008-042526).**

Les pièces invoquées consistent en certificats d'enregistrement et autres documents établissant tant la **validité** de la ou des marques dont la contrefaçon est alléguée, que des preuves de la **titularité** de ces droits ou d'un **contrat de licence** exclusive (marques françaises et internationales) ou non (marques de l'Union européenne) au profit du requérant (V. plus haut pour les **inscriptions** des transferts et licences au registre des marques).

Lorsque le requérant est un licencié, il doit apporter la preuve de ce qu'aucune clause contraire du contrat ne s'oppose à ce qu'il introduise une action en contrefaçon en son nom et de ce que le titulaire de la marque ait renoncé à son droit d'agir en contrefaçon après avoir été mis en demeure (CPI, art. L. 716-5. – RMUE, art. 25[3]).

La **motivation** de la requête peut se borner à se référer aux actes de contrefaçon allégués sans apporter de début de preuve, à défaut d'exigence en ce sens imposée par l'article L. 716-7 du Code de la propriété intellectuelle. Observons toutefois que l'article 6 de la directive 2004/48/CE du 29 avril 2004 relative au respect des droits de propriété intellectuelle exige au contraire du requérant « des éléments de preuve raisonnablement accessibles pour étayer ses allégations selon lesquelles il a été porté atteinte à son droit de propriété intellectuelle » ainsi qu'un examen par le juge du caractère « irréparable » du préjudice ou d'un risque « démontrable » de destruction des éléments de preuve pour justifier l'absence de contradictoire (V., pour une opinion différente, *Comm. com. électr.* 2015, prat. 10, P. de Candé et J. Blanchard ; *Propr. industr.* 2015, repère 2, Ch. Le Stanc).

Le **saisi** doit en principe être identifié de la même manière que le requérant, même si la jurisprudence antérieure au nouvel article L. 716-7 du Code de la propriété intellectuelle apparaissait souple sur ce point : la seule indication d'un établissement à telle enseigne, à telle adresse suffit (V. P. Véron [ss dir.], *Saisie-contrefaçon*, Dalloz, 2e éd. 2005, n° 12.70).

Même si, sous l'empire de la nouvelle loi, le **lieu de la saisie** ne détermine plus la compétence du juge, ce lieu doit être mentionné dans la requête. La saisie-contrefaçon réalisée dans un lieu non visé par l'ordonnance est nulle, l'huissier ayant alors excédé sa mission (*Comm. com. électr.* 2015, prat. 10, P. de Candé et J. Blanchard).

L'huissier pouvant être « assisté d'experts désignés par le demandeur » (CPI, art. L. 716-7), la présence d'experts doit faire l'objet d'une autorisation expresse dans la requête.

D L'assistance d'experts

690 Les experts désignés par le requérant n'ont pas à être nommément identifiés dans la requête. Leur nombre et qualité (conseil en propriété industrielle, photographe, représentants de la force publique, expert-comptable etc.) doivent toutefois être précisés (V. CA Bordeaux, 5 mai 2014, n° 12/00373 : *JurisData* n° 2014-010916 : nullité de la saisie pratiquée par un huissier accompagné par un expert-comptable alors que l'ordonnance ne permettait que le concours d'un « homme de

l'art » pour assister l'huissier). L'expert au sens de l'article L. 716-7 du Code de la propriété intellectuelle n'étant pas un expert au sens des articles 232 et suivants du Code de procédure civile, il n'a donc pas à être inscrit sur une liste spécifique.

ATTENTION L'expert, quelle que soit sa qualité, doit être indépendant du saisissant. Le saisissant et ses salariés ne peuvent donc pas assister l'huissier, sous peine de nullité de la saisie (Cass. com., 8 juill. 2008, n° 07-15.075 : *JurisData* n° 2008-044789). Un conseil en propriété industrielle (et certainement un avocat), même s'ils sont les conseils habituels du saisissant, exercent toutefois des professions indépendantes dont le statut est compatible avec celui d'expert dans le cadre d'une saisie-contrefaçon (Cass. com., 8 mars 2005 : *JurisData* n° 2005-027485 ; *Bull. civ.* 2005, IV, n° 53 ; *PIBD* 2005, n° 809, III, p. 340). Le conseil en propriété industrielle doit toutefois s'en tenir à un rôle purement technique d'assistant de l'huissier sans interroger lui-même le saisi ou décrire les produits contrefaisants (Cass. com., 3 mars 2009, n° 08-11.236 : *JurisData* n° 2009-047300).

E L'huissier

691 L'huissier est librement choisi par le saisissant et il n'a pas à être nommément désigné dans la requête. L'huissier doit toutefois être territorialement compétent.

REMARQUE Les pouvoirs de l'huissier étant limités par les termes de l'ordonnance, le saisissant doit définir de manière aussi précise que possible les actes d'investigation auxquels l'huissier doit être autorisé à se livrer, par exemple se faire ouvrir par un serrurier toutes les portes des locaux ou de meubles où la saisie a lieu, se faire présenter et pouvoir photocopier ou saisir réellement des documents commerciaux et comptables tels que les inventaires de stocks, factures d'achats et de ventes, bons de commandes et de livraisons, documents de transports et douaniers, catalogues etc. (Cass. 1re civ., 11 déc. 2013, n° 12-14.030 : *JurisData* n° 2013-028869).

F L'ordonnance

692 L'ordonnance reprend les éléments de la requête concernant tant l'identification du saisissant que du saisi, les experts assistant l'huissier, les pouvoirs de ce dernier et le ou les lieux de la saisie.

Le président du tribunal peut s'opposer à des mesures qu'il juge infondées ou illégales, comme une saisie réelle de produits lorsque ceux-ci sont en vente libre dans le commerce, ou la présence du requérant, etc. L'ordonnance peut par ailleurs autoriser la saisie réelle de « tout document se rapportant aux produits et services prétendus contrefaisants en l'absence de ces derniers » (CPI, art. L. 716-7).

L'ordonnance doit contenir l'ensemble des indications prévues à l'article 454 du Code de procédure civile, à peine de nullité (CPC, art. 458). Ainsi, doit être annulée une ordonnance sur requête dont l'identité du signataire est incertaine à défaut d'un cachet ou d'une signature lisible (Cass. crim., 22 sept. 2009, n° 09-80.599).

La **durée de validité** de l'autorisation de saisie dépend du point de savoir si une échéance est mentionnée dans l'ordonnance. Dans l'affirmative, une saisie postérieure à l'échéance ainsi fixée doit entraîner la nullité de la saisie (V. P. Véron [ss dir.], *Saisie-contrefaçon*, Dalloz, 2e éd. 2005, n° 13.254).

G Constitution de garanties

693 Le juge a la faculté de soumettre son ordonnance à la constitution par le saisissant de **garanties** destinées à assurer l'indemnisation éventuelle du saisi pour le cas où les opérations seraient annulées ou l'action rejetée sur le fond (CPI, art. L. 716-7). En pratique, la constitution de garanties est exceptionnelle lorsque seule la description détaillée est autorisée.

Les garanties doivent être consignées et l'acte constatant cette constitution doit être signifié au saisi **avant de procéder à la saisie** (CPI, art. R. 716-3).

H Déroulement de la saisie-contrefaçon

694 Une fois la requête autorisée par le juge compétent, l'huissier choisi par le saisissant doit donner **copie de l'ordonnance au saisi** (CPI, art. R. 716-3), sous peine de nullité. Elle doit n'être signifiée qu'à la personne à l'encontre de laquelle elle va être exécutée (V., par analogie, Cass. 2e civ., 14 nov. 2013, n° 12-26.187 : *JurisData* n° 2013-025681). Si l'article R. 716-3 du Code de la

propriété intellectuelle n'exige pas la signification de la **requête**, l'article 495 du Code de procédure civile pose une telle exigence, à peine de nullité si un grief est démontré (CA Paris, 4e ch., sect. B, 9 nov. 2007, n° 06/12164 : *PIBD* 2008, n° 868, III, p. 127).

L'ordonnance et la requête doivent être remises au détenteur des objets saisis, et si la personne saisie est une personne morale, la signification doit être faite au dirigeant ou à un employé.

Comme il a été dit plus haut, la saisie peut être limitée à une simple description des produits avec, si le juge l'a autorisé, prélèvement d'échantillons limités en nombre, ou bien une saisie réelle des produits « et de tout document s'y rapportant » (CPI, art. L. 716-7). Lorsque la saisie réelle de documents commerciaux ou comptables n'est pas autorisée, leur **photocopie** doit être permise au titre de la description détaillée (P. Véron [ss dir.], *Saisie-contrefaçon*, Dalloz, 2e éd. 2005, n° 12.131).

Dans tous les cas, l'huissier est lié par les termes de l'ordonnance et toute investigation excédant ceux-ci justifie l'annulation des opérations, qu'il s'agisse d'une saisie réelle alors que seule une description détaillée était autorisée (Cass. com., 19 déc. 2006, n° 05-14.431 : *JurisData* n° 2006-036661 ; *PIBD* 2007, n° 846, III, p. 112), de saisies effectuées dans des lieux ou auprès de personnes autres que ceux ou celles précisés dans l'ordonnance, etc.

> ATTENTION **L'huissier n'est pas autorisé à apporter sur place des produits contrefaits à la seule fin de provoquer des réactions du saisi qu'il n'aurait pu obtenir de manière spontanée (Cass. com., 29 juin 2010, n° 09-67.722 : *JurisData* n° 2010-010714 ; *PIBD* 2010, n° 925, III, p. 619. – V. égal., CA Paris, 3 avr. 2013, n° 11/08192).**

À la fin des opérations de saisie descriptive ou réelle, l'huissier doit donner au saisi copie du procès-verbal de saisie (CPI, art. R. 716-3). À défaut de précision du texte en ce sens, l'irrespect de cette condition ne devrait impliquer l'annulation de la saisie que si le saisi justifie d'un grief.

La jurisprudence illustre toutefois qu'un procès-verbal peut dans certaines circonstances être annulé, sans même qu'il soit nécessaire de démontrer un grief. C'est le cas lorsque le procès-verbal de saisie-contrefaçon mentionne que l'huissier a effectué ses opérations avec l'assistance d'un tiers sans indiquer ses qualités, ni les liens de dépendance qu'il pourrait avoir avec le requérant (Cass. 1re civ., 9 avr. 2015, n° 14-11.853, F-P+B, *Sté Profils systèmes* c/ *Sté Activ'est et a.* : *JurisData* n° 2015-007755 ; *Comm. com. électr.* 2015, comm. 48, obs. Ch. Caron). Cette solution, retenue en matière de droit d'auteur, est sans doute applicable également en matière de marque.

La forme du **procès-verbal de saisie** est gouvernée par l'article 648 du Code de procédure civile. En particulier, l'huissier instrumentaire doit être clairement identifiable dans le procès-verbal, la seule mention de la SCP à laquelle il est associé ne suffisant pas (CA Paris, 4e ch., sect. B, 10 avr. 2009, n° 08/03706 : *JurisData* n° 2009-004139).

Sur la base des éléments recueillis dans le procès-verbal et des échantillons qui y sont annexés, le président du tribunal peut ordonner « toute mesure pour compléter la preuve des actes de contrefaçon allégués » (CPI, art. R. 716-5). Il peut s'agir par exemple de mesure d'expertise pour établir la matérialité de la contrefaçon ou son origine.

Le président du tribunal peut également prendre toute mesure pour préserver la **confidentialité** de certains éléments saisis, à la demande diligente du saisi et à la condition que celui-ci justifie d'un intérêt légitime (CPI, art. R. 716-5. – V., sur ce thème, Cass. 1re civ., 25 févr. 2016, n° 14-25.729, *Sté Kepler Capital Markets* c/ *Sté Viel et Cie* : *JurisData* n° 2016-003097 ; *Procédures* 2016, comm. 119, note Y. Strickler).

I Assignation au fond

695 Le saisissant dispose d'un **délai de vingt jours ouvrables ou de trente et un jours civils** si ce délai est plus long, à compter du jour où est intervenue la saisie ou description détaillée, pour introduire une action au fond (CPI, art. R. 716-4).

> ATTENTION **Selon les règles de computation des délais prévus aux articles 640 à 642 du Code de procédure civile, le *dies a quo* court à compter du lendemain du jour de la saisie (à 00:00) et le *dies ad quem* pour l'assignation au fond s'achève à l'expiration des vingt jours ouvrables ou des trente et un jours civils, selon le plus long de ces délais, à 24:00, à moins que ce dernier jour ne tombe un samedi, dimanche ou jour férié, auquel cas le *dies ad quem* expire à minuit le premier jour ouvrable suivant.**

Le défaut d'assignation dans le délai précité implique la **nullité de la saisie** réelle aussi bien que celle de la description détaillée, si le saisi soulève un tel moyen de nullité (CPI, art. L. 716-7).

J Contestations et recours

696 Le **requérant** dispose d'une voie de recours contre la décision du juge compétent de ne pas faire droit, ou seulement partiellement, à sa requête, dans un délai de quinze jours (CPC, art. 496, al. 1er).

Le **saisi** dispose, lui, de plusieurs voies de contestation. La première est le **recours en rétractation** (CPC, art. 496, al. 2. – CPC, art. 497). Cette demande est adressée au juge qui a autorisé la saisie, à savoir le président du tribunal de grande instance (lorsque la requête est présentée avant l'introduction de l'action au fond) ou le président de la chambre à laquelle l'affaire a été attribuée (lorsque la requête est présentée en cours d'instance).

La rétractation de l'ordonnance peut être prononcée lorsque les conditions d'autorisation de la saisie n'étaient pas remplies, qu'il s'agisse des conditions relatives à la qualité pour agir en contrefaçon du saisissant, ou de la validité ou de l'opposabilité des droits sur la marque invoquée, ou encore de la constatation de ce que les produits saisis sont des produits d'origine revêtus de la marque, pour lesquels les droits sont épuisés.

Le saisi peut également demander la **modification de l'ordonnance** (CPC, art. 497) et exiger par exemple que certains documents commerciaux ou comptables confidentiels soient placés sous scellés avant toute communication au saisissant (CPI, art. R. 716-5).

Le saisi peut également former un **appel** contre l'ordonnance, dans un délai de quinze jours, qui sera examiné en la forme des référés (CPC, art. 490).

Dans le cadre de la **procédure au fond**, le saisi peut encore **contester la validité** de la saisie-contrefaçon pour des motifs de forme (sous réserve de la démonstration d'un grief, CPC, art. 114) ou de fond (nullité de plein droit, CPC, art. 119). Observons que la jurisprudence est assez fluctuante quant au point de savoir si certaines des irrégularités mentionnées dans cette fiche technique constituent des motifs de forme ou de fond pour l'annulation d'une saisie (V. B. May et M. Liens, *Saisie-contrefaçon : deux ans de pratique après la loi de lutte contre la contrefaçon : Propr. industr.* 2010, étude 8).

La nullité des opérations pour des motifs de forme doit toutefois être soulevée *in limine litis*, sous peine d'irrecevabilité (CPC, art. 74 et 112).

K Conséquences de la nullité de la saisie-contrefaçon

697 La nullité de la saisie-contrefaçon n'a pas d'effet sur la recevabilité de l'action en contrefaçon. Une telle nullité implique toutefois qu'aucun des éléments de preuve ne puisse être utilisé dans le cadre de l'examen de la contrefaçon. À défaut de preuves additionnelles (par ex. par le biais d'un simple constat d'huissier), la contrefaçon ne sera pas établie et l'action sera rejetée. Le saisi peut alors demander la restitution des objets et documents saisis.

Le saisissant dont la saisie-contrefaçon est annulée ou dont l'action est rejetée sur le fond s'expose à une condamnation à des dommages-intérêts au profit du saisi, d'où l'utilité de la consignation de garanties par le saisissant avant même la saisie (CPI, art. L. 716-7 et R. 716-3).

Cela ne prive pas le demandeur à l'action de demander une nouvelle saisie-contrefaçon dont l'intérêt pratique risque toutefois d'être limité si le défendeur a fait disparaître entre-temps les preuves de la contrefaçon.

CHECK-LIST
- Vérifier la qualité pour agir en contrefaçon du saisissant.
- S'assurer du respect de la chaîne des inscriptions au registre de l'office des marques concerné (transferts, licences, changement de dénomination sociale, etc.).
- Constituer la preuve de la validité et de l'opposabilité de la ou des marques du client.
- Envisager des modes de preuve alternatifs, comme le constat d'huissier.
- Mesurer, au regard de la vraisemblance de la contrefaçon ou de la disponibilité éventuelle des objets contrefaisants sur le marché, si une saisie réelle doit être requise plutôt qu'une description détaillée, compte tenu des dommages-intérêts auxquels s'expose le client au cas de rejet de l'action au fond.
- Envisager la requête en contrefaçon avant l'introduction de l'action au fond.
- Identifier les lieux dans lesquels les opérations de saisie-contrefaçon seront menées.
- Préciser dans la requête les investigations que l'huissier sera autorisé à mener.
- Songer à l'assistance d'experts.
- Identifier le juge compétent pour autoriser la saisie-contrefaçon avant ou après l'introduction de l'instance.
- Faire signer la requête par un avocat du barreau dans le ressort duquel le tribunal compétent a son siège.
- Choisir un huissier ayant de l'expérience dans le domaine des saisies-contrefaçons de marques.

• Veiller à introduire l'action au fond dans les délais.
• Envisager, en défense, les moyens de nullité de forme et de fond des opérations en comparant soigneusement le procès-verbal de saisie à la mission de l'huissier telle que définie dans l'ordonnance.

POUR ALLER PLUS LOIN...

Fascicules JurisClasseur
• C. Carreau, *Contrefaçon de marque. Généralités : JCl. Marques – Dessins et Modèles*, Fasc. 7500.
• C. Verneret et P. Lenoir, *L'action en contrefaçon de marque : JCl. Marques – Dessins et Modèles*, Fasc. 7540.

Fiche 33

Procéder à une saisie-contrefaçon en matière de propriété industrielle

Pierre VÉRON

Actualisée par Nicolas BOUCHE

Sommaire

I Aperçu rapide ... 313
A Éléments clés ... 313
B Textes ... 314
1 Textes codifiés ... 314
2 Textes non codifiés ... 314
II Préparation ... 315
A Informations à recueillir auprès du client ... 315
1 Informations relatives au titre de propriété industrielle concerné ... 315
2 Informations relatives au requérant ... 315
3 Informations relatives au saisi ... 317
4 Informations relatives à l'objet de la saisie-contrefaçon ... 317
B Inventaire des solutions et éléments de décisions ... 317
III Mise en œuvre ... 318
A Qui pratique la saisie-contrefaçon ? ... 318
B Préparation de la requête ... 319
C Tribunal compétent ... 320
D Présentation de la requête ... 321
E Actions à conduire après la réalisation de la saisie-contrefaçon ... 322

I Aperçu rapide

A Éléments clés

698 La contrefaçon peut être définie comme toute atteinte aux droits du titulaire d'un droit de propriété intellectuelle.

La preuve de la contrefaçon est un élément clé du contentieux puisque le succès du demandeur/titulaire du droit de propriété intellectuelle dans son action en contrefaçon dépend en tout premier lieu de son aptitude à rapporter la preuve, devant le juge, de la réalité et de l'étendue de la contrefaçon.

La contrefaçon étant un fait juridique, par application des règles générales du droit de la preuve (C. civ., art. 1358), la preuve de la contrefaçon peut être apportée par tous moyens. La saisie-contrefaçon est une procédure susceptible de procurer l'un de ces moyens de preuve possibles de la contrefaçon, à savoir le procès-verbal de saisie-contrefaçon. La loi n° 2014-315 du 11 mars 2014 a clairement rappelé que la saisie-contrefaçon reste néanmoins un moyen de preuve de la contrefaçon parmi d'autres, sans priorité particulière, et qu'elle ne constitue notamment pas un préalable indispensable à l'accès aux mesures d'instruction légalement admissibles. La loi a ainsi introduit à la suite des différents articles relatifs à la saisie-contrefaçon, un nouvel article énonçant que « la juridiction peut ordonner, d'office ou à la demande de toute personne ayant qualité pour agir en contrefaçon, toutes les mesures d'instruction légalement admissibles, même si une saisie-contrefaçon n'a pas préalablement été ordonnée » (CPI, art. L. 521-4-1, L. 615-5-1-1, L. 623-27-1-1, L. 716-7-1 A, L. 722-4-1).

La saisie-contrefaçon est une procédure, distincte de l'action en contrefaçon, par laquelle le titulaire d'un droit de propriété intellectuelle (il ne peut donc être question de saisie-contrefaçon, ni même de « saisie-contrefaçon déguisée », dans un litige relatif à des actes de concurrence déloyale, V. Cass. com., 16 févr. 2016, n° 14-25.340, *Sté de Trevillers cartonnages c/ Sté Abzac gestion : JurisData* n° 2016-002552 ; *Contrats, conc. consom.* 2016, comm. 140, M. Malaurie-Vignal), soupçonnant l'existence d'une contrefaçon et la présence d'éléments de preuve de celle-ci en un lieu donné, sollicite par requête le président du tribunal de grande instance compétent aux fins d'obtenir une ordonnance l'autorisant à dépêcher sur place un huissier de justice, généralement accompagné d'un expert tel qu'un conseil en propriété industrielle, afin de constater et décrire ou de saisir (appréhender matériellement) les éléments de la contrefaçon. Il en résulte l'établissement d'un procès-verbal dans lequel l'huissier décrit ses opérations et constatations et auquel s'adjoignent les éventuels objets saisis. En pratique, le procès-verbal de saisie-contrefaçon s'avère être l'un des moyens préférés pour rapporter la preuve de la contrefaçon. Six cents saisies-contrefaçons sont autorisées chaque année par le tribunal de grande instance de Paris et il s'en pratique trois ou quatre par jour en France. Cela tient assurément à deux caractéristiques qui lui assurent une grande efficacité pratique. D'une part, l'autorisation de procéder à une saisie-contrefaçon s'obtient par une procédure sur requête, dont le caractère non contradictoire permet d'œuvrer sans éveiller l'attention du prétendu contrefacteur et d'éviter qu'il ne fasse disparaître les traces de la contrefaçon. D'autre part, l'ordonnance aux fins de saisie-contrefaçon autorise l'huissier et des experts choisis par le requérant à pénétrer dans les locaux du saisi pour aller chercher la preuve directement là où elle se trouve.

Le ministère d'avocat est obligatoire pour présenter une requête aux fins de saisie-contrefaçon (CPC, art. 813) au président du tribunal de grande instance compétent ; en pratique, l'avocat sera consulté pour présenter la requête et organiser les opérations de saisie-contrefaçon.

B Textes

1 Textes codifiés

- CPI, art. L. 521-4, L. 521-4-1 et R. 521-2 à R. 521-5 (dessins ou modèles).
- CPI, art. L. 615-5, L. 615-5-1-1 et R. 615-2 à R. 615-4 (brevets, CCP, certificats d'utilité).
- CPI, art. L. 622-7 (topographies de produits semi-conducteurs).
- CPI, art. L. 623-27-1, L. 623-27-1-1 ; R. 623-51 à R. 623-54 et D. 631-1 (obtentions végétales).
- CPI, art. D. 631-2 (brevets, CCP, certificats d'utilité, topographies de produits semi-conducteurs).
- CPI, art. L. 716-7, L. 716-7-1 A et R. 716-2 à R. 716-5 (marques).
- CPI, art. L. 722-4, L. 722-4-1 et R. 722-2 à R. 722-5, D. 722-6 (indications géographiques).
- COJ, art. D. 211-5 à D. 211-6-1 et R. 211-7 (compétence).
- CPC, art. 493 à 498 et 812 et 813 (ordonnances sur requête).
- CPC, art. 450 à 466 (jugement).
- CPC, art. 641 et 642 (computation des délais).

2 Textes non codifiés

- PE et Cons. CE, dir. 2004/48/CE, 29 avr. 2004, relative au respect des droits de propriété intellectuelle : *JOUE* n° L 157, 30 avr. 2004.
- Cons. CE, règl. n° 2100/94, 27 juill. 1994, instituant un régime de protection communautaire des obtentions végétales : *JOCE* n° L 227, 1er sept. 1994.
- Cons. CE, règl. n° 6/2002, 12 déc. 2001, sur les dessins ou modèles communautaires : *JOCE* n° L 3, 5 janv. 2002.
- PE et Cons. UE, règl. n° 1151/2012, 21 nov. 2012, relatif aux systèmes de qualité applicables aux produits agricoles et aux denrées alimentaires : *JOUE* n° L 343, 14 déc. 2012.
- Cons. UE, règl. n° 1308/2013, 17 déc. 2013, portant organisation commune des marchés des produits agricoles : *JOUE* n° L 347, 20 déc. 2013.
- PE et Cons. CE, règl. n° 110/2008, 15 janv. 2008, concernant la définition, la désignation et la protection des indications géographiques des boissons spiritueuses : *JOUE* n° L 39, 13 févr. 2008.
- PE et Cons. UE, règl. n° 251/2014, 26 févr. 2014, concernant la définition, la description, la présentation, l'étiquetage et la protection des indications géographiques des produits vinicoles aromatisés et abrogeant le règlement (CEE) n° 1601/91 du Conseil : *JOUE* n° L 84, 20 mars 2014.
- PE et Cons. UE, règl. n° 2017/1001, 14 juin 2017, sur la marque de l'Union européenne.

II Préparation

A Informations à recueillir auprès du client

1 Informations relatives au titre de propriété industrielle concerné

699 La saisie-contrefaçon doit impérativement être fondée sur un titre de propriété industrielle ayant effet en France ou, au moins, sur une demande de titre de propriété industrielle ayant effet en France. À l'heure actuelle, ont effet en France soit des titres français (peu importe qu'ils soient obtenus par une procédure purement française ou une procédure internationale telle que, par exemple, la procédure de délivrance des brevets européens), soit des titres de l'Union européenne. En revanche, une saisie-contrefaçon ne peut être pratiquée en France sur la base d'un titre étranger.

REMARQUE Dès ses premiers contacts avec le client victime d'une contrefaçon, l'avocat doit se préoccuper de rassembler au plus vite les pièces administratives qui lui seront nécessaires pour justifier de l'existence du titre de propriété industrielle en question et de son maintien en vigueur. Il importe de ne pas attendre la veille de la présentation de la requête, car l'obtention de certaines pièces peut demander plusieurs semaines (certificat d'identité ou copie officielle du titre invoqué, état des inscriptions au registre idoine, état de paiement des annuités, etc.), ni de se contenter de pièces insuffisantes car remontant à la date du dépôt (V. TGI Paris, 3e ch., 4e sect., ord. réf. rétract., 14 avr. 2016, n° 16/00875 : INPI, base jurispr., réf. B21060070, doit être rétractée l'ordonnance rendue aux fins de saisie-contrefaçon sur le fondement d'un brevet français délivré au motif que le requérant n'a produit que la demande de brevet et non le brevet délivré fondant la demande) ou d'impressions du contenu d'un site internet, même celui de l'INPI.

Il convient donc de vérifier sur le fondement de quel titre de propriété industrielle la requête aux fins de saisie-contrefaçon pourra être formée. D'une manière générale, la requête peut être valablement formée sur le fondement d'un titre de propriété industrielle délivré et publié. Si le titre en est encore au stade de la demande, il convient de vérifier si cette demande peut, et à quelles conditions (dès sa publication ? Dès sa notification au contrefacteur prétendu ?), fonder une action en contrefaçon et donc, par voie de conséquence, une requête aux fins de saisie-contrefaçon. Notons toutefois que, par un arrêt du 14 décembre 2010, la chambre commerciale de la Cour de cassation a décidé qu'il n'était pas possible de requérir l'autorisation de procéder à une saisie-contrefaçon sur le fondement d'un brevet ou d'un titre assimilé (certificat complémentaire de protection [CCP] ou certificat d'utilité) expiré (Cass. com., 14 déc. 2010, n° 09-72.946 : *JurisData* n° 2010-023884 ; *Propr. industr.* 2011, comm. 22, J. Raynard ; *Propr. industr.* 2011, comm. 28, N. Bouche ; *Comm. com. électr.* 2011, comm. 19, Ch. Caron). Cette solution discutable semble généralisable à tout autre titre de propriété industrielle (V. CA Versailles, 14e ch., 10 nov. 2016, n° 15/07656 : *JurisData* n° 2016-030366, qui l'étend en matière de dessins et modèles).

2 Informations relatives au requérant

700 Le requérant doit déjà jouir de la capacité d'ester en justice.

EXEMPLE Une société non encore immatriculée, ou immatriculée mais absorbée, dépourvue de ce fait de la personnalité morale, n'est pas recevable à faire procéder à une saisie-contrefaçon (TGI Paris, 3e ch., 2e sect., 6 avr. 2007, n° 04/15727 : *PIBD* 2007, n° 855, III, p. 427. – TGI Paris, ch. req., 5 avr. 2006, n° 06/04814).

Mais il doit encore plus précisément se voir reconnaître qualité à agir en contrefaçon par une disposition spécifique.

Depuis la réforme opérée par la loi n° 2007-1544 du 29 octobre 2007, les différents articles du Code de la propriété intellectuelle relatifs à la saisie-contrefaçon en matière de propriété industrielle réservent la possibilité de requérir la saisie-contrefaçon à « toute personne ayant qualité pour agir en contrefaçon » (CPI, art. L. 521-4, art. L. 615-5, L. 623-27-1, L. 716-7 et L. 722-4). Le demandeur à la saisie-contrefaçon doit avoir qualité pour agir en contrefaçon. Il est ainsi procédé à un renvoi implicite aux autres dispositions du Code de la propriété intellectuelle et des règlements de l'Union européenne qui définissent les personnes pouvant exercer l'action en contrefaçon.

D'une manière générale, il est possible de dire que, s'agissant des divers titres nationaux de propriété industrielle, la qualité à agir en contrefaçon et donc à requérir une saisie-contrefaçon revient :

– au titulaire du droit ou de la demande (l'existence d'une action en revendication en cours n'enlève pas la qualité du titulaire du brevet à requérir une saisie-contrefaçon, TGI Paris, 3e ch., 1re sect., 11 févr. 2016, n° 15/15073, INPI, base jurispr., réf. B20160027) ;

– au licencié exclusif sous réserve d'avoir auparavant vainement mis en demeure le titulaire du droit d'exercer lui-même cette action, sauf stipulation contraire du contrat de licence ;

– au titulaire d'une licence non contractuelle (licence obligatoire ou d'office) sous réserve d'avoir auparavant vainement mis en demeure le titulaire du droit d'exercer lui-même cette action ;

– et peut-être au licencié simple s'il y est autorisé par une stipulation du contrat de licence.

L'ordonnance n° 2018-341 du 9 mai 2018 relative au brevet européen à effet unitaire et à la juridiction unifiée du brevet (*JO* 10 mai 2018) s'est donnée pour objectif d'harmoniser les règles applicables au brevet français devant les juridictions françaises avec celles applicables aux brevets européens et brevets européens à effet unitaire devant la juridiction unifiée du brevet. Pour ce faire, elle prévoit une reprise dans l'article L. 615-2 du Code de la propriété intellectuelle des solutions développées dans l'article 47 de l'accord relatif à la juridiction unifiée du brevet (V. Accord 2013/C 175/01, relatif à une juridiction unifiée du brevet, spéc. art. 47 : *JOUE* n° 175, 20 juin 2013). À terme, lorsque l'ordonnance entrera en vigueur avec l'entrée en vigueur de l'accord sur la juridiction unifiée du brevet, la qualité à agir en contrefaçon de brevet français et donc à requérir une saisie-contrefaçon en matière de brevet sera régie par des règles légèrement différentes des autres droits nationaux de propriété industrielle et reviendra :

– au titulaire du brevet ou de la demande ;

– au licencié exclusif à condition, à peine d'irrecevabilité, d'informer au préalable le titulaire du brevet, sauf stipulation contraire du contrat de licence ;

– au licencié simple à la double condition d'y être autorisé par une stipulation du contrat de licence et d'en informer au préalable le titulaire du brevet (sauf stipulation contraire du contrat de licence) ;

– au titulaire d'une licence non contractuelle (licence obligatoire ou d'office) sous réserve d'avoir auparavant vainement mis en demeure le titulaire du droit d'agir lui-même.

S'agissant des titres de propriété industrielle de l'Union européenne, les règles relatives à la qualité à agir en contrefaçon et donc à requérir une saisie-contrefaçon ne sont pas si homogènes.

En matière de certificat de protection communautaire des obtentions végétales, la saisie-contrefaçon semble pouvoir être requise par :

– le titulaire du droit ;

– le licencié exclusif sauf à ce que cette possibilité lui ait été retirée par le contrat de licence ;

– le titulaire d'une licence obligatoire sauf à ce que cette possibilité lui ait été retirée par l'Office communautaire des variétés végétales.

En matière de marque de l'Union européenne, la saisie-contrefaçon peut être requise par :

– le titulaire du droit ;

– tout licencié avec le consentement du titulaire du droit (V. CJUE, 7e ch., 4 févr. 2016, aff. C-163/15, *Hassan : JurisData* n° 2016-004701 ; *D.* 2016, p. 203, obs. C. Zolynski ; *Propr. industr.* 2016, comm. 18, A. Folliard-Monguiral ; *PIBD* 2016, n° 1046, III, p. 240 ; *RDC* 2016, p. 310, J. Passa) ;

– le licencié exclusif sans le consentement du titulaire, si, après mise en demeure, ce dernier n'agit pas lui-même en contrefaçon dans un délai approprié.

En matière de dessins ou modèles communautaires, la saisie-contrefaçon peut être requise par :

– le titulaire d'un dessin ou modèle communautaire enregistré ou non enregistré mais divulgué au public de l'Union européenne ;

– le titulaire d'une demande d'enregistrement d'un dessin ou modèle communautaire ;

– tout licencié avec le consentement du titulaire du droit ;

– le licencié exclusif sans le consentement du titulaire, si, après mise en demeure, ce dernier n'agit pas lui-même en contrefaçon dans un délai approprié.

À la différence des autres droits de propriété industrielle, les indications géographiques (nationales ou communautaires) ne bénéficient pas à un titulaire enregistré mais peuvent être librement utilisées par tous les producteurs qui remplissent les conditions posées. En conséquence, la saisie-contrefaçon peut être requise par :

– toute personne autorisée à utiliser cette indication géographique ;

– tout organisme auquel la législation donne pour mission la défense des indications géographiques.

En outre, s'agissant des titres nationaux de propriété industrielle, la jurisprudence française pose en principe que si l'intéressé est un ayant droit, il faut que l'acte, qui lui confère le droit en vertu duquel il agit, soit opposable aux tiers avant que la saisie-contrefaçon n'intervienne. Cette opposabilité aux tiers est en principe acquise par l'inscription de l'acte sur le registre idoine, sauf à démontrer que le tiers avait une connaissance personnelle de l'acte avant même cette inscription. S'agissant, en revanche, des titres de propriété industrielle de l'Union européenne, la Cour de justice a affirmé très clairement que le licencié peut engager l'action en contrefaçon, et donc déposer une requête aux fins de saisie-contrefaçon, même si sa licence n'est pas inscrite au registre des marques de l'Union européenne ou au registre des dessins et modèles communautaires (CJUE, 7e ch., 4 févr. 2016, aff. C-163/15, *Hassan*, préc. – CJUE, 7e ch., 22 juin 2016, aff. C-419/15, *Thomas Philipps : PIBD* 2016, n° 1055, III, p. 674 ; *Propr. industr.* 2016, comm. 63, L. Marino).

3 Informations relatives au saisi

701 Le saisi peut être le contrefacteur présumé comme un tiers non-contrefacteur simplement détenteur de preuves de la contrefaçon.
Le saisi peut être une personne de droit privé comme de droit public ainsi que l'illustre l'article L. 615-10 du Code de la propriété intellectuelle qui admet le principe d'une saisie-contrefaçon à l'encontre de l'État, en prévoyant néanmoins des aménagements afin de préserver le secret de la défense.
Le cas échéant, il est même possible de saisir réellement des objets déposés au greffe du tribunal à la suite d'une première saisie-contrefaçon annulée.

4 Informations relatives à l'objet de la saisie-contrefaçon

702 L'avocat sollicité doit identifier et localiser les cibles de la saisie-contrefaçon.
Il doit d'abord chercher à identifier les cibles, c'est-à-dire les objets et les documents utiles à la preuve de la contrefaçon, en fonction de la nature et de la portée du titre de propriété industrielle concerné. Dans cette perspective, il ne doit pas perdre de vue qu'il convient, afin de procurer à son client tous les éléments utiles au succès de son action en contrefaçon, de déployer la saisie-contrefaçon de façon à prouver la contrefaçon dans toutes ses dimensions, à savoir sa matérialité, son origine et son étendue.
Il doit également localiser les cibles de la saisie-contrefaçon, c'est-à-dire recenser et identifier les lieux où les preuves de la contrefaçon peuvent se trouver. Selon les termes communs des différents articles relatifs à la saisie-contrefaçon en matière de propriété industrielle, la saisie-contrefaçon peut être réalisée « en tout lieu » du territoire français (y compris les marchandises se trouvant à bord d'un aéronef faisant escale en France), public (salon, foire, exposition, greffe du tribunal, locaux d'une administration...) ou privé (domicile personnel du saisi, entrepôts, magasin, garage, chantier, site d'abattage, centre d'essais, bureaux, propres locaux du requérant...).

EXEMPLE L'avocat devra notamment identifier, avec son client, les lieux de fabrication ou de mise en œuvre, les lieux de stockage, les lieux de détention des données comptables, les lieux d'exposition ou les lieux de ventes.
Il devra s'interroger également sur l'opportunité de diriger la saisie-contrefaçon vers un seul lieu ou plusieurs. Des saisies simultanées en plusieurs lieux sont parfois nécessaires (siège et usine, fournisseur et revendeur...). Une coordination est alors indispensable pour préserver l'effet de surprise de chacune de ces saisies. Il peut convenir, le cas échéant, de diligenter une saisie-contrefaçon auprès des services douaniers, notamment lorsque des marchandises soupçonnées d'être contrefaisantes font l'objet d'une retenue en douane.

B Inventaire des solutions et éléments de décisions

703 Doté de tous ces éléments d'information, l'avocat doit évaluer l'opportunité de faire pratiquer ou non une saisie-contrefaçon.
En effet, la saisie-contrefaçon permet de pénétrer chez un tiers pour rechercher des preuves de la contrefaçon et elle est réalisée sous la responsabilité du requérant. Ce dernier doit s'abstenir de tout abus et utiliser la procédure de saisie-contrefaçon avec discernement sous peine de devoir éventuellement indemniser, sur le fondement de l'article 1240 du Code civil, le saisi des conséquences préjudiciables qui en résultent.
L'avocat devra ainsi déconseiller la saisie-contrefaçon si les droits invoqués à son fondement semblent douteux, si bien que le requérant ne peut se méprendre sur l'étendue de ses droits, si la saisie-contrefaçon vise en réalité à réaliser une captation des secrets industriels et commerciaux d'un concurrent ou s'il doit en résulter pour le saisi un trouble commercial résultant de l'atteinte portée à sa réputation du fait de saisies-contrefaçons pratiquées soit en nombre excessif, notamment contre ses clients, soit dans des conditions de nature à conférer une publicité anormale aux opérations.

REMARQUE Plus largement, l'avocat consulté doit aussi tenir compte du risque éventuel de saisie infructueuse, du risque de contestation de la contrefaçon, de l'intérêt de collecter des données comptables mais aussi des relations du client avec le saisi (par ex., il peut être parfois délicat de diligenter une saisie-contrefaçon contre un tiers détenteur qui s'avérerait être également un client ou un distributeur du requérant lui-même).

III

Mise en œuvre

A Qui pratique la saisie-contrefaçon ?

704 Le rôle essentiel dans la réalisation des opérations de saisie-contrefaçon revient d'abord à un **huissier de justice**. La saisie-contrefaçon ne peut être effectuée que par un huissier de justice dont le choix revient au requérant. Il ne s'agit donc pas d'un huissier commis et il n'est pas nécessaire que l'huissier soit nominativement identifié dans la requête ou l'ordonnance. Au contraire, muni de l'ordonnance présidentielle, le requérant peut faire appel à tout huissier territorialement compétent. Les huissiers de justice sont territorialement compétents, à compter de l'entrée en vigueur au 1er janvier 2017 de l'article 54 de la loi *Macron* (L. n° 2015-990, 6 août 2015, art. 54. – Modifiant Ord. n° 45-2592, 2 nov. 1945, art. 3), pour « le ressort de cour d'appel au sein duquel ils ont établi leur résidence professionnelle ». En effet, l'ordonnance sur requête qui autorise la réalisation des opérations de saisie-contrefaçon est une décision de justice, revêtue de la formule exécutoire, que l'huissier de justice ramène à exécution, conformément à l'alinéa 1er de l'article 1er de l'ordonnance n° 45-2592.

REMARQUE De préférence, l'avocat fera appel à un huissier ayant déjà pratiqué une saisie-contrefaçon.
L'huissier, personnage central de la saisie-contrefaçon, peut être aidé dans sa tâche par un ou plusieurs « **experts** ». Les différents articles du Code de la propriété intellectuelle relatifs à la saisie-contrefaçon en propriété industrielle permettent expressément au requérant de faire procéder à la saisie-contrefaçon par tous huissiers « le cas échéant assistés d'experts désignés par le demandeur ». L'expert visé par ces textes n'est pas le mandataire de justice chargé d'une mission d'instruction par le juge, en vertu des articles 232 et suivants du Code de procédure civile. Le terme « expert » n'implique pas que cette personne soit inscrite sur une liste d'experts mais vise toute personne dont la présence peut être utile lors de la saisie-contrefaçon.

EXEMPLE Conseil en propriété industrielle du requérant, expert en mécanique, en électronique, en électricité, expert-comptable, informaticien, dessinateur chargé de relever le plan des objets saisis, architecte, spécialiste pour démonter et remonter la machine contrefaisante…
Si le requérant souhaite que l'huissier puisse être assisté d'un ou plusieurs hommes de l'art, il faut le prévoir dans la requête. Il n'est toutefois pas nécessaire que l'ordonnance désigne les experts nominativement, puisqu'ils sont choisis, comme l'huissier, par le requérant. Il n'est pas davantage nécessaire de prévoir leur nombre exact qui n'est pas limité par la loi.

Alors même que la loi n° 2007-1544 du 29 octobre 2007 a unifié les différents articles concernant la saisie-contrefaçon en matière de propriété industrielle autour d'une rédaction commune qui ne fait plus aucune référence à la possible présence d'un officier de police, il reste toujours possible, puisqu'il s'agit de prêter main-forte à l'exécution d'une décision de justice, de faire intervenir un **représentant de la force publique** lors d'une saisie-contrefaçon.

REMARQUE En pratique, le requérant use d'ailleurs souvent de cette faculté, la présence d'un représentant de la force publique s'avérant avoir des vertus dissuasives et faciliter, par là même, l'exécution de la saisie-contrefaçon.

Enfin, la présence de **l'avocat** du requérant lors de la réalisation de la saisie-contrefaçon est déconseillée, tandis que la présence du **requérant**, d'un de ses **proches** ou d'un de ses **salariés** lors de la réalisation de la saisie-contrefaçon est exclue (Cass. com., 8 juill. 2008, n° 07-15.075 : *JurisData* n° 2008-044789 ; *Bull. civ.* 2008, IV, n° 142 ; *PIBD* 2008, n° 882, III, p. 559 ; *Propr. industr.* 2010, comm. 27, P. Vigand).

B Préparation de la requête

705 La requête doit identifier le requérant, indiquer le ou les titres de propriété industrielle qu'il invoque au soutien de sa demande d'autorisation de saisie et les droits (propriété, licence) qui lui permettent de l'invoquer. La requête doit également indiquer les éléments qui permettront au saisi d'identifier avec suffisamment de précision l'objet exact de l'intervention de l'huissier.
La requête aux fins de saisie-contrefaçon doit être motivée en application de l'article 494 du Code de procédure civile. En pratique, cette motivation est relativement succincte et se limite à la mention des atteintes alléguées. L'autorisation de saisie-contrefaçon n'est pas subordonnée à la production d'un commencement de preuve ou d'une preuve de la contrefaçon, la finalité de la saisie-contrefaçon étant précisément d'obtenir ces éléments de preuve (CA Paris, pôle 5, ch. 2, 26 mai 2017, n° 15/10201 : *JurisData* n° 2017-019984. – CA Paris, pôle 5, ch. 2, 26 mai 2017, n° 15/10204 : *JurisData* n° 2017-019983).
La requête doit identifier, autant qu'il est raisonnablement possible, la personne au préjudice de laquelle doit être effectuée la saisie-contrefaçon. Le lieu de la saisie doit être indiqué dans la requête.
La requête doit énumérer l'ensemble des participants dont la présence est souhaitée (huissier de justice, experts, représentants de la force publique). Elle peut se contenter d'indiquer les catégories de participants. Il n'est pas nécessaire que ces personnes soient nominativement identifiées.

REMARQUE En pratique, l'identification trop précise de la personne accompagnant l'huissier est susceptible de créer des difficultés si cette dernière n'est pas disponible le jour des opérations et que l'huissier est accompagné d'une autre.

La requête doit indiquer l'objet de la demande, à savoir les opérations pour lesquelles une autorisation est sollicitée ; celles-ci ne doivent pas apparaître, en effet, uniquement dans le projet d'ordonnance qu'il est d'usage de joindre à la requête. L'avocat qui prépare la requête doit l'ajuster aux circonstances de l'espèce, en fonction des faits à constater et des éléments de preuve qu'il recherche. En matière de propriété industrielle, deux types de mesures peuvent être réclamés, sans d'ailleurs s'exclure l'une l'autre, dans le cadre de la saisie-contrefaçon :
– il est déjà possible de solliciter « la description détaillée, avec ou sans prélèvement d'échantillons ». Depuis la loi n° 2014-315 du 11 mars 2014, il est expressément indiqué que cette description peut porter sur des objets prétendus contrefaisants, sur « tout document [se] rapportant » à la contrefaçon (notamment par la photocopie de documents qui permettent d'établir la réalité de la contrefaçon, l'origine, la destination ou l'importance quantitative de la contrefaçon) mais encore sur les « matériels et instruments » (c'est-à-dire des objets qui ne sont pas en eux-mêmes le siège de la contrefaçon mais qui ont servi à la contrefaçon, en permettant soit la constitution – produire les objets, fabriquer les produits, fournir les services, mettre en œuvre les procédés prétendus contrefaisants –, soit la diffusion – distribuer les produits ou objets prétendus contrefaisants – de la contrefaçon). Dans sa forme la plus simple, la saisie-contrefaçon consiste donc en une simple description d'éléments susceptibles de révéler la réalité ou l'étendue de la contrefaçon prétendue, sans aucune appréhension matérielle. Les objets demeurent alors aux mains du saisi qui peut librement en disposer. En revanche, si cela s'avère nécessaire, la description peut être corroborée par un « prélèvement d'échantillons » ;
– il est également possible de solliciter la « saisie réelle » qui consiste en une appréhension matérielle par l'huissier. Cette saisie réelle peut porter sur des objets prétendus contrefaisants (la requête précise le plus souvent que les objets seront saisis moyennant paiement de leur prix), mais aussi sur « tout document [se] rapportant » à la contrefaçon (c'est-à-dire non seulement les documents qui permettent d'établir la réalité de la contrefaçon, mais également les documents qui permettront d'établir l'origine, la destination ou l'importance quantitative de la contrefaçon) et encore sur les « matériels et instruments » (c'est-à-dire des objets qui ne sont pas en eux-mêmes le siège de la contrefaçon mais qui ont servi à la contrefaçon, en permettant soit la constitution – produire les objets, fabriquer les produits, fournir les services, mettre en œuvre les procédés prétendus contrefaisants –, soit la diffusion – distribuer les produits ou objets prétendus contrefaisants – de la contrefaçon). Afin de garantir à la saisie réelle de documents la plus large application, même lorsqu'aucun objet contrefaisant n'est trouvé sur place, la loi n° 2014-315 du 11 mars 2014 a ajouté aux différents articles relatifs à la saisie-contrefaçon une phrase indiquant que ; « L'ordonnance peut autoriser la saisie réelle de tout document se rapportant aux produits ou procédés

prétendus contrefaisants en l'absence de ces derniers ». Dans tous les cas, il faut veiller à ce que la saisie réelle reste proportionnée à sa finalité exclusivement probatoire et ne se transforme pas *de facto* en mesure d'interdiction provisoire. Ainsi la finalité probatoire de la saisie-contrefaçon ne peut pas justifier que la saisie réelle porte sur tout le stock des produits contrefaisants ; la saisie réelle ne doit normalement porter que sur un nombre restreint d'objets. La requête doit préciser le nombre d'exemplaires que le requérant souhaite voir saisir et doit se préoccuper à l'avance du sort des objets ainsi réellement saisis. Généralement, le requérant demande qu'une partie des objets saisis soit annexée au procès-verbal de saisie-contrefaçon pour lui être remise (il devra alors veiller à leur conservation, surtout s'il s'agit de produits périssables ou précieux) et que les autres soient déposés au greffe. Il peut encore demander que le saisi en soit constitué gardien, auquel cas le saisi ne peut en disposer sans commettre le délit de détournement d'objets saisis.

Dans la mesure où les pouvoirs de l'huissier sont limitativement définis par l'ordonnance, le requérant devra indiquer dans sa requête tous les actes qu'il souhaite que l'huissier puisse accomplir.

Conformément au droit commun des ordonnances sur requête, la requête aux fins de saisie-contrefaçon doit être présentée en double exemplaire, en application de l'article 494, alinéa 1er, du Code de procédure civile. Aucun texte n'exige qu'elle soit accompagnée d'un projet d'ordonnance destiné à la signature du président du tribunal de grande instance. En pratique, il est d'usage de joindre un tel projet.

La requête doit être accompagnée des pièces justificatives relatives au titre de propriété industrielle invoqué et à la qualité du demandeur. Il convient de réunir tous les documents nécessaires pour justifier auprès du président du tribunal de grande instance que le requérant s'appuie sur un titre de propriété industrielle en vigueur ou, au moins, la demande d'un tel titre, qu'il a la capacité d'ester en justice, la qualité pour agir et, s'il est un ayant droit d'un titre national de propriété industrielle, que l'acte dont il tire son droit est opposable aux tiers. Ces pièces doivent être précisément indiquées dans la requête, en application du droit commun (CPC, art. 494). Mais cet article n'exige pas qu'un inventaire séparé des pièces visées dans la requête soit, en outre, annexé à celle-ci.

D'une manière générale, il convient de produire une copie conforme du document attestant la naissance du droit ou une copie conforme de la demande, un état de paiement des annuités et un extrait récent du registre idoine (doit être rétractée l'ordonnance obtenue par une société qui avait produit la copie du brevet européen tel que délivré et un état des annuités, documents justifiant certainement que le brevet européen avait été délivré à ladite société et que le brevet était toujours en vigueur par le paiement continu des annuités fiscales mais ne justifiant pas que ladite société était restée, jusqu'au jour où elle avait sollicité par requête le président du tribunal, titulaire du brevet en question, alors que cette qualité avait précisément été contestée et qu'un extrait récent du registre européen des brevets aurait aisément permis de lever l'ambiguïté, TGI Paris, 3e ch., 2e sect., ord. rétract., 15 sept. 2016, n° 16/11917 : INPI, base jurispr., réf. B20160129). Le cas échéant, il faudra également apporter la preuve qu'une copie officielle de la demande a bien été notifiée au contrefacteur présumé.

REMARQUE Si l'urgence presse (par ex., il s'agit de constater une contrefaçon par exposition dans une foire ou dans un salon professionnel) et s'il n'est matériellement pas possible de se procurer en quelques jours des copies officielles des documents requis, il faut savoir que de nombreux magistrats acceptent, en lieu et place, une attestation du conseil en propriété industrielle chargé de la surveillance du titre de propriété industrielle, certifiant qu'il a régulièrement payé les annuités et qu'il n'a pas transcrit d'acte translatif de droit ou qu'il a transcrit tel ou tel acte.

C Tribunal compétent

706 Il convient de présenter la requête au tribunal matériellement et territorialement compétent.

- **Compétence matérielle :** Tous les articles organisant la saisie-contrefaçon en matière de propriété industrielle, dans leur rédaction commune, font dépendre la saisie-contrefaçon « d'une ordonnance rendue sur requête par la juridiction civile compétente ». Cette juridiction civile compétente est le tribunal de grande instance et, comme il s'agit d'une ordonnance sur requête, la compétence revient encore plus précisément au président du tribunal de grande instance.
- **Compétence territoriale :** La réforme engagée avec la loi n° 2007-1544 du 29 octobre 2007 de lutte contre la contrefaçon n'a pas abouti, loin de là, à uniformiser les règles de compétence territoriale s'agissant de la saisie-contrefaçon en matière de propriété industrielle.

S'agissant de **brevets d'inventions, de certificats d'utilité, de certificats complémentaires**

de protection, de topographies de produits semi-conducteurs, la compétence pour la réalisation d'une saisie-contrefaçon en un lieu quelconque du territoire français revient exclusivement au **président du tribunal de grande instance de Paris** (COJ, art. D. 211-6).

S'agissant de **certificats d'obtention végétale français ou communautaires**, la compétence revient au président de l'un des **dix tribunaux de grande instance** énumérés à l'article D. 211-5 du Code de l'organisation judiciaire (Marseille, Bordeaux, Strasbourg, Lille, Limoges, Lyon, Nancy, Paris, Rennes, Toulouse) **dans le ressort duquel les opérations de saisie-contrefaçon doivent être effectuées**. Il est toutefois probable qu'à terme le contentieux des obtentions végétales, et par voie de conséquence également la compétence en matière de saisie-contrefaçon, soit confié au seul tribunal de grande instance de Paris. En ce sens, la loi n° 2011-1862 du 13 décembre 2011 relative à la répartition du contentieux et à l'allégement de certaines procédures juridictionnelles par son article 7, a fait disparaître, à compter du 1er janvier 2013, de l'article L. 623-31 l'exigence d'un minimum de dix tribunaux de grande instance. Le décret n° 2013-1 du 2 janvier 2013 relatif aux tribunaux de grande instance spécialisés dans les actions relatives aux obtentions végétales a répercuté cette modification en supprimant du Code de l'organisation judiciaire le second alinéa de l'article D. 211-5, qui rappelait en son sein l'exigence d'un minimum de dix tribunaux de grande instance.

S'agissant **de dessins et modèles nationaux, de marques nationales et d'indications géographiques nationales ou communautaires**, la compétence revient au président de celui des **dix tribunaux de grande instance** énumérés à l'article D. 211-6-1 du Code de l'organisation judiciaire (Bordeaux, Lille, Lyon, Marseille, Nanterre, Nancy, Paris, Rennes, Strasbourg, Fort-de-France) qui est « **compétent pour connaître du fond** » (CPI, art. R. 521-2, R. 716-2 et R. 722-2), c'est-à-dire compétent pour statuer sur l'action en contrefaçon.

S'agissant **de dessins et modèles communautaires ou de marques de l'Union européenne**, la compétence revient au président du **tribunal de grande instance de Paris** qui est le seul juge compétent en France pour connaître du fond d'une affaire concernant ces titres (COJ, art. R. 211-7).

ATTENTION **Si la requête aux fins de saisie-contrefaçon relève de la compétence du président du tribunal de grande instance déjà saisi de l'action au fond, il convient de la présenter au président de la chambre du tribunal de grande instance à laquelle l'affaire a été distribuée ou au juge déjà saisi, conformément à l'article 812, alinéa 3, du Code de procédure civile (Cass. com., 26 mars 2008, n° 05-19.782 : *JurisData* n° 2008-043351 ; *Bull. civ.* 2008, IV, n° 70 ; *PIBD* 2008, n° 875, III, p. 340). Et, lorsqu'une requête aux fins de saisie-contrefaçon est présentée au cours de l'instance d'appel, le premier président est seul compétent pour ordonner sur requête cette mesure de saisie-contrefaçon conformément à l'article 958 du Code de procédure civile(Cass. com., 14 sept. 2010, n° 09-16.854 : *JurisData* n° 2010-016044 ; *PIBD* 2010, n° 931, III, p. 17 ; *RLDI* oct. 2010, p. 18).**

D Présentation de la requête

707 Les requêtes aux fins de saisie-contrefaçon, quel que soit le titre de propriété industrielle invoqué, ne peuvent être présentées que par un avocat du barreau du ressort du tribunal de grande instance dont l'autorisation du président est sollicitée, conformément au droit commun de la procédure civile (CPC, art. 813).

La procédure d'ordonnance sur requête n'est pas contradictoire. Le saisi n'est donc pas informé de la procédure antérieurement à la saisie elle-même.

Le président du tribunal de grande instance compétent n'a pas le pouvoir de refuser d'autoriser une saisie-contrefaçon, si le requérant justifie de sa qualité. En effet, la loi confère au titulaire de droits de propriété industrielle un véritable droit de recueillir la preuve de la contrefaçon alléguée (V., dans les différents articles du Code de la propriété intellectuelle, la formule « toute personne ayant qualité pour agir en contrefaçon est **en droit** de faire procéder (...) soit à la description détaillée (...) soit à la saisie réelle... »).

Par contre, le président a le pouvoir de refuser toute mesure lui paraissant inutile à la collecte des preuves et de nature à porter une atteinte non justifiée au saisi, telle qu'une saisie réelle d'une étendue excessive. Le président contrôle donc les modalités de la saisie sollicitée. Il peut également ordonner la constitution d'une garantie – consignation ou cautionnement – s'il apparaît nécessaire de garantir la réparation du préjudice que la saisie pourrait causer. Le président peut également préciser, si cela paraît nécessaire, un délai d'exécution de la saisie.

L'ordonnance rendue sur requête est envoyée à l'huissier pour exécution.

E Actions à conduire après la réalisation de la saisie-contrefaçon

708 L'appréciation du caractère contrefaisant des produits saisis nécessitera souvent une analyse ou un examen par un laboratoire. Le saisissant pourra faire analyser les produits saisis de façon non contradictoire ou dans le cadre d'une expertise judiciaire ordonnée par le juge de la mise en état.

REMARQUE Il n'existe aucun intérêt à demander, dès la requête, une analyse des produits saisis. En effet, l'analyse qui serait prévue par l'ordonnance n'aurait pas la valeur d'une expertise judiciaire.

Il arrive qu'au cours des opérations de saisie-contrefaçon le saisi demande que certaines précautions soient prises pour protéger des informations confidentielles. En pratique, il peut notamment demander à l'huissier instrumentaire de placer les documents saisis sous enveloppe scellée et de ne pas les remettre au saisissant. Le saisissant, ayant fondamentalement droit à accéder aux documents saisis utiles pour la preuve de la contrefaçon et cela même s'ils sont confidentiels, peut demander au juge la levée des scellés, voire le tri par un expert, pour accéder aux documents confidentiels saisis et utiles à la preuve de la contrefaçon.
Enfin et surtout, à peine de nullité de l'intégralité de la saisie, y compris la description, le saisissant doit se pourvoir au fond, par la voie civile ou pénale, dans un délai de « vingt jours ouvrables ou de trente et un jours civils si ce délai est plus long, à compter du jour où est intervenue la saisie ou la description » (par ex. CPI, art. R. 615-3). Il a été jugé que le point de référence pour apprécier si le requérant s'est bien pourvu dans le délai imparti est, en matière civile, la date de délivrance de l'assignation ou, en matière pénale, la date de la délivrance d'une citation directe ou le dépôt d'une plainte avec constitution de partie civile. Compte tenu du fait que la constitution de partie civile devant un juge d'instruction suppose, depuis la modification apportée à l'article 85 du Code de procédure pénale par la loi n° 2007-291 du 5 mars 2007, une procédure supplémentaire, commencée par un dépôt de plainte devant le procureur de la République, qu'il était très difficile de mener à terme avant l'expiration du délai réglementaire, la loi n° 2014-315 du 11 mars 2014 a ajouté aux articles L. 332-3 (droit d'auteur et droits voisins) et L. 332-4 (logiciels et bases de données) la précision selon laquelle l'auteur de la saisie-contrefaçon doit s'être pourvu par la voie civile ou pénale ou « avoir déposé plainte devant le procureur de la République ». Une telle précision a également été apportée par le décret n° 2014-1550 du 19 décembre 2014 mais à propos seulement des mesures provisoires (CPI, art. R. 343-1, R. 521-1, R. 615-1, R. 716-1 et R. 722-1) et de la saisie-contrefaçon de propriété littéraire et artistique (CPI, art. R. 332-2 et R. 332-4). Cette utile précision n'a toutefois pas été reportée dans les articles législatifs ou réglementaires concernant la saisie-contrefaçon en matière de propriété industrielle. Il faut espérer que, malgré ce raté législatif, la jurisprudence admettra l'extension de cette solution à la saisie-contrefaçon en matière de propriété industrielle. La computation se fait selon les règles ordinaires des articles 641 et 642 du Code de procédure civile, à savoir :
– début du délai : le jour de la saisie-contrefaçon ne compte pas, le délai commence à courir le lendemain ;
– fin du délai : vingtième jour ouvrable à 24 heures, ou trente et unième jour civil à 24 heures ;
– dérogation : si le dernier jour est un samedi, dimanche, jour férié ou chômé, le délai est prorogé jusqu'au premier jour ouvrable suivant.
En cas de pluralité de défendeurs, les textes exigent simplement que le requérant se soit pourvu au fond dans le délai prescrit. Ils n'exigent pas spécifiquement que l'assignation ait été délivrée, dans les temps, à tout défendeur auquel la saisie-contrefaçon est opposée. Il en résulte que la saisie-contrefaçon n'est pas nulle à l'égard d'un codéfendeur auquel l'assignation a été délivrée hors délai, dès lors que le requérant s'est bien pourvu au fond, en temps voulu, à l'encontre d'autres codéfendeurs (Cass. com., 7 juill. 2015, n° 14-12.733 : *JurisData* n° 2015-016919 ; *JCP* E 2015, 1456).
Si la saisie-contrefaçon est réalisée alors que l'instance au fond en contrefaçon est déjà engagée, il n'est pas nécessaire de faire délivrer une nouvelle assignation (Cass. com., 26 oct. 1993, n° 91-18.049 : *JurisData* n° 1993-002379 ; *Bull. civ.* 1993, IV, n° 357 ; *PIBD* 1994, n° 558, III, p. 22). Il est possible, par précaution, de notifier et déposer des conclusions additionnelles dans le délai prescrit, voire de faire délivrer, dans le délai prescrit, une assignation sommaire reprenant les conclusions additionnelles déposées dans le cadre de la procédure pendante.

CHECK-LIST **Informations relatives au titre de propriété industrielle concerné :**
– titre national ou de l'Union européenne ;
– titre en demande, délivré ou expiré ;
– doutes quant à la solidité du titre ? ;
– date des faits de contrefaçon qu'il s'agit de prouver.

Informations relatives au requérant :
- si le requérant est une personne physique :
• nom et prénoms,
• nationalité,
• activité ou profession,
• date et lieu de naissance ;
- si le requérant est une personne morale :
• dénomination sociale,
• forme juridique,
• adresse du siège social,
• registre et numéro d'immatriculation,
• nom et fonction du représentant ;
- capacité à agir du requérant ;
- qualité à agir en contrefaçon ;
• titulaire,
• cessionnaire,
• licencié exclusif,
• licencié obligatoire,
• licencié simple ?
- opposabilité aux tiers de l'acte conférant le droit ;
- action en contrefaçon déjà en cours ?

Informations relatives au saisi :
- identité ;
- lieux ;
- contrefacteur présumé ou tiers détenteur ?
- personne de droit privé ou de droit public ?
- relations avec le client ?

Informations relatives à l'objet de la saisie-contrefaçon :
- objets et documents utiles ;
- lieux probables de situation ;
- types de mesure souhaitée :
• saisie-description avec ou sans prélèvement d'échantillons,
• saisie réelle d'objets contrefaisants, de document se rapportant à la contrefaçon, de matériels et instruments ayant servi à la contrefaçon ;
- qualité et nombre des participants à la saisie-contrefaçon souhaités.

POUR ALLER PLUS LOIN...

Fascicules JurisClasseur
• *JCl. Brevets*, Fasc. 4631.
• *JCl. Brevets*, Fasc. 4632.
• *JCl. Brevets*, Fasc. 4633.
• *JCl. Brevets*, Fasc. 4634.
• *JCl. Marques – Dessins et Modèles*, Fasc. 3470.
• *JCl. Marques – Dessins et Modèles*, Fasc. 7500.
• *JCl. Marques – Dessins et Modèles*, Fasc. 7540.

Revues
• M. Abello et J. Tassi, *L'action en contrefaçon du sous-licencié exclusif : Propr. industr.* 2014, étude 10.
• N. Binctin, *La loi renforçant la lutte contre la contrefaçon : JCP* G 2014, 416.
• P. Boiron et S. Franco, *Pratique contentieuse. Mesures probatoires. La délicate adaptation des constats d'achat à l'Internet : Comm. com. électr.* 2014, prat. 9.
• N. Bouche, *Les frais de saisie-contrefaçon entrent-ils dans les dépens ? : Propr. industr.* 2009, étude 13 ; *Quelle qualification pour le moyen de nullité de la saisie-contrefaçon ? : Propr. industr.* 2010, étude 3.
• N. Bouche et O. Hubert, *Un an de procédure en droit de la propriété intellectuelle (octobre 2015-septembre 2016) : Procédures* 2017, chron. 1 ; *Un an de procédure en droit de la propriété intellectuelle (octobre 2016-septembre 2017) : Procédures* 2018, chron. 1.
• X. Buffet-Delmas d'Autane et J. Fabre, *Nouveautés, clarifications, carences et incertitudes du dispositif de lutte contre la contrefaçon tel que renforcé par la loi n° 2014-315 du 11 mars 2014 : Propr. industr.* 2014, étude 12.
• Ch. Caron, *La loi du 29 octobre 2007 dite « de lutte contre la contrefaçon » : JCP* G 2007, I, 205 ; *La propriété intellectuelle dans la loi de modernisation de l'économie : JCP* E 2008, act. 397 ; *Pot-pourri de propriété intellectuelle : textes nouveaux et attendus : Comm. com. électr.* 2008, comm. 109.
• F. Chaltiel, *Les avancées de la lutte contre la contrefaçon : la loi du 29 octobre 2007 : Contrats, conc. consom.* 2008, étude 1.
• H. Croze, *Dispositions procédurales introduites par la loi de lutte contre la contrefaçon : Procédures* 2008, comm. 16.
• P. de Candé et J. Blanchard, *Pratique contentieuse. – De la saisie-contrefaçon et des requêtes : Comm. com. électr.* 2010, prat. 5 ; *Pratique contentieuse. – De la saisie-contrefaçon et des requêtes : Comm. com. électr.* 2011, prat. 10 ; *Pratique contentieuse. – De la saisie-contrefaçon et des requêtes : Comm. com. électr.* 2012, prat. 12 ; *Pratique contentieuse. – De la saisie-contrefaçon et des requêtes : Comm. com. électr.* 2013, prat. 12 ; *Pratique contentieuse. – Saisie-contrefaçon et des requêtes : Comm. com. électr.* 2014, prat. 12 ;

Pratique contentieuse. – Saisie-contrefaçon et requêtes : Comm. com. électr. 2015, prat. 10 ; *Pratique contentieuse – Saisie-contrefaçon et requêtes : Comm. com. électr.* 2016, prat. 10 ; *Pratique contentieuse – Saisie-contrefaçon et requêtes : Comm. com. électr.* 2017, prat. 8.

• S. Dorol, *Le tiers acheteur dans le constat d'achat : Propr. industr.* 2015, étude 17 ; *L'image dans le constat : Procédures* 2015, étude 11 ; *Le constat d'achat sur Internet : Propr. industr.* 2017, étude 5 ; *Les incertitudes juridiques dans le constat d'achat : Comm. com. électr.* 2017, étude 15 ; *Constat internet et d'achat : panorama jurisprudentiel (2016-2017) : Propr. industr.* 2018, étude 3.

• J.-Ch. Galloux (ss dir.), *Un an de procédure en propriété industrielle : Propr. industr.* 2017, chron. 1 ; *Un an de procédure en propriété industrielle : Propr. industr.* 2018, chron. 3.

• J.-P. Gasnier, *Quelques observations à propos de la loi de lutte contre la contrefaçon : Propr. industr.* 2007, étude 25.

• P. Langlais et H. Chauveau, *Saisie-contrefaçon : points de vigilance – Panorama de jurisprudences (octobre 2016-septembre 2017) : Propr. industr.* 2017, étude 29.

• P. Langlais et D. Dayan, *Saisie-contrefaçon : points de vigilance – Panorama de jurisprudence (juin 2013-septembre 2014) : Propr. industr.* 2014, étude 23 ; *Saisie-contrefaçon : points de vigilance – Panorama de jurisprudences (octobre 2014-septembre 2015) : Propr. industr.* 2015, étude 21 ; *Saisie-contrefaçon : points de vigilance – Panorama de jurisprudences (octobre 2015-septembre 2016) : Propr. industr.* 2016, étude 22.

• Ch. Le Stanc, *La loi nouvelle de lutte contre la contrefaçon : premières vues : Propr. industr.* 2007, repère 11.

• C. Maréchal, *La loi n° 2014-315 du 11 mars 2014 renforçant la lutte contre la contrefaçon : Comm. com. électr.* 2014, étude 11.

• B. May et M. Liens, *Saisie-contrefaçon : deux ans de pratique après la loi de lutte contre la contrefaçon : Propr. industr.* 2010, étude 8.

• F. Meuris, *Une lutte immédiate contre la contrefaçon : Comm. com. électr.* 2014, alerte 24.

• J. Passa, *Pour tenter d'en finir avec les incertitudes liées à la demande en contrefaçon du cessionnaire d'un droit de propriété industrielle : Propr. industr.* 2015, étude 3.

• S. Strittmatter et F.-X. Langlais, *Conditions de validité des constats d'achat sur Internet : une jurisprudence source d'insécurité juridique pour les titulaires de droits : Propr. industr.* 2014, étude 24.

• P. Tréfigny, *Droit des marques : quoi de neuf sous l'angle de l'accès à la preuve de la contrefaçon en France : une avancée ? : Propr. industr.* 2013, étude 4.

• A. Zajdela, *La preuve en matière de contrefaçon : constat d'achat ou saisie-contrefaçon ? : Propr. industr.* 2016, étude 18.

• *La loi du 11 mars 2014 renforçant la lutte contre la contrefaçon – 3 questions à Richard Yung*, sénateur représentant les Français établis hors de France, président du Comité national anti-contrefaçon (CNAC) : *Comm. com. électr.* 2014, entretien 4.

Titre 8
Exécution forcée des décisions de justice

Sommaire

Fiche 34 **Obtenir un délai de grâce** 327
Fiche 35 **Mettre en œuvre une procédure d'expulsion** 335
Fiche 36 **Exécuter une décision de justice prud'homale** 345
Fiche 37 **Faire exécuter une sentence arbitrale** 355
Fiche 38 **Poursuivre l'exécution contre une personne morale de droit public** 361
Fiche 39 **Réagir en cas d'immunité d'exécution** 371

Fiche 34
Obtenir un délai de grâce

Laurence LLAHI

Actualisée par Christian LAPORTE

Sommaire

I Aperçu rapide ... 327
A Caractéristiques générales ... 327
B Conditions d'utilisation ... 328
C Avis du professionnel ... 329
D Textes ... 329
1 Textes codifiés ... 329
2 Texte non codifié ... 329
E Schéma procédural ... 329
II Préparation ... 329
A Information du client ... 329
B Contrôles préalables ... 329
C Pièces nécessaires ... 330
D Coût de la procédure ... 330
III Procédure ... 330
A Assistance et représentation ... 330
1 En matière mobilière ... 330
2 En matière de saisie immobilière ... 330
B Matière ... 330
C Compétence ... 331
1 Compétence matérielle ... 331
2 Compétence territoriale ... 331
D Parties ... 331
E Acte de saisine ... 331
1 Assignation ... 331
2 Lettre recommandée ou déclaration ... 332
3 Conclusions ... 332
F Audience ... 332
G Décision ... 333
1 Forme de la décision ... 333
2 Effets de la décision ... 333
3 Suite de la décision ... 333
H Fin de la procédure ... 333
I Recours ou contestation ... 333

I
Aperçu rapide

A Caractéristiques générales

709 L'un des moyens de résister à l'exécution consiste à obtenir des **délais**.

Le débiteur peut obtenir la suspension des voies d'exécution engagées par l'octroi d'un **délai de grâce**.

Il existe deux séries de délais :
- des délais pour s'acquitter de la dette ;
- des délais pour libérer les lieux dans le cadre d'une expulsion.

Le délai de grâce peut être accordé par le juge qui prononce une condamnation au paiement afin d'en différer l'exécution (CPC, art. 510, al. 1).

En cas d'urgence, la même faculté appartient au juge des référés (CPC, art. 510, al. 2).

Compétence :
- après la signification d'un commandement ou d'un acte de saisie, le juge de l'exécution

– et lui seul – a compétence pour accorder un délai de grâce (CPC ex., art. R. 121-1, al. 2, *in fine*. – CPC, art. 510, al. 3. – Cass. 2e civ., 22 sept. 2016, n° 15-12.328, inédit) ; tout autre juge doit relever d'office son incompétence (CPC ex., art. R. 121-1, al. 1. – CA Versailles, ch. 1, sect. 2, 10 mai 2016, n° 14/08777 : *JurisData* n° 2016-012381) ;
– en matière de saisie des rémunérations, c'est le tribunal d'instance qui est compétent pour accorder un délai de grâce (CPC, art. 510, al. 3, *in fine*).
Le juge :
– dispose d'un pouvoir souverain d'appréciation pour apprécier si les délais de grâce peuvent être accordés au débiteur ou non (Cass. 1re civ., 6 avr. 2016, n° 14-24.972, inédit. – Sur le délai à l'expulsion : CA Versailles, ch. 16, 17 nov. 2016, n° 15/04881 : *JurisData* n° 2016-026629) ;
– se prononce en fonction des intérêts en présence et tient compte de la situation du débiteur et des besoins du créancier (C. civ., art. 1343-5).
L'octroi du délai doit être motivé (CPC, art. 510, al. 4).
Il n'a pas pour finalité de différer, mais de permettre un apurement de la dette par le moyen d'un supplément de temps, ce qui suppose de faire la preuve qu'un apurement peut être sérieusement espéré au bénéfice d'un délai dont la durée est normalement limitée par la loi à deux années (CA Bourges, ch. civ., 13 oct. 2016, n° 16/00299 : *JurisData* n° 2016-022402).

REMARQUE En matière locative, le délai est – par dérogation avec ce que prévoit l'article 1343-5, alinéa 1, du Code civil – de trois années (L. n° 89-462, 6 juill. 1989, art. 24, V).

L'obtention d'un délai de grâce autorise la suspension des procédures d'exécution pendant la durée correspondante.
Le délai de grâce court du jour du jugement lorsque celui-ci est contradictoire. Il ne court dans les autres cas, que du jour de la notification du jugement (Cass. 2e civ., 26 janv. 2017, n° 16-10.426 : *JurisData* n° 2017-001217).

CONSEIL **Le praticien qui envisage d'engager une mesure d'exécution doit s'assurer que son débiteur ne bénéficie pas d'un délai de grâce pour s'exécuter.**

ATTENTION **Le délai de grâce ne fait pas obstacle aux mesures conservatoires (CPC, art. 513. – CA Rennes, ch. 2, 2 déc. 2016, n° 15/09357 : *JurisData* n° 2016-026001).**

B Conditions d'utilisation

710 Le débiteur ne peut pas solliciter un délai de grâce pour toutes les dettes.
Le juge ne peut accorder des délais au débiteur pour :
– les créances salariales (Cass. soc., 18 nov. 1992, n° 91-40.596 : *JurisData* n° 1992-002616) ;
– les dettes d'aliments (C. civ., art. 1343-5, al. 6) ;
– les effets de commerce (C. com., art. L. 511-81, al. 2. – C. monét. fin., art. L. 131-66) ;
– les créances fiscales (CA Pau, 26 sept. 1991 : *JurisData* n° 1991-046735).

ATTENTION **La mise en œuvre d'une saisie-attribution emporte un effet attributif immédiat de la créance saisie au profit du saisissant, ce qui exclut la possibilité pour le juge de l'exécution d'accorder des délais de paiement (CA Douai, ch. 8, sect. 3, 25 sept. 2014, n° 13/06956 : *JurisData* n° 2014-022335).**

Le délai de grâce ne peut être accordé au débiteur (CPC, art. 512) :
– dont les biens sont saisis par d'autres créanciers ;
– qui a, par son fait, diminué les garanties qu'il avait données par contrat à son créancier.

ATTENTION **L'ouverture d'une procédure collective ou d'une procédure de surendettement conduit à la suspension ou l'arrêt des procédures d'exécution diligentées contre le débiteur.**
Le jugement d'ouverture de la procédure collective arrête toute procédure d'exécution, tant sur les meubles que sur les immeubles, de la part de tous les créanciers dont la créance est née antérieurement, ainsi que toute procédure de distribution n'ayant pas produit un effet attributif avant le jugement d'ouverture (C. com., art. L. 622-21, II).
Il a ainsi été jugé que l'arrêt des procédures d'exécution entraîne la mainlevée d'une procédure de saisie des droits d'associés lorsque, à la date du jugement d'ouverture, cette procédure d'exécution n'a pas, par la vente des droits d'associés, produit ses effets (Cass. 2e civ., 28 janv. 2016, n° 15-13.222 : *JurisData* n° 2016-001002 ; *Act. proc. coll.* 2016, n° 4, alerte 48, P. Cagnoli).

Le juge de l'exécution tire de l'article L. 412-3 du Code des procédures civiles d'exécution le pouvoir d'accorder un délai de grâce pour quitter les lieux à l'occupant d'un local à usage commercial. Dès lors, est recevable la demande de sursis à l'expulsion du preneur du local commercial formée devant le juge de l'exécution (CA Versailles, ch. 16, 30 mars 2017, n° 16/06188 : *JurisData* n° 2017-006434).
Dans le cadre d'une procédure de saisie immobilière, la demande de délais formulée pour la première fois en cause d'appel est irrecevable (Cass. 2e civ., 17 mars 2016, n° 15-14.150 : *JurisData* n° 2016-005219).

C Avis du professionnel

711 En fonction de la situation du débiteur, le praticien doit veiller à la saisine du juge compétent (tribunal d'instance, juge des référés, juge de l'exécution).
Il devra :
- conseiller au débiteur de se munir de toutes les pièces justificatives permettant de conduire à l'obtention du délai de grâce ;
- veiller à la bonne foi de son client ;
- veiller aux difficultés éprouvées et aux possibilités d'exécution échelonnée de la dette.

D Textes

1 Textes codifiés

- C. civ., art. 1343-5.
- C. com., art. L. 145-41.
- C. consom., art. L. 314-20.
- CPC, art. 56, 58, 127, 510 à 513, 748-8 et 748-9.
- CPC ex., art. L. 412-3, R. 121-1, R. 412-4, R. 442-4.

2 Texte non codifié

- L. n° 89-462, 6 juill. 1989, art. 24, V.

E Schéma procédural

712 • Assignation.
• Enrôlement.
• Communication de pièces ou déclaration au greffe ou lettre recommandée avec demande d'avis de réception (LRAR).
• Convocation à l'audience ou conclusions.
• Audience : une seule audience si le dossier est prêt avec possibilité de renvoi et organisation des échanges entre les parties.
• Décision.
• Notification et/ou signification.

II Préparation

A Information du client

713 Le praticien doit informer le client :
- sur la longueur et le coût de la procédure ;
- que l'octroi des délais par le juge de l'exécution est conditionné à l'existence d'une mesure d'exécution forcée. En l'absence de mesure d'exécution forcée mise en œuvre à l'encontre du débiteur, le juge de l'exécution ne peut accorder des délais de paiement (Cass. 2e civ., 22 sept. 2016, n° 15-12.328, inédit) ;
- que la demande de délais ne doit pas viser en réalité à demander au juge de l'exécution de remettre en cause le bien-fondé du titre exécutoire (CPC ex., art. R. 121-1. – Cass. 2e civ., 5 janv. 2017, n° 15-28.770, inédit) ;
- que la demande de délais de paiement formée pour la première fois en appel d'un jugement d'orientation – en matière de saisie immobilière – est irrecevable (Cass. 1re civ., 3 juin 2015, n° 14-15.442 : *JurisData* n° 2015-013173).

B Contrôles préalables

714 Avant de saisir le juge de l'exécution, vérifier :
- que la demande ne relève pas de la compétence d'une autre juridiction (juge des référés, juge d'instance, etc.) ;
- que le débiteur réunit les conditions nécessaires pour pouvoir prétendre au bénéfice d'un délai de grâce ;
- qu'un commandement (de payer, de quitter les lieux) a été délivré ou qu'un acte de saisie a été dressé. La compétence du juge de l'exécution est en effet conditionnée par l'existence d'une mesure d'exécution forcée ;
- éventuellement, que le délai ouvert pour la saisine du juge de l'exécution n'est pas expiré.

EXEMPLE En matière d'expulsion, la saisine du juge de l'exécution doit intervenir dans les

deux mois du commandement de quitter les lieux (CPC ex., art. L. 412-1).
Dans ce cas, en matière locative, le juge peut, par dérogation au délai prévu par l'article 1343-5, alinéa 1er, du Code civil, accorder des délais de paiement dans la limite de trois années (au lieu de deux) au locataire en situation de régler sa dette locative (L. n° 89-462, 6 juill. 1989, art. 24, V).

C Pièces nécessaires

715 Le client doit se munir de toutes les pièces nécessaires pour justifier sa demande de délai de grâce en fonction de la situation en cause :
- attestation ou contrat de bail justifiant la suppression de l'expulsion ;
- tout document pouvant justifier le paiement échelonné de la dette ;
- tout document pouvant justifier des efforts fournis (pour apurer la dette et/ou pour se reloger).

EXEMPLE Bulletin de salaire, relevé des charges fixes à assumer, etc.

D Coût de la procédure

716 • Honoraires libres des avocats (une convention d'honoraires doit être conclue avec le client : C. com., art. L. 444-1, al. 3).
• Tarif des huissiers de justice.
• Frais d'affranchissement postal.
• Droit de plaidoirie.

III Procédure

A Assistance et représentation

1 En matière mobilière

717 Les parties se défendent elles-mêmes et ont la faculté de se faire assister ou représenter par (CPC ex., art. R. 121-6 et R. 121-7) :
- un avocat ;
- leur conjoint ;
- leur concubin ou la personne avec laquelle elles ont conclu un pacte civil de solidarité ;
- leurs parents ou alliés en ligne directe ;
- leurs parents ou alliés en ligne collatérale jusqu'au troisième degré inclus ;
- les personnes exclusivement attachées à leur service personnel ou à leur entreprise.

L'État, les régions, les départements, les communes et leurs établissements publics peuvent se faire assister ou représenter par un fonctionnaire ou un agent de leur administration (CPC ex., art. R. 121-7, al. 8).
Le représentant, s'il n'est avocat, doit justifier d'un pouvoir spécial (CPC ex., art. R. 121-7, al. 9).
La procédure est orale sur le principe (CPC ex., art. R. 121-8), mais le juge peut organiser les échanges entre les parties comparantes (CPC ex., art. R. 121-9 et R. 121-10).

CONSEIL **Vérifier la qualité de la personne qui représente l'adversaire et contrôler le cas échéant l'existence et le contenu du pouvoir spécial.**

2 En matière de saisie immobilière

718 Les parties sont, sauf disposition contraire, tenues de constituer avocat. La postulation est elle-même obligatoire.
Seul un avocat inscrit au barreau du tribunal de grande instance dans le ressort duquel il a établi sa résidence professionnelle peut postuler (CPC ex., art. R. 311-4. – Circ. n° CIV/17/06, 14 nov. 2006, § 1.3.2. – Cass. 2e civ., 5 mai 2011, n° 10-14.066 : *JurisData* n° 2011-007723 ; *Procédures* 2011, comm. 223, R. Perrot. – L. n° 71-1130, 31 déc. 1971, art. 5, al. 3 et 5-1, al. 2).
La constitution peut être régularisée dans l'assignation à comparaître à l'audience d'orientation (Cass. 2e civ., 18 oct. 2012, n° 11-18.730, inédit : *Procédures* 2013, comm. 12, R. Perrot).
La procédure est écrite sur le principe (CPC ex., art. R. 311-6), sauf pour le débiteur (ou son avocat) souhaitant former une demande de vente amiable (CPC ex., art. R. 322-17).
En conséquence, une demande de délai de grâce ne peut être formée que par conclusions signées d'un avocat.

B Matière

719 Matière contentieuse.

C Compétence

1 Compétence matérielle

720 **Compétence du juge des référés**, juge qui a prononcé l'expulsion : avant la délivrance d'un commandement ou d'un acte de saisie (CPC, art. 510. – C. civ., art. 1343-5. – CPC ex., art. L. 412-1 à L. 412-5, art. R. 121-1 et R. 412-4).
Compétence du juge de l'exécution : dès la délivrance d'un tel acte.
Le juge de l'exécution statuant en matière immobilière a compétence pour statuer sur une demande de délais sur le fondement des dispositions de l'article 1343-5 du Code civil (CA Versailles, 1re ch., sect. 2, 10 mai 2016, n° 14/08777 : *JurisData* n° 2016-012381), sauf en matière de recouvrement de dettes fiscales (Cass. 2e civ., 14 oct. 2010, n° 09-67.108, inédit. – CA Amiens, 1re ch. civ., 4 nov. 2014, n° 14/03396 : *JurisData* n° 2014-034396).

2 Compétence territoriale

721 À moins qu'il n'en soit disposé autrement, le juge de l'exécution territorialement compétent est, **au choix du demandeur**, celui (CPC ex., art. R. 121-2, al. 1) :
- du lieu où demeure le débiteur ;
- du lieu d'exécution de la mesure.

> ATTENTION **Lorsqu'une demande a été portée devant l'un de ces juges, elle ne peut l'être devant l'autre (CPC ex., art. R. 121-2, al. 1, *in fine*).**
> **Le juge compétent est obligatoirement celui du lieu d'exécution de la mesure (CPC ex., art. R. 121-2, al. 2) :**
> **– si le débiteur demeure à l'étranger ;**
> **– si le lieu où il demeure est inconnu.**

À compter de la signification du commandement d'avoir à libérer les locaux, toute demande de délais est portée devant le juge de l'exécution du lieu de situation de l'immeuble (CPC ex., art. R. 412-4).
La saisie immobilière, de son côté, est poursuivie devant le juge de l'exécution du tribunal de grande instance dans le ressort duquel est situé l'immeuble saisi (CPC ex., art. R. 311-2).

D Parties

722 Le demandeur sera le débiteur.
Le défendeur sera le créancier.
Selon le cas, la demande devra être dénoncée à l'huissier de justice chargé de l'exécution forcée, au créancier ou à son représentant.

E Acte de saisine

1 Assignation

723 Dans la procédure ordinaire, et sauf dispositions contraires, le juge de l'exécution est saisi par assignation (CPC ex., art. R. 121-11).
Le rédacteur doit veiller à ce que l'assignation contienne toutes les mentions prescrites (CPC, art. 56, art. 648. – CPC ex., art. R. 121-11, R. 121-6 à R. 121-10) :
- l'indication de la juridiction devant laquelle la demande est portée ;
- l'objet de la demande avec un exposé des moyens en fait et en droit ;
- l'indication que, faute pour le défendeur de comparaître, il s'expose à ce qu'un jugement soit rendu contre lui sur les seuls éléments fournis par son adversaire ;
- le cas échéant, les mentions relatives à la désignation des immeubles exigées pour la publication au fichier immobilier ;
- l'indication des pièces sur lesquelles la demande est fondée ;
- la reproduction des articles R. 121-6 à R. 121-10 du Code des procédures civiles d'exécution.

À défaut de ces indications, l'acte d'assignation peut être déclaré nul (CPC, art. 56).
La nullité est subordonnée à la preuve d'un grief (CPC, art. 114).

> REMARQUE Les dispositions de l'article 56, alinéa 7 du CPC (D. n° 2015-282, 11 mars 2015, art. 18), entrées en vigueur le 1er avril 2015, selon lesquelles l'acte introductif d'instance doit, en principe (la seule « sanction », à ce jour, est la possibilité donnée au juge de proposer aux parties une mesure de conciliation ou de médiation : CPC, art. 127) mentionner « les diligences entreprises en vue de parvenir à une résolution amiable du litige » (CPC, art. 56, al. 7) – étant rappelé que la seule limite relève du motif légitime tenant à l'urgence ou à la matière en cause, notamment si cette dernière intéresse l'ordre public – doivent-elles recevoir application dans cette assignation ?
> Il est permis d'en douter. En effet, le but poursuivi par le législateur semblant être d'éviter la prise d'un titre exécutoire par jugement, ces dispositions particulières, s'agissant de la recherche d'une solution amiable, n'ont pas vocation à s'appliquer dans le cadre des procédures liées à l'exécution, lesquelles ne peuvent se concevoir sans existence d'un titre exécutoire. Dès lors, la matière de l'exécution paraît bien étrangère à toute idée de résolution amiable du litige.

Le rédacteur doit veiller à enrôler l'assignation, ce qui nécessite de connaître le « bon greffe ».

EXEMPLE Le greffe du tribunal d'instance lorsque le juge chargé de l'instance est désigné pour exercer les fonctions de juge de l'exécution.

En matière d'expulsion, en cas de dépôt d'une demande auprès du greffe du tribunal incompétent, ce dernier doit la transmettre au greffe du juge délégué et aviser le demandeur par lettre simple de ce transfert (CPC ex., art. R. 442-2).
En cas d'urgence, le juge de l'exécution peut permettre d'assigner à l'heure qu'il indique, même d'heure à heure et les jours fériés ou chômés (CPC ex., art. R. 121-12).
L'ordonnance sur requête qui fait droit à la demande devra être jointe à l'assignation.

2 Lettre recommandée ou déclaration

724 S'agissant d'une demande relative à l'exécution d'une décision de justice ordonnant l'expulsion, le juge de l'exécution peut être saisi par (CPC ex., art. R. 442-2) :
– lettre recommandée avec demande d'avis de réception adressée au greffe ;
– déclaration faite ou remise au greffe contre récépissé.
À peine de nullité, le rédacteur doit veiller à ce que la demande (CPC ex., art. R. 442-3. – CPC, art. 58) :
– précise son objet ;
– indique les nom, prénoms, profession, nationalité, date et lieu de naissance, et adresse du demandeur ou s'il s'agit d'une personne morale, sa dénomination et son siège social, sa forme et l'organe qui la représente légalement ;
– indique les nom, prénoms et l'adresse du défendeur ou s'il s'agit d'une personne morale, sa dénomination et son siège social ;
– contienne un exposé sommaire des motifs ;
– soit datée et signée.

REMARQUE Le greffe avise par tous moyens le demandeur des lieu, jour et heure de l'audience (CPC, art. 748-8 et 748-9. – CPC ex., art. R. 442-4). La lettre de convocation du greffe contient la copie de la demande et toutes les informations que l'on trouve habituellement dans une assignation (reproduction des articles R. 121-6 à R. 121-10 du Code des procédures civiles d'exécution, etc.).
Le Code de procédure civile prévoit l'envoi par le greffe d'une lettre simple ou d'un avis par tous moyens aux parties ; dès lors, on peut envisager aussi l'utilisation de la communication par voie électronique.

CONSEIL **Le praticien doit vérifier que le défendeur a été régulièrement (CPC ex., art. R. 442-4, al. 2) :**
– a été régulièrement convoqué soit :
• par lettre recommandée avec demande d'avis de réception,
• verbalement contre émargement,
• par courrier électronique ou message écrit à l'adresse électronique ou au numéro de téléphone qu'il a préalablement déclaré à cette fin à la juridiction ;
– a été bien informé que faute de se présenter ou de faire connaître ses moyens, il s'expose à être jugé sur les seuls éléments fournis par le demandeur.

3 Conclusions

725 La demande est formée par voie de conclusions devant le juge de l'exécution statuant en matière immobilière (CPC ex., art. R. 311-6).
Les conclusions devront comporter :
– l'identification complète du demandeur et celle du défendeur ;
– la constitution d'un avocat inscrit dans le ressort du tribunal de grande instance devant lequel la procédure est poursuivie ;
– la signature de l'avocat ;
– les prétentions des parties ;
– les moyens en fait et en droit sur lesquels chacune de ces prétentions est fondée, avec indication des pièces justifiant ces prétentions.
Un bordereau énumérant les pièces numérotées justifiant les prétentions est annexé aux conclusions (CPC, art. 753, al. 1er).
Les conclusions sont déposées au greffe et notifiées par acte d'avocat à avocat (CPC, art. 671) ; si le débiteur n'a pas constitué avocat, les conclusions lui sont signifiées par acte d'huissier de justice.

F Audience

726 L'affaire peut être évoquée lors de la première audience ou faire l'objet d'un renvoi (ou plusieurs) à une audience ultérieure.
À l'issue des plaidoiries, le juge annonce la date de son délibéré et les modalités de remise de la décision aux parties.

EXEMPLE Par disposition au greffe.

La procédure est orale (CPC ex., art. R. 121-8).

Les parties présentent oralement à l'audience leurs prétentions et les moyens à leur soutien, mais peuvent également se référer aux prétentions et aux moyens qu'elles auraient formulés par écrit.
Les observations des parties sont notées au dossier ou consignées dans un procès-verbal.
Les parties peuvent être autorisées à formuler leurs prétentions et leurs moyens par écrit sans se présenter à l'audience et doivent dans ce cas communiquer par lettre recommandée avec demande d'avis de réception ou par notification entre avocats et il en est justifié auprès de la juridiction dans les délais qu'elle impartit (CPC ex., art. R. 121-9). Le jugement rendu dans ces conditions est contradictoire. Néanmoins, le juge a toujours la faculté d'ordonner que les parties se présentent devant lui (CPC, art. 446-1, al. 2, *in fine*).
En cours d'instance, toute partie peut aussi exposer ses moyens par lettre adressée au juge de l'exécution, à condition de justifier que l'adversaire en a eu connaissance avant l'audience par lettre recommandée avec demande d'avis de réception. La partie qui use de cette faculté peut ne pas se présenter à l'audience (CPC ex., art. R. 121-10).

ATTENTION **En matière de saisie immobilière, la procédure est écrite.**
Le juge de l'exécution peut renvoyer l'affaire à une ou plusieurs audiences ultérieures jusqu'à ce que le dossier soit en état (échange de conclusions et pièces).

G Décision

1 Forme de la décision

727 Le juge de l'exécution statue par jugement dans les conditions du droit commun (CPC, art. 450 à 464).
Le jugement est motivé.

2 Effets de la décision

728 La décision du juge qui accorde des délais de grâce suspend les procédures d'exécution engagées par le créancier et la majoration des intérêts. Les pénalités prévues en cas de retard ne sont pas encourues pendant le délai fixé par le juge (C. civ., art. 1343-5, al. 4).

ATTENTION **Le délai de grâce ne suspend que l'exécution forcée et n'empêche pas le créancier de prendre une mesure conservatoire (CPC, art. 513. – C. civ., art. 1343-5, al. 4).**

3 Suite de la décision

729 La décision qui fait droit à la demande de délai de grâce doit être adressée à l'huissier de justice chargé de l'exécution forcée.
La décision est notifiée et/ou signifiée.

H Fin de la procédure

730 La procédure s'achève à l'issue du délai de grâce sauf non-respect des conditions fixées par le juge dans sa décision octroyant le délai de grâce et sauf demande de renouvellement du délai de grâce.

EXEMPLE Le juge de l'exécution peut accorder des délais renouvelables – de trois mois à trois ans – à la personne menacée d'expulsion, pour libérer les lieux (CPC ex., art. L. 412-4).

I Recours ou contestation

731 Sauf dispositions contraires, la décision du juge de l'exécution – excepté s'il s'agit d'une mesure d'administration judiciaire – peut être frappée d'**appel** dans les **quinze jours** à compter de la notification de la décision (CPC ex., art. R. 121-19 et R. 121-20).
Le délai court à compter de la date de la notification de la décision (CPC ex., art. R. 121-15), soit :
– la date de la réception de la lettre recommandée avec demande d'avis de réception ;
– la date de la signification par huissier de justice ;
– la date du prononcé du jugement lorsque chacune des parties a déclaré renoncer à la notification, ce qui est rare en pratique.
Le délai d'appel et l'appel lui-même n'ont pas d'effet suspensif (CPC ex., art. R. 121-21).
L'appel est formé, instruit et jugé selon les règles applicables à la procédure prévue à l'article 905 du CPC ou à la procédure à jour fixe en cas de péril (CPC ex., art. R. 121-20, al. 2). La situation – en dehors de l'appel du jugement d'orientation qui relève d'un régime spécifique – est la même en matière de saisie immobilière (CPC ex., art. R. 311-7).

ATTENTION En matière de saisie immobilière, en effet, l'appel du jugement d'orientation est formé, instruit et jugé selon la procédure à jour fixe, sans que l'appelant ait à se prévaloir dans sa requête d'un péril (CPC ex., art. R. 322-19). Est irrecevable l'appel interjeté selon une forme différente de celle prévue par l'article R. 322-19 du Code des procédures civiles d'exécution (Cass. 2e civ., 28 sept. 2017, n° 16-22.143 : *JurisData* n° 2017-018681. – Cass. 2e civ., 7 sept. 2017, n° 16-16.847 : *JurisData* n° 2017-017185. – Cass. 2e civ., 7 sept. 2017, n° 16-17.568 : *JurisData* n° 2017-017491. – Cass. 2e civ., 7 sept. 2017, n° 16-19.202, inédit : *Procédures* 2017, comm. 263, C. Laporte).
L'appel est irrecevable si :
– la requête tendant à voir fixer le jour auquel l'affaire sera appelée par priorité ne contient pas les conclusions sur le fond et ne vise pas les pièces justificatives (Cass. 2e civ., 7 avr. 2016, n° 15-11.042 : *JurisData* n° 2016-006481 ; *Procédures* 2016, comm. 197, C. Laporte) ;
– la requête n'est pas présentée au plus tard dans les huit jours de la déclaration d'appel (Cass. 2e civ., 22 sept. 2016, n° 15-19.622 : *JurisData* n° 2016-019661).

CHECK-LIST • Vérifier :
– la nature de la créance du débiteur (créance salariale, créance alimentaire ou créance fiscale) ;
– que le débiteur réunit les conditions nécessaires pour pouvoir prétendre au bénéfice d'un délai de grâce.
• Veiller :
– à la bonne foi de son client ;
– aux difficultés éprouvées et aux possibilités d'exécution échelonnée de la dette ;
– à enrôler l'assignation ;
– à ce que la personne qui a obtenu le délai de grâce exécute la décision rendue (paiement selon l'échéancier fixé par le juge, libération des lieux dans les délais octroyés) ;
– à l'adresser à l'huissier de justice chargé de l'exécution et à rendre définitive la décision rendue par le juge de l'exécution.

POUR ALLER PLUS LOIN...

Fascicules JurisClasseur
• *JCl. Procédure civile*, Fasc. 520.
• *JCl. Procédure civile*, Fasc. 1500-20 et 1500-25.
• *JCl. Procédures Formulaire*, V° *Juge de l'exécution*, Fasc. 20 et 30.

Fiche 35
Mettre en œuvre une procédure d'expulsion

Ludovic LAUVERGNAT

Sommaire

I Aperçu rapide 335
A Éléments clés 335
B Textes 336
II Préparation 336
A Informations préalables 336
B Inventaire des solutions et éléments de décision 336
III Mise en œuvre 338
A Commandement de quitter les lieux 338
B Délai de l'expulsion 339
C Moment de l'expulsion 339
D Déroulement matériel de l'expulsion 340
E Concours de la force publique 340
F Procès-verbal d'expulsion ou de reprise des lieux 341
G Sort des meubles et effets personnels de l'expulsé 342
H Réinstallation de la personne expulsée dans les lieux 342
I Recours et contestations 342

I
Aperçu rapide

A Éléments clés

732 L'expulsion d'un immeuble ou d'un lieu habité ne peut être poursuivie qu'en vertu d'une décision de justice ou d'un procès-verbal de conciliation exécutoire (CPC ex., art. L. 411-1).

ATTENTION **Le bail authentique, s'il permet le recouvrement des loyers impayés, ne suffit pas à mettre en œuvre la procédure d'expulsion.**
Une transaction rendue exécutoire par ordonnance du président du tribunal de grande instance n'est pas un titre permettant l'expulsion (Cass., avis, 20 oct. 2000, n° 02-00.013 ; *JCP* G 2001, II, 10479, Y. Desdevises ; *Procédures* 2001, comm. 34, H. Croze).

La procédure d'expulsion est différente selon qu'elle vise ou non un local affecté à l'habitation principale de la personne expulsée. Le local affecté à l'habitation principale fait l'objet d'une protection accrue par l'application de multiples délais (délai de deux mois de l'article L. 412-1 du Code des procédures civiles d'exécution, trêve hivernale, etc.).
Des dispositions propres à la reprise des locaux abandonnés ont été prévues afin de faciliter et d'accélérer la procédure dans un cas où la protection de l'occupant ne s'imposait plus (CPC ex., art. L. 451-1 et R. 451-1).

CONSEIL **Assortir la demande d'expulsion d'une astreinte pour obliger l'occupant du local à quitter les lieux (CPC ex., art. L. 421-1). Même si ce type d'astreinte revêt toujours un caractère** provisoire et ne sera liquidée qu'une fois l'expulsion faite, son impact comminatoire pourra pousser l'occupant à quitter les lieux plus rapidement. En toutes hypothèses, le montant de l'astreinte liquidée ne pourra pas excéder la somme compensatrice du préjudice effectivement causé.

B Textes

- CPC ex., art. L. 411-1 et s.
- CPC ex., art. R. 411-1 et s.
- C. civ., art. 220-1.

II Préparation

A Informations préalables

733 Le client est-il titulaire d'un titre lui permettant de recourir à l'expulsion ? Les occupants des lieux sont-ils mariés ou pacsés ? S'agit-il de concubins ? Sont-ils cotitulaires du bail ?
Est-ce un sous-locataire qui fait l'objet de la procédure d'expulsion ? S'agit-il d'un conjoint violent ?
La personne concernée bénéficie-t-elle d'un délai de grâce ? Est-elle surendettée ?
S'agit-il d'un local commercial ? Est-ce un logement de fonction ?
L'expulsion est-elle consécutive à un refus d'offre de relogement par un bailleur social ? Résulte-t-elle de travaux de démolition ou de mise en conformité ou de remise en état d'un immeuble ?

- Recueillir auprès du client toutes informations utiles relatives aux locaux à évacuer (localisation, désignation, contenance, etc.) et à la situation de l'occupant (seul ou en couple, avec ou sans enfants, etc.) afin de préparer les opérations d'expulsion.
- Éclairer le client sur la longueur (nombreux délais) et le caractère coûteux de la procédure d'expulsion (frais d'actes, serrurier, déménageurs, etc.) : si les frais sont à la charge de l'expulsé, il devra être fait l'avance par le client.

B Inventaire des solutions et éléments de décision

734 **Existence d'un titre permettant l'expulsion**
Veiller à ce que les conditions pour mettre en œuvre l'expulsion soient bien remplies, notamment le titre exécutoire en sa possession. Il peut s'agir d'une décision de justice ou d'un procès-verbal de conciliation exécutoire (CPC ex., art. L. 411-1).

ATTENTION Le jugement d'adjudication suite à une saisie immobilière constitue un titre d'expulsion à l'encontre du saisi (CPC ex., art. L. 322-13).

Outre la forme du titre, vérifier que l'expulsion de l'occupant a bien été ordonnée.

ATTENTION L'expulsion doit être prononcée à l'encontre de tout occupant bénéficiant d'un droit sur le local. Ainsi, l'expulsion ordonnée à l'encontre de l'épouse, par exemple, est sans incidence sur le conjoint. De sorte, il devient inutile de mettre la décision à exécution, l'épouse pouvant réintégrer les lieux du chef de son conjoint.
Avant toute exécution, vérifier que la décision de justice servant de base à l'expulsion a fait l'objet d'une signification à partie.

La procédure d'expulsion peut être mise en œuvre sur le fondement d'une décision de justice exécutoire à titre provisoire.

CONSEIL Si l'expulsion est entreprise en vertu de l'exécution provisoire d'une décision de justice, et si un recours est interjeté, indiquer au mandant les risques d'une possible remise en cause du titre exécutoire.

Expulsion sans titre : fait de squatters
En cas d'introduction et de maintien dans le domicile d'autrui à l'aide de manœuvres, menaces, voies de fait ou de contrainte, le propriétaire ou le

locataire du logement occupé peut demander au préfet de mettre en demeure l'occupant de quitter les lieux. Dans cette hypothèse, il faut :
- avoir déposé plainte ;
- faire la preuve que le logement constitue son domicile ;
- faire constater l'occupation illicite par un officier de police judiciaire.

La mise en demeure est :
- assortie d'un délai d'exécution qui ne peut être inférieur à vingt-quatre heures ;
- notifiée aux occupants ;
- publiée sous forme d'affichage en mairie et sur les lieux.

Le cas échéant, elle est notifiée au propriétaire ou au locataire.

Lorsque la mise en demeure de quitter les lieux n'a pas été suivie d'effet dans le délai fixé, le préfet doit procéder à l'évacuation forcée du logement, sauf opposition du propriétaire ou du locataire dans le délai fixé pour l'exécution de la mise en demeure (L. n° 2007-290, 5 mars 2007, art. 38 : *JO* 6 mars 2007, texte n° 4).

Incidence d'une procédure de surendettement

L'ouverture d'une procédure de traitement d'une situation de surendettement ne rend possible que la suspension des procédures d'exécution portant sur les dettes, ce que n'est pas une procédure d'expulsion (Cass. 2e civ., 22 janv. 2002, n° 99-16.752 : *JurisData* n° 2002-012666 ; *Contrats, conc. consom.* 2002, comm. 132, G. Raymond ; *Loyers et copr.* 2002, comm. 110, B. Vial-Pedroletti).

Si la commission de surendettement des particuliers déclare le dossier du débiteur recevable, elle peut saisir le juge du tribunal d'instance aux fins de suspension des mesures d'expulsion du logement du débiteur (C. consom., art. L. 722-6).

En cas d'urgence, la saisine du juge peut intervenir à l'initiative du président de la commission, du délégué de ce dernier, du représentant local de la Banque de France ou du débiteur. La commission est informée de cette saisine.

Si la situation du débiteur l'exige, le juge prononce la suspension provisoire des mesures d'expulsion de son logement, à l'exception de celles fondées sur un jugement d'adjudication rendu en matière de saisie immobilière et de celles ordonnées pour cause grave (C. consom., art. L. 722-8).

Cette suspension est acquise, pour une période maximale de deux ans et, selon les cas :
- jusqu'à l'approbation du plan conventionnel de redressement ;
- jusqu'à la décision imposant les mesures prévues par l'article L. 733-1 du Code de la consommation ;
- jusqu'à l'homologation par le juge des mesures recommandées en application des articles L. 733-7, L. 733-8 et L. 741-1 du Code de la consommation ;
- jusqu'au jugement prononçant un redressement personnel sans liquidation judiciaire ou jusqu'au jugement d'ouverture d'une procédure de rétablissement personnel avec liquidation judiciaire.

ATTENTION **Le jugement d'ouverture d'une procédure de rétablissement personnel avec liquidation judiciaire entraîne, jusqu'au jugement de clôture, la suspension des mesures d'expulsion du logement du débiteur, à l'exception de celles fondées sur un jugement d'adjudication rendu en matière de saisie immobilière (C. consom., art. L. 742-7).**

CONSEIL **Le professionnel saisi d'une demande d'expulsion d'un débiteur surendetté a tout intérêt à se rapprocher de la commission de surendettement des particuliers ou du greffe du tribunal d'instance pour vérifier l'existence d'une procédure de suspension de la mesure d'expulsion.**

Expulsion du conjoint violent

Lorsque les **violences** exercées au sein du couple ou par un ancien conjoint, un ancien partenaire lié par un pacte civil de solidarité ou un ancien concubin mettent en danger la personne qui en est victime, un ou plusieurs enfants, le juge aux affaires familiales peut délivrer en urgence à cette dernière une ordonnance de protection (C. civ., art. 515-9).

L'ordonnance de protection, susceptible d'appel dans les quinze jours de sa notification, est exécutoire à titre provisoire à moins que le magistrat n'en dispose autrement (CPC, art. 1136-7).

Le juge fixe la durée des mesures de protection prises. À défaut, elles prennent fin à l'issue d'une période de six mois suivant la notification de la décision, sous réserve de l'application des articles 1136-13 et 1136-14 du Code de procédure civile.

La **procédure d'expulsion** est engagée sur le fondement de l'ordonnance rendue par le juge aux affaires familiales.

Une fois la décision signifiée, un **commandement de quitter les lieux** sera délivré au conjoint violent.

Le conjoint violent ne peut opposer, ni demander aucun délai (délai de deux mois dans le

commandement de quitter les lieux, trêve hivernale, délais judiciaires. – CPC ex., art. L. 412-8).
Si le **conjoint violent refuse de quitter les lieux**, l'huissier de justice réquisitionnera la force publique en insistant sur le caractère particulier de l'affaire.
Le conjoint violent sera alors expulsé par l'huissier de justice accompagné de la force publique.

III
Mise en œuvre

A Commandement de quitter les lieux

735 L'expulsion ne peut avoir lieu sans qu'un commandement de quitter les lieux ait été signifié par un acte d'huissier de justice à la personne expulsée.
Le commandement de quitter les lieux peut être signifié par clerc assermenté (CA Paris, 8e ch., sect. B, 12 juin 2008, n° 07/21263 : *JurisData* n° 2008-000354).

> **ATTENTION Le commandement de quitter les lieux ne peut être signifié à domicile élu (CPC ex., art. R. 411-2). Pour le cas où l'expulsion ou l'évacuation de l'immeuble vise des personnes non dénommées, l'acte est remis au parquet à toutes fins (CPC ex., art. R. 411-3).**
> **Le commandement d'avoir à libérer les lieux doit être signifié, en application de l'article R. 411-1 du Code des procédures civiles d'exécution, à la personne dont l'expulsion a été ordonnée et n'a pas à l'être à l'occupant de son chef (Cass. 2e civ., 23 juin 2016, n° 15-21.408 : *JurisData* n° 2016-012232 ; *Procédures* 2016, comm. 255, L. Raschel ; *Dr. et proc.* 2016, p. 147, n° 6, note L. Lauvergnat).**

> **CONSEIL Si l'expulsion est entreprise sur la base d'une décision exécutoire à titre provisoire, le commandement de quitter les lieux pourra être signifié en même temps que la décision.**

Mentions obligatoires du commandement de quitter les lieux
Le commandement de quitter les lieux contient, à peine de nullité (CPC ex., art. R. 411-1) :
– l'indication du titre exécutoire en vertu duquel l'expulsion est poursuivie ;
– la désignation de la juridiction devant laquelle peuvent être portées les demandes de délais et toutes contestations relatives à l'exécution des opérations d'expulsion ;
– l'indication de la date à partir de laquelle les locaux devront être libérés ;

> **ATTENTION Le défaut d'indication dans le commandement de la date à partir de laquelle les locaux devront être libérés constitue un vice de forme.**

– l'avertissement qu'à compter de cette date, il peut être procédé à l'expulsion forcée du débiteur ainsi qu'à celle de tout occupant de son chef.

> **ATTENTION Lorsque l'expulsion porte sur un local affecté à l'habitation principale de l'expulsé, le commandement de quitter les lieux doit, en outre, reproduire les articles L. 412-1 à L. 412-6 sauf pour ce qui est de l'expulsion du conjoint, du partenaire pacsé ou du concubin violent (CPC ex., art. L. 412-8).**
> **Les articles L. 412-3 à L. 412-6 ne sont pas reproduits lorsque l'expulsion porte sur un local spécialement destiné aux logements d'étudiants et que les intéressés cessent de satisfaire aux conditions en raison desquelles le logement a été mis à leur disposition (CPC ex., art. L. 412-7).**

Envoi au préfet d'une copie du commandement
Lorsque l'expulsion porte sur un local affecté à l'habitation principale de la personne expulsée ou de tout occupant de son chef, l'huissier de justice chargé de la mesure d'exécution (CPC ex., art. L. 412-5) saisit, dès le commandement de quitter les lieux, le représentant de l'État dans le département afin que celui-ci en informe la commission de coordi-

nation des actions de prévention des expulsions locatives (CCAPEX) prévue à l'article 7-2 de la loi n° 90-449 du 31 mai 1990 visant à la mise en œuvre du droit au logement, et qu'il informe le ménage locataire de la possibilité de saisir la commission de médiation en vue d'une demande de relogement au titre du droit au logement opposable.
La saisine du représentant de l'État dans le département par l'huissier de justice et l'information de la CCAPEX par le représentant de l'État dans le département s'effectuent par voie électronique.
À défaut de saisine du préfet, le délai avant l'expiration duquel l'expulsion ne peut avoir lieu est suspendu.

> ATTENTION **La poursuite de l'expulsion en l'absence de notification du commandement de quitter les lieux au préfet peut être sanctionnée aussi bien par le juge judiciaire (invalidation de l'expulsion) que par le juge administratif (irresponsabilité de l'État en cas de refus d'octroi du concours de la force publique).**

B Délai de l'expulsion

736 Faire attention au délai de grâce dont peut bénéficier la mesure d'expulsion.
Si l'expulsion porte sur un local affecté à l'habitation principale de la personne expulsée ou de tout occupant de son chef, elle ne peut avoir lieu qu'à l'expiration d'un **délai de deux mois** suivant le commandement de quitter les lieux.
Le délai de deux mois peut, sous certaines conditions, être réduit ou supprimé judiciairement (CPC ex., art. L. 412-1).
Le délai peut également être prorogé par le juge pour une durée n'excédant pas trois mois, lorsque l'expulsion aurait pour la personne concernée des conséquences d'une exceptionnelle dureté, notamment eu égard aux circonstances atmosphériques (CPC ex., art. L. 412-2).
Des délais renouvelables ne pouvant être inférieurs à trois mois ni supérieurs à trois ans (CPC ex., art. L. 412-4) peuvent être accordés judiciairement, même d'office, à l'occupant du local d'habitation ou professionnel chaque fois que le relogement des intéressés ne peut avoir lieu dans des conditions normales (CPC ex., art. L. 412-3).
Le juge tiendra compte notamment de la bonne ou mauvaise volonté manifestée par l'occupant dans l'exécution de ses obligations, la situation de famille, les circonstances atmosphériques, ainsi que des diligences que l'occupant justifie avoir faites en vue de son relogement. Il est aussi tenu compte du droit à un logement décent et indépendant, des délais liés aux recours engagés selon les modalités prévues aux articles L. 441-2-3 et L. 441-2-3-1 du Code de la construction et de l'habitation et du délai prévisible de relogement des intéressés (CPC ex., art. L. 412-4).
À compter de la signification du commandement de quitter les lieux, les demandes de délai formées en application des articles L. 412-2 à L. 412-6 sont portées devant le juge de l'exécution du lieu de situation de l'immeuble (CPC ex., art. R. 412-4).

C Moment de l'expulsion

737 Aucune mesure d'expulsion ne peut être (CPC ex., art. L. 141-1) :
– effectuée un dimanche ou un jour férié, si ce n'est en vertu d'une autorisation du juge en cas de nécessité ;
– commencée avant 6 heures et après 21 heures si ce n'est en vertu d'une autorisation du juge en cas de nécessité et seulement dans les lieux qui ne servent pas à l'habitation.

> ATTENTION **Lorsque l'expulsion porte sur un local d'habitation, il doit être sursis à toute mesure d'expulsion non exécutée à la date du 1er novembre de chaque année jusqu'au 31 mars de l'année suivante, à moins que le relogement des intéressés soit assuré dans des conditions suffisantes respectant l'unité et les besoins de la famille.**
> **La trêve hivernale ne s'applique pas aux occupants entrés dans le domicile d'autrui par voie de fait (CPC ex., L. 412-6, al. 2). Lorsque pour ces derniers, l'expulsion concerne un lieu autre que la domicile d'autrui, il appartiendra au juge de supprimer ou réduire la trêve hivernale (CPC ex., L. 412-6, al. 3).**

> ATTENTION **Le délai de deux mois est sans application lorsque l'expulsion concerne des personnes entrées dans les locaux par voie de fait (CPC ex., L. 412-6, al. 2).**

> CONSEIL **Seule l'expulsion *manu militari* est suspendue lors de la trêve hivernale. Rien n'interdit notamment à ce que l'administration soit valablement saisie d'une demande de concours de la force publique.**

Mettre en œuvre une procédure d'expulsion

D Déroulement matériel de l'expulsion

738 **Présence de l'occupant**
L'huissier de justice peut procéder à l'expulsion sans le concours de la force publique dès lors que l'occupant est présent et qu'il ne s'y oppose pas. L'huissier de justice doit dans ce cas relater avec précision le déroulement de la mesure d'expulsion.

RETOUR D'EXPÉRIENCE L'exécutant doit se faire remettre l'intégralité des jeux de clés de l'immeuble.
Il devra faire mention de cette remise sur son procès-verbal, la remise des clés matérialisant le départ volontaire de l'occupant.
En pratique, un état des lieux pourra venir compléter le procès-verbal.

Absence de l'occupant ou refus d'ouverture des portes
En l'absence de la personne expulsée ou de tout occupant de son chef, l'huissier de justice ne peut ni procéder à l'ouverture des portes, ni pénétrer dans les lieux même en présence de l'un des témoins de l'article L. 142-1 du Code des procédures civiles d'exécution (CPC ex., art. L. 431-1) afin de procéder à l'expulsion.
En pareil cas, l'huissier instrumentaire n'a d'autre choix que de dresser procès-verbal de tentative d'expulsion et de difficulté et de requérir le concours de la force publique (CA Montpellier, ch. 5, sect. A, 24 juill. 2002, n° 02/01978 : *Juris-Data* n° 2002-203374).

ATTENTION **Ce procès-verbal de tentative d'expulsion ne pourra être dressé qu'à l'expiration du délai prévu dans le commandement pour quitter les lieux, ou de manière plus précise, qu'à l'expiration du délai de deux mois suivant la notification du commandement au préfet.**

Abandon des lieux par la personne expulsée
Lorsque l'huissier de justice constate que la personne expulsée et les occupants de son chef ont volontairement quitté les lieux postérieurement à la signification du commandement, il procède aux opérations de reprise des lieux (CPC ex., art. R. 451-1, 1°).
L'huissier, dans cette hypothèse, n'aura pas besoin du concours de la force publique et pourra instrumenter en présence des personnes visées à l'article L. 142-1 du Code des procédures civiles d'exécution (témoins majeurs, maire, conseiller municipal, autorité de police ou de gendarmerie).

E Concours de la force publique

739 L'expulsion ne peut être poursuivie qu'avec le concours de la force publique.

ATTENTION **Le fait de forcer un tiers à quitter le lieu qu'il habite sans avoir obtenu le concours de l'État dans les conditions prévues à l'article L. 153-1 du Code des procédures civiles d'exécution, à l'aide de manœuvres, menaces, voies de fait ou contraintes, est puni de trois ans d'emprisonnement et de 30 000 € d'amende (C. pén., art. 226-4-2).**

L'État est tenu de prêter son concours à l'exécution des jugements et des autres titres exécutoires. Le refus de l'État de prêter son concours ouvre droit à réparation (CPC ex., art. L. 153-1).
L'évaluation du préjudice est soumise à l'appréciation souveraine des juges du fond (pour une méthode d'évaluation : CE, 5e et 4e ss-sect. réunies, 7 oct. 2013, n° 351368 : *JurisData* n° 2013-022038 ; *JCP* A 2013, act. 831, F. Tesson).
Un procès-verbal de tentative d'expulsion sera dressé, lequel fera mention des difficultés rencontrées par l'exécutant (refus de quitter les lieux de la personne concernée, impossibilité de la rencontrer, etc.).

CONSEIL **Le procès-verbal de tentative d'expulsion n'est pas nécessaire à la réquisition de la force publique, mais est fortement recommandé.**

Une réquisition de la force publique auprès des services préfectoraux compétents sera adressée par l'huissier accompagnée des pièces justificatives (titre, signification, commandement de quitter les lieux, notification au préfet si nécessaire, etc.).

ATTENTION **Le ministère d'huissier de justice n'est pas obligatoire pour présenter la réquisition de force publique (CE, 5e et 4e ss-sect., 10 févr. 2014, n° 350265 : *JurisData* n° 2014-002162 ; *Procédures* 2014, comm. 202, R. Perrot).**

La réquisition de la force publique et la notification du commandement de quitter les lieux aux services préfectoraux peuvent être faites si-

multanément dans l'hypothèse où le juge aurait supprimé le délai pour quitter les lieux (CE, 5e et 4e ss-sect., 12 déc. 2014, n° 363372 : *JurisData* n° 2014-030578 ; *JCP* G 2015, 98, L. Lauvergnat).
Lorsque, postérieurement à une réquisition de la force publique pour l'exécution d'un jugement ordonnant l'expulsion des occupants d'un local, mais avant que le préfet n'ait statué, le juge civil accorde un délai de grâce aux occupants, le préfet demeure régulièrement saisi de la réquisition et doit déterminer s'il accorde le concours de la force publique avec effet à la date à laquelle l'expulsion deviendra possible (CE, 5e et 4e ss-sect., 4 févr. 2015, n° 369224 : *JurisData* n° 2015-001653 ; *JCP* A 2015, act. 162, L. Erstein).

ATTENTION **Le fait pour le propriétaire de refuser la mise en œuvre du concours de la force publique qui lui a été octroyé en ayant conclu avec les occupants un accord leur reconnaissant le droit de se maintenir durablement dans les lieux emporte renonciation au bénéficie de la réquisition, de sorte que la responsabilité de l'État cesse dès la conclusion de l'accord et ne peut, le cas échéant, être à nouveau engagée qu'à la suite du rejet d'une nouvelle demande de concours de la force publique (CE, 4 févr. 2015, préc.).**

Le refus de l'État de prêter son concours doit être motivé.
Le défaut de réponse, dans un délai de deux mois de la réquisition, équivaut à un refus et ouvre droit à indemnisation pour le propriétaire.
Le refus doit être porté à la connaissance du créancier par l'huissier de justice.

NOUVEAU **L'huissier n'a plus à informer le parquet du refus d'octroi de la force publique (CPC ex., art. R. 153-1, al. 4, mod. par D. n° 2017-892, 6 mai 2017, art. 38). Cette dernière formalité relevait plus de la forme que du fond, tant les parquets se désintéressaient d'une telle information**

CONSEIL **Une demande gracieuse d'indemnisation doit être adressée suivant lettre recommandée avec avis de réception aux services préfectoraux.**

À l'expiration d'un délai de quatre mois, et en l'absence de réponse positive, le tribunal administratif peut être saisi dans un délai de deux mois suivant la décision de rejet (implicite ou explicite) aux fins de voir engager la responsabilité de l'État (D. n° 65-29, 11 janv. 1965).

F Procès-verbal d'expulsion ou de reprise des lieux

740 L'huissier de justice doit dresser un procès-verbal des opérations d'expulsion ou reprise des lieux. **Ce procès-verbal contient à peine de nullité** (CPC ex., art. R. 432-1) :
– la description des opérations auxquelles il a été procédé et l'identité des personnes dont le concours a été nécessaire ;
– la désignation de la juridiction compétente pour statuer sur les contestations relatives aux opérations d'expulsion (juge de l'exécution du lieu de situation de l'immeuble).
Si des biens ont été laissés sur place ou déposés par l'huissier de justice en un lieu approprié, le procès-verbal d'expulsion contient, en outre, à peine de nullité (CPC ex., art. R. 433-1) :
1° inventaire des biens, avec l'indication qu'ils paraissent ou non avoir une valeur marchande ;
2° mention du lieu et des conditions d'accès au local où ils ont été déposés ;
3° sommation à la personne expulsée, en caractères très apparents, d'avoir à les retirer dans le délai d'un mois non renouvelable à compter de la signification de l'acte, faute de quoi les biens qui n'auront pas été retirés pourront être, sur décision du juge, vendus aux enchères ou déclarés abandonnés selon le cas ;
4° convocation de la personne expulsée d'avoir à comparaître devant le juge de l'exécution du lieu de situation de l'immeuble à une date déterminée qui ne peut être antérieure à l'expiration du délai d'un mois, afin qu'il soit statué sur le sort des biens qui n'auraient pas été retirés avant le jour de l'audience. L'acte reproduit les dispositions des articles R. 121-6 à R. 121-10 du Code des procédures civiles d'exécution.
Le **procès-verbal** d'expulsion est **signé** par toutes les personnes dont le concours a été nécessaire. En cas de refus de signer, il en est fait mention (CPC ex., art. R. 432-1).
Le procès-verbal d'expulsion est **remis ou signifié** à la personne expulsée (CPC ex., art. R. 432-2).

G Sort des meubles et effets personnels de l'expulsé

741 Meubles indisponibles

Si les biens situés dans le local sont indisponibles en raison d'une saisie antérieurement pratiquée par un autre créancier, ils sont remis à un séquestre, à moins que la personne expulsée n'indique le lieu où ils seront transportés.

Il en est dressé inventaire avec l'indication du lieu où ils seront entreposés.

Le procès-verbal est dénoncé au créancier saisissant.

Si le propriétaire du local entend se joindre à la saisie, l'opposition est faite avec la dénonciation du procès-verbal (CPC ex., art. R. 433-7).

Liquidation des meubles

Si les meubles, laissés sur place ou déposés par l'huissier dans un local approprié, n'ont pas été retirés dans un délai d'un mois, ils peuvent être vendus ou déclarés abandonnés (CPC ex., art. R. 433-1).

> ATTENTION **Si tous les biens ont été retirés avant l'audience, le propriétaire en informe le juge par tout moyen écrit ou par déclaration au greffe.**

Vente aux enchères

Le juge de l'exécution est saisi par le dépôt d'une copie du procès-verbal d'expulsion.

Au cours de l'audience, l'huissier peut être entendu (CPC ex., art. R. 433-3).

Si les biens inventoriés ont une valeur marchande, le juge peut décider leur mise en vente aux enchères publiques, y compris les biens insaisissables par nature.

Il est procédé à la vente comme en matière de saisie-vente.

Le produit de la vente, après déduction des frais et s'il y a lieu du montant de la créance du bailleur, est consigné auprès de la Caisse des dépôts et consignations au profit de l'expulsé.

La personne expulsée en est informée par l'officier ministériel vendeur au moyen d'une lettre recommandée avec demande d'avis de réception adressée à sa demeure actuelle ou, si celle-ci est inconnue, au lieu de son dernier domicile (CPC ex., art. R. 433-5).

Déclaration d'abandon

Les biens n'ayant aucune valeur marchande sont déclarés abandonnés le jour de l'audience.

Les papiers et documents de nature personnelle placés sous enveloppe scellée lors de l'expulsion sont conservés pendant deux ans par l'huissier de justice.

Avis en est donné à la personne expulsée suivant lettre recommandée avec avis de réception.

À l'expiration du délai de deux ans, l'huissier détruit les documents et dresse un procès-verbal qui fait mention des documents officiels et des instruments bancaires détruits (CPC ex., art. R. 433-6).

H Réinstallation de la personne expulsée dans les lieux

742 La réinstallation sans titre de la personne expulsée dans les mêmes locaux est constitutive d'une voie de fait.

Le commandement d'avoir à libérer les locaux continue de produire ses effets.

Il n'y pas lieu de notifier au préfet la copie du commandement pour le cas où l'expulsion porte sur un local affecté à l'habitation principale (CPC ex., art. R. 441-1).

S'il s'avère, à l'occasion des opérations de reprise des locaux que ceux-ci sont à nouveau occupés par l'expulsé ou toute personne de son chef, la procédure d'expulsion classique est de nouveau applicable, sans qu'il y ait lieu toutefois d'obtenir un nouveau titre d'expulsion (CPC ex., art. R. 451-4).

En cas de réinstallation sans titre de la personne expulsée postérieurement aux opérations de reprise des locaux, la signification de la décision de justice, passée en force jugée, tient lieu de commandement d'avoir à libérer les locaux (CPC ex., art. R. 451-4, 3°).

> ATTENTION **Ces deux dernières hypothèses sont limitées au cas où l'huissier aurait agi sur le fondement de la décision de justice rendue en application de l'article 14-1 de la loi n° 89-462 du 6 juillet 1989.**

I Recours et contestations

743 La procédure d'expulsion peut être contestée par l'occupant (V. Fiche 1 : Saisir le juge de l'exécution).

- **Juge compétent**

Le juge de l'exécution compétent sera celui du lieu de situation de l'immeuble (CPC ex., art. R. 442-1).

- **Forme de l'acte de saisine du juge**

La contestation peut être formée au greffe du juge de l'exécution par :

– lettre recommandée avec demande d'avis de réception ;

– déclaration faite ou remise contre récépissé (CPC ex., art. R. 442-2).

- **Mentions de l'acte de saisine du juge**

À peine de nullité, la demande mentionne (CPC ex., art. R. 442-3. – CPC, art. 58) :

– pour les **personnes physiques** : l'indication des nom, prénoms, profession, domicile, nationalité, date et lieu de naissance du demandeur ;
– pour les **personnes morales** : l'indication de leur forme, dénomination, siège social et de l'organe qui les représente légalement ; le nom et l'adresse du défendeur ou, s'il s'agit d'une personne morale, sa dénomination et son siège social ;
– l'objet de la demande ;
– un exposé sommaire des motifs.

• **Convocation des parties par le greffe**

– Convocation du **demandeur**

Le greffe informe le demandeur par tous moyens des lieu, jour et heure de l'audience.

– **Convocation du défendeur**

Le défendeur est convoqué par lettre recommandée avec avis de réception. Cette lettre :
– contient une copie de la demande ;
– informe l'intéressé qu'il s'expose, faute de se présenter ou de faire connaître ses moyens de défense, à être jugé sur les seuls éléments fournis par le demandeur ;
– reproduit les dispositions des articles R. 121-6 à R. 121-10.

Cette convocation peut également être faite verbalement contre émargement.

En cas de retour au greffe de la notification, le demandeur procède par voie de signification conformément à l'article 670-1 du Code de procédure civile (CPC ex., art. R. 442-4).

CHECK-LIST • **Vérifier :**
– l'existence d'un titre permettant l'expulsion ;
– la signification d'un commandement de quitter les lieux ;
– la réalité de l'abandon volontaire des lieux par l'expulsé.
• Dresser un procès-verbal complet et précis.
• Remettre sans tarder les clés de l'immeuble à son requérant propriétaire une fois la procédure d'expulsion ou de reprise terminée.
• Conseiller au propriétaire l'établissement d'un état des lieux qui pourra servir de base à une éventuelle action judiciaire pour le cas où des dégradations seraient constatées.
• Établir un décompte définitif de la dette (loyers, indemnités d'occupation, frais, etc.) qui sera l'assiette de futures mesures d'exécution sur les biens de l'expulsé, en cas de non-acquittement volontaire.

VOIR AUSSI Modèle 25 : Assignation au fond en expulsion et paiement (clause résolutoire).
Modèle 26 : Assignation en référé-expulsion (clause résolutoire).

POUR ALLER PLUS LOIN...

Fascicules JurisClasseur

• *JCl. Encyclopédie des Huissiers de Justice*, V° *Expulsion*, Fasc. 10.
• *JCl. Encyclopédie des Huissiers de Justice*, V° *Expulsion*, Fasc. 20.

Fiche 36

Exécuter une décision de justice prud'homale

Marien MALET

Sommaire

I **Aperçu rapide** ... 345

A Éléments clés ... 345

B Textes ... 345

II **Préparation** ... 346

A Informations préalables ... 346

1 Réunir les informations et documents nécessaires ... 346

2 Informer le client du coût de la procédure d'exécution ... 346

B Inventaire des solutions et éléments de décisions ... 346

1 Se mettre en possession des documents nécessaires ... 346

2 Vérifier le caractère exécutoire de la décision ... 347

3 Exécuter une décision contenant des sommes exprimées en brut et/ou en net ... 349

4 Informer le client des risques liés à l'exécution provisoire ... 349

5 Assortir la décision d'une astreinte ... 349

III **Mise en œuvre** ... 350

A Exécuter les condamnations de payer ... 350

1 Faire face aux condamnations exprimées brutes de cotisations sociales ... 350

2 Appliquer le taux d'intérêt légal ... 350

3 Exécuter une décision contre les AGS ... 351

B Exécuter les condamnations de faire ... 351

1 Exécuter les obligations de remise ... 351

2 Expulser du logement de fonction ... 351

3 Expulser des grévistes d'un local de l'entreprise ... 352

I

Aperçu rapide

A Éléments clés

744 En raison du caractère alimentaire des créances qu'elle constate, la décision prud'homale revêt une sensibilité particulière tant sociale que juridique.

Ce caractère a en effet conduit le législateur à mettre en place un régime dérogatoire au droit commun dont l'objectif est de permettre un recouvrement rapide de la créance.

Ces spécificités complexifient l'appréhension et la phase d'exécution de ces décisions :

– peut-on se satisfaire de la notification effectuée par le greffe de la juridiction ?

– quelles décisions bénéficient de l'exécution provisoire ?

– à quelles sommes s'applique l'exécution provisoire de droit ?

– quels recours en cas de redressement ou liquidation judiciaire de la société ?

– comment expulser le salarié qui se maintient dans son logement de fonction ?

– est-il possible de demander des délais de paiement au juge ?

Telles sont notamment les questions auxquelles cette fiche pratique apporte des réponses.

B Textes

- CPC, art. 502, 503 et 515.
- CPC ex., art. L. 111-3.
- C. com., art. R. 444-55.
- C. trav., art. R. 1454-1 et s.

II Préparation

A Informations préalables

1 Réunir les informations et documents nécessaires

745 • Recueillir l'ensemble des informations sur l'identité des parties pour ou contre lesquelles la décision doit être exécutée (CPC, art. 648) :
– personne physique : nom, prénoms, profession, domicile, nationalité, date et lieu de naissance ;
– personne morale : forme, dénomination, siège social et organe qui la représente légalement.

RETOUR D'EXPÉRIENCE En pratique, s'il s'agit d'exécuter pour le compte d'un salarié, lui demander s'il a connaissance des coordonnées bancaires de son débiteur.

• Se faire remettre l'original de la décision revêtue de la formule exécutoire que le client souhaite faire exécuter.
• Vérifier que le client n'a pas fait signifier la décision en lieu et place de la notification par le greffe. Si tel est le cas, lui demander une copie de la signification.
• Vérifier que la décision a acquis force de chose jugée en se faisant remettre le cas échéant un certificat de non-recours.

2 Informer le client du coût de la procédure d'exécution

a) Impossibilité de solliciter une provision avant l'accomplissement de sa mission

746 Préalablement à l'accomplissement de toute prestation devant être immédiatement réalisée, le requérant verse à l'huissier de justice une provision suffisante pour couvrir l'émolument correspondant ainsi que les éventuels frais et débours (C. com., art. R. 444-52).

ATTENTION **L'huissier de justice ne peut solliciter de provision avant l'accomplissement d'une prestation devant être immédiatement réalisée lorsqu'il s'agit d'une créance née de l'exécution d'un contrat de travail (C. com., art. R. 444-53).**

b) Impossibilité de percevoir un émolument sur les sommes recouvrées ou encaissées

747 L'émolument proportionnel dû par le créancier sur les sommes recouvrées ou encaissées (C. com., art. A. 444-32) ne s'applique pas lorsque le recouvrement ou l'encaissement est effectué sur le fondement d'un titre exécutoire constatant une créance née de l'exécution d'un contrat de travail (C. com., art. R. 444-55 et R. 444-53). Cette exonération s'applique à tout créancier, qu'il soit l'ex-salarié personne physique ou l'ex-employeur personne morale.

c) Majoration du tarif en cas d'urgence

748 Le tarif majoré en cas d'urgence (C. com., art. A. 444-12) peut être appliqué lorsque l'huissier de justice est requis pour la signification ou l'exécution de décisions rendues en matière prud'homale (réalisation de l'acte dans les vingt-quatre heures à compter de la demande du client).

EXEMPLE Cette hypothèse peut se rencontrer lors de l'assignation afin de respecter le délai de comparution, ou lorsque la décision n'a pas été notifiée dans le délai de six mois risquant la caducité (CPC, art. 478, al. 1) ou tout simplement lorsque le créancier souhaite qu'une saisie-attribution soit réalisée en urgence (V. Fiche 17 : Mettre en œuvre une saisie-attribution).

B Inventaire des solutions et éléments de décisions

1 Se mettre en possession des documents nécessaires

749 Si le client n'est en possession que d'une copie certifiée conforme de la décision qu'il souhaite faire exécuter, lui proposer de demander pour son compte une copie revêtue de la formule exécutoire nécessaire à l'exercice de sa mission (CPC, art. 502).
Si le client ne possède pas déjà copie de la notification réalisée par le greffe ou une attestation en ce sens, lui proposer d'en faire la demande au greffe.

RETOUR D'EXPÉRIENCE Ces prestations entrent dans le cadre de la tarification libre du tarif des huissiers de justice (C. com., art. L. 444-1).

2 Vérifier le caractère exécutoire de la décision

a) Vérifier la notification préalable de la décision

750 Les décisions du conseil de prud'hommes sont notifiées :

– soit par le greffe, par lettre recommandée avec avis de réception (C. trav., art. R. 1454-26) ;

La date de notification postale est pour le destinataire, celle de la réception de la lettre, c'est-à-dire de remise effective de la lettre et non sa simple présentation (Cass. 2e civ., 10 mars 2005, n° 03-11.033 : *JurisData* n° 2005-027576 ; *Procédures* 2005, comm. 121, R. Perrot. – CPC, art. 668).

CONSEIL Vérifier la date de la notification afin de contrôler l'expiration des éventuelles voies de recours suspensives et se mettre en possession d'une attestation de notification du greffe ou, en cas de possession de copies des avis de réception, vérifier que la lettre a bien été remise à son destinataire.

Les décisions doivent être notifiées aux parties elles-mêmes (CPC, art. 677) ;

– soit par les parties, par acte d'huissier de justice (CPC, art. 651. – C. trav., art. R. 1454-26).

La signification par acte d'huissier de justice présente des avantages de rapidité et de sécurité juridique et constitue un atout certain pour faire courir les délais d'astreinte. Il est alors d'usage, dans le souci d'une bonne administration de la justice, que la partie qui a fait signifier la décision en avertisse le greffe de la juridiction.

ATTENTION Lorsque l'huissier de justice accomplit des actes en principe réalisés par le greffe de la juridiction (citation et notification de la décision respectivement tarifées aux n° 1 et 2 du tableau 3-1 de l'article annexé à C. com., art. R. 444-3) et par conséquent normalement gratuits pour le demandeur, il lui est alloué des honoraires égaux à la moitié de ceux qu'il percevrait pour des actes de même nature en matière civile et commerciale (C. trav., art. R. 1423-53).

En cas de double notification, seule la première notification considérée au sens large fait courir la voie de recours dès lors qu'elle est régulière sur le fond et en la forme (Cass. 2e civ., 22 mai 2008, n° 06-14.665 : *JurisData* n° 2008-043980).

CONSEIL L'huissier de justice sollicité pour signifier immédiatement une décision dont il ne sait pas si elle n'a pas déjà été notifiée par le greffe prendra soin d'avertir le destinataire de l'acte des conséquences juridiques d'une éventuelle double notification, notamment sur le point de départ du délai pour exercer la voie de recours.

La signification sera requise par le greffe de la juridiction lorsque la notification aura échoué (CPC, art. 670-1).

NOUVEAU Depuis la réforme issue du décret n° 2016-660 du 20 mai 2016 entrée en vigueur le 1er août 2016 :

– les greffes des chambres sociales des cours d'appel ne notifient plus leurs décisions ;

– la représentation devant la cour d'appel est obligatoire pour les instances et les appels introduits à compter du 1er août 2016 (D. n° 2016-660, 20 mai 2016, art. 46). Un arrêt de chambre sociale d'une cour d'appel rendu postérieurement au 1er août 2016 reste assujetti à la procédure sans représentation obligatoire si l'acte introductif d'instance (la déclaration d'appel) est antérieur à cette date. Dans ce dernier cas, l'arrêt sera en principe notifié par le greffe de la cour d'appel ; copie de cette notification ou attestation en ce sens devra être sollicitée préalablement à l'engagement de l'exécution forcée de cette décision.

La représentation étant obligatoire devant les chambres sociales des cours d'appel, la notification de la décision aux représentants est le préalable obligatoire de la notification à partie (CPC, art. 678, al. 1er). La signification de la décision devra mentionner la notification préalable au représentant de la partie adverse (CPC, art. 678).

En pratique, la plupart des greffes des conseils de prud'hommes ne notifient aux parties que des copies certifiées conformes. Si cela ne pose aucune difficulté pour former un recours à l'encontre de la décision notifiée (Cass. soc., 27 juin 1990, n° 87-42.133 : *JurisData* n° 1990-702872), l'exécution forcée nécessite une notification du titre revêtu de la formule exécutoire (CPC, art. 502 et 503).

CONSEIL Avant toute exécution forcée, renouveler la notification de la décision effectuée par le greffe par une signification « à toutes fins » (*i.e.* sans ouvrir de voie de recours) comprenant une expédition revêtue de la formule exécutoire.
Cette dernière est tarifée au tableau 3-2 annexé à l'article R. 444-3 du Code de commerce au n° 131.

REMARQUE **Cas du procès-verbal de conciliation**
Même s'il ne constitue juridiquement pas une décision prud'homale, l'huissier de justice peut avoir à exécuter un procès-verbal de conciliation auquel une juridiction prud'homale a donné force exécutoire (C. trav., art. R. 1454-11). Résultant intrinsèquement de la volonté des parties et insusceptible de voie de recours, il n'a pas à être signifié.
Il est néanmoins conseillé de le signifier à toutes fins revêtu de la formule exécutoire.

b) Identifier l'étendue de l'exécution provisoire de la décision

751 La spécificité des décisions rendues par le conseil de prud'hommes est de bénéficier de l'exécution provisoire de droit de manière très étendue.

• À la lecture de la décision, déterminer tout d'abord si celle-ci bénéficie de l'exécution provisoire selon les règles classiques de procédure civile, soit qu'il s'agisse :
– d'une ordonnance de référé (CPC, art. 489) ;
– d'une décision contradictoire ou réputée contradictoire rendue en dernier ressort ;
– d'une exécution provisoire ordonnée (CPC, art. 515) en tout ou partie ;
– ou d'une décision du bureau de conciliation et d'orientation prise en application des articles R. 1454-14 et R. 1454-15 du Code du travail (C. trav., art. R. 1454-16).

• Si l'exécution provisoire ne peut être retenue pour s'inscrire dans les cas précités, vérifier si les condamnations contenues dans la décision ne bénéficient pas du régime étendu de l'exécution provisoire de droit propre aux décisions du conseil de prud'hommes. Sont de droit exécutoires à titre provisoire (C. trav., art. R. 1454-28) :
– le jugement qui n'est susceptible d'appel que par suite d'une demande reconventionnelle ;
– le jugement qui ordonne la remise d'un certificat de travail, de bulletins de paie ou de toute pièce que l'employeur est tenu de délivrer ;
– le jugement qui ordonne le paiement de sommes au titre des rémunérations et indemnités mentionnées au 2° de l'article R. 1454-14, dans la limite maximum de neuf mois de salaire calculés sur la moyenne des trois derniers mois de salaire. Cette moyenne est mentionnée dans le jugement.

ATTENTION **Contrairement à ce qu'une lecture littérale de l'article R. 1454-28 du Code du travail pourrait laisser penser, l'exécution provisoire de droit ne bénéficie qu'aux seules condamnations visées par le texte et non à l'ensemble de la décision.**

Les sommes au titre des rémunérations et indemnités visées par l'article R. 1454-28 sont (C. trav., art. R. 1454-14, 2°) :
– le versement de provisions sur les salaires et accessoires du salaire ainsi que les commissions ;
– le versement de provisions sur les indemnités de congés payés, de préavis et de licenciement ;
– le versement de l'indemnité compensatrice et de l'indemnité spéciale de licenciement en cas d'inaptitude médicale consécutive à un accident du travail ou à une maladie professionnelle mentionnées à l'article L. 1226-14 ;
– le versement de l'indemnité de fin de contrat prévue à l'article L. 1243-8 et de l'indemnité de fin de mission mentionnée à l'article L. 1251-32.

ATTENTION **L'indemnité de licenciement (également appelée indemnité légale ou conventionnelle de licenciement) bénéficie de l'exécution provisoire. Ce n'est en revanche pas le cas de l'indemnité pour licenciement dont la nature s'apparente à des dommages-intérêts.**

• Déterminer ensuite jusqu'à quel montant les condamnations bénéficiant de l'exécution provisoire de droit pourront être exécutées.
Il s'agit de chiffrer le montant correspondant à neuf mois de salaire calculé sur la moyenne des trois derniers mois de salaire.

CONSEIL Si la moyenne des trois derniers mois de salaire n'est pas mentionnée dans le jugement, conseiller au client de déposer une requête en omission de statuer au greffe de la juridiction ayant rendu la décision (CPC, art. 462). La requête doit être déposée par l'une des parties ou par son représentant (C. trav., art. R. 1453-2, l'huissier de justice ne figurant pas dans la liste ne peut directement déposer cette requête).

Le juge de l'exécution ne pouvant qu'interpréter le titre exécutoire, il ne pourra être saisi que si l'exécution de celui-ci a été initiée et que cette moyenne peut se déduire des termes de la décision (CA Paris, 8e ch., sect. B, 3 févr. 2000 : *JurisData* n° 2000-105292 ; *Procédures* 2000, comm. 198, H. Croze. – V. égal. *JCP* G 1996, II, 22718, H. Croze).

• Conseiller au client, s'il existe une menace dans le recouvrement des condamnations ne bénéficiant d'ores et déjà pas de l'exécution provisoire lorsque l'huissier de justice est saisi, de mettre en œuvre des mesures conservatoires (CPC ex., art. L. 511-2).

3 Exécuter une décision contenant des sommes exprimées en brut et/ou en net

752 Les décisions de justice prud'homales posent à l'huissier de justice une difficulté particulière lorsqu'elles comprennent des condamnations salariales exprimées en brut de cotisations sociales. L'huissier de justice est tenu par le strict respect du dispositif mais les sommes qui doivent effectivement revenir au créancier, souvent salarié, doivent être diminuées des cotisations sociales.

Si les parties ne s'entendent pas sur le caractère net ou brut de cotisations sociales des condamnations, il appartient à la partie la plus diligente ou à elles deux de :

– saisir la juridiction ayant rendu la décision d'une requête en interprétation, dès lors qu'aucun appel n'est en cours (CPC, art. 461). En ce dernier cas, c'est le juge d'appel qui interprétera la décision ;

– saisir le juge de l'exécution dès lors qu'une exécution de la décision a été initiée au motif d'une difficulté relative au titre exécutoire (COJ, art. L. 213-6. – V. Fiche 2 : Mettre en œuvre une procédure sur difficultés d'exécution devant le juge de l'exécution).

La requête en interprétation devra être présentée par le représentant d'une des parties si la représentation est obligatoire. L'huissier de justice n'a pas la possibilité de déposer une requête en interprétation devant le conseil de prud'hommes (C. trav., art. R. 1453-2).

Devant le juge de l'exécution, la requête est remise ou adressée au greffe par le requérant ou tout mandataire (CPC ex., art. R. 121-23, al. 2).

4 Informer le client des risques liés à l'exécution provisoire

753 L'exécution provisoire est mise en œuvre aux risques et périls du créancier (CPC ex., art. L. 111-10). Ainsi, si la décision exécutée à titre provisoire venait à être infirmée, le primo créancier devrait rétablir le débiteur dans ses droits.

EXEMPLE Il a été jugé que le salarié qui avait mis à exécution une décision bénéficiant de l'exécution provisoire postérieurement infirmée devait rembourser le montant total de la condamnation, soit s'agissant de condamnations de nature salariale, la somme exprimée nette de cotisations sociales – ce que le créancier a perçu – augmentée des cotisations patronales – que le créancier n'avait donc pas perçues (Cass. 2e civ., 7 juin 2012, n° 11-20.294 : *JurisData* n° 2012-012109 ; *Procédures* 2012, comm. 248, A. Bugada).

CONSEIL Alerter par écrit le client sur ce point et s'assurer qu'il en comprend l'ensemble des conséquences.

5 Assortir la décision d'une astreinte

754 Le juge de l'exécution a compétence pour assortir d'une astreinte une décision rendue par un autre juge si les circonstances en font apparaître la nécessité (CPC ex., art. L. 131-1). Il devra alors être saisi par assignation, ce qui exclut toute intervention de l'huissier de justice (CPC ex., art. R. 121-7).

III
Mise en œuvre

A Exécuter les condamnations de payer

1 Faire face aux condamnations exprimées brutes de cotisations sociales

755 **• Si le dispositif indique des sommes exprimées brutes de cotisations sociales :** solliciter du client la communication du montant net attendu, notamment sur la base des derniers bulletins de salaires en sa possession (CA Paris, ch. 8, sect. B, 7 mai 2003 : *JurisData* n° 2003-217557. – Cass. 2e civ., 10 janv. 2013, n° 11-26.779, inédit).

RETOUR D'EXPÉRIENCE En pratique, le créancier salarié n'est pas toujours en mesure de fournir le montant net des condamnations. L'huissier de justice peut espérer que le débiteur réagira à la signification d'un commandement de payer dans lequel les sommes auront été exprimées brutes de cotisations telles qu'elles figurent au dispositif de la décision et effectuera lui-même les calculs puis fournira le bulletin de salaire correspondant. Bien alerter le créancier sur la portée de telles condamnations et fixer avec lui le mandat d'exécution. Les condamnations assujetties à cotisations figureront dans les premières lignes du bulletin de salaire alors que celles qui ne le sont pas le termineront.

• Si le dispositif n'envisage pas le caractère brut ou net de cotisations sociales des condamnations y étant assujetties : il n'y a pas de directive précise à tirer de la jurisprudence qui est contradictoire.

EXEMPLE Faute pour la décision de prévoir que des sommes peuvent être déduites des condamnations prononcées, celles-ci doivent être réputées nettes au profit du salarié (Cass. soc., 4 juill. 2001, n° 99-16.696, inédit).
À défaut de mention contraire expresse, la condamnation à l'indemnité de préavis est formulée en montant brut (Cass. soc., 2 avr. 2003, n° 01-16.944 : *JurisData* n° 2003-018739).

CONSEIL **Analyser les motifs de la décision notamment à la lumière des pièces communiquées par les parties pour déterminer si les demandes chiffrées l'ont été sur la base d'une expression nette ou brute de cotisations sociales (Cass. soc., 25 avr. 2007, n° 05-44.932, inédit. – Cass. 2e civ., 8 juill. 2011, n° 10-20.557 : *JurisData* n° 2011-015019).**

2 Appliquer le taux d'intérêt légal

756 Depuis le 1er janvier 2015, il n'existe plus un taux d'intérêt légal, mais plusieurs taux légaux. Le taux légal comprend un taux applicable lorsque le créancier est une personne physique n'agissant pas pour des besoins professionnels et un taux applicable dans tous les autres cas (C. monét. fin., art. L. 313-2).
Le taux applicable à la créance de l'ex-salarié obtenue par décision prud'homale ne relève pas de l'évidence :
– soit l'on considère que la créance est née d'un besoin professionnel pour le créancier ex-salarié et alors le taux est de 0,89 % (A. n° ECO-T1735567A 28 déc. 2017, relatif à la fixation du taux de l'intérêt légal) ;
– soit l'on considère que la rupture du contrat de travail enlève tout caractère professionnel à la créance et on lui applique le taux de 3,73 %.
La différence n'est pas anodine, d'autant plus lorsque le taux est majoré de cinq points deux mois après que la décision soit devenue exécutoire (C. monét. fin., art. L. 313-3).

EXEMPLE En cas de condamnations à des dommages et intérêts pour licenciement sans cause réelle et sérieuse et à une indemnité compensatrice de préavis, est applicable le taux destiné au créancier personne physique n'agissant pas pour des besoins professionnels (soit le taux le plus élevé). Le salarié agissait pour des besoins privés destinés à assurer sa subsistance et non à permettre une activité professionnelle (CA Colmar, 3e ch. civ., sect. A, 3 avr. 2017, n° 16/03240 : *JurisData* n° 2017-006557. – CA Colmar, 3e ch. civ., sect. A, 26 mars 2018, n° 17/00034 : *JurisData* n° 2018-013082).

Malgré cette incertitude, le régime des intérêts nés des décisions prud'homales ne présente pas de particularités par rapport au régime général.

3 Exécuter une décision contre les AGS

757 Lorsqu'une procédure collective est ouverte à l'encontre du débiteur employeur, le créancier salarié pourra bénéficier de la garantie des AGS pour certaines des condamnations prononcées.
Lorsque la procédure collective s'ouvre en cours de procédure prud'homale ou si elle est déjà ouverte, les AGS interviennent à la procédure. La décision rendue peut alors être rendue opposable à l'AGS et cette dernière tenue à garantie.
Les AGS ont alors l'obligation de verser les fonds entre les mains du mandataire judiciaire nommé. Les AGS ne peuvent jamais être condamnées à payer directement des sommes aux salariés (Cass. soc., 10 janv. 2006, n° 04-14.008 : *JurisData* n° 2006-031624 ; *JCP* S 2006, 1442, P. Morvan).
C'est pourquoi l'huissier de justice ne pourra pas exécuter une décision contre les AGS.
Il ne peut en la matière qu'effectuer une sommation rappelant aux AGS et au mandataire judiciaire les dispositions de la décision rendue et notamment inviter ce dernier à reverser les fonds perçus de l'AGS. En cette matière, l'acteur principal est le mandataire judiciaire.

RETOUR D'EXPÉRIENCE Si l'huissier de justice ne parvient pas à recouvrer les condamnations contre un employeur débiteur parce que celui-ci est insolvable, conseiller au client de l'assigner en redressement ou liquidation judiciaire afin que le créancier bénéficie de la garantie des AGS pour les sommes dues en vertu du contrat de travail. Néanmoins, cette dernière pourra ne porter que sur certaines des condamnations prononcées (C. trav., art. L. 3253-8 à L. 3253-8) et dans la limite d'un certain plafond (C. trav., art. D. 3253-5). Sont notamment exclues de cette garantie la condamnation aux frais irrépétibles, aux dépens et pour les créances résultant de la liquidation d'astreinte.

B Exécuter les condamnations de faire

1 Exécuter les obligations de remise

758 Lors de la rupture du contrat de travail, l'employeur est tenu de remettre à son salarié un bulletin de salaire, un certificat de travail, un solde de tout compte et une attestation pôle emploi (C. trav., art. L. 1234-19 et L. 1234-20. – CSS, art. L. 911-8).
Il n'existe aucune procédure civile d'exécution qui permettrait de forcer le débiteur à remettre des documents comme des bulletins de salaire ou une attestation Pôle emploi, etc.
Le recours à un huissier de justice en la matière est donc inutile sauf à vouloir lui faire signifier une sommation d'avoir à remettre rappelant les termes de la décision.

RETOUR D'EXPÉRIENCE Cette sommation de payer pourra rappeler les dispositions de l'article R. 1238-3 du Code du travail qui prévoit que le fait de ne pas délivrer au salarié un certificat de travail, en méconnaissance des dispositions de l'article L. 1234-19 du Code du travail, est puni de l'amende prévue pour les contraventions de la quatrième classe.

2 Expulser du logement de fonction

a) Vérifier l'existence d'une décision ordonnant l'expulsion

759 Le droit au logement que le salarié tire de son contrat de travail prend automatiquement fin à la rupture de celui-ci. La date de fin du contrat de travail répond à des délais de préavis légaux ou conventionnels. Le préavis pour quitter le logement embrasse ainsi celui attaché à la rupture du contrat de travail. La convention annexe de mise à disposition du logement de fonction peut envisager un délai supplémentaire au seul délai de préavis inhérent au contrat de travail.
Le salarié licencié pour faute grave ou lourde n'ayant pas de préavis devra très rapidement quitter le logement. La rupture sera effective à compter de la réception de la lettre de licenciement.
À la rupture du contrat de travail, le salarié devient donc occupant sans droit ni titre et peut être sujet à expulsion.

ATTENTION **Une décision constatant la rupture du contrat de travail n'est pas suffisante pour qu'il soit procédé à l'expulsion de l'ex-salarié. La décision doit nécessairement prononcer expressément l'expulsion (CPC ex., art. L. 411-1).**

b) Vérifier que la décision ordonnant l'expulsion a été rendue par une juridiction compétente

760 S'agissant de la juridiction compétente pour prononcer l'expulsion, trois hypothèses doivent être envisagées :
– le contrat de travail est en cours : compétence du conseil de prud'hommes (C. trav., art. L. 1411-1) ;

– le contrat de travail est définitivement rompu : compétence de droit commun du tribunal d'instance (COJ, art. R. 221-5) ;

– le contrat de travail est rompu, mais la rupture est contestée et une réintégration du salarié dans l'entreprise est possible : compétence du conseil de prud'hommes (CA Lyon, 10 mai 2011, n° 10/01504).

Si la loi n° 89-462 du 6 juillet 1989 sur les baux d'habitation n'est pas applicable au stade de la prise de titre, la procédure d'expulsion obéira aux règles classiques du Code des procédures civiles d'exécution.

Le logement de fonction devant servir à faciliter l'exercice d'une fonction, il constituera dans la majorité des cas l'habitation principale du salarié. La procédure d'expulsion diligentée devra donc se soumettre à la réglementation spécifique en la matière (V. Fiche 35 : Mettre en œuvre une procédure d'expulsion).

3 Expulser des grévistes d'un local de l'entreprise

761 Les salariés grévistes peuvent décider d'occuper les locaux de l'entreprise afin d'appuyer leurs revendications. Si cette occupation n'est pas systématiquement illicite, elle le sera bien souvent dès lors qu'elle prive le propriétaire des attributs de son droit de propriété, qu'elle porte atteinte à la liberté du travail ou à la liberté du commerce et de l'industrie.

Dans ces situations, l'huissier de justice est amené à intervenir lors du conflit en qualité de constatant mais également une fois l'illicéité de l'occupation reconnue et l'expulsion prononcée.

Compte tenu de l'urgence de la situation, la décision prononçant l'expulsion est obtenue soit par l'intermédiaire d'une ordonnance de référé avec assignation d'heure à heure, soit par le biais d'une ordonnance sur requête, les deux procédures étant d'ailleurs souvent menées de front.

L'ordonnance sur requête présente l'avantage de ne pas obliger le requérant à nommément identifier les occupants. Dans les deux cas, c'est le président du tribunal de grande instance qui sera compétent.

a) Signifier les actes aux grévistes

762 Qu'il s'agisse de la procédure d'ordonnance sur requête ou de référé, la décision rendue devra être signifiée préalablement à toute exécution forcée.

• **Dans le cas de l'ordonnance rendue sur requête**, l'huissier de justice prendra soin de la signifier aux personnes à qui elle sera opposée (Cass. 2e civ., 4 juin 2015, n° 14-14.233 : *JurisData* n° 2015-013028. – Cass. 2e civ., 4 juin 2015, n° 14-16.647 : *JurisData* n° 2015-013023).

De manière pragmatique, l'huissier de justice cherchera à signifier son acte au(x) meneur(s) du mouvement de grève, voire aux représentants du personnel ou organe syndical impliqués dans le mouvement. Dans cette tâche, il pourra se faire aider d'un responsable de l'entreprise afin d'identifier les grévistes à qui il tentera de signifier l'acte à personne.

• **S'agissant de l'ordonnance de référé**, il a été jugé que les délégués syndicaux ou les représentants élus des salariés peuvent représenter l'ensemble des grévistes (Cass. soc., 23 juin 2004, n° 02-31.071 : *JurisData* n° 2004-024308).

L'ordonnance de référé pourra également prévoir l'expulsion des défendeurs à l'action – de fait identifiés – mais conjuguée à celle des autres grévistes rassemblés sous l'expression « occupants de leur chef ». Aussi, l'huissier de justice ne signifiera l'ordonnance qu'aux parties désignées dans l'ordonnance.

En conformité avec les règles de signification et plus particulièrement de l'ordre impératif des modes de signification, en pratique l'huissier de justice tentera une signification à personne aux grévistes au lieu de la grève et à défaut s'orientera vers les modes de signification « à domicile » (remise à personne présente, ou « dépôt étude »). Il se peut que l'huissier de justice territorialement compétent à l'endroit de l'occupation ne le soit pas au domicile du destinataire de l'acte. Il faudra alors recourir à un autre huissier de justice, lequel prendra garde s'il ne devait signifier son acte « à personne », de rappeler dans son procès-verbal de signification les diligences précédemment effectuées par son confrère pour signifier l'acte « à personne » et notamment sur le lieu d'occupation également son lieu de travail.

b) Expulser les grévistes

763 Classiquement, un commandement de quitter les lieux devra être signifié (V. Fiche 35 : Mettre en œuvre une procédure d'expulsion). Son contenu répond aux dispositions de l'article R. 411-1 du Code des procédures civiles d'exécution. Il doit préciser la date à laquelle il pourra être procédé aux opérations d'expulsion.

Aucun texte ne prévoyant de délai dans le cadre de l'expulsion de grévistes, dans la pratique c'est le lendemain de la date de signification qui figurera comme date à laquelle l'expulsion pourra être réalisée.

Le commandement de quitter les lieux n'a pas à être signifié aux occupants du chef (Cass.

2e civ., 23 juin. 2016, n° 15-21.408 : *JurisData* n° 2016-012232 ; *Procédures* 2016, comm. 255, L. Raschel).

Passé le délai figurant au commandement d'avoir à quitter les lieux, l'huissier de justice se rendra sur place pour procéder aux opérations d'expulsion. Dès lors, soit les occupants grévistes défèrent à la décision et libèrent les locaux de l'entreprise, soit ils s'y maintiennent.

L'huissier de justice pourra être contraint de requérir le concours de la force publique. Cette réquisition n'a pas à être obligatoirement précédée et accompagnée d'un procès-verbal de tentative d'expulsion, l'huissier de justice n'ayant simplement qu'à exposer les diligences effectuées et les difficultés d'exécution auxquelles il est confronté (CE, 5e et 4e ss. sect., 14 nov. 2011, n° 343908 : *JurisData* n° 2011-025271).

S'agissant du procès-verbal d'expulsion, l'huissier de justice fera l'inventaire des éventuels biens « personnels » comme non-propriété de l'entreprise que les occupants auraient pu laisser sur place et les entreposera dans un lieu adapté.

CONSEIL **Le maintien du salarié gréviste dans l'entreprise malgré une décision d'expulsion constitue une faute lourde (Cass. soc., 30 avr. 1987, nos 84-42.370, 84-41.871 et 84-41.873 : *JurisData* n° 1987-099309. – Cass. soc., 3 mai 2016, n° 14-28.353 : *JurisData* n° 2016-008342 ; *JCP* S 2016, 1234, H. Guyot) pouvant entraîner un licenciement (Cass. soc., 16 déc. 1992, n° 91-41.215 : *JurisData* n° 1992-003106) et la condamnation au versement de dommages-intérêts au profit de l'employeur, voire des non-grévistes (Cass. soc., 21 avr. 1988, n° 84-44.071). Cet élément pourra être utilement rappelé aux grévistes qui entendraient se maintenir dans les lieux.**

CHECK-LIST
- **Se mettre en possession d'une copie originale de la décision revêtue de la formule exécutoire.**
- **Vérifier la notification préalable ou signifier la décision.**
- **Déterminer le caractère exécutoire de la décision et l'éventuelle exécution provisoire de droit.**
- **Appliquer le tarif spécifique à la matière.**

POUR ALLER PLUS LOIN...

Ouvrage

• M. Malet, *L'exécution des décisions de justice prud'homales*, LexisNexis, 1re éd. 2016.

Fiche 37
Faire exécuter une sentence arbitrale

Gaëlle LE QUILLEC
Thierry TOMASI

Sommaire

I Aperçu rapide ... 355
A Caractéristiques générales ... 355
B Conditions d'utilisation ... 356
1 Conditions relatives à la décision rendue ... 356
2 Conditions pour obtenir l'exequatur de la sentence ... 356
3 Conditions relatives au débiteur ... 356
4 Conditions relatives aux biens saisis ... 357
C Avis du professionnel ... 358
D Textes ... 358
1 Textes codifiés applicables à l'arbitrage international ... 358
2 Textes internationaux ... 358
E Schéma procédural ... 358
II Préparation ... 358
A Contrôles préalables ... 358
B Pièces nécessaires ... 359
C Coût de la procédure ... 359
III Procédure ... 359
A Assistance et représentation ... 359
B Compétence ... 359
C Parties ... 359
D Rédaction de l'acte de saisine ... 359
E Audience ... 360
F Décision ... 360
G Recours ou contestation ... 360

I Aperçu rapide

A Caractéristiques générales

764 La sentence arbitrale, qui n'a qu'une dimension déclarative et n'emporte pas de conséquence directe sur le patrimoine des parties à l'arbitrage, n'est qu'une première étape vers la réparation. Sauf lorsqu'elle est exécutée volontairement par la partie qui a succombé à l'instance, l'efficacité de la sentence dépend des juridictions étatiques qui sont seules aptes à en ordonner l'exécution forcée.
Lorsque la sentence doit être exécutée à l'étranger, le recours aux juridictions d'autres États peut être aléatoire. Afin de garantir l'efficacité des sentences arbitrales, plusieurs conventions internationales ont été mises en place, dont la Convention de New York de 1958 pour la reconnaissance et l'exécution des sentences étrangères, qui constitue l'instrument le plus utilisé en la matière.
D'autres instruments juridiques internationaux, qui ne concernent pas directement l'arbitrage, ont également été utilisés afin de garantir l'exécution des sentences arbitrales, notamment la Convention européenne des droits de l'homme. La Cour européenne des droits de l'homme a, en effet, jugé que le fait pour un État d'empêcher ou de retarder l'exécution d'une sentence arbitrale de manière injustifiée constitue une violation du droit à un procès équitable consacré par l'article 6, § 1 de la

Convention et de l'article 1 du Protocole n° 1 concernant la protection de la propriété privée (CEDH, 3 avr. 2008, n° 773/03, *Regent Company c/ Ukraine*).
Même si la sentence bénéficie d'une protection internationale, son exécution se heurte souvent à des difficultés pratiques. Tout d'abord, l'identification des éléments du patrimoine du débiteur peut être délicate, surtout lorsque ses biens se trouvent à l'étranger. En outre, dans le cas où le débiteur est un État ou une entité étatique, il se peut que les biens visés soient couverts par une immunité, qui empêche toute mesure d'exécution.
Lorsque le patrimoine du débiteur a été identifié et que des mesures d'exécution peuvent être pratiquées, les biens peuvent se trouver dans un pays dans lequel il sera en pratique difficile d'exécuter la sentence pour des raisons extra-juridiques tenant notamment à l'organisation de la justice locale.
En droit français, les sentences arbitrales bénéficient d'un régime procédural et de fond particulièrement favorable. Tout d'abord, la sentence arbitrale est considérée comme un titre exécutoire ayant les mêmes attributs qu'une décision de justice définitive. Dès lors que le requérant dispose d'une sentence arbitrale exécutoire, il établit suffisamment détenir une créance certaine, liquide et exigible (CA Paris, 25 oct. 2016, *Animated Ventures c/ SCP BTSG : JurisData* n° 2016-022232).
La Cour de cassation a jugé qu'une autorisation préalable du juge n'est pas nécessaire pour pratiquer une mesure conservatoire, lorsque le créancier se prévaut d'une sentence arbitrale qui n'a pas encore reçu force exécutoire (Cass. 2e civ., 12 oct. 2006, n° 04-19.062 : *JurisData* n° 2006-035314 : la sentence arbitrale doit être considérée comme une « décision de justice » au sens de l'article 68 de la loi du 9 juillet 1991, aujourd'hui remplacé par CPC ex., art. L. 511-2). Ceci présente un avantage pratique significatif pour le créancier, qui peut bloquer les fonds du débiteur et le contraindre à exécuter volontairement la sentence.
En outre, en droit français, contrairement à de nombreux autres droits nationaux, l'annulation d'une sentence arbitrale par les juridictions du siège n'empêche pas son exécution en France. La Cour de cassation a, en effet, jugé que la sentence arbitrale est une « décision de justice internationale dont la régularité est examinée au regard des règles applicables dans le pays où sa reconnaissance et son exécution sont demandées » (Cass. 1re civ., 29 juin 2007, nos 05-18.053 et 06-13.293, *Putrabali*).

B Conditions d'utilisation

765 Les sentences internationales rendues en France et les sentences étrangères sont reconnues et exécutées dans les mêmes conditions.

1 Conditions relatives à la décision rendue

766 Tout d'abord, seules sont susceptibles d'exécution les sentences arbitrales, c'est-à-dire les actes des arbitres qui « tranchent de manière définitive, en tout ou partie, le litige qui leur est soumis, que ce soit sur le fond, sur la compétence ou sur un moyen de procédure mettant fin à l'instance » (CA Paris, 7 juill. 1994, *Sarsisud*. – CA Paris, 10 nov. 1995, *Verbièse c/ SEE et autre : JurisData* n° 1995-024114, récemment confirmé par la Cour de cassation : Cass. 1re civ., 12 oct. 2011, n° 09-72439 : *JurisData* n° 2011-021716).

2 Conditions pour obtenir l'exequatur de la sentence

767 L'exécution forcée de la sentence est subordonnée à l'octroi d'une ordonnance d'*exequatur*, rendue par le président du tribunal de grande instance ou son délégué (CPC, art. 1516).
L'octroi de l'*exequatur* est subordonné à deux conditions :
– la preuve de l'existence de la sentence, qui est rapportée par la production de l'original accompagné de la convention d'arbitrage ou des copies de ces documents réunissant les conditions requises pour leur authenticité (CPC, art. 1515. – La traduction en langue française n'étant exigée que pour s'assurer de l'intégrité du document présenté à l'*exequatur*, la cour d'appel en a exactement décidé que c'est à la sentence arbitrale elle-même que l'*exequatur* est accordé, et non à sa traduction en tant que telle : Cass. 1re civ., 14 janv. 2014, n° 13-20.350 : *JurisData* n° 2015-000349) ;
– la sentence n'est pas manifestement contraire à l'ordre public international (CPC, art. 1514).

3 Conditions relatives au débiteur

768 Le débiteur saisi doit être celui qui a succombé à l'instance arbitrale. Toutefois, il est possible dans certaines conditions d'exécuter la sentence à l'encontre de parties tierces à l'arbitrage. Ainsi, lorsque la sentence est rendue contre un État, les biens appartenant aux entités qui sont rattachées à l'État, qui sont considérées comme son émanation ou son prolongement, peuvent être saisis (V. par ex., Cass. 1re civ., 6 févr. 2007, nos 04-13.108 et 04-16.889, *AF CAP Inc et Connecticut Bank of Commerce c/ République du Congo : JurisData* n° 2007-037230 : le créancier, personne privée, a été autorisé, sur le fondement d'une sentence rendue contre l'État congolais, à saisir les biens de la Société nationale des pétroles du Congo).
Les critères généralement retenus pour qualifier une personne morale comme émanation d'un État com-

prennent le contrôle exercé par l'État sur l'entité en question, la confusion de son patrimoine avec celui de l'État, l'absence d'autonomie financière, etc.
Cependant, il a été jugé qu'une caution solidaire, qui n'a pas été partie à l'instance arbitrale, pouvait former tierce opposition à l'égard de la sentence arbitrale qui a déterminé le montant de la dette du débiteur principal à l'égard du créancier (Cass. com., 5 mai 2015, n° 14-16.644 : *JurisData* n° 2015-009961).
En outre, la sentence ne peut être exécutée que si le débiteur ne fait pas l'objet de procédures collectives. En effet, la cour d'appel de Paris a récemment jugé que l'ordonnance qui autorise l'exécution d'une sentence alors que la société débitrice était en redressement judiciaire heurte l'ordre public international dans la mesure où elle porte atteinte aux règles impératives du droit des procédures collectives (CA Paris, 12 mai 2011, n° 10/10078, *SAS Accor c/ SARL Intertraff*).

4 Conditions relatives aux biens saisis

769 La plupart des législations nationales relatives aux procédures civiles d'exécution prévoient des restrictions quant aux catégories de biens susceptibles d'être saisis. Il convient de vérifier, dans chaque pays où la sentence est susceptible d'être exécutée, si les biens visés sont saisissables.
Si la sentence que l'on souhaite faire exécuter condamne un État ou une entité étatique, il se peut que les biens identifiés par le créancier soient couverts par une immunité.
En principe, seuls les biens appartenant à un État qui sont affectés à une activité de droit privé peuvent faire l'objet de saisies (V. par ex., Cass. 1re civ., 25 janv. 2005, n° 03-18.176, *République Démocratique du Congo c/ SDC Antony-Châtenay : JurisData* n° 2005-026629, autorisant la saisie de biens immobiliers mis à la disposition du personnel diplomatique).
En outre, la jurisprudence française reconnaît qu'en signant une clause d'arbitrage comportant l'engagement d'exécuter la sentence, l'État renonce en principe à son immunité d'exécution (Cass. 1re civ., 6 juill. 2000, n° 98-19.068, *Creighton c/ Min. Affaires municipales et Agriculture de l'État du Qatar : JurisData* n° 2000-002829 : « L'engagement pris par l'État signataire de la clause d'arbitrage d'exécuter la sentence dans les termes de l'article 24 du règlement d'arbitrage de la Chambre de commerce internationale impliquait renonciation de cet État à l'immunité d'exécution » (V. égal. CA Paris, 14 avr. 2015, n° 14/07043, sur l'impossibilité pour un État de contester la sentence et de se soustraire aux engagements qu'il a pris en acceptant l'arbitrage en arguant, après la reddition de la sentence, de l'inarbitrabilité des demandes selon son droit interne).
La loi « Sapin 2 » clarifie le régime des biens appartenant aux États étrangers et introduit de nouvelles conditions pour saisir ces biens en France. Le nouvel article L. 111-1-1 du Code des procédures civiles d'exécution définit les nouvelles conditions pour saisir ces biens en France. Désormais, toute mesure de contrainte sur les biens d'un État étranger est soumise à l'autorisation préalable du juge rendue sur requête (CPC ex., art. L. 111-1-3 nouveau).
Les nouvelles dispositions établissent un régime spécial concernant les biens des États affectés à une activité diplomatique, qui ne peuvent être l'objet de mesure de contrainte sauf renonciation expresse et spéciale de l'État concerné (CPC ex., art. L. 111-1-2 nouveau ; *contra* Cass. 1re civ., 13 mai 2015, n° 13-17.751, censurant la cour d'appel qui avait retenu qu'une renonciation à l'immunité d'exécution devait être expresse et spéciale alors que le droit international coutumier n'exige pas une renonciation autre qu'expresse).
Ces biens sont les biens affectés à une activité diplomatique (comptes bancaires d'une ambassade, représentation permanente à l'UNESCO, représentation commerciale de l'État étranger en France, etc. V. par ex., CA Paris, 10 août 2000, *Noga : JurisData* n° 2000-120182) et les ressources se rattachant nécessairement à l'exercice de prérogatives de souveraineté (par ex. : créances fiscales ; pour un compte bancaire alimenté par des redevances de navigations aériennes qualifié de fonds souverains : Cass. 1re civ., 5 mars 2014, n° 12-22.406, *Romak SA Geneva c/ État de la République d'Ouzbékistan : JurisData* n° 2014-003944).

REMARQUE L'arbitrage étant une procédure coûteuse, il est recommandé d'évaluer les chances d'exécution de la sentence avant même l'introduction d'une demande d'arbitrage. En cours d'instance arbitrale, il est conseillé de faire usage des moyens procéduraux permettant de préparer l'exécution de la sentence à venir. Si le demandeur a des doutes sur la capacité de l'adversaire à s'acquitter du montant de la condamnation qui pourrait être prononcée à son encontre, il peut demander au tribunal arbitral de condamner ce dernier à verser une provision ou à constituer une garantie bancaire et consigner certaines sommes.
Toutefois, de telles mesures ne peuvent en principe pas faire l'objet d'une exécution forcée. En effet, seules le peuvent les sentences arbitrales, qui tranchent une contestation de manière définitive et non les décisions à caractère provisoire. La Cour de cassation a en effet jugé que

la décision des arbitres qui ordonne la consignation des sommes pour assurer l'effectivité de la sentence ne peut être qualifiée elle-même de sentence (Cass. 1re civ., 12 oct. 2011, n° 09-72439 : *JurisData* n° 2011-021716).

C Avis du professionnel

770 L'avocat doit informer son client des conditions et délais pour exécuter la sentence là où elle est susceptible d'exécution. Il est vivement conseillé de se faire assister de conseils locaux spécialistes des procédures civiles d'exécution dans chacun des pays considérés.

L'avocat doit également alerter son client sur toute difficulté susceptible de retarder ou d'entraver l'exécution de la sentence arbitrale, parmi lesquelles on peut citer :

– les éventuelles immunités d'exécution dont pourrait bénéficier le débiteur, si celui-ci est un État ou une entité étatique ;

– l'existence de procédures collectives engagées à l'encontre du débiteur ;

– les éventuels recours suspensifs d'exécution contre la sentence arbitrale. En France, le recours en annulation contre la sentence arbitrale n'est plus suspensif d'exécution depuis l'entrée en vigueur du décret du 13 janvier 2011 portant réforme de l'arbitrage. Toutefois, en cas de recours en annulation le premier président ou le conseiller de la mise en état peut arrêter l'exécution de la sentence (CPC, art. 1526, al. 2).

D Textes

1 Textes codifiés applicables à l'arbitrage international

- CPC, art. 1514 à 1517 (reconnaissance et exécution des sentences arbitrales rendues à l'étranger ou en matière d'arbitrage international).
- CPC, art. 1523 et 1524 (appel contre la décision statuant sur une demande de reconnaissance ou d'*exequatur* d'une sentence internationale rendue en France).
- CPC, art. 1525 (appel contre la décision statuant sur une demande de reconnaissance ou d'*exequatur* d'une sentence internationale rendue à l'étranger).

2 Textes internationaux

- Conv. New York 1958, pour la reconnaissance et l'exécution des sentences arbitrales étrangères.
- Loi-type CNUDCI sur l'arbitrage commercial international, art. 35 et 36 (reconnaissance et exécution des sentences).

E Schéma procédural

771 Les étapes procédurales entre la reddition de la sentence arbitrale et l'exécution forcée de la sentence sont les suivantes :

– **notification de la sentence arbitrale** (dans les conditions prévues par les parties dans la convention d'arbitrage ou, à défaut, signification de la sentence par voie d'huissier) ;

– **dépôt d'une demande d'*exequatur*** auprès du greffe du tribunal de grande instance compétent ;

– **reddition de l'ordonnance d'*exequatur*** par le président du tribunal de grande instance ou son délégué, qui intervient généralement quelques jours après le dépôt de la demande ;

– **signification de l'ordonnance d'*exequatur*** au débiteur ;

– en cas de sentence rendue en France, **éventuel recours en annulation**, qui entraîne un appel automatique contre l'ordonnance d'*exequatur* ;

– en cas de sentence non rendue en France, **éventuel appel contre l'ordonnance d'*exequatur*** devant la cour d'appel compétente et éventuel pourvoi en cassation.

II Préparation

A Contrôles préalables

772 Avant de faire exécuter la sentence, l'avocat doit vérifier que :

– la décision concernée constitue bien une sentence arbitrale susceptible d'exécution forcée ;

– les biens du débiteur ont été identifiés et localisés et il existe des preuves licites de l'existence des ces biens ;

– l'État dans lequel on souhaite faire exécuter la sentence est partie à l'une des conventions relatives à la reconnaissance et l'exécution des sentences étrangères ;

– les biens visés par la demande d'exécution peuvent faire l'objet de mesures d'exécution ;
– le débiteur n'est pas en situation de redressement ou de liquidation judiciaire.

B Pièces nécessaires

773 La demande d'*exequatur* doit être accompagnée de l'original de la sentence et d'un exemplaire de la convention d'arbitrage (ou des copies réunissant les conditions requises pour leur authenticité). Si ces documents sont rédigés dans une langue étrangère, une traduction en langue française doit être également produite (CPC, art. 1515 et 1516, al. 3).

La Cour de cassation juge d'ailleurs que la décision d'*exequatur* n'étant, en tant que telle, susceptible d'aucun recours, une cour d'appel en a exactement déduit que les moyens tirés de l'insuffisance ou de l'imperfection des pièces soumises au juge de l'*exequatur* ne constituaient pas un des cas d'ouverture du recours contre la sentence arbitrale : Cass. 1re civ., 7 oct. 2015, n° 14-17.490 : *JurisData* n° 2015-022119.

C Coût de la procédure

774 La procédure d'*exequatur* d'une sentence arbitrale est gratuite.

III Procédure

A Assistance et représentation

775 La procédure relative à la demande d'*exequatur* n'est pas contradictoire (CPC, art. 1516, al. 2). Il n'est donc pas nécessaire de se faire assister par un conseil.

B Compétence

776 Seul le président du tribunal de grande instance ou son délégué est compétent pour accorder l'*exequatur* de la sentence arbitrale (Cass. 1re civ., 9 déc. 2003, n° 01-13.341 : *JurisData* n° 2003-021335). Lorsque la sentence est rendue en France, le tribunal compétent est celui où la sentence a été rendue (CPC, art. 1487, al. 1). Si la sentence n'est pas rendue en France, l'*exequatur* est accordé par le tribunal de grande instance de Paris (CPC, art. 1516, al. 1).
Pour l'*exequatur* des sentences étrangères, voir l'opposition entre la Cour de cassation et le Conseil d'État : alors que ce dernier avait jugé dans son arrêt du 19 avril 2013 (nos 352750 et 362020 : *JurisData* n° 2013-007357) que le juge administratif est toujours compétent pour connaître d'une demande tendant à l'*exequatur* des sentences étrangères administratives, dont « l'exécution forcée ne saurait être autorisée si elle est contraire à l'ordre public », la Cour de cassation conteste cette solution et décide au contraire que le juge judiciaire est seul compétent pour l'exequatur de sentences rendues à l'étranger, même relatives à des contrats relevant d'un régime administratif d'ordre public, et notamment à un marché public : Cass. 1re civ., 8 juill. 2015, n° 13-25.846, P+B+R+I : *JurisData* n° 2015-016759.
Le Tribunal des conflits semble cependant avoir tranché en faveur de la compétence des juridictions administratives lorsque l'arbitre s'est prononcé sur des règles impératives du droit public français relatives à l'occupation du domaine public ou à celles qui régissent la commande publique (T. confl., 24 avr. 2017, n° C4075, *SMAC c/ Ryanair*. – T. confl., 11 avr. 2016, n° C4043, *Sté Fosmax LNG c/ Groupement d'entreprises STS : JurisData* n° 2016-010040). Or, la sanction de la méconnaissance des règles de compétences est l'annulation de la sentence pour excès de pouvoir, CA Paris, 4 juill. 2017, n° 15/16653, *SAS Fosmax LNG*).

C Parties

777 La procédure relative à la demande d'*exequatur* n'est pas contradictoire (CPC, art. 1516, al. 2). Toutefois, la procédure devient contradictoire en cas d'appel contre l'ordonnance accordant l'*exequatur*, qui est ouvert lorsque la sentence a été rendue à l'étranger (CPC, art. 1525).

D Rédaction de l'acte de saisine

778 La demande d'*exequatur* doit être rédigée sous forme de requête au président du tribunal de grande instance compétent. Elle doit comporter, à

peine de nullité, les mentions prévues à l'article 58 du Code de procédure civile, à savoir :
– pour les personnes physiques : l'indication des nom, prénom, profession, domicile, nationalité, date et lieu de naissance du demandeur ;
– pour les personnes morales : l'indication de leur forme, leur dénomination, leur siège social et de l'organe qui les représente légalement ;
– l'indication des nom, prénom et domicile de la personne contre laquelle la demande est formée, ou, s'il s'agit d'une personne morale, de sa dénomination et de son siège social ;
– l'objet de la demande.
La requête doit être datée et signée.

E Audience

779 La procédure d'*exequatur* ne fait pas l'objet d'une audience.

F Décision

780 La décision statuant sur la demande d'*exequatur* est rendue sous forme d'ordonnance. Lorsqu'elle est accordée, l'*exequatur* est apposé sur l'original ou la copie de la sentence et, le cas échéant, sur sa traduction (CPC, art. 1517 al. 1 et 2). Si l'ordonnance refuse l'*exequatur*, elle doit être motivée (CPC, art. 1517, al. 3).

G Recours ou contestation

781 Pour les sentences rendues en France, l'ordonnance statuant sur une demande d'*exequatur* n'est pas susceptible de recours, sauf si l'*exequatur* est refusé. Dans ce cas, l'ordonnance peut faire l'objet d'un appel dans le mois suivant sa signification (CPC, art. 1523).
Pour les sentences rendues à l'étranger, la décision qui statue sur une demande de reconnaissance ou d'*exequatur* peut toujours faire l'objet d'un appel, qui doit être formé dans un délai d'un mois à compter de la signification de l'ordonnance (CPC, art. 1525, al. 2 et 3).

CHECK-LIST • **Dès la reddition de la sentence arbitrale, se rapprocher de la partie adverse ou de son représentant afin de parvenir à un accord sur l'exécution de la sentence arbitrale.**
• **Effectuer en amont une recherche des lieux où le débiteur dispose de biens ou valeurs susceptibles de faire l'objet d'une saisie.**
• **Vérifier que les biens identifiés peuvent faire l'objet de saisies et ne sont pas couverts pas une quelconque immunité d'exécution.**
• **Vérifier que le débiteur n'est pas sujet à des procédures collectives.**
• **Vérifier les conditions dans lesquelles la sentence arbitrale peut faire l'objet d'une exécution forcée dans chacun des États où la sentence est susceptible d'exécution, avec l'assistance de conseils locaux.**

POUR ALLER PLUS LOIN...

Fascicules JurisClasseur
• *JCl. Commercial*, Fasc. 199 : *Arbitrage Commercial – Droit international*, par Ch. Jarrosson et J.-B. Racine.
• *JCl. Droit International*, Fasc. 585 : *Arbitrage Commercial – Droit international*, par Ch. Jarrosson et J.-B. Racine.
• *JCl. Encyclopédie des Huissiers de Justice*, Fasc. 30 : *Arbitrage – Arbitrage international*, par H. Croze.
• *JCl. Notarial Formulaire*, Fasc. 10 : *Arbitrage – Commentaires*, par Ch. Jarrosson et B. Le Bars.
• *JCl. Procédure civile*, Fasc. 1042 : *Arbitrage – Sentence arbitrale*, par E. Loquin.
Revues
• J. Béguin et J. Ortscheidt, *La sentence arbitrale est rendue : comment l'exécuter ? : JCP* G 2010, 36.
• J. Béguin, J. Otscheidt et Ch. Seraglini, *Un second souffle pour l'arbitrage – Arbitrage international – À propos du décret du 13 janvier 2011 : JCP* G 2011, 467.
• T. A. Brabant et M. Desplats, *Arbitrage international : le nouveau contentieux de la suspension de l'exécution provisoire : JCP* E 2015, 1053 ; Note ss arrêt, *L'arrêt SMAC de la Cour de cassation : un colosse aux pieds d'argile ? : JCP* G 2015, 1164.
• C. Nourissat, *Le nouveau droit français de l'arbitrage (décret n° 2011-48 du 13 janvier 2011 portant réforme de l'arbitrage) : Procédures* 2011, étude 3.

Fiche 38

Poursuivre l'exécution contre une personne morale de droit public

Nathalie CASAL

Sommaire

I Aperçu rapide ... 361
A Éléments clés ... 361
B Textes ... 362
1 Textes codifiés ... 362
2 Textes non codifiés ... 362
II Préparation ... 362
A Informations préalables ... 362
B Inventaire des solutions et éléments de décisions ... 363
1 Quel principe s'oppose à l'exécution forcée contre les personnes publiques ? ... 363
2 Par quels moyens peut-on inciter une personne publique à s'exécuter ? ... 363
3 Peut-on prévenir l'inexécution d'une décision condamnant une personne publique ? ... 364
4 Comment sanctionner la défaillance d'une personne publique ? ... 364
5 Par quel moyen peut-on contraindre une personne publique au paiement ? ... 364
III Mise en œuvre ... 365
A Recourir à des procédures administratives d'incitation ... 365
1 Exercer un recours administratif ... 365
2 Saisir le Défenseur des droits ... 365
B Recourir à des procédures préventives ... 366
1 Conclure aux fins d'exécution ... 366
2 Conclure aux fins d'astreinte ... 366
C Recourir à des moyens de contraintes *a posteriori* ... 366
D Recourir à des procédés de paiement forcé ... 367
E Engager la responsabilité de la personne publique ... 367
1 Mettre en cause la responsabilité de l'État ... 367
2 Mettre en cause la responsabilité personnelle des agents publics ... 368
F Recourir à des procédés d'exécution de droit privé contre un État étranger ... 368

I Aperçu rapide

A Éléments clés

782 Comme les personnes privées, les personnes publiques ont l'obligation d'exécuter les décisions de justice (CJA, art. L. 11).

Mais existe en leur faveur une **immunité d'exécution** qui interdit à leur encontre la mise en œuvre des voies d'exécution de droit commun (CPC ex., art. L. 111-1, al. 3) sur les biens leur appartenant, qu'ils relèvent du domaine public ou du domaine privé.

Justifiée par leur mission de service public, cette immunité d'exécution rend donc **insaisissables** leurs biens et créances.

L'immunité bénéficie à toutes les personnes publiques (État, collectivités locales, établissements publics : CGPPP, art. L. 1 et L. 2311-1), y compris les États étrangers, sans distinguer les établissements publics administratifs (T. confl., 9 déc. 1899, n° 00515) et les établissements publics industriels et commerciaux (Cass. 1re civ., 21 déc. 1987, n° 86-14.167 : *JurisData* n° 1987-702272).

EXEMPLE • **Établissements publics administratifs (EPA) :** universités, centres hospitaliers, la Bibliothèque nationale de France, etc.
• **Établissements publics industriels et commerciaux (EPIC) :** SNCF (C. transports, art. L. 2102-1), les offices publics de l'habitat (CCH, art. L. 421-1), etc.

ATTENTION **Cette immunité ne protège que la personne morale de droit public débitrice. Elle n'interdit pas la mise en œuvre de procédures civiles d'exécution dirigées contre la personne morale de droit public en sa qualité de tiers détenteur ou tiers saisi (CE, avis, 30 janv. 1992, n° 350083).**

EXEMPLE Une saisie conservatoire de créances peut valablement être pratiquée sur le compte d'une personne morale de droit public dès lors que celle-ci a la qualité de tiers saisi (Cass. 2e civ., 14 sept. 2006, n° 05-16.584 : *JurisData* n° 2006-034997).

L'insaisissabilité des biens des personnes publiques a pour contrepartie l'existence de **voies d'exécution administratives spéciales** pour inciter la personne publique à une prompte exécution de ses obligations.
La demande d'exécution à l'encontre de la personne publique peut être :
– **préventive :** le justiciable peut demander au juge administratif d'ordonner une injonction *a priori* accompagnant son futur jugement, qu'il peut éventuellement assortir d'une astreinte préventive (CJA, art. L. 911-1 à L. 911-3) ;
– **sanctionnatrice :** le bénéficiaire de la décision de condamnation restée inexécutée peut revenir devant le juge administratif ou judiciaire pour lui demander de contraindre la personne publique défaillante au moyen d'une injonction assortie ou non d'une astreinte *a posteriori* (CJA, art. L. 911-4).

Le justiciable peut également recourir à des procédés de **paiement forcé** pour contraindre et sanctionner la personne publique qui n'exécute pas une décision de condamnation pécuniaire (L. n° 80-539, 16 juill. 1980, art. 1er. – CJA, art. L. 911-9).
La violation de la décision de condamnation engage la **responsabilité** de la personne publique en cause et de l'État, mais aussi la responsabilité personnelle des agents publics.
L'insaisissabilité des biens des personnes publiques justifie parfois le recours à des **procédés d'exécution spécifiques de droit privé**, notamment lorsqu'il s'agit de saisir des biens appartenant à un État étranger : la mise en œuvre de l'exécution forcée est alors subordonnée à l'exigence d'une autorisation judiciaire préalable accordée par ordonnance sur requête (CPC ex., art. L. 111-1-1).

B Textes

1 Textes codifiés

Code des procédures civiles d'exécution
• CPC ex., art. L. 111-1.
• CPC ex., art. L. 111-1-1.
• CPC ex., art. L. 111-1-2.
• CPC ex., art. L. 111-1-3.
• CPC ex., art. R. 111-1.
Code général de la propriété des personnes publiques
• CGPPP, art. L. 1.
• CGPPP, art. L. 2311-1.
Code de justice administrative
• CJA, art. L. 11.
• CJA, art. L. 911-1 à L. 911-9.
Code des relations entre le public et l'administration
• CRPA, art. L. 114-2.
• CRPA, art. L. 410-1 et s.

2 Textes non codifiés

• L. n° 80-539, 16 juill. 1980, art. 1er.
• L. org. n° 2011-333, 29 mars 2011, art. 6.

II Préparation

A Informations préalables

783 • La personne publique est-elle débitrice ? En quelle qualité participe-t-elle à la procédure d'exécution ?
• Quels sont les moyens de pression pour contraindre la personne publique à s'exécuter ? Cette pression peut-elle s'exercer à titre préventif ?
• Comment le justiciable peut-il faire sanctionner l'inexécution de la décision condamnant la personne publique ?

• Quel type de décision de condamnation peut-être mis à exécution ? L'exécution peut-elle être poursuivie contre toutes les personnes publiques sans distinction ?
• Dans quelle mesure la défaillance de la personne publique engage-t-elle la responsabilité de l'État ? La responsabilité personnelle de l'agent public peut-elle être mise en cause ?
• Dans quelle mesure le créancier peut-il poursuivre une exécution forcée à l'encontre d'un État étranger ?

B Inventaire des solutions et éléments de décisions

1 Quel principe s'oppose à l'exécution forcée contre les personnes publiques ?

784 En raison de l'**immunité d'exécution** attachée aux personnes publiques, aucune voie d'exécution de droit commun ne peut être mise en œuvre à leur encontre (CPC ex., art. L. 111-1, al. 3). Cette immunité d'exécution a pour corollaire l'**insaisissabilité** de tous les biens composant leur patrimoine (CGPPP, art. L. 1 et L. 2311-1).

ATTENTION **Le principe d'insaisissabilité des biens des personnes publiques, s'il s'oppose à la mise en œuvre, à leur encontre, des voies d'exécution du droit commun, ne fait pas obstacle à la cession, fût-elle forcée, des biens dépendant de leur domaine privé (Cass. com., 21 janv. 2014, n° 12-29.475 : *JurisData* n° 2014-000574 ; *Dr. adm.* 2014, comm. 26, J.-F. Giacuzzo ; à propos de la recevabilité d'une procédure d'offre publique de retrait (C. monét. fin., art. L. 433-4) des actions d'une société détenues par une collectivité publique).**

En tout état de cause, vérifier la **qualité** du débiteur poursuivi car l'immunité d'exécution attachée à la personne publique prive le créancier du droit de saisir l'ensemble de ses biens.

2 Par quels moyens peut-on inciter une personne publique à s'exécuter ?

785 En cas d'obstacle à l'exécution, le justiciable peut recourir à divers procédés d'incitation :
– soit en diligentant un recours administratif (CRPA, art. L. 410-1 et s.) ;
– soit en saisissant le Défenseur des droits (L. org. n° 2011-333, 29 mars 2011).

a) Exercer un recours administratif

786 L'administré demande à la personne publique en cause de reconsidérer sa position en exerçant un recours interne dont l'avantage est de conserver le délai du recours contentieux, le faisant partir à zéro.
Le recours administratif doit être exercé dans le délai du recours contentieux, soit deux mois (CRPA, art. L. 411-2).

ATTENTION **Pour être considérée comme un recours, la demande doit solliciter clairement l'exécution de la décision. À défaut, elle sera analysée comme une protestation ou une demande d'explications.**

Le silence de la personne publique vaut rejet du recours administratif à l'expiration du délai de deux mois (CRPA, art. L. 411-7).

REMARQUE La saisine d'une personne publique incompétente vaut recours en raison de l'obligation qui incombe à celle-ci de transmettre la demande à l'autorité compétente et d'en aviser l'intéressé (CRPA, art. L. 114-2).

Le recours administratif peut être :
– soit gracieux : le justiciable saisit directement l'autorité administrative chargée de l'exécution ;
– soit hiérarchique : le justiciable saisit le supérieur de l'autorité administrative concernée en cas de mauvaise volonté dans l'exécution (CRPA, art. L. 410-1).

b) Saisir le Défenseur des droits

787 Le justiciable peut saisir directement et gratuitement le Défenseur des droits – autorité administrative indépendante chargée de la garantie des droits et libertés – de tous les cas d'inexécution des décisions de justice, y compris ceux résultant de l'inexécution des décisions condamnant une personne publique (L. org. n° 2011-333, 29 mars 2011, art. 5 et 6).

CONSEIL **Le Défenseur des droits ne constituant pas une instance de recours, former parallèlement un recours contentieux pour ne pas se voir opposer une forclusion à l'expiration du délai de recours de droit commun, deux mois (L. org. n° 2011-333, 29 mars 2011, art. 6).**

En cas de réclamation justifiée et à défaut de règlement amiable du litige, le Défenseur pourra :
- user de son pouvoir d'injonction face à la personne publique coupable d'inexécution d'une décision de justice ;
- ou saisir l'autorité investie du pouvoir d'engager les poursuites disciplinaires des faits dont il a connaissance et qui lui paraissent de nature à justifier une sanction (L. org. n° 2011-333, 29 mars 2011, art. 25 et 29).

3 Peut-on prévenir l'inexécution d'une décision condamnant une personne publique ?

a) Solliciter le prononcé d'une injonction a priori

788 Le justiciable peut demander au juge administratif de prononcer une injonction d'exécution contre une personne publique, dès l'introduction de l'action.

En vertu de ce mécanisme de l'injonction *a priori*, le juge examine la demande principale et enjoint en même temps à la personne publique d'exécuter la décision de justice s'il fait droit à la demande.

Le mécanisme est alternatif :
- soit le juge enjoint à l'autorité compétente de prendre une mesure d'exécution dans le sens qu'implique la décision de condamnation (CJA, art. L. 911-1) ;
- soit il lui signifie l'obligation de réexaminer le dossier du requérant dans un délai déterminé (CJA, art. L. 911-2).

b) Annexer des conclusions aux fins d'astreinte

789 Le juge peut assortir son injonction d'une astreinte dont il fixe la date d'effet, s'il est saisi de conclusions à cet effet (CJA, art. L. 911-3).

> CONSEIL **Annexer aux conclusions d'injonction des conclusions tendant à faire prononcer une astreinte, le juge ne pouvant la prononcer d'office.**

4 Comment sanctionner la défaillance d'une personne publique ?

a) Solliciter une autorisation du juge en cas de poursuite d'un État étranger

790 L'exécution forcée contre un État étranger peut être mise en œuvre sur autorisation préalable du juge de l'exécution du tribunal de grande instance de Paris par ordonnance rendue sur requête (CPC ex., art. L. 111-1-1 et R. 111-1).

> ATTENTION **Le juge de l'exécution du tribunal de grande de Paris a compétence exclusive pour statuer sur la demande d'autorisation (CPC ex., art. R. 111-1). Le titre exécutoire, condition préalable de l'exécution forcée, ne suffit pas. Le créancier poursuivant doit, en outre, obtenir une autorisation judiciaire préalable accordée par une décision rendue non contradictoirement dans les cas où le requérant est fondé à ne pas appeler la partie adverse (CPC, art. 493).**

b) Solliciter le prononcé d'une injonction a posteriori assortie d'une astreinte

791 Le demandeur à l'instance ayant conduit au jugement à exécuter peut émettre une nouvelle requête visant à obtenir du juge une injonction et/ou une astreinte, afin de contraindre la personne publique condamnée à exécuter. Il revient ainsi devant le juge ayant rendu la décision inexécutée (CJA, art. L. 911-4).

La procédure touche toutes les personnes morales de droit public mais aussi les organismes de droit privé chargés de la gestion d'un service public (CJA, art. L. 911-5).

c) Solliciter la liquidation de l'astreinte

792 Si le prononcé de l'injonction assortie ou non d'une astreinte n'a pas suffi à contraindre la personne publique à exécuter la décision de justice rendue à son encontre, le requérant peut demander la liquidation de l'astreinte (CJA, art. L. 911-7).

> ATTENTION **La condamnation à payer une astreinte liquidée ne peut faire l'objet d'une injonction dans la mesure où son mandatement d'office peut être obtenu (CJA, art. L. 911-9) de sorte que pour la recouvrer, le bénéficiaire de la condamnation doit mettre en œuvre les procédés de paiement forcé (V. *infra*, n° 793 et 799).**

5 Par quel moyen peut-on contraindre une personne publique au paiement ?

793 Le bénéficiaire d'une condamnation définitive d'une personne publique au paiement d'une

somme d'argent peut obtenir directement des autorités compétentes le versement de cette somme, sans être tenu de recourir à un juge (L. n° 80-539, 16 juill. 1980, art. 1er. – CJA, art. L. 911-9).
La procédure ne vise que les décisions :
– rendues contre l'État, les collectivités locales ou les établissements publics ;
– portant condamnation pécuniaire, le montant de cette condamnation devant être fixé dans le dispositif même du jugement ;
– et passées en force de chose jugée, c'est-à-dire insusceptibles d'un recours suspensif d'exécution (CE, ass., 27 oct. 1995, n° 150703 : *JurisData* n° 1995-047648).
La somme fixée à laquelle la personne publique en cause est condamnée doit être ordonnancée ou mandatée dans le délai de deux mois à compter de la notification de la décision.
À défaut, le créancier peut s'adresser directement au comptable public pour obtenir le paiement (L. n° 80-539, 16 juill. 1980, art. 1er. – CJA, art. L. 911-9).

REMARQUE **Terminologie de la procédure générale d'exécution**
• Engagement : acte par lequel la personne publique crée ou constate à son encontre une obligation de laquelle il résultera une dépense (D. n° 2012-1246, 7 nov. 2012, art. 30).
• Liquidation : vérification de la réalité de la dette et arrêt du montant de la dépense (D. n° 2012-1246, 7 nov. 2012, art. 31).
• Ordonnancement : ordre donné par l'ordonnateur au comptable de payer la dette de l'organisme public (D. n° 2012-1246, 7 nov. 2012, art. 32, al. 1er).
• Paiement : acte par lequel la personne publique se libère de sa dette (D. n° 2012-1246, 7 nov. 2012, art. 33).

III Mise en œuvre

A Recourir à des procédures administratives d'incitation

1 Exercer un recours administratif

794 Outre qu'il peut être introduit par le justiciable lui-même, le recours administratif interne, qu'il soit gracieux ou hiérarchique, n'est soumis à aucune forme particulière (peut-être verbal).

CONSEIL **En raison de la nécessité de le concilier avec les délais contentieux (V. *supra*, n° 786), il est conseillé :**
– de transmettre un document écrit, de préférence en recommandé avec accusé de réception, afin d'être à même d'établir la preuve de la démarche ;
– de s'adresser, pour sa rédaction, à un praticien ayant une parfaite maîtrise de la procédure.

Pour valoir recours, la demande devra :
– exposer les faits, les démarches déjà entreprises ;
– rappeler et contenir la copie de la décision inexécutée ;
– et surtout formuler clairement la demande d'exécution de la décision et de versement du montant de la condamnation.

2 Saisir le Défenseur des droits

795 Le justiciable peut saisir directement et gratuitement le Défenseur des droits :
– en ligne (http://www.defenseurdesdroits.fr/fr/saisir-le-defenseur-des-droits) en remplissant un formulaire de saisine ;
– ou par courrier postal adressé au Défenseur des droits, à l'adresse suivante : TSA 90716-75334 Paris Cedex 07.
Cette saisine doit être précédée de démarches préalables auprès de la personne publique en cause (L. org. n° 2011-333, 29 mars 2011, art. 6). L'accomplissement de ces démarches doit faire apparaître nettement l'inexécution ou le retard dans l'exécution autant que la carence de la personne publique.

CONSEIL **Prendre contact directement avec la personne publique pour lui permettre de s'exécuter volontairement, surtout dans le cas d'une condamnation pécuniaire où l'envoi d'un relevé d'identité bancaire du compte du créancier (ou de la CARPA de son avocat) est indispensable à une exécution rapide.**

La demande auprès du défenseur doit être formulée par écrit mais n'est soumise à aucun formalisme particulier.

Elle doit mentionner clairement les faits, les attentes de l'intéressé, et expliquer les démarches préalablement effectuées auprès de la personne publique concernée afin qu'elle exécute la condamnation. Elle doit être accompagnée d'une copie de la décision de justice rendue à l'encontre de la personne publique et des justificatifs des démarches préalablement effectuées.

Le Défenseur des droits peut également se saisir d'office. Dans ce cas, il en informe, par tout moyen, la personne intéressée qui peut, à tout moment, s'opposer à son intervention à laquelle il est tenu de mettre fin (L. org. n° 2011-333, 29 mars 2011, art. 8).

> **ATTENTION** **La saisine du Défenseur des droits n'interrompt ni ne suspend par elle-même les délais de prescription des actions en matière civile, administrative ou pénale, non plus que ceux relatifs à l'exercice de recours administratifs ou contentieux (L. org. n° 2011-333, 29 mars 2011, art. 6).**
> **Il faut donc parallèlement former un recours contentieux afin de ne pas se voir opposer une forclusion à l'expiration des deux mois, délai de recours de droit commun.**

B Recourir à des procédures préventives

1 Conclure aux fins d'exécution

796 La mise en œuvre de l'injonction *a priori* impose au juge de faire mention, dans le dispositif de son jugement, des mesures d'exécution nécessaires pour prévenir une éventuelle inobservation de la chose jugée.

Pour ce faire, le juge administratif doit être saisi :

– de conclusions aux fins d'exécution ;

– d'une demande de mesure impliquée par la décision principale de condamnation (CJA, art. L. 911-1).

> **REMARQUE** En l'absence de pouvoir d'office du juge, une attention particulière doit être apportée à la rédaction des conclusions ; pour valoir « conclusions d'exécution », il faut qu'elles fassent nettement ressortir la mesure demandée, et que celle-ci soit clairement formulée et justifiée par la décision de condamnation de la personne publique. Les conclusions doivent donc être expresses, le demandeur devant identifier précisément et clairement le contenu des mesures d'exécution qu'il souhaite voir ordonner.

2 Conclure aux fins d'astreinte

797 L'injonction peut être assortie d'une astreinte dont le prononcé est conditionné par la recevabilité des conclusions tendant à faire reconnaître l'obligation de la personne publique.

L'astreinte doit être sollicitée par conclusions, le juge restant libre de refuser d'assortir son injonction d'une astreinte (CJA, art. L. 911-3).

En cas d'inexécution totale ou partielle, le juge liquidera l'astreinte. L'astreinte est en principe versée au requérant mais une partie peut être versée au budget de l'État (CJA, art. L. 911-7 et L. 911-8).

C Recourir à des moyens de contraintes *a posteriori*

798 **Formalisme**

La formulation de la demande d'injonction et d'astreinte appelle une distinction entre :

– la phase amiable (CJA, art. L. 911-4) au stade de laquelle la demande peut prendre la forme d'une simple lettre, d'une requête argumentée ou d'une demande incidente dans un mémoire en défense ;

– la phase contentieuse, au cours de laquelle la formulation de la demande doit obéir aux règles de présentation du recours juridictionnel (demande d'exécution apparente et chiffrée).

Dans les deux phases, un exposé des démarches entreprises aux fins d'exécution auprès de la personne publique doit figurer dans les conclusions auxquelles est annexée une copie de la décision inexécutée.

Compétence

La compétence est déconcentrée du Conseil d'État aux tribunaux administratifs et cours administratives d'appel, le Conseil d'État restant compétent pour ses propres décisions et celles des juridictions spéciales (CJA, art. L. 911-4 et L. 911-5).

Délai

À compter de la notification de la décision, la demande d'astreinte ou d'injonction ne peut être formée avant l'expiration :

– d'un délai de six mois devant le Conseil d'État (CJA, art. R. 931-3) ;

– d'un délai de trois mois devant le tribunal administratif et la cour administrative d'appel (CJA, art. R. 921-1-1).

> **CONSEIL** **Mettre à profit ce délai pour entreprendre les démarches nécessaires auprès de la personne publique pour obtenir l'exécution de la chose jugée.**

D Recourir à des procédés de paiement forcé

799 À l'encontre de l'État

La somme fixée à laquelle l'État est condamné par décision de justice passée en force de chose jugée doit être ordonnancée ou mandatée dans le délai de deux mois à compter de la notification de la décision (L. n° 80-539, 16 juill. 1980. – CJA, art. L. 911-9).

Le délai est prorogé à quatre mois en cas d'insuffisance de crédits (D. n° 2008-479, 20 mai 2008).

La date d'ordonnancement est portée à la connaissance du créancier par lettre recommandée avec accusé de réception envoyée le jour de l'émission du titre. Elle indique également le comptable assignataire et le montant de la somme qui fera l'objet d'un ordonnancement ultérieur en cas d'insuffisance de crédits.

Dans ce dernier cas, l'ordonnateur doit aviser par lettre recommandée avec accusé de réception, le créancier du montant qui fera l'objet d'une ordonnance de paiement ultérieur dans le délai de quatre mois à compter de la notification, et de la date d'ordonnancement du solde des sommes dues et l'identité du comptable assignataire.

À défaut d'ordonnancement dans les délais, le créancier peut saisir le comptable public pour procéder au paiement, sur simple présentation de la décision de justice (D. n° 2008-479, 20 mai 2008, art. 4, al. 1er).

La demande de paiement direct n'est soumise à aucune condition de forme.

> CONSEIL **En dépit du principe d'absence de formalisme, une grande attention doit être apportée à la rédaction de la demande de paiement direct, en recueillant tous les justificatifs du caractère définitif de la décision (V. *supra*, n° 793), afin d'éviter une perte de temps.**

À l'encontre des collectivités locales ou des établissements publics

Les collectivités locales ou les établissements publics ont l'obligation d'ordonnancer la somme objet de la condamnation dans un délai de deux mois à compter de la notification de la décision de justice passée en force de chose jugée (CJA, art. L. 911-9) et le créancier est informé par lettre recommandée avec accusé de réception.

En cas d'insuffisance de crédits, le représentant de l'État dans le département (préfet) adresse à la collectivité ou l'établissement public une mise en demeure de créer les ressources nécessaires (L. n° 80-539, 16 juill. 1980, art. 1er, II, al. 2) dans le mois.

Si la mise en demeure reste sans effet, le représentant de l'État procède à l'inscription d'office de la dette et la personne publique défaillante doit, dans les huit jours de l'inscription du crédit, mandater la somme due.

À défaut, le représentant de l'État mandate lui-même d'office la somme due dans le délai d'un mois.

Si la carence de la collectivité locale en cause persiste après mise en demeure restée infructueuse, le préfet peut faire procéder à la vente des biens lui appartenant, dès lors qu'ils ne sont pas indispensables au bon fonctionnement des services publics.

> EXEMPLE Le préfet est autorisé à faire procéder à la vente de biens communaux qui ne sont pas indispensables au bon fonctionnement des services publics, en tenant compte de la situation de la collectivité et des impératifs d'intérêt général (CE, sect., 18 nov. 2005, n° 271898 : *JurisData* n° 2005-069227 ; *JCP* G 2006, II, 10044, R. de Moustier et O. Béatrix).

E Engager la responsabilité de la personne publique

800 La responsabilité de la personne publique est engagée du seul fait de l'inexécution de la décision de justice rendue à son encontre, qui constitue une faute de service permettant d'engager sa responsabilité.

Sa mise en œuvre oblige le bénéficiaire de la décision de justice à prendre l'initiative de demander expressément à la personne publique condamnée de prendre les mesures imposées ou d'effectuer le paiement imposé par la décision (CE, 26 oct. 1966, n° 67-520, *Dlle Fourtet : Rec. CE* 1966, p. 1094 et 1105).

1 Mettre en cause la responsabilité de l'État

801 Pour pallier le manquement lié à l'inexécution par la personne publique de la décision la condamnant pécuniairement, l'État dispose de prérogatives pour surmonter l'absence de mandatement.

Il commet une faute en ne prenant pas les mesures pour garantir l'exécution de la décision rendue à l'encontre de la personne publique.

> ATTENTION **Cette responsabilité n'est pas liée à l'inexécution de la décision de condamnation, mais à l'absence d'utilisation de ses prérogatives lui permettant**

de forcer l'exécution (CE, 7e et 2e ss-sect., 29 oct. 2010, n° 338001 : *JurisData* n° 2010-019555 ; *Contrats-Marchés publ.* 2011, comm. 60, J.-P. Pietri).

L'engagement de la responsabilité de l'État repose :
- soit sur une faute lourde ;
- soit sur une rupture d'égalité devant les charges publiques ;

de sorte que le bénéficiaire de la décision de condamnation inexécutée peut engager la responsabilité de l'État selon les règles du régime de la responsabilité pour faute ou sans faute.

2 Mettre en cause la responsabilité personnelle des agents publics

802 L'engagement de la responsabilité personnelle de l'agent public repose sur la distinction :
- entre la faute personnelle commise hors du service ou en service engageant la responsabilité de l'agent sur son patrimoine personnel selon les règles du droit civil ;
- et la faute commise par l'agent à l'occasion d'actions faites pour le compte de la personne publique, rattachée au service en application du droit administratif.

ATTENTION **Lorsque le préjudice a pour origine un cumul de fautes (une faute reprochée à l'agent, l'autre à l'administration), la victime a le droit de s'adresser pour le tout à la personne publique (CE, 26 juill. 1918, *Lemonnier : Rec. CE* 1918, p. 761).**

La mise en cause de la responsabilité personnelle de l'agent doit être engagée devant le juge judiciaire, seul compétent pour se prononcer sur le point de savoir si la mauvaise volonté dans l'exécution peut être qualifiée de faute personnelle engageant la responsabilité personnelle de la personne publique et l'agent à l'origine de cette faute.

F Recourir à des procédés d'exécution de droit privé contre un État étranger

803 L'autorisation judiciaire préalable à la mise en œuvre de l'exécution forcée contre l'État étranger est soumise aux conditions **alternatives** suivantes (CPC ex., art. L. 111-1-2) :
- consentement exprès de l'État concerné à l'application de la mesure ;
- réservation ou affectation d'un bien au créancier (CPC ex., art. L. 111-1-2, 2°) ;
- un jugement ou une sentence arbitrale a été rendu contre l'État concerné et le bien en cause est spécifiquement utilisé ou destiné à être utilisé par ledit État autrement qu'à des fins de service public non commerciales et entretient un lien avec l'entité contre laquelle la procédure a été intentée (CPC ex., art. L. 111-1-2, 3°).

EXEMPLE Sont considérés comme spécifiquement utilisés ou destinés à être utilisés par l'État à des fins de service non commerciales les biens, y compris les comptes bancaires, utilisés ou destinés à être utilisés dans l'exercice des fonctions de la mission diplomatique de l'État ou de ses postes consulaires.

La mise en œuvre de mesures conservatoires ou d'exécution forcée sur ces biens est subordonnée à une renonciation expresse et spéciale de l'État concerné (CPC ex., art. L. 111-1-3).

ATTENTION **Cette double condition de la renonciation expresse et spéciale à une immunité d'exécution s'applique y compris aux mesures d'exécution mises en œuvres avant l'entrée en vigueur des dispositions législatives susvisées (Cass. 1re civ., 10 janv. 2018, n° 16-22.494 : *JurisData* n° 2018-000032 ; *JCP* G 2018, 294 et 295). L'exigence de renonciation spéciale ne concerne que les biens diplomatiques de sorte que la saisie de créances fiscales est possible (CA Paris, pôle 4, ch. 8, 3 mai 2018, n° 17/09302) en cas de renonciation expresse de l'État étranger à son immunité d'exécution.**

CHECK-LIST **• Vérifier :**
- la qualité du débiteur poursuivi ;
- l'appartenance des biens saisis ;
- l'existence d'une décision exécutoire portant condamnation de la personne publique.
• S'interroger :
- sur l'identité de la personne publique ;
- sur la nature de la condamnation rendue contre la personne publique ;
- sur l'éventuel caractère indispensable du bien au bon fonctionnement du service public ;
- sur les conditions d'une renonciation de l'État étranger à son immunité d'exécution.

POUR ALLER PLUS LOIN…

Fiche pratique

• V. Fiche 39 : Réagir en cas d'immunité d'exécution.

Fascicules JurisClasseur

• *JCl. Administratif*, Fasc. 1112.
• *JCl. Encyclopédie des Huissiers de Justice*, V° *Exécution forcée à l'encontre des personnes morales de droit public*, Fasc. 10.
• *JCl. Encyclopédie des Huissiers de Justice*, V° *Exécution forcée à l'encontre des personnes morales de droit public*, Fasc. 20.
• *JCl. Encyclopédie des Huissiers de Justice*, V° *Exécution forcée à l'encontre des personnes morales de droit public*, Fasc. 30.
• *JCl. Encyclopédie des Huissiers de Justice*, V° *Exécution forcée à l'encontre des personnes morales de droit public*, Fasc. 40.
• *JCl. Voies d'exécution*, Fasc. 495.

Revues

• N. Ancel, *Immunité d'exécution diplomatique : les conditions de la renonciation par l'État étranger : JCP* G 2018, 294.
• J.-B. Donnier, *Aspects du décret n° 2017-892 du 6 mai 2017 relatifs aux procédures civiles d'exécution : JCP* G 2017, 635.
• G. Eveillard, *Droit administratif : JCP* G 2014, doctr. 913, n° 6.
• J.-F. Giacuzzo, *Insaisissabilité des biens publics et contrôle d'un service public délégué : Dr. adm.* 2014, comm. 26.
• R. Perrot, *Recouvrement des créances à l'encontre d'une personne morale de droit public : Procédures* 2000, comm. 142.

Fiche 39

Réagir en cas d'immunité d'exécution

Nathalie CASAL

Sommaire

I Aperçu rapide ... 371
A Éléments clés ... 371
B Textes ... 372
1 Textes codifiés ... 372
2 Textes non codifiés ... 372
II Préparation ... 372
A Informations préalables ... 372
B Inventaire des solutions et éléments de décisions ... 372
1 Qui peut invoquer une immunité d'exécution ? ... 372
2 Quels sont les biens couverts par l'immunité d'exécution ? ... 373
3 Quelles sont les conséquences de l'immunité d'exécution ? ... 373
4 Comment contraindre une personne publique à exécuter ses obligations ? ... 374
III Mise en œuvre ... 374
A Vérifier en quelle qualité la personne publique invoque l'immunité d'exécution ... 374
B Recourir à des procédés spécifiques d'exécution ... 375
1 Solliciter une autorisation du juge ... 375
2 Solliciter le prononcé d'une astreinte ... 375
3 Recourir à des procédés de paiement forcé ... 376

I Aperçu rapide

A Éléments clés

804 Mesure de faveur exceptionnelle, l'immunité d'exécution entraîne une **insaisissabilité** de l'ensemble des biens composant le patrimoine du débiteur.

Seules les **personnes publiques** bénéficient de **plein droit** de l'immunité d'exécution.

Cette immunité s'applique en faveur des biens (CGPPP, art. L. 1 et L. 2311-1) :

– de l'État ;

– des collectivités locales et de leurs groupements ;

– des établissements publics, sans distinguer les établissements publics administratifs et les établissements publics industriels et commerciaux.

EXEMPLE **EPA** : universités, agences régionales de santé (C. santé publ., art. L. 1432-1), établissements composant le réseau des chambres d'agriculture (C. rur. pêche marit., art. L. 510-1), etc.
EPIC : SNCF (C. transports, art. L. 2102-1), offices publics de l'habitat (CCH, art. L. 421-1), etc.

Attachée par principe aux États étrangers, l'immunité d'exécution s'efface lorsque le bien concerné se rattache à une opération économique, commerciale ou civile relevant du droit privé qui donne lieu à la demande en justice (Cass. 1re civ., 19 nov. 2008, n° 07-10.570 : *JurisData* n° 2008-045874).

Malgré l'absence de dispositions législatives explicites, le bénéfice de l'immunité d'exécution appartient également aux autres personnes publiques.

EXEMPLE Bien que non mentionnées par l'article L. 1 du Code général de la propriété des personnes publiques, la Banque de France, l'Autorité des marchés financiers (AMF) ou encore la Haute Autorité de santé (HAS) sont des personnes morales de droit public.

D'application stricte, l'immunité d'exécution ne profite donc pas aux personnes morales de droit privé, même si elles sont chargées d'assumer un service public.

EXEMPLE Un compte ouvert à la Caisse des dépôts et consignations par une caisse régionale d'assurance maladie et d'assurance vieillesse est saisissable (Cass. 2e civ., 15 nov. 1995, n° 93-13.262 : *JurisData* n° 1995-003152).

L'immunité interdit la mise en œuvre des procédures civiles d'exécution sur les biens du domaine public comme du domaine privé, mais les mesures conservatoires ou d'exécution peuvent être diligentées à l'encontre de la personne publique en sa qualité de tiers saisi ou tiers détenteur (CE, avis, 30 janv. 1992, n° 350083).
L'impossibilité de recourir aux voies d'exécution du droit commun contre les personnes publiques a néanmoins pour contrepartie l'existence de procédés d'exécution spécifiques.

EXEMPLE L'exécution forcée contre un État étranger ne peut être mise en œuvre que sur autorisation préalable du juge par ordonnance rendue sur requête (CPC ex., art. L. 111-1-1).

Outre le prononcé d'une astreinte contre une personne morale de droit public, il est également possible, en cas de carence d'une collectivité locale ou d'un établissement public, de faire vendre ses biens, lorsqu'ils ne sont pas nécessaires au fonctionnement du service public.

B Textes

1 Textes codifiés

Code des procédures civiles d'exécution
- CPC ex., art. L. 111-1.
- CPC ex., art. L. 111-1-1.
- CPC ex., art. L. 111-1-2.
- CPC ex., art. L. 111-1-3.
- CPC ex., art. L. 122-1.
- CPC ex., art. R. 111-1.

Code général de la propriété des personnes publiques
- CGPPP, art. L. 1.
- CGPPP, art. L. 2311-1.

Code de justice administrative
- CJA, art. L. 911-4 et L. 911-6.
- CJA, art. R. 921-1-1 et R. 931-3.

2 Textes non codifiés

- L. n° 80-539, 16 juill. 1980, art. 1er.
- D. n° 2008-479, 20 mai 2008, art. 1 à 4 et 6.

II Préparation

A Informations préalables

805 • S'agit-il d'une personne morale de droit public ?
• Le bien de l'État étranger se rattache-t-il à une opération économique relevant du droit privé ?
• La procédure civile d'exécution est-elle diligentée contre la personne publique en tant que débiteur saisi ?
• La personne morale de droit public détient-elle un bien pour le compte du débiteur ? Est-elle tiers saisi ?
• Les biens dont la collectivité a la charge sont-ils indispensables au bon fonctionnement du service public ?
• Comment poursuivre l'exécution forcée à l'encontre d'un État étranger ?

B Inventaire des solutions et éléments de décisions

1 Qui peut invoquer une immunité d'exécution ?

806 L'immunité d'exécution bénéficie aux seules personnes publiques : l'État, les collectivités locales, les établissements publics et les autres personnes publiques dont le législateur n'a pas consacré expressément l'immunité.

vérifier que le débiteur n'a pas la qualité d'une personne morale de droit public, car l'immunité qui lui est attachée prive le créancier du droit de saisir l'ensemble de ses biens.

REMARQUE L'huissier de justice instrumentaire peut refuser de prêter son concours à l'exécution contre une personne bénéficiant de l'immunité (CPC ex., art. L. 122-1, al. 2).

État, collectivités locales et établissements publics

Seuls les biens de l'État, des collectivités locales et des établissements publics sont déclarés insaisissables par le législateur (CGPPP, art. L. 1 et L. 2311-1). L'immunité d'exécution profite sans distinction aux EPA (T. confl., 9 déc. 1899, n° 00515) comme aux EPIC (Cass. 1re civ., 21 déc. 1987, n° 86-14.167 : *JurisData* n° 1987-702272).

ATTENTION **Si les associations syndicales de copropriétaires autorisées ou constituées d'office sont des établissements publics, les associations syndicales libres sont des personnes morales de droit privé (T. confl., 14 mars 1988, n° 2514 : *JurisData* n° 1988-605304).**

Autres personnes publiques

Malgré l'absence de texte général, l'insaisissabilité s'applique à l'ensemble des biens des autres personnes publiques, même s'ils appartiennent au domaine privé.

Elle peut être expressément reconnue par un texte spécial consacré à une personne publique.

EXEMPLE Les biens mobiliers de la Banque de France sont déclarés insaisissables (C. monét. fin., art. L. 144-2-1, al. 2).

ATTENTION **La personne publique ne peut invoquer l'immunité d'exécution qu'en qualité de débiteur saisi.**
Une saisie-attribution ou une saisie conservatoire de créances peut être pratiquée contre une personne publique lorsque celle-ci est tiers saisi (Cass. 2e civ., 14 sept. 2006, n° 05-16.584 : *JurisData* n° 2006-034997).

2 Quels sont les biens couverts par l'immunité d'exécution ?

807 Tous les biens de l'État, des collectivités locales, des établissements publics, EPA, EPIC gérant ou non un service public, sont couverts par l'immunité.

Les biens meubles, comme les biens immobiliers, même appartenant au domaine privé, sont insaisissables.

ATTENTION **Les biens mobiliers et immobiliers d'un État étranger sont saisissables dès lors qu'ils ne se rattachent plus à l'exercice d'une activité de souveraineté, mais à une opération économique, civile ou commerciale relevant du droit privé qui donne lieu à la demande en justice (Cass. 1re civ., 19 nov. 2008, n° 07-10.570 : *JurisData* n° 2008-045874 ; *JCP* G 2009, II, 10002, L. d'Avout et L. Perreau-Saussine ; *RD bancaire et fin.* 2009, comm. 28, S. Piedelièvre ; l'acquisition par l'État allemand de biens immobiliers en France, affectés au logement d'un officier supérieur, ne constitue pas une prérogative ou un acte de souveraineté mais une simple opération habituelle de gestion relevant du droit privé, et il en est de même de leur entretien. La cour d'appel méconnaît les principes du droit international régissant l'immunité d'exécution des États, en déclarant irrecevables les demandes d'astreinte et d'hypothèque).**

3 Quelles sont les conséquences de l'immunité d'exécution ?

808 L'immunité d'exécution de la personne publique rend insaisissables ses biens et ses créances relevant du domaine public comme du domaine privé.

Toutes les procédures civiles d'exécution de droit commun sont exclues : saisie-vente, saisie immobilière, saisie-appréhension, saisie-attribution, etc. (Cass. 1re civ., 21 déc. 1987, n° 86-14.167 : *JurisData* n° 1987-702272).

EXEMPLE Le compte d'un État ne peut être saisi par un créancier étranger même si les fonds ont été nantis au profit d'autres créanciers en faveur desquels cet État a renoncé à son immunité d'exécution (Cass. 1re civ., 5 mars 2014, n° 12-22.406 : *JurisData* n° 2014-003944).

ATTENTION **La cession des biens dépendant de son domaine privé est possible quand bien même serait-elle forcée, dès lors que celle-ci n'implique**

pas la mise en œuvre d'une voie d'exécution de droit commun (CE, 18 nov. 2005, n° 271898 : *JurisData* n° 2005-069227. – Cass. com., 21 janv. 2014, n° 12-29.475 : *JurisData* n° 2014-000574 ; *Dr. adm.* 2014, comm. 26, J.-F. Giacuzzo ; à propos de la recevabilité d'une procédure d'offre publique de retrait (C. monét. fin., art. L. 433-4) des actions d'une société détenues par une collectivité publique).

4 Comment contraindre une personne publique à exécuter ses obligations ?

809 Le juge, y compris administratif, peut prononcer une astreinte pour l'exécution d'une condamnation pécuniaire (T. confl., 19 mars 2007, n° 3497 : *JurisData* n° 2007-328844).

L'astreinte peut être :

– préventive, le juge prescrivant cette mesure dans sa décision de condamnation (CJA, art. L. 911-3) ;

EXEMPLE Condamnation d'une personne publique au paiement d'une somme d'argent à un agent public, impliquant le mandatement des sommes dues (TA Châlons-sur-Marne, 13 févr. 1996, n° 93583 : *JurisData* n° 1996-050174).

– consécutive à l'inexécution (CJA, art. L. 911-4).

Lorsque l'État, une collectivité locale ou un établissement public est condamné au paiement d'une somme d'argent dont le montant est fixé par la décision de justice elle-même devenue exécutoire, cette somme doit être ordonnancée ou mandatée dans un délai de deux mois à compter de la notification de la décision (L. n° 80-539, 16 juill. 1980, art. 1er, I. – CJA, art. L. 911-9).

À défaut, le créancier peut s'adresser directement au comptable public pour obtenir le paiement.

REMARQUE L'ordonnancement ou le mandatement est l'acte administratif par lequel l'ordonnateur donne l'ordre au comptable de payer la dette de l'organisme public.

ATTENTION **Spécificité du procédé d'exécution contre la personne publique (L. n° 80-539, 16 juill. 1980, art. 1er, I, al. 1er et art. 1er, II, al. 1er).**
Le dispositif prévu par la loi n° 80-539 du 16 juillet 1980 ne vise que les décisions :
– rendues contre l'État, les collectivités locales ou les établissements publics ;
– portant condamnation pécuniaire, le montant de cette condamnation devant être fixé dans le dispositif même du jugement ;
– et passées en force de chose jugée, c'est-à-dire insusceptibles d'un recours suspensif d'exécution (CE, ass., 27 oct. 1995, n° 150703 : *JurisData* n° 1995-047648).

EXEMPLE Constitue une décision de condamnation pécuniaire celle qui fixe les indemnités destinées à réparer le préjudice résultant de l'expropriation (CE, 3e et 8e ss-sect., 5 juill. 2010, n° 309355 : *JurisData* n° 2010-011189).

III Mise en œuvre

A Vérifier en quelle qualité la personne publique invoque l'immunité d'exécution

810 L'immunité d'exécution peut être soulevée par la personne publique à l'occasion d'une contestation de la mesure d'exécution forcée ou dans le cadre de la mise en œuvre d'une mesure conservatoire devant le juge compétent.

Mais elle ne peut être invoquée par la personne publique qu'en tant que **débiteur saisi**.

La mesure d'exécution dirigée contre la personne publique en qualité de tiers saisi ou tiers détenteur impose le respect par celle-ci d'un certain nombre d'obligations.

Celles-ci sont définies par le Code des procédures civiles d'exécution si la personne publique n'est pas dotée d'un comptable public.

Dans le cas contraire, des règles spécifiques s'ajoutent à celles de droit commun.

Règles de droit commun

La personne publique est tenue d'une obligation de renseignement à l'égard du créancier, sous

peine d'être condamnée au paiement des causes de la saisie (CPC ex., art. R. 211-5, al. 1er).
Elle peut également être condamnée au paiement de dommages et intérêts en cas de négligence fautive ou déclaration inexacte ou mensongère (CPC ex., art. R. 211-5, al. 2).
Lorsque la personne publique est dotée d'un comptable public, la demande de renseignement fondée sur l'article R. 211-5 du Code des procédures civiles d'exécution doit être dirigée à son encontre.

Règles spécifiques

Tout acte de saisie doit être signifié au comptable public assignataire de la dépense, à peine de nullité (CPC ex., art. R. 143-3).

REMARQUE Pour pallier les difficultés d'identification du comptable public, le créancier poursuivant peut requérir de l'ordonnateur qu'il lui indique le comptable public assignataire de la dépense ainsi que tous les renseignements nécessaires à la mise en œuvre de la mesure (CPC ex., art. L. 143-1).

Par dérogation aux dispositions de droit commun, le comptable public dispose d'un délai de vingt-quatre heures pour fournir à l'huissier de justice les renseignements requis et lui communiquer les pièces justificatives (CPC ex., art. R. 211-4, al. 3).
Il remet à l'huissier de justice un certificat contenant ces renseignements.

B Recourir à des procédés spécifiques d'exécution

ATTENTION **La notification préalable de la décision de condamnation, qu'elle soit civile ou administrative, est obligatoire pour la mise en œuvre de ces procédés.**

1 Solliciter une autorisation du juge

811 Une mesure d'exécution peut être mise en œuvre sur un bien appartenant à un État étranger sur autorisation préalable du juge de l'exécution du tribunal de grande instance de Paris qui est seul compétent pour statuer sur la demande d'autorisation par ordonnance rendue sur requête (CPC ex., art. L. 111-1-1 et R. 111-1).

ATTENTION **La procédure ne vise que les États étrangers. Par ailleurs, un titre exécutoire ne suffit pas à mettre en œuvre l'exécution forcée. Le créancier doit, en outre, recourir à la procédure non contradictoire de l'ordonnance sur requête.**

Le juge ne peut autoriser la saisie qu'aux conditions **alternatives** suivantes (CPC ex., art. L. 111-1-2) :
– l'État concerné a expressément consenti à l'application de la mesure (CPC ex., art. L. 111-1-2, 1°) ;
– l'État a affecté ou réservé un bien à la satisfaction de la demande qui fait l'objet de la procédure (CPC ex., art. L. 111-1-2, 2°) ;
– le bien en cause est spécifiquement utilisé ou destiné à être utilisé par ledit État autrement qu'à des fins de service public non commerciales et entretient un lien avec l'entité contre laquelle la procédure a été intentée (CPC ex., art. L. 111-1-2, 3°).

EXEMPLE Sont considérés comme spécifiquement utilisés ou destinés à être utilisés par l'État à des fins de service non commerciales les biens, y compris les comptes bancaires, utilisés ou destinés à être utilisés dans l'exercice des fonctions de la mission diplomatique de l'État ou de ses postes consulaires.

La mise en œuvre de l'exécution forcée est subordonnée à la renonciation expresse et spéciale de l'État concerné à son immunité d'exécution (CPC ex., art. L. 111-1-3). L'exigence de renonciation spéciale ne concerne que les biens diplomatiques, une renonciation expresse suffirait à la saisie de créances fiscales (CA Paris, 3 mai 2018, n° 17/09302) en application de l'article L. 111-1-2, 1° du Code des procédures civiles d'exécution.

ATTENTION **La double condition de la renonciation expresse et spéciale à une immunité d'exécution s'applique y compris aux mesures d'exécution mises en œuvre avant l'entrée en vigueur des dispositions créées par le texte susvisé (Cass. 1re civ., 10 janv. 2018, n° 16-22.494 : *JurisData* n° 2018-000032 ; *JCP* G 2018, 294 et 295). Le créancier doit rapporter la preuve que les comptes bancaires saisis ne sont pas affectés à l'exercice des fonctions des missions diplomatiques de l'État étranger (Cass. 1re civ., 28 sept. 2011, n° 09-72.057 : *JurisData* n° 2011-020356).**

2 Solliciter le prononcé d'une astreinte

812 En cas d'inexécution d'une décision de condamnation, le créancier peut demander à la

juridiction administrative qui a rendu la décision, d'en assurer l'exécution (CJA, art. L. 911-4, al. 1er).
Lorsque la décision n'a pas défini les mesures d'exécution, le juge administratif procède à cette définition, peut fixer un délai d'exécution et prononcer une astreinte (CJA, art. L. 911-4, al. 3).
À compter de la notification de la décision, la demande d'exécution ne peut être présentée avant l'expiration :
- d'un délai de trois mois à l'encontre du tribunal administratif ou de la cour administrative d'appel, sauf mesure d'urgence (CJA, art. R. 921-1-1) ;
- d'un délai de six mois devant le Conseil d'État (CJA, art. R. 931-3).

> ATTENTION **Le juge administratif ne peut prononcer une astreinte contre une personne publique en vue d'assurer l'exécution d'une décision d'une juridiction autre qu'administrative (CE, 23 févr. 1990, n° 109748 : *JurisData* n° 1990-640599).**

Le juge judiciaire est également compétent pour prononcer une astreinte contre une personne publique :
- dès lors qu'il a prononcé la condamnation principale ;
- ou pour inciter la personne publique à une prompte exécution (T. confl., 19 mars 2007, n° 3497 : *JurisData* n° 2007-328844).

3 Recourir à des procédés de paiement forcé

813 À l'encontre de l'État

En cas de crédits suffisants, l'ordonnancement ou le mandatement doit avoir lieu dans les deux mois à compter de la notification de la décision à l'État (L. n° 80-539, 16 juill. 1980, art. 1er, I. – D. n° 2008-479, 20 mai 2008, art. 1er, al. 1er).
Dès l'émission du titre, une lettre recommandée avec accusé de réception est adressée au créancier, indiquant la date de l'ordonnancement et la désignation du comptable assignataire de la dépense (D. n° 2008-479, 20 mai 2008, art. 1er, al. 2 et art. 3).

> REMARQUE Pour prévenir tout risque de double paiement, une copie de la lettre adressée au créancier est transmise au comptable assignataire de la dépense.

En cas d'insuffisance de crédits, l'ordonnancement est fait dans la limite des crédits disponibles (L. n° 80-539, 16 juill. 1980, art. 1er, I, al. 2).
L'ordonnancement complémentaire doit être fait dans un délai de quatre mois à compter de la notification de la décision à l'État (L. n° 80-539, 16 juill. 1980, art. 1er, I, al. 2. – D. n° 2008-479, 20 mai 2008, art. 2, al. 2).

À l'encontre d'une collectivité locale ou d'un établissement public

Si les crédits sont suffisants, l'ordonnancement doit avoir lieu dans le délai de deux mois à compter de la notification de la décision à la personne morale débitrice et le créancier est informé par lettre recommandée avec accusé de réception.
En cas d'insuffisance de crédits, le représentant de l'État dans le département adresse à la collectivité ou l'établissement public une mise en demeure de créer les ressources nécessaires (L. n° 80-539, 16 juill. 1980, art. 1er, II, al. 2).
La personne morale débitrice dispose d'un délai d'un mois pour se conformer à cette mise en demeure.
Lorsque celle-ci est restée sans effet, le représentant de l'État procède à l'inscription de la dépense au budget de la personne publique défaillante (D. n° 2008-479, 20 mai 2008, art. 10, al. 2) qui doit, dans les huit jours de la notification de l'inscription du crédit, mandater la somme due.
Si l'organe délibérant n'a toujours pas dégagé ces ressources, le préfet y pourvoit (L. n° 80-539, 16 juill. 1980, art. 1er, II, al. 2) et procède s'il y a lieu, au mandatement d'office.
Pour ce faire, il dégage les ressources nécessaires en réduisant les crédits affectés à d'autres dépenses et encore libres d'emploi, ou en augmentant les ressources (D. n° 2008-479, 20 mai 2008, art. 10, al. 2), voire en combinant ces deux moyens.
Si la carence de la collectivité persiste, après mise en demeure restée infructueuse d'exécuter ses obligations pécuniaires, le préfet est fondé à faire procéder à la vente des biens appartenant à la collectivité défaillante.
Seuls les biens qui ne sont pas indispensables au bon fonctionnement des services publics dont la collectivité a la charge, peuvent être vendus.

> EXEMPLE Le préfet est autorisé à faire procéder à l'aliénation de biens communaux qui ne sont pas indispensables au bon fonctionnement des services publics, en tenant compte de la situation de la collectivité et des impératifs d'intérêt général (CE, sect., 18 nov. 2005, n° 271898 : *JurisData* n° 2005-069227 ; *JCP* G 2006, II, 10044, R. de Moustier, O. Béatrix ; *Dr. adm.* 2006, comm. 33, Ch. Guettier).

CHECK-LIST • **Vérifier :**
– la qualité du débiteur poursuivi ;
– l'appartenance des biens saisis.
• S'interroger :
– sur l'éventuel rattachement du bien de la personne publique à l'exercice d'une activité de souveraineté ;
– sur le caractère indispensable du bien de la personne morale débitrice au bon fonctionnement du service public ;
– sur la réunion des conditions d'une renonciation de la personne publique à son immunité d'exécution.

POUR ALLER PLUS LOIN...

Fiche pratique

• V. Fiche 38 : Poursuivre l'exécution contre une personne morale de droit public.

Fascicules JurisClasseur

• *JCl. Encyclopédie des Huissiers de Justice*, V° *Immunités d'exécution*, Fasc. 10.
• *JCl. Voies d'exécution*, Fasc. 495.

Revues

• L. d'Avout et L. Perreau-Saussine, *Les immunités de juridiction et d'exécution de l'État étranger en matière immobilière : JCP* G 2009, II, 10002.
• O. Béatrix et R. de Moustier, *L'intervention du préfet dans l'exécution d'une décision juridictionnelle de condamnation pécuniaire d'une collectivité territoriale : JCP* G 2006, II, 10044.
• R. Bismuth, *L'immunité d'exécution après la loi Sapin 2 : JDI* 2018, doctr. 4.
• J.-B. Donnier, *Aspects du décret n° 2017-892 du 6 mai 2017 relatifs aux procédures civiles d'exécution : JCP* G 2017, 635.
• Ch. Guettier, *L'exécution des jugements contre les collectivités territoriales par la vente forcée de leurs biens : Dr. adm.* 2006, comm. 33.
• R. Kaminsky et J. Dalmasso, *Immunités diplomatiques d'exécution, revirement sur revirement, le juste milieu impossible : JCP* E 2018, 1261.
• S. Piedelièvre, *Immunité des États étrangers et limites : RD bancaire et fin.* 2017, comm. 169 ; *Immunité de juridiction et immunité d'exécution : RD bancaire et fin.* 2009, comm. 28.
• Ph. Yolka, *L'insaisissabilité des biens publics (regards sur un mouvement immobile) : JCP* A 2007, 2307.

Titre 9
Modèles d'actes

Sommaire

Modèle 1 Requête en injonction de faire devant le tribunal d'instance 381

Modèle 2 Requête en relevé de caducité de la procédure d'injonction de faire devant le tribunal d'instance 383

Modèle 3 Demande à fin d'apposition de la formule exécutoire sur l'ordonnance portant injonction de payer du tribunal d'instance en matière civile 385

Modèle 4 Requête en injonction de payer devant le tribunal d'instance 387

Modèle 5 Opposition à injonction de payer (LRAR) 389

Modèle 6 Demande de liquidation d'astreinte par voie de conclusions (TGI) 391

Modèle 7 Requête en injonction de délivrer ou de restituer 393

Modèle 8 Inscription d'hypothèque judiciaire définitive 58

Modèle 9 Inscription d'hypothèque judiciaire provisoire 397

Modèle 10 Acte de saisie conservatoire de biens meubles corporels 399

Modèle 11 Requête aux fins de saisie conservatoire de biens meubles corporels 401

Modèle 12 Dénonciation de déclaration de créance par acte d'avocat 405

Modèle 13 Assignation devant le juge de l'exécution (constatation de la péremption du commandement de payer) 407

Modèle 14 Lettre – Procédure simplifiée de recouvrement des petites créances 409

Modèle 15 Assignation en mainlevée d'une saisie conservatoire 413

Modèle 16 Demande de convocation pour saisie des rémunérations 417

Modèle 17 Assignation en mainlevée de saisie-revendication 419

Modèle 18 Requête aux fins de désignation d'un séquestre d'un bien faisant l'objet d'une saisie-revendication 423

Modèle 19 Requête au juge de l'exécution aux fins d'appréhender entre les mains d'un tiers détenteur 425

Modèle 20 Commandement de payer avant saisie-vente 427

Modèle 21 Requête aux fins de saisie-vente 429

Modèle 22 Acte de saisie d'une autorisation fiscale et administrative d'exploitation de débit de boissons (licence IV) 431

Modèle 23 Requête à fin de saisie-contrefaçon (dessins et modèles) 433

Modèle 24 Requête en saisie-revendication dans le cas où le débiteur bénéficie d'un délai de grâce 437

Modèle 25 Assignation au fond en expulsion et paiement (clause résolutoire) 439

Modèle 26 Assignation en référé-expulsion (clause résolutoire) 443

Modèle 1
Requête en injonction de faire devant le tribunal d'instance

[Référence du dossier]
[Type de la juridiction] [Ville du siège de la juridiction (majuscules)]

REQUÊTE EN INJONCTION DE FAIRE

À *[Qualité du président du tribunal : Monsieur ou Madame]* le juge du tribunal d'instance *[Ville du siège de la juridiction]*
[Identification du client et sa qualité dans le dossier (demandeur, défendeur, appelant, intimé, intervenant, etc.)]
[Représentation client. Identité de l'avocat, ou, s'il y a lieu, identité de l'avocat postulant et de l'avocat plaidant]

(A|ONT|A|ONT) L'HONNEUR DE VOUS EXPOSER QUE :

[Identité du client] (est|sont|est|sont) créan(cier|ciers|cière|cières) d'une obligation de faire à l'égard de :
[Identité de l'adversaire et qualité (demandeur, défendeur, demandeur reconventionnel, etc.) (liste)]

SI « Tentative de résolution amiable du litige préalable à la saisine de la juridiction » correspond à votre cas

Préalablement à la saisine du tribunal de céans, *[Identité du client]* (a|ont|a|ont) tenté de résoudre amiablement le litige en proposant à *[Identité de l'adversaire] [Préciser les diligences entreprises en vue de parvenir à une résolution amiable]*.
Néanmoins cette tentative n'a pu aboutir pour les raisons suivantes : *[Préciser les raisons de l'échec de la tentative, ex. refus du défendeur, absence d'accord]*.

SI « – Motif légitime tenant à l'urgence » correspond à votre cas
SI « Absence de tentative de résolution amiable du litige préalablement à la saisine de la juridiction » correspond à votre cas

Préalablement à la saisine du tribunal de céans, aucune démarche tendant à la résolution amiable du litige n'a pu être entreprise par *[Identité du client]* en raison de l'urgence de la demande.
En effet, *[Justifier en exposant le motif légitime tenant à l'urgence]*.

SI « – Motif légitime tenant à la matière considérée (ordre public) » correspond à votre cas
SI « Absence de tentative de résolution amiable du litige préalablement à la saisine de la juridiction » correspond à votre cas

Préalablement à la saisine du tribunal de céans, aucune démarche tendant à la résolution amiable du litige n'a pu être entreprise par *[Identité du client]* en raison de la matière considérée, notamment en ce qu'elle intéresse l'ordre public.
En effet, *[Justifier en exposant le motif légitime tenant à la matière considérée]*.
(Il|Ils|Elle|Elles) vous demand(e|ent|e|ent) de prononcer une injonction de faire à l'encontre de *[Identité de l'adversaire]*
Pour obtenir :
[Objet et évaluation chiffrée précis de l'obligation en nature dont il est demandé l'exécution]
Au vu des pièces suivantes :
[Énumération des pièces produites à l'appui de la requête : devis, contrats, factures, courriers, etc.].
EN CONSÉQUENCE,
(Le|Les|La|Les) requér(ant|ants|ante|antes) (prie|prient|prie|prient) qu'il vous plaise *[Civilité du juge saisi]* le juge :
Conformément à l'article 1425-3 du Code de procédure civile,
Rendre à l'encontre *[Identité de l'adversaire]* dans le délai que vous fixerez, une ordonnance portant injonction de :
[Description la plus précise possible de l'obligation en nature dont l'exécution est demandée]

SI « Demande de condamnation en dommages et intérêts » correspond à votre cas

(Le|Les|La|Les) requér(ant|ants|ante|antes) enten(d|dent|d|dent) préciser qu'en cas de défaut d'exécution de l'ordonnance d'injonction de faire délivrée par le juge d'instance, (il|ils|elle|elles) se réserv(e|ent|e|ent) le droit de solliciter l'allocation de dommages-intérêts d'un montant de *[Montant de la somme demandée à titre de dommages et intérêts]* euros au lieu et place de l'obligation de faire inexécutée.

Fait à *[Lieu de signature de l'acte]*,
Le *[Date de signature de l'acte]*.
[Nom et prénom de l'avocat traitant]
La liste numérotée des pièces justificatives visées par (le|les|la|les) requér(ant|ants|ante|antes) figure dans le bordereau annexé aux présentes écritures.

LISTE DES PIÈCES JUSTIFICATIVES

ORDONNANCE

Nous, juge du tribunal d'instance *[Ville du siège de la juridiction]*,

Vu la requête qui précède et les pièces justificatives qui y sont annexées,
Vu l'article 1425-4 du Code de procédure civile,
Ordonnons à *[Identité de l'adversaire]* d'exécuter son obligation de faire *[Description la plus précise possible de l'obligation en nature dont l'exécution est demandée]* à l'égard de *[Identité du client]* avant le *[Date à laquelle l'exécution de l'obligation en nature devra être achevée]*.
Disons que l'affaire sera examinée à l'audience publique de ce tribunal dont l'adresse est indiquée en tête de la présente, qui se tiendra le :
[Date de l'audience (jj/mm/aa)] à *[Heure de l'audience (ex : 09h00)]*
En la salle *[Lieu du déroulement de l'audience]*
Rappelons que cette audience n'aura pas lieu si le demandeur a fait connaître au greffe que l'obligation a été exécutée dans le délai imparti fixé ci-dessus.

Fait en notre cabinet, à
Le
Le juge Le greffier

Modèle 2
Requête en relevé de caducité de la procédure d'injonction de faire devant le Tribunal d'instance

[Référence du dossier]
[Type de la juridiction] [Ville du siège de la juridiction (majuscules)]

REQUÊTE EN RELEVÉ DE CADUCITÉ DE LA PROCÉDURE D'INJONCTION DE FAIRE

À *[Qualité du président du tribunal : Monsieur ou Madame]* le juge du tribunal d'instance *[Ville du siège de la juridiction]*
[Identification du client et sa qualité dans le dossier (demandeur, défendeur, appelant, intimé, intervenant, etc.)]
[Représentation client. Identité de l'avocat, ou, s'il y a lieu, identité de l'avocat postulant et de l'avocat plaidant]

(A|ONT|A|ONT) L'HONNEUR DE VOUS EXPOSER QUE :

[Identité du client] (a|ont|a|ont) déposé une requête en injonction de faire à l'encontre de *[Identification complète de l'adversaire]* au motif de *[Motifs et nature du litige]*.
Par ordonnance du *[Date de l'ordonnance]*, le juge d'instance a fait droit à la requête.
L'ordonnance d'injonction de faire n'ayant pas été exécutée, l'affaire est venue à l'audience du *[Date de l'audience]* où la caducité de la procédure d'injonction de faire a été prononcée en raison de l'absence (du|des|de la|des) requéran(t|ts|te|tes).
Or, il se trouve que ce défaut de comparution était justifié, par *[Indiquer le motif légitime justifiant le défaut de comparution]*, situation qu'il a été impossible de porter à la connaissance de la juridiction en temps utile.
C'est pourquoi (il|ils|elle|elles) (a|ont|a|ont) l'honneur de solliciter du juge d'instance, qu'il veuille bien, conformément à l'article 1425-7, alinéa 3, du Code de procédure civile prononcer le relevé de la décision de caducité du *[Date de la décision de caducité]*, et faire procéder à la reconvocation des parties par le greffe.
EN CONSÉQUENCE,
(Le|Les|La|Les) requér(ant|ants|ante|antes) (prie|prient|prie|prient) qu'il vous plaise *[Civilité du juge saisi]* le juge :
Prononcer le relevé de la décision de caducité du *[Date de la décision de caducité]* et faire procéder à la reconvocation des parties par le greffe.

Fait à *[Lieu de signature de l'acte]*,
Le *[Date de signature de l'acte]*.
[Nom et prénom de l'avocat traitant]
La liste numérotée des pièces justificatives visées par (le|les|la|les) requér(ant|ants|ante|antes) figure dans le bordereau annexé aux présentes écritures.

Modèle 3

Demande à fin d'apposition de la formule exécutoire sur l'ordonnance portant injonction de payer du Tribunal d'instance en matière civile

Greffe du tribunal d'instance *[Ville du siège de la juridiction (majuscules)]*
[Adresse de la juridiction compétente (n° de rue et rue)]
[Adresse de la juridiction compétente (CP+ville)]
À *[Ville du cabinet]*, le *[Date du jour]*
Lettre recommandée avec accusé de réception
Réf. : *[Référence du dossier]*

[Civilité du greffier] le greffier,

SI « La demande fait suite à la signification de l'ordonnance » correspond à votre cas

Je vous prie de trouver ci-joint la première expédition de la signification en date du *[Date de la signification]* de l'ordonnance portant injonction de payer rendue à ma requête par le juge du tribunal d'instance *[Ville du siège du tribunal d'instance]* le *[Date de l'ordonnance]* à l'encontre de *[Identification des adversaires (liste)]*

SI « La demande fait suite au désistement de son opposition par le débiteur » correspond à votre cas

Je vous prie de trouver ci-joint copie de l'acte en date du *[Date de désistement]* par lequel *[Identification des adversaires (liste)]* (s'est|se sont|s'est|se sont) désist(é|és|ée|ées) de l'opposition qu'(il|ils|elle|elles) avai(t|ent|t|ent) formée le *[Date de l'opposition]* à l'encontre de l'ordonnance rendue contre (lui|eux|elle|elles) à la requête de mon client le *[Date de l'ordonnance]* par le juge du tribunal d'instance *[Ville du siège du tribunal d'instance]* et signifiée par acte d'huissier de justice en date du *[Date de la signification]*.

SI « La demande fait suite au désistement de son opposition par le débiteur » correspond à votre cas
SI « Contribution pour l'aide juridique : instance introduite avant le 1er janvier 2014 » correspond à votre cas

Vous trouverez également la justification de l'acquittement de la contribution pour l'aide juridique prévue par l'article 1635 bis Q du Code général des impôts.
Le délai d'un mois étant expiré, je vous serais très obligé de bien vouloir me délivrer le titre revêtu de la formule exécutoire.
Je vous prie de croire, *[Civilité du greffier]* le greffier, en l'expression de ma considération distinguée.
[Nom et prénom de l'avocat traitant]

Modèle 4

Requête en injonction de payer devant le Tribunal d'instance

[Référence du dossier]
[Type de la juridiction] [Ville du siège de la juridiction (majuscules)]

REQUÊTE EN INJONCTION DE PAYER

À *[Qualité du président du tribunal : Monsieur ou Madame]* le juge du tribunal d'instance *[Ville du siège de la juridiction]*
[Identification du client et sa qualité dans le dossier (demandeur, défendeur, appelant, intimé, intervenant, etc.)]
[Représentation client. Identité de l'avocat, ou, s'il y a lieu, identité de l'avocat postulant et de l'avocat plaidant]

(A|ONT|A|ONT) L'HONNEUR DE VOUS EXPOSER QUE :

(Il|Ils|Elle|Elles) (est|sont|est|sont) créanci(er|ers|ère|ères) de :
[Identification de l'adversaire (liste)]
Pour une créance *[Origine et/ou fondement de la créance]* dont les éléments se décomposent ainsi :
– Principal : *[Principal de la créance]* ;

SI « Existence d'une clause pénale » correspond à votre cas

– Clause pénale : *[Clause pénale]* ;

SI « Les intérêts sont calculés au taux conventionnel » correspond à votre cas

– Intérêts au taux conventionnel de *[Préciser le taux conventionnel]* à compter du *[Date d'effet de la mise en demeure]* ;

SI « Les intérêts sont calculés au taux légal » correspond à votre cas

– Intérêts au taux légal à compter du *[Date d'effet de la mise en demeure]* ;
– Article 700 du Code de procédure civile : *[Montant de la demande au titre de l'article 700 CPC]* euros ;
– Dépens : *[Montant demandé au titre des dépens]* euros.

SI « Tentative de résolution amiable du litige préalable à la saisine de la juridiction » correspond à votre cas

Préalablement à la saisine du tribunal de céans, *[Identité du client]* (a|ont|a|ont) tenté de résoudre amiablement le litige en proposant à *[Identité de l'adversaire] [Préciser les diligences entreprises en vue de parvenir à une résolution amiable]*.
Néanmoins cette tentative n'a pu aboutir pour les raisons suivantes : *[Préciser les raisons de l'échec de la tentative, ex. refus du défendeur, absence d'accord]*.

SI « – Motif légitime tenant à l'urgence » correspond à votre cas
SI « Absence de tentative de résolution amiable du litige préalablement à la saisine de la juridiction » correspond à votre cas

Préalablement à la saisine du tribunal de céans, aucune démarche tendant à la résolution amiable du litige n'a pu être entreprise par *[Identité du client]* en raison de l'urgence de la demande.
En effet, *[Justifier en exposant le motif légitime tenant à l'urgence]*.

SI « – Motif légitime tenant à la matière considérée (ordre public) » correspond à votre cas
SI « Absence de tentative de résolution amiable du litige préalablement à la saisine de la juridiction » correspond à votre cas

Préalablement à la saisine du tribunal de céans, aucune démarche tendant à la résolution amiable

du litige n'a pu être entreprise par *[Identité du client]* en raison de la matière considérée, notamment en ce qu'elle intéresse l'ordre public.
En effet, *[Justifier en exposant le motif légitime tenant à la matière considérée]*.
EN CONSÉQUENCE,
(Le|Les|La|Les) requér(ant|ants|ante|antes) (prie|prient|prie|prient) qu'il vous plaise *[Civilité du juge saisi]* le juge :
Rendre à l'encontre de *[Identité de l'adversaire]* une ordonnance portant injonction de payer lesdites sommes, y compris les intérêts et les dépens, demandant en outre que cette ordonnance soit revêtue de la formule exécutoire dans les conditions prévues aux articles 1422 et 1423 du Code de procédure civile et, en cas d'opposition, (il|ils|elle|elles) sollici(te|tent|te|tent) le renvoi immédiat de l'affaire devant le tribunal d'instance *[Ville du siège du tribunal d'instance]*.

Fait à *[Lieu de signature de l'acte]*,
Le *[Date de signature de l'acte]*.
[Nom et prénom de l'avocat traitant]
La liste numérotée des pièces justificatives visées par (le|les|la|les) requér(ant|ants|ante|antes) figure dans le bordereau annexé aux présentes écritures.

LISTE DES PIÈCES JUSTIFICATIVES

ORDONNANCE

Nous, juge du tribunal d'instance *[Ville du siège de la juridiction]*,
Vu la requête qui précède et les pièces justificatives qui y sont annexées,
Vu l'article 1409 du Code de procédure civile,
Attendu que la demande nous paraît fondée,

Autorisons la signification à
[Identification de l'adversaire (liste)]
de l'injonction de payer que nous prononçons à (son|leur|son|leur) encontre pour les sommes suivantes :

SI « Les intérêts sont calculés au taux conventionnel » correspond à votre cas

– Principal *[Principal de la créance]* avec intérêts au taux contractuel à compter du *[Date d'effet de la mise en demeure]* sur *[Somme sur laquelle sont calculés les intérêts]* ;

SI « Les intérêts sont calculés au taux légal » correspond à votre cas

– Principal *[Principal de la créance]* avec intérêts au taux légal à compter du *[Date d'effet de la mise en demeure]* sur *[Somme sur laquelle sont calculés les intérêts]* ;

SI « Existence d'une clause pénale » correspond à votre cas

– Clause pénale : *[Clause pénale]* ;
– Article 700 du Code de procédure civile *[Montant à fixer par le juge]* ;
– Dépens *[Coût des actes d'huissier de justice éventuels entrant dans les dépens]*.
Disons que la présente ordonnance sera signifiée à l'initiative de *[Identité du client]* créanci(er|ers|ère|ères), au plus tard dans les six mois de sa date.

Fait et ordonné au palais de justice, à
Le
Le juge Le greffier

Modèle 5
Opposition à injonction de payer (LRAR)

Greffe du *[Type de la juridiction (en toutes lettres)]*
[Ville du siège de la juridiction]
[Adresse du tribunal (n° + rue)]
[CP et Ville du tribunal]
À *[Ville client]*, le *[Date de l'opposition]*
Lettre recommandée avec accusé de réception
Réf. : *[Référence du dossier]*
Objet : opposition à ordonnance d'injonction de payer

[Civilité du greffier] le greffier,
À la requête de (mon client|mes clients|ma cliente|mes clientes),
[Identification du client (liste)]
J'ai l'honneur de vous faire connaître qu'(il|ils|elle|elles) form(e|ent|e|ent) opposition à l'ordonnance d'injonction de payer en date du *[Date de l'ordonnance]* qui (lui|leur|lui|leur) a été signifiée le *[Date de la signification de l'ordonnance]* à *[Modalité de remise de la signification]* par *[Nom de l'huissier de justice qui a remis l'ordonnance]* à la requête de
[Identification des adversaires (liste)]
Je vous serais obligé, à cet effet, de bien vouloir me faire connaître la date de l'audience à laquelle le tribunal examinera cette affaire.
Je vous prie de croire, *[Civilité du greffier]* le greffier, en l'expression de ma considération distinguée.
[Nom et prénom de l'avocat traitant]

Modèle 6

Demande de liquidation d'astreinte par voie de conclusions (TGI)

TRIBUNAL DE GRANDE INSTANCE *[Ville du siège de la juridiction (majuscules)]*
[Référence du dossier]
V/Réf. : *[Action]*
[Type de la juridiction] [Ville du siège de la juridiction (majuscules)]
[Numéro de chambre] chambre *[Intitulé de la section]*
Rôle n° *[Numéro de rôle de l'affaire]*

CONCLUSIONS

POUR

[Identification du client et sa qualité dans le dossier (demandeur, défendeur, appelant, intimé, intervenant, etc.)]
[Représentation client. Identité de l'avocat, ou, s'il y a lieu, identité de l'avocat postulant et de l'avocat plaidant]

CONTRE

[Identification complète de l'adversaire, ou, s'il y a lieu, identité de l'avocat postulant]

EN PRÉSENCE DE

[Éventuel codemandeur ou codéfendeur à l'action (pour une personne physique : le nom, le prénom et l'adresse du codéfendeur, sa qualité dans le dossier, l'identité et le barreau de son avocat ; pour une personne morale : la dénomination, le siège social de la société, sa qualité dans le dossier et l'identité de son avocat et son barreau)]

MOTIFS

Par décision en date du *[Date de la décision]*, rendue à la demande de *[Identité du client]* il a été ordonné à *[Identité de l'adversaire]* sous astreinte de *[Montant de l'astreinte]* euros par jour de retard à compter du *[Date de point de départ de l'astreinte]*, de produire les pièces dont (il|ils|elle|elles) entendai(t|ent|t|ent) faire état à l'appui de l'action qu'(il|ils|elle|elles) (a|ont|a|ont) engagée devant le tribunal de céans, par assignation en date du *[Date de l'acte d'assignation]*.
Malgré l'injonction ainsi reçue et l'astreinte dont elle était assortie, *[Identité de l'adversaire]* n'(a|ont|a|ont), à ce jour, produit aucun document.
Il y a lieu, de plus, de relever qu'(il|ils|elle|elles) n'(a|ont|a|ont) fourni aucune explication, et encore moins de justification de son abstention.
Une telle attitude justifie, en l'état, la présente demande de liquidation de l'astreinte précédemment ordonnée, *[Identité du client]* se réservant, par ailleurs, de donner à ce comportement dilatoire et abusif telles suites qu'il appartiendra.
Il serait en outre inéquitable que *[Identité du client]* support(e|ent|e|ent) les frais irrépétibles non compris dans les dépens.
Il (lui|leur|lui|leur) sera alloué une indemnité de *[Montant de la demande au titre de l'article 700 CPC]* (euro|euros *[Montant de la demande au titre de l'article 700 CPC]*) en application de l'article 700 du Code de procédure civile.

DISPOSITIF

Il est demandé à *[Civilité du juge de la mise en état : Madame ou Monsieur]* le juge de la mise en état de :
Liquider provisoirement l'astreinte ordonnée par la décision en date du *[Date de la décision]* à *[Montant de la condamnation au titre de la liquidation de l'astreinte]* euros ;
Condamner *[Identité de l'adversaire]* à payer à *[Identité du client]* la somme de *[Montant de la demande au titre de l'article 700 CPC]* (euro|euros *[Montant de la demande au titre de l'article 700 CPC]*) par application de l'article 700 du Code de procédure civile ;

SI « Dépens : distraction au profit de l'avocat » ne correspond pas à votre cas

Condamner *[Identité de l'adversaire]* aux entiers dépens de l'incident.

SI « Dépens : distraction au profit de l'avocat » correspond à votre cas

Condamner *[Identité de l'adversaire]* aux entiers dépens de l'incident, dont distraction au profit de *[Identité de l'avocat traitant]*.

SOUS TOUTES RÉSERVES

PIÈCES JOINTES :
La liste numérotée des pièces justificatives figure dans le bordereau annexé aux présentes écritures.

BORDEREAU DES PIÈCES

Modèle 7

Requête en injonction de délivrer ou de restituer

REQUÊTE EN INJONCTION DE DÉLIVRER

REQUÊTE EN INJONCTION DE RESTITUER

Le *[date de la requête]*
À :
[Civilité pour le juge de l'exécution] le président du tribunal de grande instance de *[TGI compétent selon la ville du domicile du débiteur (adversaire)]* saisi en qualité de juge de l'exécution.
[Formule à la requête. Est reprise la formule « À la requête » telle qu'elle apparaît dans le dossier permanent]

SI « Le demandeur est représenté par un avocat » correspond à votre cas

Ayant pour avocat *[Civilité, prénom et nom de l'avocat traitant]*.

SI « La requête en injonction a pour but la délivrance d'un bien » correspond à votre cas

A l'honneur de vous exposer qu'en date du *[Date de l'acte à l'origine de l'obligation]* il a conclu avec : *[Identité du débiteur (Civilité, prénom, nom ou dénomination sociale)]* de la livraison de *[Désignation précise du bien meuble concerné par l'obligation (ex. : une machine à empaqueter, de marque X)]*, d'un prix hors taxes de *[Montant HT du bien]* euros, ainsi qu'il résulte du bon de commande annexé en copie certifiée conforme à la présente requête.
Que le délai de livraison, de *[Délai de livraison]* à la date de la commande est aujourd'hui largement dépassé et, malgré les demandes amiables, en date du *[Date des correspondances de rappel]*, le vendeur n'a toujours pas délivré l'objet de son obligation.
Que le prix est stipulé payable *[Indiquer les modalités de paiement]*, dont le justificatif du versement est prévu *[Indiquer le moment de l'envoi du justificatif de paiement (ex. : à la livraison)]*.
Qu'indépendamment du préjudice subi par la partie exposante, il est urgent d'obtenir la délivrance du bien indiqué.
C'est pourquoi il vous requiert de bien vouloir, en vertu de l'article R. 222-11 du Code des procédures civiles d'exécution, rendre une ordonnance portant injonction de délivrer le bien cité dans les locaux de l'exposant.

SI « La requête en injonction a pour but la restitution d'un bien » correspond à votre cas

Il résulte d'un échange de correspondance, dont copie en annexe de la présente requête, que depuis le *[Date à laquelle le bien a été confié au débiteur de l'obligation]*, l'exposant a confié à *[Identité du débiteur (Civilité, prénom, nom ou dénomination sociale)]*, le bien meuble ci-après désigné *[Désignation du meuble confié (ex. : un véhicule automobile de marque, type, n° de série, immatriculation)]*, pour une période qui n'a pas été fixée contractuellement, mais dont l'exposant a démontré l'achèvement en le réclamant à plusieurs reprises, ainsi qu'il résulte des correspondances annexées à la requête, la restitution dudit bien.
Que, malgré cette correspondance, il n'arrive pas à obtenir la restitution.
C'est pourquoi il vous requiert de bien vouloir, en vertu de l'article R. 222-11 du Code des procédures civiles d'exécution, rendre une ordonnance portant injonction de délivrer le bien cité dans les locaux de l'exposant.

ORDONNANCE

Nous, juge de l'exécution du tribunal de grande instance *[Ville de la juridiction (article + ville)]*,
Vu la requête qui précède et les pièces y annexées, notamment les documents justificatifs de l'existence de l'obligation.
Vu l'article L. 222-1 du Code des procédures civiles d'exécution,
Vu les articles R. 222-11, R. 222-12 et R. 222-13 du Code des procédures civiles d'exécution,

Ordonnons :

SI « La requête en injonction a pour but la délivrance d'un bien » correspond à votre cas

la livraison à l'exposant du bien ci-après :
[Désignation précise du bien meuble concerné par l'obligation (ex. : une machine à empaqueter, de marque X)].

SI « La requête en injonction a pour but la restitution d'un bien » correspond à votre cas

la restitution du bien ci-après :
[Désignation du meuble confié (ex. : un véhicule automobile de marque, type, n° de série, immatriculation)].

Modèle 8

Inscription d'hypothèque judiciaire définitive

Service chargé de la publicité foncière de *[Ville du siège du service chargé de la publicité foncière]*

INSCRIPTION D'HYPOTHÈQUE JUDICIAIRE DÉFINITIVE

se substituant à l'inscription provisoire précédemment prise le *[Date de l'inscription provisoire d'hypothèque]*, volume *[Nom du volume]*, n° *[Numéro du volume]*
Ayant effet jusqu'au *[date d'effet de la résolution]*

EST REQUISE AVEC ÉLECTION DE DOMICILE À :

[Ville du cabinet], au cabinet de Maître *[Civilité, prénom et nom de l'avocat traitant]* avocat près le tribunal de grande instance *[Ville de la juridiction (article + ville)]*

EN VERTU DE :

Jugement rendu par le tribunal de grande instance *[Ville de la juridiction (article + ville)]*, le *[date de la signification]*, signifié, et passé en force de chose jugée.

AU PROFIT DE :

[Formule à la requête. Est reprise la formule « À la requête » telle qu'elle apparaît dans le dossier permanent]

CONTRE :

[Identification complète du ou des tiers détenteur(s). Veuillez utiliser la fiche « Tiers »]

SUR :

Ville de *[Ville du bien]*

APPARTENANT A :

Aux débiteurs susnommés,
[Identification complète du ou des tiers détenteur(s). Veuillez utiliser la fiche « Tiers »]
POUR SÛRETÉ DE :
1) la somme de *[Montant total de la créance]* (euro|euros *[Montant total de la créance]*), montant en principal de la créance du requérant, telle qu'elle résulte du jugement sus-énoncé.
2) les intérêts dont la loi conserve le rang pendant 5 ans, à compter du *[Date à partir de laquelle courent les intérêts]*, ci MÉMOIRE
3) les frais des présentes, ceux de l'instance au fond, de l'inscription provisoire, de mise à exécution, s'il y a lieu, le tout actuellement indéterminé, mais porté sous toutes réserves et pour les besoins de la présente inscription pour la somme de *[Frais de l'inscription définitive]*
TOTAL à inscrire, sous réserves et sauf mémoire *[Total]*

PRÉCISIONS IMPOSÉES PAR DES DISPOSITIONS PARTICULIÈRES – RENVOIS :

Le soussigné,
Maître *[Prénom et nom de l'avocat traitant]*, avocat à la Cour,
Certifie exactement collationnés les deux exemplaires du présent bordereau établi sur une feuille et approuve.
.... renvoi.................... mot(s) nul(s)
Il certifie également que l'identité complète du ou des propriétaires telle qu'elle est indiquée au cadre prévu à cet effet lui a été régulièrement justifiée.

À *[Ville du cabinet]* Le *[Date du jour (date complète)]*

Modèle 9
Inscription d'hypothèque judiciaire provisoire

Service chargé de la publicité foncière de *[Ville du siège du service chargé de la publicité foncière]*

INSCRIPTION D'HYPOTHÈQUE JUDICIAIRE PROVISOIRE

Ayant effet jusqu'au *[Date d'effet de la résolution]*

EST REQUISE AVEC ÉLECTION DE DOMICILE À :

[Ville du cabinet], au cabinet de Maître *[Civilité, prénom et nom de l'avocat traitant]* avocat près le tribunal de grande instance *[Ville de la juridiction (article + ville)]*

EN VERTU DE :

L'ordonnance rendue sur requête, le *[Date de l'ordonnance]*, par le juge de l'exécution du tribunal de grande instance *[Ville de la juridiction (article + ville)]*,

AU PROFIT DE :

[Formule à la requête. Est reprise la formule « À la requête » telle qu'elle apparaît dans le dossier permanent]

CONTRE :

[Identification complète du ou des tiers détenteur(s). Veuillez utiliser la fiche « Tiers »]

SUR :

Ville de *[Ville du bien]*

APPARTENANT À :

Aux débiteurs susnommés, étant ici indiqué que l'origine de propriété exacte et complète sera fournie dans l'inscription d'hypothèque définitive qui se substituera ultérieurement à la présente inscription d'hypothèque provisoire.
POUR SÛRETÉ DE :
La somme de *[Montant de la sûreté]* (euro|euros *[Montant de la sûreté]*)
à laquelle la créance du requérant a été provisoirement évaluée, dans l'ordonnance sus-énoncée, du juge de l'exécution.

PRÉCISIONS IMPOSÉES PAR DES DISPOSITIONS PARTICULIÈRES – RENVOIS :

Le soussigné,
Maître *[Prénom et nom de l'avocat traitant]*, avocat à la Cour,
Certifie exactement collationnés les deux exemplaires du présent bordereau établi sur une feuille et approuve.
.... renvoi.................... mot(s) nul(s)
Il certifie également que l'identité complète du ou des propriétaires telle qu'elle est indiquée au cadre prévu à cet effet lui a été régulièrement justifiée.

À *[Ville du cabinet]* Le *[Date du jour (date complète)]*

Modèle 10
Acte de saisie conservatoire de biens meubles corporels

[Références du dossier]
[Nom complet de la juridiction] [Ville du tribunal]

ACTE DE SAISIE CONSERVATOIRE

À *[Lieu]*
L'an *[Année en cours]*, le *[Date (jour et mois)]*

À LA REQUÊTE DE :

[Formule à la requête. Est reprise la formule « À la requête » telle qu'elle apparaît dans le dossier permanent]
Prise en la personne de son représentant légal, domicilié, ès qualités, de droit audit siège
Élisant domicile au cabinet de *[Identification et coordonnées de l'avocat traitant]* ainsi qu'en mon étude,

EN VERTU :

SI « Titre exécutoire » ne correspond pas à votre cas

D'une ordonnance rendue le *[Date de l'ordonnance]*, par le juge de l'exécution du tribunal de grande instance *[Ville de la juridiction (article + ville)]*, notifiée au débiteur le *[Date de notification]*, annexée au présent acte ;

SI « Titre exécutoire » correspond à votre cas

Du titre exécutoire suivant *[Énonciation du titre exécutoire (hors saisie immobilière)]*, annexé au présent acte ;
J'AI, Maître *[Prénom et nom de l'huissier de justice]*
HUISSIER DE JUSTICE SOUSSIGNÉ
PROCÉDÉ À LA SAISIE CONSERVATOIRE, entre les mains de *[Civilité, prénom et nom de l'adversaire]*, débiteur, des meubles et effets mobiliers énumérés ci-après, lui appartenant, et se trouvant *[Adresse de l'adversaire (courrier)]*, *[Code postal et ville de résidence de l'adversaire (courrier)]* :
Pour sûreté, conservation et avoir paiement de la somme de *[Montant total de la créance]* (euro|euros *[Montant total de la créance]*), correspondant à la créance du requérant, sous la réserve de tous autres dus, droits, actions, intérêts et frais de mise à exécution :

NOTIFIE, DIT ET DÉCLARE À :

[Identification complète du ou des tiers détenteur(s). Veuillez utiliser la fiche « Tiers »]
Que, dès à présent, ces biens placés sous sa garde sont indisponibles et qu'ils ne peuvent être ni aliénés ni déplacés, sous peine des sanctions prévues à l'article 314-6 du Code pénal qui prévoit une peine d'emprisonnement de trois ans ainsi qu'une amende de 375 000 euros ;
Que, néanmoins, si une cause légitime rend nécessaire le déplacement des meubles saisis le gardien est tenu d'en informer préalablement le créancier et de lui indiquer le lieu où ils seront placés ;
Que le débiteur est, dès lors, tenu de mentionner la présente saisie à tout créancier qui procéderait à une nouvelle saisie sur les mêmes biens ;
Que, dans l'hypothèse, où le débiteur estimerait que les conditions de validité de la présente saisie ne sont pas réunies, il dispose du droit d'en demander la mainlevée au juge de l'exécution de son domicile ;
Que les autres contestations, notamment celles relatives à l'exécution des opérations de saisie, devront être formées devant le juge de l'exécution du tribunal de *[Ville de siège du juge de l'exécution]*, lieu où sont situés les biens saisis ;
Que la présente saisie a été effectuée en présence de :

LISTE DES PIÈCES JUSTIFICATIVES

Modèle 11

Requête aux fins de saisie conservatoire de biens meubles corporels

[Références du dossier]
[Nom complet de la juridiction] [Ville du tribunal]

REQUÊTE AUX FINS DE SAISIE CONSERVATOIRE

SI « – Juge de l'exécution (TGI) » correspond à votre cas
SI « Compétence de juridiction » correspond à votre cas

À :
[Civilité pour le juge de l'exécution] le juge de l'exécution du tribunal de grande instance *[Ville de la juridiction (article + ville)]*

SI « – Président du tribunal de commerce » correspond à votre cas
SI « Compétence de juridiction » correspond à votre cas

À :
[Civilité pour le président du tribunal de commerce] du tribunal de commerce *[Ville du tribunal de commerce]*
[Formule à la requête. Est reprise la formule « À la requête » telle qu'elle apparaît dans le dossier permanent]
Prise en la personne de son représentant légal, domicilié, ès qualités, de droit audit siège
Ayant pour avocat,
Maître *[Civilité, prénom et nom de l'avocat traitant]*, avocat au barreau *[Barreau de l'avocat traitant]*, demeurant à *[Adresse de l'avocat traitant (n° et rue, CP et ville)]*, au cabinet duquel il fait élection de domicile,

(A|ONT|A|ONT) L'HONNEUR DE VOUS EXPOSER QUE :

(Il|Ils|Elle|Elles) (est|sont|est|sont) (créancier|créanciers|créancière|créancières) de *[Civilité, prénom et nom de l'adversaire]*, demeurant *[Adresse de l'adversaire (courrier)]*, pour une somme d'un montant à ce jour de *[Montant total de la créance]* (euro|euros *[Montant total de la créance]*) ;
Cette créance est parfaitement fondée en son principe ;
En effet, *[Exposé des faits]* ;
Néanmoins, le débiteur ci-dessus désigné n'a pas respecté ses engagements contractuels, et il n'a pas réglé les sommes dues ;
(L'Exposant|Les Exposants|L'exposante|Les Exposantes) (éprouve|éprouvent|éprouve|éprouvent) les plus grandes craintes quant au recouvrement de (sa|leur|sa|leur) créance et quant à la solvabilité du débiteur ;
En effet, *[Exposé des faits]* ;

SI « Échec de la tentative de résolution amiable » correspond à votre cas

Tentative de résolution amiable
Préalablement à la saisine du tribunal de céans, les parties ont tenté de résoudre amiablement le litige :
[Exposer en détail les moyens entrepris pour la mise en œuvre de la résolution amiable, les modalités des échanges, les solutions envisagées et lister les pièces et les informations utilisées pour la résolution du litige].
Néanmoins cette tentative n'a pu aboutir pour les raisons suivantes :
[Exposer et justifier les raisons de l'échec de la tentative (ex. refus du défendeur, absence d'accord)].

SI « Absence de tentative de résolution amiable (urgence ou motif légitime) » correspond à votre cas

Absence de tentative de résolution amiable
Préalablement à la saisine du tribunal de céans, aucune démarche tendant à la résolution amiable du litige n'a été entreprise par les parties en raison

de *[Préciser soit de l'urgence de la demande soit de la matière qui intéresse l'ordre public]*
En effet, *[Justifier l'absence de tentative de résolution amiable]*.
(Il|Ils|Elle|Elles) se (trouve|trouvent|trouve|trouvent) donc bien (fondé|fondés|fondée|fondées) à prendre les mesures conservatoires susceptibles d'assurer la sauvegarde de (ses|leurs|ses|leurs) droits ;

SI « – Juge de l'exécution (TGI) » correspond à votre cas

EN CONSÉQUENCE,
(Le|Les|La|Les) requér(ant|ants|ante|antes) (prie|prient|prie|prient) qu'il vous plaise, *[Civilité pour le juge de l'exécution]* le juge :

SI « – Président du tribunal de commerce » correspond à votre cas
SI « Compétence de juridiction » correspond à votre cas

EN CONSÉQUENCE,
(Le|Les|La|Les) requér(ant|ants|ante|antes) (prie|prient|prie|prient) qu'il vous plaise, *[Civilité pour le président du tribunal de commerce]* le président :

SI « Saisie sur compte bancaire » ne correspond pas à votre cas

Vu les dispositions des articles L. 511-1 à L. 523-2, et R. 511-1 et suivants du Code des procédures civiles d'exécution,
(L'autoriser|Les autoriser|L'autoriser|Les autoriser) à faire pratiquer une saisie conservatoire entre les mains de *[Civilité, prénom et nom de l'adversaire]*, domicilié à *[Adresse de l'adversaire (courrier)]*, sur les meubles et effets mobiliers appartenant audit M. *[Civilité, prénom et nom de l'adversaire]*, et se trouvant à *[Adresse de l'adversaire (courrier)]*, ou en tout autre endroit où ils auraient été transportés, pour sûreté et conservation de la somme de *[Montant total de la créance]* (euro|euros *[Montant total de la créance]*) en principal, intérêts et frais provisoirement évalués.

SI « Saisie sur compte bancaire » correspond à votre cas

Vu les dispositions des articles L. 511-1 à L. 523-2, et R. 511-1 et suivants du Code des procédures civiles d'exécution,
(L'autoriser|Les autoriser|L'autoriser|Les autoriser) à faire pratiquer une saisie conservatoire entre les mains de *[Civilité, prénom et nom de l'adversaire]*, domicilié à *[Adresse de l'adversaire (courrier)]*, sur son compte bancaire, ouvert à *[Nom de la banque]*, pour sûreté et conservation de la somme de *[Montant total de la créance]* (euro|euros *[Montant total de la créance]*) en principal, intérêts et frais provisoirement évalués.
(Lui|Leur|Lui|Leur) donner acte de ce qu'(il|ils|elle|elles) (justifie|justifient|justifie|justifient) avoir assigné (son|leur|son|leur) débiteur devant le tribunal, en paiement de la créance ci-dessus énoncée.
Pour satisfaire aux prescriptions du Code de procédure civile, il est ici précisé que les pièces suivantes sont invoquées au soutien de la présente requête :
[Liste des pièces]
Et ce sera justice.

Fait à *[Lieu de présentation de la requête]*,
Le *[date de la requête]*.
Maître *[Prénom et nom de l'avocat traitant]*
La liste numérotée des pièces justificatives visées par (le|les|la|les) requér(ant|ants|ante|antes) figure dans le bordereau annexé aux présentes écritures.

LISTE DES PIÈCES JUSTIFICATIVES

ORDONNANCE

SI « – Juge de l'exécution (TGI) » correspond à votre cas
SI « Compétence de juridiction » correspond à votre cas

Nous, président du tribunal de grande instance *[Ville du tribunal]*, juge de l'exécution,

SI « – Président du tribunal de commerce » correspond à votre cas
SI « Compétence de juridiction » correspond à votre cas

Nous, président du tribunal de commerce *[Ville du tribunal de commerce]*,
Vu la requête qui précède et les pièces présentées à l'appui de celle-ci,
Vu les articles L. 511-1 à L. 523-2, et R. 511-1 et suivants du Code des procédures civiles d'exécution,
Attendu que la créance invoquée nous paraît fondée en son principe,

SI « Saisie sur compte bancaire » ne correspond pas à votre cas

Autorisons M. *[Civilité, prénom et nom du client]*, plus amplement désigné en la requête qui précède, à faire pratiquer une saisie conservatoire entre les mains de *[Civilité, prénom et nom de l'adversaire]*, son débiteur, sur les meubles et effets mobiliers lui appartenant, et se trouvant à *[Adresse de l'adversaire (courrier)]*, où en tout autre lieu où ils auraient été transportés, pour sûreté et conservation de la somme de *[Montant total de la créance]* (euro|euros *[Montant total de la créance]*), à laquelle Nous évaluons à ce jour sa créance, la nature des biens sur lesquels portera la saisie conservatoire dont s'agit se trouvant ainsi précisée.

SI « Saisie sur compte bancaire » correspond à votre cas

Autorisons *[Civilité, prénom et nom du client]*, plus amplement désigné en la requête qui précède, à faire pratiquer une saisie conservatoire entre les mains de *[Civilité, prénom et nom de l'adversaire]*, son débiteur, sur son compte bancaire, ouvert à *[Nom de la banque]*, pour sûreté et conservation de la somme de *[Montant total de la créance]* (euro|euros *[Montant total de la créance]*), à laquelle Nous évaluons à ce jour sa créance, la nature des biens sur lesquels portera la saisie conservatoire dont s'agit se trouvant ainsi précisée.

Disons que, dans un délai D'UN MOIS à compter du jour de l'exécution de la mesure conservatoire, l'Exposant devra assigner son débiteur ci-dessus nommé, soit en validité de saisie, soit au fond, devant la juridiction compétente.

Disons qu'il Nous en sera référé en cas de difficulté, et que pourra se pourvoir en référé contre la présente ordonnance, que Nous nous réservons expressément de modifier ou de rétracter.

Rappelons, en tant que de besoin :

1) Que l'autorisation ainsi donnée sera caduque si la mesure conservatoire dont s'agit n'a pas été exécutée dans un délai de trois mois à compter de ce jour.

2) Que, si la mesure conservatoire présentement ordonnée est à pratiquer entre les mains d'un tiers, une copie des actes justifiant de la saisine de la juridiction compétente, par le créancier, devra être signifiée à ce tiers dans le délai de huit jours à compter de leur date.

Fait en notre cabinet, à *[Adresse du tribunal (n° et rue)] [Adresse du tribunal (CP et ville)]*

Le

Le juge Le greffier

Modèle 12
Dénonciation de déclaration de créance par acte d'avocat

DÉNONCIATION DE LA DÉCLARATION DE CRÉANCE

L'an *[Année en cours]*, et le *[Date (jour et mois en cours)]*

À la requête de *[Civilité, prénom et nom de l'avocat traitant]*, avocat au barreau de *[Barreau de l'avocat traitant]*, constitué pour :

[Formule à la requête. Est reprise la formule « À la requête » telle qu'elle apparaît dans le dossier permanent]

SOIT DÉNONCÉ et en tête des présentes laisse copie à :

– *[Identification complète de l'avocat adverse]*

Et celui de *[Identification d'un adversaire]*

SI « Le débiteur saisi a constitué avocat » correspond à votre cas

– Maître *[Identification de l'avocat du saisi]* et celui de *[Identification du saisi]*,

De la déclaration de créance déposée, par acte d'avocat, le *[Date de la déclaration de créance]*, au greffe du juge de l'exécution du tribunal de grande instance *[Ville de la juridiction (article + ville)]*, par *[Identité du client : civilité, prénom et nom du client personne physique et forme et dénomination de la personne morale]* dans le cadre de la procédure de saisie immobilière poursuivie à l'encontre de *[Identité de l'adversaire (pour une personne physique : civilité, prénom et nom ; pour une personne morale : la forme et la dénomination)]*

La présente dénonciation étant faite pour satisfaire aux dispositions de l'article R. 322-7, 4°, *in fine*, du Code des procédures civiles d'exécution.

SOUS TOUTES RÉSERVES

[Civilité, prénom et nom de l'avocat traitant]

Modèle 13

Assignation devant le juge de l'exécution (constatation de la péremption du commandement de payer)

ASSIGNATION DEVANT LE JUGE DE L'EXÉCUTION

Le *[date (jour, mois et année)]*

À LA REQUÊTE DE :

[Formule à la requête. Est reprise la formule « À la requête » telle qu'elle apparaît dans le dossier permanent]

Ayant pour avocat constitué *[Civilité, prénom et nom de l'avocat traitant]*, au cabinet duquel il est fait élection de domicile ;

À

[Identification du créancier saisissant (adversaire)]

Je vous cite à comparaître devant le juge de l'exécution du tribunal de grande instance de *[TGI compétent selon la ville du domicile du débiteur (client)]*, siégeant au palais de justice de ladite ville, *[Adresse de la juridiction]*, pour l'audience du *[Date de l'audience]* à *[Heure de l'audience]*.

TRÈS IMPORTANT

Cette affaire est inscrite à l'audience du juge de l'exécution du tribunal de grande instance de *[TGI compétent selon la ville du domicile du débiteur (client)]*, du *[Date de l'audience]* à *[Heure de l'audience]*.

Lui indiquant qu'il est tenu de comparaître à l'audience par le ministère d'un avocat inscrit au barreau de *[Barreau de postulation près le TGI]*, conformément aux dispositions de l'article R. 311-4 du Code des procédures civiles d'exécution.

L'informant que, s'il n'est pas représenté par un avocat à l'audience, un jugement sera rendu sur les seules indications fournies par le requérant ;

Lui indiquant, enfin, que s'il en fait préalablement la demande, il peut bénéficier de l'aide juridictionnelle pour la procédure de saisie, s'il remplit les conditions de ressources prévues par la loi n° 91-647 du 10 juillet 1991 relative à l'aide juridique et le décret n° 91-1266 du 19 décembre 1991 portant application de cette loi.

RAISONS DU PROCÈS

Agissant en vertu de *[Énonciation du titre exécutoire (saisie immobilière)]*, *[Identification du créancier saisissant (adversaire)]* a délivré à *[Civilité, prénom et nom ou dénomination du débiteur poursuivi (client)]* un commandement de payer valant saisie, portant sur les biens immobiliers suivants : *[Désignation de l'immeuble saisi (avec description sommaire indiquant la nature et tous éléments connus relatifs à la superficie)]*, suivant acte délivré le *[Date de l'acte]* par Maître *[Identité de l'huissier de justice ayant délivré le commandement]*.

Le commandement de payer valant saisie a été publié le *[Date de la publication du commandement (service de la publicité foncière)]* sous la référence *[Références de publication du commandement]*, au service chargé de la publicité foncière et de l'enregistrement de *[Ville du siège du service chargé de la publicité foncière]*, dans le département *[Département du service chargé de la publicité foncière]*, numéro *[Numéro du bureau du service chargé de la publicité foncière]*.

SI « L'audience d'orientation a déjà eu lieu » correspond à votre cas

À l'issue de l'audience d'orientation, prévue par la loi, le juge de l'exécution a rendu un jugement, en date du *[Date de l'audience d'orientation]*, précisant que *[Énoncer les principales dispositions du jugement]*.
L'article R. 321-21 du Code des procédures civiles d'exécution permet à toute partie intéressée de solliciter la constatation de la péremption et de voir ordonner la mention de celle-ci en marge du commandement publié au service chargé de la publicité foncière et de l'enregistrement.
En l'occurrence, le commandement a été publié à la date du *[Date de la publication du commandement (service de la publicité foncière)]*, mais aucune mention, en marge du commandement, d'un jugement constatant la vente du bien saisi n'est intervenue dans le délai de deux ans, visé à l'article R. 321-20 du code précité.
Le requérant est dès lors recevable et fondé à saisir le juge de l'exécution. Il est demandé au juge de :
- constater la péremption du commandement de payer valant saisie, publié le *[Date de la publication du commandement (service de la publicité foncière)]* au service chargé de la publicité foncière de *[Ville du siège du service chargé de la publicité foncière]* ;
- ordonner la mention de la péremption en marge de la copie du commandement publié au service chargé de la publicité foncière et de l'enregistrement.
L'application des dispositions de l'article 700 du Code de procédure civile est légitimement sollicitée en même temps que la condamnation du créancier poursuivant aux dépens.

SI « Échec de la tentative de résolution amiable » correspond à votre cas

Tentative de résolution amiable
Préalablement à la saisine du tribunal de céans, les parties ont tenté de résoudre amiablement le litige :
[Exposer en détail les moyens entrepris pour la mise en œuvre de la résolution amiable, les modalités des échanges, les solutions envisagées et lister les pièces et les informations utilisées pour la résolution du litige].
Néanmoins cette tentative n'a pu aboutir pour les raisons suivantes :
[Exposer et justifier les raisons de l'échec de la tentative (ex. refus du défendeur, absence d'accord)].

SI « Absence de tentative de résolution amiable (urgence ou motif légitime) » correspond à votre cas

Absence de tentative de résolution amiable
Préalablement à la saisine du tribunal de céans, aucune démarche tendant à la résolution amiable du litige n'a été entreprise par les parties en raison de *[Préciser soit de l'urgence de la demande soit de la matière qui intéresse l'ordre public]*
En effet, *[Justifier l'absence de tentative de résolution amiable]*.

OBJET DE LA DEMANDE

En conséquence, *[Civilité, prénom et nom ou dénomination du débiteur poursuivi (client)]* demande au juge de l'exécution de :
Vu, notamment, les dispositions de l'article R. 321-21 du Code des procédures civiles d'exécution :
- constater la péremption du commandement de payer valant saisie, publié le *[Date de la publication du commandement (service de la publicité foncière)]* au service chargé de la publicité foncière et de l'enregistrement de *[Ville du siège du service chargé de la publicité foncière]* ;
- ordonner la mention de la péremption en marge de la copie du commandement publié au service chargé de la publicité foncière et de l'enregistrement le *[Date de la publication du commandement (service de la publicité foncière)]*, sous la référence *[Références de publication du commandement]* ;
- condamner *[Identification du créancier saisissant (adversaire)]* à lui payer la somme de *[Montant de la demande au titre de l'article 700 du Code de procédure civile]* EUR au titre des dispositions de l'article 700 du Code de procédure civile ;
- condamner *[Identification du créancier saisissant (adversaire)]* aux entiers dépens, avec application au profit de *[Civilité, prénom et nom de l'avocat traitant]*, des dispositions de l'article 699 du Code de procédure civile.
SOUS TOUTES RÉSERVES

BORDEREAU ANNEXE DES PIÈCES

[Liste des pièces]

Modèle 14

Lettre – Procédure simplifiée de recouvrement des petites créances

LETTRE INVITANT À PARTICIPER À UNE PROCÉDURE SIMPLIFIÉE DE RECOUVREMENT

Maître *[Prénom et nom de l'huissier de justice]*
[Adresse complète de l'étude de l'huissier]
Réf. : *[Références du dossier]*
[Identité de l'adversaire (pour une personne physique : civilité, prénom et nom ; pour une personne morale : la forme et la dénomination)]
[Adresse de l'adversaire]
Le *[Date de la lettre]*,
Objet : invitation à participer à une procédure simplifiée de recouvrement en application des articles L. 215-1 et R. 125-2 du Code des procédures civiles d'exécution
[Formule intro lettre adversaire (courrier)]
En ma qualité d'huissier de justice, j'ai été mandaté en date du *[Date du mandat]* par *[Formule à la requête. Est reprise la formule « À la requête » telle qu'elle apparaît dans le dossier permanent]* afin de mettre en œuvre la procédure simplifiée de recouvrement des petites créances prévue à l'article L. 125-1 du Code des procédures civiles d'exécution.
[Identité du client : civilité, Prénom et nom du client personne physique et forme et dénomination de la personne morale] m'indiqu(e|ent|e|ent) en effet être créancie(r|rs|r|rs) à votre encontre d'une somme totale de *[Montant total de la créance]* euros sur le fondement de *[Fondement de la créance (intitulé et date du contrat, nature de l'obligation à caractère statutaire...)]* et se composant comme suit :
– Montant en principal : *[Montant de la créance au principal]* euros ;
– Montant des intérêts : *[Montant des intérêts]* euros.
Vous êtes libre d'accepter ou de refuser cette procédure.
Je vous invite, si vous acceptez de participer à cette procédure simplifiée de recouvrement, à manifester votre accord dans les plus brefs délais et au plus tard dans un délai d'un mois à compter de l'envoi de la présente lettre :
– soit contre émargement, par vous-même ou par toute personne que vous auriez mandatée à cet effet, auprès de l'étude d'huissier de justice dont les coordonnées figurent en en-tête de ce courrier ;
– soit par l'envoi par courrier du formulaire d'acceptation que vous trouverez annexé à la présente.
Cet envoi peut également être effectué par voie électronique en vous connectant à la plate-forme www.petitescréances.fr avec les identifiants provisoires suivants, spécialement créés à votre intention et que vous pourrez modifier après votre première connexion :
– Identifiants : *[Identifiants provisoires de connexion à la plate-forme]*
– Mot de passe : *[Mot de passe provisoire]*
Vous pouvez également refuser de participer à cette procédure par la remise ou l'envoi du formulaire de refus que vous trouverez annexé à la présente ou par tout autre moyen manifestant votre refus.
Votre absence de réponse dans le délai d'un mois à compter de l'envoi de la présente lettre vaudra refus implicite de participer à cette procédure.
En cas de refus exprès ou implicite, le créancier pourra saisir le juge afin d'obtenir un titre exécutoire à votre encontre.
Vous trouverez reproduits ci-dessous les textes de loi applicables à la procédure simplifiée de recouvrement des petites créances.

Article L. 125-1 du Code des procédures civiles d'exécution

« Une procédure simplifiée de recouvrement des petites créances peut être mise en œuvre par un huissier de justice à la demande du créancier pour le paiement d'une créance ayant une cause contractuelle ou résultant d'une obligation de caractère statutaire et inférieure à un montant défini par décret en Conseil d'État.

Cette procédure se déroule dans un délai d'un mois à compter de l'envoi par l'huissier d'une lettre recommandée avec demande d'avis de réception invitant le débiteur à participer à cette procédure. L'accord du débiteur, constaté par l'huissier, suspend la prescription.

L'huissier qui a reçu l'accord du créancier et du débiteur sur le montant et les modalités du paiement délivre, sans autre formalité, un titre exécutoire.

Les frais de toute nature qu'occasionne la procédure sont à la charge exclusive du créancier.

Un décret en Conseil d'État fixe les modalités d'application du présent article, notamment les règles de prévention des conflits d'intérêts lors de la délivrance par l'huissier de justice d'un titre exécutoire. »

Article 2238 du Code civil

« La prescription est suspendue à compter du jour où, après la survenance d'un litige, les parties conviennent de recourir à la médiation ou à la conciliation ou, à défaut d'accord écrit, à compter du jour de la première réunion de médiation ou de conciliation. La prescription est également suspendue à compter de la conclusion d'une convention de procédure participative ou à compter de l'accord du débiteur constaté par l'huissier de justice pour participer à la procédure prévue à l'article L. 125-1 du Code des procédures civiles d'exécution.

Le délai de prescription recommence à courir, pour une durée qui ne peut être inférieure à six mois, à compter de la date à laquelle soit l'une des parties ou les deux, soit le médiateur ou le conciliateur déclarent que la médiation ou la conciliation est terminée. En cas de convention de procédure participative, le délai de prescription recommence à courir à compter du terme de la convention, pour une durée qui ne peut être inférieure à six mois. En cas d'échec de la procédure prévue au même article, le délai de prescription recommence à courir à compter de la date du refus du débiteur, constaté par l'huissier, pour une durée qui ne peut être inférieure à six mois. »

Article L. 111-2 du Code des procédures civiles d'exécution

« Le créancier muni d'un titre exécutoire constatant une créance liquide et exigible peut en poursuivre l'exécution forcée sur les biens de son débiteur dans les conditions propres à chaque mesure d'exécution. »

Article L. 111-3 du Code des procédures civiles d'exécution

« Seuls constituent des titres exécutoires :

1° Les décisions des juridictions de l'ordre judiciaire ou de l'ordre administratif lorsqu'elles ont force exécutoire ainsi que les accords auxquels ces juridictions ont conféré force exécutoire ;

2° Les actes et les jugements étrangers ainsi que les sentences arbitrales déclarés exécutoires par une décision non susceptible d'un recours suspensif d'exécution, sans préjudice des dispositions du droit de l'Union européenne applicables ;

3° Les extraits de procès-verbaux de conciliation signés par le juge et les parties ;

4° Les actes notariés revêtus de la formule exécutoire ;

4° bis Les accords par lesquels les époux consentent mutuellement à leur divorce par acte sous signature privée contresignée par avocats, déposés au rang des minutes d'un notaire selon les modalités prévues à l'article 229-1 du Code civil ;

5° Le titre délivré par l'huissier de justice en cas de non-paiement d'un chèque ou en cas d'accord entre le créancier et le débiteur dans les conditions prévues à l'article L. 125-1 ;

6° Les titres délivrés par les personnes morales de droit public qualifiés comme tels par la loi, ou les décisions auxquelles la loi attache les effets d'un jugement. »

ANNEXE

FORMULAIRE D'ACCEPTATION DE PARTICIPER À LA PROCÉDURE SIMPLIFIÉE DE RECOUVREMENT

Veuillez compléter et renvoyer le présent formulaire uniquement si vous acceptez de participer à la procédure simplifiée de recouvrement.

À l'attention de Maître *[Prénom et nom de l'huissier de justice], [Adresse complète de l'étude de l'huissier], [Numéro de télécopieur et/ou adresse électronique]* :

(Je|Nous|) vous (notifie|notifions) par la présente (mon|notre) accord pour participer à la procédure simplifiée de recouvrement de la créance d'un montant de *[Montant total de la créance]* euros se composant comme suit :

– Montant en principal : *[Montant de la créance au principal]* euros

– Montant des intérêts : *[Montant des intérêts]* euros

invoquée par *[Identité du client : civilité, prénom et nom du client personne physique et forme et dénomination de la personne morale]* sur le fondement de *[Fondement de la créance (intitulé et date du contrat, nature de l'obligation à caractère statutaire...)]*.

[Signature du débiteur (ou de son mandataire)]

FORMULAIRE DE REFUS DE PARTICIPER À LA PROCÉDURE SIMPLIFIÉE DE RECOUVREMENT

Veuillez compléter et renvoyer le présent formulaire uniquement si vous refusez de participer à la procédure simplifiée de recouvrement

À l'attention de Maître *[Prénom et nom de l'huissier de justice]*, *[Adresse complète de l'étude de l'huissier]*, *[Numéro de télécopieur et/ou adresse électronique]* :
(Je|Nous) vous (notifie|notifions) par la présente (mon|notre) refus de participer à la procédure simplifiée de recouvrement de la créance d'un montant de *[Montant total de la créance]* euros se composant comme suit :
– Montant en principal : *[Montant de la créance au principal]* euros
– Montant des intérêts : *[Montant des intérêts]* euros
invoquée par *[Identité du client : civilité, prénom et nom du client personne physique et forme et dénomination de la personne morale]* sur le fondement de *[Fondement de la créance (intitulé et date du contrat, nature de l'obligation à caractère statutaire...)]*.
[Signature du débiteur (ou de son mandataire)]

Modèle 15
Assignation en mainlevée d'une saisie conservatoire

[Références du dossier]
[Nom complet de la juridiction] [Ville du tribunal]

SI « – Juge de l'exécution (TGI) » correspond à votre cas

ASSIGNATION DEVANT LE JUGE DE L'EXÉCUTION DU TRIBUNAL DE GRANDE INSTANCE *[Ville du siège de la juridiction (majuscules)]*

SI « – Président du tribunal de commerce » correspond à votre cas

ASSIGNATION DEVANT LE PRÉSIDENT DU TRIBUNAL DE COMMERCE *[Ville du siège de la juridiction (majuscules)]*
À *[Lieu]*
L'an *[Année en cours]*, le *[Date (jour et mois)]*

À LA REQUÊTE DE :

[Formule à la requête. Est reprise la formule « À la requête » telle qu'elle apparaît dans le dossier permanent]
Ayant pour avocat,
[Identification et coordonnées de l'avocat traitant]
J'AI, Maître *[Prénom et nom de l'huissier de justice]*, HUISSIER DE JUSTICE SOUSSIGNÉ

DONNÉ ASSIGNATION À

[Formule de signification. Sélectionner les personnes désirées à partir des fiches adversaires du dossier permanent]
Où étant et parlant à,

D'AVOIR À COMPARAÎTRE LE

SI « – Juge de l'exécution (TGI) » correspond à votre cas

[Date de l'audience] à *[Heure de l'audience]*, devant le juge de l'exécution du tribunal de grande instance *[Ville du tribunal]*, siégeant au palais de justice de ladite ville, à *[Adresse (n° et rue) du tribunal de grande instance]*.

SI « – Président du tribunal de commerce » correspond à votre cas

[Date de l'audience] à *[Heure de l'audience]*, devant le président du tribunal de commerce *[Ville du tribunal]*, siégeant au palais de justice de ladite ville, à *[Adresse (n° et rue) du tribunal de grande instance]*.

TRÈS IMPORTANT

Vous voudrez bien prendre connaissance des dispositions des articles R. 121-6 à R. 121-10 du Code des procédures civiles d'exécution figurant ci-après :
CPC ex., art. R. 121-6 :
« Les parties se défendent elles-mêmes. Elles ont la faculté de se faire assister ou représenter. »
CPC ex., art. R. 121-7 :
« Les parties peuvent se faire assister ou représenter par :
1° Un avocat ;
2° Leur conjoint ;
3° Leur concubin ou la personne avec laquelle elles ont conclu un pacte civil de solidarité ;
4° Leurs parents ou alliés en ligne directe ;
5° Leurs parents ou alliés en ligne collatérale jusqu'au troisième degré inclus ;
6° Les personnes exclusivement attachées à leur service personnel ou à leur entreprise.
L'État, les régions, les départements, les communes et leurs établissements publics peuvent se faire assister ou représenter par un fonctionnaire ou un agent de leur administration.
Le représentant, s'il n'est avocat, doit justifier d'un pouvoir spécial. »
CPC ex., art. R. 121-8 :
« La procédure est orale. »
CPC ex., art. R. 121-9 :
« Le juge qui organise les échanges entre les parties comparantes peut dispenser une partie qui en

fait la demande de se présenter à une audience ultérieure, conformément au second alinéa de l'article 446-1 du Code de procédure civile. Dans ce cas, la communication entre les parties est faite par lettre recommandée avec demande d'avis de réception ou par notification entre avocats et il en est justifié auprès du juge dans les délais qu'il impartit. »

CPC ex., art. R. 121-10 :

« En cours d'instance, toute partie peut aussi exposer ses moyens par lettre adressée au juge de l'exécution, à condition de justifier que la partie adverse en a eu connaissance avant l'audience par lettre recommandée avec demande d'avis de réception.

La partie qui use de cette faculté peut ne pas se présenter à l'audience, conformément au second alinéa de l'article 446-1 du Code de procédure civile. »

Faute de vous présenter ou de faire connaître vos moyens de défense, vous vous exposez à ce qu'un jugement soit rendu contre vous sur les seuls éléments fournis par votre adversaire.

Les personnes dont les ressources sont insuffisantes peuvent, si elles remplissent les conditions prévues par la loi n° 91-647 du 10 juillet 1991, bénéficier d'une aide juridictionnelle. Elles doivent, pour demander cette aide, s'adresser au bureau d'aide juridictionnelle établi au siège du tribunal de grande instance de leur domicile.

OBJET DE LA DEMANDE

SI « Saisie sur autorisation judiciaire » correspond à votre cas
SI « – Juge de l'exécution (TGI) » correspond à votre cas

Agissant en exécution d'une autorisation donnée par le juge de l'exécution du tribunal de grande instance *[Ville du tribunal]*, (le|les|la|les) défend(eur|eurs|eresse|eresses) (a|ont|a|ont) cru pouvoir saisir conservatoirement les sommes déposées sur les comptes que *[Civilité, prénom et nom du tiers saisi]* tient pour *[Identité du client : civilité, prénom et nom du client personne physique et forme et dénomination de la personne morale]* par acte de Maître *[Prénom et nom de l'huissier de justice]* établi le *[Date du procès-verbal]*.

SI « Saisie sur autorisation judiciaire » correspond à votre cas
SI « – Président du tribunal de commerce » correspond à votre cas

Agissant en exécution d'une autorisation donnée par le président du tribunal de commerce *[Ville du tribunal]*, (le|les|la|les) défend(eur|eurs|eresse|eresses) (a|ont|a|ont) cru pouvoir saisir conservatoirement les sommes déposées sur les comptes que *[Civilité, prénom et nom du tiers saisi]* tient pour *[Identité du client : civilité, prénom et nom du client personne physique et forme et dénomination de la personne morale]* par acte de Maître *[Prénom et nom de l'huissier de justice]* établi le *[Date du procès-verbal]*.

SI « Saisie sans autorisation judiciaire » correspond à votre cas

Agissant en exécution de *[Identification du titre utilisé par le créancier saisissant (décision de justice, procès-verbal de conciliation, acte notarié...)]*, (le|les|la|les) défend(eur|eurs|eresse|eresses) (a|ont|a|ont) cru pouvoir saisir conservatoirement les sommes déposées sur les comptes que *[Civilité, prénom et nom du tiers saisi]* tient pour *[Identité du client : civilité, prénom et nom du client personne physique et forme et dénomination de la personne morale]* par acte de Maître *[Prénom et nom de l'huissier de justice]* établi le *[Date du procès-verbal]*.

SI « Motifs : défaut de fondement de la saisie » correspond à votre cas

Cette saisie n'est pas fondée. En effet, *[Préciser en quoi la saisie est inutile, illicite ou nulle]*.

SI « Motifs : le débiteur a bénéficié de délais de paiement » correspond à votre cas

[Civilité, prénom et nom du client] (a|ont|a|ont|) bénéficié des dispositions de l'article 1343-5 du Code civil, ce qui conduit à donner mainlevée de la saisie conservatoire. En effet, *[Décrire en quoi le débiteur est en situation d'obtenir des délais de paiement et viser les pièces justificatives]*.

SI « Motifs : le débiteur peut bénéficier de délais de paiement » correspond à votre cas

[Civilité, prénom et nom du client] doi(t|vent|t|vent) bénéficier des dispositions de l'article 1343-5 du Code civil, ce qui conduira à donner mainlevée de la saisie conservatoire. En effet, *[Décrire en quoi le débiteur est en situation d'obtenir des délais de paiement et viser les pièces justificatives]*.

SI « Échec de la tentative de résolution amiable » correspond à votre cas

Tentative de résolution amiable
Préalablement à la saisine du tribunal de céans, les parties ont tenté de résoudre amiablement le litige : *[Exposer en détail les moyens entrepris pour la mise en œuvre de la résolution amiable, les modalités des échanges, les solutions envisagées et lister les pièces et les informations utilisées pour la résolution du litige]*.
Néanmoins cette tentative n'a pu aboutir pour les raisons suivantes :
[Exposer et justifier les raisons de l'échec de la tentative (ex. refus du défendeur, absence d'accord)].

SI « Absence de tentative de résolution amiable (urgence ou motif légitime) » correspond à votre cas

Absence de tentative de résolution amiable
Préalablement à la saisine du tribunal de céans, aucune démarche tendant à la résolution amiable du litige n'a été entreprise par les parties en raison de *[Préciser soit de l'urgence de la demande soit de la matière qui intéresse l'ordre public]*
En effet, *[Justifier l'absence de tentative de résolution amiable]*.

PAR CES MOTIFS

C'est pourquoi il est demandé au juge de :

SI « Demande de juger nul de l'acte d'indisponibilité » correspond à votre cas

Juger nul et de nul effet l'acte d'indisponibilité susdit ;

SI « Demande de déclarer illicite la saisie conservatoire » correspond à votre cas

Constatant l'inexistence de la créance prétendue ou l'absence de tout risque pour son recouvrement, déclarer illicite la saisie conservatoire ;

SI « Demande de constater l'omission d'assigner au fond dans les délais » correspond à votre cas

Voir constater que le saisissant n'a pas assigné au fond dans le délai prescrit par la loi ;

SI « Demande fondée sur le report des paiements » correspond à votre cas

Constatant que le débiteur est en situation d'obtenir des délais de paiement, donner mainlevée de la saisie conservatoire et autoriser *[Civilité, prénom et nom du client]* à se libérer *[Indiquer les modalités d'apurement souhaitées]* ;
Donner mainlevée immédiate de la saisie conservatoire ;
Condamner *[Identité de l'adversaire (pour une personne physique : civilité, prénom et nom ; pour une personne morale : la forme et la dénomination)]* à payer une somme de *[Montant de la demande au titre de l'article 700 du Code de procédure civile]* euros au titre de l'article 700 du Code de procédure civile, et aux dépens, en ce compris le coût du présent acte et de la saisie ainsi que de sa mainlevée à intervenir.

SOUS TOUTES RÉSERVES

La liste numérotée des pièces justificatives visées par (le|les|la|les) requér(ant|ants|ante|antes) figure dans le bordereau annexé aux présentes écritures.

LISTE DES PIÈCES JUSTIFICATIVES

Modèle 16

Demande de convocation pour saisie des rémunérations

Monsieur le Directeur des services de greffe judiciaires du tribunal d'instance *[Ville du tribunal d'instance]*.
[Adresse (n° et rue) du tribunal de grande instance]
[Code postal et ville du tribunal de grande instance (courrier)]
[Ville du cabinet], le *[Date du jour (date complète)]*
[Nos références]
Affaire : C/ Demande de convocation pour saisie des rémunérations

[Civilité pour le greffier] le directeur des services de greffe judiciaires,
[Formule à la requête. Est reprise la formule « À la requête » telle qu'elle apparaît dans le dossier permanent]
[Civilité, prénom et nom du client]
dont je suis l'avocat, je vous prie de bien vouloir faire convoquer dès que possible, aux fins de saisie des rémunérations, conformément aux articles L. 3252-1 à L. 3252-13 et R. 3252-1 à R. 3252-44 du Code du travail :
[Identification complète du ou des tiers détenteur(s). Veuillez utiliser la fiche « Tiers »]
Objet de la demande : règlement, outre les intérêts légaux et les frais, d'une somme de *[Montant de la dette au client]* (euro|euros *[Montant de la dette au client]*).
La somme ainsi réclamée se décompose ainsi qu'il suit :
– principal *[Montant de la créance au principal]* (euro|euros *[Montant de la créance au principal]*)
– frais *[Frais de procédure]* (euro|euros *[Frais de procédure]*)
– intérêts échus au *[Montant des intérêts]* (euro|euros *[Montant des intérêts]*)
– taux d'intérêt *[Taux d'intérêt]* %
Ci-joint une copie du Titre exécutoire.
Selon les renseignements en ma possession, la personne à l'égard de laquelle la saisie des rémunérations est sollicitée est actuellement salariée dans l'entreprise *[Nom de l'entreprise du salarié]*, dont le siège est *[Ville du siège de l'entreprise du salarié]*
Vous voudrez bien me faire connaître, par un très prochain courrier, la date et l'heure de l'audience.
Dans cette attente, et vous en remerciant,
[Signature courrier]

Modèle 17
Assignation en mainlevée de saisie-revendication

Le *[Date de l'acte]*
[Civilité, prénom et nom de l'huissier], huissier à *[CP et ville d'exercice de l'huissier de justice]*
À
[Identification du créancier saisissant (adversaire)], (né|née *[Civilité du débiteur (accord adversaire)]*) le *[Date de naissance du créancier saisissant (adversaire)]* à *[Lieu de naissance du créancier saisissant (adversaire)]* et demeurant *[Adresse du créancier saisissant (adversaire)]*
À la demande de
[Civilité, prénom et nom ou dénomination du débiteur poursuivi (client)], (né|née *[Civilité du créancier (accord client)]*) le *[Date de naissance du débiteur poursuivi (client)]* à *[Lieu de naissance du débiteur poursuivi (client)]* et demeurant *[Adresse du débiteur poursuivi (client)]*
Je vous assigne à comparaître par-devant :

SI « La saisie a été pratiquée en vertu d'une autorisation du juge » correspond à votre cas
SI « La créance est une créance civile (compétence du JEX) » correspond à votre cas

le juge de l'exécution près le tribunal de grande instance de *[Siège du juge qui a autorisé la mesure]*.

SI « La créance est une créance civile (compétence du JEX) » correspond à votre cas
SI « La saisie a été pratiquée en vertu d'un titre exécutoire » correspond à votre cas

le juge de l'exécution près le tribunal de grande instance de *[TGI compétent selon la ville du domicile du débiteur (client)]*.

SI « La saisie a été pratiquée en vertu d'une autorisation du juge » correspond à votre cas
SI « La créance est une créance commerciale (compétence du président du tribunal de commerce) » correspond à votre cas

le président du tribunal de commerce de *[Siège du juge qui a autorisé la mesure]*.

SI « La créance est une créance commerciale (compétence du président du tribunal de commerce) » correspond à votre cas
SI « La saisie a été pratiquée en vertu d'un titre exécutoire » correspond à votre cas

le président du tribunal de commerce de *[Tribunal de commerce compétent selon le domicile du débiteur (client)]*.

SI « La créance est une créance civile (compétence du JEX) » correspond à votre cas

CPC ex., art. R. 121-6 :
« Les parties se défendent elles-mêmes. Elles ont la faculté de se faire assister ou représenter. »
CPC ex., art. R. 121-7 :
« Les parties peuvent se faire assister ou représenter par :
1° Un avocat ;
2° Leur conjoint ;
3° Leur concubin ou la personne avec laquelle elles ont conclu un pacte civil de solidarité ;
4° Leurs parents ou alliés en ligne directe ;
5° Leurs parents ou alliés en ligne collatérale jusqu'au troisième degré inclus ;
6° Les personnes exclusivement attachées à leur service personnel ou à leur entreprise.
L'État, les régions, les départements, les communes et leurs établissements publics peuvent se faire assister ou représenter par un fonctionnaire ou un agent de leur administration.
Le représentant, s'il n'est avocat, doit justifier d'un pouvoir spécial. »
CPC ex., art. R. 121-8 :
« La procédure est orale. »
CPC ex., art. R. 121-9 :
« Le juge qui organise les échanges entre les parties comparantes peut dispenser une partie qui en

fait la demande de se présenter à une audience ultérieure, conformément au second alinéa de l'article 446-1 du Code de procédure civile. Dans ce cas, la communication entre les parties est faite par lettre recommandée avec demande d'avis de réception ou par notification entre avocats et il en est justifié auprès du juge dans les délais qu'il impartit. »

CPC ex., art. R. 121-10 :

« En cours d'instance, toute partie peut aussi exposer ses moyens par lettre adressée au juge de l'exécution, à condition de justifier que la partie adverse en a eu connaissance avant l'audience par lettre recommandée avec demande d'avis de réception.

La partie qui use de cette faculté peut ne pas se présenter à l'audience, conformément au second alinéa de l'article 446-1 du Code de procédure civile. »

SI « La créance est une créance civile (compétence du JEX) » correspond à votre cas

À défaut de comparaître, vous vous exposez au risque de voir une décision prise sur les seuls arguments du demandeur.

Plaise à *[Civilité pour le juge de l'exécution]* le juge de l'exécution.

SI « La créance est une créance commerciale (compétence du président du tribunal de commerce) » correspond à votre cas

À défaut de comparaître, vous vous exposez au risque de voir une décision prise sur les seuls arguments du demandeur.

Plaise à *[Civilité pour le président du tribunal de commerce]* le président du tribunal de commerce.

SI « La saisie a été pratiquée en vertu d'une autorisation du juge » correspond à votre cas

Par ordonnance de ce siège, en date du *[Date de l'ordonnance ayant autorisé la mesure]*, la saisie-revendication de *[Désignation précise du bien meuble concerné par l'obligation (ex. : une machine à empaqueter, de marque X)]* a été autorisée.

SI « La créance est une créance civile (compétence du JEX) » correspond à votre cas
SI « La saisie a été pratiquée en vertu d'un titre exécutoire » correspond à votre cas

En vertu de *[Identification du titre utilisé par le créancier saisissant (décision de justice, procès-verbal de conciliation, acte notarié...)]*, le requis a entamé une procédure de saisie-revendication.

SI « La créance est une créance commerciale (compétence du président du tribunal de commerce) » correspond à votre cas
SI « La saisie a été pratiquée en vertu d'un titre exécutoire » correspond à votre cas

En vertu de *[Identification du titre utilisé par le créancier saisissant (décision de justice, procès-verbal de conciliation, acte notarié...)]* le requis a entamé une procédure de saisie-revendication. Par ailleurs, la créance relève de la compétence de la juridiction commerciale.

Par procès-verbal du *[Date du procès-verbal]*, le requis a fait pratiquer une saisie-revendication, mesure conservatoire, dans les locaux du requérant, et portant sur *[Désignation précise du bien meuble concerné par l'obligation (ex. : une machine à empaqueter, de marque X)]*.

Or, la mesure pratiquée ne réunit pas les conditions nécessaires pour répondre aux dispositions de la loi.

En effet, *[Exposer les moyens justifiant la mainlevée (contestation sur la régularité de la saisie (non-respect des articles CPC ex., R. 511-2 à R. 511-5 ou R. 511-8) ou contestation de l'obligation invoquée (absence de droit sur le bien, créance éteinte...)]*.

Il appartiendra, éventuellement, au défendeur, suivant les dispositions de l'article R. 512-1 du Code des procédures civiles d'exécution, d'apporter la preuve que les conditions nécessaires pour pratiquer la mesure effectuée sont réunies.

À défaut, la mainlevée immédiate de la mesure conservatoire sera prononcée.

En outre, le requis a été contraint à engager des frais irrépétibles, qui doivent être compensés par l'allocation d'une indemnité, en vertu des dispositions de l'article 700 du Code de procédure civile.

SI « Échec de la tentative de résolution amiable » correspond à votre cas

Tentative de résolution amiable

Préalablement à la saisine du tribunal de céans, les parties ont tenté de résoudre amiablement le litige :

[Exposer en détail les moyens entrepris pour la mise en œuvre de la résolution amiable, les modalités des échanges, les solutions envisagées et lister les pièces et les informations utilisées pour la résolution du litige].

Néanmoins cette tentative n'a pu aboutir pour les raisons suivantes :

[Exposer et justifier les raisons de l'échec de la tentative (ex. refus du défendeur, absence d'accord)].

SI « Absence de tentative de résolution amiable (urgence ou motif légitime) » correspond à votre cas

Absence de tentative de résolution amiable
Préalablement à la saisine du tribunal de céans, aucune démarche tendant à la résolution amiable du litige n'a été entreprise par les parties en raison de *[Préciser soit de l'urgence de la demande soit de la matière qui intéresse l'ordre public]*
En effet, *[Justifier l'absence de tentative de résolution amiable]*.

PAR CES MOTIFS

Le défendeur viendra :
– entendre prononcer la mainlevée immédiate de la saisie-revendication pratiquée par procès-verbal du *[Date du procès-verbal]* ;
– s'entendre condamner à verser au demandeur une somme de *[Montant de la demande au titre de l'article 700 du Code de procédure civile]*, en vertu de l'article 700 du Code de procédure civile ;
– s'entendre condamner en tous les dépens.

BORDEREAU ANNEXE DES PIÈCES

[Liste des pièces]

Modèle 18

Requête aux fins de désignation d'un séquestre d'un bien faisant l'objet d'une saisie-revendication

À *[Civilité pour le juge de l'exécution]* le juge de l'exécution près le tribunal de grande instance *[Ville du juge compétent selon le domicile du débiteur]*.

[Identité du créancier poursuivant (client)], (né|née *[Civilité du créancier (accord client)]*) le *[Date de naissance du créancier poursuivant (client)]* à *[Lieu de naissance du créancier poursuivant (client)]*, demeurant *[Adresse du créancier poursuivant (n° et rue). – (client)] [Adresse du créancier poursuivant (Ville et CP). – (client)]*

Ayant pour avocat,

Maître *[Prénom et nom de l'avocat traitant]*

A l'honneur de vous exposer :

que, selon ordonnance de votre siège en date du *[Date de l'ordonnance]*, vous l'avez autorisé à pratiquer une saisie-revendication entre les mains de *[Civilité, prénom et nom du débiteur saisi (adversaire)]*.

La saisie a été régularisée par acte de *[Civilité, prénom et nom de l'huissier]*, le *[Date de l'acte de saisie]*, entre les mains de *[Identification du détenteur]*.

La nature de la contestation élevée entre les parties sur la destination du bien en cause et *[Énoncer les difficultés rencontrées lors de la saisie]* peuvent faire craindre que tous les soins ne puissent être apportés à sa conservation et que l'indisponibilité engendrée par la saisie ne soit pas respectée.

Il est donc nécessaire de désigner un séquestre, aux charges prévues par la loi, que vous voudrez bien désigner, compte tenu du caractère non contradictoire de la demande.

Le *[date (jour, mois et année)]*

[Signature]

ORDONNANCE

Nous, juge de l'exécution près le tribunal de grande instance *[Ville du juge compétent selon le domicile du débiteur]*

Vu la requête qui précède et les pièces y annexées.

Vu notre ordonnance en date du *[Date de l'ordonnance]* ;

Vu l'article R. 222-23 du Code des procédures civiles d'exécution ;

Vu les articles 1961 et suivants du Code civil.

Ordonnons le séquestre de *[Désignation du bien à séquestrer]*

Nommons à cette charge *[Identité (civilité, prénom, nom) du séquestre ou consignataire]*.

Disons que le bien en cause *[Description du bien saisi]* sera effectivement remis entre les mains du séquestre désigné, qui déchargera le gardien de ses obligations.

Le séquestre désigné devra apporter à la conservation du bien tous les soins raisonnablement nécessaires, et notamment devra le représenter au saisissant lors de l'appréhension, soit à la partie saisie en cas de mainlevée de la saisie.

Disons qu'au terme de sa mission, le séquestre devra présenter à la taxe le montant des frais et émoluments qui lui seront légalement dus.

Disons que la présente ordonnance sera signifiée à la partie saisie et que celle-ci devra délaisser immédiatement le bien en cause entre les mains du séquestre, sous peine d'astreinte de *[Montant de l'astreinte]* euros par *[Périodicité]* de retard.

Disons que toutes difficultés et contestations concernant la présente ordonnance ou son exécution seront portées devant nous, dans les formes ordinaires.

Fait en notre cabinet, le *[Date de l'ordonnance sur requête]*
[Signature du juge] [Signature du greffier]

Modèle 19

Requête au juge de l'exécution aux fins d'appréhender entre les mains d'un tiers détenteur

[Civilité, prénom et nom du créancier (client)], (né|née *[Civilité du créancier (accord client)]*) le *[Date de naissance du créancier (client)]* à *[Lieu de naissance du créancier (client)]* et demeurant *[Adresse du créancier (client)]* a l'honneur de vous exposer :

SI « L'obligation est une obligation de délivrer » correspond à votre cas

Qu'il est créancier d'une obligation de délivrer envers *[Identité du débiteur (Civilité, prénom, nom ou dénomination sociale)]*, en vertu *[Identification du titre exécutoire ou de l'ordonnance d'injonction]* ordonnant la remise du bien ci-après désigné : *[Désignation précise du bien meuble concerné par l'obligation (ex. : une machine à empaqueter, de marque X)]*.

SI « L'obligation est une obligation de restituer » correspond à votre cas

Qu'il est créancier d'une obligation de restituer envers *[Identité du débiteur (Civilité, prénom, nom ou dénomination sociale)]*, en vertu *[Identification du titre exécutoire ou de l'ordonnance d'injonction]* ordonnant la remise du bien ci-après désigné : *[Désignation précise du bien meuble concerné par l'obligation (ex. : une machine à empaqueter, de marque X)]*.
En date du *[Date de la sommation]* il a sommé *[Civilité, prénom et nom du tiers détenteur]* demeurant *[Adresse du tiers détenteur]*, de remettre le bien désigné à l'acte, ainsi qu'il ressort de la copie de l'acte de sommation annexée à la requête.

À ce jour, le tiers détenteur, n'a ni remis le bien ni fait connaître à l'huissier de justice chargé de l'exécution, les raisons qui pouvaient justifier une opposition de sa part.

SI « Échec de la tentative de résolution amiable » correspond à votre cas

Tentative de résolution amiable
Préalablement à la saisine du tribunal de céans, les parties ont tenté de résoudre amiablement le litige :
[Exposer en détail les moyens entrepris pour la mise en œuvre de la résolution amiable, les modalités des échanges, les solutions envisagées et lister les pièces et les informations utilisées pour la résolution du litige].
Néanmoins cette tentative n'a pu aboutir pour les raisons suivantes :
[Exposer et justifier les raisons de l'échec de la tentative (ex. refus du défendeur, absence d'accord)].

SI « Absence de tentative de résolution amiable (urgence ou motif légitime) » correspond à votre cas

Absence de tentative de résolution amiable
Préalablement à la saisine du tribunal de céans, aucune démarche tendant à la résolution amiable du litige n'a été entreprise par les parties en raison de *[Préciser soit de l'urgence de la demande soit de la matière qui intéresse l'ordre public]*
En effet, *[Justifier l'absence de tentative de résolution amiable]*.

En conséquence, l'exposant vous prie de bien vouloir ordonner la remise par *[Civilité, prénom et nom du tiers détenteur]*, du bien entre ses mains et, pour lui, entre les mains de son mandataire.
[Signature]

ORDONNANCE

Nous, juge de l'exécution près le tribunal de grande instance de *[TGI compétent selon la ville du domicile du débiteur (adversaire)]*.
Vu la requête qui précède et les pièces y annexées.
Vu la sommation délivrée en date du *[Date de la sommation]*
Vu l'article R. 222-8 du Code des procédures civiles d'exécution.
Ordonnons à *[Civilité, prénom et nom du tiers détenteur]* de remettre sans délai le bien désigné au titre exécutoire visé dans la requête, savoir *[Désignation précise du bien meuble concerné par l'obligation (ex. : une machine à empaqueter, de marque X)]*.
Disons qu'à défaut de remise volontaire, il sera procédé à l'exécution forcée de la décision, conformément à l'article R. 222-4 du Code des procédures civiles d'exécution.
Disons que les difficultés de l'exécution seront portées devant notre juridiction.

Modèle 20
Commandement de payer avant saisie-vente

[Références du dossier]
[Nom complet de la juridiction] [Ville du tribunal]

COMMANDEMENT DE PAYER AVANT SAISIE-VENTE

À *[Lieu]*
L'an *[Année en cours]*, le *[Date (jour et mois)]*

À LA REQUÊTE DE :

[Formule à la requête. Est reprise la formule « À la requête » telle qu'elle apparaît dans le dossier permanent]
Élisant domicile au cabinet de *[Identification et coordonnées de l'avocat traitant]* ainsi qu'en mon étude,

EN VERTU :

D'un jugement rendu le *[Date de la décision]* par le *[Nom complet de la juridiction]* précédemment signifié, et devenu définitif, que je vous notifie à nouveau, en vous en remettant ci-joint copie,
J'AI, Maître *[Prénom et nom de l'huissier de justice]*
HUISSIER DE JUSTICE SOUSSIGNÉ

FAIT COMMANDEMENT À :

[Formule de signification. Sélectionner les personnes désirées à partir des fiches adversaires du dossier permanent]
D'AVOIR À PAYER, DANS UN DÉLAI DE HUIT JOURS À COMPTER DE LA DATE INDIQUÉE EN TÊTE DU PRÉSENT ACTE, LES SOMMES SUIVANTES : (sous déduction des acomptes qui auraient été déjà versés)
– principal : *[Montant de la créance au principal]* euros
– intérêts au taux de *[Taux des intérêts échus]* ayant débutés le *[Date de début pour les intérêts]* et arrêtés à la date du *[Date de fin pour les intérêts]* : *[Montant des intérêts échus]* euros
– intérêts postérieurs évalués à : *[Montant des intérêts à échoir]* euros
– dépens provisoirement évalués à : *[Montant des dépens]* euros
– frais de justice non compris dans les dépens : *[Montant des frais de justice non compris dans les dépens]* euros
– sous-total : *[Montant du sous-total]* euros
– acomptes à déduire : *[Montant des acomptes à déduire]* euros
– solde restant dû à la date du présent acte : *[Montant du solde restant dû]* euros
sous réserve de tous autres dus, droits et actions.
Ce paiement doit être effectué ou adressé à mon étude. Un compte définitif, comprenant les intérêts et les frais de procédure, sera établi lors de votre règlement.

TRÈS IMPORTANT

Faute par vous d'acquitter les sommes ci-dessus mentionnées, à l'expiration d'un délai de HUIT JOURS à compter de la date du présent acte, vous pourrez être contraint de payer par la vente forcée de vos biens meubles.
Conformément aux dispositions de l'article R. 221-3 du Code des procédures civiles d'exécution, le présent Commandement vaut en outre injonction au débiteur de communiquer à l'huissier de justice soussigné, dans un délai de huit jours, les nom et adresse de son employeur, et les références de ses comptes bancaires, ou l'un de ces deux éléments seulement.

SOUS TOUTES RÉSERVES

Sceau et signature de l'huissier de justice

Modèle 21
Requête aux fins de saisie-vente

[Références du dossier]
[Nom complet de la juridiction] [Ville du tribunal]

REQUÊTE AUX FINS DE SAISIE-VENTE DE BIENS MEUBLES CORPORELS

À *[Civilité pour le président du tribunal de grande instance]* le président du tribunal de grande instance *[Ville de la juridiction (article + ville)]*, juge de l'exécution, ou son obligataire.
Monsieur le Président,

À LA REQUÊTE DE :

[Formule à la requête. Est reprise la formule « À la requête » telle qu'elle apparaît dans le dossier permanent]
Ayant pour avocat,
Maître *[Civilité, prénom et nom de l'avocat traitant]*, avocat au barreau *[Barreau de l'avocat traitant]*, demeurant à *[Adresse de l'avocat traitant (n° et rue, CP et ville)]*, au cabinet duquel il fait élection de domicile,

(A|ONT|A|ONT) L'HONNEUR DE VOUS EXPOSER QUE :

Aux termes d'un jugement rendu par le *[Nom complet de la juridiction]*, en date du *[Date du jugement]*, passé en force de chose jugée, *[Civilité, prénom et nom de l'adversaire]*, demeurant *[Adresse de l'adversaire (courrier)]*, a été condamn(é|és|ée|ées) à payer (au|aux|à la|aux) (requérant|requérants|requérante|requérantes) la somme de *[Montant total de la créance]* (euro|euros *[Montant total de la créance]*) ;

SI « Échec de la tentative de résolution amiable » correspond à votre cas

Tentative de résolution amiable
Préalablement à la saisine du tribunal de céans, les parties ont tenté de résoudre amiablement le litige :
[Exposer en détail les moyens entrepris pour la mise en œuvre de la résolution amiable, les modalités des échanges, les solutions envisagées et lister les pièces et les informations utilisées pour la résolution du litige].
Néanmoins cette tentative n'a pu aboutir pour les raisons suivantes :
[Exposer et justifier les raisons de l'échec de la tentative (ex. refus du défendeur, absence d'accord)].

SI « Absence de tentative de résolution amiable (urgence ou motif légitime) » correspond à votre cas

Absence de tentative de résolution amiable
Préalablement à la saisine du tribunal de céans, aucune démarche tendant à la résolution amiable du litige n'a été entreprise par les parties en raison de *[Préciser soit de l'urgence de la demande soit de la matière qui intéresse l'ordre public]*
En effet, *[Justifier l'absence de tentative de résolution amiable]*.
Le débiteur n'a pas, à ce jour, exécuté cette décision, malgré toutes les réclamations qui lui ont été faites ;
(L'exposant|Les exposants|L'exposante|Les exposantes) (requiert|requièrent|requiert|requièrent) votre autorisation pour pratiquer une saisie-vente dans le local d'habitation du débiteur, conformément aux dispositions de l'article L. 221-2 du Code des procédures civiles d'exécution, la créance à recouvrer n'atteignant pas, en principal, le minimum fixé à l'article R. 221-2 du même code ;
(L'exposant|Les exposants|L'exposante|Les exposantes) (requiert|requièrent|requiert|requièrent) votre autorisation pour pratiquer une saisie-vente sur des biens appartenant au débiteur, actuellement détenus par un tiers, dans les locaux d'habitation de ce dernier, conformément aux dispositions de l'article L. 221-1 du Code des procédures civiles d'exécution ;
EN CONSÉQUENCE,
(Le|Les|La|Les) requér(ant|ants|ante|antes) (prie|prient|prie|prient) qu'il vous plaise, *[Civilité pour le pré-*

sident du tribunal de grande instance] le président :
(L'autoriser|Les autoriser|L'autoriser|Les autoriser) à faire pratiquer, par un huissier de justice de (son|leur|son|leur) choix, une saisie-vente à l'encontre de *[Civilité, prénom et nom de l'adversaire]*, demeurant *[Adresse de l'adversaire (courrier)]*, et ceci, dans les locaux d'habitation de *[Civilité, prénom et nom de l'adversaire]* ;
Offrant de vous en référer en cas de difficultés.
Fait à *[Lieu de présentation de la requête]*,
Le *[Date de la requête]*.
Maître *[Prénom et nom de l'avocat traitant]*
La liste numérotée des pièces justificatives visées par (le|les|la|les) requér(ant|ants|ante|antes) figure dans le bordereau annexé aux présentes écritures.

LISTE DES PIÈCES JUSTIFICATIVES

ORDONNANCE

Nous, Président du tribunal de grande instance *[Ville du tribunal]*, juge de l'exécution,
Vu l'article L. 221-1 du Code des procédures civiles d'exécution,
Vu la requête qui précède, laquelle restera annexée à la présente ordonnance, et les pièces produites,
Autorisons *[Civilité, prénom et nom du client]*, demeurant *[Adresse du client]*, plus amplement qualifié en ladite requête, à faire pratiquer, par un huissier de justice de son choix, une saisie-vente à l'encontre de *[Civilité, prénom et nom de l'adversaire]*, demeurant *[Adresse de l'adversaire (courrier)]*, et ceci, dans les locaux d'habitation de *[Civilité, prénom et nom de l'adversaire]* ;
Disons qu'il Nous en sera référé en cas de difficultés, saisie-vente préalablement faite.

Fait et ordonné en notre cabinet, au palais de justice.
À *[Ville du cabinet]*, le *[Date du jour (date complète)]*.
Le juge Le greffier

Modèle 22
Acte de saisie d'une autorisation fiscale et administrative d'exploitation de débit de boissons (licence IV)

Le [date (jour, mois et année)]
[Civilité, prénom et nom de l'huissier], huissier à *[CP et ville d'exercice de l'huissier de justice]*

À LA REQUÊTE DE :

[Formule à la requête. Est reprise la formule « À la requête » telle qu'elle apparaît dans le dossier permanent]
À Monsieur le Maire de la commune de *[Lieu d'exploitation du débit de boissons]* en ses bureaux de l'hôtel de ville sis *[Adresse complète de l'hôtel de ville]*.
Agissant en vertu :
– De l'expédition exécutoire *[Nature et la qualification de la décision de justice, fondement de la mesure d'exécution]*
– Des dispositions de l'article L. 231-1 du Code des procédures civiles d'exécution.
Je procède par le présent acte à la SAISIE DE L'AUTORISATION FISCALE ET ADMINISTRATIVE D'EXPLOITATION DE DÉBIT DE BOISSONS, dont les caractéristiques me seront, dans la mesure du possible, ci-dessous précisées.
Appartenant à : *[Civilité, prénom et nom du propriétaire de la licence IV redevable de la créance du requérant]* exploitant un débit de boissons sous l'enseigne *[Nom de l'enseigne]*, en la commune de *[Adresse complète du débit de boissons]*.
ET CE POUR PAIEMENT DE LA SOMME DE :
Principal : *[Montant de la créance au principal]* euros ;
Intérêts échus : *[Montant des intérêts échus]* euros au taux de *[Taux des intérêts échus]* % ;
Intérêts à échoir : *[Montant des intérêts à échoir]* euros au taux de *[Taux des intérêts à échoir]* % ;
Frais et dépens : *[Montant des frais et dépens]* euros ;
Coût du présent acte : *[Coût du présent acte]* euros ;
TOTAL : *[Montant total de la créance]* euros.

TRÈS IMPORTANT

Le présent acte de saisie de licence IV rend indisponibles les droits pécuniaires attachés à l'intégralité des parts ou valeurs mobilières dont le débiteur est titulaire, en ce compris les droits pécuniaires attachés au droit incorporel saisi.
En outre je vous fais SOMMATION d'avoir à me faire connaître l'existence d'éventuels nantissements ou saisies.
Ce à quoi il m'a été répondu :
– par *[Civilité, prénom et nom du débiteur saisi (adversaire)]*
– l'existence d'une licence *[Préciser numéro de licence IV, la date de l'autorisation, son état (ex. : en cours d'exploitation) et l'existence d'un retrait disciplinaire ou administratif]*
Requis de signer sa réponse :
Et de tout ce qui précède, j'ai dressé le présent acte de saisie de licence IV à telles fins que de droit.

Modèle 23

Requête à fin de saisie-contrefaçon (dessins et modèles)

[Référence du dossier]
[Type de la juridiction] [Ville du siège de la juridiction (majuscules)]

REQUÊTE AUX FINS DE SAISIE-CONTREFAÇON

À *[Qualité du président du tribunal : Monsieur ou Madame]* le président du tribunal de grande instance *[Ville du siège de la juridiction]*
[Identification du client et sa qualité dans le dossier (demandeur, défendeur, appelant, intimé, intervenant, etc.)]
[Représentation client. Identité de l'avocat, ou, s'il y a lieu, identité de l'avocat postulant et de l'avocat plaidant]

(A|ONT|A|ONT) L'HONNEUR DE VOUS EXPOSER QUE :

(Il|Ils|Elle|Elles) (est|sont|est|sont) seu(l|ls|le|les) titulair(e|es|e|es) et propriétair(e|es|e|es) d'un modèle *[Titre du dessin ou modèle]* déposé le *[Date du dépôt du titre du dessin ou modèle]* et enregistré sous le numéro *[Numéro attribué au titre de dessin ou modèle déposé]* à *[Lieu du dépôt du titre du dessin ou modèle]* comme en fait foi le certificat d'identité original de modèle et l'état des inscriptions au Registre national des dessins et modèles en date du *[Date du certificat d'identité]* ci-joints.
(Il|Ils|Elle|Elles) (a|ont|a|ont) appris que *[Identité de l'adversaire]* fabriquai(t|ent|t|ent), exposai(t|ent|t|ent), vendai(t|ent|t|ent) des *[Identification du dessin ou modèle et références]* qui reproduisent des caractéristiques du modèle déposé susmentionné.
Selon l'article L. 521-1 du Code de la propriété intellectuelle, ces faits constituent des actes de contrefaçon.
Il a le plus grand intérêt à faire procéder d'urgence à la constatation de ces faits et ce, conformément aux dispositions des articles L. 521-1 du Code de la propriété intellectuelle.

SI « Tentative de résolution amiable du litige préalable à la saisine de la juridiction » correspond à votre cas

Préalablement à la saisine du tribunal de céans, *[Identité du client]* (a|ont|a|ont) tenté de résoudre amiablement le litige en proposant à *[Identité de l'adversaire] [Préciser les diligences entreprises en vue de parvenir à une résolution amiable]*.
Néanmoins cette tentative n'a pu aboutir pour les raisons suivantes : *[Préciser les raisons de l'échec de la tentative, ex. refus du défendeur, absence d'accord]*.

SI « – Motif légitime tenant à l'urgence » correspond à votre cas
SI « Absence de tentative de résolution amiable du litige préalablement à la saisine de la juridiction » correspond à votre cas

Préalablement à la saisine du tribunal de céans, aucune démarche tendant à la résolution amiable du litige n'a pu être entreprise par *[Identité du client]* en raison de l'urgence de la demande.
En effet, *[Justifier en exposant le motif légitime tenant à l'urgence]*.

SI « – Motif légitime tenant à la matière considérée (ordre public) » correspond à votre cas
SI « Absence de tentative de résolution amiable du litige préalablement à la saisine de la juridiction » correspond à votre cas

Préalablement à la saisine du tribunal de céans, aucune démarche tendant à la résolution amiable du litige n'a pu être entreprise par *[Identité du client]* en raison de la matière considérée, notamment en ce qu'elle intéresse l'ordre public.
En effet, *[Justifier en exposant le motif légitime tenant à la matière considérée]*.

EN CONSÉQUENCE,
(Le|Les|La|Les) requér(ant|ants|ante|antes) (prie|prient|prie|prient) qu'il vous plaise, *[Qualité du président du tribunal : Monsieur ou Madame]* le président :

SI « Saisie-contrefaçon descriptive » correspond à votre cas

(L'autoriser|Les autoriser|L'autoriser|Les autoriser) à faire procéder par tout huissier de justice territorialement compétent de (son|leur|son|leur) choix, dans les locaux de *[Identité de l'adversaire]* ainsi que dans tous les autres locaux industriels ou commerciaux, bureaux, usines, magasins, dépôts, sis dans le ressort de ce tribunal, à la constatation des actes constitutifs allégués de contrefaçon et à la saisie par voie de description par écrit, dessin ou photographie du modèle *[Identification du dessin ou modèle et références]* argué de contrefaçon ;

SI « Saisie-contrefaçon réelle » correspond à votre cas

(L'autoriser|Les autoriser|L'autoriser|Les autoriser) à faire procéder par tout huissier de justice territorialement compétent de (son|leur|son|leur) choix, dans les locaux de *[Identité de l'adversaire]* ainsi que dans tous les autres locaux industriels ou commerciaux, bureaux, usines, magasins, dépôts, sis dans le ressort de ce tribunal, à la constatation des actes constitutifs allégués de contrefaçon et à la saisie réelle du modèle *[Identification du dessin ou modèle et références]* argué de contrefaçon ;
Autoriser l'huissier à toute constatation utile en vue d'établir l'origine, la consistance et l'étendue de la contrefaçon, tels la photocopie de la première et dernière facture, des bons de commande, plans, notes techniques, registre ou correspondance commerciale ;

SI « Saisie-contrefaçon descriptive » correspond à votre cas
SI « – Saisie avec prélèvement d'échantillons » correspond à votre cas

Autoriser l'huissier à procéder à des prélèvements d'échantillons, accompagnés d'une offre de paiement de leur prix, du modèle argué de contrefaçon ;

SI « Saisie-contrefaçon réelle » correspond à votre cas

Autoriser l'huissier à procéder à la saisie réelle en deux exemplaires, accompagnée d'une offre de paiement de leur prix, du modèle argué de contrefaçon ;

SI « Saisie-contrefaçon réelle » correspond à votre cas

Autoriser également l'huissier à la saisie réelle en deux exemplaires de tout document technique, commercial ou publicitaire, susceptible de faire la preuve de la contrefaçon ;

SI « Saisie-contrefaçon réelle » correspond à votre cas

Autoriser l'huissier, si des informations utiles étaient conservées sur un support autre que le papier, à réaliser une édition sur papier ou une copie sur tout support approprié en utilisant les moyens disponibles sur place ou à l'extérieur des lieux de la saisie ;

SI « Demande de démontage de l'appareil servant à la contrefaçon » correspond à votre cas

Autoriser l'huissier à faire procéder, le cas échéant, au démontage et au remontage de l'appareil ou instrument servant à réaliser la contrefaçon ;

SI « Demande de mise en route de l'appareil servant à réaliser la contrefaçon » correspond à votre cas

Autoriser l'huissier à faire mettre l'appareil servant à réaliser la contrefaçon en fonctionnement en vue de décrire ce fonctionnement ;
Dire que les photographies ou copies destinées à être jointes à la copie du procès-verbal de contrefaçon remis au saisi ne pourront lui être adressées qu'après la clôture des opérations de contrefaçon ;
Autoriser l'huissier à se faire assister d'experts désignés par (le|les|la|les) requéran(t|ts|te|tes), qui ne soient pas ses subordonnés, dont il pourra enregistrer les explications sur les points qui échappent à sa compétence ;
Autoriser l'huissier de justice instrumentaire à se faire assister d'un représentant de la force publique territorialement compétent ;
Dire qu'il sera procédé aux opérations autorisées, nonobstant toute opposition de la partie saisie et qu'il pourra vous en être référé, en cas de difficultés, mais seulement une fois que les opérations prévues dans l'ordonnance auront été effectuées et les visas apposés.

Fait à *[Lieu de signature de l'acte]*,
Le *[Date de signature de l'acte]*.

[Nom et prénom de l'avocat traitant]
La liste numérotée des pièces justificatives visées par (le|les|la|les) requér(ant|ants|ante|antes) figure dans le bordereau annexé aux présentes écritures.

LISTE DES PIÈCES JUSTIFICATIVES

– Certificat d'identité original du modèle n° *[Numéro attribué au titre de dessin ou modèle déposé]*
– Copie de la notification de publication n° *[Numéro de la notification de publication]*
– État des inscriptions au Registre national des dessins et modèles concernant le modèle numéro *[Numéro et date de publication du Bulletin officiel]*

ORDONNANCE

Nous, Président du tribunal de grande instance *[Ville du siège de la juridiction]*,
Vu la requête qui précède et les pièces à l'appui,
Vu les motifs exposés,
Vu les copies des pièces justificatives jointes,
Vu les articles 493 et suivants du Code de procédure civile,
Vu les articles L. 521-1 et suivants du Code de la propriété intellectuelle,

SI « Saisie-contrefaçon descriptive » correspond à votre cas

Autorisons l(e|es|a|es) requéran(t|ts|te|tes) à faire procéder par tout huissier de justice territorialement compétent de son choix, dans les locaux de *[Identité de l'adversaire]* ainsi que dans tous les autres locaux industriels ou commerciaux, bureaux, usines, magasins, dépôts, sis dans le ressort de ce tribunal, à la constatation des actes constitutifs allégués de contrefaçon et à la saisie par voie de description du modèle *[Identification du dessin ou modèle et références]* argué de contrefaçon ;

SI « Saisie-contrefaçon réelle » correspond à votre cas

Autorisons l(e|es|a|es) requéran(t|ts|te|tes) à faire procéder par tout huissier de justice territorialement compétent de son choix, dans les locaux de *[Identité de l'adversaire]* ainsi que dans tous les autres locaux industriels ou commerciaux, bureaux, usines, magasins, dépôts, sis dans le ressort de ce tribunal, à la constatation des actes constitutifs allégués de contrefaçon et à la saisie réelle du modèle *[Identification du dessin ou modèle et références]* argué de contrefaçon ;
Autorisons l'huissier à toute constatation utile en vue d'établir l'origine, la consistance et l'étendue de la contrefaçon, tels la photocopie de la première et dernière facture, des bons de commande, plans, notes techniques, registre ou correspondance commerciale ;

SI « Saisie-contrefaçon descriptive » correspond à votre cas
SI « – Saisie avec prélèvement d'échantillons » correspond à votre cas

Autorisons l'huissier à procéder à des prélèvements d'échantillons, accompagnés d'une offre de paiement de leur prix, du modèle argué de contrefaçon ;

SI « Saisie-contrefaçon réelle » correspond à votre cas

Autorisons l'huissier à procéder à la saisie réelle en deux exemplaires, accompagnée d'une offre de paiement de leur prix, du modèle argué de contrefaçon ;

SI « Saisie-contrefaçon réelle » correspond à votre cas

Autorisons également l'huissier à la saisie réelle en deux exemplaires de tout document technique, commercial ou publicitaire, susceptible de faire la preuve de la contrefaçon ;

SI « Saisie-contrefaçon réelle » correspond à votre cas

Autorisons l'huissier, si des informations utiles étaient conservées sur un support autre que le papier, à réaliser une édition sur papier ou une copie sur tout support approprié en utilisant les moyens disponibles sur place ou à l'extérieur des lieux de la saisie ;

SI « Demande de démontage de l'appareil servant à la contrefaçon » correspond à votre cas

Autorisons l'huissier à faire procéder, le cas échéant, au démontage et au remontage de l'appareil ou instrument servant à réaliser la contrefaçon ;

SI « Demande de mise en route de l'appareil servant à réaliser la contrefaçon » correspond à votre cas

Autorisons l'huissier à faire mettre l'appareil servant à réaliser la contrefaçon en fonctionnement en vue de décrire ce fonctionnement ;
Disons que les photographies ou copies destinées à être jointes à la copie du procès-verbal

de contrefaçon remis au saisi ne pourront lui être adressées qu'après la clôture des opérations de contrefaçon ;
Autorisons l'huissier à se faire assister d'experts désignés par (le|les|la|les) requéran(t|ts|te|tes), qui ne soient pas ses subordonnés, dont il pourra enregistrer les explications sur les points qui échappent à sa compétence ;
Autorisons l'huissier de justice instrumentaire à se faire assister d'un représentant de la force publique territorialement compétent ;
Disons qu'il sera procédé aux opérations autorisées, nonobstant toute opposition de la partie saisie et qu'il pourra vous en être référé, en cas de difficultés, mais seulement une fois que les opérations prévues dans l'ordonnance auront été effectuées et les visas apposés.

Fait en notre cabinet, à
Le
Le président Le greffier

Modèle 24

Requête en saisie-revendication dans le cas où le débiteur bénéficie d'un délai de grâce

REQUÊTE EN SAISIE-REVENDICATION

À *[Civilité pour le juge de l'exécution]* le juge de l'exécution près le tribunal de grande instance *[Ville de la juridiction (article + ville)]*.

[Formule à la requête. Est reprise la formule « À la requête » telle qu'elle apparaît dans le dossier permanent]

SI « Le requérant est représenté par un avocat » correspond à votre cas

Ayant pour avocat *[Identification et coordonnées de l'avocat traitant]*

(A|ONT|A|ONT) L'HONNEUR DE VOUS EXPOSER :

Que *[Civilité, prénom et nom du client]* (est|sont|est|sont) débit(eur|eurs|rice|rices) envers (lui|eux|elle|elles) d'une obligation de *[Nature de l'obligation (remise, restitution, livraison, etc.)]*, au terme d'un contrat de *[Type de contrat]*, portant sur le bien ci-après désigné *[Désignation précise du bien litigieux]*.

Que, selon ordonnance de référé en date du *[Date de l'ordonnance de référé]* rendue par le président du tribunal *[Ville de la juridiction (article + ville)]*, sur le fondement de l'article 1343-5 du Code civil, ce dernier a obtenu un délai de grâce, lui permettant de repousser la date d'exécution de son obligation.

SI « Échec de la tentative de résolution amiable » correspond à votre cas

Tentative de résolution amiable

Préalablement à la saisine du tribunal de céans, les parties ont tenté de résoudre amiablement le litige : *[Exposer en détail les moyens entrepris pour la mise en œuvre de la résolution amiable, les modalités des échanges, les solutions envisagées et lister les pièces et les informations utilisées pour la résolution du litige]*.

Néanmoins cette tentative n'a pu aboutir pour les raisons suivantes :

[Exposer et justifier les raisons de l'échec de la tentative (ex. refus du défendeur, absence d'accord)].

SI « Absence de tentative de résolution amiable (urgence ou motif légitime) » correspond à votre cas

Absence de tentative de résolution amiable

Préalablement à la saisine du tribunal de céans, aucune démarche tendant à la résolution amiable du litige n'a été entreprise par les parties en raison de *[Préciser soit de l'urgence de la demande soit de la matière qui intéresse l'ordre public]*

En effet, *[Justifier l'absence de tentative de résolution amiable]*.

Que, toutefois, (l'exposant a|les exposants ont|l'exposante a|les exposantes ont) le plus grand intérêt à rendre indisponible ce bien qui (lui est|leur sont) affect(é|és|ée|ées), et qui est représentable en nature, afin d'en empêcher toute distraction ou utilisation contraire à ses droits déjà constitués.

C'est pourquoi il vous requiert vouloir bien l'autoriser à faire pratiquer une saisie-revendication entre les mains de son débiteur du bien objet du litige.

ORDONNANCE

NOUS,
Juge de l'exécution près le tribunal de grande instance *[Ville de la juridiction (article + ville)]*,
Vu la requête qui précède et les pièces annexées,
Vu l'article R. 222-17 du Code des procédures civiles d'exécution,
La partie requérante étant apparemment fondée à requérir une mesure conservatoire sur le bien dont s'agit,

Autorisons *[Civilité, prénom et nom du client]* à pratiquer une saisie-revendication sur le bien désigné ci-après *[Désignation précise du bien litigieux]*, entre les mains de *[Civilité, prénom et nom du débiteur saisi (adversaire)]* ou en quelque autre main qu'il se trouve.
Disons cependant que si le bien se trouve entre les mains d'un tiers, et dans un local lui servant d'habitation, une autorisation spéciale devra être requise.
Disons la présente ordonnance exécutoire sur minute.

Date :
Le juge Le greffier

Modèle 25

Assignation au fond en expulsion et paiement (clause résolutoire)

[Références du dossier]
[Type de juridiction] [Ville de la juridiction (article + ville)]
ASSIGNATION DEVANT LE TRIBUNAL D'INSTANCE
[Ville du siège de la juridiction (majuscules)]
L'an *[Année en cours]* et le *[Date de l'assignation]*

À LA REQUÊTE DE :

[Formule à la requête. Est reprise la formule « À la requête » telle qu'elle apparaît dans le dossier permanent]
[Nom du cabinet, Forme de la société d'avocats, Barreau, adresse, CP et ville du cabinet (avocat du client)]

J'AI, HUISSIER DE JUSTICE SOUSSIGNÉ

DONNÉ ASSIGNATION À :

[Signification]
Où étant et parlant à,
D'AVOIR À COMPARAÎTRE par-devant le tribunal de grande instance *[Ville de la juridiction (article + ville)]*, siégeant au palais de justice de ladite ville, *[Adresse de la juridiction]*, le *[Date de l'audience]* à *[Heure de l'audience]* à l'effet de se concilier si faire se peut, ou à défaut de voir statuer par jugement sur la présente demande.

TRÈS IMPORTANT

Vous êtes ten(u|us|ue|ues) :
– soit de vous présenter personnellement à cette audience, (seul|seuls|seule|seules) ou assist(é|és|ée|ées) de l'une des personnes visées à l'article 828 du Code de procédure civile, soit un avocat, votre conjoint, votre concubin, la personne avec laquelle vous avez conclu un pacte civil de solidarité, un parent ou allié en ligne directe, un parent ou allié en ligne collatérale jusqu'au troisième degré inclus), ou une personne exclusivement attachée à votre service personnel ou à votre entreprise.
L'État, les départements, les régions, les communes et les établissements publics peuvent se faire représenter ou assister par un fonctionnaire ou un agent de leur administration ;
– soit de vous y faire représenter par un avocat, ou par l'une des autres personnes ci-dessus énumérées. Cette personne, si elle n'est pas avocat, doit être munie d'un pouvoir écrit et établi spécialement pour ce procès.
Si vous ne le faites pas, vous vous exposez à ce qu'une décision soit rendue contre vous sur les seuls éléments fournis par (votre|vos|votre|vos) adversair(e|es|e|es).
Vous déclarant que, conformément aux dispositions des articles 837 et 847-2 du Code de procédure civile, « Sans préjudice des dispositions de l'article 68, la demande incidente tendant à l'octroi d'un délai de paiement en application de l'article 1343-5 du Code civil peut être formée par courrier remis ou adressé au greffe. Les pièces que la partie souhaite invoquer à l'appui de sa demande sont jointes à son courrier. La demande est communiquée aux autres parties, à l'audience, par le juge, sauf la faculté pour ce dernier de la leur faire notifier par le greffier, accompagnée des pièces jointes, par lettre recommandée avec demande d'avis de réception.
L'auteur de cette demande incidente peut ne pas se présenter à l'audience, conformément au second alinéa de l'article 446-1. Dans ce cas, le juge ne fait droit aux demandes présentées contre cette partie que s'il les estime régulières, recevables et bien fondées. »

OBJET DE LA DEMANDE

Aux termes d'un acte sous signature privée en date du *[Date du contrat de bail]*, *[Identité du client : civilité, prénom et nom du client personne physique et forme et dénomination de la personne morale]* (a|ont|a|ont) donné à bail à loyer à *[Identité de l'adversaire (pour une personne physique : civilité, prénom et nom ; pour une personne morale : la forme et la dénomination)]* des locaux à usage d'habitation sis *[Adresse du bien objet du bail]* pour une durée de *[Durée du bail]* années à

compter du *[Date du contrat de bail]* pour se terminer le *[Date de fin du bail]* et moyennant un loyer annuel de *[Montant du loyer annuel]* (euro|euros *[Montant du loyer annuel]*), payable *[Périodicité]*.
Parmi les clauses et conditions du bail figure la clause résolutoire suivante ainsi libellée : *[Contenu de la clause résolutoire]*.
Depuis le *[Date de cessation de paiement du loyer]*, *[Identité de l'adversaire (pour une personne physique : civilité, prénom et nom ; pour une personne morale : la forme et la dénomination)]* locatair(e|es|e|es), ne pai(e|ent|e|ent) plus le montant du loyer ni les charges et accessoires ;
Suivant exploit de Maître *[Prénom et nom de l'huissier de justice]*, huissier de justice à *[CP et ville d'exercice de l'huissier de justice]*, en date du *[Date de l'exploit de l'huissier de justice]*, (le|les|la|les) requér(ant|ants|ante|antes), propriétaire bailleur de l'immeuble sis à *[Adresse du bien objet du bail]* et loué à *[Identité de l'adversaire (pour une personne physique : civilité, prénom et nom ; pour une personne morale : la forme et la dénomination)]* (a|ont|a|ont) fait délivrer à (ce|ces|cette|ces) dern(ier|iers|ière|ières) commandement d'avoir à payer la somme de *[Montant total de la créance]* (euro|euros *[Montant total de la créance]*) à titre de loyers et accessoires exigibles, outre intérêts judiciaires de droit et le coût du commandement ;
Ce commandement manifestait l'intention de *[Identité du client : civilité, prénom et nom du client personne physique et forme et dénomination de la personne morale]* d'user du bénéfice de la clause résolutoire insérée dans l'acte de bail sus-visé et de se prévaloir des dispositions de l'article 24 de la loi n° 89-642 du 6 juillet 1989 ;
Suivant exploit de Maître *[Prénom et nom de l'huissier de justice]*, huissier de justice à *[CP et ville d'exercice de l'huissier de justice]*, en date du *[Date du constat fait par huissier]*, (le|les|la|les) requér(ant|ants|ante|antes) (a|ont|a|ont) fait notifier la présente assignation à Monsieur le Préfet de *[Département d'exercice du préfet]*, deux mois avant la date de cette audience, conformément aux dispositions de l'article 24 alinéa 2 de la loi du 6 juillet 1989.
[Identité de l'adversaire (pour une personne physique : civilité, prénom et nom ; pour une personne morale : la forme et la dénomination)] locatair(e|es|e|es), n'(a|ont|a|ont) point, à ce jour, réglé l'intégralité des causes du commandement, ni saisi le tribunal afin d'obtenir des délais de paiement, établissant ainsi (sa|leur|sa|leur) mauvaise foi ;
Dans ces conditions, ledit commandement étant resté sans effet, il échet de prononcer la résiliation du bail, conformément à la clause résolutoire qui y est insérée et d'ordonner l'expulsion de *[Identité de l'adversaire (pour une personne physique : civilité, prénom et nom ; pour une personne morale : la forme et la dénomination)]* désormais occupan(t|ts|te|tes) sans droit ni titre de l'appartement ;
Il convient de compenser par une indemnité d'occupation le préjudice tenant à ce que (le|les|la|les) propriétair(e|es|e|es) se trouv(e|ent|e|ent) privé de la jouissance des lieux,
Il échet donc de fixer à la somme de *[Montant de l'indemnité d'occupation]* (euro|euros *[Montant de l'indemnité d'occupation]*) par mois le montant de l'indemnité d'occupation due par *[Identité de l'adversaire (pour une personne physique : civilité, prénom et nom ; pour une personne morale : la forme et la dénomination)]* à compter du *[Date de résolution du bail]*,
[Identité du client : civilité, Prénom et nom du client personne physique et forme et dénomination de la personne morale] demand(e|ent|e|ent) donc d'ores et déjà à ce titre la somme de *[Montant de l'indemnité d'occupation]* (euro|euros *[Montant de l'indemnité d'occupation]*), représentant les indemnités d'occupation dues jusqu'au *[Date de la fin de l'occupation]*,
Attendu, en conséquence, qu'il serait inéquitable que *[Identité du client : civilité, prénom et nom du client personne physique et forme et dénomination de la personne morale]* support(e|ent|e|ent) les frais irrépétibles non compris dans les dépens,
Il (lui|leur|lui|leur) sera alloué une indemnité de *[Montant de la demande au titre de l'article 700 du Code de procédure civile]* (euro|euros *[Montant de la demande au titre de l'article 700 du Code de procédure civile]*) en application de l'article 700 du Code de procédure civile.

SI « Demande d'exécution provisoire de la décision à intervenir » correspond à votre cas

L'exécution provisoire est compatible avec la nature de l'affaire et elle est nécessaire au motif *[Justification de la demande d'exécution provisoire]*.
La liste numérotée des pièces que (le|les|la|les) requér(ant|ants|ante|antes) enten(d|dent|d|dent) produire en justice est annexée dans le bordereau joint aux présentes écritures (bail, commandement de payer, décompte).

PAR CES MOTIFS

Condamner *[Identité de l'adversaire (pour une personne physique : civilité, prénom et nom ; pour une personne morale : la forme et la dénomination)]* à (lui|leur|lui|leur) payer la somme de *[Mon-*

tant total de la créance] (euro|euros [Montant total de la créance]) en principal, assortie des intérêts au taux légal à compter du jour de la demande ;
Déclarer la demande de *[Identité du client : civilité, prénom et nom du client personne physique et forme et dénomination de la personne morale]* recevable et bien fondée, et en conséquence :
Prononcer la résiliation du bail consentie par *[Identité du client : civilité, prénom et nom du client personne physique et forme et dénomination de la personne morale]* à *[Identité de l'adversaire (pour une personne physique : civilité, prénom et nom ; pour une personne morale : la forme et la dénomination)]*,
Ordonner l'expulsion de *[Identité de l'adversaire (pour une personne physique : civilité, prénom et nom ; pour une personne morale : la forme et la dénomination)]* et de tous occupants de son chef, avec au besoin le concours de la force publique, sous astreinte de *[Montant de l'astreinte] (euro|euros [Montant de l'astreinte])* par jour de retard à compter de la signification du jugement à intervenir,
Condamner *[Identité de l'adversaire (pour une personne physique : civilité, prénom et nom ; pour une personne morale : la forme et la dénomination)]* à payer à *[Identité du client : civilité, prénom et nom du client personne physique et forme et dénomination de la personne morale]*
– *[Montant des loyers impayés]* (euro|euros *[Montant des loyers impayés]*) (loyers et charges dus à la date du *[Date de l'arrêt des comptes]* avec intérêts au taux *[Taux d'intérêt]*,
– *[Montant de l'indemnité d'occupation]* (euro|euros *[Montant de l'indemnité d'occupation]*) (indemnités d'occupation dues au *[Date de l'arrêt des comptes]* avec intérêts,
– *[Montant de l'indemnité d'occupation jusqu'à expulsion]* (euro|euros *[Montant de l'indemnité d'occupation jusqu'à expulsion]*) par mois, indexés sur l'indice du coût de la construction, jusqu'à l'expulsion, à titre d'indemnité d'occupation,
Condamner *[Identité de l'adversaire (pour une personne physique : civilité, prénom et nom ; pour une personne morale : la forme et la dénomination)]* à payer à *[Identité du client : civilité, prénom et nom du client personne physique et forme et dénomination de la personne morale]* la somme de *[Montant de la demande au titre de l'article 700 du Code de procédure civile]* (euro|euros *[Montant de la demande au titre de l'article 700 du Code de procédure civile]*) par application de l'article 700 du Code de procédure civile.
Condamner *[Identité de l'adversaire (pour une personne physique : civilité, prénom et nom ; pour une personne morale : la forme et la dénomination)]* aux dépens, qui comprendront le coût du commandement de payer.

SI « Demande d'exécution provisoire de la décision à intervenir » correspond à votre cas

Ordonner l'exécution provisoire nonobstant appel et sans caution.

SOUS TOUTES RÉSERVES

La liste numérotée des pièces justificatives visées par (le|les|la|les) requér(ant|ants|ante|antes) figure dans le bordereau annexé aux présentes écritures.

LISTE DES PIÈCES JUSTIFICATIVES

Modèle 26

Assignation en référé-expulsion (clause résolutoire)

ASSIGNATION EN RÉFÉRÉ DEVANT LE PRÉSIDENT DU TRIBUNAL D'INSTANCE *[Ville du siège de la juridiction (majuscule)]*
L'an *[Année en cours]* et le *[Date de l'assignation]*

À LA REQUÊTE DE :

[Formule à la requête. Est reprise la formule « À la requête » telle qu'elle apparaît dans le dossier permanent]
[Nom du cabinet, Forme de la société d'avocats, Barreau, adresse, CP et ville du cabinet (avocat du client)]

J'AI, HUISSIER DE JUSTICE SOUSSIGNÉ

DONNÉ ASSIGNATION À :

[Signification]
Où étant et parlant à,
D'AVOIR À COMPARAÎTRE par-devant le président du tribunal d'instance *[Ville de la juridiction (article + ville)]*, *[Adresse de la juridiction]*, tenant l'audience des référés, siégeant salles ordinaires desdites audiences au palais de justice, le *[Date de l'audience]* à *[Heure de l'audience]*

TRÈS IMPORTANT

Vous êtes ten(u|us|ue|ues) :
– soit de vous présenter personnellement à cette audience, (seul|seuls|seule|seules) ou assist(é|és|ée|ées) de l'une des personnes visées à l'article 828 du Code de procédure civile, soit un avocat, votre conjoint, votre concubin, la personne avec laquelle vous avez conclu un pacte civil de solidarité, un parent ou allié en ligne directe, un parent ou allié en ligne collatérale jusqu'au troisième degré inclus), ou une personne exclusivement attachée à votre service personnel ou à votre entreprise.
L'État, les départements, les régions, les communes et les établissements publics peuvent se faire représenter ou assister par un fonctionnaire ou un agent de leur administration ;
– soit de vous y faire représenter par un avocat, ou par l'une des autres personnes ci-dessus énumérées. Cette personne, si elle n'est pas avocat, doit être munie d'un pouvoir écrit et établi spécialement pour ce procès.
Si vous ne le faites pas, vous vous exposez à ce qu'une décision soit rendue contre vous sur les seuls éléments fournis par (votre|vos|votre|vos) adversair(e|es|e|es).

OBJET DU RÉFÉRÉ

Suivant acte authentique reçu par Maître *[Identité du notaire]*, notaire à *[Ville d'exercice du notaire]*, le *[Date de l'acte notarié]*, *[Identité du client : civilité, prénom et nom du client personne physique et forme et dénomination de la personne morale]* (a|ont|a|ont) donné à bail à loyer à *[Identité de l'adversaire (pour une personne physique : civilité, prénom et nom ; pour une personne morale : la forme et la dénomination)]* des locaux à usage d'habitation sis *[Adresse du bien objet du bail]* pour une durée de *[Durée du bail]* années à compter du *[Date du contrat de bail]* pour se terminer le *[Date de fin du bail]* et moyennant un loyer annuel de *[Montant du loyer annuel]* (euro|euros *[Montant du loyer annuel]*, payable *[Périodicité]*,
Parmi les clauses et conditions du bail figure la clause résolutoire suivante ainsi libellée : *[Contenu de la clause résolutoire]*.
Depuis le *[Date de cessation de paiement du loyer]*, *[Identité de l'adversaire (pour une personne physique : civilité, prénom et nom ; pour une personne morale : la forme et la dénomination)]* locatair(e|es|e|es), ne pai(e|ent|e|ent) plus le montant du loyer ni les charges et accessoires ;
Suivant exploit de Maître *[Prénom et nom de l'huissier de justice]*, huissier de justice à *[CP et ville d'exercice de l'huissier de justice]*, en date du *[Date de l'exploit de l'huissier de justice]*, (le|les|la|les) requér(ant|ants|ante|antes), propriétaire bailleur de l'immeuble sis à *[Adresse du bien objet du bail]* et loué à *[Identité de l'adversaire (pour une personne physique : civilité, prénom et nom ; pour une personne morale : la forme et la dénomination)]* (a|ont|a|ont) fait délivrer à

(ce|ces|cette|ces) dern(ier|iers|ière|ières) commandement d'avoir à payer la somme de *[Montant total de la créance]* (euro|euros *[Montant total de la créance]*) à titre de loyers et accessoires exigibles, outre intérêts judiciaires de droit et le coût du commandement ;
Ce commandement a également été signifié à *[Civilité, prénom et nom de la caution]*, caution audit bail, le *[Date de signification à la caution]* ;
Ce commandement manifestait l'intention de *[Identité du client : civilité, prénom et nom du client personne physique et forme et dénomination de la personne morale]* d'user du bénéfice de la clause résolutoire insérée dans l'acte de bail sus-visé et de se prévaloir des dispositions de l'article 24 de la loi n° 89-642 du 6 juillet 1989 ;
(le|les|la|les) requér(ant|ants|ante|antes) (a|ont|a|ont) fait notifier la présente assignation à *[Identité de l'adversaire (pour une personne physique : civilité, prénom et nom ; pour une personne morale : la forme et la dénomination)]* le *[Date de notification]* suivant exploit de Maître *[Prénom et nom de l'huissier de justice]*, huissier de justice à *[CP et ville d'exercice de l'huissier de justice]*, en date du *[Date du constat fait par huissier]*, soit deux mois avant la date de cette audience, conformément aux dispositions de l'article 24 de la loi du 6 juillet 1989 ;
[Identité de l'adversaire (pour une personne physique : civilité, prénom et nom ; pour une personne morale : la forme et la dénomination)] locatair(e|es|e|es), n'(a|ont|a|ont) point, à ce jour, réglé l'intégralité des causes du commandement, ni saisi le tribunal afin d'obtenir des délais de paiement, établissant ainsi sa mauvaise foi dans cette affaire ;
Dans ces conditions, ledit commandement étant resté sans effet, il échet de constater la résiliation du bail, conformément à la clause résolutoire qui y est insérée et d'ordonner l'expulsion de *[Identité de l'adversaire (pour une personne physique : civilité, prénom et nom ; pour une personne morale : la forme et la dénomination)]* désormais occupan(t|ts|te|tes) sans droit ni titre de l'appartement ;
Le montant des loyers et charges dû n'est pas sérieusement contestable,
Il échet par conséquent, par provision, de condamner *[Identité de l'adversaire (pour une personne physique : civilité, prénom et nom ; pour une personne morale : la forme et la dénomination)]* au paiement d'une somme de *[Montant chiffré de la demande de condamnation (en principal)]* (euro|euros *[Montant chiffré de la demande de condamnation (en principal)]*),
Il est non moins incontestable que *[Identité de l'adversaire (pour une personne physique : civilité, prénom et nom ; pour une personne morale : la forme et la dénomination)]* (est|sont|est|sont) redevabl(e|es|e|es) d'une indemnité d'occupation depuis l'expiration du délai de deux mois imparti par le commandement de payer,
Il échet de condamner *[Identité de l'adversaire (pour une personne physique : civilité, prénom et nom ; pour une personne morale : la forme et la dénomination)]* au versement d'une provision de *[Montant de l'indemnité d'occupation]* (euro|euros *[Montant de l'indemnité d'occupation]*) à ce titre,
En l'espèce il y a lieu de fixer une astreinte, afin d'inciter *[Identité de l'adversaire (pour une personne physique : civilité, prénom et nom ; pour une personne morale : la forme et la dénomination)]* à exécuter volontairement la décision à intervenir,
En l'espèce il y a lieu de fixer une astreinte, afin d'inciter *[Identité de l'adversaire (pour une personne physique : civilité, prénom et nom ; pour une personne morale : la forme et la dénomination)]* à exécuter volontairement la décision à intervenir,
Il (lui|leur|lui|leur) sera alloué une indemnité de *[Montant de la demande au titre de l'article 700 du Code de procédure civile]* (euro|euros *[Montant de la demande au titre de l'article 700 du Code de procédure civile]*) en application de l'article 700 du Code de procédure civile.
La liste numérotée des pièces justificatives dont (le|les|la|les) requér(ant|ants|ante|antes) enten(d|dent|d|dent) faire état est annexée dans le bordereau joint aux présentes écritures ;

PAR CES MOTIFS

Déclarer la demande de *[Identité du client : civilité, prénom et nom du client personne physique et forme et dénomination de la personne morale]* recevable et bien fondée, et en conséquence :
Se voir les parties renvoyées à se pourvoir au fond.
Et cependant, dès à présent et par provision, vu l'urgence :
Constater que, par le jeu de la clause résolutoire, le bail consenti par *[Identité du client : civilité, prénom et nom du client personne physique et forme et dénomination de la personne morale]* à *[Identité de l'adversaire (pour une personne physique : civilité, prénom et nom ; pour une personne morale : la forme et la dénomination)]* est résolu de plein droit depuis le *[Date de résolution du bail]*, et que *[Identité de l'adversaire (pour une personne physique : civilité, prénom et nom ; pour une personne morale : la forme et la dénomination)]* occup(e|ent|e|ent) sans droit ni titre le logement sis *[Adresse du bien objet du bail]* depuis cette date,

En conséquence, ordonner l'expulsion, dans la huitaine de la signification de l'ordonnance à intervenir, de sa personne, de tous occupants de son chef ainsi que de ses biens, de justifier de l'acquit des charges locatives et de remettre les clés ; autoriser *[Identité du client : civilité, prénom et nom du client personne physique et forme et dénomination de la personne morale]* propriétair(e|es|e|es), à l'expulser des lieux en faisant procéder, s'il y a lieu, à l'ouverture des portes avec l'assistance de la force publique, faire constater et estimer les réparations locatives par un huissier de justice qui sera commis à cet effet assisté, le cas échéant, d'un technicien ; séquestrer les effets mobiliers qui en sont susceptibles pour sûreté des loyers échus et charges locatives

Condamner *[Identité de l'adversaire (pour une personne physique : civilité, prénom et nom ; pour une personne morale : la forme et la dénomination)]* à payer à *[Identité du client : civilité, prénom et nom du client personne physique et forme et dénomination de la personne morale]* par provision :

– *[Montant des loyers impayés]* (euro|euros *[Montant des loyers impayés]*) au titre des loyers et charges dus,

– *[Montant de l'indemnité d'occupation]* (euro|euros *[Montant de l'indemnité d'occupation]*) à valoir sur les indemnités d'occupation,

Condamner *[Identité de l'adversaire (pour une personne physique : civilité, prénom et nom ; pour une personne morale : la forme et la dénomination)]* à payer à *[Identité du client : civilité, prénom et nom du client personne physique et forme et dénomination de la personne morale]* la somme de *[Montant de la demande au titre de l'article 700 du Code de procédure civile]* (euro|euros *[Montant de la demande au titre de l'article 700 du Code de procédure civile]*) par application de l'article 700 du Code de procédure civile.

Condamner *[Identité de l'adversaire (pour une personne physique : civilité, prénom et nom ; pour une personne morale : la forme et la dénomination)]* aux dépens, qui comprendront le coût du commandement de payer.

SOUS TOUTES RÉSERVES

La liste numérotée des pièces justificatives visées par (le|les|la|les) requér(ant|ants|ante|antes) figure dans le bordereau annexé aux présentes écritures.

LISTE DES PIÈCES JUSTIFICATIVES

Table des matières

Liste des auteurs ... VII
Liste des abréviations ... IX

Titre 1
RÈGLES DE PROCÉDURE

Fiche 1 Saisir le juge de l'exécution ... 3

I. Aperçu rapide ... 4
- A Caractéristiques générales ... 4
  - 1 Procédure devant le juge de l'exécution statuant en matière mobilière ... 4
  - 2 Procédure devant le juge de l'exécution statuant en matière immobilière ... 4
- B Conditions d'utilisation ... 4
- C Avis du professionnel ... 5
- D Textes ... 5
- E Schéma procédural ... 5

II. Préparation ... 5
- A Information du client ... 5
  - 1 Procédure devant le juge de l'exécution statuant en matière mobilière ... 5
  - 2 Procédure devant le juge de l'exécution statuant en matière immobilière ... 6
- B Contrôles préalables ... 6
- C Pièces nécessaires ... 7
- D Phase pré-judiciaire ... 7
- E Coût de la procédure ... 7
  - 1 Procédure devant le juge de l'exécution statuant en matière mobilière ... 7
  - 2 Procédure devant le juge de l'exécution statuant en matière immobilière ... 7

III. Procédure ... 8
- A Assistance et représentation ... 8
  - 1 Procédure devant le juge de l'exécution statuant en matière mobilière ... 8
  - 2 Procédure devant le juge de l'exécution statuant en matière immobilière ... 9
- B Matière ... 9
- C Compétence ... 9
  - 1 Compétence matérielle ... 9
  - 2 Compétence territoriale ... 10
- D Parties ... 12
  - 1 Procédure devant le juge de l'exécution statuant en matière mobilière ... 12
  - 2 Procédure devant le juge de l'exécution statuant en matière immobilière ... 12
- E Rédaction de l'acte de saisine ... 12
  - 1 Procédure devant le juge de l'exécution statuant en matière mobilière ... 12
  - 2 Procédure devant le juge de l'exécution statuant en matière immobilière ... 14
- F Instruction du dossier ... 14
  - 1 Procédure devant le juge de l'exécution statuant en matière mobilière ... 14

2 Procédure devant le juge de l'exécution statuant en matière immobilière ... 14

G Audience ... 14

1 Procédure devant le juge de l'exécution statuant en matière mobilière ... 14

2 Procédure devant le juge de l'exécution statuant en matière immobilière ... 15

H Décision ... 15

1 Procédure devant le juge de l'exécution statuant en matière mobilière ... 15

2 Procédure devant le juge de l'exécution statuant en matière immobilière ... 16

I Fin de la procédure ... 16

1 Procédure sur difficultés d'exécution ... 16

2 Procédure devant le juge de l'exécution statuant en matière immobilière ... 16

J Recours ou contestation ... 16

K Actions en nullité ou en résolution ... 17

L Modifications de la décision ... 17

Fiche 2 Mettre en œuvre une procédure sur difficultés d'exécution devant le juge de l'exécution ... 19

I Aperçu rapide ... 19

A Caractéristiques générales ... 19

B Conditions d'utilisation ... 20

C Avis du professionnel ... 20

D Textes ... 20

E Schéma procédural ... 20

II Préparation ... 21

A Informations préalables ... 21

B Contrôles préalables ... 21

C Pièces nécessaires ... 21

D Coût de la procédure ... 21

III Procédure ... 21

A Assistance et représentation ... 21

B Matière ... 21

C Compétence ... 21

1 Compétence d'attribution ... 21

2 Compétence territoriale ... 21

D Parties ... 21

E Rédaction de l'acte de saisine ... 22

F Audience ... 22

1 Convocation des parties intéressées ... 22

2 Information des parties ... 22

G Décision ... 23

H Fin de la procédure ... 23

I Recours ou contestation ... 23

Fiche 3 Mettre en œuvre une procédure d'ordonnance sur requête devant le juge de l'exécution ... 25

I Aperçu rapide ... 26

A Caractéristiques générales ... 26

B Conditions d'utilisation ... 26

C Avis du professionnel ... 27

D Textes ... 27

E Schéma procédural ... 27

II Préparation ... 27

A Informations préalables ... 27
B Contrôles préalables ... 27
C Pièces nécessaires ... 28
D Coût de la procédure ... 28
III Procédure ... 28
A Assistance et représentation ... 28
B Matière ... 29
C Compétence ... 29
1 Compétence d'attribution ... 29
2 Compétence territoriale ... 29
D Parties ... 30
E Rédaction de l'acte de saisine ... 30
F Instruction du dossier ... 30
G Audience ... 30
H Décision ... 30
1 Forme, caractères, effets ... 30
2 Suites de la décision ... 31
I Recours ou contestation ... 32
1 Rejet de la requête ... 32
2 Admission de la requête et conséquences ... 32
J Modifications de la décision ... 33
1 Modification – Rétractation ... 33
2 Réexamen de la décision ... 33
3 Pouvoirs du juge ... 33

Titre 2
INCITATION À L'EXÉCUTION

Fiche 4 Contraindre à exécuter ... 37
I Aperçu rapide ... 37
A Éléments clés ... 37
B Textes ... 38
1 Textes codifiés ... 38
2 Textes non codifiés ... 38
3 Règlements communautaires ... 38
II Préparation ... 39
A Informations préalables ... 39
B Inventaire des solutions et éléments de décisions ... 39
III Mise en œuvre ... 40
A Existence d'un titre exécutoire ... 40
1 Saisie-attribution ... 40
2 Saisie de meubles corporels ... 41
3 Saisie de droits incorporels ... 41
4 Autres saisies spécifiques ... 41
B Absence de titre exécutoire ... 42
1 Injonction de faire ... 42
2 Injonction de payer ... 42
3 Les mesures conservatoires ... 43

Fiche 5 **Obtenir une injonction de faire** 47

I Aperçu rapide 47

A Caractéristiques générales 47
B Conditions d'utilisation 48
C Avis du professionnel 48
D Textes 48
E Schéma procédural 49

II Préparation 49

A Informations préalables 49
B Contrôles préalables 49
C Pièces nécessaires 49
D Coût de la procédure 49

III Procédure 50

A Assistance et représentation 50
B Compétence 50
1 Compétence d'attribution 50
2 Compétence territoriale 50
C Parties 50
D Rédaction de l'acte de saisine 50
E Audience 51
F Décision 51
1 Contenu de la décision 51
2 Notification de la décision 51
G Fin de la procédure 52
H Recours ou contestation 52

Fiche 6 **S'opposer à une injonction de faire** 53

I Aperçu rapide 53

A Caractéristiques générales 53
B Conditions d'utilisation 53
C Avis du professionnel 54
D Textes 54
E Schéma procédural 54

II Préparation 54

A Information du client 54
B Contrôles préalables 55
C Pièces nécessaires 55
D Coût de la procédure 55

III Procédure 55

A Assistance et représentation 55
B Matières 55
C Compétence 55
1 Compétence d'attribution 56
2 Compétence territoriale 56
D Parties 56
E Rédaction de l'acte de saisine 56
F Audience 56
G Décision 56
H Fin de la procédure 57
I Recours ou contestation 57

Fiche 7 **Obtenir une injonction de payer** 59
I Aperçu rapide 59
A Caractéristiques générales 59
B Conditions d'utilisation 60
C Avis du professionnel 60
D Textes 60
1 Textes codifiés 60
2 Textes non codifiés 60
E Schéma procédural 61
II Préparation 61
A Informations préalables 61
B Contrôles préalables 61
C Pièces nécessaires 62
D Phase pré-contentieuse 62
E Coût de la procédure 62
III Procédure 63
A Assistance et représentation 63
B Matières 63
C Compétence 63
1 Compétence matérielle 63
2 Compétence territoriale 63
D Rédaction de l'acte de saisine 64
E Instruction du dossier 64
F Audience 64
G Décision 64
1 Forme de la décision 64
2 Contenu de la décision 65
3 Caractères et effets de la décision 65
H Recours ou contestation 66
1 Créancier 66
2 Débiteur 66
3 Tiers 66
I Modifications de la décision 66

Fiche 8 **S'opposer à une injonction de payer** 69
I Aperçu rapide 69
A Caractéristiques générales 69
B Conditions d'utilisation 70
C Avis du professionnel 71
D Textes 71
E Schéma procédural 71
II Préparation 71
A Informations préalables 71
B Contrôles préalables 72
C Pièces nécessaires 72
D Coût de la procédure 72
III Procédure 72
A Assistance et représentation 72
B Matières 73
C Compétence 73

1 Compétence matérielle ... 73
2 Compétence territoriale ... 73
D Rédaction de l'acte de saisine ... 73
E Instruction du dossier ... 73
F Audience ... 73
1 Convocation des parties ... 73
2 Examen de l'opposition ... 74
G Décision ... 74
H Fin de la procédure ... 74
I Recours ou contestation ... 74
1 Opposition ... 74
2 Appel ... 75
3 Pourvoi en cassation ... 75

Fiche 9 Obtenir et liquider une astreinte ... 77
I Aperçu rapide ... 77
A Caractéristiques générales ... 77
B Conditions d'utilisation ... 78
1 Obtenir une astreinte ... 78
2 Liquider une astreinte ... 78
C Avis du professionnel ... 79
D Textes ... 79
1 Textes codifiés ... 79
2 Textes non codifiés ... 79
E Schéma procédural ... 79
II Préparation ... 79
A Informations préalables ... 79
B Contrôles préalables ... 80
C Pièces nécessaires ... 80
D Coût de la procédure ... 80
III Procédure ... 80
A Assistance et représentation ... 80
B Compétence ... 80
1 Obtenir une astreinte ... 80
2 Liquider une astreinte ... 80
C Rédaction de l'acte de saisine ... 81
1 Forme de la demande ... 81
2 Acte de saisine ... 81
D Audience ... 81
E Décision ... 81
1 Décision ordonnant une condamnation sous astreinte ... 81
2 Décision prononçant une liquidation d'astreinte ... 81
F Recours ou contestation ... 82
1 Appel ... 82
2 Arrêt de l'exécution provisoire ... 83
3 Sursis à exécution d'une décision rendue par un JEX ... 83
G Modifications de la décision ... 83
H Débriefing client ... 83

Fiche 10 Obtenir une injonction de délivrer ou de restituer ... 85
I Aperçu rapide ... 85

A Caractéristiques générales 85
B Conditions d'utilisation 86
1 Biens concernés 86
2 Absence de titre exécutoire 86
C Avis du professionnel 86
D Textes 87
E Schéma procédural 87
II Préparation 87
A Informations préalables 87
B Contrôles préalables 87
C Pièces nécessaires 87
D Coût de la procédure 88
III Procédure 88
A Assistance et représentation 88
B Matières 88
C Compétence 88
1 Compétence d'attribution 88
2 Compétence territoriale 88
D Parties 88
E Rédaction de l'acte de saisine 88
F Instruction du dossier 89
G Audience 89
H Décision 89
1 Forme, caractères 89
2 Signification de la décision 89
I Fin de la procédure 89
1 Exécution volontaire du débiteur 89
2 Défaut d'exécution du débiteur 89
3 Appréhension entre les mains d'un tiers détenteur 90
J Recours ou contestation 90
1 Appel de l'ordonnance de rejet par le créancier 90
2 Opposition par le débiteur 91
3 Pourvoi en cassation contre l'ordonnance revêtue de la formule exécutoire 91

Fiche 11 Inscrire une hypothèque judiciaire 93
I Aperçu rapide 93
A Éléments clés 93
B Textes 94
1 Textes codifiés 94
2 Textes non codifiés 94
C Schéma procédural 94
1 Hypothèque judiciaire résultant d'un jugement 94
2 Hypothèque judiciaire conservatoire 94
II Préparation 95
A Informations préalables 95
B Inventaire des solutions et éléments de décision 95
1 Hypothèque judiciaire résultant d'une condamnation 95
2 Hypothèque judiciaire conservatoire 95
III Mise en œuvre 96
A Compétence 96

1 Hypothèque judiciaire résultant d'un jugement ou d'une décision arbitrale 96
2 Hypothèque judiciaire conservatoire 96
B Rédaction de la requête pour obtenir une hypothèque judiciaire conservatoire 96
1 Présentation de la requête 96
2 Mentions obligatoires 96
C Inscription de l'hypothèque sur présentation de deux bordereaux 97
1 Dépôt des deux bordereaux au service de la publicité foncière 97
2 Mentions obligatoires du bordereau 97
D Recours ou contestation 97
1 Contestation de la validité des formalités de l'hypothèque 97
2 Contestation relative à l'exécution de l'hypothèque 98
E Renouvellement 98
1 Hypothèque judiciaire résultant d'une condamnation 98
2 Hypothèque judiciaire conservatoire 98
F Caducité 98

Titre 3
MESURES CONSERVATOIRES

Fiche 12 Savoir quelle mesure conservatoire prendre 103
I Aperçu rapide 103
A Éléments clés 103
B Textes 104
1 Textes codifiés 104
2 Textes non codifiés 104
3 Droit européen 104
II Préparation 105
A Informations préalables 105
1 Questions à soulever lors de la consultation client 105
2 Contrôles préalables à effectuer dès réception de l'ensemble des informations 105
B Inventaire des solutions et éléments de décision 106
1 Saisies conservatoires 106
2 Sûretés judiciaires 107
III Mise en œuvre 108
A Conditions de mise en œuvre 108
B Saisies conservatoires 109
1 Saisies conservatoires sur biens meubles corporels 109
2 Saisie-revendication 109
3 Saisies conservatoires de créances 109
4 Saisie conservatoire des comptes bancaires dans l'espace judiciaire européen 110
5 Saisies conservatoires de droits d'associés et de valeurs mobilières 110
6 Saisies conservatoires de biens incorporels 111
7 Saisies conservatoires de biens placés dans un coffre-fort 111
C Sûretés judiciaires 112
1 Inscription d'hypothèque judiciaire provisoire sur un immeuble 112
2 Inscription de nantissement judiciaire provisoire 113

Fiche 13 Saisir les meubles à titre conservatoire 115
I Aperçu rapide 115

A Éléments clés 115
B Textes 116
II Préparation 117
A Informations préalables 117
B Inventaire des solutions et éléments de décisions 117
III Mise en œuvre 118
A Conditions d'ouverture de la saisie conservatoire 118
1 Biens concernés 118
2 Titres requis 118
3 Délais à respecter 118
B Saisie entre les mains du débiteur 118
1 Débiteur présent 118
2 Débiteur absent ou refusant l'ouverture 119
C Saisie entre les mains d'un tiers détenteur 120
1 Tiers saisi présent 120
2 Tiers absent 121
D Conversion de la saisie conservatoire en saisie-vente 121
1 Procédure de conversion 121
2 Effet de la conversion de la saisie conservatoire 122
E Pluralité de saisies 122
1 Information des créanciers par l'huissier de justice 122
2 Participation des créanciers concurrents à la procédure 122
F Recours et contestations 123
1 Contestations relatives à la propriété des biens saisis 123
2 Contestations relatives à la saisissabilité 123
3 Contestations relatives à la validité de la vente 123
4 Effet des recours et contestations 123

Titre 4
SAISIE DES IMMEUBLES

Fiche 14 **Mettre en œuvre une saisie immobilière** 127
I Aperçu rapide 127
A Éléments clés 127
B Textes 129
II Préparation 129
A Informations à recueillir auprès du client 129
B Inventaire des solutions et éléments de décisions 129
1 Créancier poursuivant : comment protéger ses intérêts ? 129
2 Saisi : qui poursuivre ? Comment ? 131
3 Incidences de la procédure collective, de surendettement ou de rétablissement personnel 132
4 Incidences de la désignation d'un administrateur provisoire d'une copropriété en difficulté 133
III Mise en œuvre 134
A Délivrance d'un commandement de payer 134
1 Mentions obligatoires 134
2 Signification du commandement de payer 135
3 Publicité du commandement de payer 135
B Assignation du débiteur 135
1 Délai d'assignation 136

2 Mentions de l'assignation 136
C Assignation des créanciers inscrits 137
1 Délai d'assignation 137
2 Mention en marge du commandement 137
D Dépôt au greffe du juge de l'exécution du cahier des conditions de vente et de l'état hypothécaire 137
1 Délai de dépôt 137
2 Mentions du cahier des conditions de vente 137
3 Pièces et informations à joindre 138
E Déclaration de créances 138
F Audience d'orientation 139
G Audience d'adjudication 140
1 Participation aux enchères 140
2 Déroulement des enchères 141
3 Publication de l'adjudication 141
H Surenchère 141
1 Déclaration de surenchère 141
2 Dénonciation de la surenchère 141
3 Contestation de la surenchère 142
4 Audience de surenchère 142
I Adjudication définitive 142
1 Jugement d'adjudication 142
2 Paiement du prix 143

Fiche 15 Contester une saisie immobilière **145**
I Aperçu rapide 145
A Caractéristiques générales 145
B Conditions d'utilisation 146
C Avis du professionnel 147
D Textes 148
E Schéma procédural 148
II Préparation 148
A Information du client 148
B Contrôles préalables 149
C Pièces nécessaires 149
D Coût de la procédure 149
III Procédure 149
A Assistance et représentation 149
B Matière 150
C Compétence 150
1 Compétence d'attribution 150
2 Compétence territoriale 150
D Parties 150
E Rédaction de l'acte de saisine 151
F Audience 151
1 Convocation 151
2 Comparution 151
3 Déroulement 151
G Décision 152
1 Forme 152
2 Contenu 152

3 Caractères et effets de la décision ... 152
4 Suites de la décision ... 153
H Fin de la procédure ... 153
I Recours ou contestations ... 153
1 Appel ... 153
2 Opposition ... 155
3 Tierce opposition ... 155
4 Pourvoi en cassation ... 155
J Modifications de la décision ... 156

Titre 5
SAISIE DES CRÉANCES

Fiche 16 **Saisir les créances** ... 159
I Aperçu rapide ... 159
A Éléments clés ... 159
B Textes ... 160
1 Textes codifiés ... 160
2 Textes non codifiés ... 160
3 Textes internationaux ... 160
II Préparation ... 161
A Informations préalables ... 161
1 Questions à soulever lors de la consultation client ... 161
2 Contrôles préalables à effectuer dès réception de l'ensemble des informations ... 161
B Inventaire des solutions et éléments de décisions ... 162
1 Existence d'un titre exécutoire ... 162
2 Absence d'un titre exécutoire ... 163
III Mise en œuvre ... 164
A Existence d'un titre exécutoire ... 164
1 Saisie-attribution (V. Fiche 17 : Mettre en œuvre une saisie-attribution) ... 164
2 Saisie des rémunérations (V. Fiche 20 : Saisir les rémunérations du débiteur) ... 165
3 Paiement direct de la pension alimentaire ... 166
4 L'avis à tiers détenteur ... 167
5 Oppositions à tiers détenteur des collectivités territoriales ... 168
6 Oppositions en matière de sécurité sociale (travailleurs non salariés et professions agricoles) ... 168
7 Saisie entre les mains d'une personne morale de droit public ... 169
B Absence d'un titre exécutoire : saisie conservatoire ... 169
1 Modalités de mise en œuvre ... 169
2 Mise en œuvre ... 169
3 Contestations ... 170
Fiche 17 **Mettre en œuvre une saisie-attribution** ... 171
I Aperçu rapide ... 171
A Éléments clés ... 171
B Textes ... 172
1 Textes codifiés ... 172
2 Règlement communautaire ... 172
II Préparation ... 172
A Informations préalables ... 172

1 Contrôles préalables ... 172
2 Pièces nécessaires ... 172
B Inventaire des solutions et éléments de décision ... 173
III Mise en œuvre ... 173
A Coût de la procédure ... 173
B Matières ... 173
C Compétence ... 173
D Parties ... 174
E Procès-verbal de saisie-attribution ... 174
F Dénonciation de la saisie-attribution ... 175
1 Délai de dénonciation ... 175
2 Mentions obligatoires ... 175
G Paiement du tiers saisi ... 175
H Recours ou contestation ... 176
1 Contestation de la saisie-attribution ... 176
2 Arrêt de l'exécution provisoire ... 176
I Actions en nullité ou en résolution ... 176
J Débriefing client ... 176

Fiche 18 Contester une saisie-attribution ... 179
I Aperçu rapide ... 179
A Caractéristiques générales ... 179
B Conditions d'utilisation ... 180
1 Contestation par le débiteur ... 180
2 Contestation par le créancier ... 180
3 Contestation par le tiers saisi ... 181
C Avis du professionnel ... 181
D Textes ... 181
1 Textes codifiés ... 181
2 Règlement communautaire ... 181
E Schéma procédural ... 181
II Préparation ... 182
A Informations préalables ... 182
B Contrôles préalables ... 182
C Pièces nécessaires ... 182
D Coût de la procédure ... 182
III Procédure ... 182
A Assistance et représentation ... 182
B Compétence ... 182
C Rédaction et notification de l'acte de saisine ... 183
1 Forme ... 183
2 Contenu ... 183
3 Notification ... 183
D Audience ... 183
E Décision ... 183
F Fin de la procédure ... 184
1 Rejet de la contestation ... 184
2 Acceptation de la contestation ... 184
G Recours ou contestation ... 184
1 Appel ... 184

2 Sursis à exécution 184

Fiche 19 **Saisir les comptes bancaires** 187

I. Aperçu rapide 187

A Éléments clés 187

B Textes 188

II. Préparation 188

A Informations préalables 188

B Inventaire des solutions et éléments de décision 189

III. Mise en œuvre 190

A Absence de titre exécutoire 190

B Existence d'un titre exécutoire 190

C Obligation déclarative du banquier 191

D Dénonciation de la saisie-attribution 191

1 Acte de dénonciation 191

2 Dénonciation d'une saisie portant sur un compte joint 191

E Régularisation des opérations en cours 192

F Effets de la saisie 193

Fiche 20 **Saisir les rémunérations du débiteur** 195

I. Aperçu rapide 195

A Caractéristiques générales 195

B Conditions d'utilisation 196

C Avis du professionnel 196

D Textes 196

1 Textes codifiés 196

2 Texte non codifié 197

E Schéma procédural 197

II. Préparation 197

A Information du client 197

B Contrôles préalables 198

C Pièces nécessaires 198

D Coût de la procédure 198

III. Procédure 198

A Assistance et représentation 198

B Compétence 198

C Parties 198

D Rédaction de l'acte de saisine 198

E Audience 199

1 Convocation 199

2 Audience 199

F Décision 199

1 En cas d'accord de conciliation 199

2 En cas de désaccord 200

3 En cas d'intervention volontaire d'un créancier à une procédure de saisie des rémunérations en cours 200

G Fin de la procédure 201

H Recours ou contestation 201

1 Contestations 201

2 Recours à l'encontre du jugement rendu sur contestation 201

3 Recours du créancier à l'encontre de l'employeur 202

I Actions en nullité ou en résolution ... 202

Fiche 21 **Agir en paiement direct** ... 203

I Aperçu rapide ... 203

A Caractéristiques générales ... 203

B Conditions d'utilisation ... 205

C Avis du professionnel ... 206

D Schéma procédural ... 206

II Préparation ... 206

A Informations préalables ... 206

B Contrôles préalables ... 206

C Pièces nécessaires ... 207

D Coût de la procédure ... 207

III Procédure ... 207

A Assistance et représentation ... 207

B Compétence ... 207

C Rédaction de l'acte de saisine ... 207

D Audience ... 207

E Décision ... 207

F Fin de la procédure ... 208

G Recours ou contestation ... 208

Titre 6
SAISIE DES MEUBLES CORPORELS

Fiche 22 **Mettre en œuvre une saisie-revendication** ... 211

I Aperçu rapide ... 211

A Éléments clés ... 211

B Textes ... 212

II Préparation ... 212

A Informations préalables ... 212

B Inventaire des solutions et éléments de décision ... 212

1 Qui peut mettre en œuvre la saisie-revendication ? ... 212

2 Entre les mains de qui peut-on pratiquer une saisie-revendication ? ... 213

3 Pour quel type de créance peut-on mettre en œuvre une saisie-revendication ? ... 213

4 Quels biens peuvent faire l'objet d'une saisie-revendication ? ... 214

5 Effets de l'ordonnance autorisant la saisie-revendication ... 214

III Mise en œuvre ... 214

A Coût de la procédure ... 214

B Compétence ... 214

C Ordonnance d'autorisation ... 215

1 Contenu ... 215

2 Caducité de l'autorisation ... 215

D Opération de saisie ... 215

E Dénouement de la saisie-revendication ... 216

F Incidents ... 216

1 Contestation sur la validité de la saisie ... 216

2 Autres contestations ... 216

Fiche 23 **Mettre en œuvre une saisie-appréhension** 217
I Aperçu rapide 217
A Éléments clés 217
B Textes 218
II Préparation 218
A Informations préalables 218
B Inventaire des solutions 218
1 Quels titres sont requis ? 218
2 Quels biens peuvent faire l'objet d'une saisie-appréhension ? 219
3 Quelles obligations justifient une saisie-appréhension ? 219
4 À l'égard de qui peut-on pratiquer une saisie-appréhension ? 219
III Mise en œuvre 219
A Appréhension entre les mains de la personne tenue de la remise 219
B Remise du bien 220
1 Remise au propriétaire 220
2 Remise au créancier gagiste 220
C Appréhension entre les mains d'un tiers 220
1 En l'absence de difficulté soulevée par le tiers 221
2 En cas de difficulté soulevée par le tiers 221

Fiche 24 **Mettre en œuvre une saisie-vente de meubles corporels** 223
I Aperçu rapide 223
A Éléments clés 223
B Textes 224
II Préparation 224
A Informations préalables 224
B Inventaire des solutions et éléments de décision 224
1 À l'égard de qui peut-on pratiquer une saisie-vente ? 224
2 Pour quel type de créance peut-on mettre en œuvre une saisie-vente ? 225
3 Quel bien peut faire l'objet d'une saisie-vente ? 225
4 Qui peut pratiquer la saisie-vente ? 226
5 Dans quel lieu peut être pratiquée la saisie-vente ? 226
6 Pièces nécessaires 226
III Mise en œuvre 227
A Coût de la procédure 227
B Commandement de payer 227
C Opération de saisie-vente 227
1 Délai 227
2 Réalisation de l'opération de saisie-vente 228
D Vente des biens saisis 230
1 Vente amiable 230
2 Vente forcée 231
E Contestations et incidents de saisie-vente 231

Fiche 25 **Contester une saisie-vente de meubles corporels** 233
I Aperçu rapide 233
A Caractéristiques générales 233
B Conditions d'utilisation 234
1 Qui peut contester ? 234
2 Quels peuvent être les fondements de la contestation ? 234

3 Contestations relatives à la propriété des biens saisis ... 234
4 Contestations relatives à la saisissabilité des biens saisis ... 235
5 Contestations relatives à la validité de la saisie ... 235
C Avis du professionnel ... 236
D Textes ... 236
E Schéma procédural ... 237
II Préparation ... 237
A Informations préalables ... 237
B Contrôles préalables ... 237
C Pièces nécessaires ... 237
D Coût de la procédure ... 237
III Procédure ... 237
A Assistance et représentation ... 237
B Compétence ... 237
C Rédaction de l'acte de saisine du juge de l'exécution ... 238
D Parties ... 238
E Audience ... 238
F Décision ... 238
G Recours ou contestation ... 238

Fiche 26 **Saisir les navires et bateaux** ... 239
I Aperçu rapide ... 239
A Éléments clés ... 239
B Textes ... 239
1 Textes codifiés ... 239
2 Conventions internationales ... 239
II Préparation ... 240
A Informations préalables ... 240
B Inventaire des solutions et éléments de décision ... 241
III Mise en œuvre ... 241
A Saisie conservatoire des navires et bateaux ... 241
1 Saisie conservatoire des navires ... 241
2 Saisie conservatoire des bateaux ... 243
B Saisie-exécution des navires et bateaux ... 244
1 Saisie-exécution des navires ... 244
2 Saisie-exécution des bateaux ... 247

Fiche 27 **Saisir le véhicule automobile** ... 251
I Aperçu rapide ... 251
A Éléments clés ... 251
B Textes ... 252
II Préparation ... 252
A Informations à recueillir auprès du client ... 252
B Inventaire des solutions et éléments de décisions ... 252
III Mise en œuvre ... 253
A Saisie par déclaration ... 253
1 Déclaration de saisie ... 253
2 Signification de la déclaration ... 253
3 Effet de la saisie par déclaration ... 254
B Saisie par immobilisation ... 254

1 Procédure d'immobilisation à titre principal et autonome 254
2 Dénouement de la procédure d'immobilisation à titre principal 255
3 Procédure d'immobilisation à titre accessoire 256
C Contestation de la saisie 257
1 Saisie par déclaration 257
2 Saisie par immobilisation 257

Titre 7
SAISIE DES MEUBLES INCORPORELS

Fiche 28 **Mettre en œuvre une saisie de droits d'associés et de valeurs mobilières** 261
I Aperçu rapide 261
A Éléments clés 261
B Textes 262
C Schéma procédural 262
II Préparation 262
A Informations préalables 262
B Inventaire des solutions et éléments de décision 263
1 Biens saisissables 263
2 Réalisation de la saisie 263
3 Effets de la saisie 264
III Mise en œuvre 264
A Contrôles préalables 264
B Opérations de saisie 264
1 Procès-verbal de saisie 264
2 Dénonciation de la saisie 265
3 Conversion d'une saisie conservatoire en saisie-vente 265
C Opérations de vente 265
1 Vente des valeurs mobilières cotées 265
2 Vente de droits d'associés et de valeurs mobilières non cotées 266
D Recours ou contestation 267
E Caducité 267

Fiche 29 **Mettre en œuvre une saisie de droits incorporels** 269
I Aperçu rapide 269
A Éléments clés 269
B Avis du professionnel 270
C Textes 270
II Préparation 270
A Informations à recueillir auprès du client 270
B Inventaire des solutions et éléments de décision 271
1 Biens saisissables 271
2 Réalisation de la saisie 271
III Mise en œuvre 271
A Contrôles préalables 271
B Saisie 271
1 Procès-verbal de saisie 271
2 Dénonciation de la saisie 272
3 Vente forcée des droits incorporels saisis 272

C Recours ou contestation 272

Fiche 30 Procéder à une saisie-contrefaçon en matière de dessins et modèles 275

I Aperçu rapide 275

A Éléments clés 275

B Textes 276

1 Loi française et dispositions réglementaires 276

2 Textes communautaires 276

II Préparation 276

A Informations à recueillir auprès du client 276

1 Identifier le modèle contrefait 276

2 Qualité pour agir du saisissant 278

3 La saisie-contrefaçon du côté du saisi 278

B Inventaire des solutions et éléments de décisions 278

1 Le type de saisie : saisie descriptive ou saisie réelle 278

2 Modes de preuve alternatifs 279

III Mise en œuvre 280

A Saisie avant ou après l'introduction de l'action au fond ? 280

B Le lieu de la saisie-contrefaçon 281

C Le juge compétent 281

1 Avant l'introduction de l'instance 281

2 Après l'introduction de l'instance 282

D L'avocat 282

E La requête 282

F L'assistance d'experts 283

G L'huissier 283

H L'ordonnance 284

I Constitution de garanties 284

J Déroulement de la saisie-contrefaçon 284

K Assignation au fond 285

L Contestations et recours 285

1 Du côté du saisissant, dans l'hypothèse d'un rejet de la requête en saisie-contrefaçon 285

2 Du côté du saisi 285

3 Le recours en rétractation 286

4 Référé contre l'ordonnance de saisie 286

5 Action en nullité de la saisie 286

M Conséquences de la nullité de la saisie-contrefaçon 286

Fiche 31 Diligenter une saisie-contrefaçon en matière de droit d'auteur 289

I Aperçu rapide 289

A Éléments clés 290

B Textes 290

1 Textes codifiés 290

2 Texte communautaire 290

II Préparation 290

A Informations à recueillir auprès du client 290

1 Qualité et intérêt à agir du saisissant 290

2 Identification de l'œuvre revendiquée et de l'article incriminé 291

B Inventaire des solutions et éléments de décisions 291

1 Preuve par la saisie 291

2 Modes de preuve alternatifs 291

III Mise en œuvre 292
A Requête 292
B L'ordonnance 293
C Compétence matérielle et territoriale 293
D Mission de l'huissier 294
1 Signification préalable de l'ordonnance 294
2 Opérations de saisie-contrefaçon 295
3 Assistance éventuelle 295
4 Procès-verbal de saisie-contrefaçon 296
E Délai pour assigner au fond 296
F Contestations et recours 297
1 Recours du saisissant en cas de rejet de la requête à fins de saisie-contrefaçon 297
2 Voies de recours à la disposition du saisi 297

Fiche 32 Procéder à une saisie-contrefaçon en matière de marque 301
I Aperçu rapide 301
A Éléments clés 301
B Textes 302
1 Loi française et ses dispositions réglementaires 302
2 Textes de l'Union européenne et internationaux 302
II Préparation 302
A Informations à recueillir auprès du client 302
1 Qualité pour agir du saisissant 302
2 Informations à recueillir auprès du saisi 304
B Inventaire des solutions et éléments de décisions 304
1 Modes de preuve alternatifs 304
2 Description détaillée ou saisie réelle 304
3 Saisie avant ou après l'introduction de l'action au fond 305
4 Le lieu de la saisie-contrefaçon 305
III Mise en œuvre 306
A Le juge compétent 306
1 Avant l'introduction de l'instance 306
2 Après l'introduction de l'instance 306
B L'avocat 307
C La requête 307
D L'assistance d'experts 307
E L'huissier 308
F L'ordonnance 308
G Constitution de garanties 308
H Déroulement de la saisie-contrefaçon 308
I Assignation au fond 309
J Contestations et recours 310
K Conséquences de la nullité de la saisie-contrefaçon 310

Fiche 33 Procéder à une saisie-contrefaçon en matière de propriété industrielle 313
I Aperçu rapide 313
A Éléments clés 313
B Textes 314
1 Textes codifiés 314
2 Textes non codifiés 314
II Préparation 315

A Informations à recueillir auprès du client 315
1 Informations relatives au titre de propriété industrielle concerné 315
2 Informations relatives au requérant 315
3 Informations relatives au saisi 317
4 Informations relatives à l'objet de la saisie-contrefaçon 317
B Inventaire des solutions et éléments de décisions 317
III Mise en œuvre 318
A Qui pratique la saisie-contrefaçon ? 318
B Préparation de la requête 319
C Tribunal compétent 320
D Présentation de la requête 321
E Actions à conduire après la réalisation de la saisie-contrefaçon 322

Titre 8
EXÉCUTION FORCÉE DES DÉCISIONS DE JUSTICE

Fiche 34 **Obtenir un délai de grâce** 327
I Aperçu rapide 327
A Caractéristiques générales 327
B Conditions d'utilisation 328
C Avis du professionnel 329
D Textes 329
1 Textes codifiés 329
2 Texte non codifié 329
E Schéma procédural 329
II Préparation 329
A Information du client 329
B Contrôles préalables 329
C Pièces nécessaires 330
D Coût de la procédure 330
III Procédure 330
A Assistance et représentation 330
1 En matière mobilière 330
2 En matière de saisie immobilière 330
B Matière 330
C Compétence 331
1 Compétence matérielle 331
2 Compétence territoriale 331
D Parties 331
E Acte de saisine 331
1 Assignation 331
2 Lettre recommandée ou déclaration 332
3 Conclusions 332
F Audience 332
G Décision 333
1 Forme de la décision 333
2 Effets de la décision 333
3 Suite de la décision 333
H Fin de la procédure 333

I Recours ou contestation ... 333

Fiche 35 Mettre en œuvre une procédure d'expulsion ... 335

I Aperçu rapide ... 335

A Éléments clés ... 335

B Textes ... 336

II Préparation ... 336

A Informations préalables ... 336

B Inventaire des solutions et éléments de décision ... 336

III Mise en œuvre ... 338

A Commandement de quitter les lieux ... 338

B Délai de l'expulsion ... 339

C Moment de l'expulsion ... 339

D Déroulement matériel de l'expulsion ... 340

E Concours de la force publique ... 340

F Procès-verbal d'expulsion ou de reprise des lieux ... 341

G Sort des meubles et effets personnels de l'expulsé ... 342

H Réinstallation de la personne expulsée dans les lieux ... 342

I Recours et contestations ... 342

Fiche 36 Exécuter une décision de justice prud'homale ... 345

I Aperçu rapide ... 345

A Éléments clés ... 345

B Textes ... 345

II Préparation ... 346

A Informations préalables ... 346

1 Réunir les informations et documents nécessaires ... 346

2 Informer le client du coût de la procédure d'exécution ... 346

B Inventaire des solutions et éléments de décisions ... 346

1 Se mettre en possession des documents nécessaires ... 346

2 Vérifier le caractère exécutoire de la décision ... 347

3 Exécuter une décision contenant des sommes exprimées en brut et/ou en net ... 349

4 Informer le client des risques liés à l'exécution provisoire ... 349

5 Assortir la décision d'une astreinte ... 349

III Mise en œuvre ... 350

A Exécuter les condamnations de payer ... 350

1 Faire face aux condamnations exprimées brutes de cotisations sociales ... 350

2 Appliquer le taux d'intérêt légal ... 350

3 Exécuter une décision contre les AGS ... 351

B Exécuter les condamnations de faire ... 351

1 Exécuter les obligations de remise ... 351

2 Expulser du logement de fonction ... 351

3 Expulser des grévistes d'un local de l'entreprise ... 352

Fiche 37 Faire exécuter une sentence arbitrale ... 355

I Aperçu rapide ... 355

A Caractéristiques générales ... 355

B Conditions d'utilisation ... 356

1 Conditions relatives à la décision rendue ... 356

2 Conditions pour obtenir l'exequatur de la sentence ... 356

3 Conditions relatives au débiteur ... 356

4 Conditions relatives aux biens saisis ... 357
C Avis du professionnel ... 358
D Textes ... 358
1 Textes codifiés applicables à l'arbitrage international ... 358
2 Textes internationaux ... 358
E Schéma procédural ... 358
II Préparation ... 358
A Contrôles préalables ... 358
B Pièces nécessaires ... 359
C Coût de la procédure ... 359
III Procédure ... 359
A Assistance et représentation ... 359
B Compétence ... 359
C Parties ... 359
D Rédaction de l'acte de saisine ... 359
E Audience ... 360
F Décision ... 360
G Recours ou contestation ... 360

Fiche 38 **Poursuivre l'exécution contre une personne morale de droit public** ... 361
I Aperçu rapide ... 361
A Éléments clés ... 361
B Textes ... 362
1 Textes codifiés ... 362
2 Textes non codifiés ... 362
II Préparation ... 362
A Informations préalables ... 362
B Inventaire des solutions et éléments de décisions ... 363
1 Quel principe s'oppose à l'exécution forcée contre les personnes publiques ? ... 363
2 Par quels moyens peut-on inciter une personne publique à s'exécuter ? ... 363
3 Peut-on prévenir l'inexécution d'une décision condamnant une personne publique ? ... 364
4 Comment sanctionner la défaillance d'une personne publique ? ... 364
5 Par quel moyen peut-on contraindre une personne publique au paiement ? ... 364
III Mise en œuvre ... 365
A Recourir à des procédures administratives d'incitation ... 365
1 Exercer un recours administratif ... 365
2 Saisir le Défenseur des droits ... 365
B Recourir à des procédures préventives ... 366
1 Conclure aux fins d'exécution ... 366
2 Conclure aux fins d'astreinte ... 366
C Recourir à des moyens de contraintes ***a posteriori*** ... 366
D Recourir à des procédés de paiement forcé ... 367
E Engager la responsabilité de la personne publique ... 367
1 Mettre en cause la responsabilité de l'État ... 367
2 Mettre en cause la responsabilité personnelle des agents publics ... 368
F Recourir à des procédés d'exécution de droit privé contre un État étranger ... 368

Fiche 39 **Réagir en cas d'immunité d'exécution** ... 371
I Aperçu rapide ... 371
A Éléments clés ... 371
B Textes ... 372

1 Textes codifiés 372
2 Textes non codifiés 372
II Préparation 372
A Informations préalables 372
B Inventaire des solutions et éléments de décisions 372
1 Qui peut invoquer une immunité d'exécution ? 372
2 Quels sont les biens couverts par l'immunité d'exécution ? 373
3 Quelles sont les conséquences de l'immunité d'exécution ? 373
4 Comment contraindre une personne publique à exécuter ses obligations ? 374
III Mise en œuvre 374
A Vérifier en quelle qualité la personne publique invoque l'immunité d'exécution 374
B Recourir à des procédés spécifiques d'exécution 375
1 Solliciter une autorisation du juge 375
2 Solliciter le prononcé d'une astreinte 375
3 Recourir à des procédés de paiement forcé 376

Titre 9
MODÈLES D'ACTES

Sommaire des modèles d'actes 379

1. Requête en injonction de faire devant le tribunal d'instance 381

2. Requête en relevé de caducité de la procédure d'injonction de faire devant le Tribunal d'instance 383

3. Demande à fin d'apposition de la formule exécutoire sur l'ordonnance portant injonction de payer du Tribunal d'instance en matière civile 385

4. Requête en injonction de payer devant le Tribunal d'instance 387

5. Opposition à injonction de payer (LRAR) 389

6. Demande de liquidation d'astreinte par voie de conclusions (TGI) 391

7. Requête en injonction de délivrer ou de restituer 393

8. Inscription d'hypothèque judiciaire définitive 395

9. Inscription d'hypothèque judiciaire provisoire 397

10. Acte de saisie conservatoire de biens meubles corporels 399

11. Requête aux fins de saisie conservatoire de biens meubles corporels 401

12. Dénonciation de déclaration de créance par acte d'avocat 405

13. Assignation devant le juge de l'exécution (constatation de la péremption du commandement de payer) 407

14. Lettre – Procédure simplifiée de recouvrement des petites créances 409

15. Assignation en mainlevée d'une saisie conservatoire 413

16. Demande de convocation pour saisie des rémunérations 417

17. Assignation en mainlevée de saisie-revendication **419**

18. Requête aux fins de désignation d'un séquestre d'un bien faisant l'objet d'une saisie-revendication **423**

19. Requête au juge de l'exécution aux fins d'appréhender entre les mains d'un tiers détenteur **425**

20. Commandement de payer avant saisie-vente **427**

21. Requête aux fins de saisie-vente **429**

22. Acte de saisie d'une autorisation fiscale et administrative d'exploitation de débit de boissons (licence IV) **431**

23. Requête à fin de saisie-contrefaçon (dessins et modèles) **433**

24. Requête en saisie-revendication dans le cas où le débiteur bénéficie d'un délai de grâce **437**

25. Assignation au fond en expulsion et paiement (clause résolutoire) **439**

26. Assignation en référé-expulsion (clause résolutoire) **443**

Photocomposition Nord Compo Multimédia
59650 Villeneuve-d'Ascq

Imprimé en Allemagne
CPI books GmbH, Germany
Dépôt légal : janvier 2019